《西廂記》滿文譯本研究

莊吉發譯著

滿　語　叢　刊
文史哲出版社印行

國家圖書館出版品預行編目資料

《西廂記》滿文譯本研究 / 莊吉發譯著. --
初版. --臺北市：文史哲，民 105.06
面 ：公分（滿語叢刊；23）
ISBN 978-986-314-305-5（平裝）

1.滿語 2.戲劇

802.918 105010493

滿語叢刊 23

《西廂記》滿文譯本研究

譯著者：莊吉發
出版者：文史哲出版社
http:// www.lapen.com.tw
e-mail:lapen@ms74.hinet.net
登記證字號：行政院新聞局版臺業字五三三七號
發行人：彭正雄
發行所：文史哲出版社
印刷者：文史哲出版社
臺北市羅斯福路一段七十二巷四號
郵政劃撥帳號：一六一八〇一七五
電話886-2-23511028・傳真886-2-23965656

實價新臺幣六〇〇元

二〇一六年（民一〇五）六月初版

ISBN 978-986-314-305-5 65123

《西廂記》滿文譯本研究

目　　次

《西廂記》滿文譯本研究導讀

唐元稹撰《鶯鶯傳》，在民間流傳甚廣。元王實甫撰《西廂記》，全名作《崔鶯鶯待月西廂記》，故事內容，出自《鶯鶯傳》。是書描寫書生張珙與崔相國之女鶯鶯的愛情故事，結構緊湊，文字精煉，藝術性極高，是我國古典戲劇中的優秀作品。清人金聖嘆（1608-1661）將《西廂記》與《莊子》、《離騷》、《史記》、《水滸傳》、《杜工部集》並列。嘗言天下才子之書有六：一《莊》，二《騷》，三《馬史》，四《杜律》，五《水滸》，六《西廂記》，《西廂記》被稱為第六才子書，並為《西廂記》作評。

明清以降，《西廂記》刊本多種，批注者絡繹。其中金聖嘆批注本最為流行。康熙年間（1662-1722），《西廂記》又被譯成滿文。因《西廂記》滿文譯本，並未署名譯者，所以譯者不詳。昭槤著《嘯亭續錄・翻書房》記載云：

> 崇德初，文皇帝患國人不識漢字，罔知治體，乃命達文成公海翻譯《國語》、《四書》及《三國志》各一部，頒賜耆舊，以為臨政規範。及定鼎後，設翻書房於太和門西廊下，揀擇旗員中諳習清文者充之，無定員。凡《資治通鑑》、《性理精義》、《古文淵鑒》諸書，皆翻譯清文以行。其深文奧義，無煩注釋，自能明晰，以為一時之盛。有戶曹郎中和素者翻譯絕精，其翻《西廂記》、《金瓶梅》諸書，疏櫛字句，咸中綮肯，人皆爭誦焉。

康熙年間（1662-1722），和素充武英殿總監造。引文中指出，和素繙譯絕精，《西廂記》滿文本等書，即由和素所譯，人皆爭誦。姑且不論《西廂記》滿文譯本是否為和素所譯，然而《西廂記》因有滿文譯本，譯文生動，遂使《西廂記》更受後世的重視，流傳更廣。

明代王驥德校注本，首次將《西廂記》以兩字標目。清初金聖嘆批點本各章，亦以兩字標目。《西廂記》滿文譯本各章標目，與金聖嘆批點本《西廂記》標目相同，可列表如後。

天理圖書館藏本《滿漢西廂記》與金聖嘆批點本標目對照表

版本 卷章		天理圖書館藏本《滿漢西廂記》		羅馬字轉寫	金聖嘆批點《西廂記》	備註
卷一	第一章	驚艷	ᡥᠣᠵᠣ ᡩᡝ ᠨᡳᠣᡵᠣᡴᠣ	hojo de nioroko	驚艷	
	第二章	借廂	ᡨᠠᡨᠠᡵᠠ ᠪᠣᠣ ᠪᡝ ᠪᠠᡳᡥᠠ	tatara boo be baiha	借廂	
	第三章	酬韻	ᠮᡠᡩᠠᠨ ᡩᡝ ᠠᠴᠠᠪᡠᡥᠠ	mudan de acabuha	酬韻	

卷章	版本	天理圖書館藏本《滿漢西廂記》		羅馬字轉寫	金聖嘆批點《西廂記》	備註
卷一	第四章	鬧齋	ᡩᠣᠣᠴᠠᠨ ᠪᡝ ᡶᠠᠴᡠᡥᡡᡵᠠᡥᠠ	doocan be facuhūraha	鬧齋	
卷二	第五章	驚寺	ᠰᡟ ᠪᡝ ᡤᠣᠯᠣᠪᡠᡥᠠ	sy be golobuha	寺警	
	第六章	請宴	ᠰᠠᡵᡳᠯᠠᠮᡝ ᠰᠣᠯᡳᡥᠠ	sarilame soliha	請宴	
	第七章	賴婚	ᡥᠣᠯᠪᠣᠨ ᠪᡝ ᠠᡳᡶᡠᡥᠠ	holbon be aifuha	賴婚	
	第八章	琴心	ᡴᡳᠨ ᡳ ᠶᠠᡵᡴᡳᠶᠠᡥᠠ	kin i yarkiyaha	琴心	

版本 卷章		天理圖書館藏本 《滿漢西廂記》		羅馬字轉寫	金聖嘆批點 《西廂記》	備註
卷三	第九章	前候	ᠨᡝᠨᡝᠮᡝ ᠪᠣᠯᠵᠣᡥᠣ	neneme boljoho	前候	
	第十章	鬧簡	ᠵᠠᠰᡳᡤᠠᠨ ᡩᡝ ᡩᠠᡳᡧᠠᡥᠠ	jasigan de daišaha	鬧簡	
	第十一章	賴簡	ᠵᠠᠰᡳᡤᠠᠨ ᡳ ᠪᡳᡨᡥᡝ ᠪᡝ ᡤᠣᡥᠠ	jasigan i bithe be goha	賴簡	
	第十二章	後候	ᠠᠮᠠᠯᠠ ᠪᠣᠯᠵᠣᡥᠣ	amala boljoho	後候	
卷四	第十三章	酬簡	ᠪᡳᡨᡥᡝ ᡩᡝ ᡴᠠᡵᡠᠯᠠᡥᠠ	bithe de karulaha	酬簡	

版本 卷章		天理圖書館藏本 《滿漢西廂記》		羅馬字轉寫	金聖嘆批點 《西廂記》	備註
卷四	第十四章	拷艷	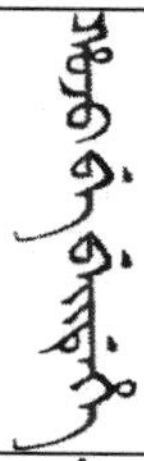	hojo be beidehe	拷紅	
	第十五章	哭宴	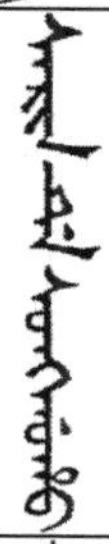	sarin de songgoho	哭宴	
	第十六章	驚夢	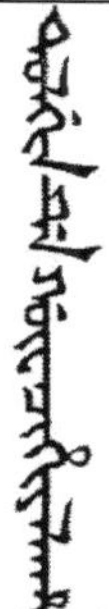	tolgin de gūwacihiyalaha	驚夢	

資料來源：日本天理大學圖書館藏本《滿漢西廂記》、金聖嘆批點《西廂記》。

天理圖書館藏本《滿漢西廂記》（manju nikan si siyang gi bithe），共四卷，十六出（juwan ninggun meyen），十六章（juwan ninggun fiyelen）。漢文「出」，同齣，滿文譯作"meyen"，意即「篇」。「章」，滿文譯作"fiyelen"。金聖

嘆批點本《西廂記》，卷一至卷四，每卷各四章，共十六章。此外，有卷首、卷末，卷末含「泥金報捷」、「錦字緘愁」、「鄭恒求配」、「衣錦榮歸」四章，《滿漢西廂記》不含卷末各章。對照表中各章名目，俱以二字標目。除卷二、第五章「寺警」，《滿漢西廂記》目錄作「驚寺」，內文作「警寺」外，其餘各章標目俱相同，似可說明《滿漢西廂記》是依據金聖嘆批點本譯出滿文。

《西廂記》滿文譯本各種刊本多有序文，其作序年月，或作「康熙四十九年正月吉旦」（elhe taifin i dehi uyuci aniya, aniya biyai sain inenggi），或作「乾隆叁十年春吉旦」（abkai wehiye i gūsici aniya niyengniyeri sain inenggi），但其漢字序文多相同，可將其漢字序文照錄於下：

> 龍圖既啟，縹緗成千古之奇觀，鳥跡初分，翰墨繼百年之勝事。文稱漢魏，迺漸及乎風謠，詩備晉唐，爰遞通於詞曲。潘江陸海，筆有餘妍，宋艷班香，事傳奇態，遂以兒女之微情，寫崔張之故事。或離或合，結構成左穀文章，為抑為揚，鼓吹比廟堂清奏，既出風而入雅，亦領異而標新，錦繡橫陳，膾炙騷人之口，珠璣錯落，流連學士之衷。而傳刻之文，祇從漢本，謳歌之子，未覩清書，謹將鄴架之陳編，翻作熙朝之別本，根柢于八法六書，字工而意盡，變化乎蝌文鳥篆，詞顯而意揚。此曲誠可謂銀鈎鐵畫，見龍虎于毫端，蜀紙麝煤，走鸞鳶于筆底。付之剞劂以壽棗梨，既使三韓才子，展卷情怡，亦知海內名流，開函色喜云爾。

《西廂記》膾炙人口，但「傳刻之文，祇從漢本，謳歌之子，未覩清書，謹將鄴架之陳編，翻作熙朝之別本」。文中「清書」，滿文譯本作“manju bithe”，意即「滿書」；「翻作熙朝之別本」，滿文譯本作“wesihun jalan i gisun mudan i ubaliyambuha”，意即「繙譯成盛世語韻」。對照滿文，可知《西廂記》傳刻之本，只有漢文本，並無滿文本，於是將書架上的漢文舊本，譯出滿文，然後「使三韓才子，展卷情怡」。句中「三韓才子」，滿文譯本作“manju i erdemungge niyalma”，意即「滿洲才子」。《西廂記》因有滿文譯本而使滿洲子弟「展卷情怡」。

《西廂記》滿文譯本各種刊本或抄本的序文，彼此的出入在滿文，而不是漢文。譬如：「文稱漢魏」，東洋文化研究所藏本滿文作“wen jang de han̲ gurun, wei gurun be tukiyerengge”，句中“wen jang”，臺北國家圖書館藏本作“šu fiyelen”；「詩備晉唐」，句中「詩」（ši），國家圖書館藏本作“irgebun”；「鼓吹比廟堂清奏」，句中「廟」（miyoo），國家圖書館藏本作“juktehen”；「既出風而入雅」，句中「風」（guwe fung）、「雅」（ya sung），國家圖書館藏本「風」，作“gurun i tacinun”，「雅」，作“šunggiya tukiyecun”，多將漢字音譯的滿文改為意譯。「蝌文鳥篆」（koki hergen gashai bithe），國家圖書館藏本滿文作“kokingga hergen gashangga bithe”，譯文較佳，更加規範。

除序文外，《西廂記》滿文譯本各章內容，國家圖書館藏本的滿文，亦將漢字音譯改為意譯，可列表如後。

《滿漢西廂記》滿文詞彙對照表

漢文	日本天理圖書館藏本		臺北國家圖書館藏本	
	滿文	羅馬拼音	滿文	羅馬拼音
女工	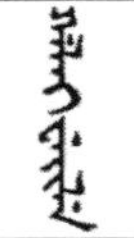	galai weile	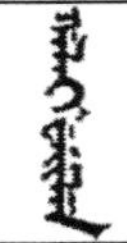	galai weilen
詩詞	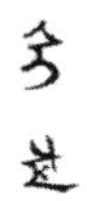	ši ts'y	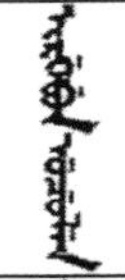	irgebun uculen
尚書	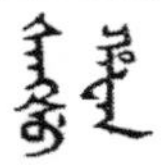	šangšu hafan	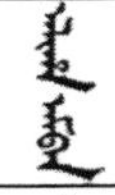	aliha amban
緣故	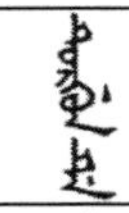	turgun de	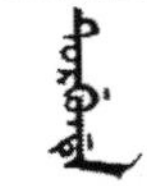	turgunde
院	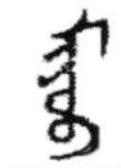	miyoo	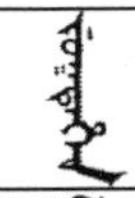	juktehen
京師	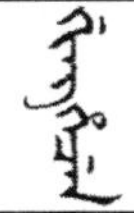	ging hecen	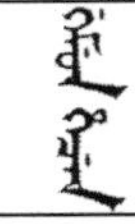	gemun hecen
杜鵑	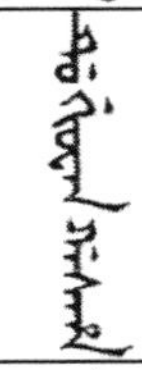	du giowan gasha	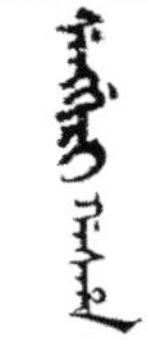	senggiri gasha
寺	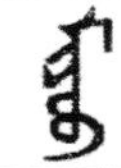	miyoo	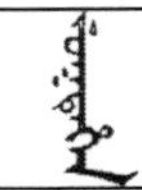	juktehen
功名	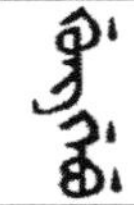	gung gebu	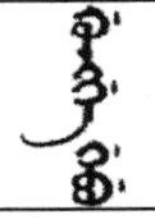	gungge gebu

漢文	日本天理圖書館藏本		臺北國家圖書館藏本	
	滿文	羅馬拼音	滿文	羅馬拼音
武舉狀元	ᠴᠣᠣᡥᠠᡳ ᠵᡠᠸᠠᠩ ᠶᡠᠸᠠᠨ	coohai juwang yuwan	ᠴᠣᠣᡥᠠᡳ ᠪᠣᠩᡤᠣ ᠰᠣᠨᠵᠣᠰᡳ	coohai bonggo sonjosi
征西大元帥	ᠸᠠᡵᡤᡳ ᠪᡝ ᡩᠠᡳᠯᠠᡵᠠ ᠠᠮᠪᠠ ᠶᡠᠸᠠᠨ ᡧᡠᠸᠠᡳ	wargi be dailara amba yuwan šuwai	ᠸᠠᡵᡤᡳ ᠪᡝ ᡩᠠᡳᠯᠠᡵᠠ ᠠᠮᠪᠠ ᠵᡳᠶᠠᠩᡤᡳᠶᡡᠨ	wargi be dailara amba jiyanggiyūn
文章	ᠸᡝᠨ ᠵᠠᠩ	wen jang	ᡧᡠ ᡶᡳᠶᡝᠯᡝᠨ	šu fiyelen
詩書經傳	ᡧᡳ ᡧᡠ ᡤᡳᠩ ᠵᡠᠸᠠᠨ	ši šu ging juwaṉ	ᡳᡵᡤᡝᠪᡠᠨ ᠪᡳᡨᡥᡝ ᠨᠣᠮᡠᠨ ᡠᠯᠠᠪᡠᠨ	irgebun bithe nomun ulabun
鵬程	ᡦᡠᠩ ᠨᡳ ᠣᠨ	pung ni on	ᡩᠠᡳᡦᡠᠨ ᡳ ᠣᠨ	daipun i on

漢文	日本天理圖書館藏本		臺北國家圖書館藏本	
	滿文	羅馬拼音	滿文	羅馬拼音
雪浪	ᡧᠠᠩᡤᡳᠶᠠᠨ ᠪᠣᠯᠵᠣᠨ	šanggiyan boljon	ᡧᠠᠨᠶᠠᠨ ᠪᠣᠯᠵᠣᠨ	šanyan boljon
浮橋	ᡩᡝᡴᡩᡝᡴᡠ ᡴᡳᠶᠣᠣ	dekdeku kiyoo	ᡩᡝᡴᡩᡝᡴᡠ ᡩᠣᠣᡥᠠᠨ	dekdeku doohan
歸舟	ᠮᠠᡵᡳᡵᡝ ᠴᡠᠸᠠᠨ	marire cuwan	ᠮᠠᡵᡳᡵᡝ ᠵᠠᡥᡡᡩᠠᡳ	marire jahūdai
弩箭	ᠨᡠ ᠰᡳᡵᡩᠠᠨ	nu sirdan	ᠰᡝᠯᠮᡳᠨ ᠨᡳᡵᡠ	selmin niru
洛陽	ᠯᠣ ᠶᠠᠩ	lo yang	ᠯᡠ ᠶᠠᠩ	lu yang
頭房	ᡠᠵᡠᡳ ᡤᡳᠶᠠᠨ	ujui giyan	ᡠᠵᡠᡳ ᡤᡳᠶᠠᠯᠠᠨ	ujui giyalan
功德	ᡤᡠᠩ ᡝᡵᡩᡝᠮᡠ	gung erdemu	ᡤᡠᠩᡤᡝ ᡝᡵᡩᡝᠮᡠ	gungge erdemu

漢文	日本天理圖書館藏本		臺北國家圖書館藏本	
	滿文	羅馬拼音	滿文	羅馬拼音
山門	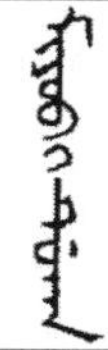	miyoo i duka	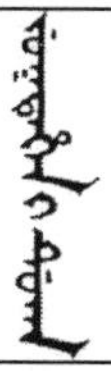	juktehen i duka
禪房	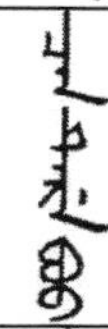	can tere boo	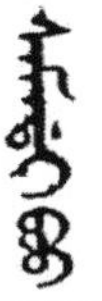	samadi boo
佛殿	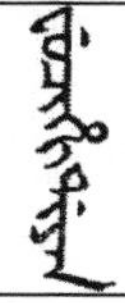	fucihi diyan	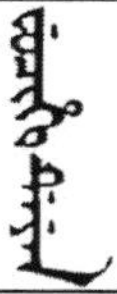	fucihi deyen
鐘鼓	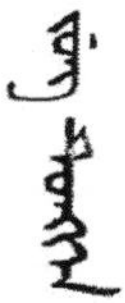	jung tungken	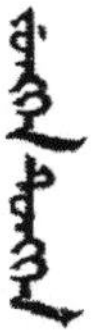	jungken tungken
菩薩	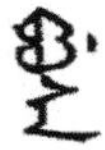	pu sa	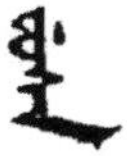	fusa
眼花撩亂	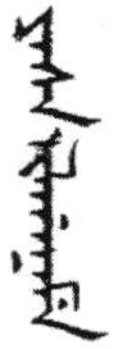	yasa ilganame	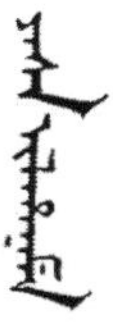	yasa ilhaname
宮	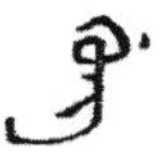	gung	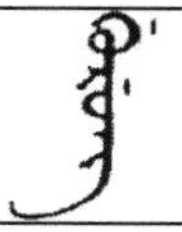	gurung

漢文	日本天理圖書館藏本		臺北國家圖書館藏本	
	滿文	羅馬拼音	滿文	羅馬拼音
只有那一步遠	ᠠᡵᡴᠠᠨ ᡝᠮᡠ ᠣᡴᠰᠣᠨ ᡳ ᡠᡶᡳᡥᡳ ᠪᡳ	arkan emu okson i ufihi bi	ᠠᡵᡴᠠᠨ ᡝᠮᡠ ᠣᡴᠰᠣᠨ ᡳ ᡠᡶᡠᡥᡳ ᠪᡳ	arkan emu okson i ufuhi bi
解元	ᡤᡳᠶᡝᡳ ᠶᡠᠸᠠᠨ	giyei yuwan	ᠪᠣᠩᡤᠣ ᡨᡠᡴᡳᠶᡝᠰᡳ	bonggo tukiyesi
粉墻兒	ᡧᠠᠩᡤᡳᠶᠠᠨ ᡶᡠ	šanggiyan fu	ᡧᠠᠨᠶᠠᠨ ᡶᡠ	šanyan fu
蘭麝香	ᠯᠠᠨ ᡳᠯᡥᠠᡳ ᠵᠠᡵᡳᠨ ᡳ ᠸᠠ	lan ilhai jarin i wa	ᡧᡠᠩᡴᡝᡵᡳ ᡳᠯᡥᠠᡳ ᠵᠠᡵᡳᠨ ᡳ ᠸᠠ	šungkeri ilhai jarin i wa
桃花片	ᡨᠣᡵᠣ ᡳᠯᡥᠠᡳ ᡶᡳᠨᡨᡝᡥᡝ	toro ilhai fintehe	ᡨᠣᡵᠣ ᡳᠯᡥᠠᡳ ᡶᡳᠶᡝᠨᡨᡝᡥᡝ	toro ilhai fiyentehe

漢文	日本天理圖書館藏本		臺北國家圖書館藏本	
	滿文	羅馬拼音	滿文	羅馬拼音
半間	ᡥᠣᠨᡨᠣᡥᠣ ᡤᡳᠶᠠᠨ	hontoho giyan	ᡥᠣᠨᡨᠣᡥᠣ ᡤᡳᠶᠠᠯᠠᠨ	hontoho giyalan
傳粉的	ᡶᡠᠨ ᡳᠵᡠᡥᠠᠩᡤᡝ	fun ijuhangge	ᡶᡳᠶᡝᠨ ᡳᠵᡠᡥᠠᠩᡤᡝ	fiyen ijuhangge
渾俗和光	ᠶᠠᠶᠠ ᡩᡝ ᡠᡥᡝᡳ ᡩᠠᡴᡡ	yaya de, uhei dakū	ᠵᠠᠯᠠᠨ ᡩᡝ ᡠᡥᡝ ᡩᠠᡴᡡ	jalan de uhe dakū
笑留	ᡳᠨᠵᡝᠮᡝ ᡤᠠᡳᠵᠠᡵᡝᠣ	injeme gaijareo	ᡳᠨᠵᡝᠮᡝ ᡤᠠᡳᠵᠠᡵᠠᠣ	injeme gaijarao
掂斤播兩	ᡤᡳᠨ ᠶᠠᠨ ᡳ ᡨᠣᠨ ᠪᡝ ᡩᡝᠮᠨᡳᠶᡝᡵᡝ	gin yan i ton be demniyere	ᡤᡳᠩᡤᡝᠨ ᠶᠠᠨ ᡳ ᡨᠣᠨ ᠪᡝ ᡩᡝᠮᠨᡳᠶᡝᡵᡝ	ginggen yan i ton be demniyere

漢文	日本天理圖書館藏本		臺北國家圖書館藏本	
	滿文	羅馬拼音	滿文	羅馬拼音
經史	ᡤᡳᠩ ᠰᡠᡩᡠᡵᡳ	ging suduri	ᠨᠣᠮᡠᠨ ᠰᡠᡩᡠᡵᡳ	nomun suduri
二十三歲	ᠣᡵᡳᠨ ᡳᠯᠠᠰᡝ	orin ilase	ᠣᡵᡳᠨ ᡳᠯᠠᠨ ᠰᡝ	orin ilan se
今後	ᡝᡵᡝᠴᡳ ᠠᠮᠠᠰᡳ	ereci amasi	ᡝᡵᡝᠴᡳ ᠵᡠᠯᡝᠰᡳ	ereci julesi
牢染在肝腸	ᡩᡠᡥᠠ ᡩᠣ ᡩᡝ ᠰᡳᠩᡤᡝᠯᡨᡝᡳ ᡳᠴᡝᠪᡠᡥᡝ	duha do de singgeltei icebuhe	ᡩᡠᡥᠠ ᡩᠣ ᡩᡝ ᠰᡳᠩᡤᡝᡨᡝᡳ ᡳᠴᡝᠪᡠᡥᡝ	duha do de singgetei icebuhe
男才女貌	ᡥᠠᡥᠠ ᡝᡵᡩᡝᠮᡠᠩᡤᡝ ᡥᡝᡥᡝ ᡥᠣᠴᡳᡴᠣᠨ	haha erdemungge, hehe hocikon	ᡥᠠᡥᠠ ᡝᡵᡩᡝᠮᡠᠩᡤᡝ ᡤᡝᡤᡝ ᡥᠣᠴᡳᡴᠣᠨ	haha erdemungge, gege hocikon

漢文	日本天理圖書館藏本		臺北國家圖書館藏本	
	滿文	羅馬拼音	滿文	羅馬拼音
眉兒淺淡	ᡶᠠᡳᡨᠠᠨ ᠰᡠᡥᡠᠨ ᠪᡳᠶᠠᠨᠴᡳᡥᡳᠶᠠᠨ	faitan suhun biyancihiyan	ᡶᠠᡳᡨᠠᠨ ᠰᡠᡥᡠᠨ ᠪᡳᠶᠠᠪᡳᠶᠠᡥᡡᠨ	faitan suhun biyabiyahūn
子時	ᠰᡳᠩᡤᡝᡵᡳ ᡝᡵᡳᠨ ᡩᡝ	singgeri erin de	ᠰᡳᠩᡤᡝᡵᡳ ᡝᡵᡳᠨᡩᡝ	singgeri erinde
羅袂生寒	ᠯᠣ ᡳ ᡠᠯᡥᡳ ᡧᠠᡥᡡᡵᠠᠮᡝ	lo i ulhi šahūrame	ᠯᡠ ᡳ ᡠᠯᡥᡳ ᡧᠠᡥᡡᡵᠠᠮᡝ	lu i ulhi šahūrame
賦	ᡶᡠ	fu	ᡶᡠᠵᡠᡵᡠᠨ	fujurun
吟詩	ᡧᡳ ᡳᡵᡤᡝᠪᡠᠮᠪᡳ	ši irgebumbi	ᡳᡵᡤᡝᠪᡠᠨ ᡳᡵᡤᡝᠪᡠᠮᠪᡳ	irgebun irgebumbi
直到天明	ᡤᡝᡵᡨᡝᠯᡝ	gertele	ᡤᡝᡵᡝᡨᡝᠯᡝ	geretele

漢文	日本天理圖書館藏本		臺北國家圖書館藏本	
	滿文	羅馬拼音	滿文	羅馬拼音
斗柄	ᡩᡝᠣ ᡠᠰᡳᡥᠠᡳ ᡶᡝᠰᡳᠨ	deo usihai fesin	ᡩᡝᠮᡨᡠ ᡠᠰᡳᡥᠠᡳ ᡶᡝᠰᡳᠨ	demtu usihai fesin
四星	ᠵᡠᠸᠠᠨ ᡶᡠᠨ	juwan fun	ᠵᡠᠸᠠᠨ ᡶᡠᠸᡝᠨ	juwan fuwen
鳴	ᡤᡠᠸᡝᡩᡝᡵᡝᠩᡤᡝ	guwederengge	ᡤᡠᠸᡝᠨᡩᡝᡵᡝᠩᡤᡝ	guwenderengge
畫堂	ᠨᡳᡵᡠᡥᠠ ᠶᠠᠮᡠᠨ	niruha yamun	ᠨᡳᡵᡠᡥᠠ ᡨᠠᠩᡤᡳᠨ	niruha tanggin
宮殿	ᡤᡠᠩ ᡩᡳᠶᠠᠨ	gung diyan	ᡤᡠᡵᡠᠩ ᡩᡝᠶᡝᠨ	gurung deyen
雲蓋	ᡨᡠᡤᡳ ᠰᠠᡵᠠ	tugi sara	ᡨᡠᡤᡳ ᠰᠠᡥᠠᡵᠠ	tugi sahara
幡影	ᡶᠠᠩᠰᡝ ᡥᡝᠯᠮᡝᠨ	fangse helmen	ᡤᡳᡵᡩᠠᠨ ᡥᡝᠯᠮᡝᠨ	girdan helmen

漢文	日本天理圖書館藏本		臺北國家圖書館藏本	
	滿文	羅馬拼音	滿文	羅馬拼音
鐘聲	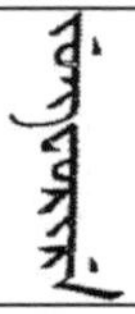	jung forire	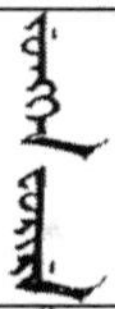	jungken forire
紗窗	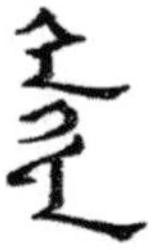	ša i fa	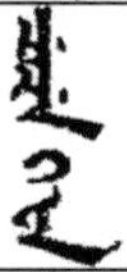	cece i fa
粉鼻	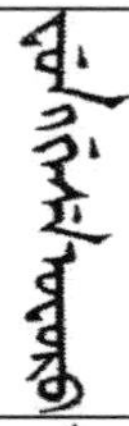	fun i gese oforo	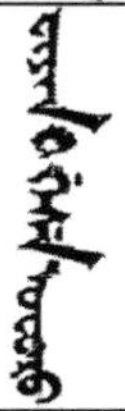	fiyan i gese oforo
追薦父母	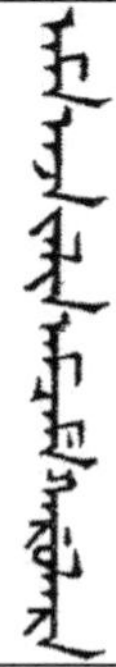	ama aja jalin amcame karulara	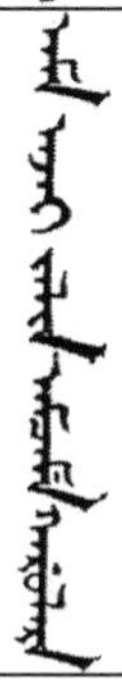	ama ajai jalin amcame karulara
磬	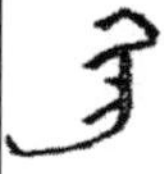	king	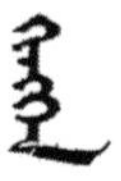	kingken
琴	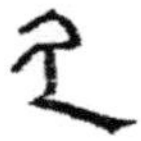	kin	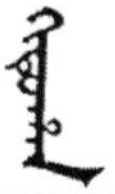	kituhan
旗	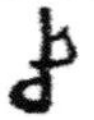	tu	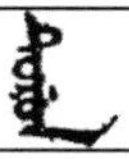	turun

漢文	日本天理圖書館藏本		臺北國家圖書館藏本	
	滿文	羅馬拼音	滿文	羅馬拼音
黃昏	ᡶᠠᡵᡥᡡᠨ ᡤᡝᡵᡤᡳᠨ	farhūn gergin	ᡶᠠᡵᡥᡡᠨ ᡤᡝᡵᡥᡝᠨ	farhūn gerhen
落紅	ᠰᡳᡤᠠᡥᠠ ᡶᡠᠯᡤᡳᠶᠠᠨ	sigaha fulgiyan	ᠰᡳᡥᠠᡥᠠ ᡶᡠᠯᡤᡳᠶᠠᠨ	sihaha fulgiyan
夢曉	ᡨᠣᠯᡥᡳᡴᠠᡳ ᡤᡝᡵᡝᡴᡝ	tolhikai gereke	ᡨᠣᠯᡤᡳᡴᠠᡳ ᡤᡝᡵᡝᡴᡝ	tolgikai gereke
金粉	ᠠᡳᠰᡳᠨ ᡶᡠᠨ	aisin fun	ᠠᡳᠰᡳᠨ ᡶᡳᠶᡝᠨ	aisin fiyen
錦囊	ᡤᡝᠴᡠᡥᡝᡵᡳ ᡶᠠᡩᡠ	gecuheri fadu	ᡤᡝᠴᡠᡥᡝᡵᡳ ᡶᠠᡶᡠ	gecuheri fafu
胡云	ᠪᠠᡥᠠᡳ ᡥᡝᠨᡩᡠᡵᡝᠩᡤᡝ	bahai hendurengge	ᠪᠠᠯᠠᡳ ᡥᡝᠨᡩᡠᡵᡝᠩᡤᡝ	balai hendurengge

漢文	日本天理圖書館藏本		臺北國家圖書館藏本	
	滿文	羅馬拼音	滿文	羅馬拼音
便	ᡳᠨᡝ ᠮᡝᠨᡝ	ine mene	ᡳᠨᡝᠮᡝᠨᡝ	inemene
法華經	ᡶᠠ ᡥᡡᠸᠠ ᡤᡳᠩ	fa hūwa ging	ᡶᠠ ᡥᡡᠸᠠ ᠨᠣᠮᡠᠨ	fa hūwa nomun
狀元	ᠵᡠᠸᠠᠩ ᠶᡠᠸᠠᠨ	juwang yuwan	ᠪᠣᠩᡤᠣ ᠰᠣᠨᠵᠣᠰᡳ	bonggo sonjosi
奸細	ᡤᡳᠶᠠᠨᠰᡳ	giyansi	ᡤᡡᠯᡩᡠᠰᡳ	gūldusi
麾下	ᡨᡠ ᡳ ᡶᡝᠵᡳᠯᡝ	tu i fejile	ᡨᡠᡵᡠᠨ ᡳ ᡶᡝᠵᡳᠯᡝ	turun i fejile
寒暄再隔	ᡥᠠᠯᡥᡡᠨ ᡧᠠᡥᡡᡵᡠᠨ ᠪᡝ ᠵᡠᠸᡝᠩᡤᡝᡵᡳ ᡥᡝᡨᡠᡥᡝ	halhūn šahūrun be juwenggeri hetuhe	ᡥᠠᠯᡥᡡᠨ ᡧᠠᡥᡡᡵᡠᠨ ᠵᡠᠸᡝᠩᡤᡝᡵᡳ ᡥᡝᡨᡠᡥᡝ	halhūn šahūrun juwenggeri hetuhe

漢文	日本天理圖書館藏本		臺北國家圖書館藏本	
	滿文	羅馬拼音	滿文	羅馬拼音
風雨之夕	ᡝᡩᡠᠨ ᠠᡤᠠᡳ ᠶᠠᠮᠵᡳ	edun agai yamji	ᡝᡩᡠᠨ ᠠᡤᠠ ᡳ ᠶᠠᠮᠵᡳ	edun aga i yamji
西江	ᠸᠠᡵᡤᡳ ᡤᡳᠶᠠᠩ	wargi giyang	ᠸᠠᡵᡤᡳ ᡠᠯᠠ	wargi ula
中營	ᡩᡠᠯᡳᠮᠪᠠᡳ ᡳᠩ	dulimbai ing	ᡩᡠᠯᡳᠮᠪᠠᡳ ᡴᡡᠸᠠᡵᠠᠨ	dulimbai kūwaran
夢	ᡨᠣᠯᡥᡳᠨ	tolhin	ᡨᠣᠯᡤᡳᠨ	tolgin
恕悲	ᡤᡳᠯᠵᠠᠮᡝ ᡤᠠᠮᠠᡵᡝᠣ	giljame gamareo	ᡤᡳᠯᠵᠠᠮᡝ ᡤᠠᠮᠠᡵᠠᠣ	giljame gamarao
明日	ᠴᡳᠮᠠᡥᠠ	cimaha	ᠴᡳᠮᠠᡵᡳ	cimari
東閣	ᡩᡝᡵᡤᡳ ᠯᡝᠣᠰᡝ	dergi leose	ᡩᡝᡵᡤᡳ ᡨᠠᡴᡨᡠ	dergi taktu

漢文	日本天理圖書館藏本		臺北國家圖書館藏本	
	滿文	羅馬拼音	滿文	羅馬拼音
白露	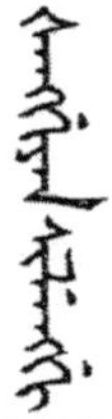	šanggiyan silenggi	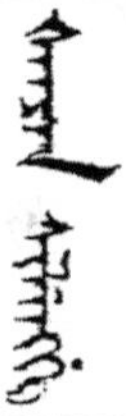	šanyan silenggi
烏紗	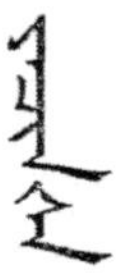	yacin ša	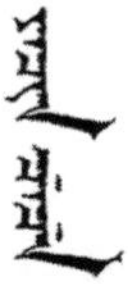	yacin cece
角帶	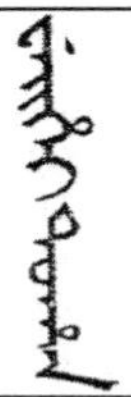	weihei tohan	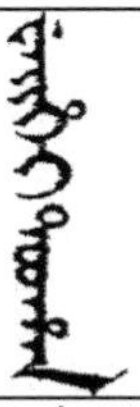	weihei toohan
不請街坊	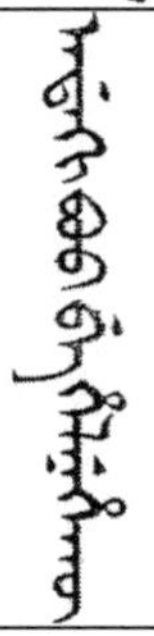	adaki boo be helnehekū	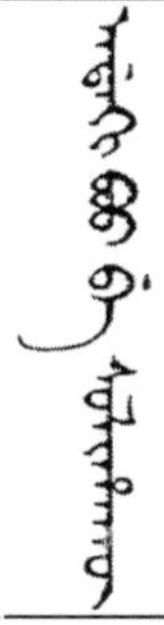	adaki boo be solihakū
落紅	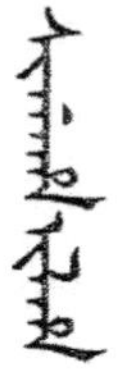	sigaha ilha	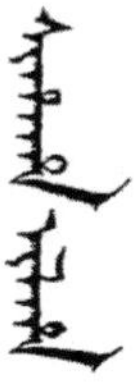	sihaha ilha

漢文	日本天理圖書館藏本		臺北國家圖書館藏本	
	滿文	羅馬拼音	滿文	羅馬拼音
鳳簫	ᡶᡠᠩᡥᡡᠸᠠᠩ ᠨᡳ ᡶᡳᠴᠠᡴᡡ	funghūwang ni ficakū	ᡤᠠᡵᡠᡩᠠᡳ ᡳ ᡶᡳᠴᠠᡴᡡ	garudai i ficakū
鸞	ᠯᡠᠸᠠᠨ ᡤᠠᠰᡥᠠ	luwan gasha	ᡤᠠᡵᡠᠩᡤᡡ	garunggū
牽牛織女星	ᠨᡳᠣ ᠯᠠᠩ ᠵᡟ ᠨᡳᠣᡳ ᡠᠰᡳᡥᠠ	nio lang, jy nioi usiha	ᡳᡤᡝᡵᡳ ᡠᠰᡳᡥᠠ ᠵᠣᡩᠣᡵᡤᠠᠨ ᡠᠰᡳᡥᠠ	igeri usiha jodorgan usiha
同行	ᠰᠠᠰᠠ ᠶᠣᠣᡴᡳ	sasa yooki	ᠰᠠᠰᠠ ᠶᠣᡴᡳ	sasa yoki
恐怕	ᡝᡴᠰᡝᠮᠪᡳ	eksembi	ᡝᡴ ᠰᡝᠮᠪᡳ	ek sembi

漢文	日本天理圖書館藏本		臺北國家圖書館藏本	
	滿文	羅馬拼音	滿文	羅馬拼音
瞧破	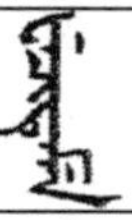	feciteme	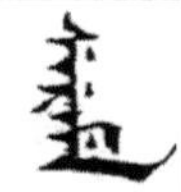	sereme
因何	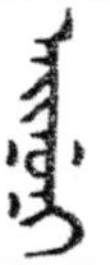	ainuni	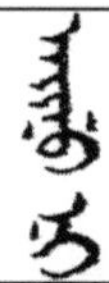	ainu ni
玻璃	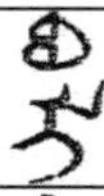	bo li	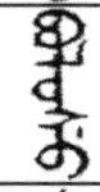	bolosu
咫尺	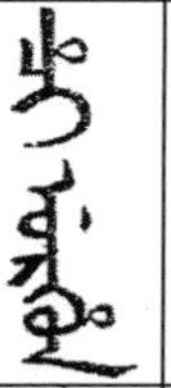	cy urhun	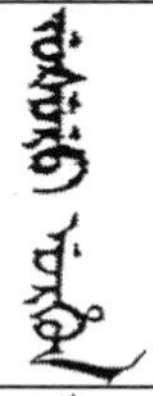	jušuru urhun
從今後	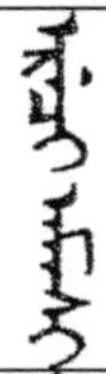	ereci amasi	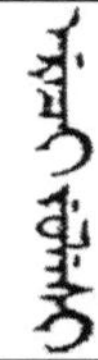	ereci julesi
伯勞	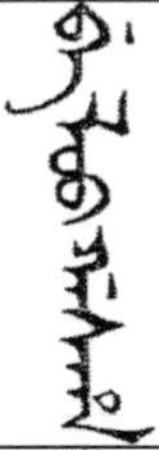	be loo gasha	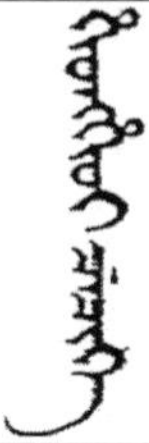	hionghioi cecike
凰	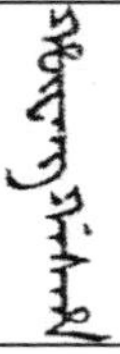	hūwang gasha	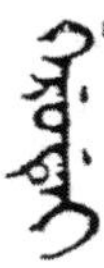	gerudei

漢文	日本天理圖書館藏本		臺北國家圖書館藏本	
	滿文	羅馬拼音	滿文	羅馬拼音
麟	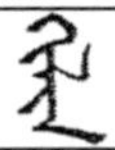	kilin	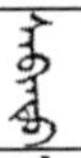	sabintu
角	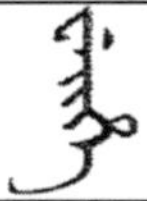	weihe	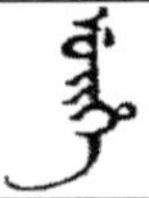	uihe
十分	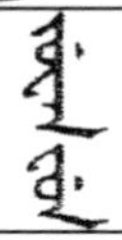	juwan fun	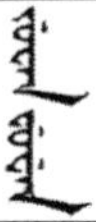	juwan fuwen
張殿試	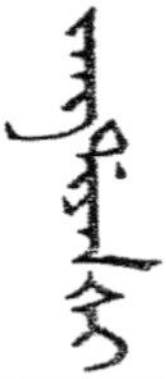	jang diyan ši	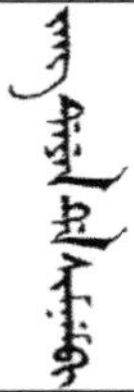	jang deyen de simnembi
詞	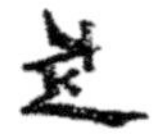	ts'y	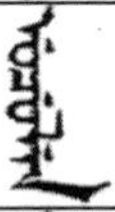	uculen
百次	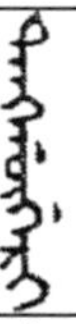	tanggūgeri	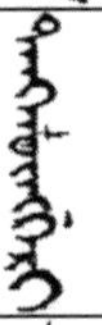	tanggūnggeri
鴛鴦	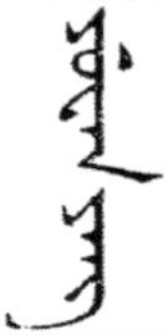	yuwan yang	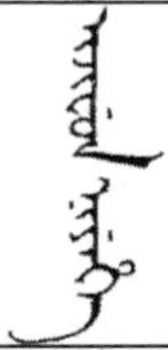	ijifun niyehe
學士	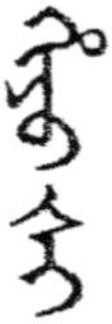	hiyo ši	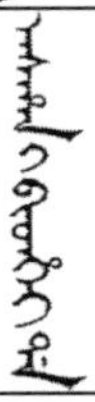	ashan i bithei da

漢文	日本天理圖書館藏本		臺北國家圖書館藏本	
	滿文	羅馬拼音	滿文	羅馬拼音
桂枝	ᡤᡠᡳ ᡤᠠᡵᡤᠠᠨ	gui gargan	ᡧᡠᠩᡤᠠ ᡤᠠᡵᡤᠠᠨ	šungga gargan
好賦	ᠰᠠᡳᠨ ᡶᡠ	sain fu	ᠰᠠᡳᠨ ᡶᡠᠵᡠᡵᡠᠨ	sain fujurun
微	ᠸᡝᡳ	wei	ᠯᠠᠩᠵᡠ	langju
粧盒	ᡳᠵᡳᡶᡠᠨ ᡥᡳᠶᠠᠰᡝ	ijifun hiyase	ᡳᠵᡳᡶᡠᠨ ᠰᡳᡨᡥᡝᠨ	ijifun sithen
爬行	ᠮᡳᠵᡳᡵᡝᠪᡠᠮᡝ	mijirebume	ᠮᡳᠵᡠᡵᠠᠪᡠᠮᡝ	mijurabume
好太醫	ᠰᠠᡳᠨ ᡩᠠᡳᡶᡠ	sain daifu	ᠰᠠᡳᠨ ᠣᡴᡨᠣᠰᡳ	sain oktosi
黃昏	ᡤᡝᡵᡤᡝᠨ ᠮᡠᡴᡳᠶᡝᠮᡝ	gergen mukiyeme	ᡤᡝᡵᡥᡝᠨ ᠮᡠᡴᡳᠶᡝᠮᡝ	gerhen mukiyeme
五更寒	ᠰᡠᠨᠵᠠᠴᡳ ᡤᡳᠩ ᡩᡝ ᠨᡳᡴᡧᡝᡥᡝ	sunjaci ging de nikšehe	ᠰᡠᠨᠵᠠᠴᡳ ᡤᡳᠩ ᡩᡝ ᠨᡳᡴᠰᡳᡥᠠ	sunjaci ging de niksiha

漢文	日本天理圖書館藏本		臺北國家圖書館藏本	
	滿文	羅馬拼音	滿文	羅馬拼音
符籙	ᡶᡠ ᡨᠠᡵᠨᡳ	fu tarni	ᡴᠠᡵᠮᠠᠨᡳ ᡨᠠᡵᠨᡳ	karmani tarni
樓閣	ᡨᠠᡴᡨᡠ ᠯᡝᠣᠰᡝ	taktu leose	ᡨᠠᡴᡨᡠ ᠠᠰᠠᡵᡳ	taktu asari
襪	ᠸᠠᠰᡝ	wase	ᡶᠣᠮᠣᠴᡳ	fomoci
一刻	ᡝᠮᡠ ᡴᡝ	emu ke	ᡝᠮᡠ ᡴᡝᠮᡠ	emu kemu
槐	ᡥᡡᠸᠠᡳᠰᡝ ᠮᠣᠣ	hūwaise moo	ᡥᠣᡥᠣᠩᡤᠣ ᠮᠣᠣ	hohonggo moo
桂	ᡤᡠ ᡳ ᠮᠣᠣ	gu i moo	ᡧᡠᠩᡤᠠ ᠮᠣᠣ	šungga moo
藥方	ᠣᡴᡨᠣᡳ ᡶᠠᠩᠰᡝ	oktoi fangse	ᠣᡴᡨᠣᡳ ᡩᠠᠰᠠᡵᡤᠠᠨ	oktoi dasargan

漢文	日本天理圖書館藏本		臺北國家圖書館藏本	
	滿文	羅馬拼音	滿文	羅馬拼音
海棠	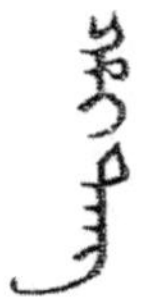	hai tang	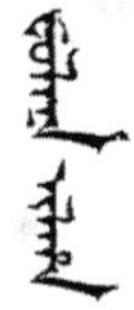	fulana ilha
酸醋	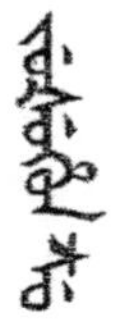	jušuhun ts'u	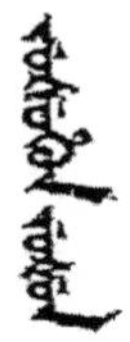	jušuhun jušun
一服	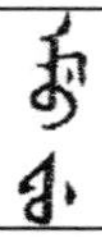	emu fu	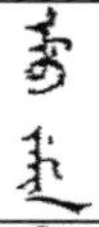	emu jemin
翰林	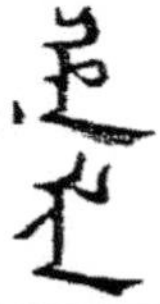	han̠ lin	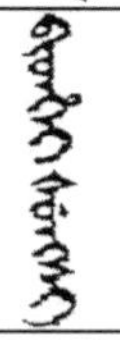	bithei šungsi
三尺	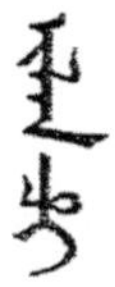	ilan cy	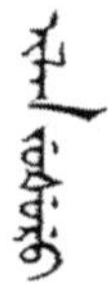	ilan jušuru
我睡去	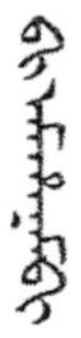	bi amhanambi	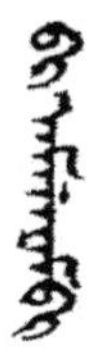	bi amganambi
放刁	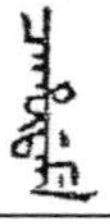	cahūdame	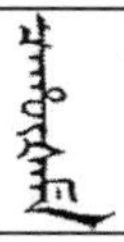	cahūšame

漢文	日本天理圖書館藏本		臺北國家圖書館藏本	
	滿文	羅馬拼音	滿文	羅馬拼音
畫閣	ᠨᡳᡵᡠᡥᠠ ᠯᡝᠣᠰᡝ	niruha leose	ᠨᡳᡵᡠᡥᠠ ᠠᠰᠠᡵᡳ	niruha asari
眼欲穿	ᠶᠠᠰᠠ ᠵᡠᠯᡳᡵᡝ ᡳᠰᡳᡴᠠ	yasa julire isika	ᠶᠠᠰᠠ ᡠᠯᡳᡵᡝ ᡳᠰᡳᡴᠠ	yasa ulire isika
勞	ᠰᡠᡳᠯᠠᠪᡠᠮᡝ	suilabume	ᠰᡠᠯᠠᠪᡠᠮᡝ	sulabume
鬏髻	ᡩᡳ ᡤᡳ	di gi	ᡧᠣᡧᠣᡴᡡ	šošokū
花心	ᡳᠯᡥᠠᡳ ᠵᡳᠯᡤᠠ	ilhai jilga	ᡳᠯᡥᠠᡳ ᠵᡳᠯᡥᠠ	ilhai jilha
堦	ᡨᡝᡵᡴᡳ	terki	ᡨᡝᡵᡴᡳᠨ	terkin
早些來	ᡝᡵᡩᡝᡴᡝᠨ ᠵᡳᡩᡝᡵᡝᠣ	erdeken jidereo	ᡝᡵᡩᡝᡴᡝᠨ ᡳ ᠵᡳᡩᡝᡵᡝᠣ	erdeken i jidereo

漢文	日本天理圖書館藏本		臺北國家圖書館藏本	
	滿文	羅馬拼音	滿文	羅馬拼音
先王	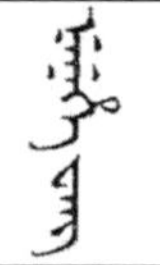	nenehe wang	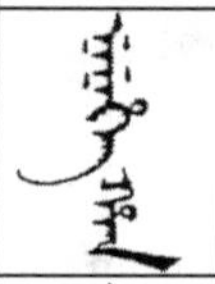	nenehe han
菓盒	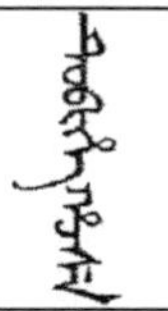	tubihe hose	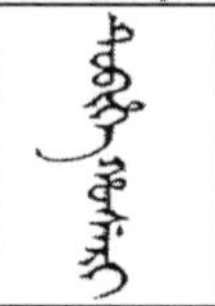	tubihe hoseri
明日	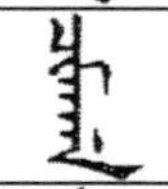	cimaga	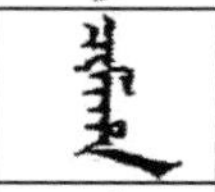	cimaha
道路拗折	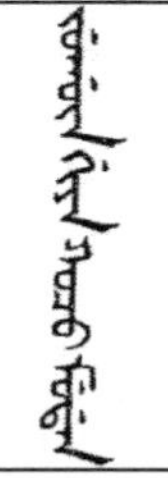	jugūn giya koco mudan	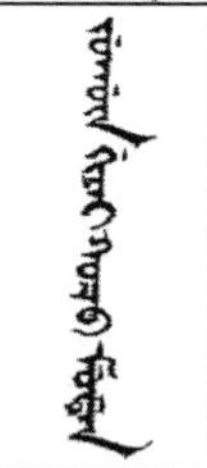	jugūn giyai koco mudan
醯醬	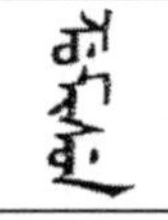	dzu misun	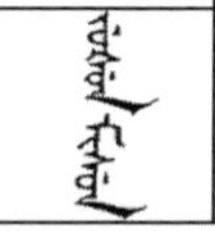	jušun misun

資料來源：日本天理大學圖書館、臺北國家圖書館藏本《滿漢西廂記》。

表中將滿文詞彙的異同，舉例說明，有助於了解《西廂記》不同滿文譯本的特色。滿文“weilen”，與“weile”，應分別清楚，不能混淆。漢語中「工作」、「工程」、「造作」，滿文讀作“weilen”;「罪行」、「罪」、「罪過」，滿文讀作“weile”。表中「女工」，國家圖書館藏本滿文作“galai weilen”，滿漢文義相合。天理圖書館藏本滿文作“galai weile”，句中“weile”，誤，當作“weilen”。表中「緣故」，天理圖書館藏本滿文作“turgun de”，國家圖書館藏本滿文連寫作“turgunde”。表中「雪浪」，天理圖書館藏本滿文作“šanggiyan boljon”，國家圖書館藏本滿文作“šanyan boljon”，意即「白浪」，滿文讀音略異。表中「佛殿」，天理圖書館藏本滿文作“fucihi diyan”，國家圖書館藏本滿文作“fucihi deyen”。表中「宮」，天理圖書館藏本滿文作“gung”，國家圖書館藏本滿文作“gurung”。表中「粉墻兒」，天理圖書館藏本滿文作“šanggiyan fu”，國家圖書館藏本滿文作“šanyan fu”，讀音略異。表中「桃花片」，國家圖書館藏本滿文作“toro ilhai fiyentehe”，句中“fiyentehe”，意即「瓣」，天理圖書館藏本滿文作“fintehe”，誤。表中「二十三歲」，天理圖書館藏本滿文作“orin ilase”，國家圖書館藏本滿文作“orin ilan se”。滿文“ereci amasi”與“ereci julesi”，文義相同，意即「以後」、「嗣後」。表中「今後」，天理圖書館藏本滿文作“ereci amasi”，國家圖書館藏本滿文作“ereci julesi”。表中「子時」，天理圖書館藏本滿文作“singgeri erin de”，國家圖書館藏本滿文作“singgeri erinde”。表中「直到天明」，國家圖書館藏本滿文作“geretele”，天理圖書館藏本滿文作“gertele”，異。表中「嗚」，國家圖書館藏本滿文作“guwenderengge”，天理圖書館藏本滿文作“guwederengge”，誤。表中「宮殿」，天理圖書館藏本滿文作“gung diyan”，國家圖書館藏本滿文作“gurung deyen”。表中「雲蓋」，天理圖書館藏本滿文作“tugi sara”，國家圖書館藏本滿文作“tugi sahara”，異。表中「黃昏」，舊清語作“farhūn gerhen”，滿文又作“gerhen mukiyembi”，意即「入暮」，國家圖書館藏本滿文作“farhūn gerhen”，天理圖書館藏本滿文作“farhūn gergin”，異。

表中「落紅」，國家圖書館藏本滿文作“sihaha fulgiyan”，又作“sihaha ilha”，意即「落花」，天理圖書館藏本滿文分別作“sigaha fulgiyan”、“sigaha ilha”，異。表中「夢曉」，國家圖書館藏本滿文作“tolgikai gereke”，天理圖書館藏本滿文作“tolhikai gereke”，異。表中「便」，天理圖書館藏本滿文作“ine mene”，國家圖書館藏本滿文連寫作“inemene”。表中「夢」，國家圖書館藏本滿文作“tolgin”，天理圖書館藏本滿文作“tolhin”，異。表中「恕悲」，國家圖書館藏本滿文作“giljame gamarao”，天理圖書館藏本滿文作“giljame gamareo”，異。滿文“cimaha”與“cimari”，詞義相同。表中「明日」，天理圖書館藏本滿文作“cimaha”，又作“cimaga”，國家圖書館藏本滿文作“cimari”，又作“cimaha”。表中「白露」，天理圖書館藏本滿文作“šanggiyan silenggi”，國家圖書館藏本滿文作“šanyan silenggi”。滿文“yoki”，動詞原形作“yombi”，意即「行走」。表中「同行」，國家圖書館藏本滿文作“sasa yoki”，天理圖書館藏本滿文作“sasa yooki”，異。表中「恐怕」，國家圖書館藏本滿文作“ek sembi”，天理圖書館藏本滿文連寫作“eksembi”，異。表中「因何」，國家圖書館藏本滿文作“ainu ni”，天理圖書館藏本滿文連寫作“ainuni”。表中「從今後」，天理圖書館藏本滿文作“ereci amasi”，國家圖書館藏本滿文作“ereci julesi”。表中「角」，天理圖書館藏本滿文作“weihe”，是舊清語；國家圖書館藏本滿文作“uihe”，為規範語。表中「百次」，國家圖書館藏本滿文作"tanggūnggeri"，天理圖書館藏本滿文作"tanggūgeri"，異。表中「爬行」，國家圖書館藏本滿文作"mijurabume"，天理圖書館藏本滿文作"mijirebume"，異。表中「五更寒」，國家圖書館藏本滿文作"sunjaci ging de niksiha"，句中"niksiha"，意即「打寒噤」、「打冷戰」，天理圖書館藏本滿文作"nikšehe"，異。表中「我睡去」，國家圖書館藏本滿文作"bi amganambi"，天理圖書館藏本滿文作"bi amhanambi"，異。

表中「眼欲穿」，國家圖書館藏本滿文作"yasa ulire isika"，天理圖書館藏本滿文作"yasa julire isika"，異。表中「勞」，天理圖書館藏本滿文作"suilabume"，國家圖書館藏本滿文作"sulabume"，異。表中「花心」，國家圖書館藏本滿文作"ilhai jilha"，意即「花蕊」，天理圖書館藏本滿文作"ilhai jilga"，異。表中「堦」，國家圖書館藏本滿文作"terkin"，意即「臺階」，天理圖書館藏本滿文作"terki"，異。表中「早些來」，國家圖書館藏本滿文作"erdeken i jidereo"，天理圖書館藏本滿文作"erdeken jidereo"，省略"i"。漢語「盒子」，滿文讀作"hose"，又作"hoseri"。表中「菓盒」，天理圖書館藏本滿文作"tubihe hose"，國家圖書館藏本滿文作"tubihe hoseri"。表中「道路拗折」，國家圖書館藏本滿文作"jugūn giyai koco mudan"，句中"giyai"，意即「街道」，天理圖書館藏本滿文作"giya"，異。

天理圖書館藏本的滿文詞彙，多據漢文音譯。表中「詩詞」，天理圖書館藏本滿文讀作"ši ts'y"，國家圖書館藏本據漢文詞義譯出滿文作"irgebun uculen"。表中「尚書」，天理圖書館藏本滿文據漢文讀音譯作“šangšu hafan”，意即「尚書官」，國家圖書館藏本據漢文詞義譯出滿文作“aliha amban”。表中「京師」，天理圖書館藏本滿文作“ging hecen”，國家圖書館藏本滿文作“gemun hecen”，是乾隆十四年（1749）十二月新定滿名。表中「杜鵑」，國家圖書館藏本滿文作“senggiri gasha”，天理圖書館藏本滿文據漢文音譯作“du giowan gasha”。表中「功名」，國家圖書館藏本滿文作“gungge gebu”，天理圖書館藏本滿文作“gung gebu”。表中「武舉狀元」，句中「狀元」，國家圖書館藏本滿文作“bonggo sonjosi”，天理圖書館藏本滿文作“juwang yuwan”，據漢文音譯。表中「征西大元帥」，句中「元帥」，國家圖書館藏本滿文作“jiyanggiyūn”，意即「將軍」，天理圖書館藏本滿文據漢文音譯作“yuwan šuwai”。表中「文章」，國家圖書館藏本滿文作“šu fiyelen”，天理圖書館藏本滿文據漢文音譯作“wen jang”。表中「詩書經傳」，國家圖書館藏本滿文作“irgebun bithe nomun ulabun”，天理圖書館藏本滿文據漢文音譯作“ši šu ging juwan”。表中「鵬程」，句中「鵬」，國家圖書館藏本滿文作“daipun”，天理圖書館藏本滿文音譯作“pung”。表中「浮橋」，國家圖書館藏本滿文作“dekdeku doohan”，句中“doohan”，天理圖書館藏本據漢文音譯作“kiyoo”。表中「歸舟」，國家圖書館藏本滿文作“marire jahūdai”，句中“jahūdai”，天理圖書館藏本滿文音譯作“cuwan”。表中「弩箭」，國家圖書館藏本滿文作“selmin niru”，天理圖書館藏本滿文作“nu sirdan”，句中“nu”，據漢文音譯。表中「洛陽」，國家圖書館藏本滿文作“lu yang”，句中“lu”，天理圖書館藏本滿文作"lo"，是漢文「洛」的音譯。表中「頭房」，國家圖書館藏本滿文作"ujui giyalan"，句中"giyalan"，意即「房間」，天理圖書館藏本滿文作"giyan"，是漢文「間」的音譯。表中「功德」的「功」，國家圖書館藏本滿文作"gungge"，天理圖書館藏本滿文音譯作"gung"。表中「禪房」，國家圖書館藏本滿文作"samadi boo"，句中"samadi"，天理圖書館藏本滿文據漢文音譯作"can"。表中「鐘」，國家圖書館藏本滿文作"jungken tungken"，句中"jungken"，天理圖書館藏本滿文音譯作"jung"。表中「菩薩」，國家圖書館藏本滿文作"fusa"，天理圖書館藏本滿文作"pu sa"。表中「宮」，國家圖書館藏本滿文作"gurung"，天理圖書館藏本滿文音譯作"gung"。表中「解元」，國家圖書館藏本滿文作"bonggo tukiyesi"，句中"tukiyesi"，意即「舉人」。清代鄉試中試者，稱為舉人，第一名舉人，稱為解元，天理圖書館藏本滿文據漢文音譯作"giyei yuwan"。

表中「蘭麝香」，國家圖書館藏本滿文作"šungkeri ilhai jarin i wa"，意即「蘭花的麝香」。句中「蘭」，天理圖書館藏本滿文據漢文音譯作"lan"。表中「半間」，國家圖書館藏本滿文作"hontoho giyalan"，句中"giyalan"，天理圖書館藏本滿文據漢文音譯作"giyan"。表中「傅粉的」，國家圖書館藏本滿文作"fiyen ijuhangge"，句中"fiyen"，天理圖書館藏本滿文據漢文「粉」音譯作"fun"。表中「掂斤播兩」，國家圖書館藏本滿文作"ginggen yan i ton be demniyere"，句中"ginggen"，天理圖書館藏本滿文據漢文「斤」音譯作"gin"。表中「經史」，國家圖書館藏本滿文作“nomun suduri”，句中“nomun”，天理圖書館藏本滿文據漢文「經」音譯作“ging”。表中「賦」，國家圖書館藏本滿文作“fujurun”，天理圖書館藏本滿文據漢文「賦」音譯作“fu”。表中「吟詩」，國家圖書館藏本滿文作“irgebun irgebumbi”，句中“irgebun”，天理圖書館藏本滿文據漢文「詩」音譯作“ši”。表中「斗柄」，國家圖書館藏本滿文作“demtu usihai fesin”，句中“demtu”，天理圖書館藏本滿文據漢文「斗」音譯作“deo”。表中「四星」，國家圖書館藏本滿文作“juwan fuwen”，意即「十分」，句中“fuwen”，天理圖書館藏本滿文據漢文「分」音譯作“fun”。表中「幡影」，國家圖書館藏本滿文作“girdan helmen”，句中“girdan”，意即「幡」，天理圖書館藏本滿文據漢文「幡」音譯作“fangse”，意即「幡子」，易與「紡絲」(fangse)混淆。表中「紗窗」，國家圖書館藏本滿文作“cece i fa”，句中“cece”，天理圖書館藏本滿文據漢文「紗」音譯作“ša”。表中「粉鼻」，國家圖書館藏本滿文作“fiyan i gese oforo”，句中“fiyan”，天理圖書館藏本滿文據漢文「粉」音譯作“fun”。表中「磬」，國家圖書館藏本滿文作“kingken”，天理圖書館藏本滿文據漢文「磬」音譯作“king”。表中「琴」，國家圖書館藏本滿文作“kituhan”，天理圖書館藏本滿文據漢文「琴」音譯作“kin”。表中「奸細」，國家圖書館藏本滿文作“gūldusi”，天理圖書館藏本滿文據漢文「奸細」音譯作“giyansi”。表中「西江」，國家圖書館藏本滿文作“wargi ula”，句中“ula”，天理圖書館藏本滿文據漢文「江」音譯作“giyang”。表中「中營」，國家圖書館藏本滿文作“dulimbai kūwaran”，句中

"kūwaran"，天理圖書館藏本滿文據漢文「營」音譯作"ing"。表中「鳳簫」，句中「鳳」，國家圖書館藏本滿文作"garudai"，天理圖書館藏本滿文據漢文「鳳凰」音譯作"funghūwang"。表中「鸞」，國家圖書館藏本滿文作"garunggū"，天理圖書館藏本滿文據漢文「鸞」音譯作"luwan gasha"。表中「牽牛織女星」，國家圖書館藏本滿文作"igeri usiha jodorgan usiha"，句中"igeri usiha"，意即「牽牛星」，又稱「牛郎星」；"jodorgan usiha"，意即「織女星」。天理圖書館藏本滿文據漢文「牛郎」音譯作"nio lang"，據漢文「織女」音譯作"jy nioi"。表中「玻璃」，國家圖書館藏本滿文作"bolosu"，天理圖書館藏本滿文據漢文「玻璃」音譯作"bo li"。表中「咫尺」，國家圖書館藏本滿文作"jušuru urhun"，句中"jušuru"，意即「尺」，天理圖書館藏本滿文據漢文「尺」音譯作"cy"。表中「伯勞」，國家圖書館藏本滿文作"hionghioi cecike"，天理圖書館藏本滿文據漢文「伯勞」音譯作"be loo gasha"。表中「凰」，國家圖書館藏本滿文作"gerudei"，天理圖書館藏本滿文音譯作"hūwang gasha"。表中「麟」，國家圖書館藏本滿文作"sabintu"，意即「瑞獸」，天理圖書館藏本滿文據漢文「麒麟」音譯作"kilin"。

表中「張殿試」，國家圖書館藏本滿文作"jang deyen de simnembi"，天理圖書館藏本滿文據漢文音譯作"jang diyan ši"。表中「詞」，國家圖書館藏本滿文作"uculen"，天理圖書館藏本滿文據漢文音譯作"ts'y"。表中「鴛鴦」，國家圖書館藏本滿文作"ijifun niyehe"，天理圖書館藏本滿文據漢文音譯作"yuwan yang"。表中「學士」，國家圖書館藏本滿文作“ashan i bithei da”，意即「內閣學士」，天理圖書館藏本滿文據漢文「學士」音譯作“hiyo ši”。表中「桂枝」，國家圖書館藏本滿文作“šungga gargan”，句中“šungga”，天理圖書館藏本滿文據漢文「桂」音譯作“gui”。表中「好賦」，國家圖書館藏本滿文作“sain fujurun”，句中“fujurun”，天理圖書館藏本滿文據漢文「賦」音譯作“fu”。表中「微」，天理圖書館藏本滿文據漢文音譯作“wei”，國家圖書館藏本滿文作“langju”，亦作“langjeo”，可作量詞或時位解，十微相當於一忽，六十微為一秒。表中「符籙」，國家圖書館藏本滿文作“karmani tarni”，意即「符咒」，句中「符」，天理圖書館藏本滿文據漢文音譯作“fu”。表中「襪」，國家圖書館藏本滿文作“fomoci”，天理圖書館藏本滿文據漢文音譯作“wase”，易與「瓦」（wase）混淆。表中「一刻」，國家圖書館藏本滿文作“emu kemu”，句中“kemu”，天理圖書館藏本滿文據漢文音譯作“ke”。表中「槐」，國家圖書館藏本滿文作“hohonggo moo”，意即「槐樹」，天理圖書館藏本滿文音譯作“hūwaise moo”。表中「桂」，國家圖書館藏本滿文作“šungga moo”，天理圖書館藏本滿文音譯作“gu i moo”。表中「藥方」，國家圖書館藏本滿文作“oktoi dasargan”，句中“dasargan”，天理圖書館藏本滿文音譯作“fangse”，意即「方子」。表中「海棠」，國家圖書館藏本滿文作“fulana ilha”，意即「海棠花」，天理圖書館藏本滿文音譯作“hai tang”。表中「酸醋」，國家圖書館藏本滿文作“jušuhun jušun”，句中“jušun”，天理圖書館藏本滿文音譯作“ts'u”。表中「一服」，國家圖書館藏本滿文作“emu jemin”，意指一服藥，句中“jemin”，天理圖書館藏本滿文音譯作“fu”。表中「翰林」，國家圖書館藏本滿文作“bithei šungsi”，天理圖書館藏本滿文音譯作“han lin”。表中「三尺」，國家圖書館藏本滿文作“ilan jušuru”，句中“jušuru”，天理圖書館藏本滿文音譯作“cy”。表中「鬏髻」，國家圖書館藏本滿文作“šošokū”，天理圖書館藏本滿文音譯作“di gi”。表中「先王」，國家圖書館藏本滿文作“nenehe han”，意指先皇帝，或先帝，天理圖書館藏本滿文作“nenehe wang”。表中「醯醬」，國家圖書館藏本滿文作“jušun misun”，意即「醋醬」，句中“jušun”，天理圖書館藏本滿文據漢文「醋」音譯作“dzu”。

表中「院」、「寺」，國家圖書館藏本滿文俱作“juktehen”，天理圖書館藏本滿文據漢文「廟」音譯俱作“miyoo”。表中「山門」，國家圖書館藏本滿文作“juktehen i duka”，天理圖書館藏本滿文作“miyoo i duka”，意即「廟門」。表中「只有那一步遠」，國家圖書館藏本滿文作“arkan emu okson i ufuhi bi”，句中“ufuhi”，意指分兒，天理圖書館藏本滿文作“ufihi”，異。表中「渾俗和光」，國家圖書館藏本滿文作“jalan de uhe dakū”，天理圖書館藏本滿文作“yaya de, uhei dakū”，句中「渾俗」，國家圖書館藏本滿文作“jalan de”，意即「世上」，天理圖書館藏本滿文作“yaya de”，意即「諸凡」。句中「和光」，國家圖書館藏本滿文作“uhe dakū”，意即「不分彼此」。表中「牢染在肝腸」，國家圖書館藏本滿文作“duha do de singgetei icebuhe”，句中“singgetei”，意即「浸透」，天理圖書館藏本滿文作“singgeltei”，異。表中「男才女貌」，國家圖書館藏本滿文作“haha erdemungge, gege hocikon”，句中“gege”，意即「姊姊」，天理圖書館藏本滿文作“hehe”，意即「女人」。表中「眉兒淺淡」，國家圖書館藏本滿文作“faitan suhun biyabiyahūn”，句中“biyabiyahūn”，天理圖書館藏本滿文作“biyancihiyan”，異。表中「羅袂生寒」，句中「羅」，天理圖書館藏本滿文作“lo”，國家圖書館藏本滿文作“lu”，異。表中「畫堂」，國家圖書館藏本滿文作“niruha tanggin”，天理圖書館藏本滿文作“niruha yamun”，意即「畫院」。表中「追薦父母」，國家圖書館藏本滿文作“ama ajai jalin amcame karulara”，天理圖書館藏本滿文作“ama aja jalin amcame karulara”，句中脫落“i”，當作“i jalin”。表中「旗」，天理圖書館藏本滿文作“tu”，意即「纛」，國家圖書館藏本滿文作“turun”。表中「錦囊」，天理圖書館藏本滿文作“gecuheri fadu”，國家圖書館藏本滿文作“gecuheri fafu”。表中「胡云」，國家圖書館藏本滿文作“balai hendurengge”，天理圖書館藏本滿文作“bahai hendurengge”。表中「麾下」，天理圖書館藏本滿文作“tu i fejile”，國家圖書館藏本滿文作“turun i fejile”，意即「軍旗下」，乃對武官之敬稱。表中「寒暄再隔」，意即「兩易寒暑」，國家圖書館藏本滿文作“halhūn šahūrun be juwenggeri hetuhe”，天理圖書館藏本滿文作“halhūn šahūrun juwenggeri hetuhe”，句中脫落“be”。表中「東閣」，國家圖書館藏本滿文作“dergi taktu”句中「閣」，滿文作“taktu”，天理圖書館藏本滿文音譯作“leose”；「樓閣」，天理圖書館藏本滿文作“taktu leose”，句中「閣」，滿文音譯作“leose”；國家圖書館藏本滿文作“asari”，異。表中

「角帶」，國家圖書館藏本滿文作“weihei toohan”，意即「腰帶兩頭串用獸角的飾件」，句中“toohan”，天理圖書館藏本滿文作“tohan”，異。表中「不請街坊」，國家圖書館藏本滿文作“adaki boo be solihakū”，句中“solihakū”，意即「不請」，天理圖書館藏本滿文作“helnehekū”，意即「不邀」。表中「瞧破」，國家圖書館藏本滿文作“sereme”，意即「發覺」，天理圖書館藏本滿文作“feciteme”，意即「發覺異樣」，異。表中「粧盒」，國家圖書館藏本滿文作“ijifun sithen”，句中“sithen”，意即「盒子」，天理圖書館藏本滿文據漢文「匣子」音譯作“hiyase”。表中「放刁」，國家圖書館藏本滿文作“cahūšame”，意即「撒潑」、「胡攪蠻纏」，天理圖書館藏本滿文作“cahūdame”，異。

錫伯文《滿漢合璧西廂記》的滿文譯本烏魯木齊新疆人民出版社出版校訂本與天理圖書館藏本，頗為相近，可列簡表如下。

天理圖書館藏本與烏魯木齊校訂本對照表

標目	漢文	天理圖書館藏本	羅馬拼音	烏魯木齊校訂本	羅馬拼音
驚艷第一章	夫主姓崔	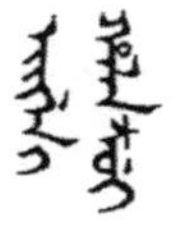	eigen i hala ts'ui	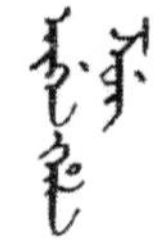	eigen hala dzui
	祇生這個女兒	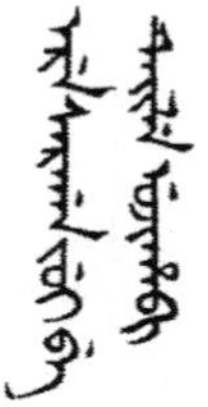	ere sargan jui be teile ujihabi	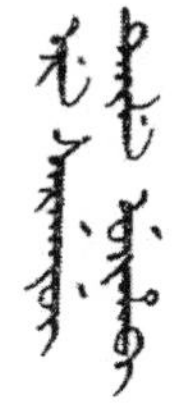	ere sarganjui teile ujihabi
	遊藝中原	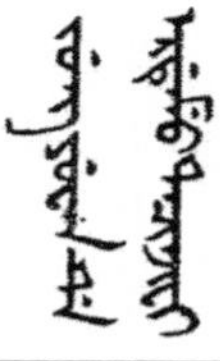	jung yuwan de erdemu tacinjifi	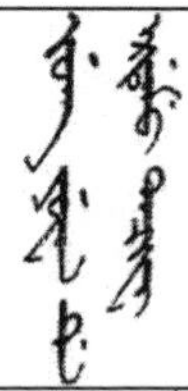	jung yuwan de erdemu tacifi
	棘圍呵守煖	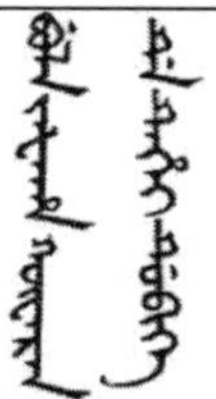	bula jafaha kūwaran de tehei dubike	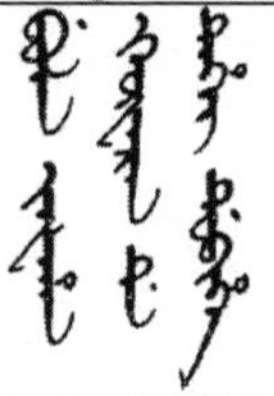	bula jafaha kūwaran de tehei dubihe
	這裡好一座店兒	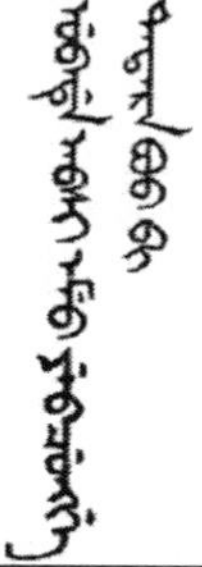	ubade absi emu yebcungge tatara boo bi	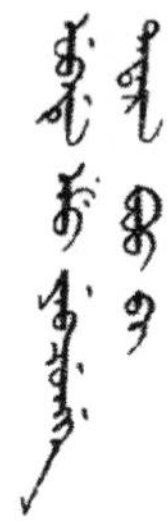	ubade emu yebcungge tatara boo bi

標目	漢文	天理圖書館藏本	羅馬拼音	烏魯木齊校訂本	羅馬拼音
驚艷第一章	小僧法聰	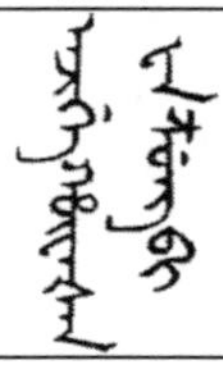	ajige hūwašan fa ts'ung bi	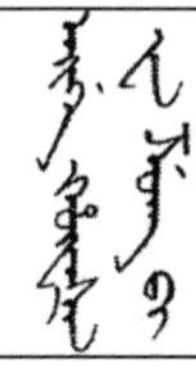	ajige hūwašan fa dzung bi
	着我在寺中	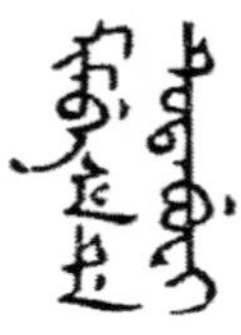	mimbe sy de tutabufi	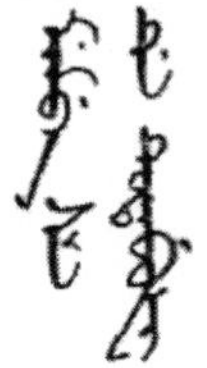	membe sy de tutabufi
	偏宜貼翠花鈿	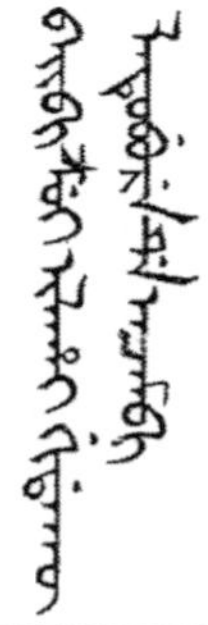	baibi ts'ui ilhai gidakū latubure de acambi	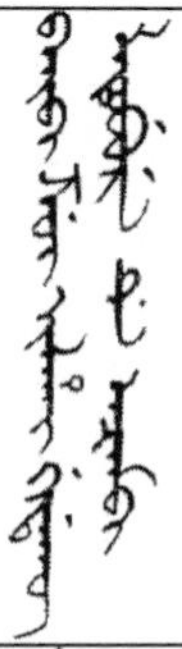	baibi dzui ilhai gidakū latubure de acambi
	侵入鬢雲邊	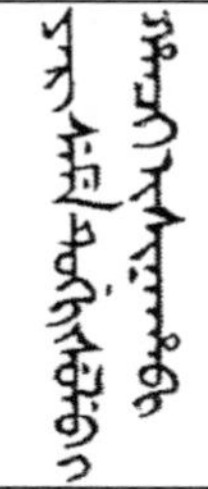	yar seme tugi šulu i hanci isinahabi	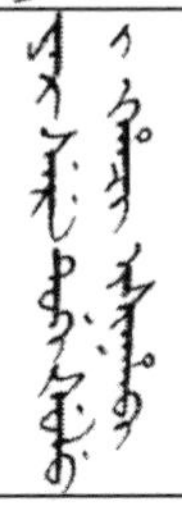	yar sere tugi šulu i hanci isinahabi
	後	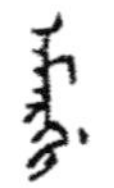	amargi	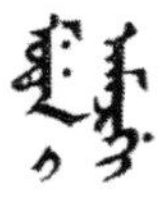	mudan i amargi

標目	漢文	天理圖書館藏本	羅馬拼音	烏魯木齊校訂本	羅馬拼音
驚艷第一章	休題眼角留情處	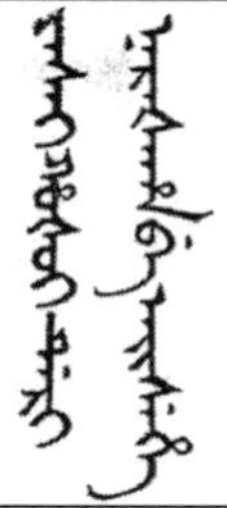	yasai hošoi deri narašaha be aisehe	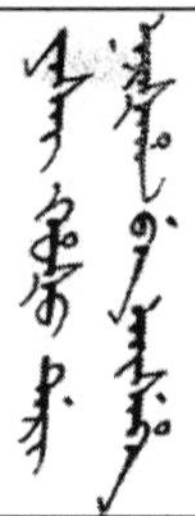	yasai hošo deri narašaha be aisehe
	只有那一步遠	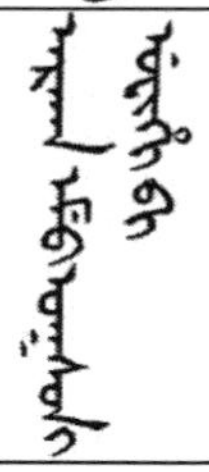	arkan emu okson i ufihi bi	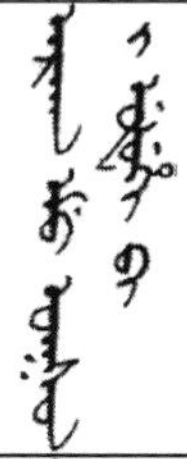	arkan emu okson i ufuhi bi
	粉墻兒高似青天	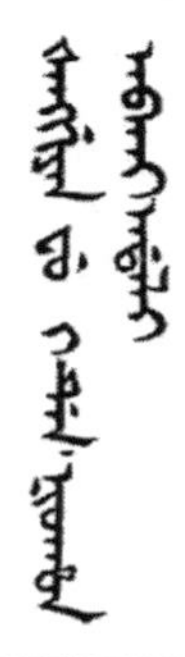	šanggiyan fu i den, niohon abkai adali	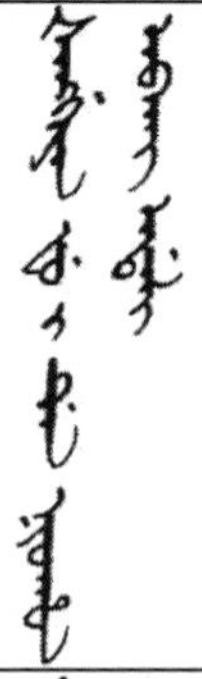	šanggiyan fu i den, niohon abkai adali
	恨天不與人方便	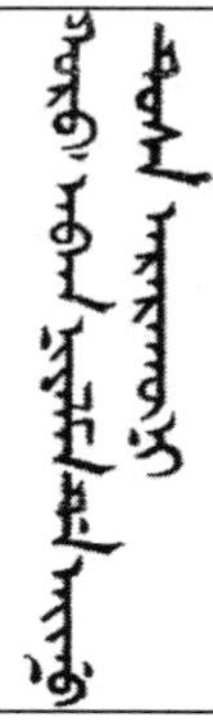	koro, abka niyalma de ainu tusa ararakū ni	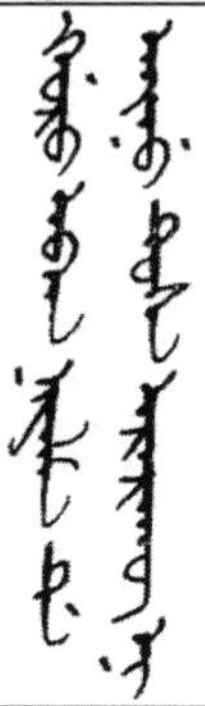	goro abka niyalma de ainu tusa ararakū ni

標目	漢文	天理圖書館藏本	羅馬拼音	烏魯木齊校訂本	羅馬拼音
驚艷第一章	蘭麝香仍在	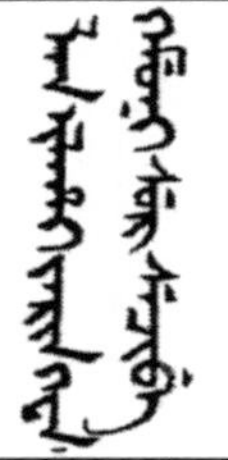	lan ilhai jarin i wa, kemuni sur secibe	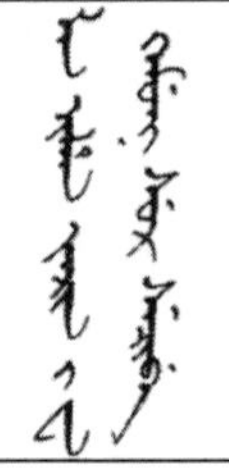	lan ilha jarin i wa kemuni sur secibe
借廂第二章	夜來有一秀才自西洛而來	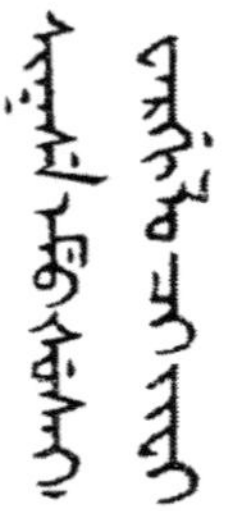	sikse emu šusai, wargi lo ci jifi	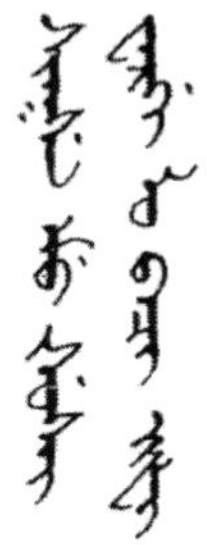	sikse emu šusai wargi lo baci jifi
	自夜來見了那小姐	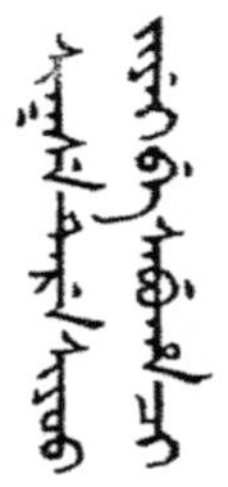	sikse tere siyoo jiyei be sabuha ci	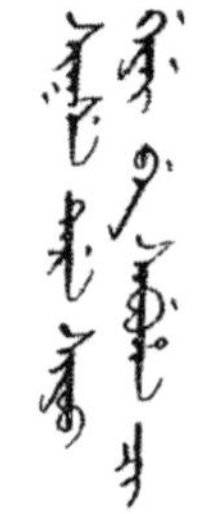	sikse tere siyoo giyei be sabuha ci
	與我那可憎才居止處	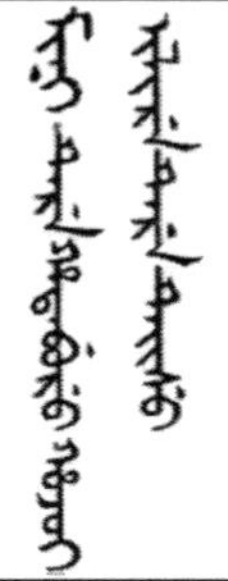	mini tere hataburu hojoi ilire tere teisu	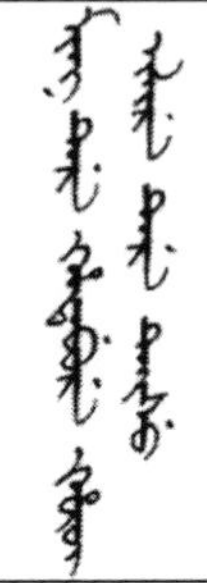	mini tere hatabure hojoi ilire tere teisu

標目	漢文	天理圖書館藏本	羅馬拼音	烏魯木齊校訂本	羅馬拼音
借廂第二章	任憑人說短論長	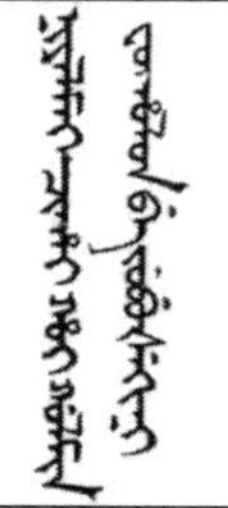	niyalmai cihai hoi golmin foholon be jubušekini	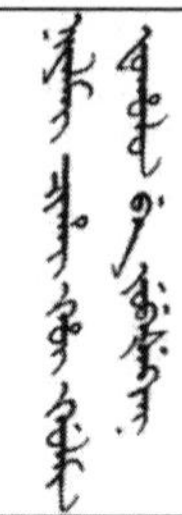	niyalmai cihai hoi golmin foholon be jubešekini
	鶻伶淥老不尋常	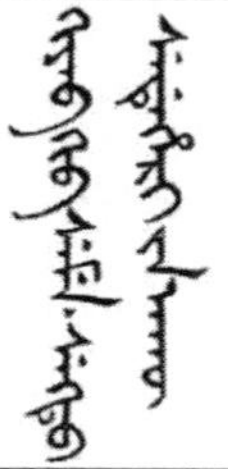	kiyab kib seme, sektu sedeheri ja akū	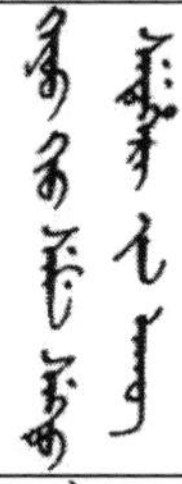	kiyoo kio seme sektu sedeheri ja akū
	本云使得	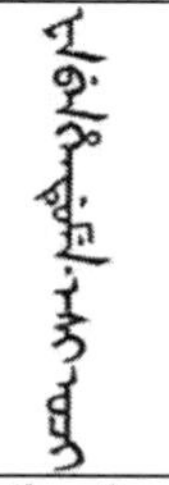	fa ben hendume, esi oci	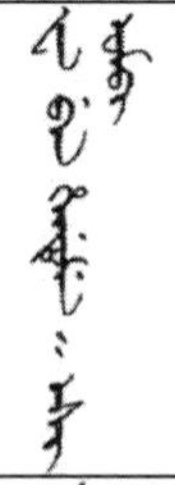	fa ben hendume: esi ombi
	崔家女艷妝莫不演撒上老潔郎	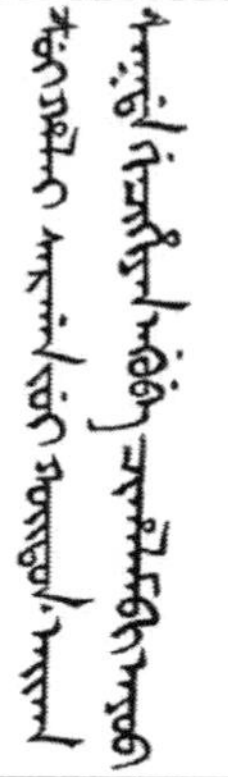	ts'ui halai sargan jui koiton, aika sakda gincihiyan agu be cihalambi ayoo	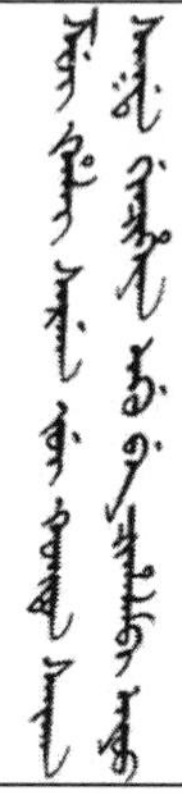	dzui halai sargan jui koiton saikan sakda gincihiyan agu be cihalambi ayoo

標目	漢文	天理圖書館藏本	羅馬拼音	烏魯木齊校訂本	羅馬拼音
借廂第二章	這是崔相國小姐孝心	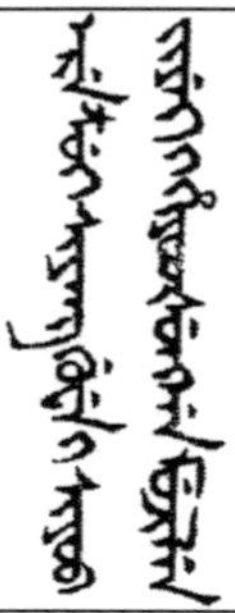	ere ts'ui siyang guwe i siyoo jiyei i hiyoošungga mujilen	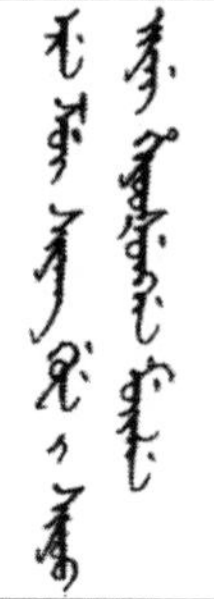	ere dzui siyang guwe i siyoo jiyei hiyoošungga mujilen
	休言偎傍	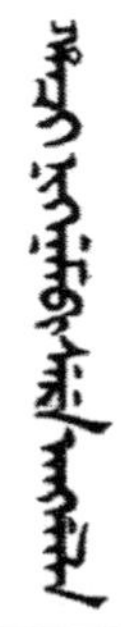	hanci nikenembi sere anggala	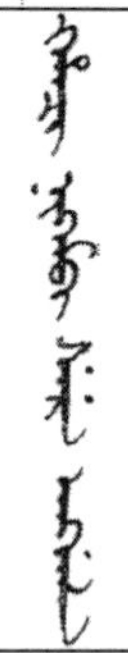	hanci nikembi sere anggala
	張生迎揖云	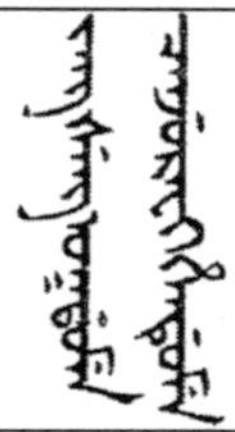	jang šeng okdome canjurafi hendume	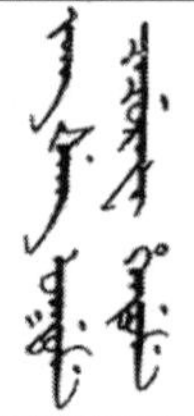	jang šeng okdome cacurafi hendume
	正月十七日子時建生	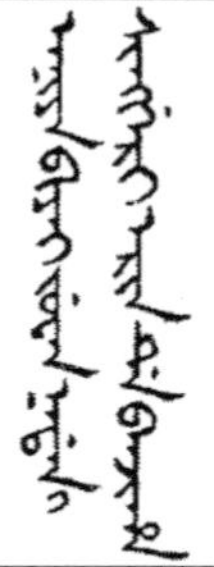	aniya biyai juwan nadan i singgeri erin de banjiha	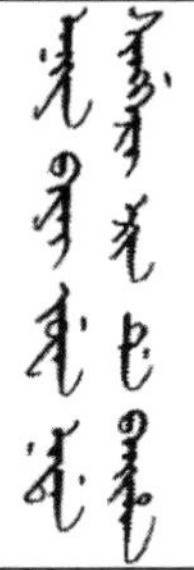	aniya biyai juwan nadan singgeri erin de banjiha

標目	漢文	天理圖書館藏本	羅馬拼音	烏魯木齊校訂本	羅馬拼音
借廂第二章	非禮無動	ᡩᠣᡵᠣᠯᠣᠨ ᠸᠠᡴᠠ ᠠᡧᡧᠠᡵᠠᡴᡡ ᠰᡝᡵᠠᡴᡡ	dorolon waka aššarakū serakū	ᡩᠣᡵᠣᠯᠣᠨ ᠸᠠᡴᠠ ᠠᡧᡧᠠᡵᠠᡴᡡ ᠰᡝᡵᡴᡡ	dorolon waka aššarakū serkū
	俺老夫人治家嚴肅凜若冰霜	ᠮᡝᠨᡳ ᠰᠠᡴᡩᠠ ᡶᡠ ᡰᡳᠨ ᠪᠣᠣ ᠪᡝ ᡩᠠᠰᠠᡵᠠᠩᡤᡝ ᠴᡳᡵᠠ ᡶᠠᡶᡠᠩᡤᠠ᠈ ᠵᡠᡥᡝ ᡤᡝᠴᡝᠨ ᡳ ᡤᡝᠰᡝ ᠨᡳᠮᡝᠴᡠᡴᡝ	meni sakda fu žin boo be dasarangge cira fafungga, juhe gecen i gese nimecuke	ᠮᡝᠨᡳ ᠰᠠᡴᡩᠠ ᡶᡠ ᡰᡳᠨ ᠪᠣᠣ ᠪᡝ ᡩᠠᠰᠠᡵᠠᠩᡤᡝ ᠴᡳᡵᠠ᠈ ᡶᠠᡶᡠᠩᡤᠠ ᠵᡠᡥᡝ ᡤᡝᠴᡝᠨ ᡳ ᡤᡝᠰᡝ ᠨᡳᠮᡝᠴᡠᡴᡝ	meni sakda fu žin boo be dasarangge cira, fafungga juhe gecen i gese nimecuke
	非奉呼喚不敢輙入中堂	ᡥᡡᠯᠠᡥᠠᡴᡡ ᠣᠴᡳ᠈ ᠪᠣᠣᡳ ᡩᠣᠯᠣ ᡤᡝᠯᡥᡠᠨ ᠠᡴᡡ ᡩᠣᠰᡳᠴᡳ ᠣᠵᠣᡵᠠᡴᡡ	hūlahakū oci, booi dolo gelhun akū dosici ojorakū	ᡥᡡᠯᠠᡥᠠᡴᡡ ᠣᠴᡳ᠈ ᠪᠣᠣ ᡩᠣᠯᠣ ᡤᡝᠯᡥᡠᠨ ᠠᡴᡡ ᡩᠣᠰᡳᠴᡳ ᠣᠵᠣᡵᠠᡴᡡ	hūlahakū oci, boo dolo gelhun akū dosici ojorakū

標目	漢文	天理圖書館藏本	羅馬拼音	烏魯木齊校訂本	羅馬拼音
借廂第二章	豈便干休	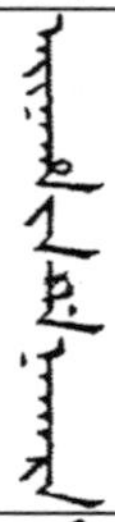	ainaha ja de nakara	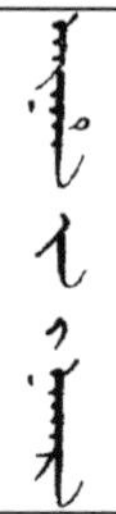	ainaha ja i nakara
	心懷悒怏	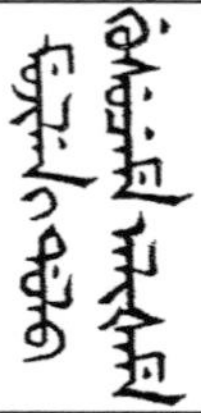	mujilen i dolo gusuceme ališame	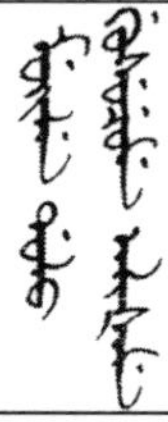	mujilen dolo gusucume ališame
	你不合臨去也回頭望	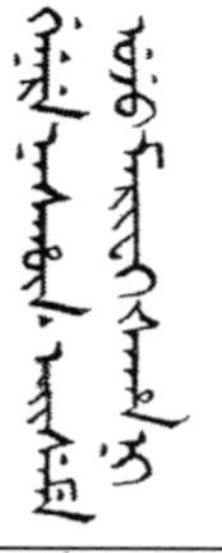	genere nashūn, aiseme uju marifi šaha ni	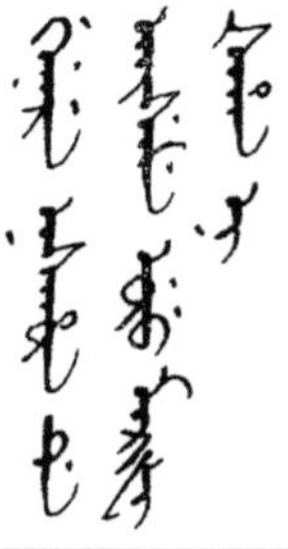	genere nashūn de aiseme uju marifi šaha ni
	也只怕是漏洩春光與乃堂	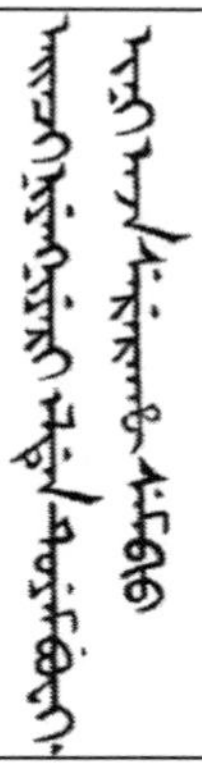	ainci niyengniyeri elden tuyembufi, ini aja sererahū sembio	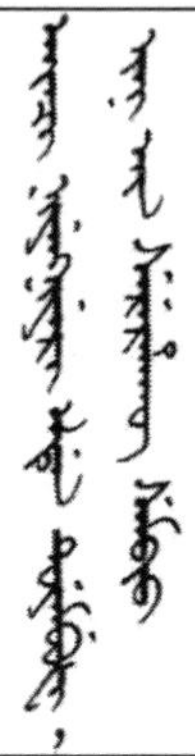	ainci niyengniyeri elden tuyembufi, ini aja sererhakū sembio

標目	漢文	天理圖書館藏本	羅馬拼音	烏魯木齊校訂本	羅馬拼音
借廂第二章	小生正恭儉溫良	ᠪᡠᠶᠠ ᠪᡳᡨᡥᡝᡳ ᠨᡳᠶᠠᠯᠮᠠ ᡩᡝ ᡤᡠᠩᠨᡝᠴᡠᡴᡝ ᠪᠣᠯᠵᠣᠩᡤᠣ ᠨᡝᠮᡝᠶᡝᠨ ᠨᡝᠰᡠᡴᡝᠨ ᠪᠠᠪᡳ	buya bithei niyalma de gungnecuke boljonggo nemeyen nesuken babi	ᠪᡠᠶᠠ ᠪᡳᡨᡥᡝᡳ ᠨᡳᠶᠠᠯᠮᠠ ᡩᡝ ᡤᡠᠩᠨᡝᠴᡠᡴᡝ ᠪᠣᠯᡤᠣᠩᡤᠣ ᠨᡝᠮᡝᠶᡝᠨ ᠨᡝᠰᡠᡴᡝᠨ ᠪᠠᠪᡳ	buya bithei niyalma de gungnecuke bolgonggo nemeyen nesuken babi
	紅娘他眉兒是淺淺描	ᡥᡡᠩ ᠨᡳᠶᠠᠩ ᡨᡝᡵᡝᡳ ᡶᠠᡳᡨᠠᠨ ᠰᡠᡥᡠᡴᡝᠨ ᠨᡳᡵᡠᡥᠠᠪᡳ	hūng niyang terei faitan suhuken niruhabi	ᡥᡡᠩ ᠨᡳᠶᠠᠩ ᡨᡝᡵᡝᡳ ᡶᠠᡳᡨᠠᠨ ᠰᡠᡥᡠᡴᡝᠨ ᠨᡳᡵᡠᡥᡝᠪᡳ	hūng niyang terei faitan suhuken niruhebi
	他粉香膩玉搓咽項	ᡨᡝᡵᡝᡳ ᡥᡳᠶᠠᠨ ᡳ ᡶᡠᠨ ᡩᡝᡵ ᠰᡝᠮᡝ ᠮᡝᡳᡶᡝᠨ ᡩᡝ ᡳᠵᡠᡥᠠᠪᡳ	terei hiyan i fun der seme meifen de ijuhabi	ᡨᡝᡵᡝᡳ ᡥᡳᠶᠠᠨ ᡶᡠᠨ ᡩᡝᡵ ᠰᡝᠮᡝ ᠮᡝᡳᡶᡝᠨ ᡩᡝ ᡳᠵᡠᡥᠠᠪᡳ	terei hiyan fun der seme meifen de ijuhabi

標目	漢文	天理圖書館藏本	羅馬拼音	烏魯木齊校訂本	羅馬拼音
借廂第二章	張生轉身	ᠵᠠᠩ ᡧᡝᠩ ᠪᡝᠶᡝ ᠮᠠᡵᡳᡶᡳ	jang šeng beye marifi	ᠵᠠᠩ ᡧᡝᠩ ᠪᡝᠶᡝ ᠮᠠᡵᡳᠨᠵᡳᡶᡳ	jang šeng beye marinjifi
	紅娘我院宇深	ᡥᡡᠩ ᠨᡳᠶᠠᠩ ᠮᡳᠨᡳ ᠪᠣᠣ ᡥᡡᠸᠠ ᡴᡝᠩᡤᡝᡥᡠᠨ	hūng niyang mini boo hūwa kenggehun	ᡥᡡᠩ ᠨᡳᠶᠠᠩ᠈ ᠮᡳᠨᡳ ᠪᠣᠣ ᡥᡡᠸᠠ ᡤᡝᠩᡤᡝᡥᡠᠨ	hūng niyang, mini boo hūwa genggehun
	着甚支吾此夜長	ᡝᡵᡝ ᡩᠣᠪᠣᡵᡳ ᡤᠣᠯᠮᡳᠨ ᡩᡝ ᠠᡩᠠᡵᠠᠮᡝ ᡥᠠᠮᡳᠮᠪᡳ	ere dobori golmin de adarame hamimbi	ᡝᡵᡝ ᡩᠣᠪᠣᡵᡳ ᡧᡠᠮᡳᠨ ᡩᡝ ᠠᡩᠠᡵᠠᠮᡝ ᡥᠠᠮᡳᠮᠪᡳ	ere dobori šumin de adarame hamimbi
酬韻第三章	母親使紅娘問長老修齋日期去了多時	ᠠᠵᠠ᠈ ᡥᡡᠩ ᠨᡳᠶᠠᠩ ᠪᡝ ᡨᠠᡴᡡᡵᠠᡶᡳ ᠵᠠᠩ ᠯᠣᠣ ᡩᡝ᠈ ᡩᠣᠣᠴᠠᠨ ᠠᡵᠠᡵᠠ ᡳᠨᡝᠩᡤᡳ ᠪᡝ ᡶᠣᠨᠵᡳᠨᠠᠪᡠᠮᡝ ᡤᡝᠨᡝᡶᡳ ᡴᡝᠵᡳᠨᡝ ᡤᠣᡳᡩᠠᡥᠠ	aja, hūng niyang be takūrafi jang loo de, doocan arara inenggi be fonjinabume genefi kejine goidaha	ᠠᠵᠠ ᡥᡡᠩ ᠨᡳᠶᠠᠩ ᠪᡝ ᡨᠠᡴᡡᡵᠠᡶᡳ ᠵᠠᠩ ᠯᠣᠣ ᠪᡝ ᡩᠣᠣᠴᠠᠨ ᠠᡵᠠᡵᠠ ᡳᠨᡝᠩᡤᡳ ᠪᡝ ᡶᠣᠨᠵᡳᠨᠠᠪᡠᠮᡝ ᡤᡝᠨᡝᡶᡳ ᡴᡝᠵᡳᠨᡝ ᡤᠣᡳᡩᠠᡥᠠ	aja hūng niyang be takūrafi jang loo be doocan arara inenggi be fonjinabume genefi kejine goidaha

標目	漢文	天理圖書館藏本	羅馬拼音	烏魯木齊校訂本	羅馬拼音
酬韻第三章	小娘子莫非鶯鶯小姐侍妾紅娘乎	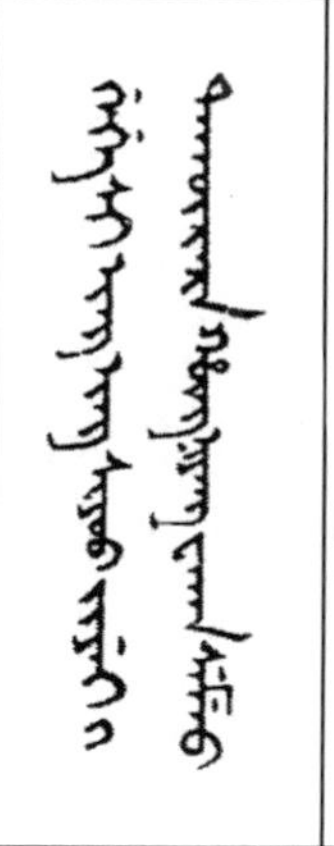	gege si ing ing siyoo jiyei i takūrara hūng niyang waka semeo	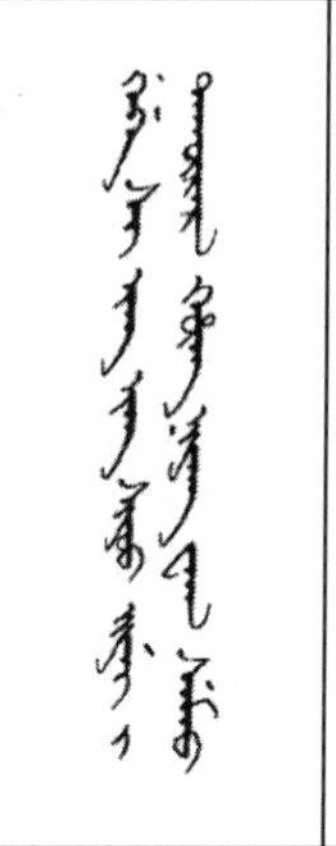	gege si ing ing siyoo jiyei i takūrara hūng niyang waka semao
	等閒飛出廣寒宮	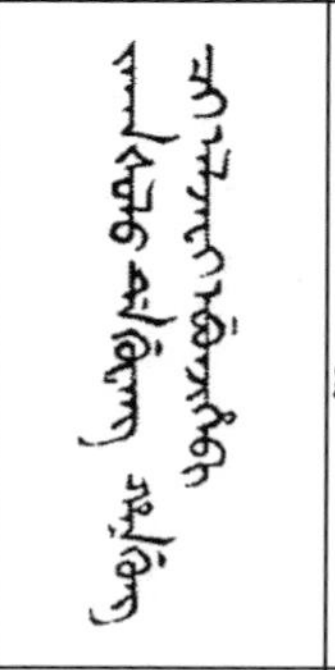	jaka šolo de guwang han̲ gung ci aljafi ebunjihebi	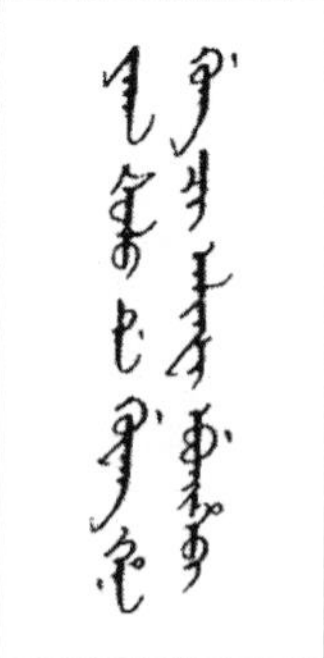	yaka šolo de guwang han̲ gung ci aljafi ebunjihebi
	如洛水神人欲入陳王麗賦	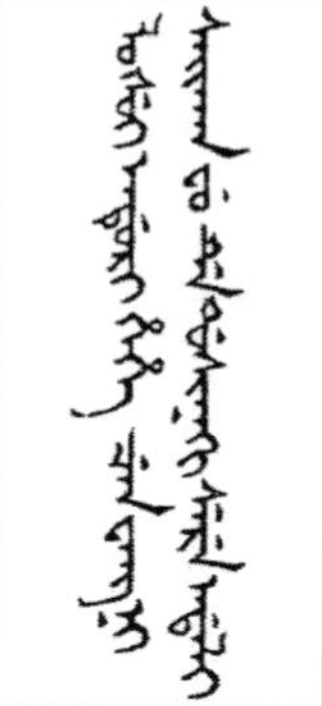	lo šui enduri hehe cen wang ni saikan fu de dosinaki sere adali	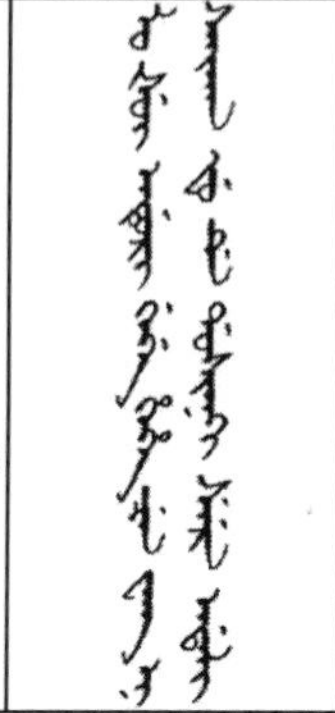	lo šui enduri gege hehe cen wang ni saikan fu de dosinaki sere adali

標目	漢文	天理圖書館藏本	羅馬拼音	烏魯木齊校訂本	羅馬拼音
酬韻第三章	願亡過父早生天界	ᠠᡴᡡ ᠣᡥᠣ ᠠᠮᠠ ᠪᡝ ᡥᡡᡩᡠᠨ ᠠᠪᡴᠠᡳ ᠵᡝᠴᡝᠨ ᡩᡝ ᠪᠠᠨᠵᡳᠨᠠᠪᡠᡵᡝᠣ	akū oho ama be hūdun abkai jecen de banjinabureo	ᠠᡴᡡ ᠣᡥᠣ ᠠᠮᠠ ᠪᡝ ᡥᡡᡩᡠᠨ ᠠᠪᡴᠠᡳ ᠵᡝᠴᡝᠨ ᡩᡝ ᠪᠠᠨᠵᡳᠪᡠᡵᡝᠣ	akū oho ama be hūdun abkai jecen de banjibureo
	願中堂老母百年長壽	ᠪᠣᠣᡳ ᠰᠠᡴᡩᠠ ᠠᠵᠠ ᠪᡝ ᠵᠠᠯᠠᡶᡠᠨ ᡤᠣᠯᠮᡳᠨ ᠣᠪᡠᡵᡝᠣ	booi sakda aja be jalafun golmin obureo	ᠰᠠᡴᡩᠠ ᠠᠵᠠ ᠪᡝ ᠵᠠᠯᠠᡶᡠᠨ ᡤᠣᠯᠮᡳᠨ ᠣᠪᡠᡵᡝᠣ	sakda aja be jalafun golmin obureo
	碧熒熒是短檠燈	ᡤᡝᡥᡠᠨ ᡤᡝᡵᡳᠯᠠᡵᠠᠩᡤᡝ ᡶᠠᠩᡴᠠᠯᠠ ᡥᡳᠶᠠᠪᡠᠯᠠᡴᡡᡳ ᡩᡝᠩᠵᠠᠨ	gehun gerilarangge fangkala hiyabulakūi dengjan	ᡤᡝᡥᡠᠨ ᡤᡝᡵᡳᠯᠠᡵᠠᠩᡤᡝ ᡶᠠᠩᡴᠠᠯᠠᠨ ᡥᡳᠶᠠᠪᡠᠯᠠᡴᡡᡳ ᡩᡝᠩᠵᠠᠨ	gehun gerilarangge fangkalan hiyabulakūi dengjan
鬧齋第四章	犬兒休惡	ᡳᠨᡩᠠᡥᡡᠨ ᡴᡝᡵᡴᡳᡵᠠᡴᡡ ᠣᡴᡳᠨᡳ	indahūn kerkirakū okini	ᡳᠨᡩᠠᡥᡡᠨ ᡤᠣᠯᠣᡵᡴᡡ ᠣᡴᡳᠨᡳ	indahūn golorkū okini

標目	漢文	天理圖書館藏本	羅馬拼音	烏魯木齊校訂本	羅馬拼音
鬧齋第四章	成就了幽期密約	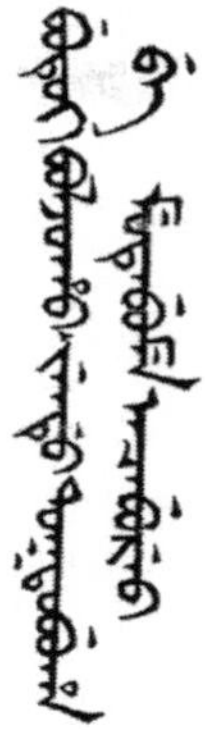	butui boljoho, jendu toktobuha be mutebume acabureo	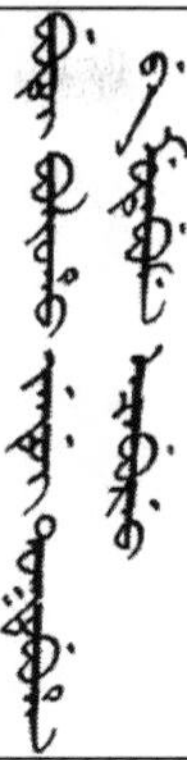	butui boljoho jendui toktobuha be mutebume acabureo
	父母亡後無可相報	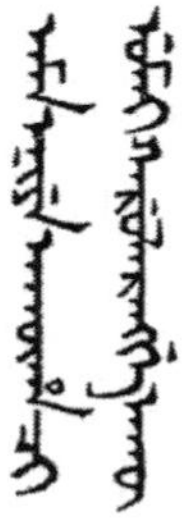	ama eniye akūha ci, umai karularangge akū	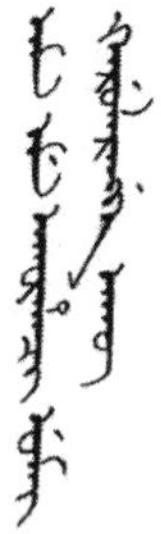	ama eme akūhaci umai karularangge akū
警寺第五章	探知	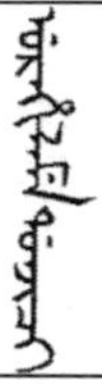	urahilame donjici	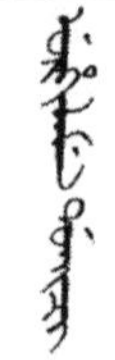	urhilame donjici
	多曾有人看見	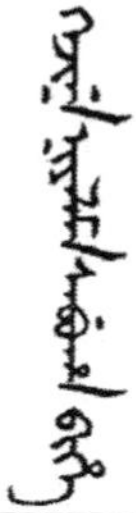	kejine niyalma sabuha bihe	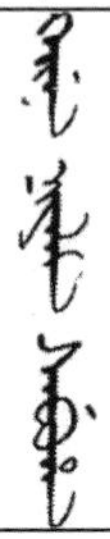	kejine niyalma sabuha

標目	漢文	天理圖書館藏本	羅馬拼音	烏魯木齊校訂本	羅馬拼音
警寺第五章	慍的早嗔	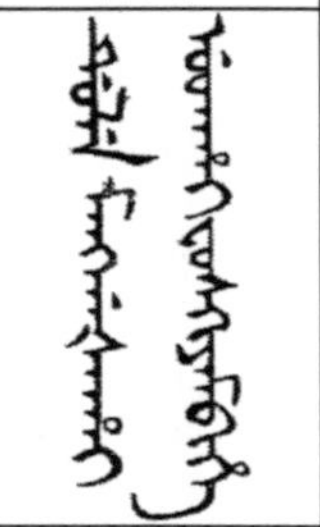	dule manggašahai uthai foskiyambihe	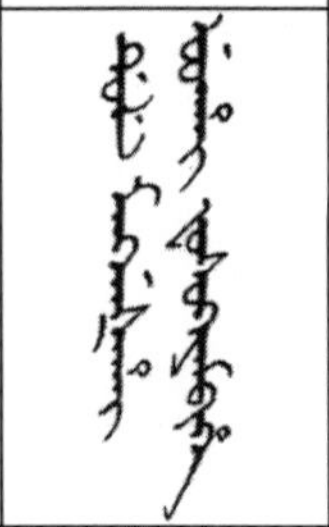	dule manggašahai uthai fosokiyambihe
	我前夜詩依前韻	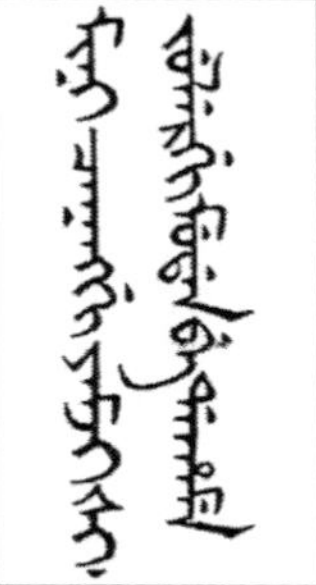	mini cananggi yamji ši, julergi mudan be dahame	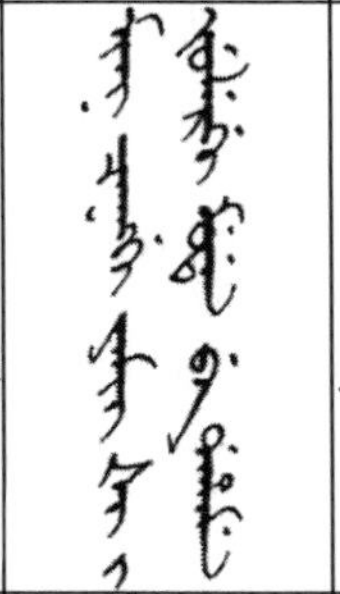	mini cananggi yamji ši i julergi mudan be dahame
	風聞胡云道我	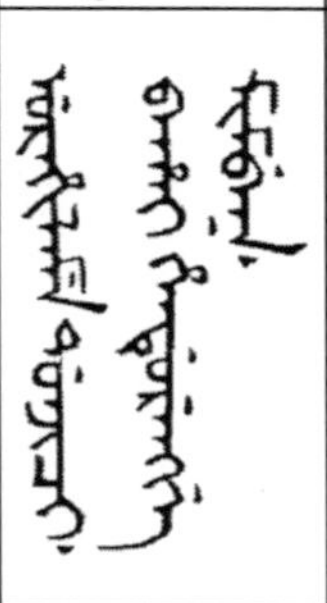	urahilame donjici, bahai hendurengge mimbena	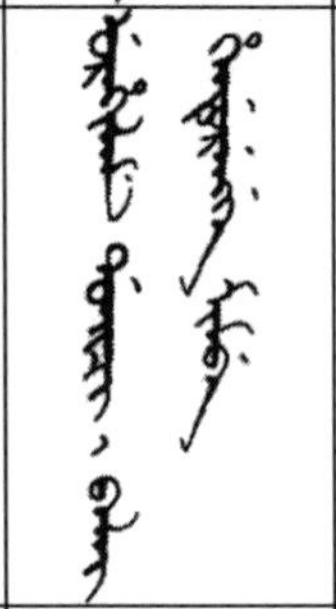	urahilame donjici, balai hendurengge mimbe
	等三日功德圓滿	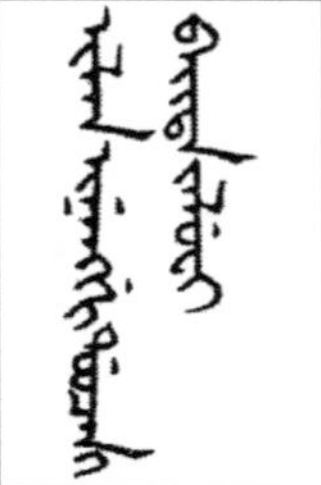	ilan inenggi doocan i baita jalufi	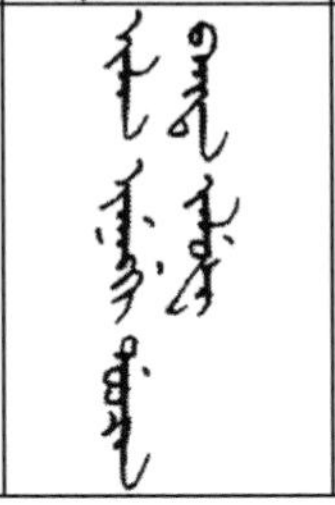	ilan inenggi doocan baita jalufi

標目	漢文	天理圖書館藏本	羅馬拼音	烏魯木齊校訂本	羅馬拼音
警寺第五章	也自防玉石俱焚	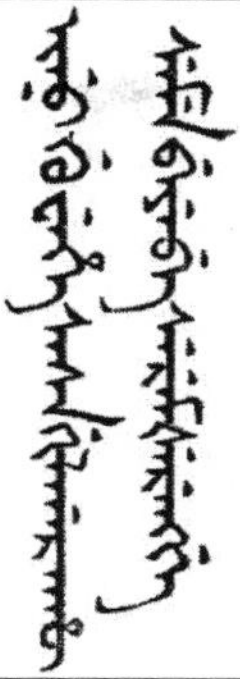	inu gu wehe sasa gilgarahū seme beyebe seremšerengge	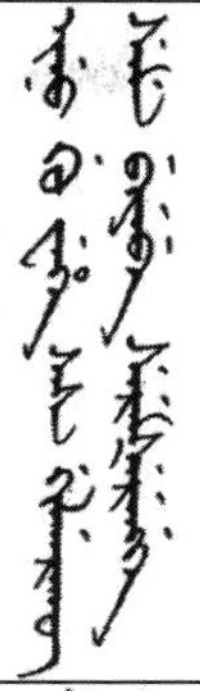	inu gu wehe sasa gilgarakū seme beyebe seremšerengge
	我有書送與白馬將軍	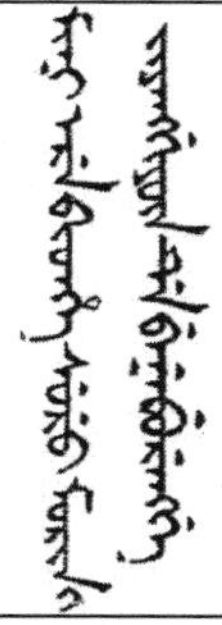	mini ere bithe suru morin i jiyanggiyūn de beneburengge	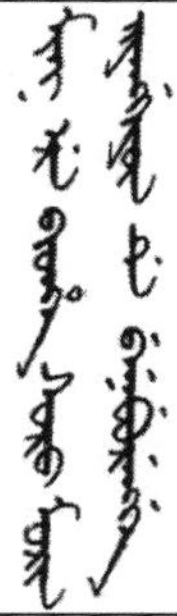	mini ere bithe soro morin jiyanggiyūn de beneburengge
	這些時吃菜饅頭	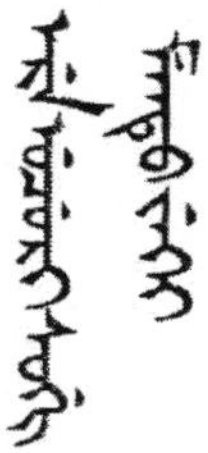	ere ucuri sogi mentu jekei	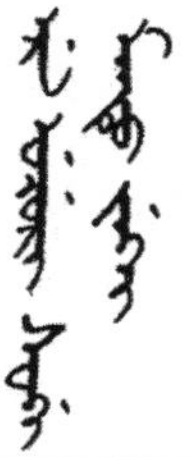	ere ucuri sogi mantu jekei
	我撞釘子	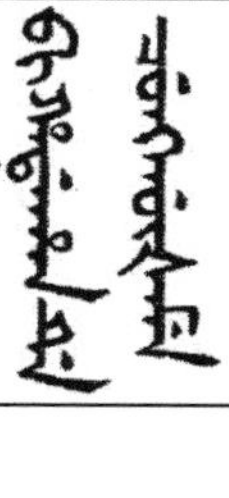	bi hadahan de cunggūšame	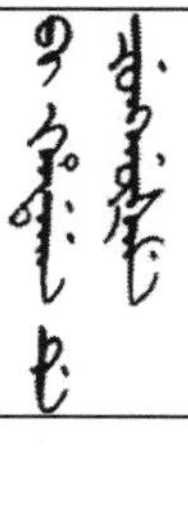	bi hadagan de cunggūšame

標目	漢文	天理圖書館藏本	羅馬拼音	烏魯木齊校訂本	羅馬拼音
警寺第五章	救我兄弟走一遭	ᠮᡳᠨᡳ ᡩᡝᠣ ᠪᡝ ᠠᡳᡨᡠᠪᡠᡴᡳ	mini deo be aitubuki	ᠮᡳᠨᡳ ᡩᡝᠣ ᠪᡝ ᠠᡳᡨᡠᠪᡠ	mini deo be aitubu
	你指望我饒你們也	ᠰᡠᠸᡝᠮᠪᡝ ᡤᡠᠸᡝᠪᡠᡵᡝ ᠪᡝ ᡝᡵᡝᠮᠪᡳ ᡩᡝᡵᡝ	suwembe guwebure be erembi dere	ᠰᡠᠸᡝᠮᠪᡝ ᡤᡠᠸᡝᠪᡠᡵᡝ ᠪᡝ ᡝᡵᡝᠮᠪᡳᠣ ᡩᡝᡵᡝ	suwembe guwebure be erembio dere
	小弟賤恙	ᠪᡠᠶᠠ ᡩᡝᠣ ᡳ ᡶᡠᠰᡳᡥᡡᠨ ᠨᡳᠮᡝᡴᡠ	buya deo i fusihūn nimeku	ᡩᡝᠣ ᡳ ᡶᡠᠰᡳᡥᡡᠨ ᠨᡳᠮᡝᡴᡠ	deo i fusihūn nimeku
	來請先生	ᠰᡳᠶᠠᠨ ᡧᡝᠩ ᠪᡝ ᠰᠣᠯᡳᠨᠠᠮᠪᡳ	siyan šeng be solinambi	ᠰᡳᠶᠠᠨ ᡧᡝᠩ ᠪᡝ ᠰᠣᠯᡳᠨᠠᡴᡳ	siyan šeng be solinaki

標目	漢文	天理圖書館藏本	羅馬拼音	烏魯木齊校訂本	羅馬拼音
請宴第六章	光油油	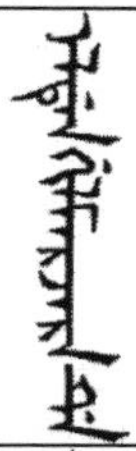	elden gilmarjara de	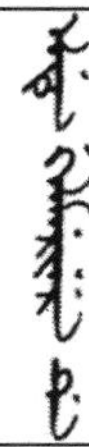	elden gelmerjere de
	一霎時	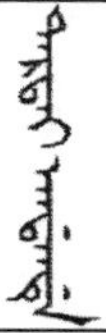	tartai andande	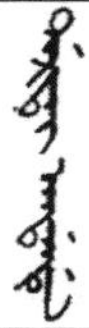	dartai andande
	新婚燕爾	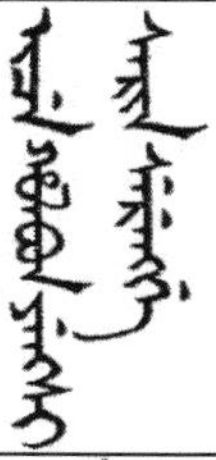	ice holbon yengsi sarin serengge	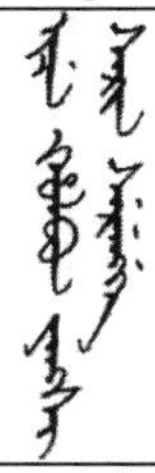	ice holbon yangsi sarin serengge
	真幽靜	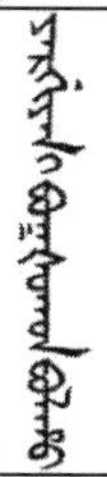	yargiyan i bokšokon bolho	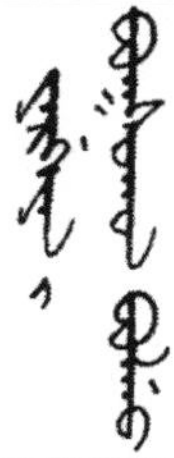	yargiyan i boksokon bolgo
	張生你來了也	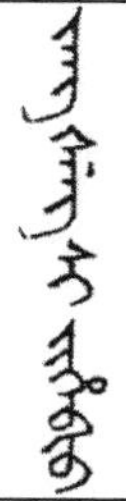	jang šeng si jihebio	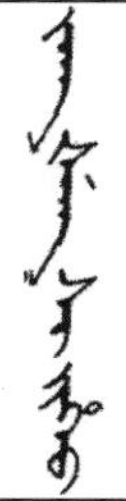	jang šeng si jiheo

標目	漢文	天理圖書館藏本	羅馬拼音	烏魯木齊校訂本	羅馬拼音
賴婚第七章	焉敢與夫人對坐	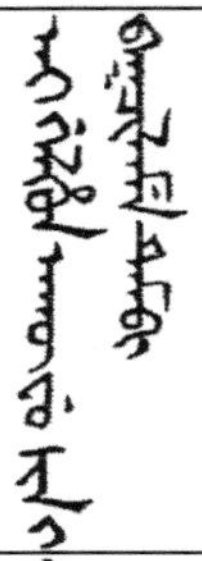	ai gelhun akū fu žin i bakcilame tembi	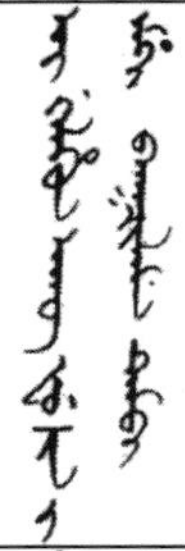	ai gelhun akū fu žin i emgi bakcilame tembi
	捲起東風簾幙	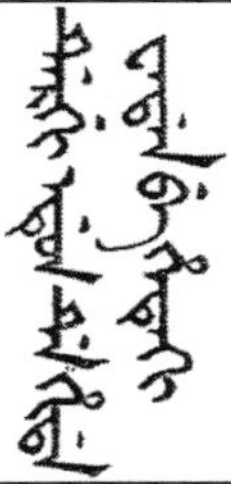	dergi edun de hida wadan be heteki	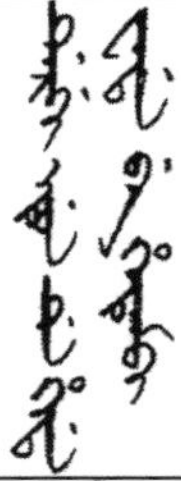	dergi edun de hida wada be hetembi
	吹彈得破	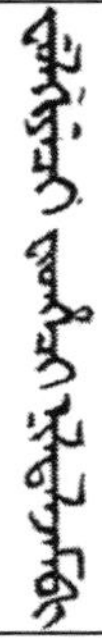	fulgiyeci fitheci niltaljambi	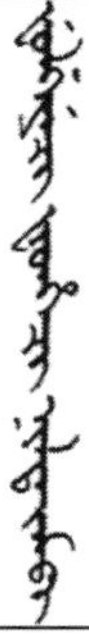	fulgiyeci fitheci niltajambi
	道我宜梳粧的臉兒	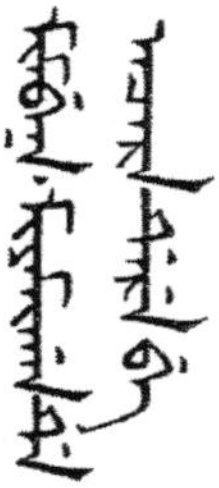	mimbena, miyamigan de acara dere be	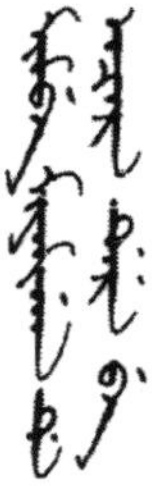	mimbe miyamigan de acara dere be

標目	漢文	天理圖書館藏本	羅馬拼音	烏魯木齊校訂本	羅馬拼音
賴婚第七章	恐怕張羅	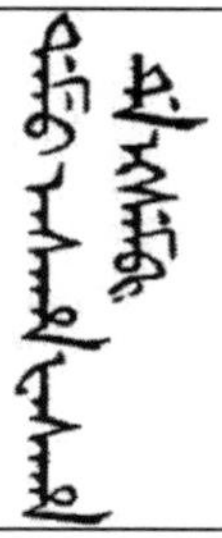	damu asaha fasaha de eksembi	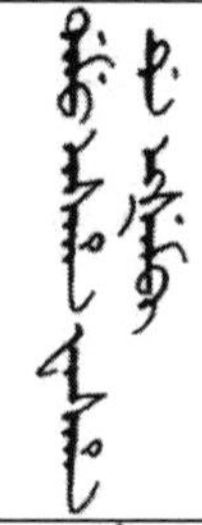	damu asaha fasaha de ekšembi
	撲騰騰	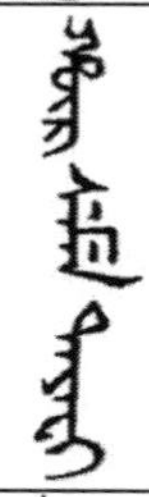	hūr seme tayafi	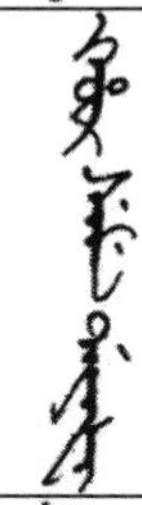	hūr seme dayafi
	你久後思量怎奈何	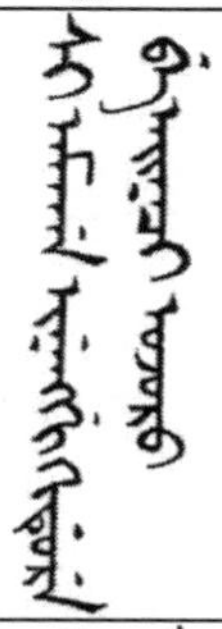	si amaga inenggi kidure be ainaci ojoro	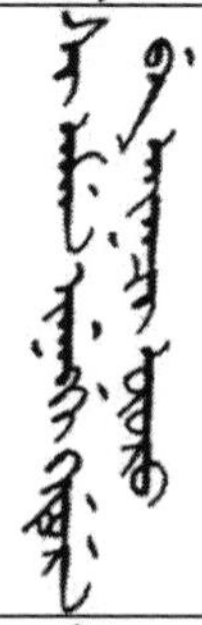	si amga inenggi kidure be ainaci ojoro
	啞謎兒早已怎猜破	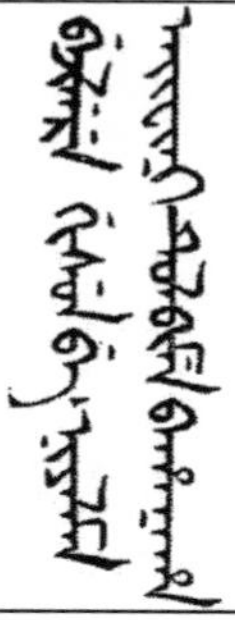	bejilere gisun be, niyalma aifini tulbime bahanaha	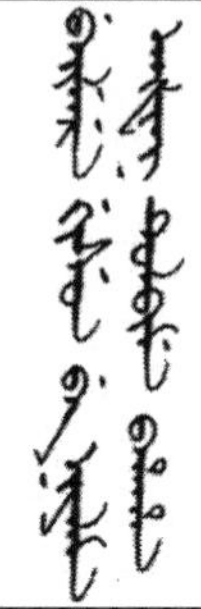	bejilere gisun be, niyalma aifini tulbime bahaha

標目	漢文	天理圖書館藏本	羅馬拼音	烏魯木齊校訂本	羅馬拼音
賴婚第七章	還要把甜話兒將人和	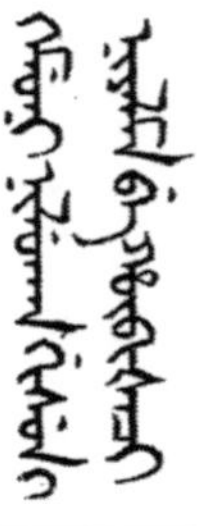	kemuni nilukan gisun i niyalma be hūbišaci	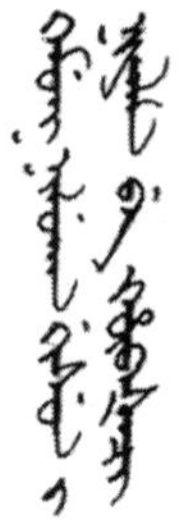	kemuni nilukan gisun i niyalma be hūbašaci
	淺淡櫻桃顆	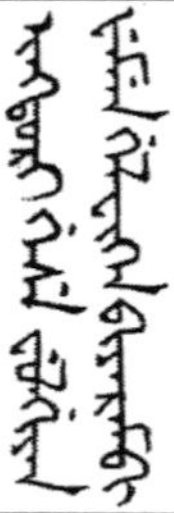	ingtori gese fulgiyan femen gelfiken biyarambi	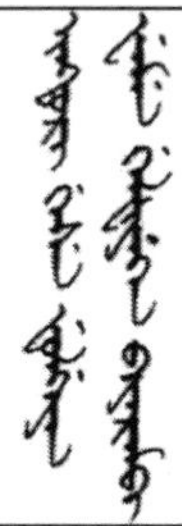	ingtori gese fulgiyan femen gelfiyeken biyarambi
	昏鄧鄧黑海來深	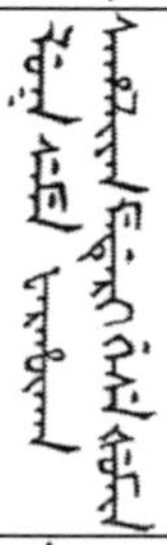	luk seme farhūkan sahaliyan mederi gese šumin	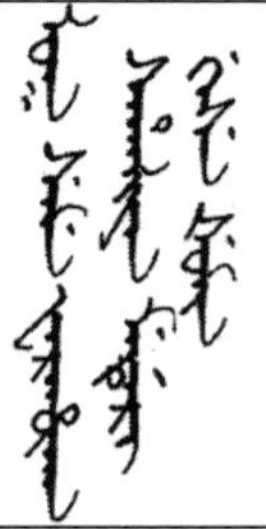	lok seme farhūkan sahaliyan mederi gese šumin
	把嫩巍巍雙頭花蕋搓	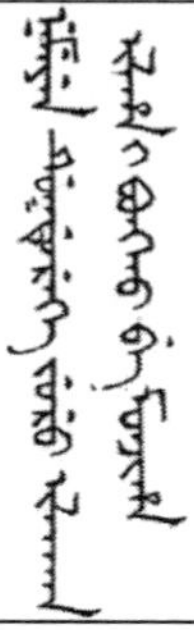	nemeyen dukdureke juru ilakan ilha i bongko be monjiha	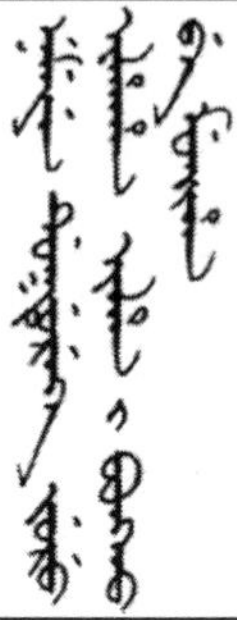	nemeyen dukdureke juru ilhaha ilha i bongko be munjiha

標目	漢文	天理圖書館藏本	羅馬拼音	烏魯木齊校訂本	羅馬拼音
賴婚第七章	不知夫人何見	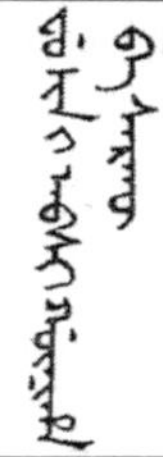	fu žin i absi gūniha be sarkū	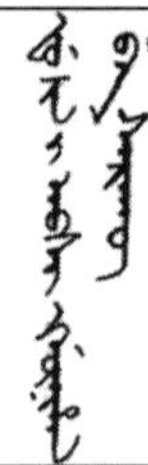	fu žin i absi gūniha be sarakū
	紅娘扶張生	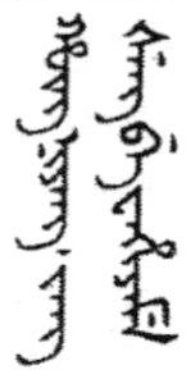	hūng niyang, jang šeng be wahiyame	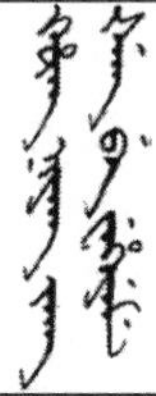	hūng niyang jang šeng be wehiyeme
	張先生少吃一杯却不是好	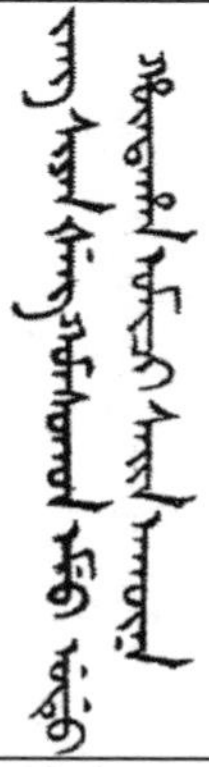	jang siyan šeng komsokon emu udu hūntahan omici sain akūna	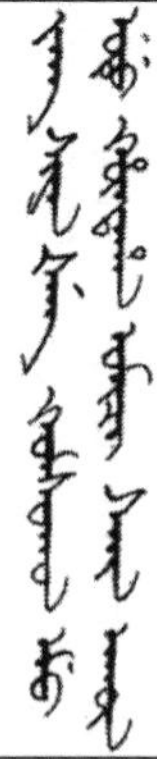	jang siyan šeng komsokon emu udu hūntahan omici sain akūn
	兩廊下無數僧俗	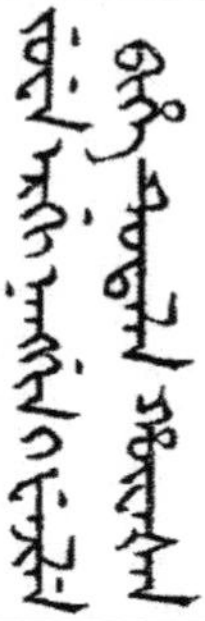	juwe ergi nanggin i fejile bihe tutala hūwašan	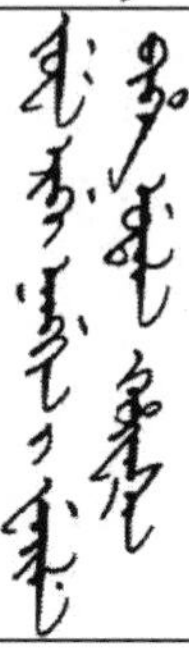	juwe ergi nanggin i fejile bihe utala hūwašan

標目	漢文	天理圖書館藏本	羅馬拼音	烏魯木齊校訂本	羅馬拼音
琴心第八章	花園	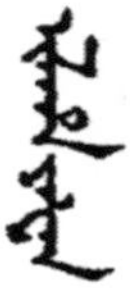	ilha yafan	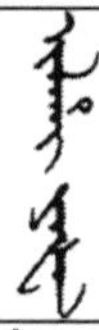	ilhai yafan
	小姐燒香去來	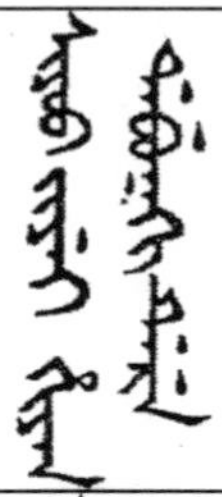	siyoo jiyei hiyan dabunaki dere	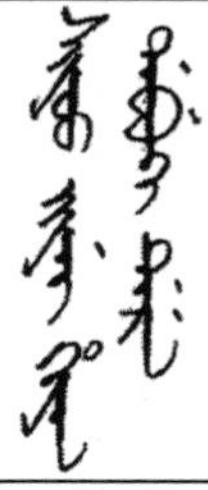	siyoo jiyei hiyan dabuki dere
	是裙拖得環珮玎玲	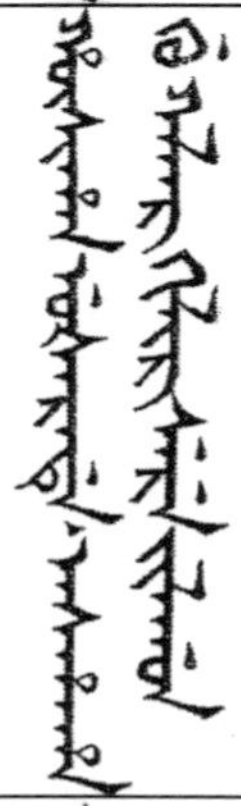	hūsihan ušarade, ashaha gu kalar kilir sere jilgon	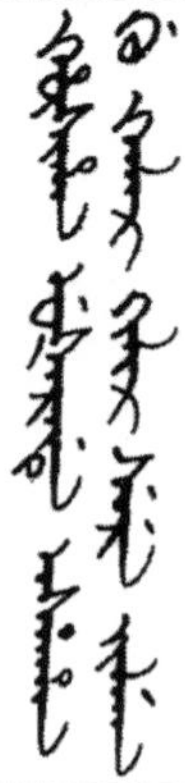	hūsihan ušarade ashaha gu kalar kilir sere jilgan
	是鐵馬兒簷前驟風	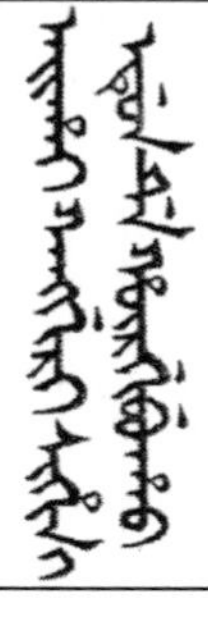	aihai kanggiri sihin i edun de hūrgibuhao	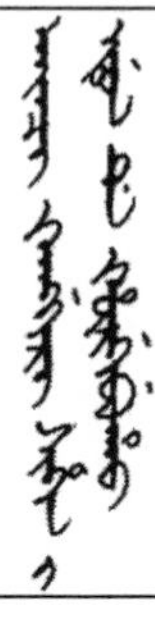	ainci kanggiri sihin i edun de hūrgibuhao

標目	漢文	天理圖書館藏本	羅馬拼音	烏魯木齊校訂本	羅馬拼音
琴心第八章	踈竹	ᡤᠠᡵᡤᡳᠶᠠᠨ ᠴᡠᠰᡝ ᠮᠣᠣ	gargiyan cuse moo	ᡤᠠᡵᡤᡳᠶᠠ ᠴᡠᠰᡝ ᠮᠣᠣ	gargiya cuse moo
	似落花流水溶溶	ᠰᡳᡥᠠᡥᠠ ᡳᠯᡥᠠ ᡝᠶᡝᡵᡝ ᠮᡠᡴᡝ ᡩᡝ ᠯᡠᠮᠪᡠᡵ ᠯᡠᠮᠪᡠᡵᠵᠠᡵᠠ ᡤᡝᠰᡝ	sihaha ilha, eyere muke de, lumbur lumburjara gese	ᠰᡳᡥᠠᡥᠠ ᡳᠯᡥᠠ ᡝᠶᡝᡵᡝ ᠮᡠᡴᡝ ᡩᡝ ᠯᡠᠮᠪᡠᡵ ᠯᡠᠮᠪᡠᡵᠵᡝᡵᡝ ᡤᡝᠰᡝ	sihaha ilha eyere muke de lumbur lumburjere gese
	不是知你自己情衷	ᠰᡳᠨᡳ ᠪᡝᠶᡝᡳ ᡤᡡᠨᡳᠨ ᡳ ᡩᠣᡵᡤᡳ ᠪᡝ ᠰᠠᡵᠠᠩᡤᡝ ᠸᠠᡴᠠ	sini beyei gūnin i dorgi be sarangge waka	ᠰᡳᠨᡳ ᠪᡝᠶᡝᡳ ᡤᡡᠨᡳᠨ ᡩᠣᡵᡤᡳ ᠪᡝ ᠰᠠᡵᠠᠩᡤᡝ ᠸᠠᡴᠠ	sini beyei gūnin dorgi be sarangge waka
	斷腸悲痛	ᡩᡠᡥᠠ ᠯᠠᡴᠴᠠᠮᡝ ᠠᡴᠠᠮᡝ ᡤᠣᠰᡳᡥᠣᠯᠣᠮᠪᡳ	duha lakcame akame gosiholombi	ᡩᡠᡥᠠ ᠯᠠᡴᠴᠠᠮᡝ ᡤᠣᠰᡳᡥᠣᠯᠣᠮᠪᡳ	duha lakcame gosiholombi

標目	漢文	天理圖書館藏本	羅馬拼音	烏魯木齊校訂本	羅馬拼音
琴心第八章	不得于飛兮	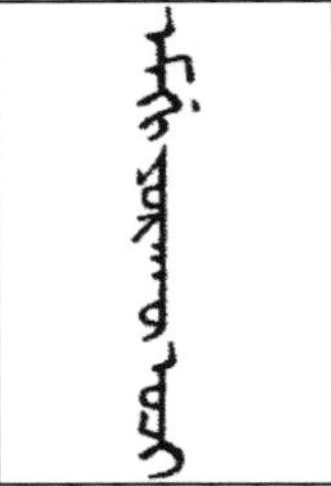	emgi yorakū oci	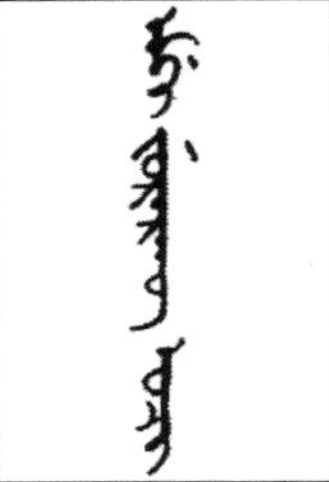	emgi jurarkū oci
	妳便遲不得一步兒	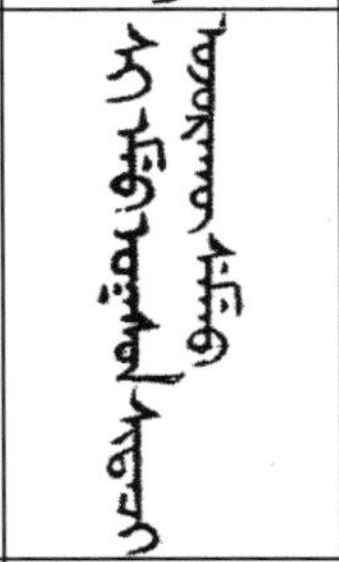	si emu okson sitaci ojorakū semeo	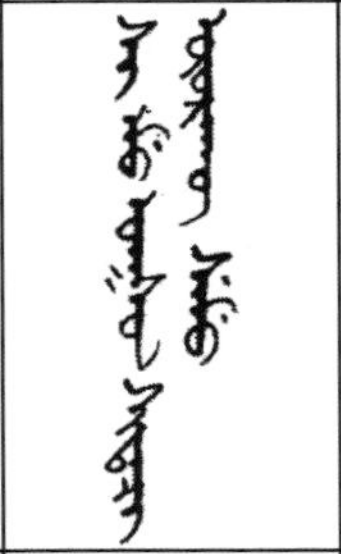	si emu okson sitaci ojorakū semu
前候第九章	相國行祠	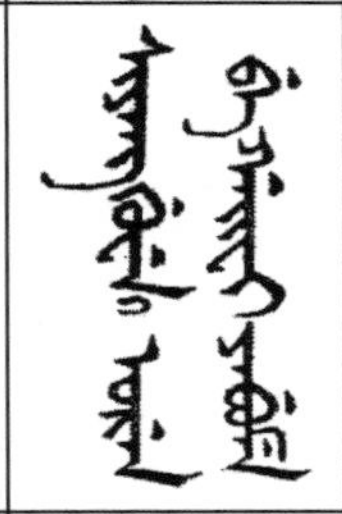	siyang guwe i oren be gaifi yabume	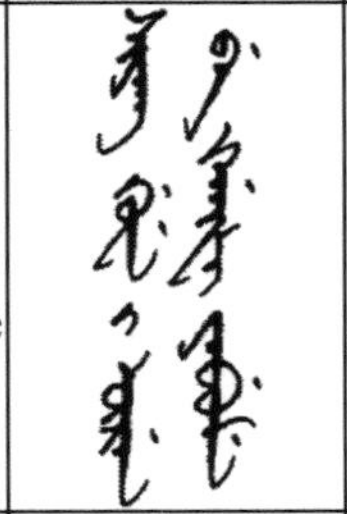	siyang guwe i ūren be gaifi yabume
	一個淹漬了臉上胭脂	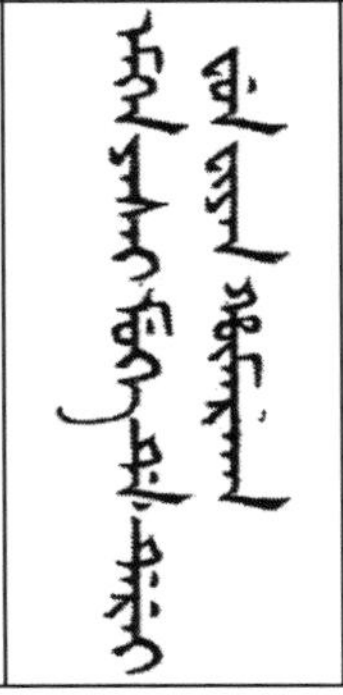	emken yasai muke de, derei fun fiyan hūmaraka	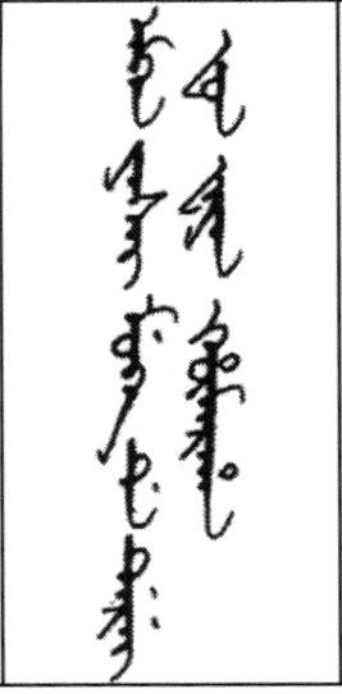	emken yasai muke de derei fon fiyan hūmaraha

標目	漢文	天理圖書館藏本	羅馬拼音	烏魯木齊校訂本	羅馬拼音
前候第九章	弦上的心事	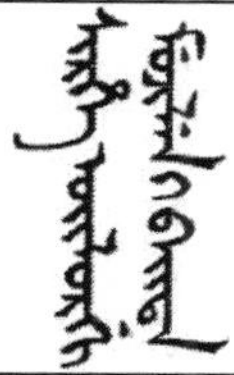	sirhe oilorgi mujilen i baita	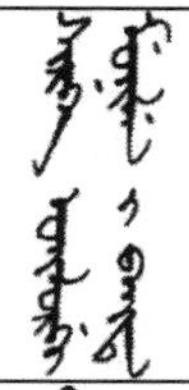	sirge oilorgi mujilen i baita
	可曾有甚言語只是不知小姐	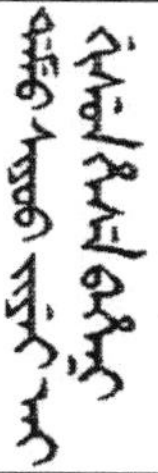	damu siyoo jiyei ai gisun hese baheni	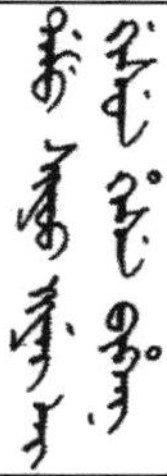	damu siyoo jiyei ai gisun hese biheni
	這簡帖兒我與你將去	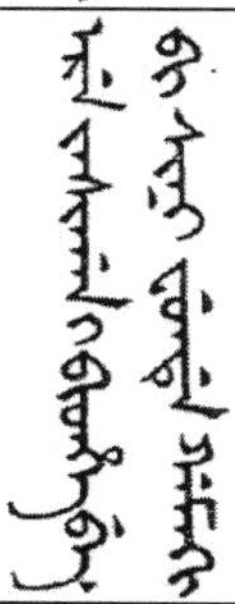	ere jasigan i bithe be, bi sini funde gamaki	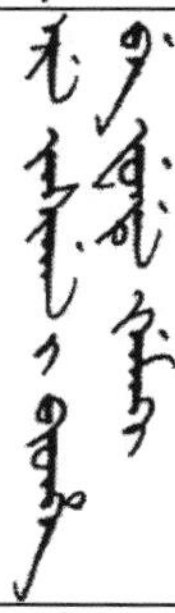	ere jasigan i bithe be funde gamaki
	休墮了志氣也	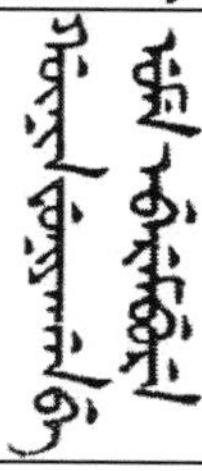	gūnin funiyagan be ume eberembure	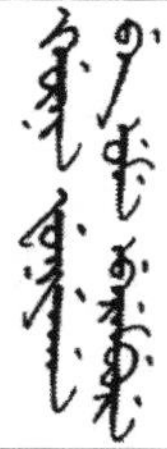	gūnin funiyegan be ume eberembure
鬧簡第十章	風靜簾間	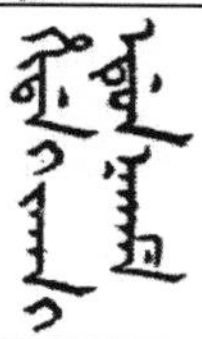	hida i jaka i edun nakame	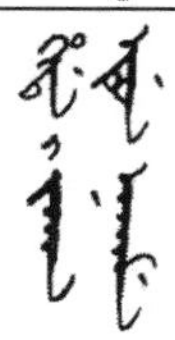	hida i jaka edun nakame

標目	漢文	天理圖書館藏本	羅馬拼音	烏魯木齊校訂本	羅馬拼音
鬧簡第十章	日高猶自不明眸	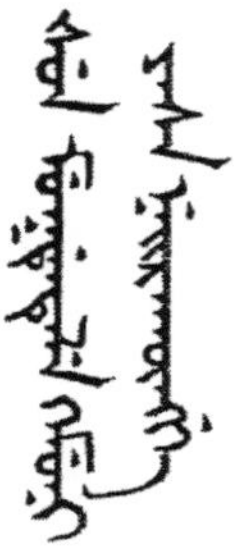	šun mukdentele kemuni yasa neirakūngge	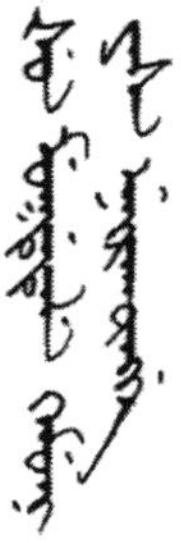	šun mukdetele kemuni yasa neirakūngge
	只見他俺厭的扢皺了黛眉	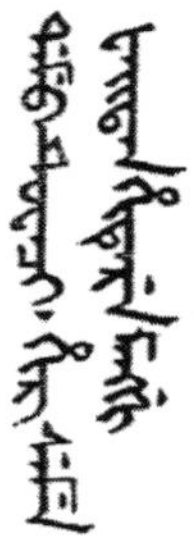	damu tuwaci, hir seme faitan hitere manggi	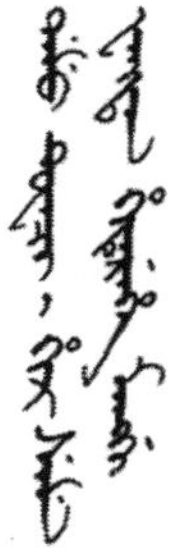	damu tuwaci, hir seme faitan hiterehe manggi
	你不慣誰曾慣	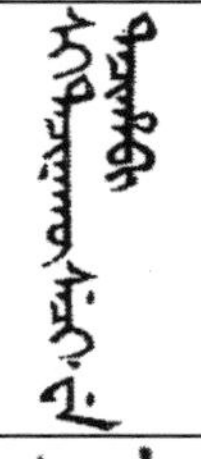	si tacinakū seci, we tacihabi	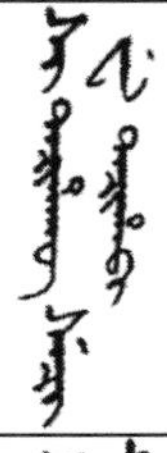	si tacihakū seci we tacihabi
	他向筵席頭上整扮	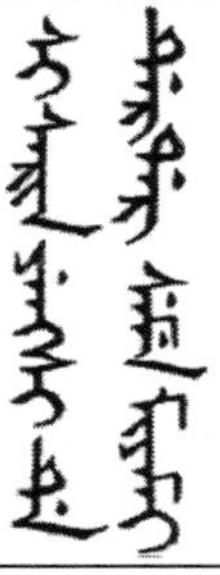	si sarin yengsi de der dar seme miyami	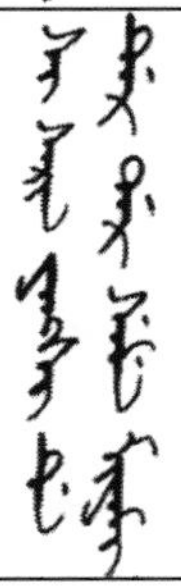	si sarin yangsi de der dar seme miyami

標目	漢文	天理圖書館藏本	羅馬拼音	烏魯木齊校訂本	羅馬拼音
鬧簡第十章	他只少手搭提兒	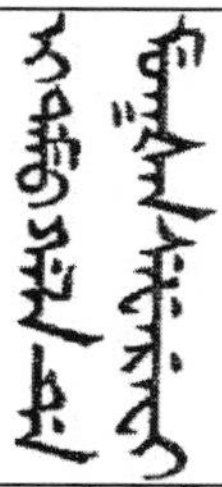	i damu gala de mukšan seferefi	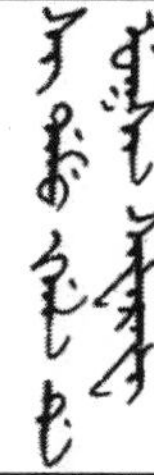	si damu gala de muksan seferefi
	送暖偷寒	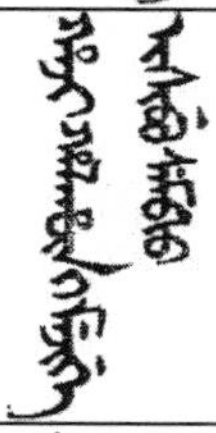	haji halhūn i mejige isibu sembio	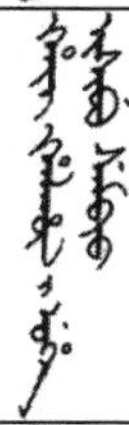	haji halhūn i uhe isibu sembio
	四句哩是五言詩	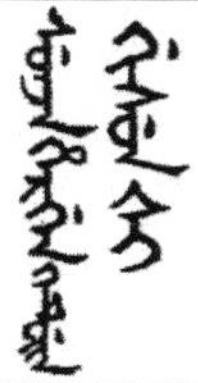	sunja hergen i duin gisun ši	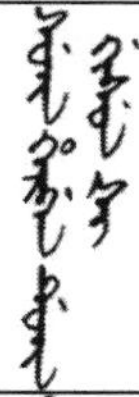	sunja hergen duin gisun ši
	待月西廂下	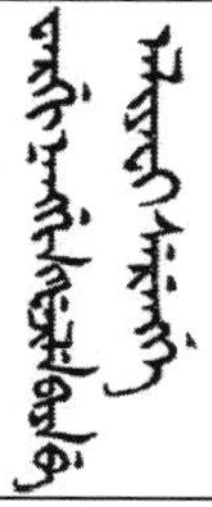	wargi nanggin i fejile biya be aliyafi serengge	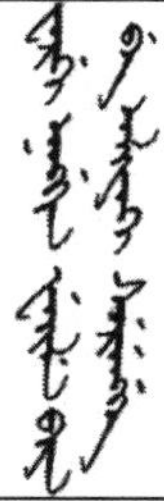	wargi nanggin fejile biya be aliyaki serengge
	他開門等我	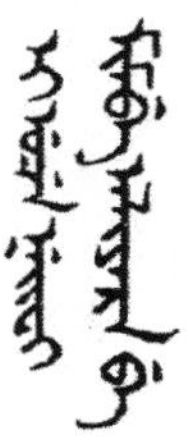	i uce neifi mimbe aliyara be	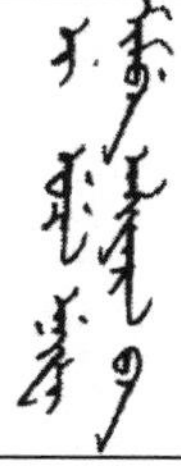	i uce neifi mimbe aliyara ba

標目	漢文	天理圖書館藏本	羅馬拼音	烏魯木齊校訂本	羅馬拼音
鬧簡第十章	女子邊干教你跳東墻	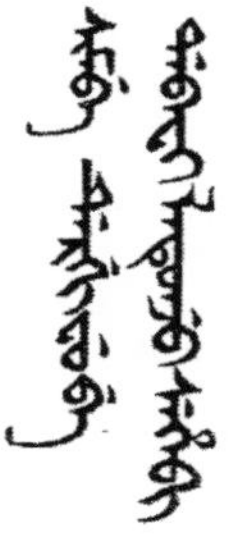	simbe dergi fu be dabafi latunju sehebi	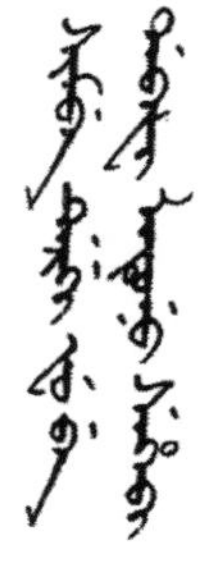	simbe dergi fu be dabafi latunu sehebi
	放着個玉堂學士	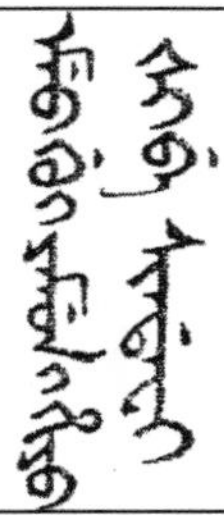	emu gu i yamun i hiyo ši be sindafi	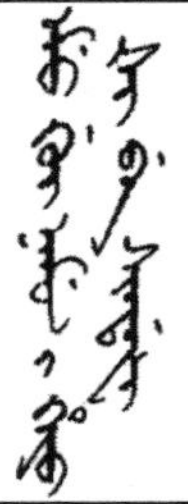	emu gui namun i hiyo ši be sindafi
	惡語傷人	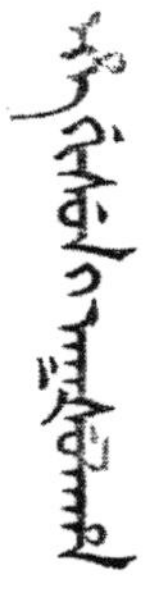	ehe gisun i akšulaha	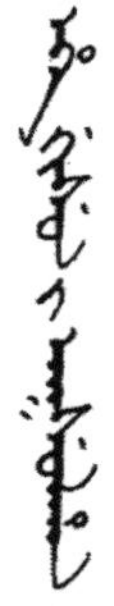	ehe gisun i aksulaha
	怎把龍門跳	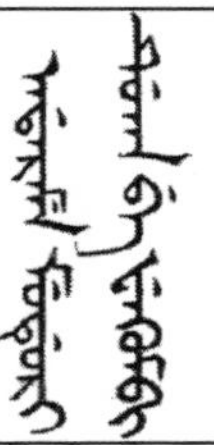	adarame muduri duka be fekumbi	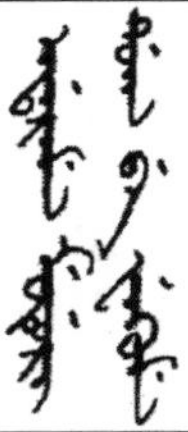	adarame muduri duka be fekume

標目	漢文	天理圖書館藏本	羅馬拼音	烏魯木齊校訂本	羅馬拼音
鬧簡第十章	望穿他盈盈秋水	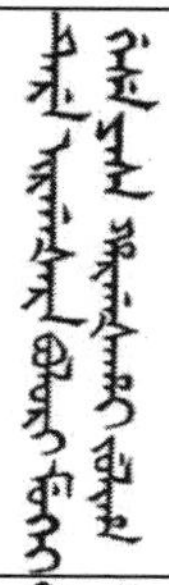	tere irgašara bolori mukei gese yasa hargašahai juliha	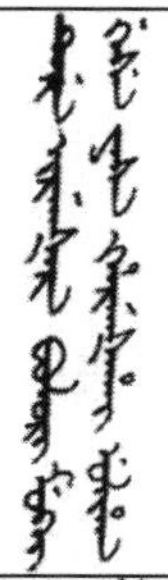	tere irgašara bolori mukei gese yasa hargašahai uliha
	小生方好去	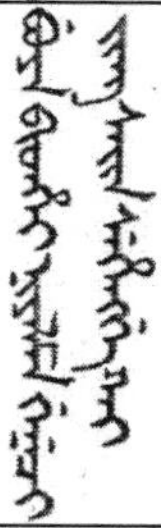	buya bithei niyalma geneci jing sain sehengge kai	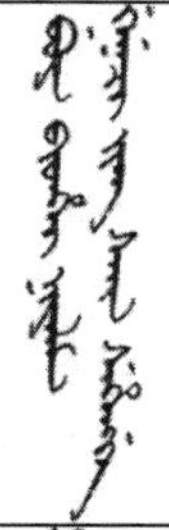	buya bithei niyalma geneci jing sain sehengge
	快書快友快談論	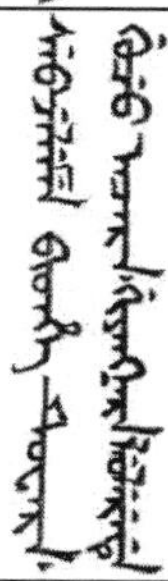	sebjeleme bithe tuwara, gucu acara, giyangnara leolerede	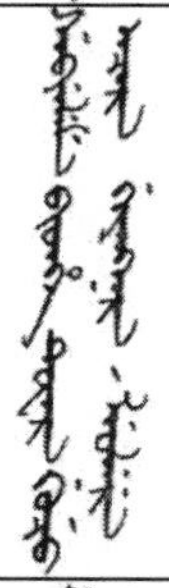	sebjeleme bithe tuwara, gucu acara giyangnara, leolere
	不覺開西立又昏	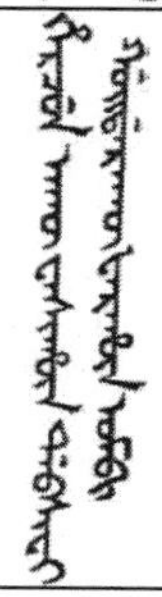	hercun akū wasihūn dabsifi goidarakū farhūn ombi	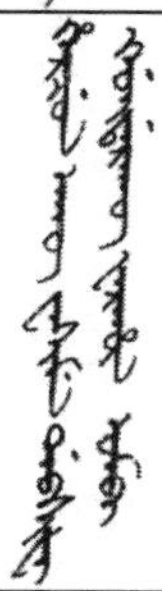	hercun akū wasime dabsifi goidarakū farhūn ombi

標目	漢文	天理圖書館藏本	羅馬拼音	烏魯木齊校訂本	羅馬拼音
鬧簡第十章	手挽着垂楊滴溜撲碌跳過墻去	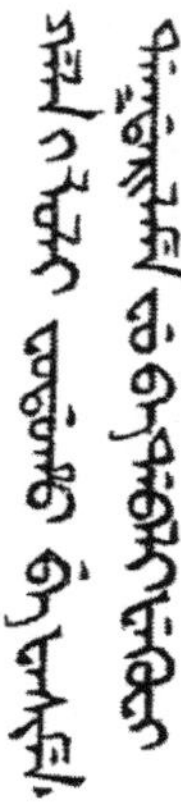	gala i loli fodoho be fasime, dakdarilame fu be dabali fekufi	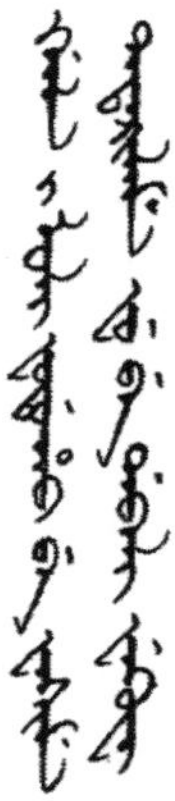	gala i loli fodoho be fasime tatarilame fu be dabali fekufi
賴簡第十一章	金蓮蹙損牡丹芽	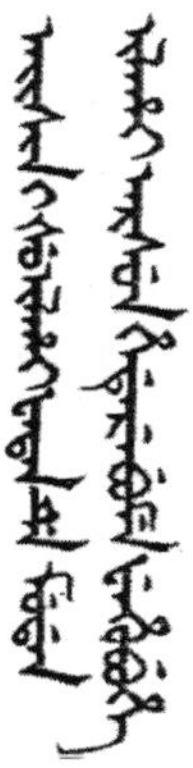	aisin i šu ilhai fatan de mudan ilhai arsun hederebume fehubuhe	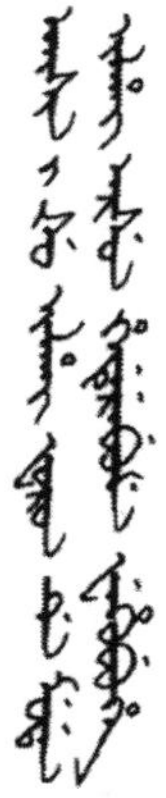	aisin i šu ilhai foron de mudan ilhai arsun hederebume fehubuhe
	玉簪抓住荼蘼架	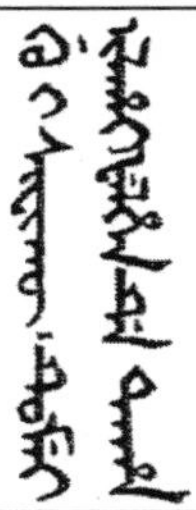	gu i sifikū, tu mei ilhai felhen de taha	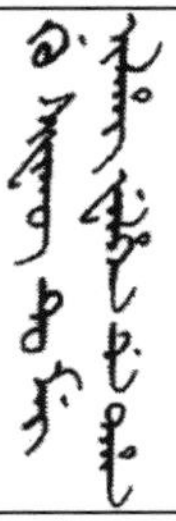	gu sifikū tu mei ilhai felhen de taha

標目	漢文	天理圖書館藏本	羅馬拼音	烏魯木齊校訂本	羅馬拼音
賴簡第十一章	見柳梢斜日遲遲下	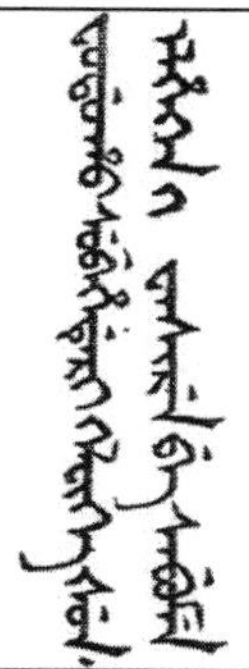	fodoho subehederi kelfike šun, elheken i wasire be sabume	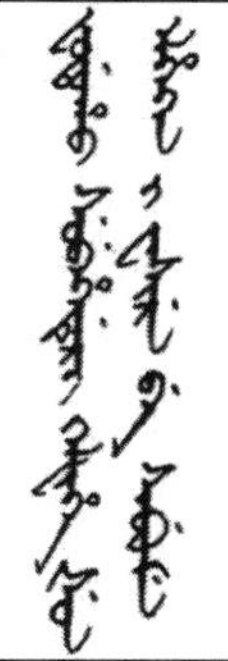	fodoho subehederi kelfihe šun elheken i wasire be sabume
	真假	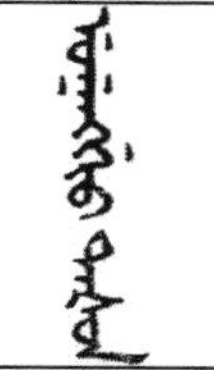	unenggio tašon	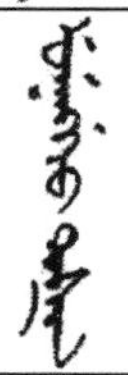	unenggio tašan
	我一地胡拿	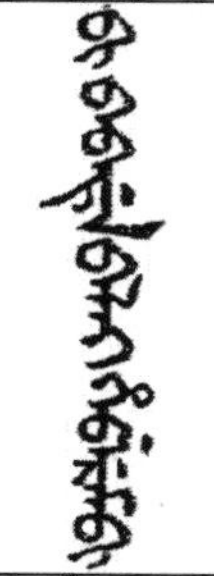	bi babade balai heperembi	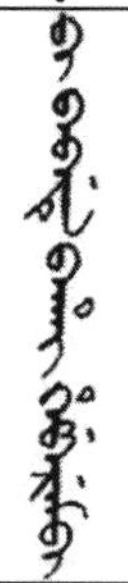	bi babade bahai heperembi
	准定扢扎幫便倒他	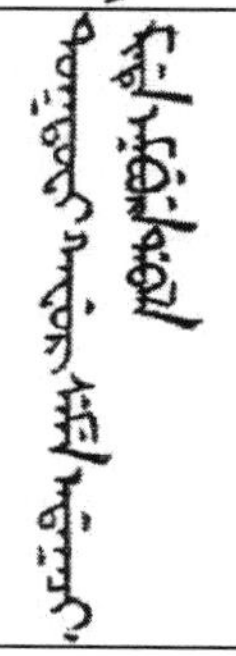	toktofi kafur seme adanaci, minde nambure dabala	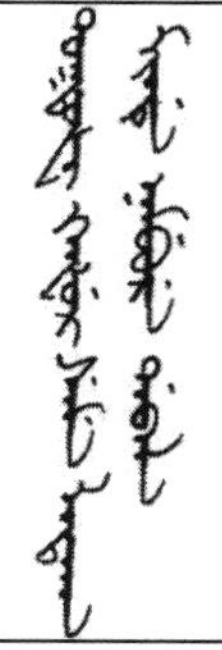	toktofi kafur seme lataka minde nambure dabala

標目	漢文	天理圖書館藏本	羅馬拼音	烏魯木齊校訂本	羅馬拼音
賴簡第十一章	你却休從門裏去	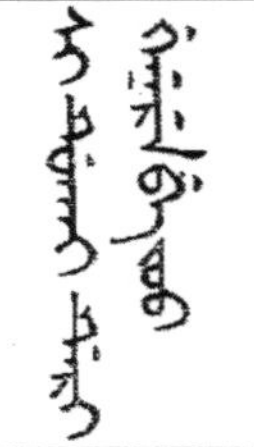	si dukai deri genere be joo	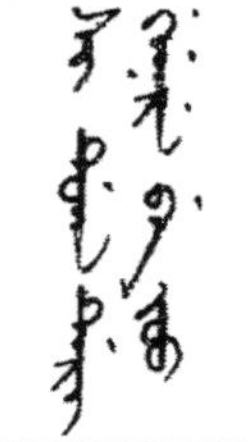	si duka deri genere be joo
	花枝又低亞	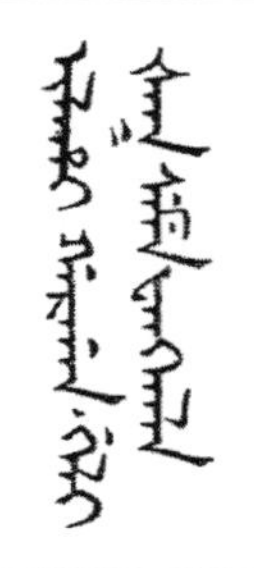	ilhai gargan, geli šak seme fangkala	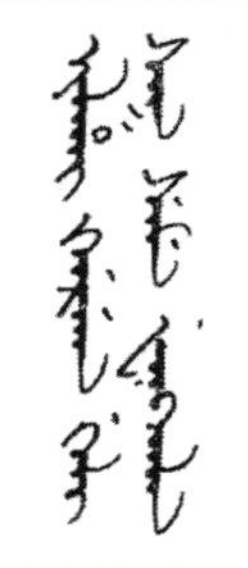	ilhai gargan geli sak seme fangkalan
	你索意兒溫存	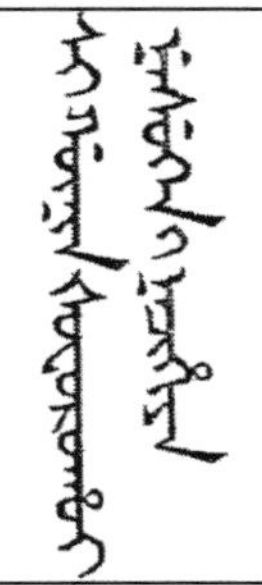	si gūnin šoforohoi nesuken i nacihiya	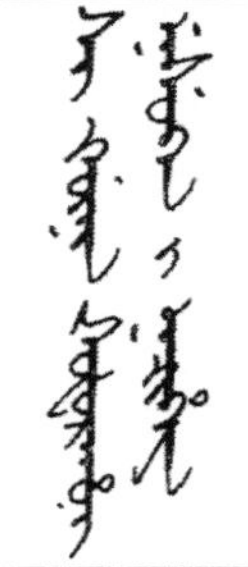	si gūnin šoforhoi nesuken i nacihiya
	你無人處且會閒嗑牙	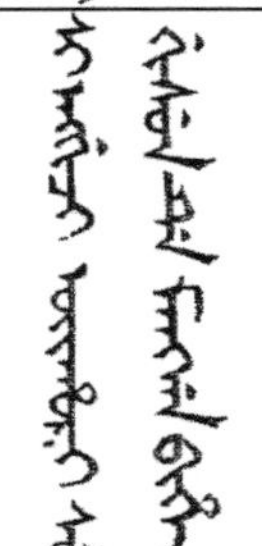	si enggici oihori sula gisun de mangga bihe	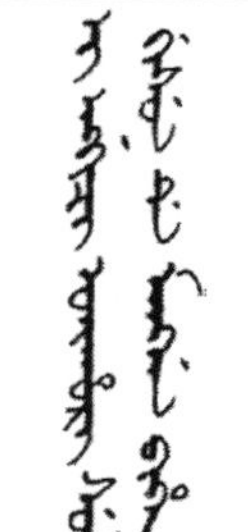	i enggici oihori sula gisun de mangga bihe

標目	漢文	天理圖書館藏本	羅馬拼音	烏魯木齊校訂本	羅馬拼音
賴簡第十一章	你來此有甚麼勾當	ᠰᡳ ᠠᡳ ᠪᠠᡳᡨᠠ ᡠᠪᠠᡩᡝ ᠵᡳᡥᡝ	si ai baita ubade jihe	ᠰᡳ ᠠᡳ ᠪᠠᡳᡨᠠ ᡠᠪᠠᡩᡝ ᠵᡳᡥᡝᠣ	si ai baita ubade jiheo
	不是一家兒喬作衙	ᠮᡝᠨᡳ ᡝᠮᡠ ᠪᠣᠣ ᠣᡶᡳ ᠵᠣᡵᡨᠠᡳ ᠴᠠᠮᠠᠩᡤᠠᡩᠠᡵᠠᠩᡤᡝ ᠸᠠᡴᠠ	meni emu boo ofi jortai camanggadarangge waka	ᠮᡝᠨᡳ ᡝᠮᡠ ᠪᠣᠣ ᠣᡶᡳ ᠵᠣᡵᡨᠠᡳ ᠮᠠᠩᡤᠠᡨᠠᡵᠠᠩᡤᡝ ᠸᠠᡴᠠ	meni emu boo ofi jortai manggatarangge waka
	不去跳龍門	ᠮᡠᡩᡠᡵᡳ ᡩᡠᡴᠠ ᠪᡝ ᡶᡝᡴᡠᠨᡝᡵᠠᡴᡡ	muduri duka be fekunerakū	ᠮᡝᡩᡝᡵᡳ ᡩᡠᡴᠠ ᠪᡝ ᡶᡝᡴᡠᠨᡝᡵᠠᡴᡡ	mederi duka be fekunerakū
	既為兄妹	ᠠᡥᡡᠨ ᠨᠣᠨ ᠣᠴᡳ ᡨᡝᡨᡝᠨᡩᡝᡵᡝ	ahūn non oci tetendere	ᠠᡥᡡᠨ ᠨᡠᠨ ᠣᠴᡳ ᡨᡝᡨᡝᠨᡩᡝᡵᡝ	ahūn nun oci tetendere

標目	漢文	天理圖書館藏本	羅馬拼音	烏魯木齊校訂本	羅馬拼音
後候第十二章	早間長老使人來說	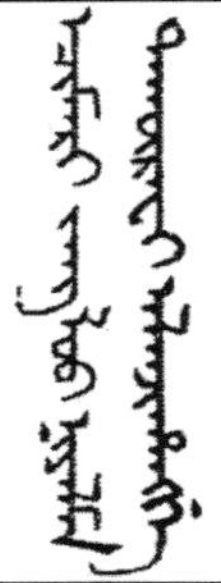	ecimari jang loo niyalma takūrafi alanjihangge	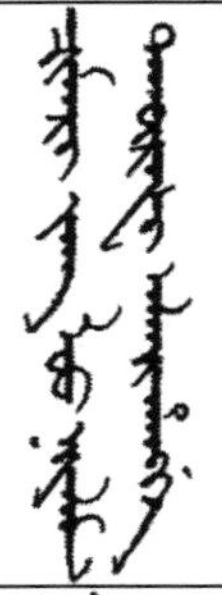	cimari jang loo niyalma takūrafi alanjihangge
	張生病重	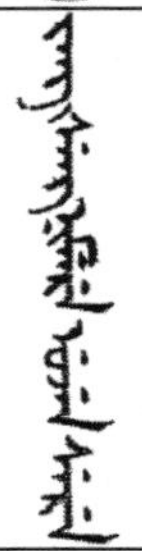	jang šeng nimere ujen sere	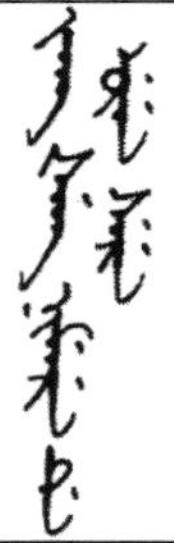	jang šeng nimere de ujen sere
	方這病便可了 除非小姐有甚好藥	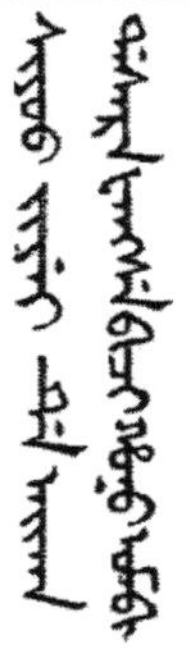	siyoo jiyei de aika dasara fangse bici hono ombi	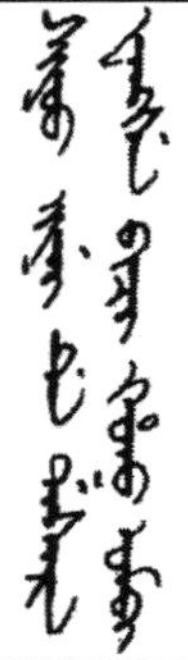	siyoo jiyei de dasara fangse bici hono ombi
	先是你彩筆題詩	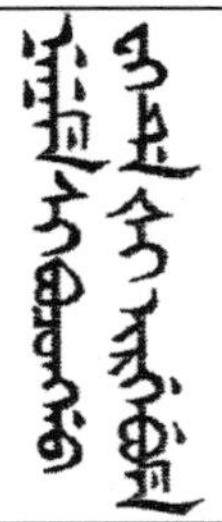	neneme si boconggo fi de ši irgebume	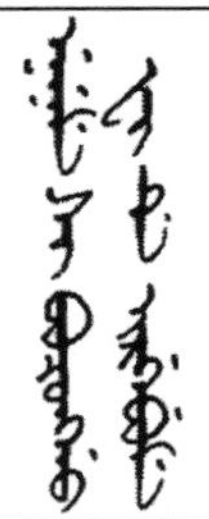	neneme si boconggo fi de irgebume

標目	漢文	天理圖書館藏本	羅馬拼音	烏魯木齊校訂本	羅馬拼音
後候第十二章	倒教我似線腳兒般	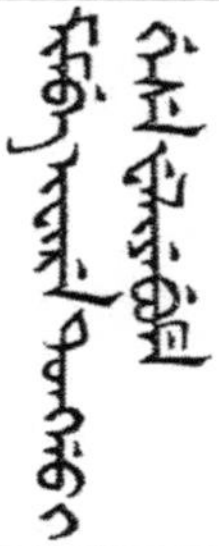	mimbe ifire tonggo i gese feliyebume	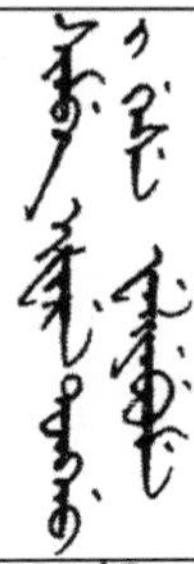	simbe ifire tonggo i gese feliyebume
	你今日病體如何	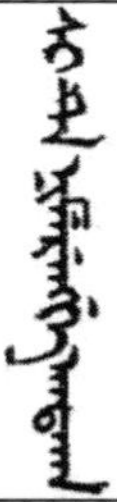	si te nimerengge antaka	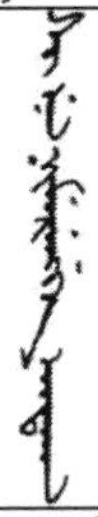	si ne nimerengge antaka
	我見你海棠開想到如今	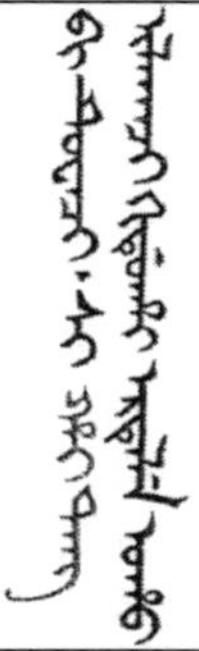	bi tuwaci, si hai tang ilakaci kiduhai ertele oho	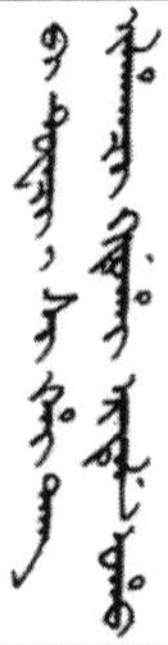	bi tuwaci, si hai tang ilhakaci kiduhai ertele oho
	便道秀才們從來恁	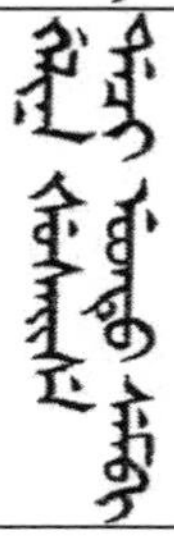	gelina šusaise daci uttu sembi	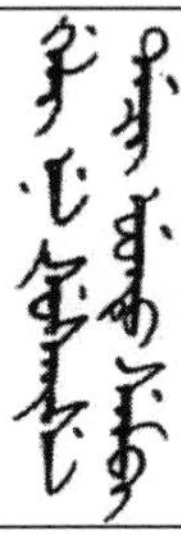	geli ne šusaise daci uttu sembi

標目	漢文	天理圖書館藏本	羅馬拼音	烏魯木齊校訂本	羅馬拼音
後候第十二章	紅娘授簡云，在這裡	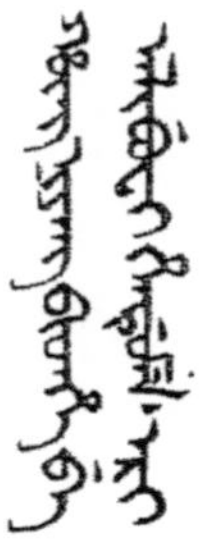	hūng niyang bithe be alibufi hendume, eri	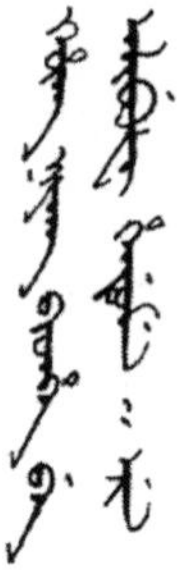	hūng niyang bithe be alibufi hendume, ere
	揖云	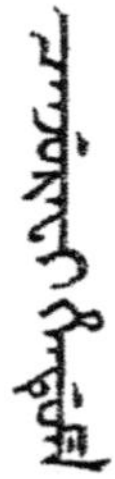	canjurafi hendume	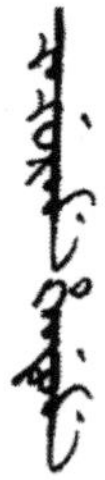	cacurame hendume
	怕的是紅娘撒沁	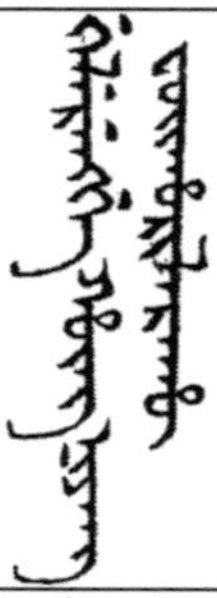	gelerengge hūng niyang foihorilarahū	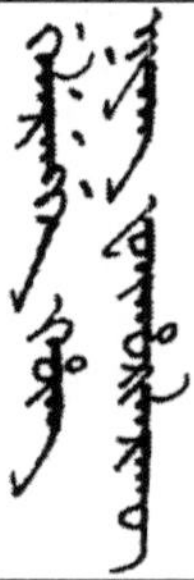	gelerengge hūng niyang foihorilarakū
	無投處問佳音	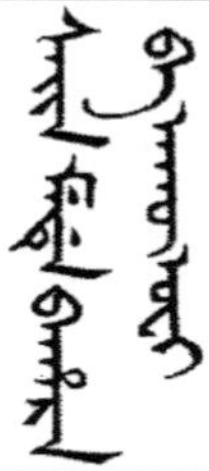	sain mede bahara ba akū ofi	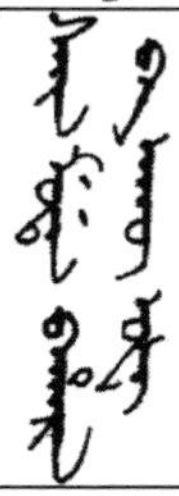	sain mudan bahara ba akū ofi

標目	漢文	天理圖書館藏本	羅馬拼音	烏魯木齊校訂本	羅馬拼音
後候第十二章	得了個紙條兒	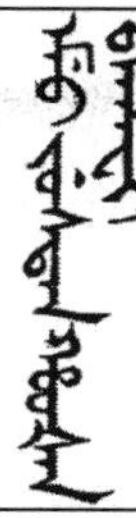	emu justan hoošan bahafi	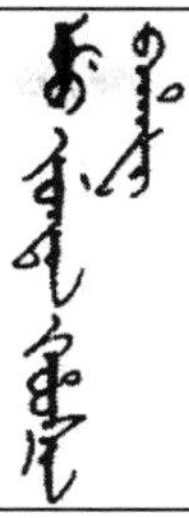	emu juntan hoošan bahafi
	他不用法灸神鍼	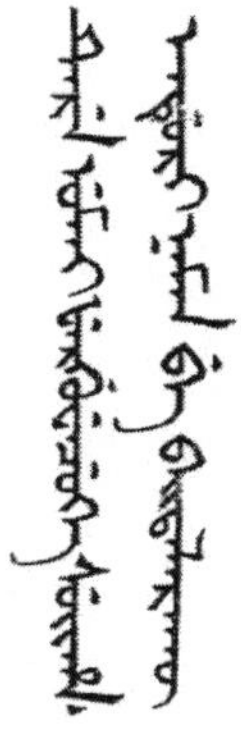	tere umai ferguwecuke suiha, enduri naman be baitalarakū	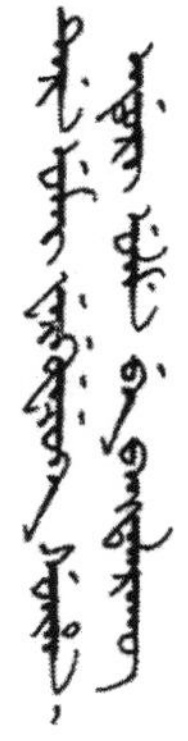	tere umai ferguwecuke suiha, enduri ulme be baitalarakū
	我謾沉吟	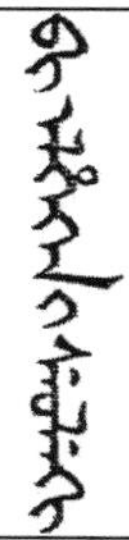	bi elheken i seoleki	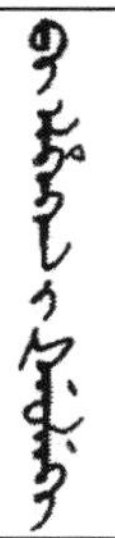	bi elheken i šeoleki
酬簡第十三章	我睡去	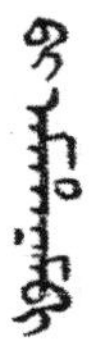	bi amhanambi	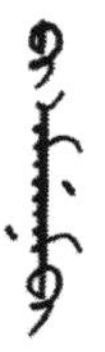	bi amganambi

標目	漢文	天理圖書館藏本	羅馬拼音	烏魯木齊校訂本	羅馬拼音
酬簡第十三章	人間良夜靜復靜	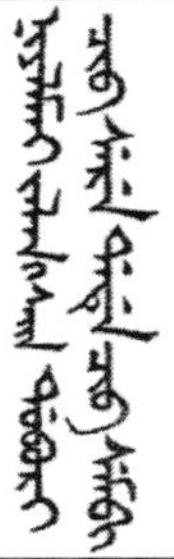	niyalmai jalan i sain dobori cib sere dade cib sembi	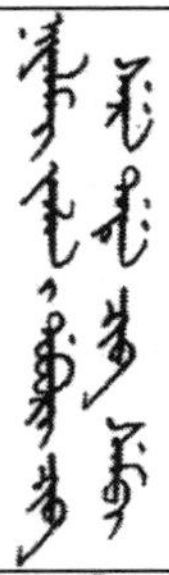	niyalmai jalan i dobori cib sere dade cib sembi
	鈕釦	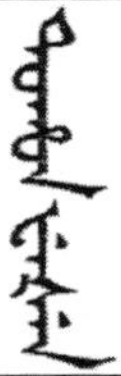	tohon fešen	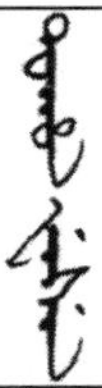	tohon fesen
	猶是疑猜	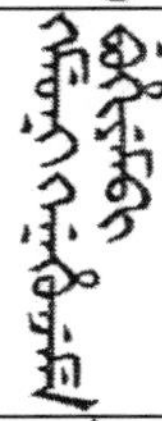	kemuni kenehunjeme buhiyembi	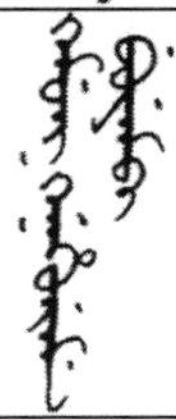	kemuni kenehunjeme buyembi
	下堦來	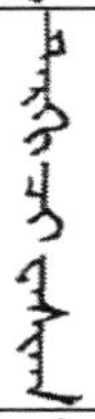	terki ci wasika	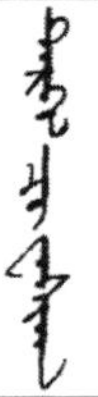	terkin ci wasika
	今夜早些來	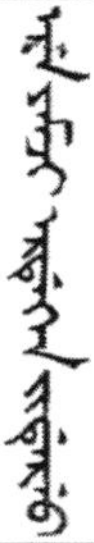	ere yamji erdeken jidereo	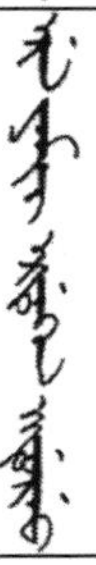	ere yamji erdeken jidureo

標目	漢文	天理圖書館藏本	羅馬拼音	烏魯木齊校訂本	羅馬拼音
拷艷第十四章	誰許你停眠整宿	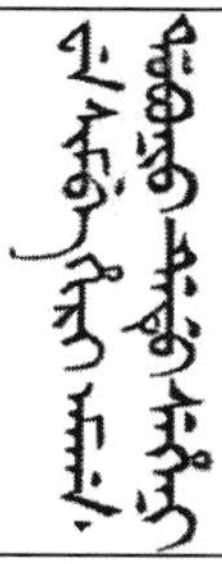	we simbe hiri amga, dobonio dedu seheni	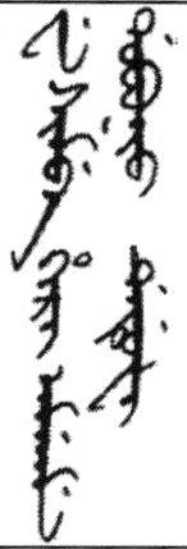	we simbe hiri amgame dobonio dedufi
	誰叫你迤逗他胡行亂走	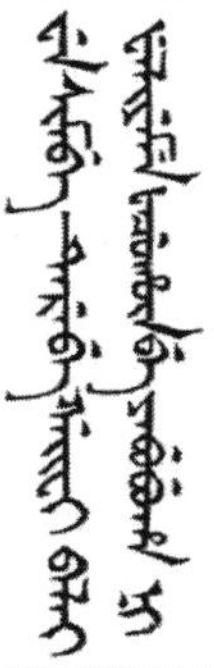	we simbe terebe gaifi balai feliyeme facuhūn be yabubuha ni	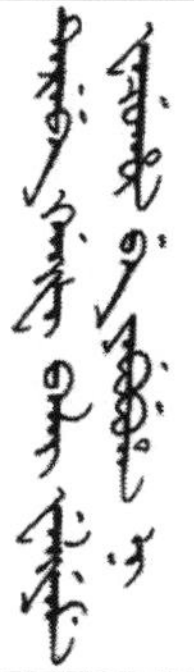	terebe gaifi balai feliyeme facuhūn be yabubuha ni
	紅娘不知罪	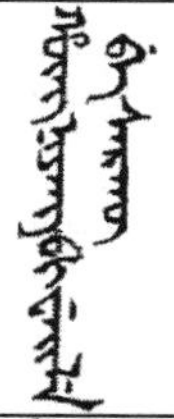	hūng niyang bi weile be sarkū	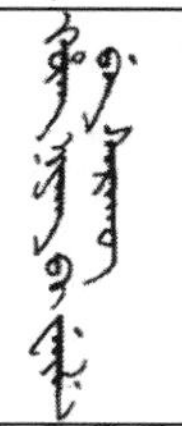	hūng niyang bi weile be sarakū
	和小姐閒窮究	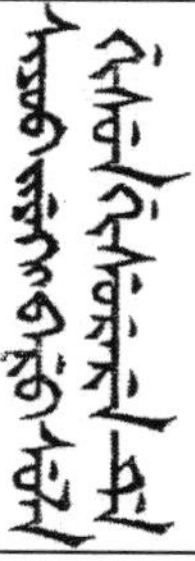	siyoo jiyei i baru sula gisun gisurere de	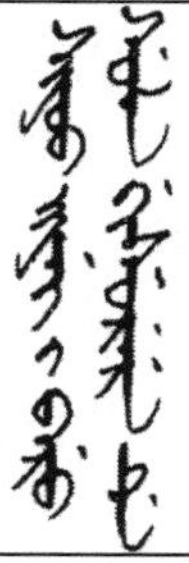	siyoo jiyei i baru sula gisurere de

標目	漢文	天理圖書館藏本	羅馬拼音	烏魯木齊校訂本	羅馬拼音
拷艷第十四章	退得軍者	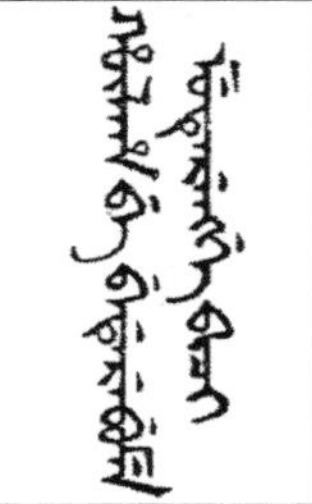	hūlha be bederebume muterengge bici	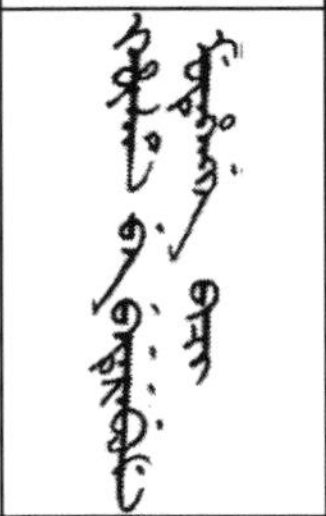	hūlha be bederebume mutehengge bici
	一個是仕女班頭	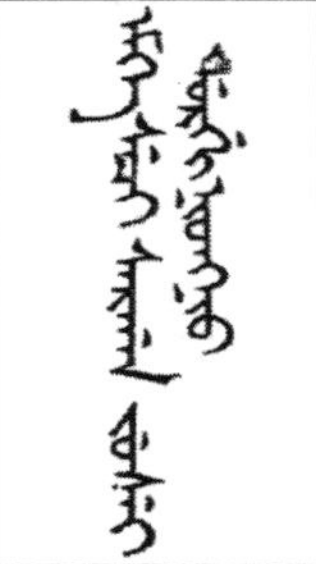	emke seci sargan jusei dorgi niongnio	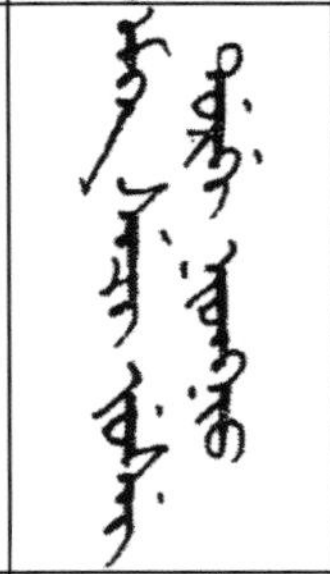	emke seci jusei dorgi niongnio
	紅娘，先與我喚那小賤人過來	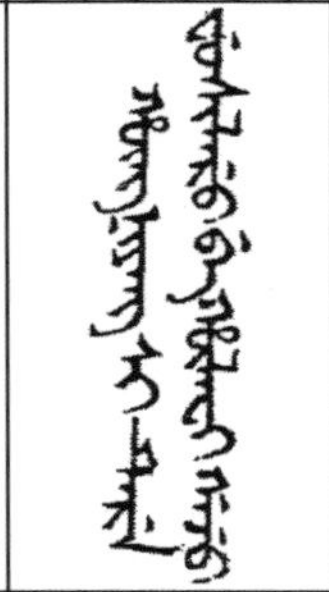	hūng niyang si tere fusilaru be hūlafi gaju	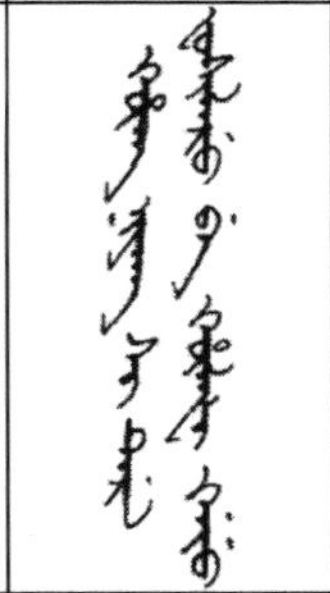	hūng niyang si tere fosilaru be hūlafi gaju
	紅娘你扶住小姐	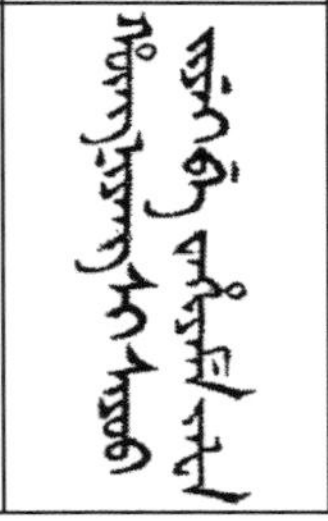	hūng niyang si siyoo jiyei be wahiyame jafa	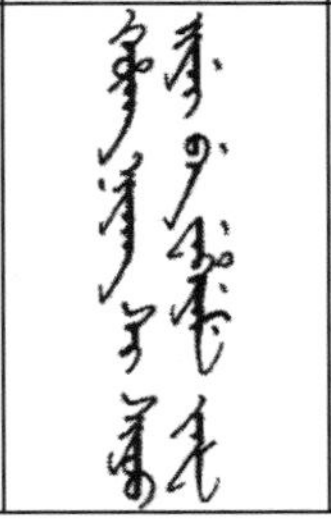	hūng niyang si siyoo jiyei be wehiyeme jafa

標目	漢文	天理圖書館藏本	羅馬拼音	烏魯木齊校訂本	羅馬拼音
拷艷第十四章	何須約定通媒媾	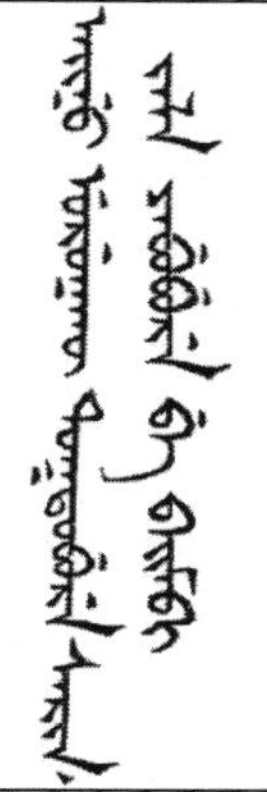	ainu urunakū toktobure sarin, jala yabubure be baimbi	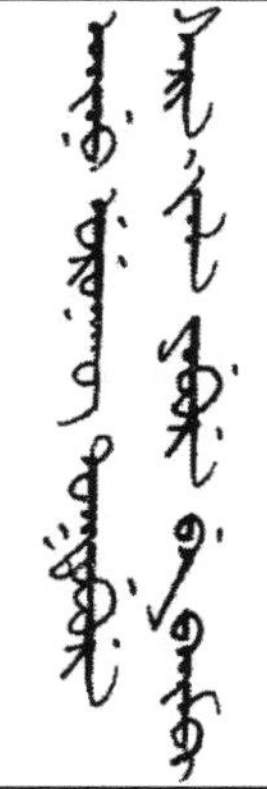	ainu urunakū toktobure sarin, jala yabure be baimbi
	豈不聞非先王之德行不敢行	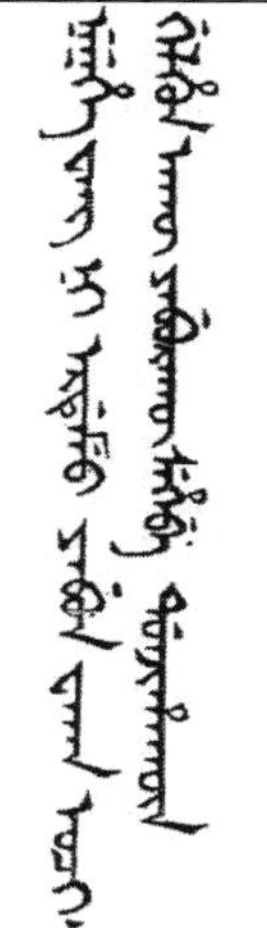	nenehe wang ni erdemu yabun waka oci, gelhun akū yaburakū sehebe donjihakūn	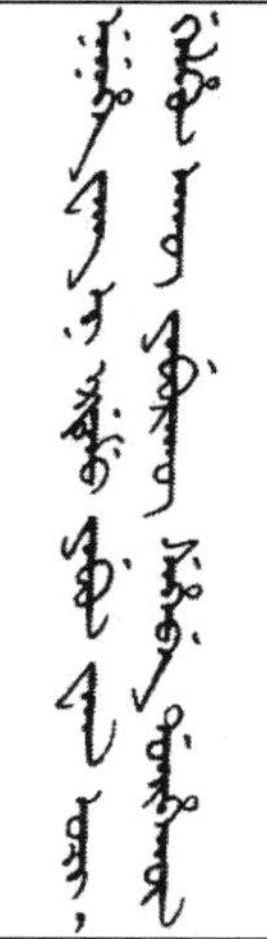	nenehe wang ni erdemu yabun waka oci, gelhun akū yaburakū sehebe donjihekūn
哭宴第十五章	怨分去得疾	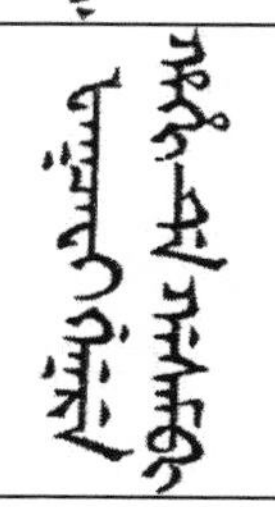	fakcafi genere hahi de gasambi	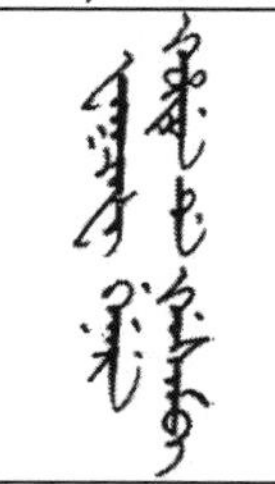	fakcafi genere hūdun de gasambi

標目	漢文	天理圖書館藏本	羅馬拼音	烏魯木齊校訂本	羅馬拼音
哭宴第十五章	見安排車兒馬兒	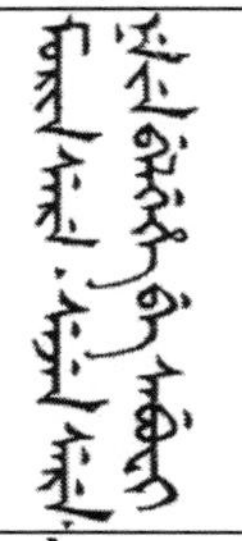	morin sere, sejen sere, ne je belgehe be sabufi	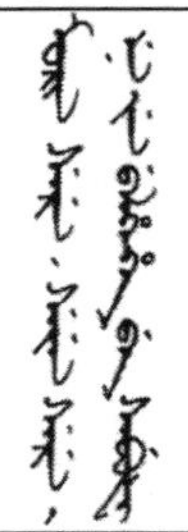	morin sere, sejen sere, ne je belhehe be sabufi
	還望他恓恓惶惶的寄	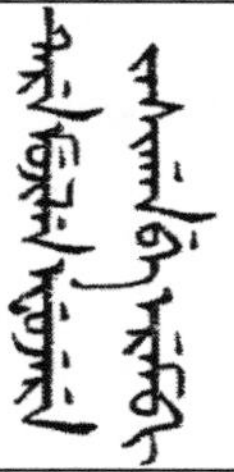	tere mujilen efujere jasigan be erembi	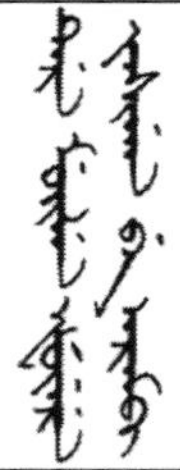	tere mujilen efujere jasigan be arambi
	憑仗先相國及老夫人恩蔭	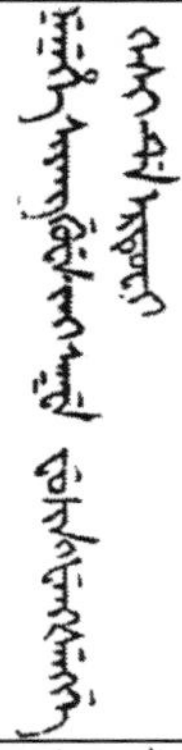	nenehe siyang guwe, jai sakda fu žin i fengšengge kesi de ertufi	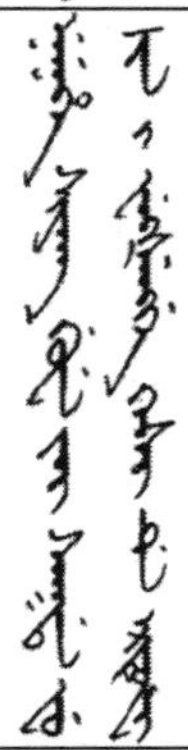	nenehe siyang guwe jai sakda fu žin i fekšengge kesi de ertufi
	重入席科吁科	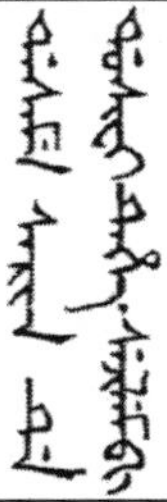	dasame sarin de dosifi tehe, sejilembi	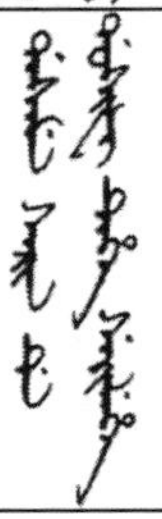	dasame sarin de dosifi tehe sejilehe

標目	漢文	天理圖書館藏本	羅馬拼音	烏魯木齊校訂本	羅馬拼音
哭宴第十五章	各起身科	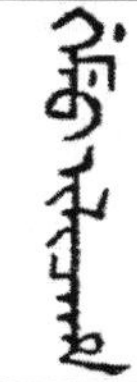	gemu ilicaha	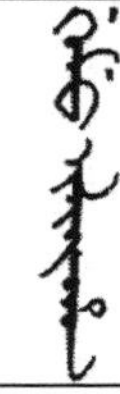	gemu ilinjaha
	懶上車兒內	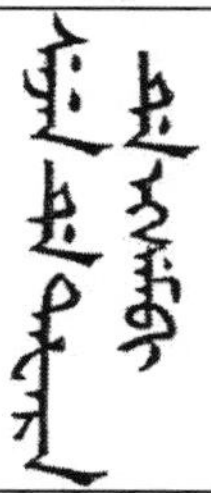	sejen de tafara de eksembi	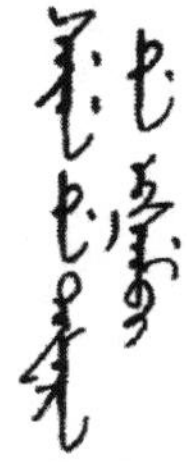	sejen de tafara de ekšembi
	紅娘你看他在那里	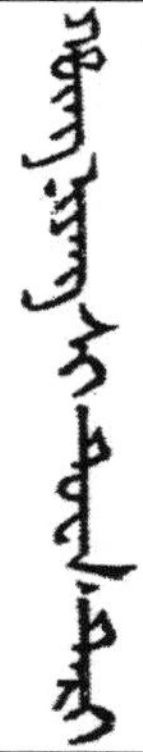	hūng niyang si tuwa, teri	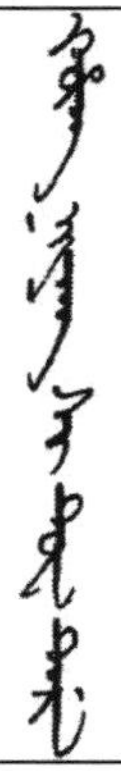	hūng niyang si tuwa tere
驚夢第十六章	暮雲遮	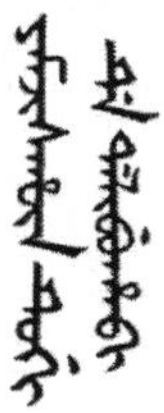	yamjishūn tugi de dalibuhabi	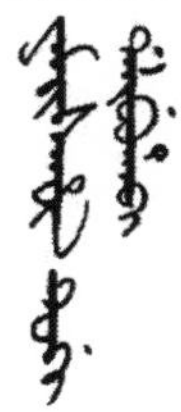	yamjishūn tugi dalibuhabi

標目	漢文	天理圖書館藏本	羅馬拼音	烏魯木齊校訂本	羅馬拼音
驚夢第十六章	就在床前打鋪	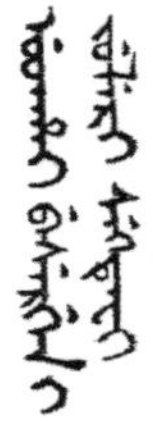	uthai besergen i juleri sektefi	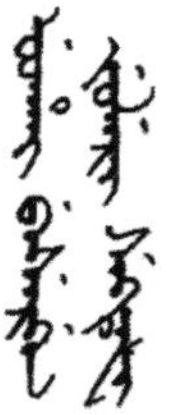	uthai besergen juleri sektefi
	睡熟科	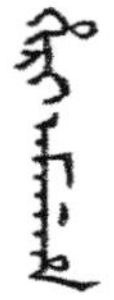	hiri amgaha	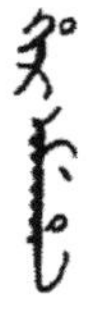	hir amgaha
	怕便是瓶墜簪折	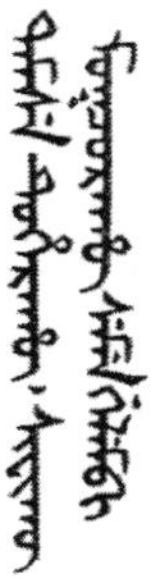	tamse tuherahū, sifikū mokcorahū seme gelembi	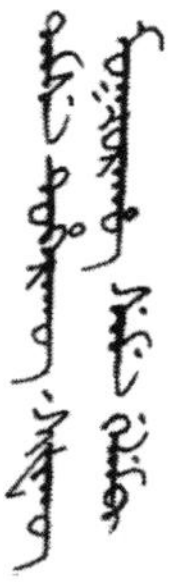	tamse tuherakū, sifikū mokcorahū seme gelembi
	騎著白馬來也	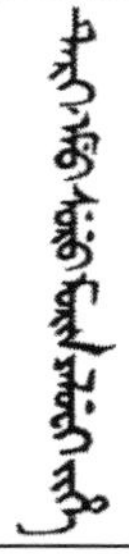	teri, emu suru morin yalufi jihe	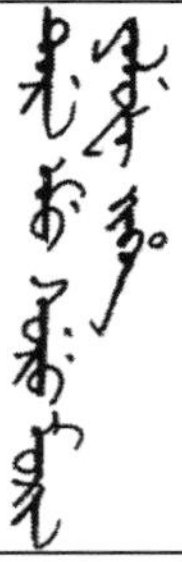	tere emu suru morin yalufi jihe

標目	漢文	天理圖書館藏本	羅馬拼音	烏魯木齊校訂本	羅馬拼音
驚夢第十六章	踈刺刺林梢落葉風	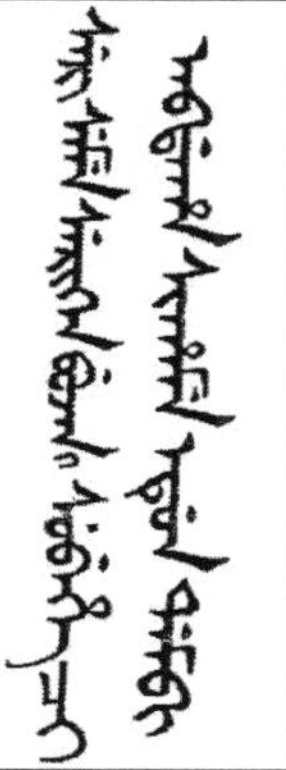	ser seme seriken bujan i subehe ci abdaha sihame edun dambi	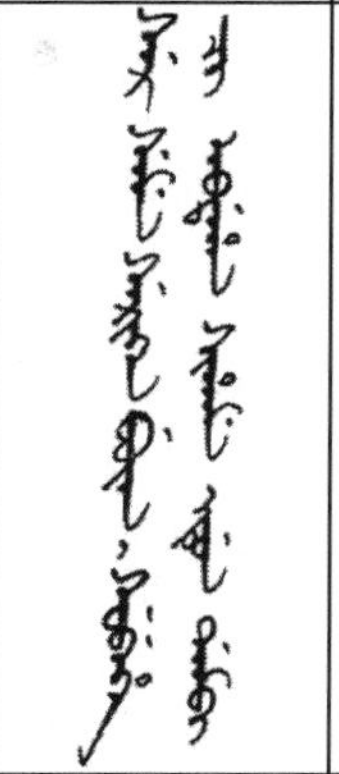	ser seme seriken bujan, subehe ci abdaha sihame edun dambi
	慘離離雲際	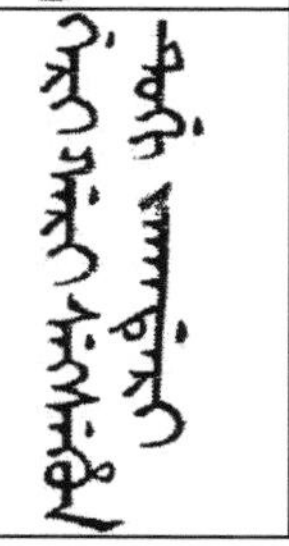	geri gari seksehun tugi jakaderi	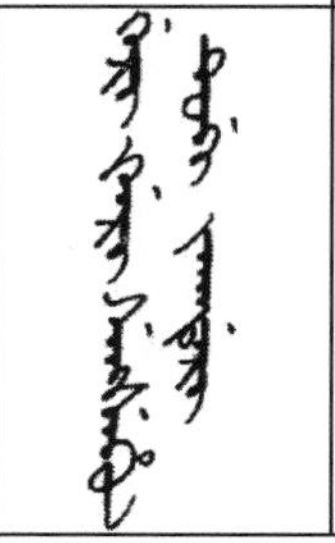	geri gari sengsehun tugi jakaderi

資料來源：日本天理大學圖書館藏本《滿漢西廂記》、新疆錫伯文《滿漢合璧西廂記》。

永志堅先生整理錫伯文《滿漢合璧西廂記》，一冊，於一九九一年五月由新疆人民出版社出版發行。對照日本天理圖書館藏本《滿漢西廂記》，版本相同，或因抄寫疏漏，或經校訂，以致其文字間有出入。校訂本頁七，“eigen hala dzui”（夫主姓崔）。天理圖書館藏本作“eigen i hala ts'ui”，校訂本脫落“i”；“dzui”，當作“ts'ui”。“ere sarganjui teile ujihabi”（祇生這個女兒）。天理圖書館藏本作“ere sargan jui be teile ujihabi”，校訂本脫落“be”；“sargan jui”，並不連寫。校訂本頁一五，“jung yuwan de erdemu tacifi”（遊藝中原）。天理圖書館藏本作“jung yuwan de erdemu tacinjifi”，句中“tacifi”，當作“tacinjifi”。校訂本頁一六，“bula jafaha kūwaran de tehei dubihe”（棘圍呵守煖），句中“dubihe”，天理圖書館藏本作“dubike”。校訂本頁二〇，“ubade emu yebcungge tatara boo bi”（這裡好一座店兒）。天理圖書館藏本作“ubade absi emu yebcungge tatara boo bi”，校訂本脫落“absi”。校訂本頁二二，“ajige hūwašan fa dzung bi”（小僧法聰）。天理圖書館藏本作“ajige hūwašan fa ts'ung bi”，句中“fa dzung”，當作“fa ts'ung”。校訂本“membe sy de tutabufi”（着我在寺中），滿文意即「留我們在寺中」，滿漢文義不合。天理圖書館藏本作“mimbe sy de tutabufi”，“membe”，當作“mimbe”。校訂本頁二七，“baibi dzui ilhai gidakū latubure de acambi”（偏宜貼翠花鈿）。天理圖書館藏本作“baibi ts'ui ilhai gidakū latubure de acambi”。句中“dzui”，當作“ts'ui”。校訂本“yar sere tugi šulu i hanci isinahabi”（侵入鬢雲邊）。天理圖書館藏本作“yar seme tugi šulu i hanci isinahabi”，句中“sere”，天理圖書館藏本作“seme”。校訂本頁二八，“mudan i amargi”（後，曲牌名）。天理圖書館藏本作“amargi”。校訂本頁三〇，“yasai hošo deri narašaha be aisehe”（休題眼角留情處）。天理圖書館藏本作“yasai hošoi deri narašaha be aisehe”，句中“hošo”，當作“hošoi”。校訂本“arkan emu okson i ufuhi bi”（只有那一步遠）。天理圖書館藏本作“arkan emu okson i ufihi bi”，句中“ufihi”，經校訂本改作“ufuhi”。校訂本頁三一，“šanggiyan fu i den, niohon abkai adali goro. abka niyalma de ainu tusa ararakū ni”（粉墻兒高似青天。恨天不與人方便）。

天理圖書館藏本作“šanggiyan fu i den, niohon abkai adali, koro, abka niyalma de ainu tusa ararakū ni”，校訂本斷句有誤，句中“goro”，誤，當作“koro”。校訂本頁三二，“lan ilha jarin i wa kemuni sur secibe”（蘭麝香仍在）。天理圖書館藏本作“lan ilhai jarin i wa, kemuni sur secibe”，句中“ilha”，當作“ilhai”。校訂本頁三五，“sikse emu šusai wargi lo baci jifi”（夜來有一秀才自西洛而來）。天理圖書館藏本作“sikse emu šusai, wargi lo ci jifi”，句中“lo ci”，校訂本作“lo baci”，異。校訂本頁三六，“sikse tere siyoo giyei be sabuha ci”（自夜來見了那小姐）。天理圖書館藏本作“sikse tere siyoo jiyei be sabuha ci”，句中“siyoo jiyei”，校訂本作“siyoo giyei”。校訂本頁三八，“mini tere hatabure hojoi ilire tere teisu”（與我那可憎才居止處。）。句中“hatabure”，天理圖書館藏本作“hataburu”。校訂本頁四四，“niyalmai cihai hoi golmin foholon be jubešekini”（任憑人說短論長）。天理圖書館藏本作“niyalmai cihai hoi golmin foholon be jubušekini”，句中“jubušekini”，校訂本校訂作“jubešekini”，意即「令人背後毀謗」。校訂本頁四九，“kiyoo kio seme sektu sedeheri ja akū”（鶻伶淥老不尋常），天理圖書館藏本作“kiyab kib seme, sektu sedeheri ja akū”，句中“kiyab kib”，意即「行動靈便」，又作「恰好」，校訂本作“kiyoo kio”，異。校訂本頁五一，“fa ben hendume: esi ombi”（本云：使得）。天理圖書館藏本作“fa ben hendume, esi oci”，句中“esi oci”，校訂本作“esi ombi”。校訂本“dzui halai sargan jui koiton saikan, sakda gincihiyan agu be cihalambi ayoo?”（崔家女艷妝，莫不演撒上老潔郎）。天理圖書館藏本作“ts'ui halai sargan jui koiton, aika sakda gincihiyan agu be cihalambi ayoo”，句中“aika”，意即「莫非」，校訂本作“saikan”，誤。校訂本頁五三，“ere dzui siyang guwe i siyoo jiyei hiyoošungga mujilen”（這是崔相國小姐孝心）。天理圖書館藏本作“ere ts'ui siyang guwe i siyoo jiyei i hiyoošungga mujilen”，句中“siyoo jiyei”，校訂本或作“siyoo giyei”，或作“siyoo jiyei”，不一致。句中“siyoo jiyei i hiyoošungga mujilen”，校訂本脫落“i”。校訂本頁五五，“hanci nikembi sere anggala”（休言偎傍）。天理圖書館藏本作“hanci nikenembi sere anggala”，句中“nikenembi”，校訂本作“nikembi”，異。校訂本五六，“jang šeng okdome cacurafi hendume”（張生迎揖云）。天理圖書館藏本作“jang šeng okdome canjurafi hendume”，句中“canjurafi”，意即「作揖」，校訂本作“cacurafi”，誤。校訂本頁五八，“aniya biyai juwan nadan singgeri erin de banjiha”（正月十七日子時建生）。天理圖書館藏本作“aniya biyai juwan nadan i singgeri erin de banjiha”，校訂本脫落“i”。校訂本“dorolon waka aššarakū serkū”（非禮無動），天理圖書館藏本作“dorolon waka aššarakū serakū”，句中“serakū”，校訂本作“serkū”。校訂本“meni sakda fu žin boo be dasarangge cira, fafungga juhe gecen i gese nimecuke”（俺老夫人治家嚴肅，凜若冰霜）。天理圖書館藏本作“meni sakda fu žin boo be dasarangge cira fafungga, juhe gecen i gese nimecuke”，句中“cira fafungga”，校訂本作“cira, fafungga”，標點有誤。校訂本頁五九，“hūlahakū oci, boo dolo gelhun akū dosici ojorakū”（非奉呼喚，不敢輒入中堂）。天理圖書館藏本作“hūlahakū oci, booi dolo gelhun akū dosici ojorakū”，句中“booi dolo”，校訂本脫落

“i”。校訂本“ainaha ja i nakara”（豈便干休），天理圖書館藏本作“ainaha ja de nakara”，句中“ja de”，校訂本作“ja i”，異。

校訂本頁六〇，“mujilen dolo gusucume ališame”（心懷悒快），天理圖書館藏本作“mujilen i dolo gusuceme ališame”，句中“mujilen i dolo”，校訂本作“mujilen dolo”，脫落“i”。校訂本頁六〇，“genere nashūn de aiseme uju marifi šaha ni”（你不合臨去也回望），天理圖書館藏本作“genere nashūn, aiseme uju marifi šaha ni”，句中“nashūn”，校訂本作“nashūn de”，異。校訂本頁六三，“ainci niyengniyeri elden tuyembufi, ini aja sererahakū sembio”（也只怕是漏洩春光與乃堂），天理圖書館藏本作“ainci niyengniyeri elden tuyembufi, ini aja sererahū sembio”，句中“sererahū”，校訂本作“sererhakū”，誤。校訂本頁六五，“buya bithei niyalma de gungnecuke bolgonggo nemeyen nesuken babi”（小生正恭儉溫良），天理圖書館藏本作“buya bithei niyalma de gungnecuke boljonggo nemeyen nesuken babi”，句中“boljonggo”，意即「簡約」，或作「儉」，校訂本作“bolgonggo”，意即「清潔」，滿漢文義不合。校訂本“hūng niyang terei faitan suhuken niruhebi”（紅娘他眉兒是淺淺描），天理圖書館藏本作“hūng niyang terei faitan suhuken niruhabi”，句中“niruhabi”，校訂本作“niruhebi”，異。校訂本“terei hiyan fun der seme meifen de ijuhabi”（他粉香膩玉搓咽項），天理圖書館藏本作“terei hiyan i fun der seme meifen de ijuhabi”，句中“hiyan i fun”，校訂本脫落“i”。校訂本頁六七，“jang šeng beye marinjifi fa ben de acafi hendume”（張生轉身見本云），天理圖書館藏本作“jang šeng beye marifi, fa ben de acafi hendume”，句中“marifi”，校訂本作“marinjifi”，異。校訂本頁六八，“hūng niyang, mini boo hūwa genggehun”（紅娘，我院宇深），天理圖書館藏本作“hūng niyang mini boo hūwa kenggehun”，句中“kenggehun”，意即「室內空蕩蕩的」，校訂本作“genggehun”，誤。校訂本“ere dobori šumin de adarame hamimbi”（着甚支吾此夜長），天理圖書館藏本作“ere dobori golmin de adarame hamimbi”，句中“golmin”，意即「長」，校訂本作“šumin”，意即「深」，異。

校訂本頁七〇，“aja hūng niyang be takūrafi jang loo be doocan arara inenggi be fonjinabume genefi kejine goidaha”（母親使紅娘問長老修齋日期，去了多時），天理圖書館藏本作“aja, hūng niyang be takūrafi jang loo de, doocan arara inenggi be fonjinabume genefi kejine goidaha”，句中“jang loo de”，校訂本作“jang loo be”，異。校訂本頁七一，“gege si ing ing siyoo jiyei i takūrara hūng niyang waka semao?”（小娘子莫非鶯鶯小姐侍妾紅娘乎？），天理圖書館藏本作“gege si ing ing siyoo jiyei i takūrara hūng niyang waka semeo”，句中“semeo”，校訂本作“semao”，誤。校訂本頁七八，“yaka šolo de guwang han gung ci aljafi ebunjihebi”（等閒飛出廣寒宮），天理圖書館藏本作“jaka šolo de guwang han gung ci aljafi ebunjihebi”，句中“jaka šolo”，意即「閑暇」，校訂本作“yaka šolo”，誤。校訂本頁七九，“lo šui enduri gege hehe cen wang ni saikan fu de dosinaki sere adali”（如洛水神人欲入陳王麗賦），天理圖書館藏本作“lo šui enduri hehe cen wang ni saikan fu de dosinaki sere adali"，句中"hehe"，校訂本作"gege hehe"，異。校訂本頁八〇，"akū oho ama be hūdun abkai jecen de banjibureo"（願亡過父早生天界），天理圖書館藏本作"akū oho ama be hūdun abkai jecen de banjinabureo"，句中"banjinabureo"，校訂本作"banjibureo"，誤。校訂本"sakda aja be jalafun golmin obureo"（願中堂老母百年長壽），天理圖書館藏本作"booi sakda aja be, jalafun golmin obureo"，句中"booi sakda aja"，意即「中堂老母」，校訂本作"sakda aja"，脫落"booi"。

校訂本頁九〇，"〔jo lu su（拙魯速）〕gehun gerilarangge fangkalan hiyabulakūi dengjan（碧熒熒是短檠燈），ya emu inenggi fodoho de daniyalame ilha de teisulebume（有一日柳遮花映），talman de dalibure tugi de elbebure（霧幃雲屏），dobori šumin niyalma cib serede（夜闌人靜），mederi alin be jorime gashūfi（海誓山盟），yebcungge ildamu i urgun de sebjelere oci（風流嘉慶），junggin farsi gese julergi on（錦片前程），haji halhūn keb seme elere be dahame（美滿恩情），muse juwe nofi niruha yamun de ini cisui niyengniyeri isinjiha adali ombi（咱兩個畫堂春自生）. šahūrukan simacukangge fe wei ping（冷清清是舊圍屏）. dengjan oci genggiyen akū（燈兒是不明），tolgin oci šanggarakū（夢兒是不成）； šeo seme darangge edun fa i duthe be dosika（淅泠泠是風透疎櫺），hasak seme guwenderengge hoošan i justan i asuki（忒楞楞是紙條兒鳴）；cirku seci emteli encu（枕頭是孤另），jibehun seci cib simeli（被窩是寂靜）. uthai sele wehe niyalma seme gūnin aššarakū nio（便是鐵〔石〕人也動情）。〔mudan i amargi（後）〕teci dosorakū amgaci amu jiderakū（也坐不成，睡不能）"，天理圖書館藏本作 "gehun gerilarangge fangkala hiyabulakūi dengjan"（碧熒熒是短檠燈）, šahūrukan simacukangge fereke wei ping（冷清清是舊圍屏）, dengjan oci genggiyen akū（燈兒是不明）, tolgin oci šanggarakū（夢兒是不成）；šeo seme darangge, edun fa i duthe be dosika（淅泠泠是風透疎櫺）, hasak seme guwederengge, hoošan i justan i asuki（忒楞楞是帋條兒鳴）；cirku seci emteli encu（枕頭是孤另）, jibehun seci cib simeli（被窩是寂靜）. uthai sele wehe niyalma seme, gūnin aššarakū nio（便是鐵人也動情）。〔mudan i amargi（後）〕teci dosorakū, amgaci amu jiderakū（也坐不成睡不能）, ya emu inenggi fodoho de daniyalame, ilha de teisulebume（有一日柳遮花映）, talman de dalibure, tugi de elbebure（霧幛雲屏）, dobori šumin niyalma cib serede（夜闌人靜）, mederi alin be jorime gashūfi（海誓山盟）, yebcungge ildamu i urgun de sebjelere oci（風流嘉慶）, junggin farsi gese julergi on（錦片前程）, haji halhūn keb seme elere be dahame（美滿恩情）, muse juwe nofi, niruha yamun de, ini cisui niyengniyeri isinjiha adali ombi（喒兩個畫堂春自生）。校訂本自「冷清清是舊圍屏」至「也坐不成睡不能」計九句，文句錯亂，句中"fangkalan"，天理圖書館藏本作 "fangkala"，異。

校訂本頁九八，"indahūn golorkū okini"（犬兒休惡），天理圖書館藏本作 "indahūn kerkirakū okini"，句中 "kerkirakū"，意即「休咆哮」，原意係指犬兒休兇惡咆哮，校訂本作「犬兒休厭惡」，頗有出入。校訂本 "butui boljoho jendui toktobuha be mutebume acabureo"（成就了幽期密約），天理圖書館藏本作 "butui boljoho, jendu toktobuha be mutebume acabureo”，句中“jendu”，校訂本作“jendui”，異。校訂本頁一〇一，“ama eme akūhaci umai karularangge akū”（父母亡後，無可相報），天理圖書館藏本作“ama eniye akūha ci, umai karularangge akū”，句中“eniye”，校訂本作“eme”，異。校訂本頁一〇八，“urhilame donjici”（探知），天理圖書館藏本作“urahilame donjici”，句中“urahilame”，意即「探聽」，校訂本作“urhilame”，誤。校訂本頁一〇九，“kejine niyalma sabuha”（多曾有人看見），天理圖書館藏本作“kejine niyalma sabuha bihe”，校訂本脫落“bihe”。天理圖書館藏本“dule manggašahai uthai foskiyambihe”（惱的早嗔），句中“foskiyambihe”，校訂本修改為“fosokiyambihe”，意即「氣惱」。校訂本“mini cananggi yamji ši i julergi mudan be dahame”（我前夜詩，依前韻），天理圖書館藏本作“mini cananggi yamji ši, julergi mudan be dahame”，校訂本標點有誤，句中逗號，校訂本誤作“i”。校訂本頁一二二，“urahilame donjici, balai hendurengge mimbe”（風聞胡云，道我），天理圖書館藏本作“urahilame donjici, bahai hendurengge mimbena”，句中“bahai”、“mimbena”，校訂本作“balai”、“mimbe”。校訂本頁一三三，“ilan inenggi doocan baita jalufi”（等三日功德圓滿），天理圖書館藏本作“ilan inenggi doocan i baita jalufi”，句中“doocan i baita”，校訂本作“doocan baita”，脫落“i”。校訂本頁一三六，“inu gu wehe sasa gilgarakū seme beyebe seremšerengge”（也自防玉石俱焚），天理圖書館藏本作“inu gu wehe sasa gilgarahū seme beyebe seremšerengge”，句中“gilgarahū”，意即「恐化為灰燼」，校訂本作

“gilgarakū”，意即「不化為灰燼」，誤。校訂本頁一三九，“mini ere bithe soro morin jiyanggiyūn de beneburengge”（我有書送與白馬將軍），天理圖書館藏本作“mini ere bithe suru morin i jiyanggiyūn de beneburengge”，句中“suru morin i”，意即「白馬的」，校訂本作“soro morin”，誤，又脫落“i”。校訂本頁一四一，“ere ucuri sogi mantu jekei”（這些時吃菜饅頭），天理圖書館藏本作“ere ucuri sogi mentu jekei”，句中“mentu”，意即「饅頭」，校訂本作“mantu”，異。

校訂本頁一四五，“bi ging giyangnara be aksambi”（我經文怕談），天理圖書館藏本作“bi ging giyangnara be eksembi”，句中“eksembi”，誤，校訂本改正作“aksambi”，意即「害怕躲避」。校訂本頁一四七，“bi hadagan de cunggūšame”（我撞釘子），天理圖書館藏本作“bi hadahan de cunggūšame”，句中“hadahan”，意即「釘子」，校訂本作“hadagan”，異。校訂本頁一六一，“mini deo be aitubu”（救我兄弟走一遭），天理圖書館藏本作“mini deo be aitubuki”，句中“aitubuki”，校訂本作“aitubu”，異。校訂本頁一六二，“suwembe guwebure be erembio dere”（你指望我饒你們也），天理圖書館藏本作“suwembe guwebure be erembi dere”，句中“erembi”，校訂本作“erembio”，誤。校訂本頁一六四，“deo i fusihūn nimeku holkonde fukderere jakade”（小弟賤恙偶作），天理圖書館藏本作“buya deo i fusihūn nimeku holkonde fukderere jakade”，句中“buya deo”，校訂本作“deo”，脫落“buya”。校訂本頁一六七，“hūng niyang be unggifi siyan šeng be solinaki”（着紅娘來請先生），天理圖書館藏本作“hūng niyang be unggifi, siyan šeng be solinambi”，句中“solinambi”，校訂本作“solinaki”，異。校訂本頁一七三，“terei giru ele saikan”（那更龐兒），天理圖書館藏本作“derei giru ele saikan”，句中“derei giru”，意即「臉龐」，校訂本作“terei giru”，誤。校訂本頁一七七，“elden gelmerjere de”（光油油），天理圖書館藏本作“elden gilmarjara de”，意即「光明細淨」，句中“gilmarjara”，意即「閃耀」，校訂本作“gelmerjere”，異。校訂本頁一八一，“dartai andande”（一霎時），天理圖書館藏本作“tartai andande”，句中“tartai”，誤，當作“dartai”。校訂本頁一八二，“ice holbon yangsi sarin serengge”（新婚燕爾），天理圖書館藏本作“ice holbon yengsi sarin serengge”，句中“yengsi”，意即「筵席」，校訂本作“yangsi”，誤。校訂本頁一八六，“jang šeng si jiheo”（張生你來了也），天理圖書館藏本作“jang šeng si jihebio”，句中“jihebio”，校訂本作“jiheo”，異。

校訂本頁一八九，“ai gelhun akū fu zin i emgi bakcilame tembi”（焉敢與夫人對坐），天理圖書館藏本作“ai gelhun akū fu žin i bakcilame tembi”，句中“bakcilame”，校訂本作“emgi bakcilame”，異。校訂本頁一九一，“dergi edun de hida wada be hetembi”（捲起東風簾幙），天理圖書館藏本作“dergi edun de hida wadan be heteki”，句中“wadan”，意即「蓋布」，校訂本作“wada”，誤；“heteki”，校訂本作“hetembi”，異。校訂本頁一九三，“fulgiyeci fitheci niltajambi”（吹彈得破），天理圖書館藏本作“fulgiyeci fitheci niltaljambi”，句中“niltaljambi”，校訂本作“niltajambi”，異。校訂本“mimbe miyamigan de acara dere be”（道我宜梳妝的臉兒），天理圖書館藏本作“mimbena, miyamigan de acara dere be”，句中“mimbena”，校訂本作“mimbe”，異。校訂本頁一九五，“damu asaha fasaha de ekšembi”（恐怕張羅），天理圖書館藏本作“damu asaha fasaha de eksembi”，句中“eksembi”，校訂本作“ekšembi”，意即「急忙」。校訂本頁一九八，“hūr seme dayafi”（撲騰騰），天理圖書館藏本作“hūr seme tayafi”，句中“tayafi”，意即「燃熾」，校訂本作“dayafi”，意即「附和」，誤。校訂本頁二〇三，“si amga inenggi kidure be ainaci ojoro”（你久後思量怎奈何），天理圖書館藏本作“si amaga inenggi kidure be ainaci ojoro”，句中“amaga”，意即「後來的」，校訂本作“amga”，誤。校訂本頁二〇四，“bejilere gisun be niyalma aifini tulbime bahaha”（啞謎兒早已怎猜破），天理圖書館藏本作“bejilere gisun be, niyalma aifini tulbime bahanaha”，句中“bahanaha”，校訂本作“bahaha”，異。校訂本“kemuni nilukan gisun i niyalma be hūbašaci”（還要把甜話兒將人和），天理圖書館藏本作“kemuni nilukan gisun i niyalma be hūbišaci”，句中“hūbišaci”，意即「若使設圈套」，校訂本作“hūbašaci”，異。校訂本頁二〇七，“ingtori gese fulgiyan femen gelfiyeken biyarambi”（淺淡櫻桃顆），天理圖書館藏本作“ingtori gese fulgiyan femen gelfiken biyarambi”，句中“gelfiken”，意即「淺淡色」，校訂本作“gelfiyeken”，異。校訂本“lok seme farhūkan sahaliyan mederi gese šumin”（昏鄧鄧黑海來深），天理圖書館藏本作“luk seme farhūkan sahaliyan mederi gese šumin”，句中“luk seme”，意即「昏黑」，校訂本作“lok seme”，意即「忽然

間」，誤。校訂本頁二〇八，“nemeyen dukdureke juru ilhaha ilha i bongko be munjiha”（把嫩巍巍雙頭花蕋搓），天理圖書館藏本作“nemeyen dukdureke juru ilakan ilha i bongko be monjiha”，句中“ilakan”，校訂本作“ilhaha”；“monjiha”，意即「搓揉了」，校訂本作“munjiha”，誤。校訂本頁二一一，“fu žin i absi gūniha be sarakū”（不知夫人何見），天理圖書館藏本作“fu žin i absi gūniha be sarkū”，句中“sarkū”，意即「不知」，校訂本作“sarakū”，誤。校訂本頁二一三，“hūng niyang jang šeng be wehiyeme”（紅娘扶張生），天理圖書館藏本作“hūng niyang, jang šeng be wahiyame”，句中“wahiyame”，校訂本作“wehiyeme”，異。校訂本“jang siyan šeng komsokon emu udu hūntahan omici sain akūn”（張先生少吃一杯却不是好），天理圖書館藏本作“jang siyan šeng komsokon emu udu hūntahan omici sain akūna”，句中“akūna”，校訂本作“akūn”，異。校訂本頁二一四，“juwe ergi nanggin i fejile bihe utala hūwašan”（兩廊下無數僧俗），天理圖書館藏本作“juwe ergi nanggin i fejile bihe tutala hūwašan”，句中“tutala”，意即「許多」，校訂本作“utala”，意即「這些」，異。

校訂本頁二一八，“hūng niyang mimbe ere yamji siyoo jiyei ilhai yafan de hiyan dabure erin be aliyafi”（紅娘叫我今夜花園中待小姐燒香時），天理圖書館藏本作“hūng niyang mimbe ere yamji siyoo jiyei ilha yafan de, hiyan dabure erin be aliyafi”，句中“ilha yafan”，校訂本作“ilhai yafan”。校訂本頁二一九，“siyoo jiyei hiyan dabuki dere”（小姐燒香去來），天理圖書館藏本作“siyoo jiyei hiyan dabunaki dere”，

句中“dabunaki”，校訂本作“dabuki”，異。校訂本頁二二四，“hūsihan ušarade ashaha gu kalar kilir sere jilgan”（裙拖得環珮玎玲），天理圖書館藏本作“hūsihan ušarade, ashaha gu kalar kilir sere jilgon”，句中“jilgon”，校訂本作“jilgan”，意即「聲音」。校訂本“ainci kanggiri sihin i edun de hūrgibuhao”（是鐵馬兒簷前驟風），天理圖書館藏本作“aihai kanggiri sihin i edun de hūrgibuhao”，句中“aihai”，校訂本作“ainci”，意即「想必」。校訂本頁二二五，“eici gargiya cuse moo mudangga jerguwen i dolo šalar serenggeo”（是疏竹瀟瀟曲欄中），天理圖書館藏本作“eici gargiyan cuse moo mudangga jerguwen i dolo šalarserenggeo”，句中“gargiyan”，意即「稀疏」，校訂本作“gargiya”，誤。校訂本頁二二六，“sihaha ilha eyere muke de lumbur lumburjere gese”（似落花流水溶溶），天理圖書館藏本作“sihaha ilha, eyere muke de, lumbur lumburjara gese”，句中“lumburjara”，意即「抖動」，校訂本作“lumburjere”，異。校訂本頁二二八，“sini beyei gūnin dorgi be sarangge waka”（不是知你自己情衷），天理圖書館藏本作“sini beyei gūnin i dorgi be sarangge waka”，句中“gūnin i dorgi”，校訂本作“gūnin dorgi”，脫落“i”。校訂本“duha lakcame gosiholombi”（斷腸悲痛），天理圖書館藏本作“duha lakcame akame gosiholombi”，句中“akame”，意即「悲傷」，校訂本脫落“akame”。校訂本頁二三〇，“emgi jurarkū oci”（不得于飛兮），天理圖書館藏本作“emgi yorakū oci”，句中“yorakū”，意即「不走」，校訂本作“jurarkū”，意即「不出發」，異。校訂本頁二三七，“si emu okson sitaci ojorakū semu”（妳便遲不得一步兒），

天理圖書館藏本作“si emu okson sitaci ojorakū semeo”，句中“semeo”，意即「豈乎」，校訂本作“semu”，誤。校訂本頁二四二，“siyang guwe i ūren be gaifi yabume”（相國行祠），天理圖書館藏本作“siyang guwe i oren be gaifi yabume”，句中“oren”，誤，校訂本改正作“ūren”，意即「塑像」，又作「尸位」。校訂本頁二四四，“emken yasai muke de derei fon fiyan hūmaraha”（一個淹漬了臉上胭脂），天理圖書館藏本作“emken yasai muke de, derei fun fiyan hūmaraka”，句中“fun”、“hūmaraka”，校訂本作“fon”、“hūmaraha”，異。樂器的「弦」，滿文作“sirge”，天理圖書館藏本作“sirhe”，校訂本頁二四五，“sirge oilorgi mujilen i baita”（弦上的心事），句中「弦」，滿文作“sirge”，滿漢文義相合。校訂本頁二四九，“damu siyoo jiyei ai gisun hese biheni”（只是不知小姐可曾有甚言語），天理圖書館藏本作“damu siyoo jiyei ai gisun hese baheni”，句中“baheni”，誤，校訂本改正作“biheni”。校訂本頁二五八，“ere jasigan i bithe be funde gamaki”（這簡帖兒，我與你將去），天理圖書館藏本作“ere jasigan i bithe be, bi sini funde gamaki”，句中“bi sini funde”，意即「我替你」，校訂本作“funde”，脫落“bi sini”。校訂本頁二五九，“gūnin funiyegan be ume eberembure”（休墮了志氣也），天理圖書館藏本作“gūnin funiyagan be ume eberembure”，句中“funiyagan”，意即「志氣」，校訂本作“funiyegan”，誤。校訂本頁二六五，“hida i jaka edun nakame”（風靜簾閒），天理圖書館藏本作“hida i jaka i edun nakame”，句中“jaka i edun”，校訂本作“jaka edun”，脫落“i”。校訂本頁二

六六，“šun mukdetele kemuni yasa neirakūngge”（日高猶自不明眸），天理圖書館藏本作“šun mukdentele kemuni yasa neirakūngge”，句中“mukdentele”，意即「漸漸升起」，校訂本作“mukdetele”，誤。校訂本頁二六八，“damu tuwaci, hir seme faitan hiterehe manggi”（只見他俺厭的扢皺了黛眉），天理圖書館藏本作“damu tuwaci, hir seme faitan hitere manggi”，句中“hitere”，意即「皺眉」，校訂本作“hiterehe”，異。校訂本頁二七〇，“si tacihakū seci we tacihabi”（你不慣誰曾慣），天理圖書館藏本作“si tacinakū seci, we tacihabi”，句中“tacinakū”，校訂本作“tacihakū”，異。

校訂本頁二七八，“si sarin yangsi de der dar seme miyami”（他向筵席頭上整扮），天理圖書館藏本作“si sarin yengsi de der dar seme miyami”，句中“yengsi”，意即「筵席」，校訂本作“yangsi”，誤。校訂本頁二八六，“si damu gala de muksan seferefi”（他只少手掿提兒），天理圖書館藏本作“i damu gala de mukšan seferefi”，句中“i”，校訂本作“si”，異；句中“mukšan”，意即「棍棒」，校訂本作“muksan”，誤。校訂本“haji halhūn i uhe isibu sembio”（送暖偷寒），天理圖書館藏本作“haji halhūn i mejige isibu sembio”，句中“mejige”，意即「信息」，校訂本作“uhe”，意即「相契合」，異。校訂本頁二九〇，“wargi nanggin fejile biya be aliyaki serengge”（待月西廂下），天理圖書館藏本作“wargi nanggin i fejile biya be aliyafi serengge”，句中“nanggin i fejile”，校訂本作“nanggin fejile”，脫落“i”；句中“aliyafi”，校訂本作“aliyaki”，異。校訂本頁二

九一，“i uce neifi mimbe aliyara ba”（他開門等我），天理圖書館藏本作“i uce neifi mimbe aliyara be”，句中“be”，校訂本作“ba”，誤。校訂本頁二九三，“simbe dergi fu be dabafi latunu sehebi”（教你跳東墻女子邊干），天理圖書館藏本作“simbe dergi fu be dabafi latunju sehebi”，句中“latunju”，校訂本作“latunu”，異。校訂本頁二九五，“emu gui namun i hiyo ši be sindafi”（放着個玉堂學士），天理圖書館藏本作“emu gu i yamun i hiyo ši be sindafi”，句中“gu i yamun”，意即「玉衙門」，校訂本作“gui namun”，意即「玉庫」。校訂本頁二九六，“ehe gisun i aksulaha”（惡語傷人），天理圖書館藏本作“ehe gisun i akšulaha”，句中“akšulaha”意即「挖苦」、「嘲弄」，校訂本作“aksulaha”，誤。校訂本頁二九七，“adarame muduri duka be fekume”（怎把龍門跳），天理圖書館藏本作“adarame muduri duka be fekumbi”，句中“fekumbi”，校訂本作“fekume”，異。校訂本“tere irgašara bolori mukei gese yasa hargašahai uliha”（望穿他盈盈秋水），天理圖書館藏本作“tere irgašara bolori mukei gese yasa hargašahai juliha”，句中“juliha”，校訂本作“uliha”，意即「穿珠」。校訂本頁三〇〇，“buya bithei niyalma geneci jing sain sehengge”（小生去好也），天理圖書館藏本作“buya bithei niyalma geneci jing sain sehengge kai”（小生方好去），校訂本脫落“kai”。校訂本“sebjeleme bithe tuwara gucu acara giyangnara, leolere”（快書快友快談論），天理圖書館藏本作“sebjeleme bithe tuwara, gucu acara, giyangnara leolerede”，句中“leolerede”，意即「談論時」，校訂本作“leolere”，脫落“de”。校訂本“hercun akū wasime dabsifi goidarakū farhūn ombi"（不覺開西立又昏），天理圖書館藏本作"hercun akū wasihūn dabsifi goidarakū farhūn ombi"，句中"wasihūn"，校訂本作"wasime"，異。校訂本頁三〇二，"gala i loli fodoho be fasime tatarilame fu be dabali fekufi"（手挽着垂楊滴溜撲碌跳過墻去），天理圖書館藏本作"gala i loli fodoho be fasime, dakdarilame fu be dabali fekufi"，句中"dakdarilame"，意即「躥跳」，校訂本作"tatarilame"，誤。

校訂本頁三〇六，"aisin i šu ilhai foron de mudan ilhai arsun hederebume fehubuhe"（金蓮蹙損牡丹芽），天理圖書館藏本作"aisin i šu ilhai fatan de mudan ilhai arsun hederebume fehubuhe"，句中"fatan"（底），校訂本作"foron"（頂），異。校訂本"gu sifikū tu mei ilhai felhen de taha"（玉簪抓住荼蘼架），天理圖書館藏本作"gu i sifikū, tu mei ilhai felhen de taha"，句中"gu i sifikū"，意即「玉簪」，校訂本作"gu sifikū"，脫落"i"。校訂本頁三〇七，"fodoho subehederi kelfihe šun elheken i wasire be sabume"（見柳梢斜日遲遲下），天理圖書館藏本作"fodoho subehederi kelfike šun, elheken i wasire be sabume"，句中"kelfike"，意即「偏斜」，校訂本作"kelfihe"，異。校訂本頁三〇八，"unenggio tašan"（真假），天理圖書館藏本作"unenggio tašon"，句中"tašon"，意即「假麼」，校訂本作"tašan"，意即「虛假」，異。校訂本頁三〇九，"bi babade bahai heperembi"（我一地胡拿），天理圖書館藏本作"bi babade balai heperembi"，句中"balai"，意即「胡妄」，校訂本作"bahai"，異。

校訂本頁三一一，"toktofi kafur seme lataka minde

nambure dabala”（准定扢扎幫便倒他），天理圖書館藏本作“toktofi kafur seme adanaci, minde nambure dabala”，句中“adanaci”，意即「加入」，校訂本作“lataka”，異。校訂本頁三一二，“si duka deri genere be joo”（你却休從門裏去），天理圖書館藏本作“si dukai deri genere be joo”，句中“dukai”，意即「門的」，校訂本作“duka”，意即「門」。校訂本頁三一三，“ilhai gargan geli sak seme fangkalan”（花枝又低亞），天理圖書館藏本作“ilhai gargan, geli šak seme fangkala”，句中“šak seme fangkala”，校訂本作“sak seme fangkalan”，異。校訂本“si gūnin šoforhoi nesuken i nacihiya”（你索意兒溫存），天理圖書館藏本作“si gūnin šoforohoi nesuken i nacihiya”，句中“šoforohoi”，意即「抓」、「撓」，校訂本作“šoforhoi”，異。校訂本頁三一七，“i enggici oihori sula gisun de mangga bihe”（你無人處且會閒嗑牙），天理圖書館藏本作“si enggici oihori sula gisun de mangga bihe”，句中“si”，意即「你」，校訂本作“i”（他），滿漢文義不合。校訂本頁三一八，“si ai baita ubade jiheo”（你來此有甚麼勾當），天理圖書館藏本作“si ai baita ubade jihe”，句中“jihe”，校訂本作“jiheo”，異。校訂本頁三二〇，“meni emu boo ofi jortai manggatarangge waka”（不是一家兒喬作衙），天理圖書館藏本作“meni emu boo ofi jortai camanggadarangge waka”，句中“camanggadarangge”，校訂本作“manggatarangge”，異。校訂本頁三二一，“mederi duka be fekunerakū”（不去跳龍門），天理圖書館藏本作“muduri duka be fekunerakū”，句中“muduri duka”，意即「龍門」，校訂本作“mederi duka”，意即「海門」，誤。

校訂本“ahūn nun oci tetendere”（既為兄妹），天理圖書館藏本作“ahūn non oci tetendere”，句中“non”，意即「妹子」，校訂本作“nun”，讀音異。

校訂本頁三二七，“cimari jang loo niyalma takūrafi alanjihangge”（早間長老使人來說），天理圖書館藏本作“ecimari jang loo niyalma takūrafi alanjihangge”，句中“ecimari”，意即「今早」，校訂本作“cimari”，異。校訂本頁三二九，“siyoo jiyei de dasara fangse bici hono ombi”（除非小姐有甚好藥方，這病便可了），天理圖書館藏本作“siyoo jiyei de aika dasara fangse bici hono ombi”，句中“aika dasara fangse”，校訂本作“dasara fangse”，脫落“aika”。校訂本頁三三〇，“neneme si boconggo fi de irgebume”（先是你彩筆題詩），天理圖書館藏本作“neneme si boconggo fi de ši irgebume”，句中“ši irgebume”，意即「題詩」，校訂本脫落“ši”。校訂本頁三三三，“simbe ifire tonggo i gese feliyebume”（倒教我似綫腳心般），天理圖書館藏本作“mimbe ifire tonggo i gese feliyebume”（倒教我似線腳兒般），句中“mimbe”，校訂本作“simbe”，滿漢文義不合。校訂本頁三三四，“si ne nimerengge antaka”（你今日病體如何），天理圖書館藏本作“si te nimerengge antaka”，句中“te”，意即「如今」，校訂本作“ne”，意即「現今」。校訂本頁三三五，“bi tuwaci, si hai tang ilhakaci kiduhai ertele oho”（我見你海棠開想到如今），天理圖書館藏本作“bi tuwaci, si hai tang ilakaci kiduhai ertele oho”，句中“ilakaci”，意即「開花」，校訂本作“ilhakaci”，異。校訂本頁三三七，“geli ne šusaise daci uttu sembi”（便道秀

才們從來恁），天理圖書館藏本作“gelina šusaise daci uttu sembi”，句中“gelina”（便道），校訂本作“geli ne”，異。校訂本頁三三八，“hūng niyang bithe be alibufi hendume, ere”（紅娘授簡云，在這裡），天理圖書館藏本作“hūng niyang bithe be alibufi hendume, eri”，句中“eri”，意即「這裡呢」，又作「這不是嗎」，校訂本作“ere”，意即「這」，異。校訂本“cacurame hendume, siyoo jiyei ši jihe be saha bi”（揖云，早知小姐詩來），天理圖書館藏本作“canjurafi hendume, siyoo jiyei ši jihe be saha bici”，句中“canjurafi”，意即「作揖」，校訂本作“cacurame”（潑灑），誤。校訂本頁三四二，“gelerengge hūng niyang foihorilarakū”（怕的是紅娘撒沁），天理圖書館藏本作“gelerengge hūng niyang foihorilarahū”，句中“foihorilarahū”，意即「恐怕怠慢」，校訂本作“foihorilarakū”，誤。校訂本“sain mudan bahara ba akū ofi”（無投處問佳音），天理圖書館藏本作“sain mede bahara ba akū ofi”，句中“mede”，意即「信息」，校訂本作“mudan”，意即「音」，異。校訂本“emu juntan hoošan bahafi”（得了個紙條兒），天理圖書館藏本作“emu justan hoošan bahafi”，句中“justan”，校訂本作“juntan”，異。校訂本頁三四七，“tere umai ferguwecuke suiha, enduri ulme be baitalarakū”（他不用法灸神針），天理圖書館藏本作“tere umai ferguwecuke suiha, enduri naman be baitalarakū”，句中“naman”，意即針灸的「針」，校訂本作“ulme”，異。校訂本頁三四八，“bi elheken i šeoleki”（我謾沉吟），天理圖書館藏本作“bi elheken i seoleki”，句中“seoleki”，意即「思索」，校訂本作“šeoleki”（刺繡），誤。

校訂本頁三五二，“hūng niyang dedure boo be icihiya, bi amganambi”（紅娘，收拾臥房，我睡去），天理圖書館藏本作“hūng niyang dedure boo be icihiya, bi amhanambi”，句中“amhanambi”，校訂本作“amganambi”，意即「睡覺」。校訂本頁三五七，“niyalmai jalan i dobori cib sere dade cib sembi”（人間良夜靜復靜），天理圖書館藏本作“niyalmai jalan i sain dobori cib sere dade cib sembi”，句中“sain dobori”，意即「良夜」，校訂本作“dobori”，脫落“sain”。校訂本頁三六九，“bi sini tohon fesen be uksalafi”（我將你鈕釦兒鬆），天理圖書館藏本作“bi sini tohon fešen be uksalafi”，句中“tohon fešen”，意即「鈕釦」，校訂本作“tohon fesen”，異。校訂本頁三七四，“kemuni kenehunjeme buyembi”（猶是疑猜），天理圖書館藏本作“kemuni kenehunjeme buhiyembi”，句中“buhiyembi”，意即「猜測」，校訂本作“buyembi”，意即「愛慕」，誤。校訂本頁三七六，“terkin ci wasika”（下堦來），天理圖書館藏本作“terki ci wasika”，句中“terki”，校訂本作“terkin”，意即「臺階」。校訂本頁三七八，“ere yamji erdeken jidureo”（今夜早些來），天理圖書館藏本作“ere yamji erdeken jidereo”，句中“jidereo”，意即「請來」，校訂本作“jidureo”，誤。校訂本〈拷艷第十四〉，校訂本脫落「紫花兒序」、「金蕉葉」等段文句。校訂本頁三八一，“we simbe hiri amgame dobonio dedufi”（誰許你停眠整宿），天理圖書館藏本作“we simbe hiri amga, dobonio dedu seheni”，句中“hiri amga”，意即「酣睡」，校訂本作“hiri amgame”，異。校訂本頁三八二，“terebe gaifi balai feliyeme facuhūn be yabubuha ni”（誰叫你

迤逗他胡行亂走），天理圖書館藏本作“we simbe terebe gaifi balai feliyeme facuhūn be yabubuha ni”，句中“we simbe”，意即「誰教你」，校訂本脫落“we simbe”字樣，滿漢文義不合。校訂本頁三八四，“hūng niyang bi weile be sarakū”（紅娘不知罪），天理圖書館藏本作“hūng niyang bi weile be sarkū”，句中“sarkū”，意即「不知」，校訂本作“sarakū”，誤。校訂本頁三八六，“siyoo jiyei i baru sula gisurere de”（和小姐閒窮究），天理圖書館藏本作“siyoo jiyei i baru sula gisun gisurere de”，句中“sula gisun gisurere de”，意即「閒談時」，校訂本作“sula gisurere de”，脫落“gisun”。校訂本頁三八九，“hūlha be bederebume mutehengge bici”（退得軍者），天理圖書館藏本作“hūlha be bederebume muterengge bici”，句中“muterengge”，意即「能者」，校訂本作“mutehengge”，異。校訂本頁三九二，“emke seci jusei dorgi niongnio”（一個是仕女班頭），天理圖書館藏本作“emke seci sargan jusei dorgi niongnio”，句中“sargan jusei”，意即「仕女」，校訂本作“jusei”，脫落“sargan”。校訂本頁三九四，“hūng niyang si tere fosilaru be hūlafi gaju”（紅娘，先與我喚那小賤人過來），天理圖書館藏本作“hūng niyang si tere fusilaru be hūlafi gaju”，句中“fusilaru”，意即「賤種」，校訂本作“fosilaru”，誤。校訂本頁三九七，“hūng niyang si siyoo jiyei be wehiyeme jafa”（紅娘你扶住小姐），天理圖書館藏本作“hūng niyang si siyoo jiyei be wahiyame jafa”，句中“wahiyame”，意即「攙扶」，校訂本作“wehiyeme”，異。校訂本頁三九九，“ainu urunakū toktobure sarin, jala yabure be baimbi”（何須約定通媒媾），天理圖書館藏本作

“ainu urunakū toktobure sarin, jala yabubure be baimbi”，句中“yabubure”，意即「使行」，校訂本作“yabure”，異。校訂本頁四〇〇，“nenehe wang ni erdemu yabun waka oci, gelhun akū yaburakū sehebe donjihekūn”（豈不聞非先王之德行不敢行），天理圖書館藏本作“nenehe wang ni erdemu yabun waka oci, gelhun akū yaburakū sehebe donjihakūn”，句中“donjihakūn”，意即「豈不聞」，校訂本作“donjihekūn”，異。

校訂本頁四〇七，“fakcafi genere hūdun de gasambi”（怨分去得疾），天理圖書館藏本作“fakcafi genere hahi de gasambi”，句中“hahi”，意即「快速」，校訂本作“hūdun”，異。校訂本頁四〇九，“morin sere, sejen sere, ne je belhehe be sabufi”（見安排車兒馬兒），天理圖書館藏本作“morin sere, sejen sere, ne je belgehe be sabufi”，句中“belgehe”，意即「用梢繩繫物」，校訂本作“belhehe”，意即「預備」，異。校訂本頁四一〇，“tere mujilen efujere jasigan be arambi”（還望他恓恓惶惶的寄），天理圖書館藏本作“tere mujilen efujere jasigan be erembi”，句中“erembi”，意即「指望」，校訂本作“arambi”，誤。校訂本頁四一二，“nenehe siyang guwe jai sakda fu žin i fekšengge kesi de ertufi”（憑仗先相國及老夫人恩蔭），天理圖書館藏本作“nenehe siyang guwe, jai sakda fu žin i fengšengge kesi de ertufi”，句中“fengšengge”，意即「有福祉的」，校訂本作“fekšengge”，誤。校訂本頁四一七，“dasame sarin de dosifi tehe sejilehe”（重入席科，吁科），天理圖書館藏本作“dasame sarin de dosifi tehe, sejilembi”，句中“sejilembi”，意即「嘆息」，校訂本作

“sejilehe”，異。校訂本頁四二二，“gemu ilinjaha”（各起身科），天理圖書館藏本作“gemu ilicaha”，句中“ilicaha”，意即「暫停」，校訂本作“ilinjaha”，異。校訂本頁四三二，“sejen de tafara de ekšembi”（懶上車兒內），天理圖書館藏本作“sejen de tafara de eksembi”，句中“eksembi”，校訂本改正作“ekšembi”，意即「急忙」。校訂本頁四三三，“hūng niyang si tuwa tere”（紅娘你看他在那里），天理圖書館藏本作“hūng niyang si tuwa, teri”，句中“teri”，意即「那裡」，校訂本作“tere”，意即「那」，異。

校訂本頁四三六，“yamjishūn tugi dalibuhabi”（暮雲遮），天理圖書館藏本作“yamjishūn tugi de dalibuhabi”，句中“tugi de”，意即「雲裡」，校訂本作“tugi”，脫落“de”。校訂本頁四三八，“uthai besergen juleri sektefi”（就在床前打鋪），天理圖書館藏本作“uthai besergen i juleri sektefi”，句中“besergen i juleri”，意即「床的前面」，校訂本作“besergen juleri”，脫落“i”。校訂本頁四三九，“hir amgaha”（睡熟科），天理圖書館藏本作“hiri amgaha”，意即「熟睡」，句中“hiri”，校訂本作“hir”，誤。校訂本頁四五〇，“tamse tuherakū, sifikū mokcorahū seme gelembi”（怕便是瓶墜簪折），天理圖書館藏本作“tamse tuherahū, sifikū mokcorahū seme gelembi”，句中“tuherahū”，意即「恐墜落」，校訂本作“tuherakū”，意即「不墜落」，誤。校訂本頁四五三，“tere emu suru morin yalufi jihe”（騎著白馬來也），天理圖書館藏本作“teri, emu suru morin yalufi jihe”，句中“teri”，校訂本作“tere”，異。校訂本頁四五五，“ser seme seriken bujan, subehe ci abdaha sihame edun dambi”（踈

刺剌林梢落葉風)，天理圖書館藏本作“ser seme seriken bujan i subehe ci abdaha sihame edun dambi”，句中“bujan i subehe”，意即「林梢」，校訂本作“bujan, subehe”，句中“,”當作“i”。

日本天理大學圖書館藏本《滿漢西廂記》與美國國會圖書館抄本《滿漢西廂記》滿漢詞彙對照表

標目	漢文	天理圖書館藏本	羅馬拼音	美國國會圖書館抄本	羅馬拼音
驚艷第一章	相公在日	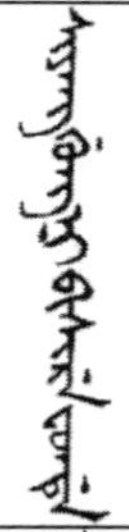	siyang gung ni bisire fonde	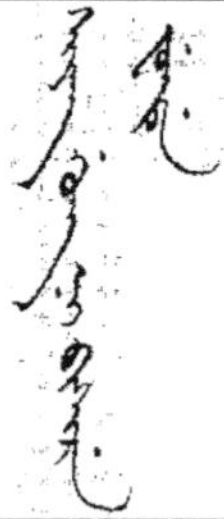	siyang gung ni bisire funde
	一座另造宅子	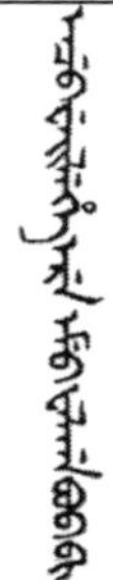	encu weilehe ere emu falga boo bi	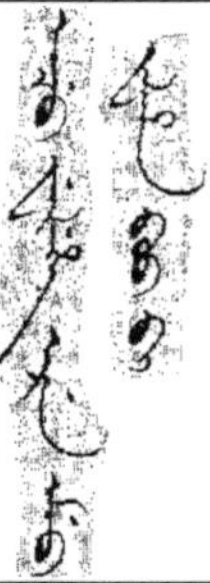	encu weilehe ere emu falha boo bi
	俺想相公在日	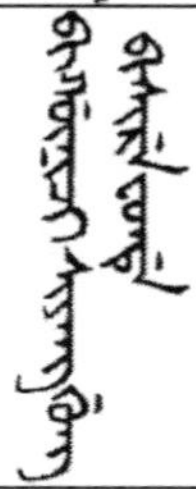	bi gūnici siyang gung bisire fonde	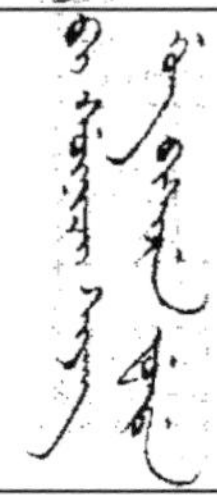	bi gūnici siyang gung bisire funde

標目	漢文	天理圖書館藏本	羅馬拼音	美國國會圖書館抄本	羅馬拼音
驚艷第一章	螢牕雪案	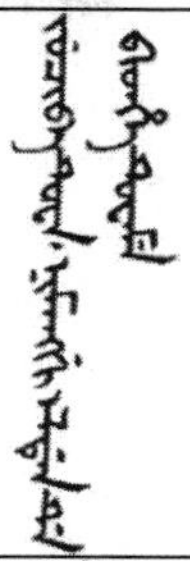	juciba tuwa, nimanggi elden de bithe tuwame	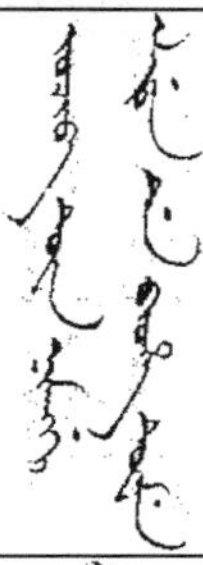	jociba tuwa nimanggi elden de bithe tuwame
	萬金寶劍	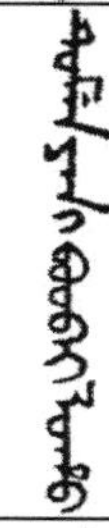	tumen yan i boobai loho	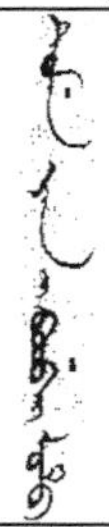	tumen yan i boobei loho
	鐵硯呵磨穿	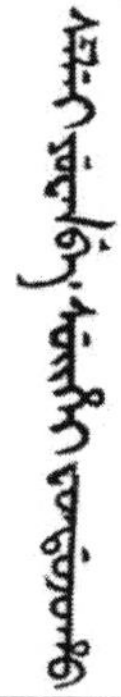	selei yuwan be, suihei fondojoho	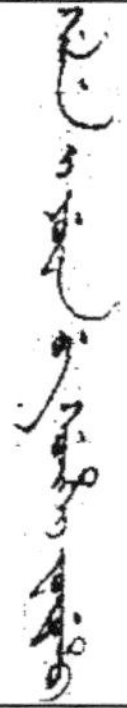	sele i yuwan be suihei fodoho
	天際秋雲捲	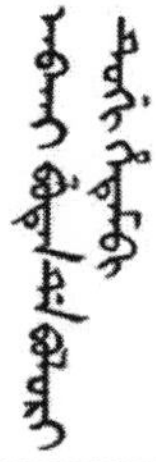	abkai buten de bolori tugi hetembi	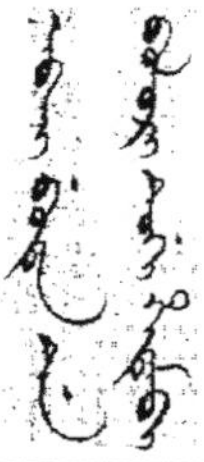	abkai bute de bolori tugi hetembi

標目	漢文	天理圖書館藏本	羅馬拼音	美國國會圖書館抄本	羅馬拼音
驚艷第一章	天冊金輪	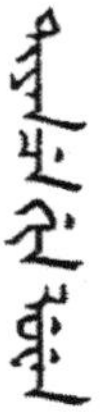	tiyan ce gin luwen	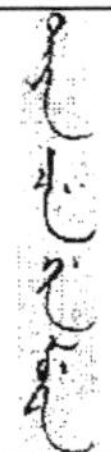	tiyan ce gin luwan
	又來到下方僧院	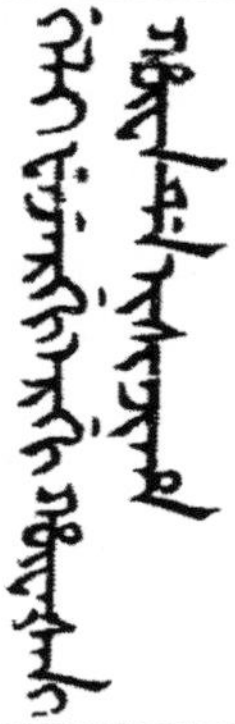	geli fejergi ergi hūwašan i hūwa de isinjiha	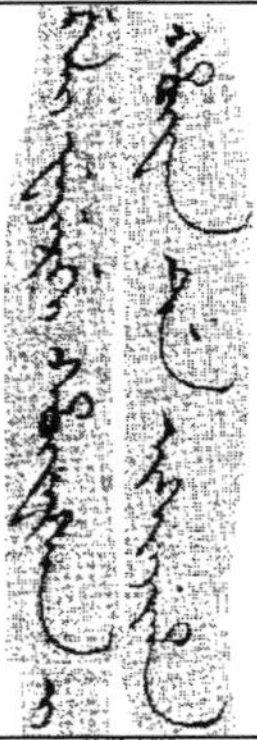	geli fejergi hūwašan i hūwa de isinjiha
	寶塔	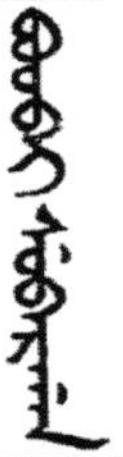	boobai subargan	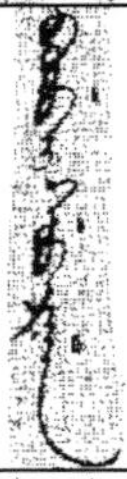	boobei subargan
	分明打個照面	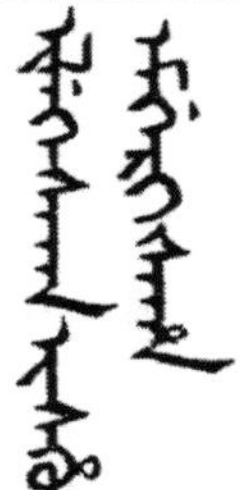	ilekesaka ishun emgeri šaha	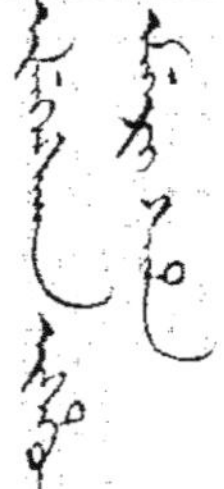	ilekesaka ishun emgeri saha

標目	漢文	天理圖書館藏本	羅馬拼音	美國國會圖書館抄本	羅馬拼音
驚艷第一章	一座梵王宮	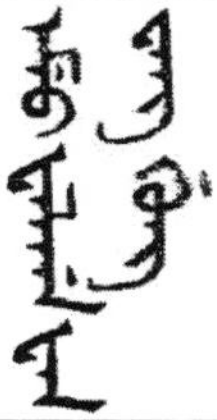	emu falga fan wang gung	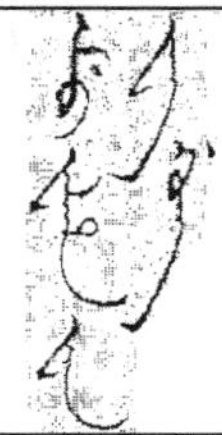	emu falha fan wang gung
借廂第二章	望先生恕罪	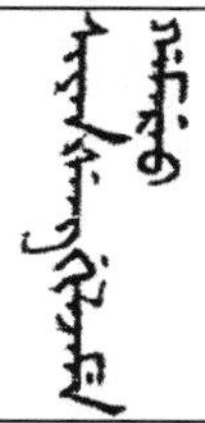	siyan šeng giljame gamareo	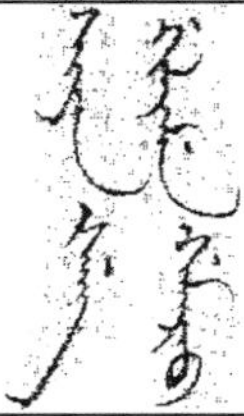	siyan šeng giljame gamarao
	有心聽講	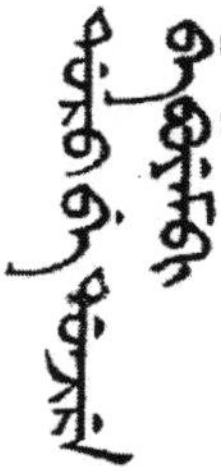	doro be donjire be buyembi	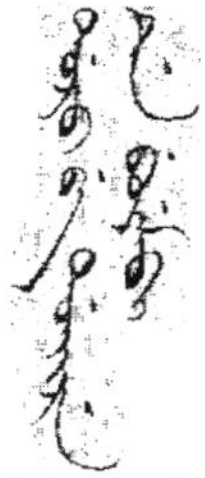	doro be donjire de buyembi
	任憑人說短論長	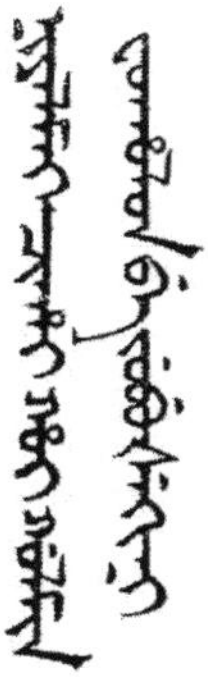	niyalmai cihai hoi golmin foholon be jubušekini	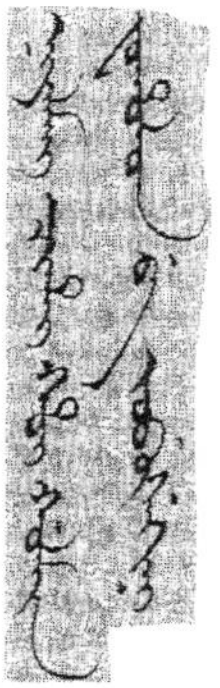	niyalmai cihai hoi golmin foholon be jobušekini

標目	漢文	天理圖書館藏本	羅馬拼音	美國國會圖書館抄本	羅馬拼音
借廂第二章	着小娘子先行我靠後些	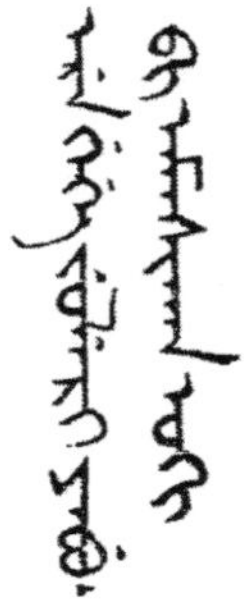	ere gege juleri yabu, bi amasikan oki	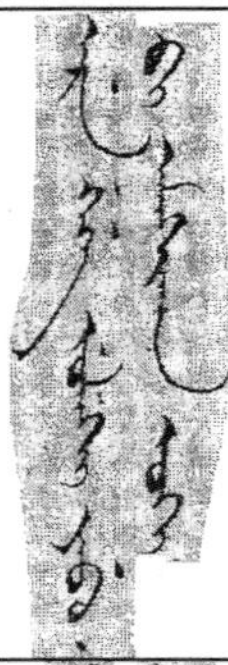	ere gege julesi yabu, bi amasikan oki
	你在我行口強	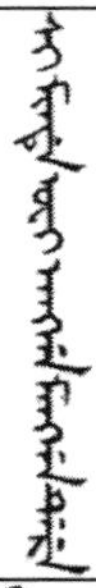	si minde ofi angga mangga dere	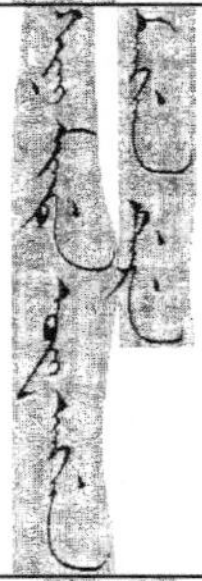	sini minde ofi angga mangga dere
	小生亦備錢五千	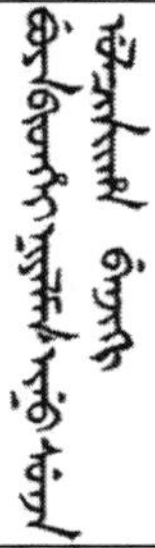	buya bithei niyalma inu sunja ulcin jiha benjiki	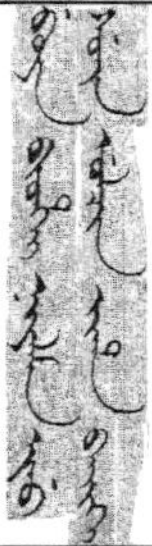	buya bithei niyalma inu sunja ulcin jiha banjiki
	小姐是他父親的事	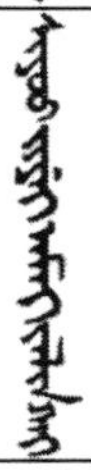	siyoo jiyei amai jalin kai	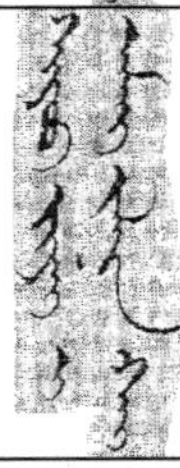	siyoo jiyei i amai jalin kai

標目	漢文	天理圖書館藏本	羅馬拼音	美國國會圖書館抄本	羅馬拼音
借厢第二章	言出如箭	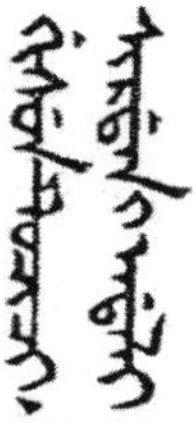	gisun tucici, sirdan i adali	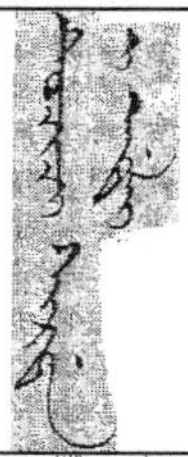	tucici sirdan i adali
	先生是讀書君子	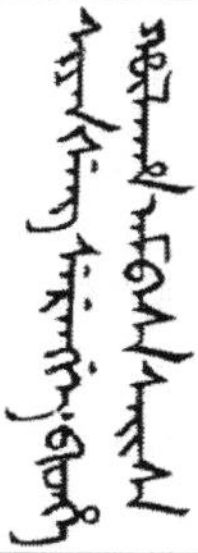	siyan šeng serengge, bithe hūlaha ambasa saisa	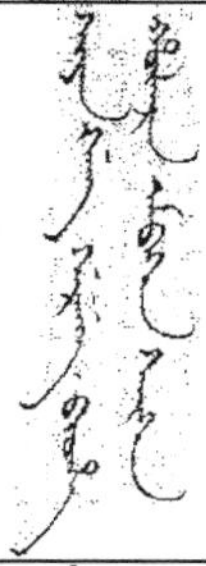	siyan šeng serengge, bithe hūlara ambasa saisa
	把一天愁都撮在眉尖上	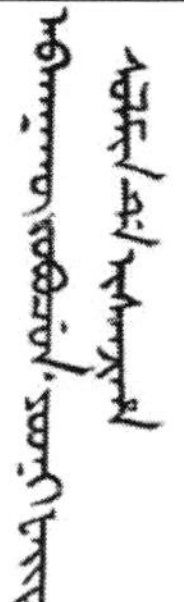	abkanakū jobocun, yooni faitan i solmin de isanjiha	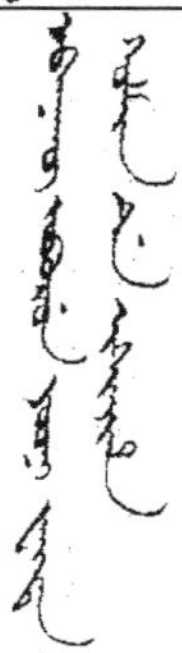	abkanakū jobocun, yooni faitan i solmin de isinjiha
	小生便回店中	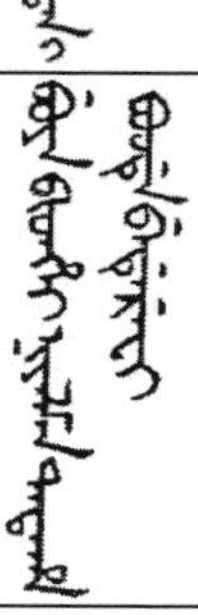	buya bithei niyalma tataha boode bederefi	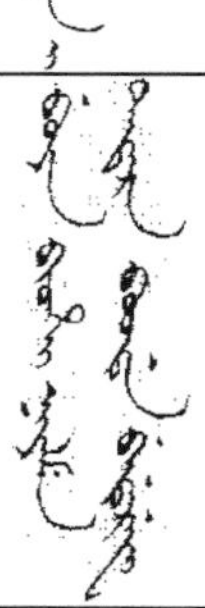	buya bithei niyalma tatara boode bederefi

標目	漢文	天理圖書館藏本	羅馬拼音	美國國會圖書館抄本	羅馬拼音
酬韻第三章	年方二十三歲	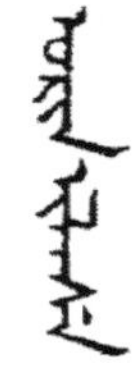	orin ilase	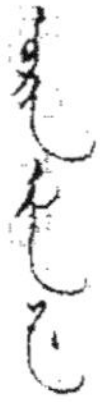	orin ilan se
	正得西廂居住	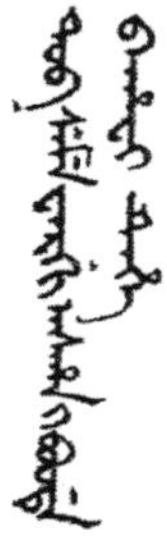	tob seme wargi ashan i boode bahafi tehe	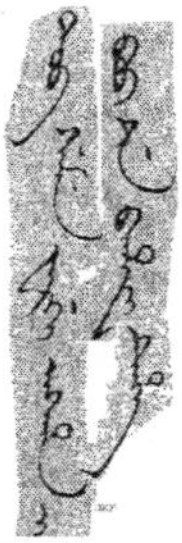	tob seme wargi ashan i boo de bahafi tehe
	容分一臉	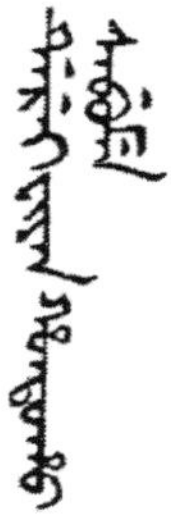	derei fiyan hontoho sabume	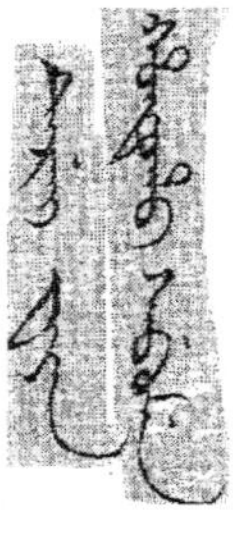	terei fiyan hontoho sabume
鬧齋第四章	大眾動法器者	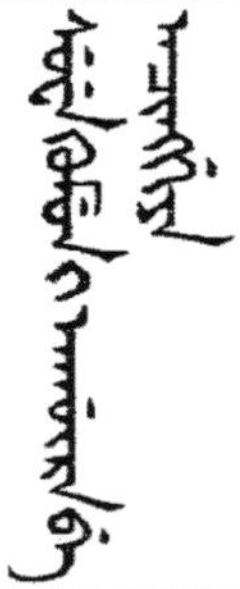	suwe kumun i agūra be acinggiya	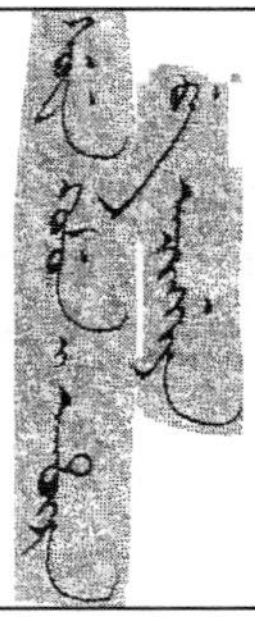	suwe kumun i ahūra be acinggiya

標目	漢文	天理圖書館藏本	羅馬拼音	美國國會圖書館抄本	羅馬拼音
閙齋第四章	諷咒	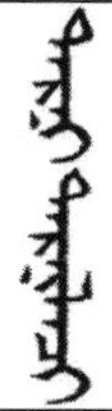	tarni tarnilaci	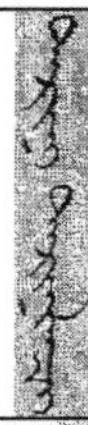	tarini tarinilaci
警寺第五章	鳴鑼擊鼓	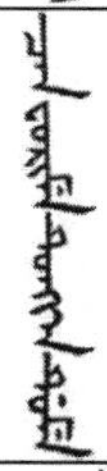	can forime tungken dume	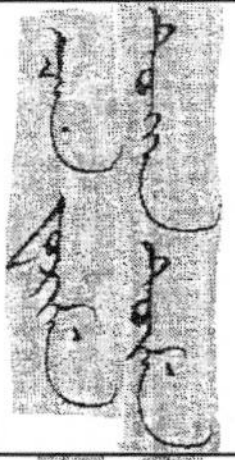	can forime tungken tūme
	落花無語	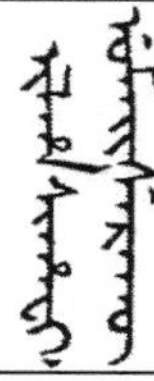	ilha sihafi umaiserakū	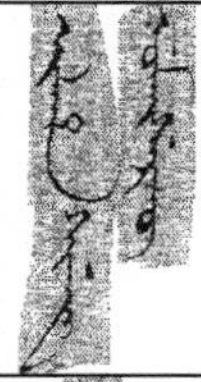	ilha sigafi umaiserakū
	壓寨夫人	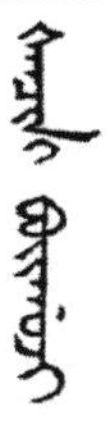	šancin i boigoji	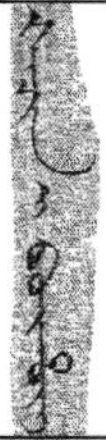	šancin i boihoji
	博望燒屯	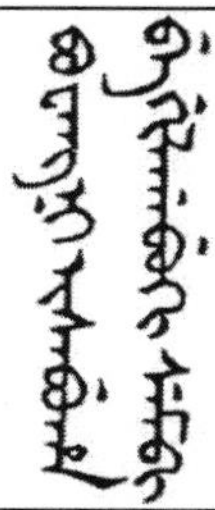	bo wang ni isabuha be gilgabuki sembi	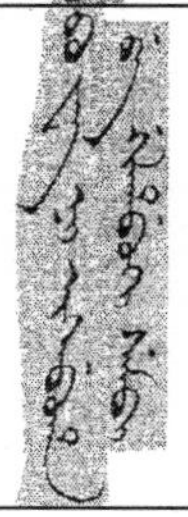	bo wang ni isabuha be gilhabuki sembi

標目	漢文	天理圖書館藏本	羅馬拼音	美國國會圖書館抄本	羅馬拼音
警寺第五章	後代兒孫	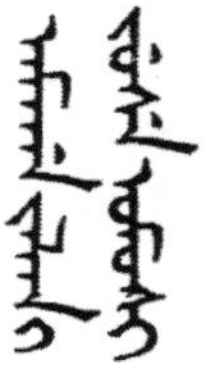	amaga jalan i juse omosi	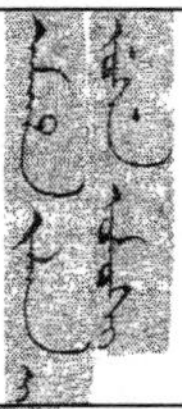	amaha jalan i juse omosi
	如今兩廊下	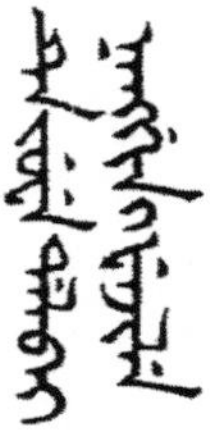	te juwe dalbai nanggin i fejile	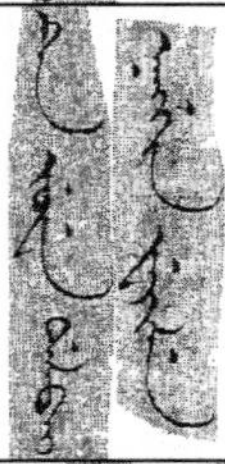	te juwe dalbai nanggin fejile
	請先生別換一個	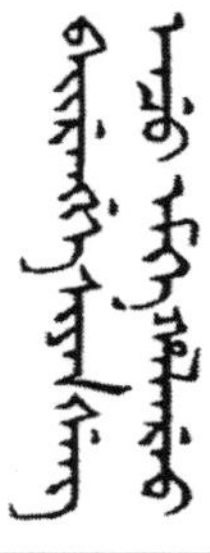	bairengge siyan šeng encu emke halareo	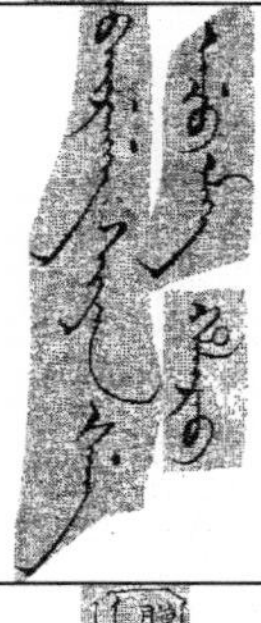	bairengge siyan šeng encu emke halarao
	〔賺煞尾〕諸僧伴	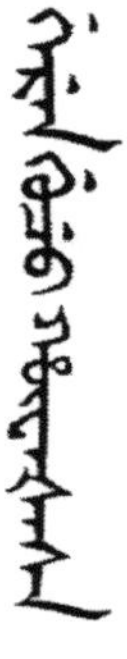	geren gucu hūwašasa	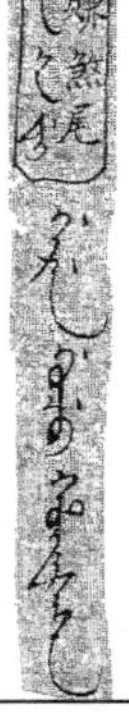	jan ša wei geren gucu hūwašasa

標目	漢文	天理圖書館藏本	羅馬拼音	美國國會圖書館抄本	羅馬拼音
警寺第五章	俺這廚房下有一個徒弟	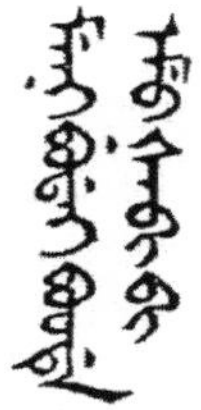	meni budai boode emu šabi bi	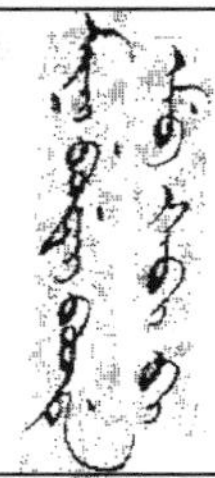	mini budai boode emu šabi bi
	菜饅頭	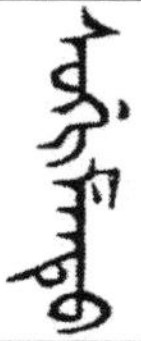	sogi mentu	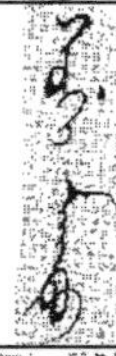	sogi mantu
	安排茶飯者	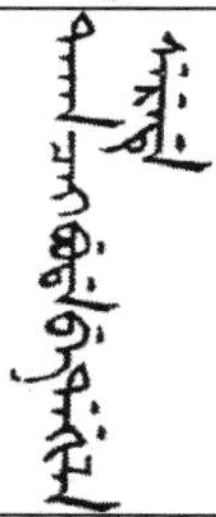	taka cai buda be dagila serede	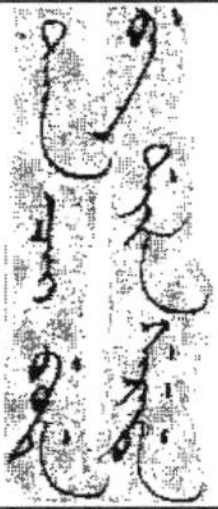	taka cai buda be dajila serede
請宴第六章	須索早去者	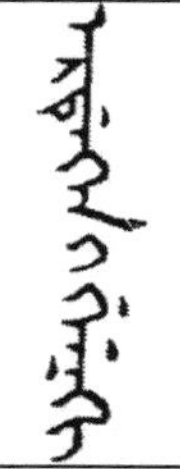	erdeken i geneki	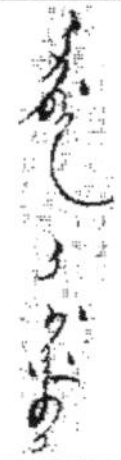	erdeken i genembi
	那更龐兒整	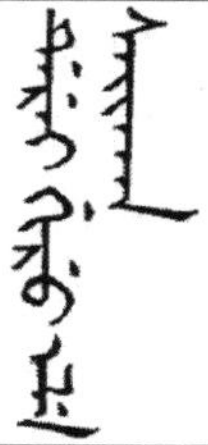	derei giru ele saikan	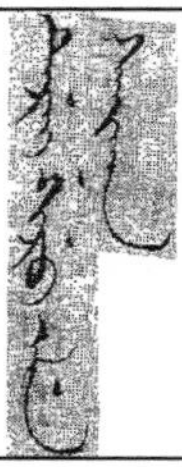	terei giru ele saikan

標目	漢文	天理圖書館藏本	羅馬拼音	美國國會圖書館抄本	羅馬拼音
請宴第六章	〔四煞〕聘不見爭	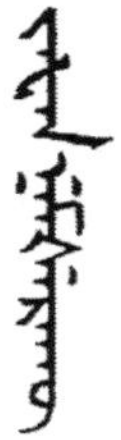	jafan nemšerakū	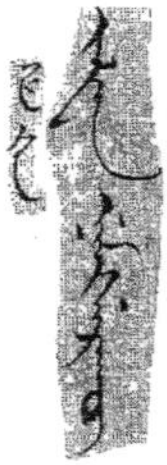	sy ša jafan nemšerakū
	〔二煞〕夫人只一家	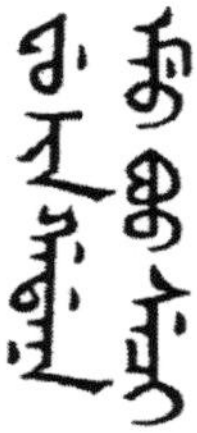	fu žin gadana emu boo seci	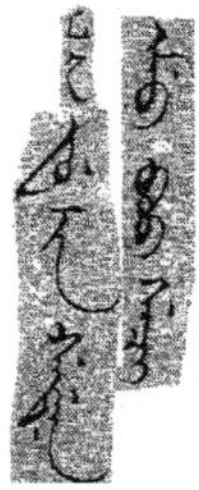	el ša fu žin gadana emu boo seci
	真幽靜	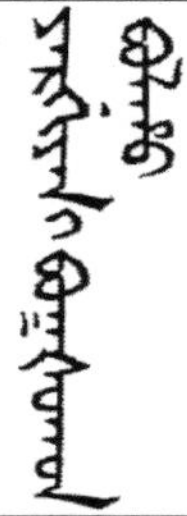	yargiyan i bokšokon bolho	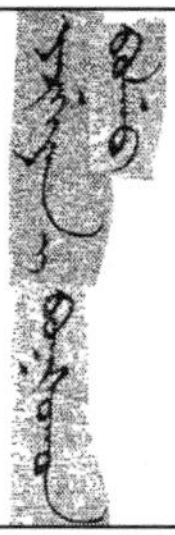	yargiyan i bokšokon bolgo
賴婚第七章	〔後〕你看	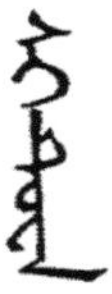	si tuwa	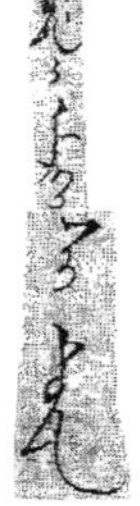	mudan i amargi si tuwa

標目	漢文	天理圖書館藏本	羅馬拼音	美國國會圖書館抄本	羅馬拼音
賴婚第七章	便消得你家緣過活	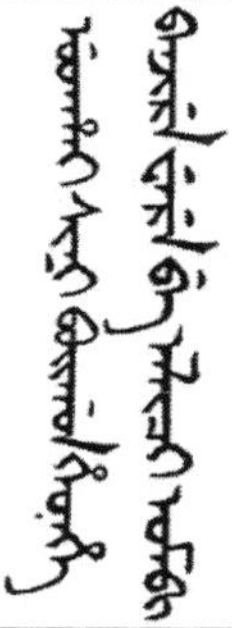	uthai sini boigon hethe banjire were be alici ombi	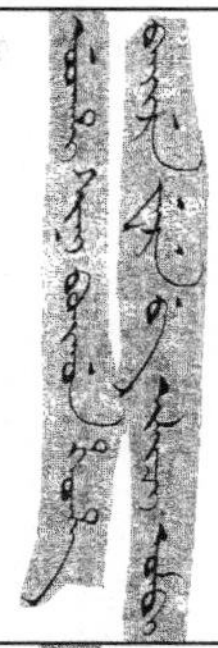	uthai sini boigon hethe banjire were be ilici ombi
	門外簾前	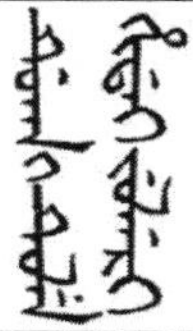	duka i tule hidai juleri	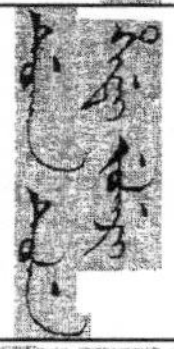	duka tule hidai juleri
	這聲息不好也	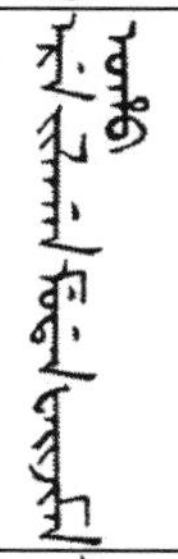	ere jilgan mudan faijima oho	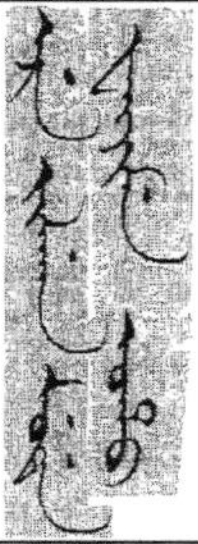	ere jilgan mudan faijime oho
	青春	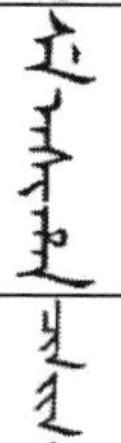	se asihan	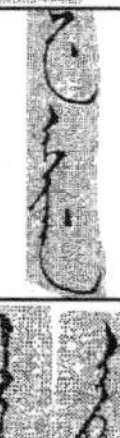	se asigan
	各諧秦晉	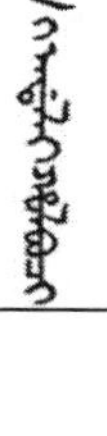	cin jin i adali holboci	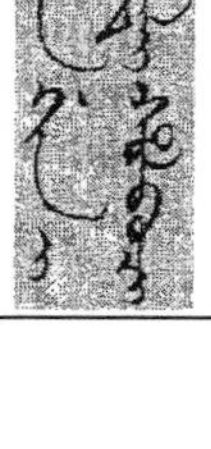	cin gin i adali holboci

標目	漢文	天理圖書館藏本	羅馬拼音	美國國會圖書館抄本	羅馬拼音
賴婚第七章	紅娘扶張生云	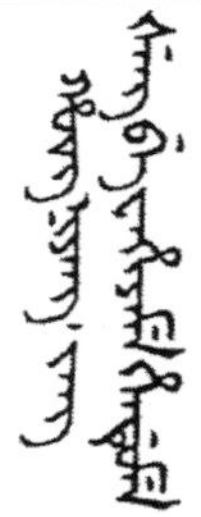	hūng niyang, jang šeng be wahiyame hendume	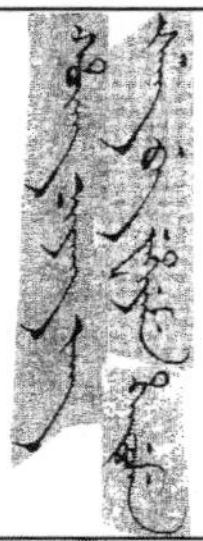	hūng niyang jang šeng be wehiyeme hendume
琴心第八章	不是知你自己情衷	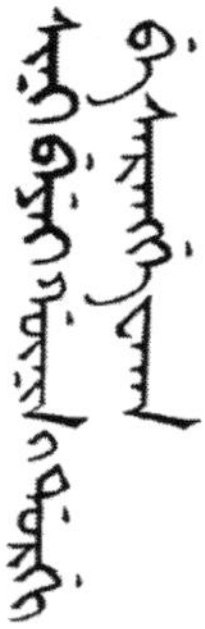	sini beyei gūnin i dorgi be sarangge waka	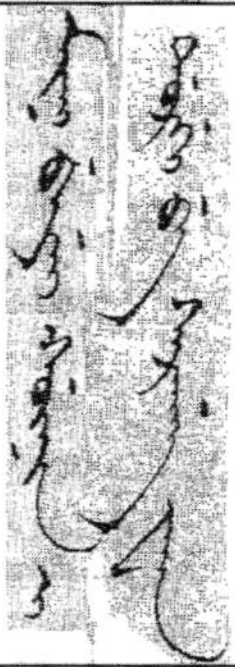	mini beyei gūnin i dorgi be sarangge waka
	中間一層紅紙	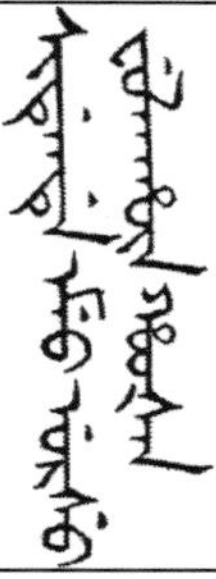	sidende emu ursu fulahūn hoošan	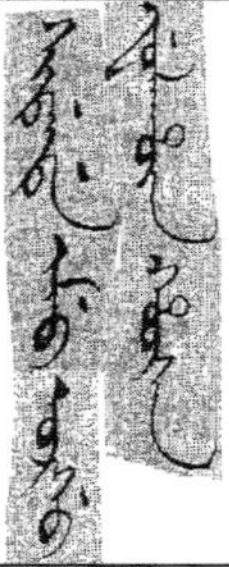	sidende emu orsu fulahūn hoošan
前候第九章	鶯鶯下	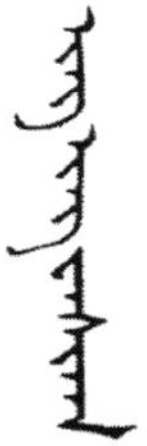	ing ing wasika	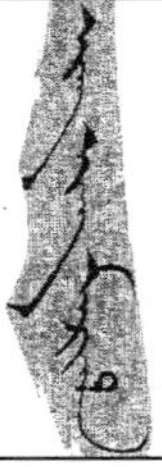	ing ing mariha

標目	漢文	天理圖書館藏本	羅馬拼音	美國國會圖書館抄本	羅馬拼音
前候第九章	夫人失信推拖別辭	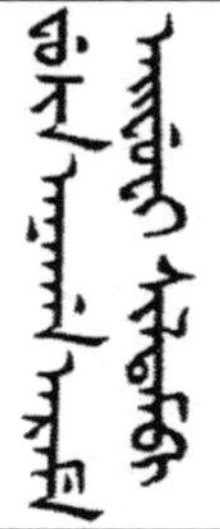	fu žin anagan arame aifufi siltambi	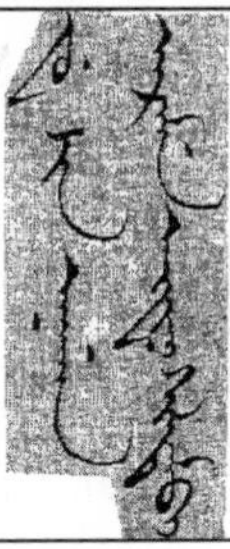	fu žin anagan arame aifini siltambi
	一個憔悴潘郎	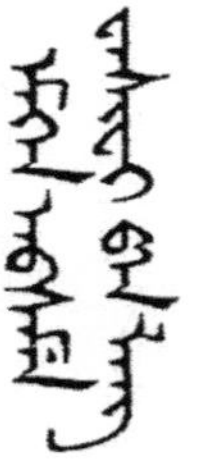	emken absame wasifi pan lang	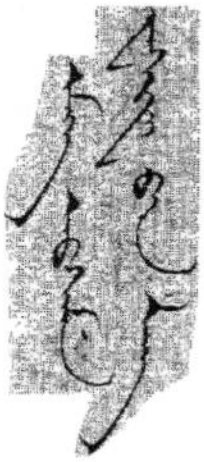	emke absame wasifi pan lang
	一個意懸懸懶去拈針指	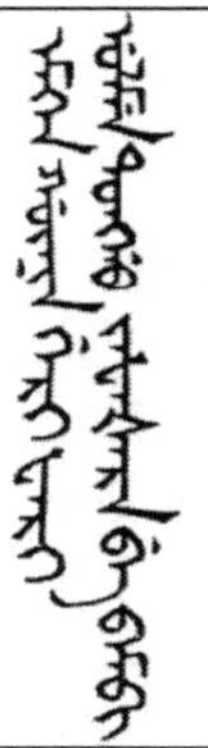	emken gūnin geri fari ulme tonggo jafašara be bambi	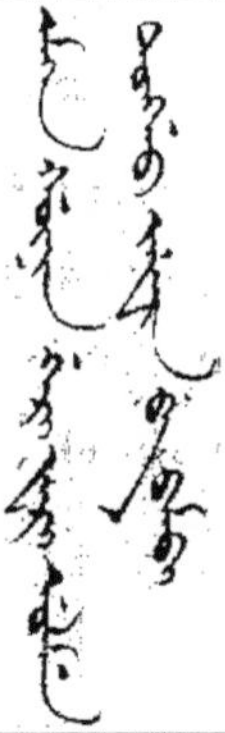	emken gūnin geri fari ulme tonggo jafara be bambi
	弦上的心事	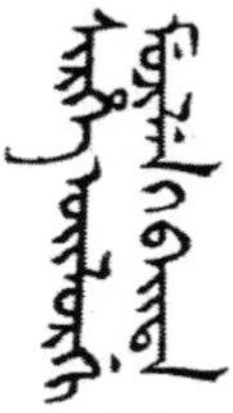	sirhe oilorgi mujilen i baita	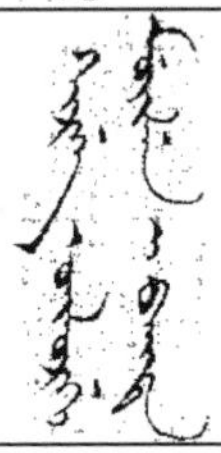	sirge oilorgi mujilen i baita

標目	漢文	天理圖書館藏本	羅馬拼音	美國國會圖書館抄本	羅馬拼音
前候第九章	一樣是相思	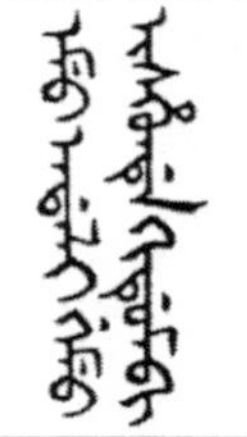	emu adali gemu ishunde kidumbi	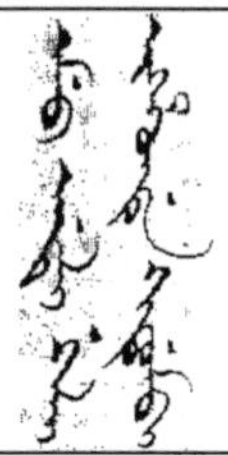	emu adali geli ishunde kidumbi
	紅娘姐帶回	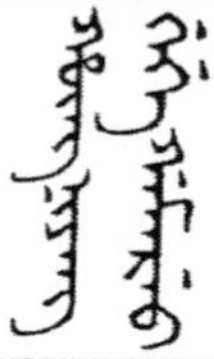	hūng niyang gege gamareo	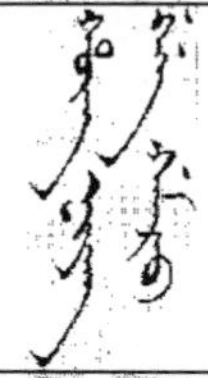	hūng niyang gege gamarao
	他若見這詩	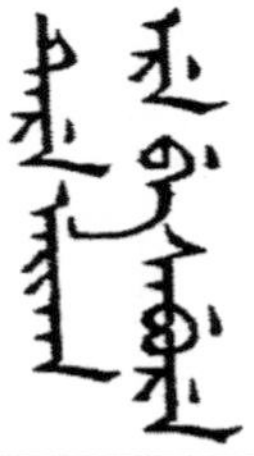	tere aika ere be sabure	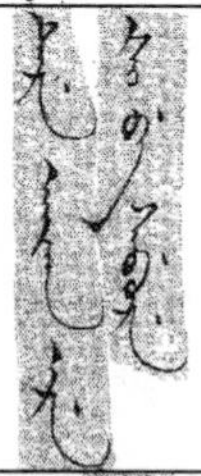	tere aika ere ši be sabure
鬧簡第十章	海紅羅軟簾	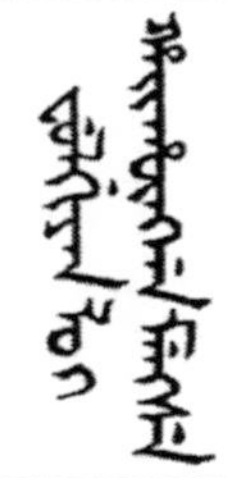	fulgiyan lo i haihūngga mengse	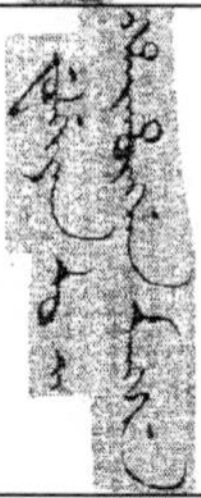	fulgiyan lo i haihūngga mangse
	只見他釵䰀	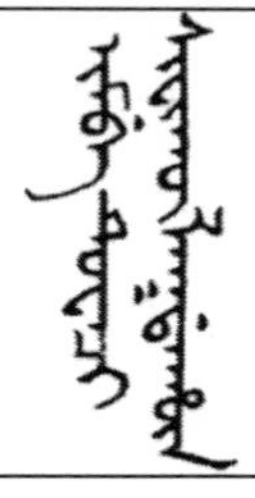	imbe tuwaci sifikū lakdahūn	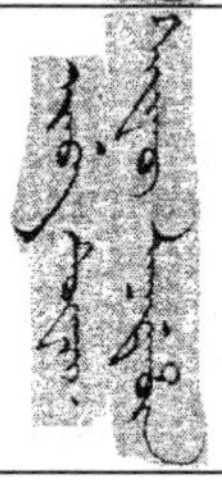	inbe tuwaci, sifikū lanadahūn

標目	漢文	天理圖書館藏本	羅馬拼音	美國國會圖書館抄本	羅馬拼音
鬧簡第十章	早是你口穩來	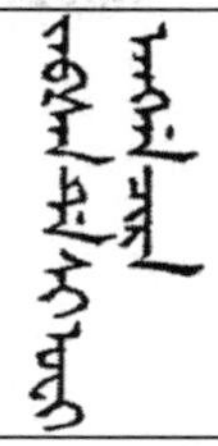	jabšan de si ofi angga cira	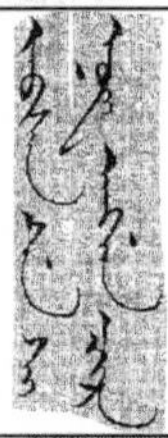	jabšan de si nofi angga cira
	着他下次休得這般	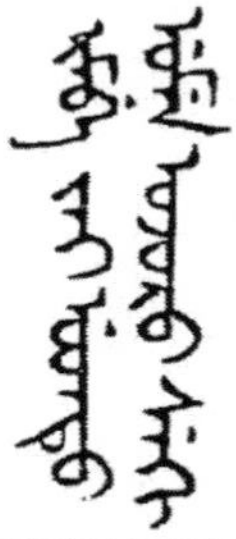	imbe jai uttu ume ojoro seki	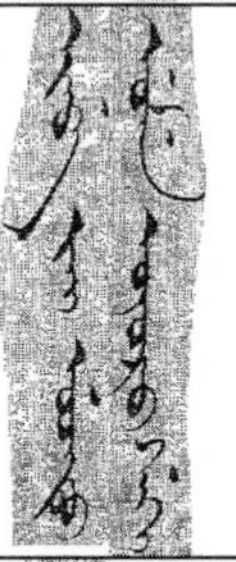	inbe jai uttu ume ojoro seki
	紅娘姐來了	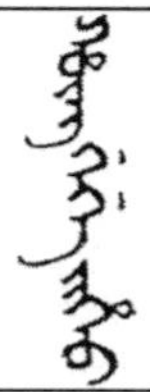	hūng gege jiheo	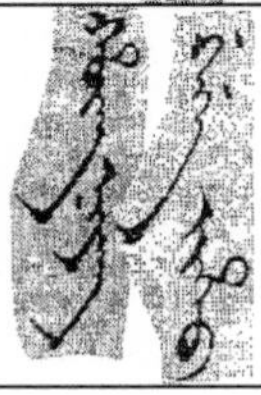	hūng niyang gege jiheo
	是我不用心	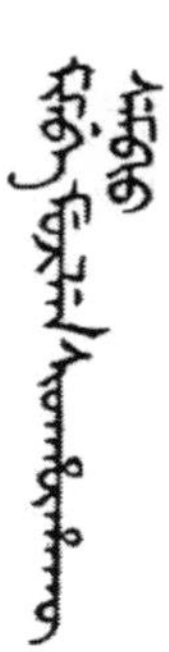	mimbe mujilen sithūhakū sembio	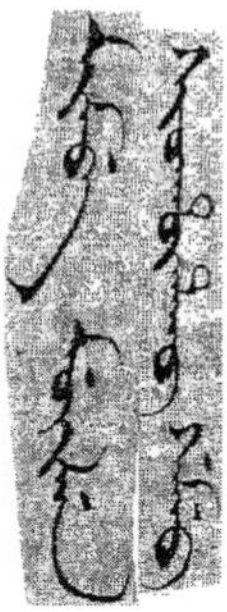	mimbe mujilen sithūhakū semeo

標目	漢文	天理圖書館藏本	羅馬拼音	美國國會圖書館抄本	羅馬拼音
鬧簡第十章	便如鳳去秦樓	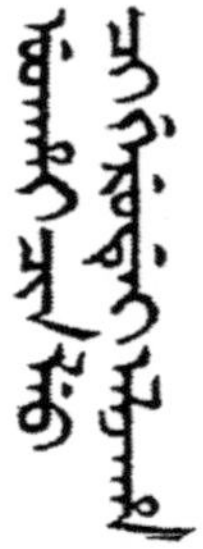	uthai cin leo ci gerudei aljaha	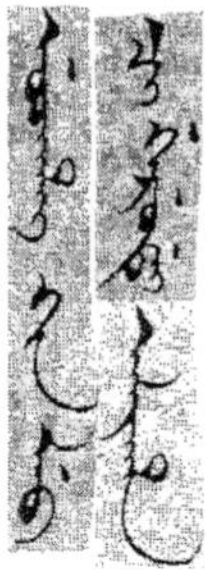	uthai kin leo ci gerudei aljaha
	何百般的難下去呵	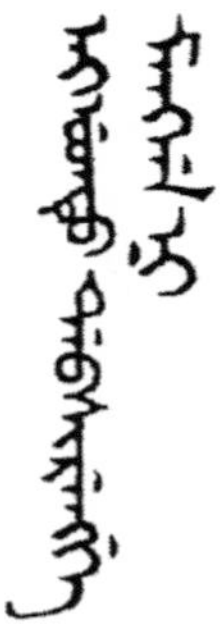	ai uttu dabsirengge mangga ni	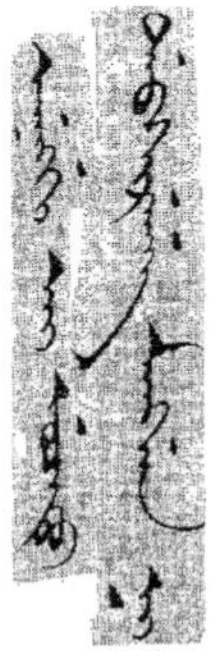	enenggi ai uttu dabsirengge mangga ni
賴簡第十一章	我與小姐處分罷	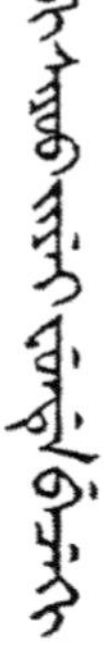	bi siyoo jiyei funde beceki	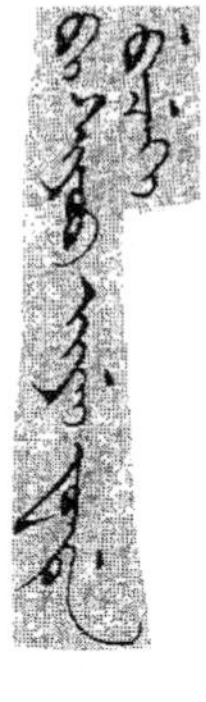	bi siyoo jiyei fonde beceki

標目	漢文	天理圖書館藏本	羅馬拼音	美國國會圖書館抄本	羅馬拼音
賴簡第十一章	處分花木瓜中看不中吃	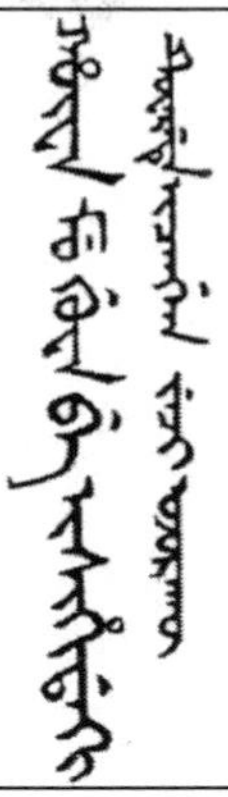	hūwa mu guwa be isihidaki, tuwarade icangga jeci ojorakū	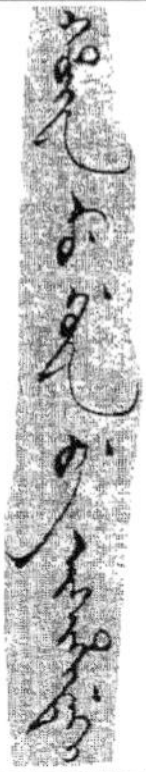	hūwa mu guwa be isihidaki
	不去跳龍門	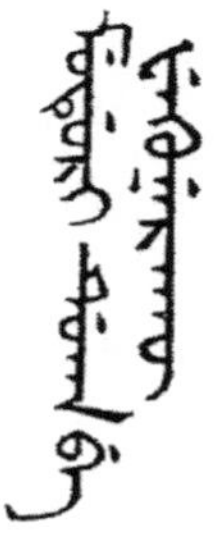	muduri duka be fekunerakū	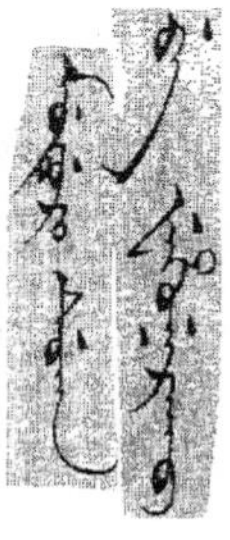	muduri duka be fehunerakū
	猶古自參不透風流調法	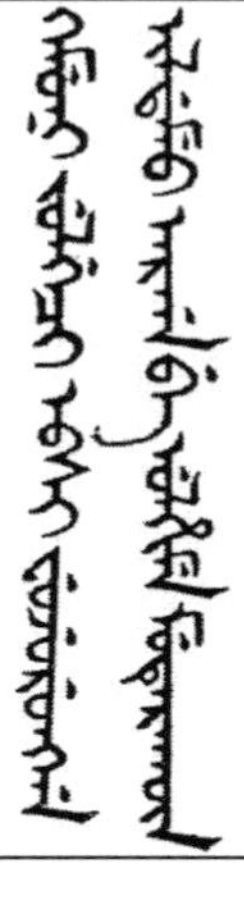	kemuni julgeci ebsi fujurungga ildamu arga be ulhime muterakūn	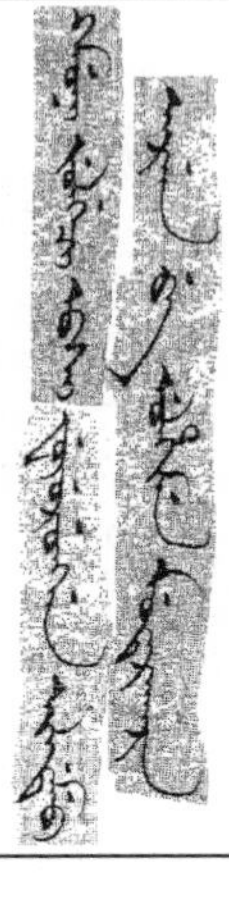	kemuni julgeci ebsi fujurungga ildamu arga be ulhime muterakara

標目	漢文	天理圖書館藏本	羅馬拼音	美國國會圖書館抄本	羅馬拼音
後候第十二章	你成親已大福廕	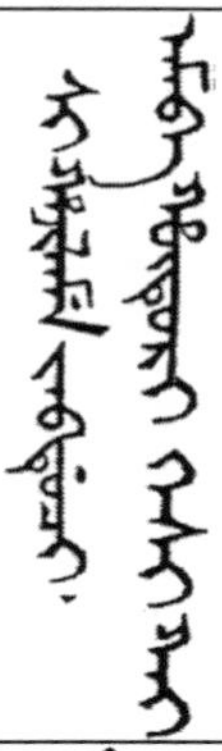	si hajilame jabduci, amba hūturi kesi kai	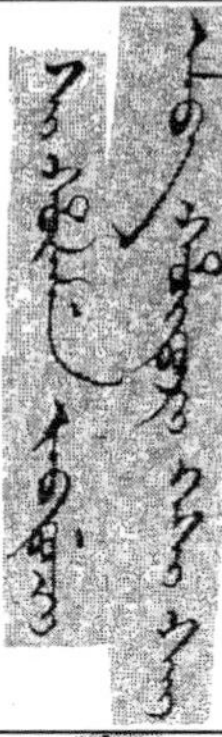	si hūlame jabduci amba hūturi kesi kai
酬簡第十三章	我睡去	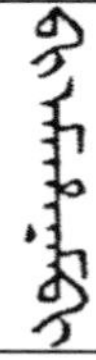	bi amhanambi	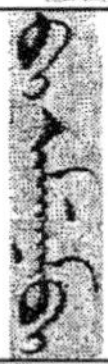	bi amganambi
	青鸞信杳	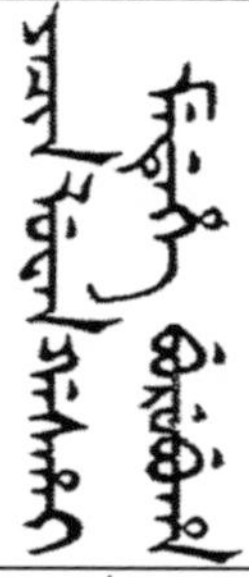	yacin luwan gashai medehe burubuha	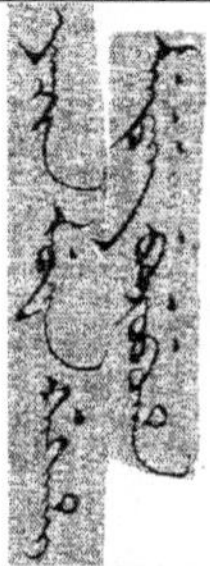	yacin luwan gashai medege burubuha
拷艷第十四章	咳小姐我過去呵	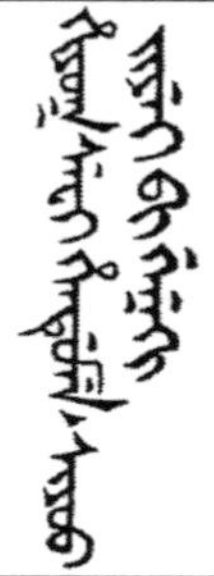	hiyok sefi hendume, siyoo jiyei bi geneki	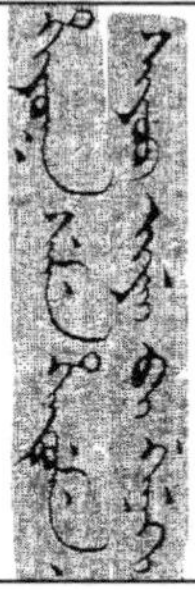	hiyok seme hendume, siyoo jiyei bi geneki

標目	漢文	天理圖書館藏本	羅馬拼音	美國國會圖書館抄本	羅馬拼音
拷艷第十四章	明日	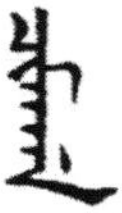	cimaga	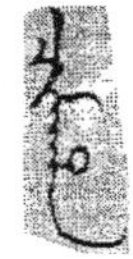	cimaha
哭宴第十五章	一面去請張生	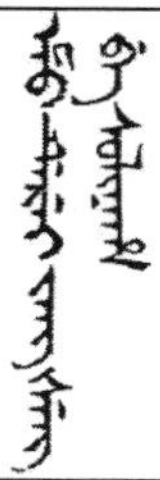	emu derei jang šeng be solinaha	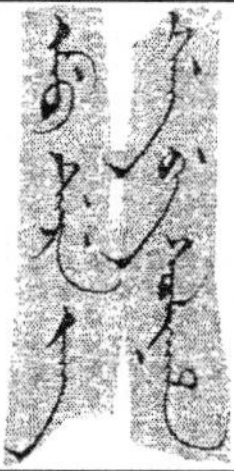	emu dere jang šeng be solinaha
	隨意飲一口湯波	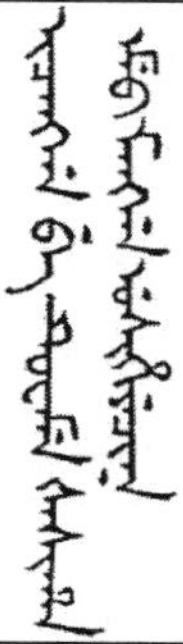	icangga be tuwame šasihan emu mangga usihiyecina	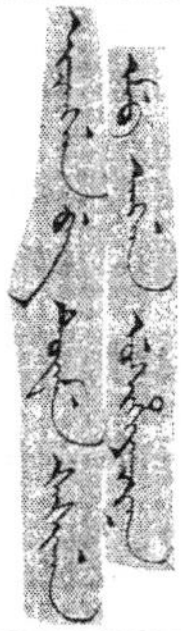	icangga be tuwame šasigan emu angga usihiyacina
	也有些土氣息泥滋味	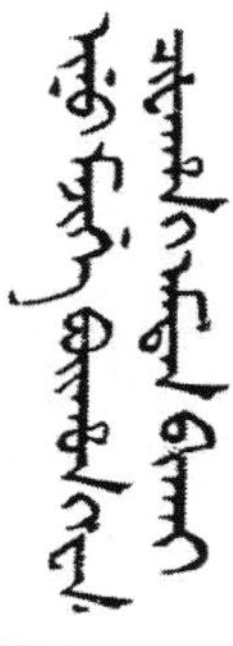	inu majige boihon i wa, cifahan i amtan bikai	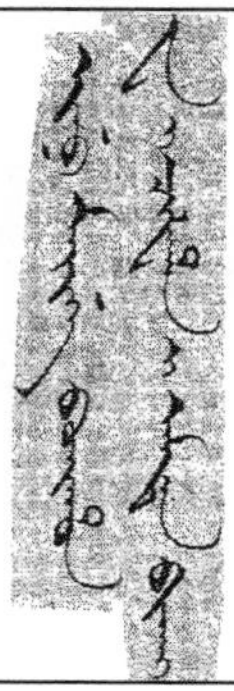	inu majige boihon wa i cifahan i amtan bikai

標目	漢文	天理圖書館藏本	羅馬拼音	美國國會圖書館抄本	羅馬拼音
哭宴第十五章	是誰家的	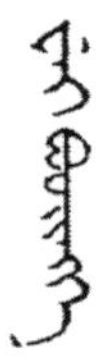	wei booingge	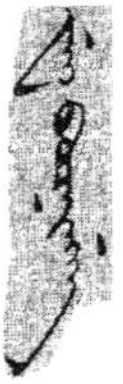	wei booningge
驚夢第十六章	明日早行	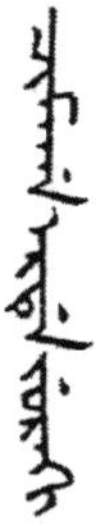	cimaga erde juraki	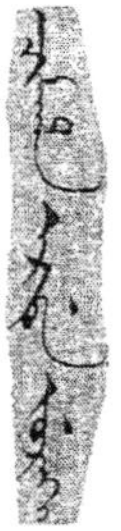	cimaha erde juraki
	恰纔較些	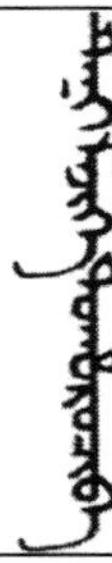	teni majige tohorocibe	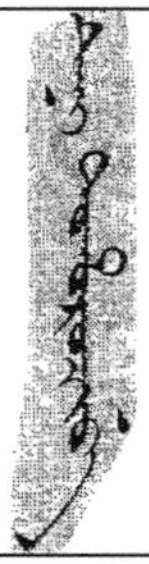	teni tohorocibe
	這里却是那里	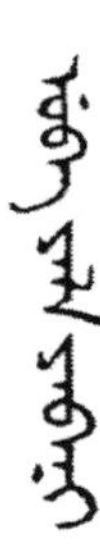	uba yala yabani	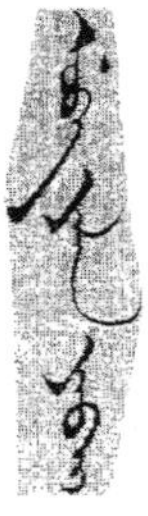	uba yala yabai

標目	漢文	天理圖書館藏本	羅馬拼音	美國國會圖書館抄本	羅馬拼音
驚夢第十六章	原來是一場大夢	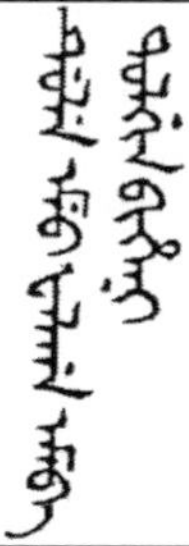	dule emu falga amba tolgin biheni	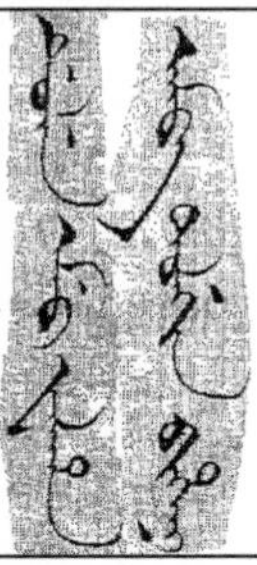	dule emu falha amba tolgin biheni

資料來源：日本天理大學圖書館《滿漢西廂記》；美國國會圖書館抄本《滿漢西廂記》。

前表列舉漢文詞彙，並將日本天理大學圖書館藏本《滿漢西廂記》滿文、美國國會圖書館《滿漢西廂記》抄本滿文分別列舉，探討譯文的差異。表中「相公在日」，天理圖書館藏本滿文作“siyang gung ni bisire fonde”，句中“fonde”，意即「時候」，國會圖書館抄本作“funde”，意即「代替」，滿漢文義不合，“funde”，誤，當作“fonde”。表中「一座另造宅子」，天理圖書館藏本滿文作“encu weilehe ere emu falga boo bi”，句中“emu falga”，意即「一座」，國會圖書館抄本滿文作“emu falha”。滿文“falha”與“falga”，詞義相同。表中「俺想相公在日」，天理圖書館藏本滿文作“bi gūnici siyang gung bisire fonde”，句中“fonde”，國會圖書館藏本滿文作“funde”，誤，當作“fonde”。表中「螢牕雪案」，天理圖書館藏本滿文作“juciba tuwa, nimanggi elden de bithe tuwame”，句中“juciba tuwa”，意即「螢火」，國會圖書館抄本作“jociba tuwa”，誤，句中“jociba”，當作“juciba”。表中「萬金寶劍」，天理圖書館藏本滿文作“tumen yan i boobai loho”，句中“boobai”，國會圖書館抄本滿文作“boobei”，異。表中「鐵硯呵磨穿」，天理圖書館藏本滿文作“selei yuwan be, suihei fondojoho”，句中“fondojoho”，意即「穿孔」。國會圖書館抄本滿文作“fodoho”（柳樹），誤，當作“fondojoho”。

表中「天際秋雲捲」，天理圖書館藏本滿文作“abkai buten de bolori tugi hetembi”，句中“abkai buten”，意即「天涯」，國會圖書館抄本滿文作“abkai bute”，句中“bute”，誤，當作“buten”。表中「天冊金輪」，天理圖書館藏本滿文作“tiyan ce gin luwen”，句中“luwen”，國會圖書館抄本作“luwan”，誤，當作“luwen”。表中「又來到下方僧院」，天理圖書館藏本滿文作“geli fejergi ergi hūwašan i hūwa de isinjiha”，國會圖書館抄本作“geli fejergi hūwašan i hūwa de isinjiha”，句中脫落“ergi”。表中「寶塔」，天理圖書館藏本滿文作“boobai subargan”，句中“boobai”，國會圖書館抄本滿文作“boobei”。表中「分明打個照面」，天理圖書館藏本滿文作“ilekesaka ishun emgeri šaha”，句中“šaha”，意即「盯著瞧」，國會圖書館抄本滿文作“saha”，意即「知道了」，誤，當作“šaha”。表中「一座梵王宮」，天理圖書館藏本滿文作“emu falga fan wang gung”，句中“falga”，意即「座」，國會圖書館抄本作“falha”，異。表中「望先生恕罪」，天理圖書館藏本滿文作“siyan šeng giljame gamareo”，句中“gamareo”，國會圖書館抄本滿文作“gamarao”，異。表中「有心聽講」，國會圖書館抄本滿文作“doro be donjire de buyembi”，句中“de”，天理圖書館藏本滿文作“be”。

漢文「背後毀謗」，滿文讀作“jubešembi”。表中「任憑人說短論長」，天理圖書館藏本滿文作“niyalmai cihai hoi golmin foholon be jubušekini”，句中“jubušekini”，意即「任憑人背後毀謗」，國會圖書館抄本滿文作“jobušekini”，異。表中「着小娘子先行我靠後些」，天理圖書館藏本滿文作“ere gege juleri yabu, bi amasikan oki”，句中“juleri”，國會圖書館抄本滿文作“julesi”，異。表中「你在我行口強」，天理圖書館藏本滿文作“si minde ofi angga mangga dere”，句中“si”，國會圖書館抄本滿文作“sini”，異。表中「小生亦備錢五千」，天理圖書館藏本滿文作“buya bithei niyalma inu sunja ulcin jiha benjiki”，句中“benjiki”，意即「送來」，國會圖書館抄本滿文作“banjiki”（欲生），誤，當作“benjiki”。表中「小姐是他父親的事」，天理圖書館藏本滿文作“siyoo jiyei amai jalin kai”，國會圖書館抄本滿文作“siyoo jiyei i amai jalin kai”，異。表中「言出如箭」，天理圖書館藏本滿文作“gisun tucici, sirdan i adali”，國會圖書館抄本滿文作“tucici sirdan i adali”，句中脫落“gisun”。表中「先生是讀書君子」，天理圖書館藏本滿文作“siyan šeng serengge, bithe hūlaha ambasa saisa”，句中“hūlaha”，國會圖書館抄本滿文作“hūlara”，異。表中「把一天愁都撮在眉尖上」，天理圖書館藏本滿文作“abkanakū jobocun, yooni faitan i solmin de isanjiha”，句中“isanjiha”，意即「聚集」，滿漢文義相合，國會圖書館抄本滿文作“isinjiha”（到來），文義不合。表中「小生便回店中」，天理圖書館藏本滿文作

“buya bithei niyalma tataha boode bederefi”，句中“tataha”，國會圖書館抄本滿文作“tatara”，異。表中「年方二十三歲」，天理圖書館藏本滿文作“orin ilase”，國會圖書館抄本滿文作“orin ilan se”。表中「容分一臉」，天理圖書館藏本滿文作“derei fiyan hontoho sabume”，句中“derei fiyan”，意即「容顏」、「臉面」，國會圖書館抄本滿文作“terei fiyan”，誤。表中「大眾動法器者」，天理圖書館藏本滿文作“suwe kumun i agūra be acinggiya”，句中“kumun i agūra”，意即「樂器」，國會圖書館抄本作“kumun i ahūra”，異。表中「諷咒」，天理圖書館藏本滿文作“tarni tarnilaci”，國會圖書館抄本滿文作“tarini tarinilaci”，異。

表中「鳴鑼擊鼓」，天理圖書館藏本滿文作“can forime tungken dume”，句中“tungken dume”，國會圖書館抄本滿文作“tungken tūme”，意即「擊鼓」，句中“tūme”，天理圖書館藏本滿文作“dume”，異。表中「落花無語」，天理圖書館藏本滿文作“ilha sihafi, umaiserakū”，句中“sihafi”，意即「花謝」，國會圖書館抄本滿文作“sigafi”，異。表中「壓寨夫人」，天理圖書館藏本滿文作“šancin i boigoji”，句中“boigoji”，意即「主人」、「妻室」，國會圖書館抄本滿文作“boihoji”，異。表中「博望燒屯」，天理圖書館藏本滿文作“bo wang ni isabuha be gilgabuki sembi”，句中“gilgabuki sembi”，意即「欲化為灰燼」，國會圖書館抄本滿文作“gilhabuki sembi”，異。表中「後代兒孫」，天理圖書館藏本滿文作“amaga jalan i juse omosi”，句中“amaga”，國會圖書館抄本滿文作“amaha”，異。表中「如今兩廊下」，天理圖書館藏本滿文作“te juwe dalbai nanggin i fejile”，句中“nanggin i fejile”，國會圖書館抄本滿文省略“i”。表中「請先生別換一個」，天理圖書館藏本滿文作“bairengge siyan šeng encu emke halareo”，句中“halareo”，國會圖書館抄本滿文作“halarao”，異。表中國會圖書館抄本「〔賺煞尾〕(jan ša wei) 諸僧伴」，天理圖書館藏本脫落「〔賺煞尾〕(jan ša wei)」曲牌名。表中「俺這廚房下有一個徒弟」，天理圖書館藏本滿文作“meni budai boode emu šabi bi”，句中“meni”，國會圖書館抄本滿文作“mini”，異。表中「菜饅頭」，天理圖書館藏本滿文作“sogi mentu”，句中“mentu”，國會圖書館抄本滿文作“mantu”，異。表中「安排茶飯者」，天理圖書館藏本滿文作“taka cai buda be dagila serede”，句中“dagila”，意即「令預備」，國會圖書館抄本滿文作“dajila”，誤。表中「須索早去者」，天理圖書館藏本滿文作“erdeken i geneki”，句中“geneki”，國會圖書館抄本滿文作“genembi”，異。表中「那更龐兒整」，天理圖書館藏本滿文作“derei giru ele saikan”，句中“derei giru”，意即「容貌」，國會圖書館抄本滿文作“terei giru”，誤。表中「〔四煞〕聘不見爭」，國會圖書館抄本滿文作“〔sy ša〕 jafan nemšerakū”，天理圖書館藏本滿文作“jafan nemšerakū”，脫落“〔sy ša〕”曲牌名。表中「〔二煞〕夫人只一家」，國會圖書館抄本滿文作“〔el ša〕 fu žin gadana emu boo seci”，天理圖書館藏本滿文作“fu žin gadana emu boo seci”，脫落“el ša”曲牌名。表中「真幽靜」，天理圖書館藏本滿文作“yargiyan i bokšokon bolho”，句中“bolho”，國會圖書館抄本滿文作“bolgo”，異。

表中「〔後〕你看」，天理圖書館藏本滿文作“si tuwa”，國會圖書館抄本滿文作“〔mudan i amargi〕 si tuwa”，天理圖書館藏本滿文脫落曲牌名。表中「便消得你家緣過活」，天理圖書館藏本滿文作“uthai sini boigon hethe banjire were be alici ombi”，句中“alici ombi”，國會圖書館抄本滿文作“ilici ombi”，異。表中「門外簾前」，天理圖書館藏本滿文作“duka i tule hidai juleri”，國會圖書館抄本滿文作“duka tule hidai juleri”，脫落“i”。表中「這聲息不好也」，天理圖書館藏本滿文作“ere jilgan mudan faijima oho”，意即「這聲調怪異」。句中“faijima”，國會圖書館抄本滿文作“faijime”，誤。

表中「青春」，天理圖書館藏本滿文作“se asihan”，國會圖書館抄本滿文作“se asigan，異。表中「各諧秦晉」，天理圖書館藏本滿文作“cin jin i adali holboci”，句中“jin”，國會圖書館抄本滿文作“gin”，異。表中「紅娘扶張生云」，天理圖書館藏本滿文作“hūng niyang, jang šeng be wahiyame hendume”，句中“wahiyame”，國會圖書館抄本滿文作“wehiyeme”，異。表中「不是知你自己情衷」，天理圖書館藏本滿文作“sini beyei gūnin i dorgi be sarangge waka”，句中“sini”，國會圖書館抄本滿文作“mini”，滿漢文義不合。表中「中間一層紅紙」，天理圖書館藏本滿文作“sidende emu ursu fulahūn hoošan”，句中“ursu”，意即「層」，國會圖書館抄本作“orsu”，誤。表中「鶯鶯下」，天理圖書館藏本滿文作“ing ing wasika”，句中“wasika”，國會圖書館抄本滿文作“mariha”，異。表中「夫人失信推拖別辭」，天理圖書館藏本滿文作“fu žin anagan arame aifufi siltambi”，句中“aifufi”，意即「反悔」，國會圖書館抄本滿文作“aifini”（早已），誤。表中「一個憔悴潘郎」，天理圖書館藏本滿文作“emken absame wasifi pan lang”，句中“emken”，國會圖書館抄本滿文作“emke”，異。表中「一個意懸懸懶去拈針指」，天理圖書館藏本滿文作“emken gūnin geri fari ulme tonggo jafašara be bambi”，句中“jafašara”，國會圖書館抄本滿文作“jafara”，異。表中「弦上的心事」，天理圖書館藏本滿文作“sirhe oilorgi mujilen i baita”，句中“sirhe”，國會圖書館抄本滿文作“sirge”，異。表中「一樣是相思」，天理圖書館藏本滿文作“emu adali gemu ishunde kidumbi”，句中“gemu”，意即「皆」，國會圖書館抄本滿文作“geli”，意即「又」，異。表中「紅娘姐帶回」，天理圖書館藏本滿文作“hūng niyang gege gamareo”，句中“gamareo”，國會圖書館抄本滿文作“gamarao”，異。表中「他若見這詩」，國會圖書館藏本滿文作“tere aika ere ši be sabure”，天理圖書館藏本滿文作“tere aika ere be sabure”，句中脫落“ši（詩）。

表中「海紅羅軟簾」，天理圖書館藏本滿文作“fulgiyan lo i haihūngga mengse”，句中“mengse”，意即「帳幔」，國會圖書館抄本滿文作“mangse”，異。表中「只見他釵䰀」，天理圖書館藏本滿文作“imbe tuwaci sifikū lakdahūn”，句中“imbe”、“lakdahūn”，國會圖書館抄本滿文作“inbe”，“lanadahūn”，俱誤。表中「早是你口穩來」，天理圖書館藏本滿文作“jabšan de si ofi angga cira”，句中“ofi”，國會圖書館抄本滿文作“nofi”，異。表中「着他下次休得這般」，天理圖書館藏本滿文作“imbe jai uttu ume ojoro seki”，句中“imbe”，國會圖書館抄本滿文作“inbe”，誤。表中「紅娘姐來了」，天理圖書館藏本滿文作“hūng gege jiheo”，脫落“niyang”，國會圖書館抄本滿文作“hūng niyang gege jiheo”。表中「是我不用心」，天理圖書館藏本滿文作“mimbe mujilen sithūhakū sembio”，句中“sembio”，國會圖書館抄本滿文作“semeo”，異。表中「便如鳳去秦樓」，天理圖書館藏本滿文作“uthai cin leo ci gerudei aljaha”，句中“cin leo”，國會圖書館抄本滿文作“kin leo”，異。表中「何百般的難下去呵」，天理圖書館藏本滿文作“ai uttu dabsirengge mangga ni”，國會圖書館抄本滿文作“enenggi ai uttu dabsirengge mangga ni”，異。表中「我與小姐處分罷」，天理圖書館藏本滿文作“bi siyoo jiyei funde beceki”，句中“funde”，意即「代替」，國會圖書館抄本滿文作“fonde”，意即「時候」，誤。表中「處分花木瓜，中看不中吃」，天理圖書館藏本滿文作“hūwa mu guwa be isihidaki, tuwarade icangga jeci ojorakū”，國會圖書館抄本滿文作“hūwa mu guwa be isihidaki”，異。表中「不去跳龍門」，天理圖書館藏本滿文作“muduri duka be fekunerakū”，句中“fekunerakū”，國會圖書館抄本滿文作“fehunerakū”，異。表中「猶古自參不透風流調法」，天理圖書館藏本滿文作“kemuni julgeci ebsi fujurungga ildamu arga be ulhime muterakūn”，句中“muterakūn”，國會圖書館抄本滿文作“muterakara”，異。

表中「你成親已大福廕」，天理圖書館藏本滿文作“si hajilame jabduci, amba hūturi kesi kai”，句中“hajilame”，國會圖書館抄本滿文作“hūlame”，誤。表中「我睡去」，天理圖書館藏本滿文作“bi amhanambi”，國會圖書館抄本滿文作“bi amganambi”，異。表中「青鸞信杳」，天理圖書館藏本滿文作“yacin luwan gashai medehe burubuha”，句中“medehe”，意即「信息」，國會圖書館抄本滿文作“medege”，異。表中「咳小姐我過去呵」，天理圖書館藏本滿文作“hiyok sefi hendume, siyoo jiyei bi geneki”，句中“sefi”，國會圖書館抄本滿文作“seme”，異。表中「明日」，天理圖書館藏本滿文作“cimaga”，國會圖書館抄本滿文作“cimaha”，異。表中「一面去請張生」，天理圖書館藏本滿文作“emu derei jang šeng be solinaha”，句中“emu derei”，意即「一面」，國會圖書館抄本滿文作“emu dere”，異。表中「隨意飲一口湯波」，天理圖書館藏本滿文作“icangga be tuwame šasihan emu mangga usihiyecina”，句中“mangga”，國會圖書館抄本滿文改正作“angga”；“usihiyecina”，作“usihiyacina”，異。表中「也有些土氣息泥滋味」，天理圖書館藏本滿文作“inu majige boihon i wa, cifahan i amtan bikai”，國會圖書館抄本滿文作“inu majige boihon wa i cifahan i amtan bikai”，稍有出入。表中「是誰家的」，天理圖書館藏本滿文作“wei booingge”，國會圖書館抄本滿文作“wei booningge”，異。

表中「明日早行」，天理圖書館藏本滿文作“cimaga erde juraki”，句中“cimaga”，國會圖書館抄本滿文作“cimaha”，異。表中「恰纔較些」，天理圖書館藏本滿文作“teni majige tohorocibe”，國會圖書館抄本滿文作“teni tohorocibe”，脫落“majige”字樣。表中「這里却是那里」，天理圖書館藏本滿文作“uba yala yabani”，句中

“yabani”，國會圖書館抄本滿文作“yabai”，異。表中「原來是一場大夢」，天理圖書館藏本滿文作“dule emu falga amba tolgin biheni”，句中“falga”，國會圖書館抄本滿文作“falha”，異。由前列詞句可知，國會圖書館抄本滿文，或因所據版本不同，或因抄寫疏漏，以致彼此頗有出入。

探討《西廂記》滿文譯本，有助於了解清初考證學的新動向，通過滿文的繙譯，也有助於了解漢文的詞義。由於滿文淺顯易解，而使《西廂記》滿文譯本成為滿洲社會膾炙人口的戲曲作品。滿漢合璧《西廂記・序》已指出，「傳刻之文，衹從漢本，謳歌之子，未覩清書，謹將鄴架之陳編，翻作熙朝之別本。」句中「漢本」，滿文作“nikan hergen”，意即「漢字」；「清書」，滿文作“manju bithe”，意即「滿文」，或「滿書」；「熙朝之別本」，滿文作“wesihun jalan i gisun mudan”，意即「盛世語韻」，康熙年間，《西廂記》開始有滿文譯本了。「既使三韓才子展卷情怡，亦知海內名流開函色喜云爾」。句中「三韓」，後世用為朝鮮的代稱，漢時，朝鮮南部分為馬韓、辰韓、弁辰。至晉，弁辰亦稱弁韓，合稱三韓，此處「三韓」，係清代對居住遼東之人的代稱。序文中「三韓」滿文作“manju”，意即「滿洲」，三韓才子，就是指滿洲子弟。

第一章標目「驚艷」，滿文作“hojo de nioroko”，意即「為美麗而心情激蕩」。文中「雪浪拍長空」，句中「雪浪」，滿文作“šanggiyan boljon”，意即「白浪」。「官人要下呵」，滿文作“guwan žin tataki seci”，意即「即官人若想要下榻時」，句中「下」，即「下榻」，就是住宿。「蓋造非常」，句中「非常」，滿文作“encu hacin”，意即「異常」、「異樣」。「撒和了馬」，句中「撒和」，滿文作“ulebu”，意即「餵食」。「今日師父赴齋去了」，滿文作“enenggi sefu doocan arara bade genehe”，意即「今日師父到做道場的地方去了」。「山門下立地看」，滿文作“miyoo i duka de ilifi tuwaki”，意即「站在廟門口看」。「隨喜了上方佛殿」，滿文作“dergi ergi fucihi diyan be tuwaha”，意即「看了上方佛殿」。「隨喜」，是佛家語，佛家以行善布施可生歡喜心，隨人為善稱為隨喜。後世所謂遊覽佛寺，亦稱隨喜。《西廂記》滿文譯本將「隨喜」譯作“tuwaha”，意思就是遊覽佛寺，看了佛殿。「顛不剌的見了萬千」，句中「顛不剌」，滿文作“halai goiman”，意即「風流放蕩」。「粉墻兒高似青天」，滿文作“šanggiyan fu i den, niohon abkai adali”，句中「粉墻」，滿文作“šanggiyan fu”，意即「白墻」;「青天」，滿文作“niohon abkai”，意即「淺綠的天」。滿文“niowanggiyan muduri”，意即「蒼龍」。在滿文詞彙中，青（niohon）與蒼（niowanggiyan），是有分別的。

第二章標目「借廂」，滿文作“tatara boo be baiha”，意即「尋找下榻的旅店」。「聊具白金一兩與常住公用」，句中「白金」，滿文作“menggun”，意即「銀」;「常住」，滿文作“geren”，意即「眾人」、「大家」。僧、道寺舍、什物等統稱為「常住」。道觀、寺院中的主事者，亦稱「常住」，如住持「常住」。滿文譯作“geren”，文義相合。「你若有主張」，句中「主張」，滿文作“arga”，意即「計策」、「方法」。「這相思索是害殺我也」，滿文作“ere kidurengge yala minde yamtun ofi bucembikan”，句中「索是」，滿文作“yala”，意即「果真」。「教人怎颩」，滿文作“niyalma be adarame andubu sembi”，句中「颩」，滿文作“andubu”，意即「使人忘却」。「粉蝶成雙」，句中「粉蝶」，滿文作“šanggiyan gefehe”，意即「白蝶」。「上邊是紅袖鸞銷玉笋長」，滿文作“dele luwan gashai jodoho fulgiyan ulhi ci, tucike gu i gese šuwai sere simhun golmin”，意即「上邊是從織鸞紅袖出來似玉筆直的長指」。

第三章標目「酬韻」，文中「呀今夜淒涼有四星」，滿文作“ara, ere dobori simacuka juwan fun bidere”，句中「四星」，滿文作“juwan fun”，意即「十分」。北斗七星，四星象斗，三星象柄，古人以二分半為一星，四星為十分。漢文「四星」，滿文作“juwan fun”，文義相合。

第四章標目「鬧齋」，文中「只願紅娘休劣」，滿文作“damu hūng niyang hatarakū”，句中「休劣」，滿文作“hatarakū”，意即「不嫌棄」。「犬兒休惡」，滿文作“indahūn kekirakū okini”，句中「休惡」，滿文作“kekirakū”，意即「不吼叫」。「我只道玉天仙離碧霄」，句中「碧霄」，滿文作“niohon tugi”，意即「青雲」。「你看檀口點櫻桃」，句中「檀口」，滿文作“hiyan i angga”，意即「香口」，是指美人的香唇淺紅色如檀，滿漢文義相合。「老的少的村的俏的」，句中「村的」，滿文作“albatu ningge”，意即「村俗的」、「粗野的」。「哭聲而似鶯囀喬林」，句中「喬林」，滿文作“den bujan”，意即「高大的樹林」。「玉人兒歸去得疾」，句中「疾」，滿文作“hahi”，意即「快速的」。

第五章標目「警寺」，文中「五千人也不索炙呼燀」，句中「炙呼燀」，滿文作“šoloro bolara, hakšara, colara”，意即「燒、烙、炸、炒」。「你休只因親事胡撲掩」，滿文作“si ume damu niyaman i baita turgunde, balai mimbe fasire”，句中「胡撲掩」，滿文作“balai mimbe fasire”，意即「胡亂攀撲俺」，漢文「掩」，誤，當作「俺」。「便是言詞賺」，滿文作“uthai faksi gisun i holtokini”，意即「便是以巧言誑騙」。「你看」，滿文作“suwe tuwa”，意即「你們看」。「自違犀表」，句中「犀表」，滿文作“wesihun cira”，意即「尊顏」，書札中多稱武將儀表為犀表。「自別台顏」，滿文作“wesihun cira be fakcaha ci”，句中「台顏」，滿文作“wesihun cira”，意即「尊顏」。「忽構採薪」，滿文作“gaitai nimeku tušafi”，意即「忽遭疾病」。「採薪」，又作「采薪」，語出《孟子・公孫丑》「采薪之憂」，後世引伸為有疾病的謙詞，滿文作“nimeku”（疾病），文義相合。「不敢仰勞仁兄執柯」，句中「執柯」，滿文作“jala”；「下官自當作伐」，句中「作伐」，滿文作“jala”。「執柯」、「作伐」，語出《詩・豳風》「伐柯如何？匪斧不克。取妻如何？匪媒不得。」後世因稱為人作媒為「執柯」，又變為「作伐」。滿文“jala”，意即「媒人」，滿漢文義相合。

第八章標目「琴心」，文中「如何妾身脫空」，句中「脫空」，滿文作“holtombi”，意即「哄騙」、「說謊」。文中「只是小姐你却不宜說謊呵」，滿文作“siyoo jiyei si aiseme inu holtombi”，句中“holtombi”，意即「說謊」，漢文「脫空」，意即「說謊」。第九章標目「前候」，滿文作“neneme boljoho”，意即「前約」。「紅娘上云：奉小姐言語，着我看張生，須索走一遭」，句中「須索走一遭」，滿文作“eici emgeri tuwanaki”，意即「或許去看一次」。滿語“eicibe”，意即「總得」，又作「或許」。「一納頭只去憔悴死」，滿文作“emu curhūn i damu absame wasikai bucembi”，句中「一納頭」，滿文作“emu curhūn”，意即「一口氣」、「一股勁兒」。「孤眠況味」，滿文作“emhun deduhe arbun”，句中「況味」，原指情狀意味，滿文作“arbun”，意即「情況」、「形相」、「狀態」、「姿態」。「紅娘云：兀的不是也」，滿文作“je, ere teni inu kai”，意即「曉得，這才是啊」。「忒煞思」，滿文作“jaci sektu ulhesu”，意即「甚屬機敏」。

第十章標目「鬧簡」，文中「呀決撒了也」，滿文作“ara faijima oho kai”，句中“faijima”，又作“faijuma”，意即「怪異」、「不妥」、「不巧」。漢文「決撒」，原指「決裂」，或「敗露」，滿文作“faijima”，滿漢文義，頗有出入。「紅娘也罷，直饒他這一次」，滿文作“hūng niyang joo, ere mudan i teile tere be guwebu”，句中「直」，意即「僅僅」。《孟子・梁惠王》「直不百步耳，是亦走也」。《西廂記》「直饒他這一次」，句中「直」，滿文作“i teile”，意即「僅僅」，滿漢文義相合。「紅娘早是你口穩來」，滿文作“hūng niyang jabšan de si ofi angga cira”，句中「早是」，滿文作“jabšan de”，意即「幸虧」；「口穩」，滿文作“angga cira”，意即「嘴嚴」。

第十一章標目「賴簡」，滿文作“jasigan i bithe be goha”，漢字「賴」，滿文作“goha”，意即「反悔」、「食言」。文中「打扮得身子乍」，滿文作“beyebe miyamihangge goiman”，句中「乍」，形容俏麗，滿文作“goiman”，意即「嬌美的」、「俏麗的」。「我一地胡拿」，滿文作“bi babade balai heperembi”，句中「一地」，原指「總是」，滿文作“babade”，意即「處處」；「胡拿」，或作「胡鬧」解，滿文作“balai heperembi”，意即「胡摟」。「他今背立在湖山下」，句中「湖山」，滿文作“araha alin”，是指造作的「假山」。「我與小姐處分罷」，滿文作“bi siyoo jiyei funde beceki”，意即「我替小姐責備吧」。「不去跳龍門，來學騙馬」，句中「騙馬」，滿文作“morin fiyelere de”，意即「跳上馬」，借喻跳墻。

第十二章標目「後候」，文中「怕的是紅娘撒沁」，句中「撒沁」，滿文作“foihorilarahū”，意即「恐疏忽」、「恐怠慢」。第十三章標目「酬簡」，文中「這小妮子倒會放刁」，滿文作“ere ajige nehū absi cahūdame bahanambi”，意即「這小婢女倒會胡攪蠻纏」。第十六章標目「驚夢」，文中「張生云：琴童撒和了馬者，點上燈來」，句中「撒和了馬」，滿文作“morin be suwangkiyabufi”，意即「秣馬」、「餵秣草」。

《西廂記》滿文譯本，譯文生動傳神，貼切精當，淺顯易解。古典戲曲通行的許多漢文方言俗語，通過滿文的繙譯，有助於了解各種特殊詞彙的文義。譬如，「夫人行」、「你行」、「他行」等句中的「行」，滿文作“jakade”，意即「跟前」。在通行的俗語裡，「夫人行」與「夫人那裡」，文義相近，例如第二章標目「借廂」，「魂靈兒實在他行」，滿文作“fayangga yargiyan i terei jakade genehe”，意即「魂靈兒實在他的跟前去了」，句中「行」，滿文作“jakade”，意即「跟前」。第六章標目「請宴」，文中「早飛去鶯鶯跟前」，滿文作“aifini ing ing ni jakade deyeme genefi”，句中「跟前」，滿文作“jakade”。「比及我到得夫人那里」，滿文作“bodoci, bi fu žin i jakade isinaha manggi”，句中「那里」，滿文作“jakade”，意即「跟前」。第八章標目「琴心」，文中「怕他去夫人行把人葬送」，句中「夫人行」，滿文作“fu žin i jakade”，意即「夫人跟前」。第九章標目「前候」，文中「管教那人來探你一遭兒」，滿文作“urunakū tere niyalma be sini jakade emgeri tuwanjibumbi”，意即「必然教那人來你跟前探一遭兒」。第十章標目「鬧簡」，文中「小姐休鬧，比及你對夫人說科，我將這簡兒先到夫人行出首去」，句中「夫人行」，滿文作“fu žin i jakade”，意即「夫人的跟前」。

「鶯鶯怒云：你到夫人行却出首誰來？」，句中「夫人行」，滿文作“fu žin i jakade”，意即「夫人的跟前」。「早晚怕夫人行破綻」，滿文作“yamji cimari fu žin sereci”，意即「早晚夫人發覺」，滿漢文義頗有出入。第十一章標目「賴簡」，「快扯去夫人那里」，滿文作“hasa fu žin i jakade ušame gama”；「扯去夫人那里變壞了他行止」，滿文作“fu žin i jakade ušame gamaci, erei dere wajimbi”，句中「那里」，滿文作“jakade”，意即「跟前」。第十二章標目「後候」，文中「你行我敢說謊」，滿文作“sini jakade, bi ai gelhun akū holtombi”，意即「在你的跟前我怎敢說謊」。對照滿漢文，可知「那裡」、「行」，滿文俱作“jakade”，《西廂記》滿文譯本也成為滿洲社會流行的古典戲曲作品，對研究滿洲語文的發展，具有重要價值。

工欲善其事，必先利其器。為了充實滿文基礎教學，編寫滿文教材，特選錄部分滿漢對話內容，作為本文的附錄，對滿文的學習，或可提供一定的參考價值。本書滿文羅馬拼音及漢文，由國立中正大學博士班林加豐同學、中國文化大學博士班簡意娟同學打字排版，駐臺北韓國代表部連寬志先生、國立臺灣師範大學碩士班趙冠中同學、國立臺灣大學中文學系孟人玉同學協助校對，並承國立臺灣大學中文學系滿文班同學的熱心支持，在此一併致謝。

二〇一六年五月

莊吉發 謹識

《西廂記》滿文譯本

[illegible]

[illegible]

[illegible]

[illegible]

[illegible]

[illegible]

[illegible]

一、驚艷 第一章

siyoo el g'o si ebsi jio, ere hūsime aika sarašaci acara ba bio.
meni ubade emu pu gio sy sere miyoo bi, damu tubade hono sarašaci ombi.
bi tubade dartai geneki.
siyan šeng aibici jihengge.
buya bithei niyalma wargi lo baci ubade isinjiha.
cai omiki.
cai be joo.

小二哥你來，這裡有什麼閒散心處?
俺這裡有座普救寺，只此處可以遊玩。
我到那裡走一遭。
先生從何處來?
小生西洛至此。
拜茶。
不必賜茶。

小二哥你来，这里有什么闲散心处?
俺这里有座普救寺，只此处可以游玩。
我到那里走一遭。
先生从何处来?
小生西洛至此。
拜茶。
不必赐茶。

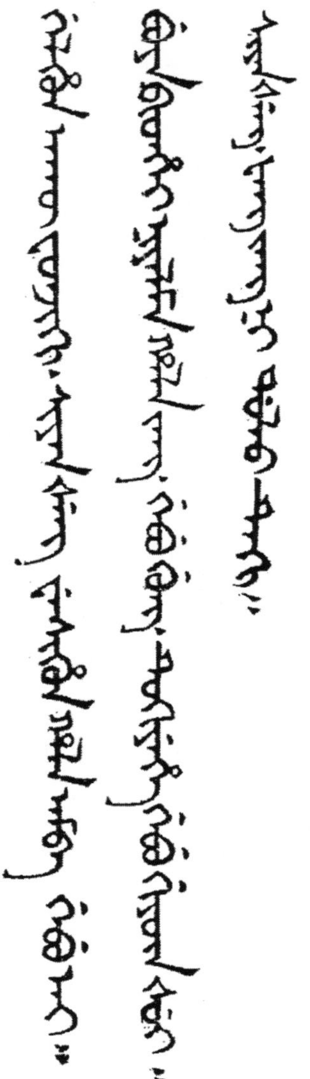

二、借厢　第二章

gelhun akū fonjiki, siyan šeng wesihun hala amba gebu ai.
buya bithei niyalma hala jang, gebu gung, tukiyehe gebu giyūn šui.
siyan šeng, fang jang ni dolo teki.

敢問先生上姓大名。
小生姓張，名珙，字君瑞。
請先生方丈內坐。

敢问先生上姓大名。
小生姓张，名珙，字君瑞。
请先生方丈内坐。

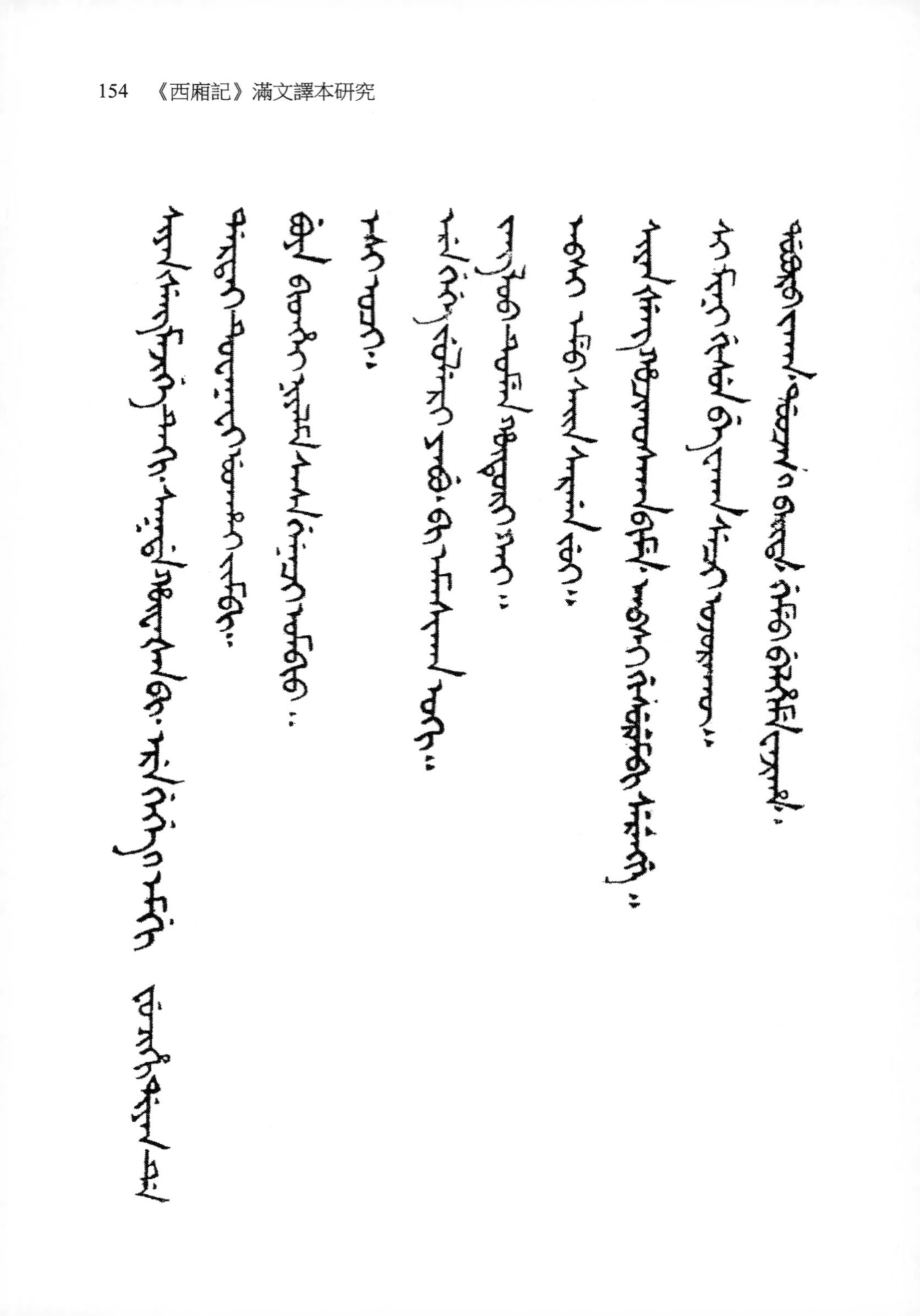

siyan šeng majige teki, sakda hūwašan bi, ere gege i emgi fucihi diyan de dartai tuwanafi uthai jimbi.
buya bithei niyalma sasa geneci ombio.
esi oci.
ere gege juleri yabu, bi amasikan oki.
jang loo tumen hūturi kai.
absi emu sain sargan jui!
siyan šeng hocikosaka bime, absi gisurembi serengge.
si mini gisun be waka seci ojorakū.
doboro jaka, doocan i baita, gemu belheme wajiha.

先生少坐，待老僧同小娘子到佛殿上一看便來。
小生便同行何如?
使得。
著小娘子先行，我靠後些。
長老萬福。
好個女子也呵!
先生好模好樣，說那裡話?
你須怪不得我說。
這齋供道場都完備了。

先生少坐，待老僧同小娘子到佛殿上一看便来。
小生便同行何如?
使得。
着小娘子先行，我靠后些。
长老万福。
好个女子也呵!
先生好模好样，说那里话?
你须怪不得我说。
这斋供道场都完备了。

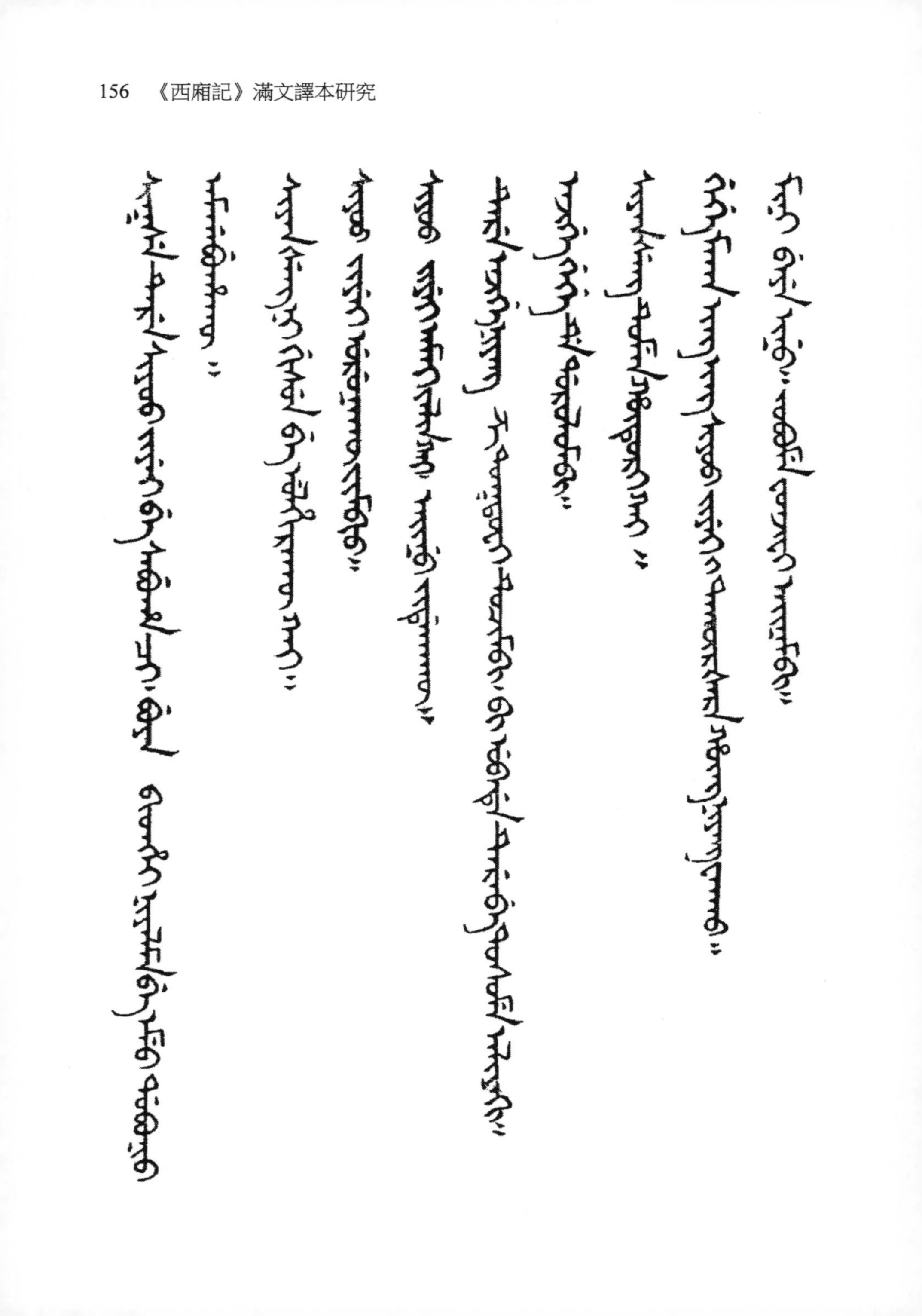

[illegible]

[illegible]

[illegible]

[illegible]

[illegible]

[illegible]

[illegible]

[illegible]

[illegible]

[illegible]

sikse tere siyoo jiyei be sabuha ci, buya bithei niyalma be emu dobonio amgabuhakū.
siyan šeng ni gisun be ulhirakū kai.
siyoo jiyei urunakū jimbio.
siyoo jiyei amai jalin kai, ainu jidekakū.
tere ajige niyang dz toktofi tucimbi, bi ubade terebe tosome aliyaki.
ajige gege de dorolombi.
siyan šeng tumen hūturi kai.
gege maka ing ing siyoo jiyei i takūršara hūng niyang wakao.
mini beye inu. jobome fonjifi ainambi.

自夜來見了那小姐，著小生一夜無眠。
不解先生話哩?
小姐是必來麼?
小姐為他父親的事如何不來?
那小娘子一定出來也，我只在這裡等候他者。
小娘子拜揖。
先生萬福。
小娘子莫非鶯鶯小姐的侍妾紅娘乎?
我便是，何勞動問?

自夜来见了那小姐，着小生一夜无眠。
不解先生话哩?
小姐是必来么?
小姐为他父亲的事如何不来?
那小娘子一定出来也，我只在这里等候他者。
小娘子拜揖。
先生万福。
小娘子莫非莺莺小姐的侍妾红娘乎?
我便是，何劳动问?

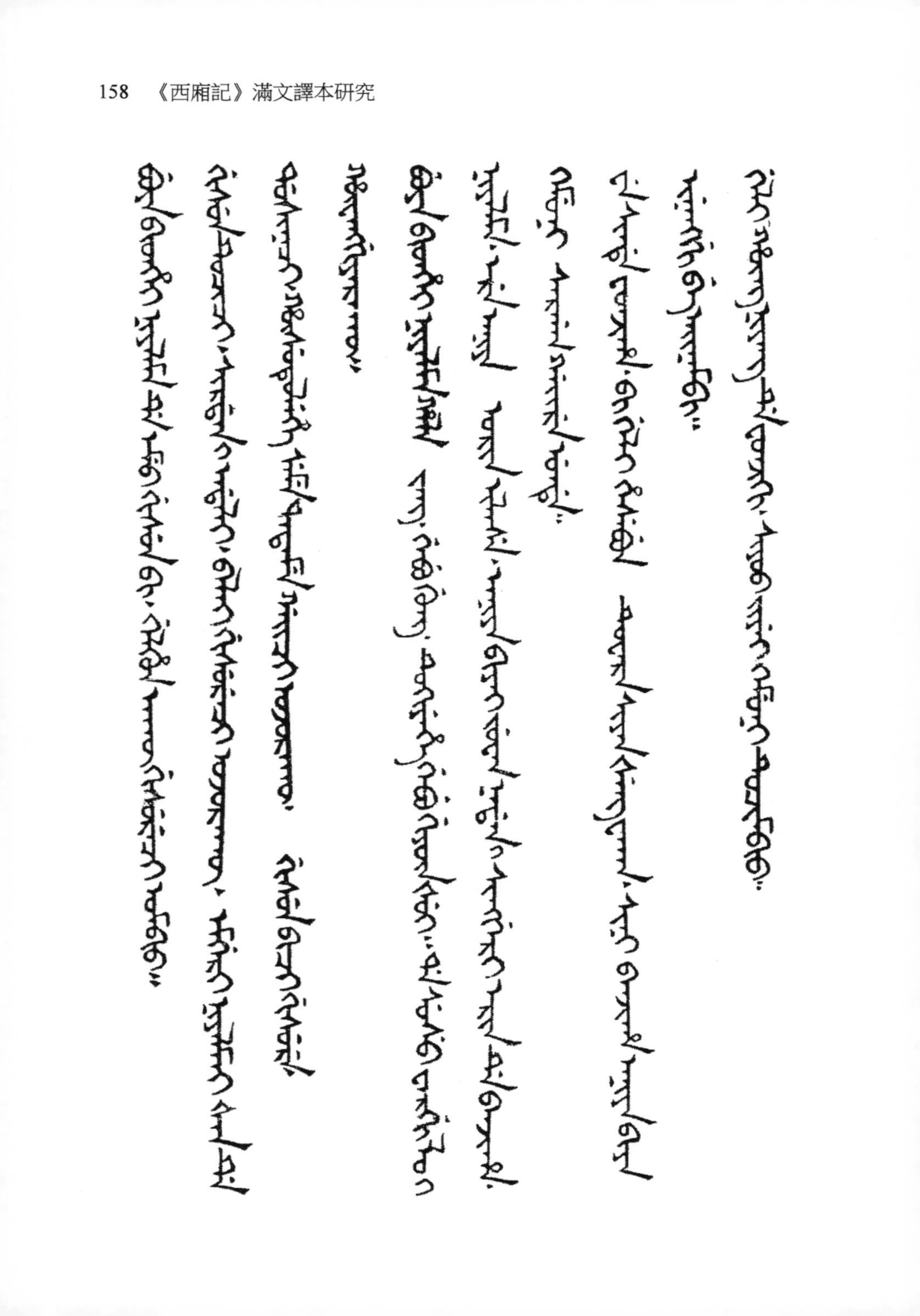

buya bithei niyalma de emu gisun bi, gelhun akū gisureci ombio.
gisun tucici, sirdan i adali, balai gisureci ojorakū, emgeri niyalmai šan de dosinaci, hūsutulehe seme tatame gaici ojorakū, gisun bici gisure, hūwanggiyarakū.
buya bithei niyalma hala jang, gebu gung, tukiyehe gebu giyūn šui. da susu wargi lo i niyalma, ere aniya orin ilase, aniya biyai juwan nadan i singgeri erin de banjiha, kemuni sargan gaire unde.
we sinde fonjiha, bi geli hesebun tuwara siyan šeng waka, sini banjiha aniya biya inenggi be ainambi.
geli hūng niyang de fonjiki, siyoo jiyei kemuni tucimbio.

小生有句話敢說麼?
言出如箭,不可亂發,一入人耳,有力難拔,有話但說不妨。
小生姓張,名珙,字君瑞,本貫西洛人氏,年方二十三歲,正月十七日子時建生,並不曾娶妻。
誰問你來,我又不是算命先生,要你那生年月日何用?
再問紅娘,小姐常出來麼?

小生有句話敢說麼?
言出如箭,不可亂發,一入人耳,有力難拔,有話但說不妨。
小生姓張,名珙,字君瑞,本貫西洛人氏,年方二十三歲,正月十七日子時建生,並不曾娶妻。
誰問你來,我又不是算命先生,要你那生年月日何用?
再問紅娘,小姐常出來麼?

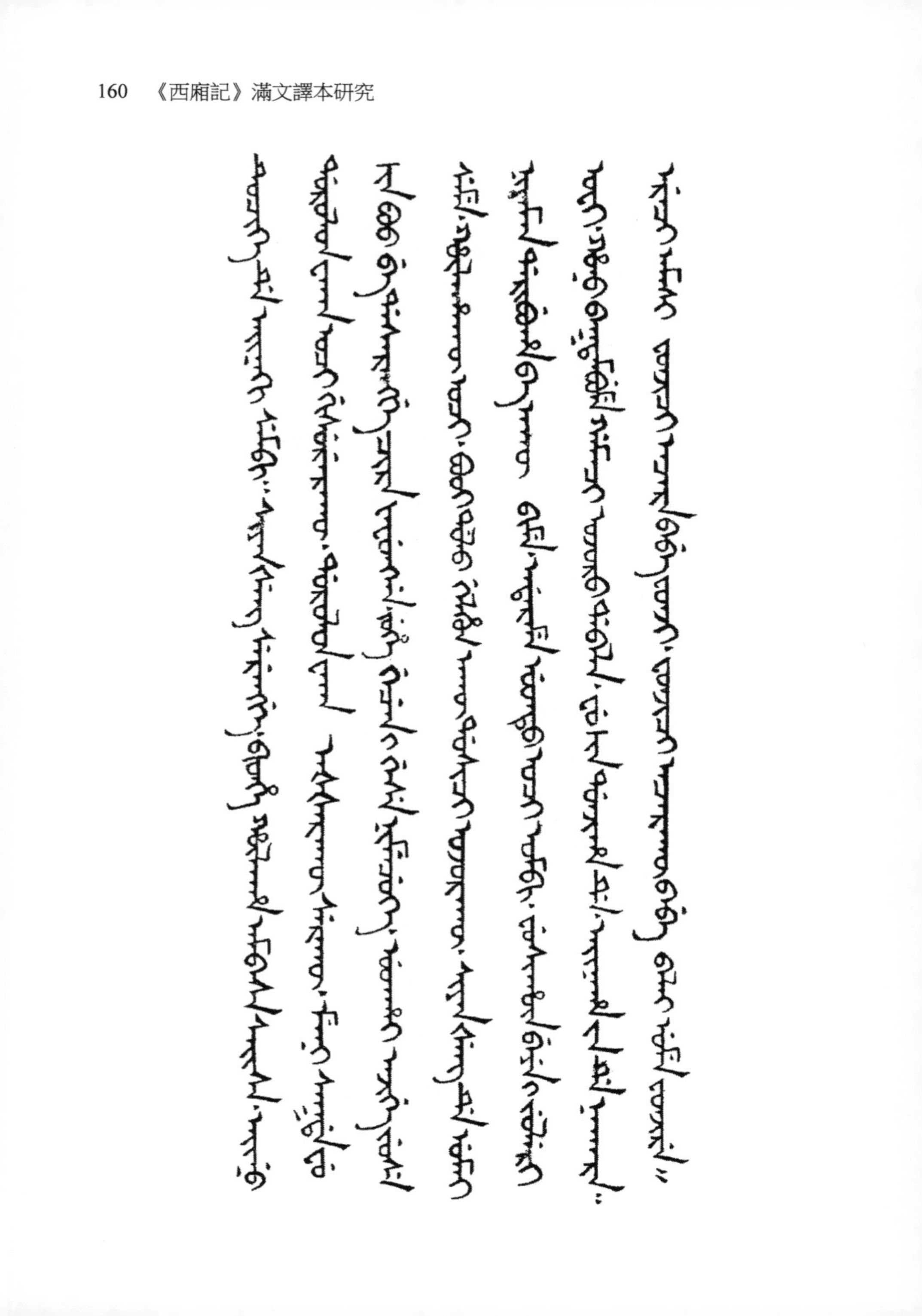

[illegible]

tucike de ainaki sembi. siyan šeng serengge, bithe hūlaha ambasa saisa, ainu dorolon waka oci gisurerakū, dorolon waka aššarakū serakū, meni sakda fu žin boo be dasarangge cira fafungga, juhe gecen i gese nimecuke, uthai ajige juse seme, hūlahakū oci, booi dolo gelhun akū dosici ojorakū, siyan šeng de umai niyaman daribuha ba akū bime, adarame uttu oci ombi, fusihūn beye i juleri ofi, hono baktambume gamaci ojoro dabala, fu žin donjiha de, ainaha ja de nakara. ereci amasi fonjici acara babe fonji, fonjici acarakū babe balai ume fonjire.

出來便怎麼?先生是讀書君子，道不得個非禮無言，非禮無動，俺老夫人治家嚴肅，凛若冰霜，即三尺童子，非奉呼喚，不敢輒入中堂，先生絕無瓜葛，何得如此?早是妾前，可以容恕，若夫人知道，豈便干休。今後當問的便問，不當問的休得胡問。

出来便怎么?先生是读书君子,道不得个非礼无言,非礼无动,俺老夫人治家严肃，凛若冰霜，即三尺童子，非奉呼唤，不敢辄入中堂,先生绝无瓜葛,何得如此?早是妾前,可以容恕,若夫人知道，岂便干休。今后当问的便问，不当问的休得胡问。

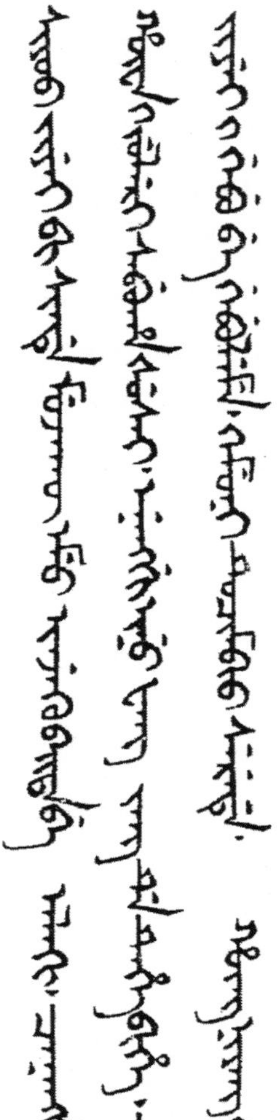

三、酬韻　第三章

siyoo jiyei bi sinde mujakū emu injeku baita be alaki, cananggi muse nanggin i hūwa i juleri sabuha šusai, enenggi inu fang jang de tehe bihe, tere hono siyoo jiyei i gebu be gebuleme, kemuni tucimbio serede, hūng niyang bi emu jergi

---

小姐我對你說一件好笑的事，喒前日庭院前瞥見的秀才，今日也在方丈裡坐地，他還呼著小姐的名字說：常出來麼?被紅娘一頓

小姐我对你说一件好笑的事，咱前日庭院前瞥见的秀才，今日也在方丈里坐地，他还呼着小姐的名字说：常出来么?被红娘一顿

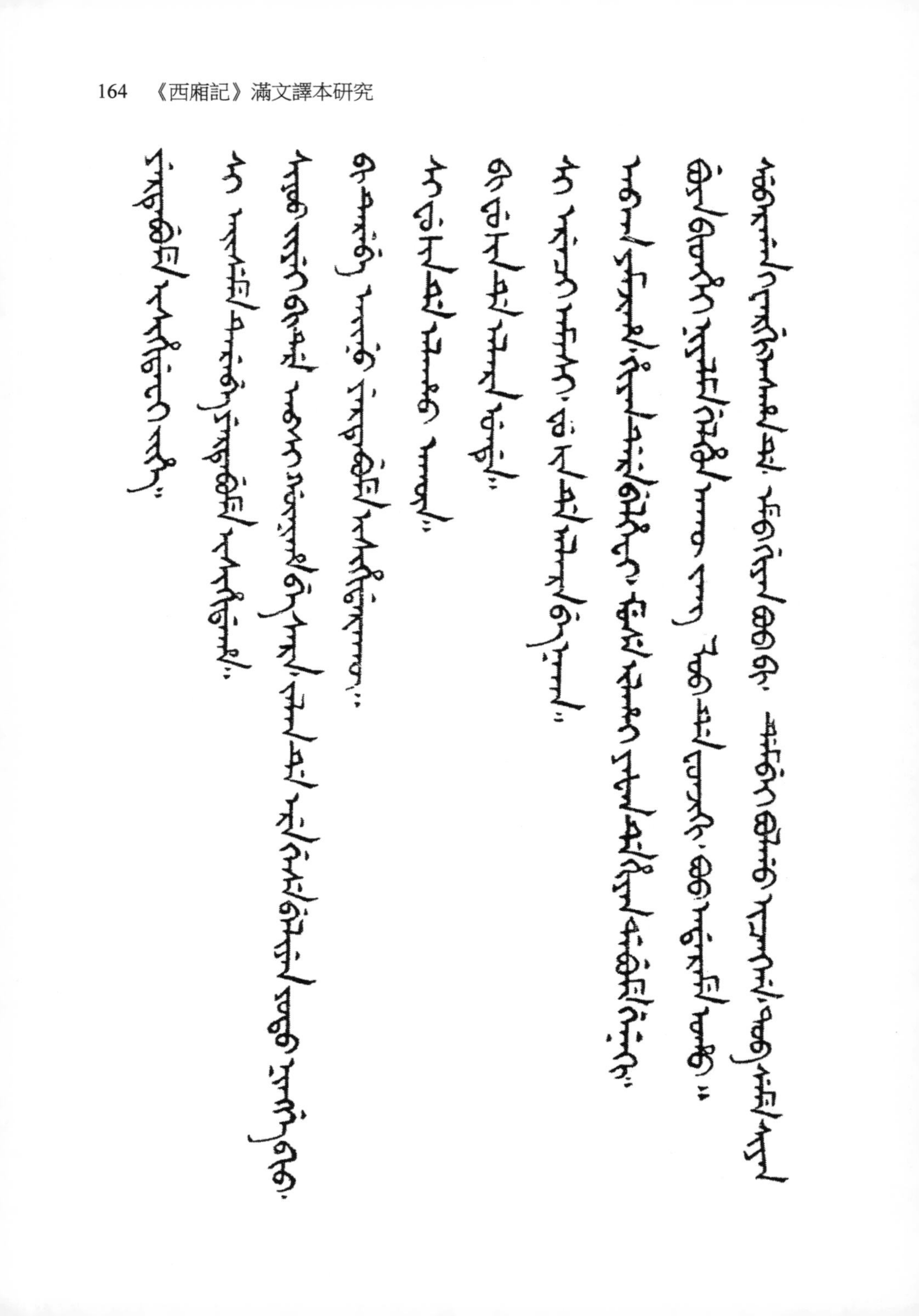

yertebume isihidafi jihe.
si aiseme terebe yertebume isihidaha.
siyoo jiyei bi tere absi gūniha be sara, jalan de ere gese beliyen yoto ningge bio, bi terebe ainu yertebume isihidarakū.
si fu žin de alahao akūn.
bi fu žin de alara unde.
si ereci amasi, fu žin de alara be naka.
abka yamjiha, hiyan dere belhefi, muse ilhai yafan de hiyan dabume geneki.
buya bithei niyalma gelhun akū jang loo de fonjiki, boo adarame oho.
subargan i wargi ashan de, emu giyan boo bi, dembei bolgo icangga, tob seme siyan

---

搶白回來了。
你不搶白他也罷!
小姐我不知他想甚麼哩?世間有這等傻角，我不搶白他。
你曾告夫人知道也不?
我不曾告夫人知道。
你已後不告夫人知道罷!
天色晚也，安排香案，喒花園裡燒香去來。
小生敢問長老，房舍何如?
塔院西廂有一間房，甚是瀟灑，正可

抢白回来了。
你不抢白他也罢!
小姐我不知他想甚么哩?世间有这等傻角，我不抢白他。
你曾告夫人知道也不?
我不曾告夫人知道。
你已后不告夫人知道罢!
天色晚也，安排香案，咱花园里烧香去来。
小生敢问长老，房舍何如?
塔院西厢有一间房，甚是潇洒，正可

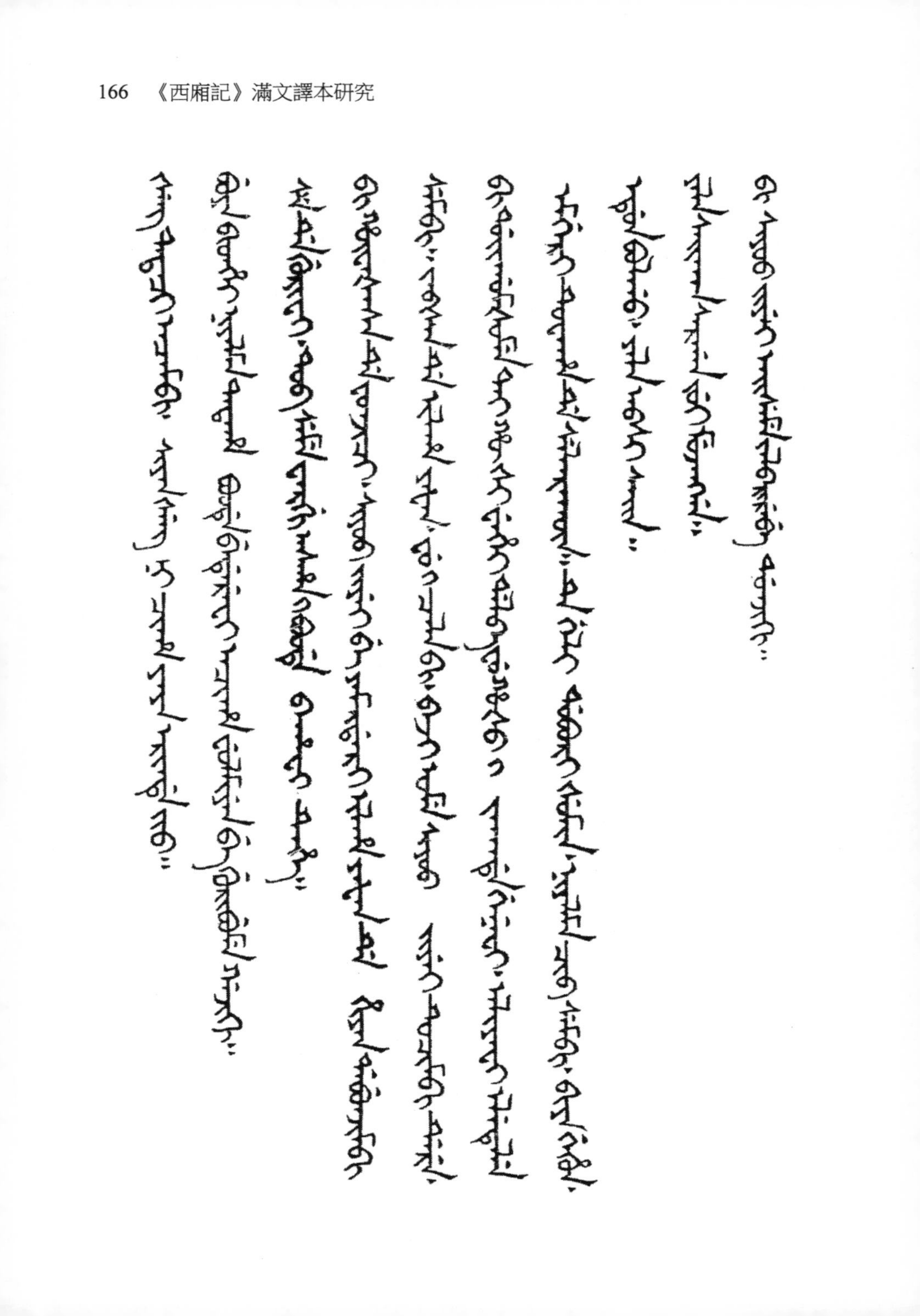

[illegible]

šeng tataci acambi, siyan šeng ni ciha yaya erinde jio.
buya bithei niyalma tataha boode bederefi aciha fulmiyen be guribume gajiki.
sy de gurifi, tob seme wargi ashan i boode bahafi tehe.
bi hūwašasa de fonjici, siyoo jiyei be yamjidari ilha yafan de hiyan dabunjimbi sembi. jabšan de ilha yafan, fu i cala bi, baji ome siyoo jiyei tucimbi dere, bi doigomšome tai hū ši wehei dalba fu hošo i jakade genefi, aliyafi eletele emgeri tuwaha de selarakūn. te geli dobori šumin, niyalma cib sembi, biya gehun, edun bolgo, yala absi sain.
yala saikan sargan jui mujangga.
bi siyoo jiyei aiseme jalbarirebe donjiki.

先生安下，隨先生早晚來。
小生便回店中搬行李來。
搬至寺中，正得西廂居住。
我問和尚，知道小姐每夜花園內燒香，恰好花園便是隔墻，比及小姐出來，我先在太湖石畔墻角兒頭等待，飽看她一回，却不是好，且喜夜深人靜，月朗風清，是好天氣也呵!
是好女子也呵!
我聽小姐祝告甚麼?

先生安下，随先生早晚来。
小生便回店中搬行李来。
搬至寺中，正得西厢居住。
我问和尚，知道小姐每夜花园内烧香，恰好花园便是隔墙，比及小姐出来，我先在太湖石畔墙角儿头等待，饱看她一回，却不是好，且喜夜深人静，月朗风清，是好天气也呵!
是好女子也呵!
我听小姐祝告甚么?

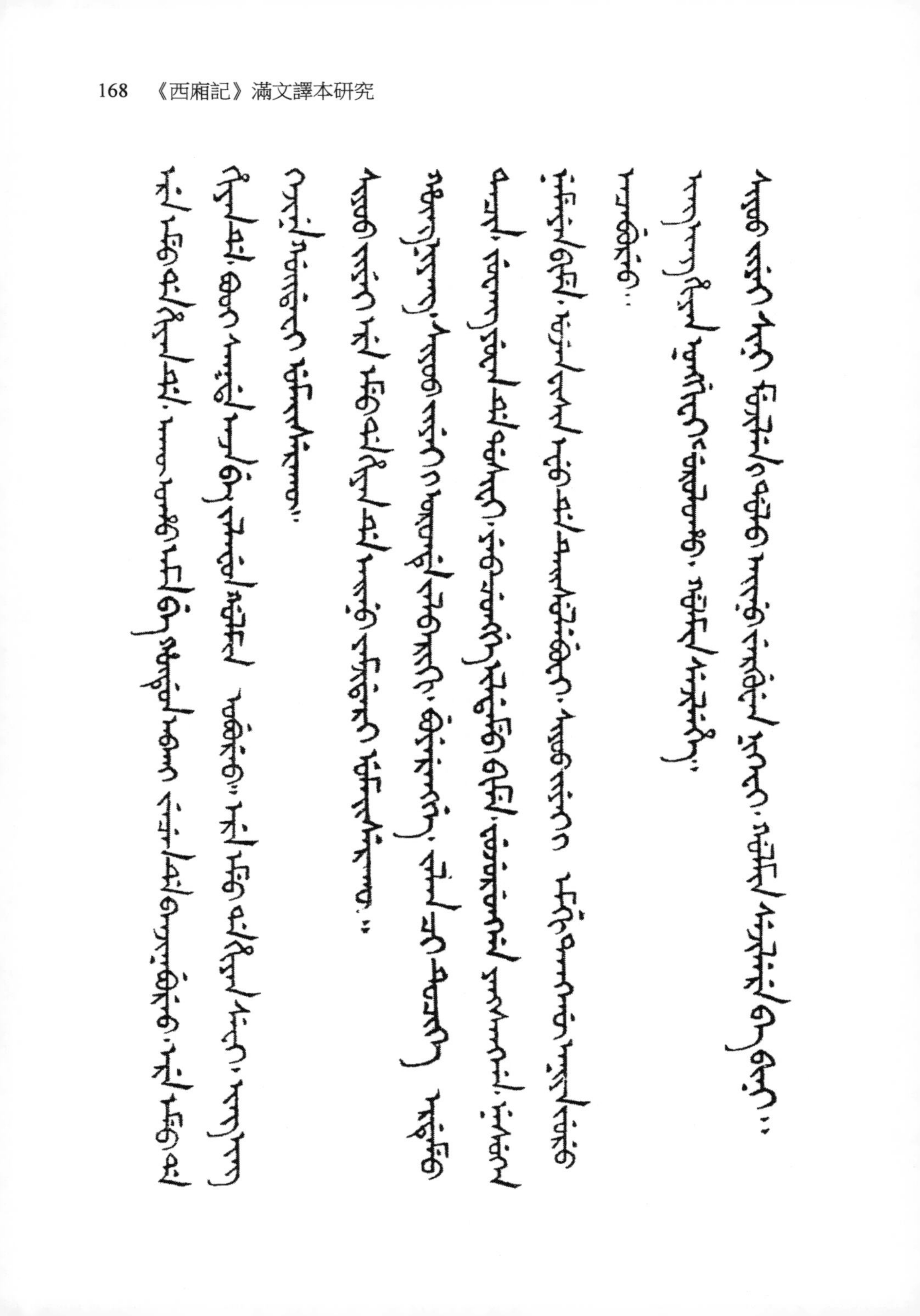

[illegible]

ere emu da hiyan de, akū oho ama be hūdun abkai jecen de banjinabureo, ere emu da hiyan de, booi sakda aja be jalafun golmin obureo. ere emu da hiyan sefi, ing ing kejine goidafi umaiserakū.
siyoo jiyei ere emu da hiyan de ainu yamjidari umaiserakū.
hūng niyang, siyoo jiyei i oronde jalbariki, buyerengge, jalan ci tucike erdemu tacin, juwang yuwan de dosifi, yebcungge ildamu bime, fujurungga yangsangga, nesuken nemeyen bime, ujen fisin efu de teisulebufi, siyoo jiyei i emgi tanggū aniya juru acabureo.
ing ing hiyan nonggifi doroloho, golmin sejilehe.
siyoo jiyei sini mujilen i dolo ainu jerguwen nikefi, golmin sejilere ba bini.

此一炷香，願亡過父早生天界，此一炷香，願中堂老母百年長壽。此一炷香，鶯鶯良久不語。
小姐為何此一炷香每夜無語，紅娘替小姐祝告，咱願配得姐夫冠世才學，狀元及第，風流人物，器度閒雅，溫柔性格，沉靜端莊的姐夫，與小姐百年成對波!
鶯鶯添香拜科，長吁科。
小姐你心中如何有此倚欄長嘆也?

此一炷香，愿亡过父早生天界，此一炷香，愿中堂老母百年长寿。此一炷香，莺莺良久不语。
小姐为何此一炷香每夜无语，红娘替小姐祝告，咱愿配得姐夫冠世才学，状元及第，风流人物，器度闲雅，温柔性格，沉静端庄的姐夫，与小姐百年成对波!
莺莺添香拜科，长吁科。
小姐你心中如何有此倚栏长叹也?

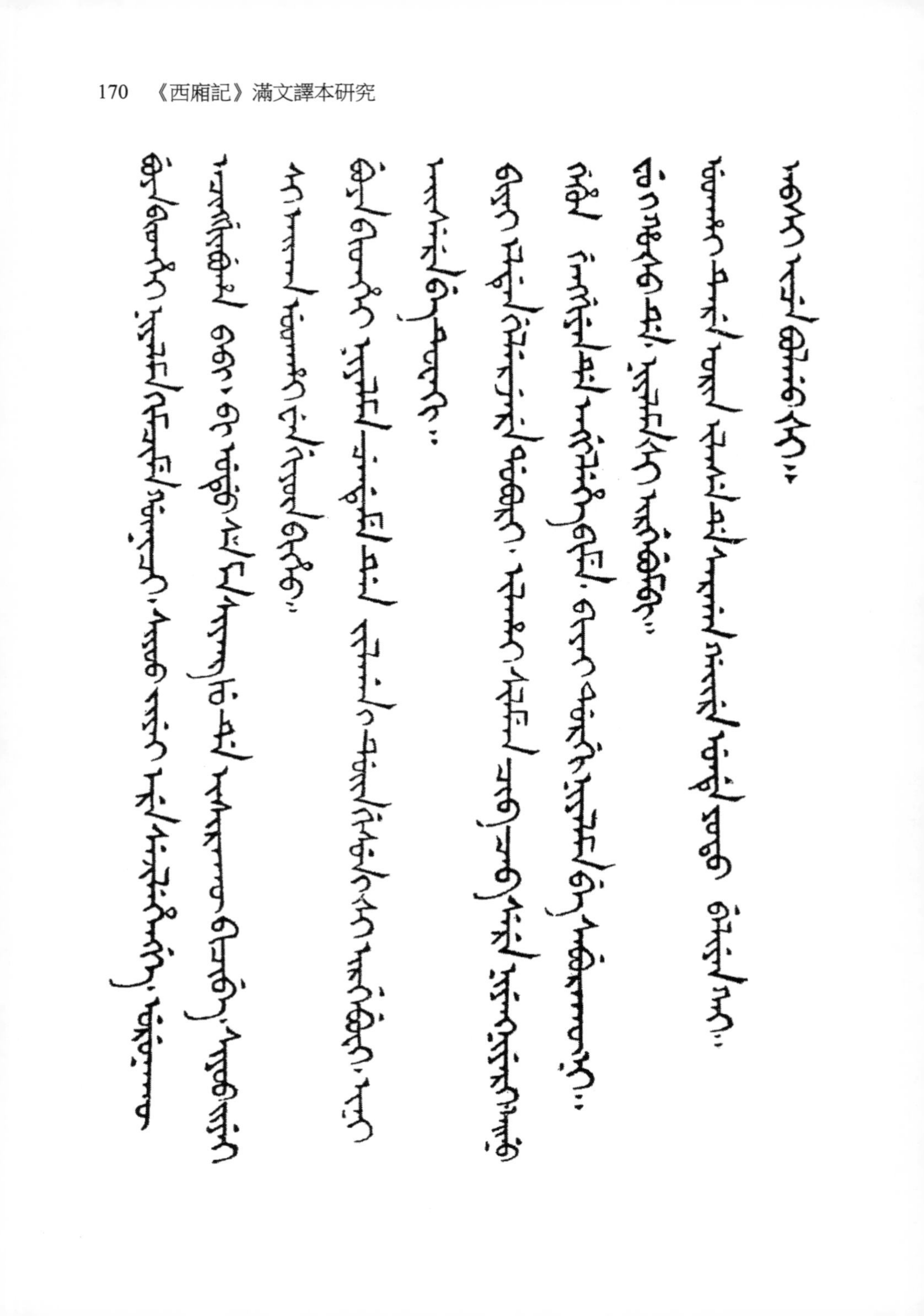

[illegible]

buya bithei niyalma kimcime gūnici, siyoo jiyei ere sejilehengge, urunakū acinggiyabuha babi, bi udu sy ma siyang žu de isirakū bicibe, siyoo jiyei si aika uthai wen giyūn biheo.
buya bithei niyalma cendeme den jilgan i duin gisun i ši irgebufi, ini aisere be tuwaki.
biyai elden gelerjere dobori, ilhai silmen cib cab sere niyengniyeri, ainu gehun genggiyen de enggelehe bime, biyai dorgi niyalma be saburakū ni.
fu i hošo de, niyalma ši irgebumbi.
uthai tere orin ilase de sargan gaire unde yoto beliyen kai.
absi ice bolgo ši.

小生仔細想來，小姐此嘆，必有所感，我雖不及司馬相如，小姐你莫非倒是文君。
小生試高吟一絕，看他說甚的?
月色溶溶夜，花陰寂寂春；如何臨皓魄，不見月中人。
有人在墻角吟詩。
便是那二十三歲不曾娶妻的那傻角。
好清新之詩。

小生仔细想来，小姐此叹，必有所感，我虽不及司马相如，小姐你莫非倒是文君。
小生试高吟一绝，看他说甚的?
月色溶溶夜，花阴寂寂春；如何临皓魄，不见月中人。
有人在墙角吟诗。
便是那二十三岁不曾娶妻的那傻角。
好清新之诗。

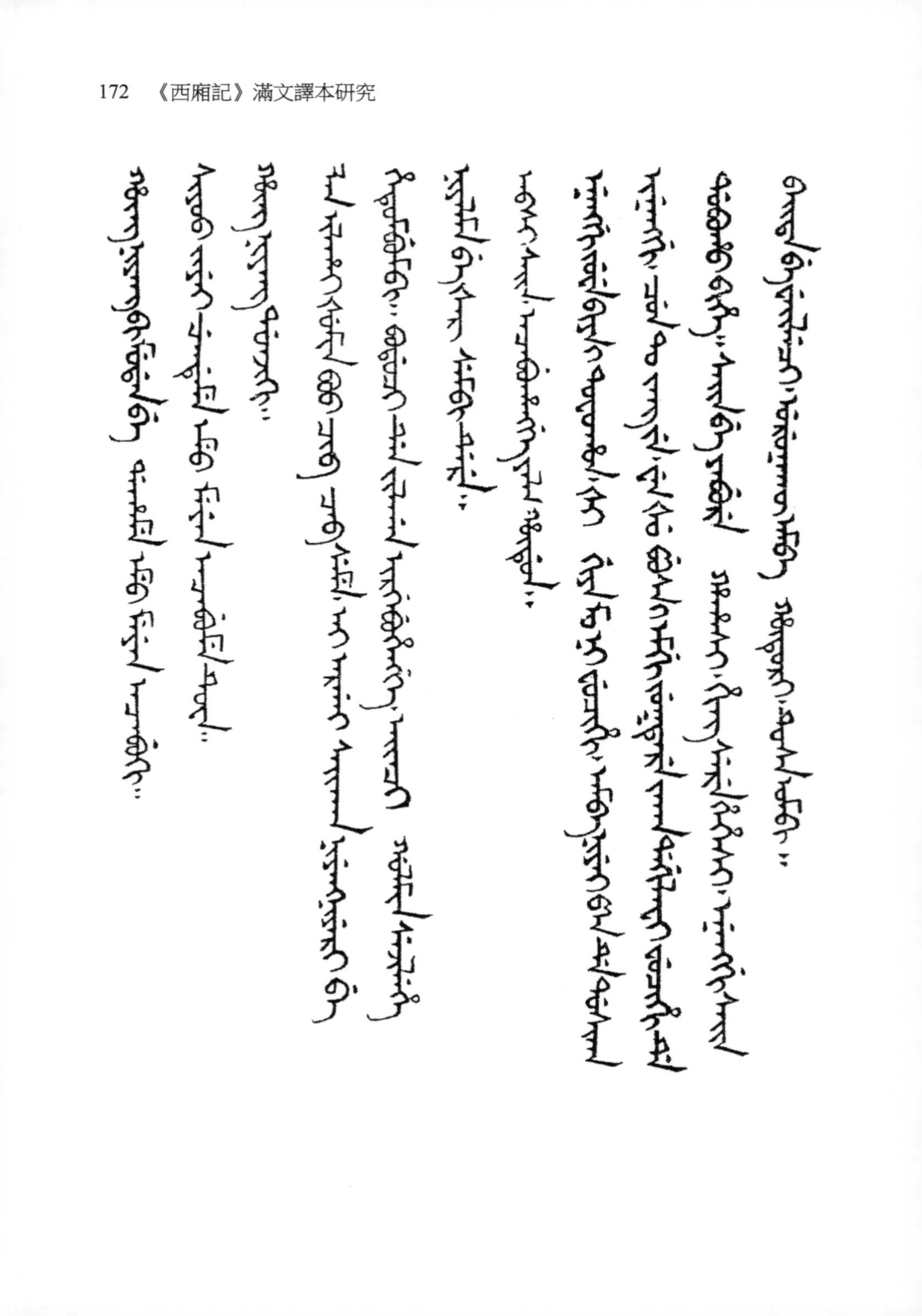

hūng niyang bi mudan be dahame emu meyen acabuki.
siyoo jiyei cendeme emu meyen acabume tuwa.
hūng niyang donjiki.
lan ilhai šumin boo cib cab seme, ai argai saikan niyengniyeri be hetumbumbi. bodoci den jilgan irgebuhengge, ainci golmin sejilehe niyalma be šar sembi dere.
absi sain, acabuhangge yala hūdun.
enenggi juwe biya i tofohon, ši giya mo ni fucihi, amba niyei pan de dosika inenggi, cun to jang je, wen šu pusa i emgi juktere jaka dagilafi fucihi de doboho bihe. sain be yabure hahasi, hing sere hehesi, enenggi sain baita be weileci, urunakū amba hūturi, tusa ombi.

紅娘我依韻和一首。
小姐試和一首。
紅娘聽波。
蘭闈深寂寞，無計度芳春；料得高吟者，應憐長嘆人。
是好，應酬得快也呵!
今日是二月十五，釋迦牟尼佛，入大涅槃日，純陀長者與文殊菩薩修齋供佛，若是善男信女，今日做好事，必獲大福利。

红娘我依韵和一首。
小姐试和一首。
红娘听波。
兰闱深寂寞，无计度芳春；料得高吟者，应怜长叹人。
是好，应酬得快也呵!
今日是二月十五，释迦牟尼佛，入大涅盘日，纯陀长者与文殊菩萨修斋供佛，若是善男信女，今日做好事，必获大福利。

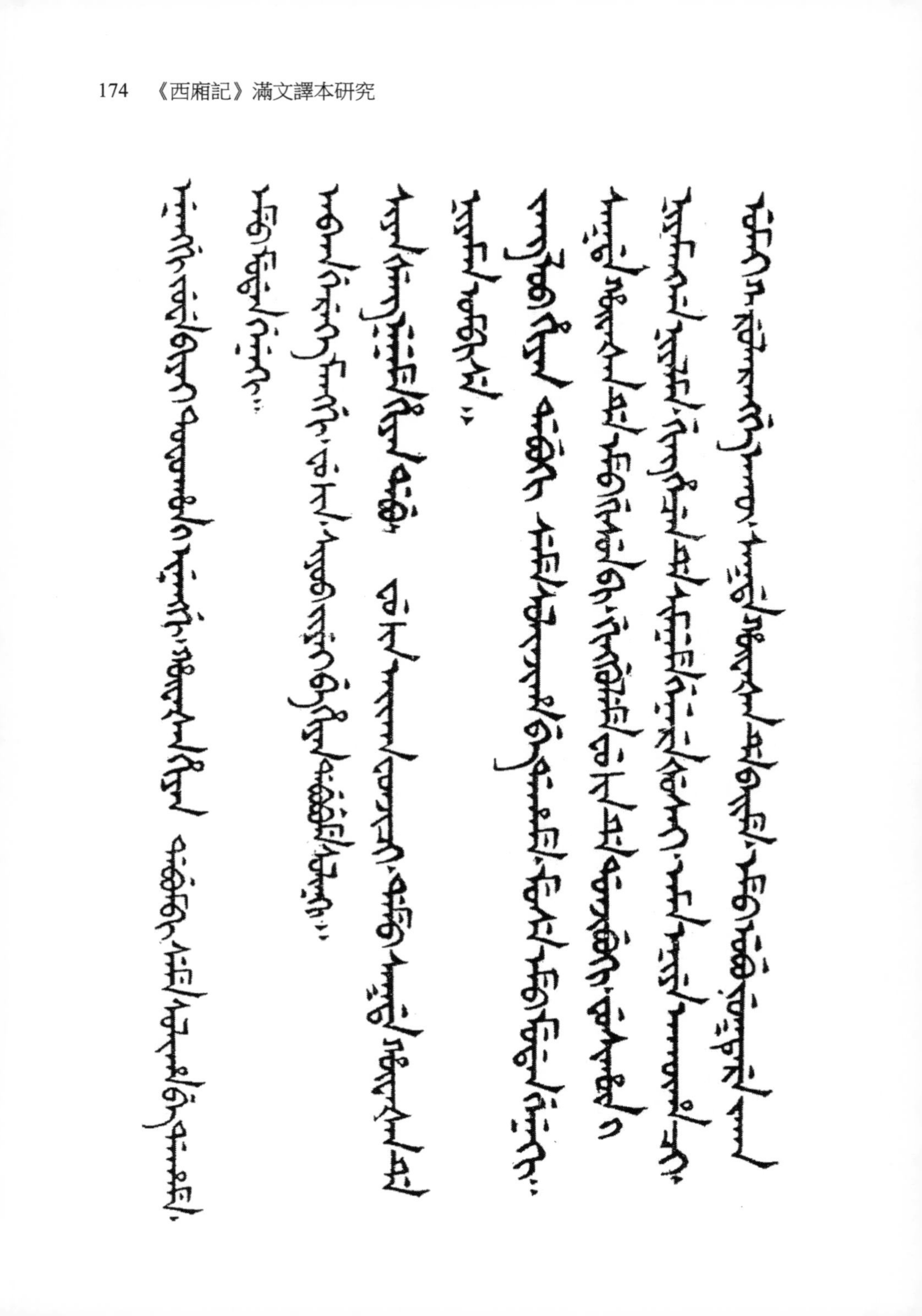

四、閙齋　第四章

eneggi juwe biyai tofohon i inenggi, hūwašan hiyan dabumbi seme soliha be dahame, emu mudan geneki.
abka gereke manggi. fu žin, siyoo jiyei be hiyan dabubume solinaki.
siyan šeng neneme hiyan dabu, fu žin aika fonjici, damu sakda hūwašan de niyaman ombi se.
jang loo hiyan dabuki seme solinjiha be dahame, muse emu mudan geneki.
sakda hūwašan de emu gisun bi, gingguleme fu žin de donjibuki, fusihūn i niyamangga niyalma, ging hecen de simneme genere šusai, ama eniye akūha ci, umai karularangge akū, sakda hūwašan de baime, emu ubu juktere jaka

---

今日二月十五日，和尚請拈香，須索走一遭。
待天明時，請夫人、小姐拈香。
先生先拈香，若夫人問呵，只說是老僧的親。
長老請拈香，喒走一遭。
老僧一句話，敬稟夫人，有敝親是上京秀才，父母亡後，無可相報，央老僧帶一分齋，

今日二月十五日，和尚请拈香，须索走一遭。
待天明时，请夫人、小姐拈香。
先生先拈香，若夫人问呵，只说是老僧的亲。
长老请拈香，喒走一遭。
老僧一句话，敬禀夫人，有敝亲是上京秀才，父母亡后，无可相报，央老僧带一分斋，

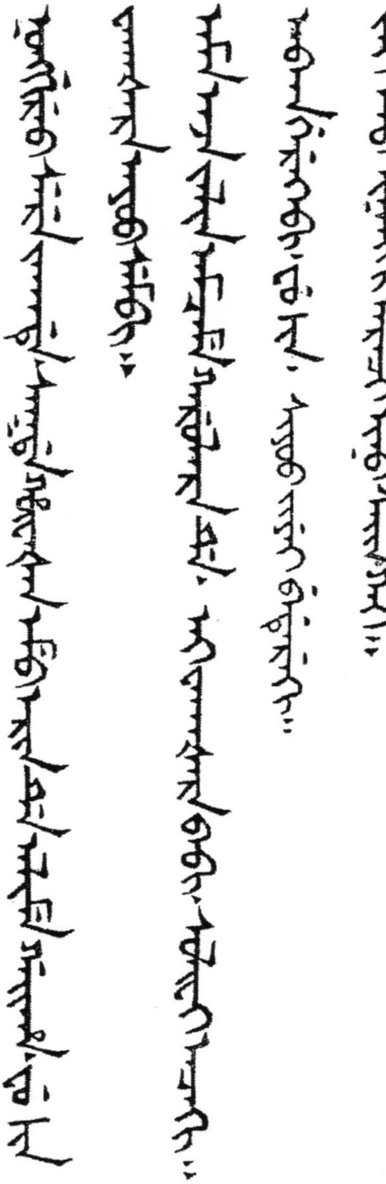

nonggireo sere jakade, sakda hūwašan emu erin de alime gaiha, fu žin wakašara ayoo sembi.
ama aja jalin amcame karulara de, ai wakašara babi, solifi acaki.
abka gerekebi, fu žin, siyoo jiyei bedereki.
jai emu inenggi araci inu sain kai.

老僧一時應允了，恐夫人見責。
追薦父母，有何見責，請來相見咱。
天明了也，請夫人小姐回還宅。
再做一日也好。

老僧一时应允了，恐夫人见责。
追荐父母，有何见责，请来相见咱。
天明了也，请夫人小姐回还宅。
再做一日也好。

[illegible]

[illegible]

[illegible]

[illegible]

[illegible]

五、警寺　第五章

sun fei hū serengge, bi inu.

siyang guwe ts'ui giyo i sargan jui ing ing, yacin faitan yar seme, fulgiyan cira eyerjembi, gurun haihara, hoton haihara arbun, si dz, tai jen i bocoi adali sembi.

amba ajige ilan cooha, mini fafun selgiyen be donji, niyalma tome moo ašu,

---

自家孫飛虎的便是。

相國崔珏之女鶯鶯，眉黛青顰，蓮臉生春，有傾國傾城之容，西子、太真之色。

大小三軍，聽吾號令，人盡啣枚，

自家孙飞虎的便是。

相国崔珏之女莺莺，眉黛青颦，莲脸生春，有倾国倾城之容，西子、太真之色。

大小三军，听吾号令，人尽衔枚，

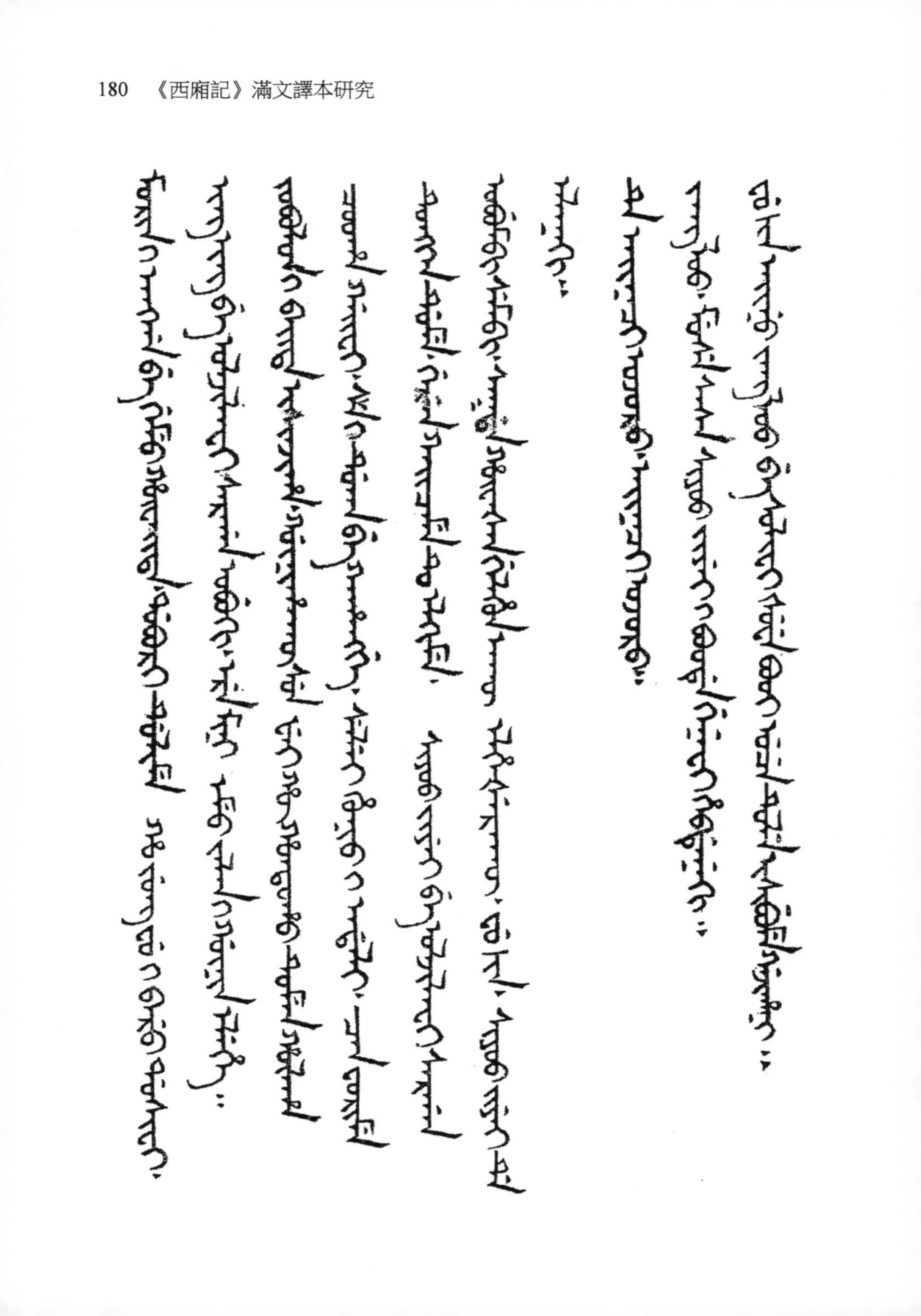

[illegible]

[illegible]

[illegible]

morin i angga be gemu hūwaita, dobori dulime ho jung fu i baru dosifi, ing ing be oljilafi sargan obuki, ere mini emu jalan i gūnin elehe.
jobolon i baita isinjiha, gūnihakū sun fei hū hontoho tumen hūlha cooha gaifi, sy i duka be kahangge, selei hunio i adali, can forime tungken dume, geren kaicame tu elkime, siyoo jiyei be oljilafi sargan obumbi sembi, sakda hūwašan gelhun akū elhešerakū, fu žin, siyoo jiyei de alanaki.
te ainaci ojoro, ainaci ojoro.
jang loo, muse sasa siyoo jiyei i boode genefi hebdeneki.
fu žin ainu jang loo be solifi šuwe booi uce tule isibume gajihani.

馬皆勒口，連夜進兵河中府，擄掠鶯鶯為妻，是我平生願足。
禍事到，誰想孫飛虎領半萬賊兵，圍住寺門，猶如鐵桶，鳴鑼擊鼓，吶喊搖旗，要擄小姐為妻，老僧不敢違悞，只索報知與夫人、小姐。
如此却怎了，怎了。
長老，俺便同到小姐房前商議去。
夫人為何請長老直來到房門外?

马皆勒口，连夜进兵河中府，掳掠莺莺为妻，是我平生愿足。
祸事到，谁想孙飞虎领半万贼兵，围住寺门，犹如铁桶，鸣锣击鼓，呐喊摇旗，要掳小姐为妻，老僧不敢违悞，只索报知与夫人、小姐。
如此却怎了，怎了。
长老，俺便同到小姐房前商议去。
夫人为何请长老直来到房门外?

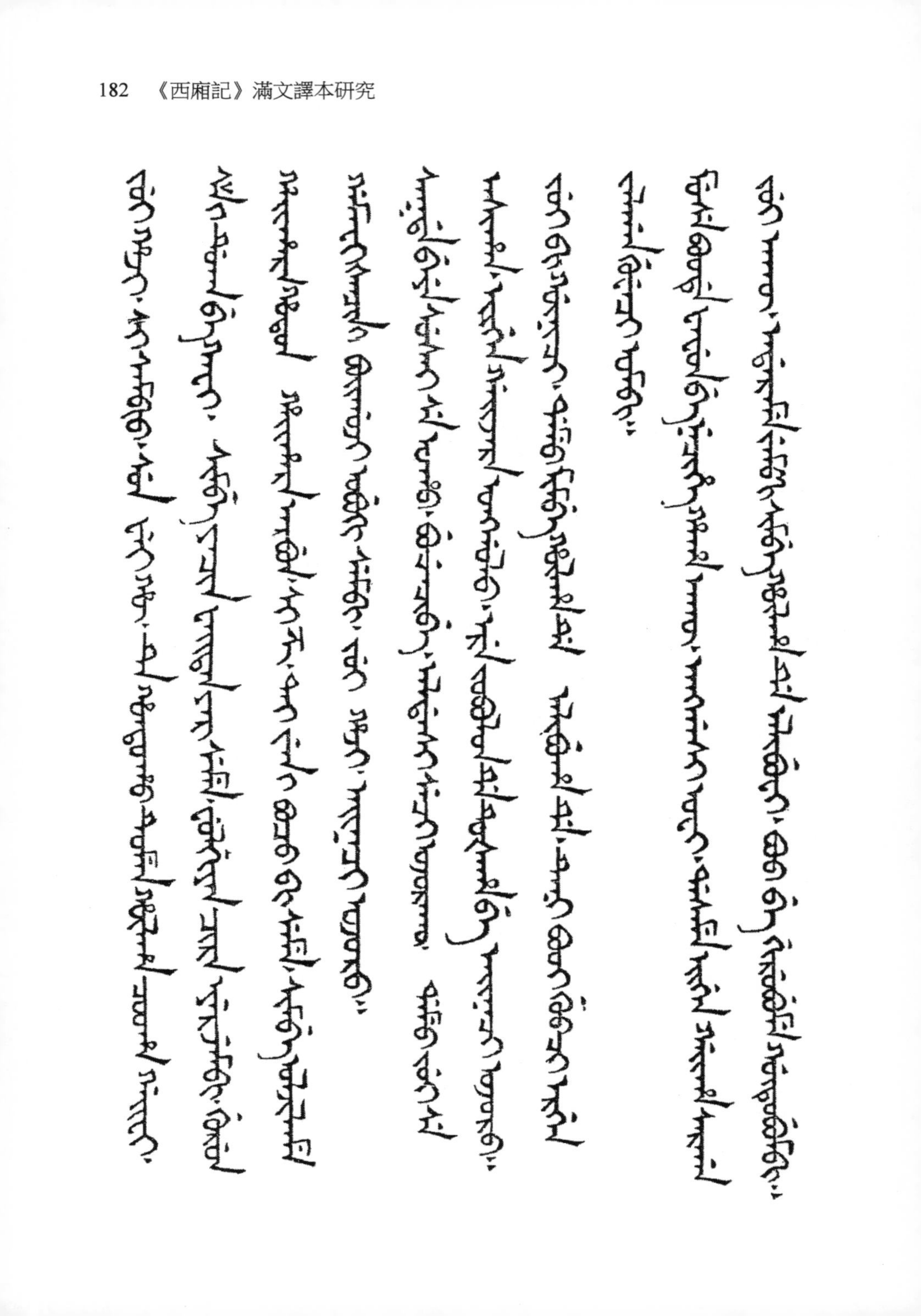

jui haji, si sambio, sun fei hū, te hontoho tumen hūlha cooha gaifi, sy i duka be kafi, simbe yacin faitan yar seme, fulgiyan cira eyerjembi, gurun haihara hoton haihara arbun, si dz, tai jen i boco bi seme, simbe oljilame gamafi šancin boigoji obuki sembi, jui haji, ainaci ojoro.
sakda beye susai se oho, bucecibe, aldasi seci ojorakū, damu jui se asihan, eigen gaijara onggolo, ere jobolon de tušaha be ainaci ojoro.
jui bi gūnici, damu mimbe hūlha de alibuha de, teni booi gubci ergen jalgan guweci ombi.
muse boode fafun be necihe haha akū, anggasi ofi, dasame eigen gaiha sargan jui akū, adarame jempi simbe hūlha de alibufi, boo be girubume gūtubumbi.

我的孩兒，你知道麼?如今孫飛虎領半萬賊兵，圍住寺門，道你眉黛青顰，蓮臉生春，有傾國傾城之容，西子、太真之色，要擄你去做壓寨夫人，我的孩兒，怎生是了也。
老身年紀五旬，死不為夭，奈孩兒年少，未得從夫，早罹此難，如之奈何?
孩兒想來，只是將我獻與賊漢，庶可免一家性命。
俺家無犯法之男，再婚之女，怎捨得你獻與賊漢，卻不辱沒了俺家譜。

我的孩儿，你知道么?如今孙飞虎领半万贼兵，围住寺门，道你眉黛青颦，莲脸生春，有倾国倾城之容，西子、太真之色，要掳你去做压寨夫人，我的孩儿，怎生是了也。
老身年纪五旬，死不为夭，奈孩儿年少，未得从夫，早罹此难，如之奈何?
孩儿想来，只是将我献与贼汉，庶可免一家性命。
俺家无犯法之男，再婚之女，怎舍得你献与贼汉，却不辱没了俺家谱。

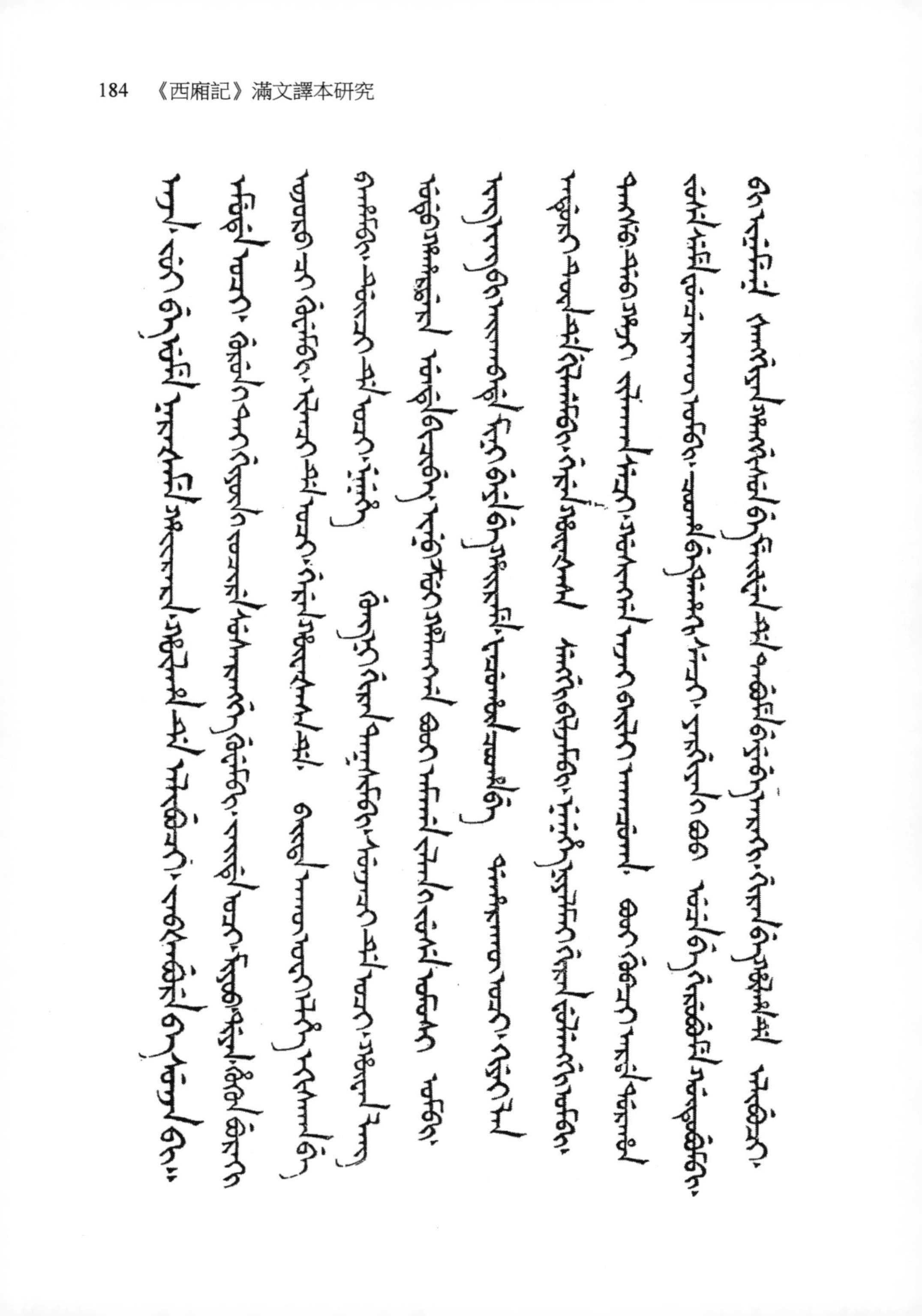

[illegible]

[illegible]

[illegible]

[illegible]

[illegible]

[illegible]

[illegible]

[illegible]

[illegible]

[illegible]

aja, jui be ume narašame hairara, hūlha de alibuci, jabšabure ba sunja bi. emude oci, gurun i tai giyūn i jocire susarangge guwembi, jaide oci, miyoo diyan, hukun buraki ojoro ci guwembi, ilaci de oci, geren hūwašasa de, baita akū ofi elhe ekisaka be bahambi, duici de oci, nenehe gung ni giran taksimbi, sunjaci de oci, hūwan lang udu hahardara unde bicibe, inu ts'ui halangga booi amaga jalan i juse omosi ombi, ing ing bi aikabade mini beye be hairame, facuhūn cooha be daharakū oci, kiyei lan enduri tuwa de gilgambi, geren hūwašasa senggi biljambi, nenehe niyalmai giran fulenggi ombi, tangsu deo haji jilakan seci, gosingga ajai baili akacuka, booi gubci arda dorhon juse seme funcerakū ombi, cooha be dahaki seci, yargiyan i boo uce be girubume gūtubumbi, bi inemene šanggiyan hanggisun be meifen de tabume beyebe araki, giran be hūlha de alibuci,

---

母親，休要愛惜孩兒，還是與賊漢，其便有五。第一來，免摧殘國太君；第二來，免堂殿作灰塵；第三來，諸僧無事得安存；第四來，先公的靈柩穩；第五來，歡郎雖是未成人，算崔家後代兒孫，若鶯鶯惜己身，不行從亂軍，伽藍火內焚，諸僧血污痕，先靈為細塵，可憐愛弟親，痛哉慈母親，俺一家兒不留齠齔，待從軍果然辱沒了家門，俺不如白練套頭尋個自盡，將屍櫬獻與賊人，

母亲，休要爱惜孩儿，还是与贼汉，其便有五。第一来，免摧残国太君；第二来，免堂殿作灰尘；第三来，诸僧无事得安存；第四来，先公的灵柩稳；第五来，欢郎虽是未成人，算崔家后代儿孙，若莺莺惜己身，不行从乱军，伽蓝火内焚，诸僧血污痕，先灵为细尘，可怜爱弟亲，痛哉慈母亲，俺一家儿不留龆龀，待从军果然辱没了家门，俺不如白练套头寻个自尽，将尸榇献与贼人，

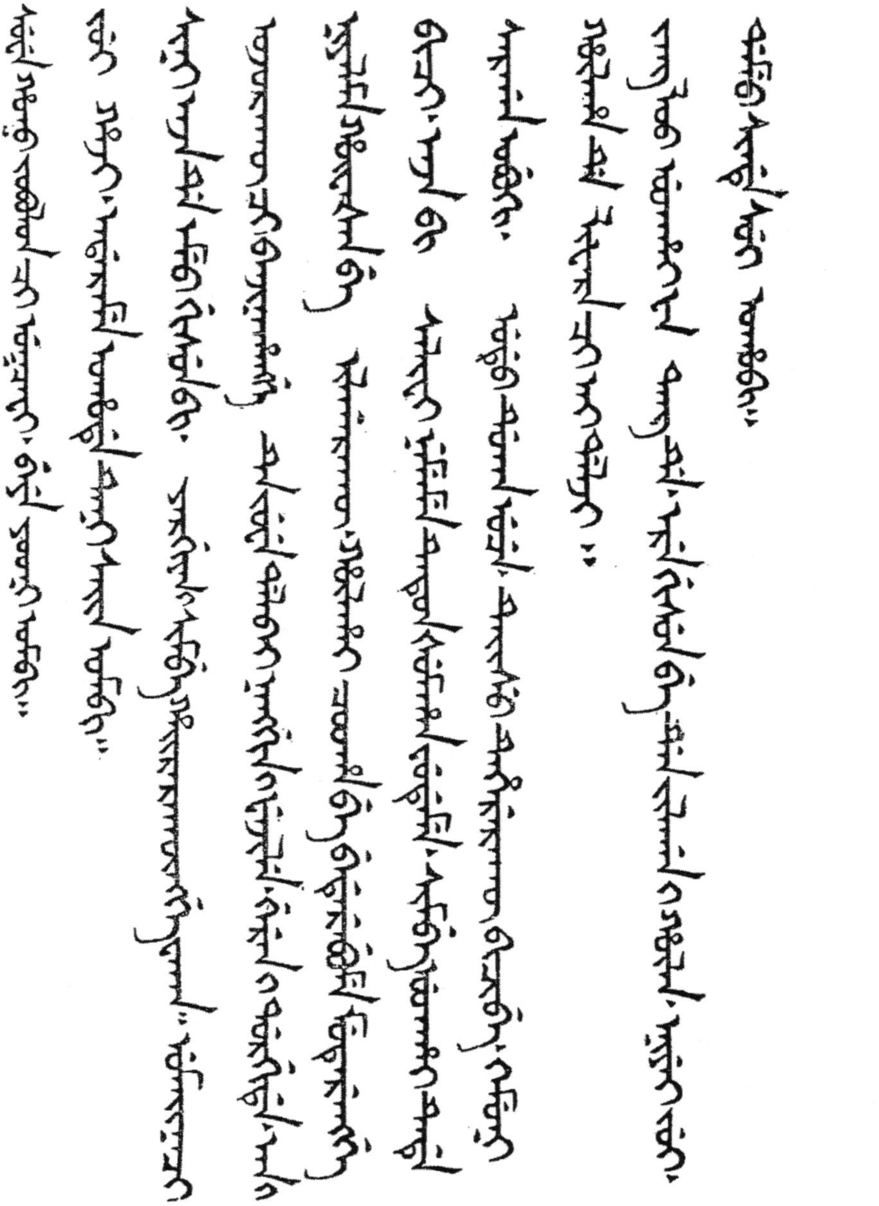

suwe hono jobolon ci ukcafi, beye yooni ombi.
jui haji, adarame ohode teni sain ombi.
sini aja de emu gisun bi, yargiyan i simbe hairarakūngge waka.
umainaci ojorakū ci banjinahangge, te juwe dalbai nanggin i fejile, geren i dorgide, an i niyalma hūwašan be ilgarakū, hūlhai cooha be bederebume muterengge bici, aja bi salifi nememe tetun
šumhan fudeme, simbe uthai tede sargan obuki. udu duka uce, teisu tehererakū bicibe, kemuni hūlha de lifara ci ai dalji.
jang loo uthai fa tang de, ere gisun be den jilgan i hūla, eniyei jui, damu sinde sui ohobi.

你們得遠害全身。
我的孩兒，却是怎的?
是你母親有一句話，本不捨得你，却是出於無奈，如今兩下眾人不問僧俗，但能退得賊兵的，你母親做主，倒陪房奩，便欲把你送與他為妻，雖不門當戶對，還強如陷於賊人。
長老便在法堂上，將此言與我高叫者，我的孩兒，只是苦了你也。

你们得远害全身。
我的孩儿，却是怎的?
是你母亲有一句话，本不舍得你，却是出于无奈，如今两下众人不问僧俗，但能退得贼兵的，你母亲做主，倒陪房奁，便欲把你送与他为妻，虽不门当户对，还强如陷于贼人。
长老便在法堂上，将此言与我高叫者，我的孩儿，只是苦了你也。

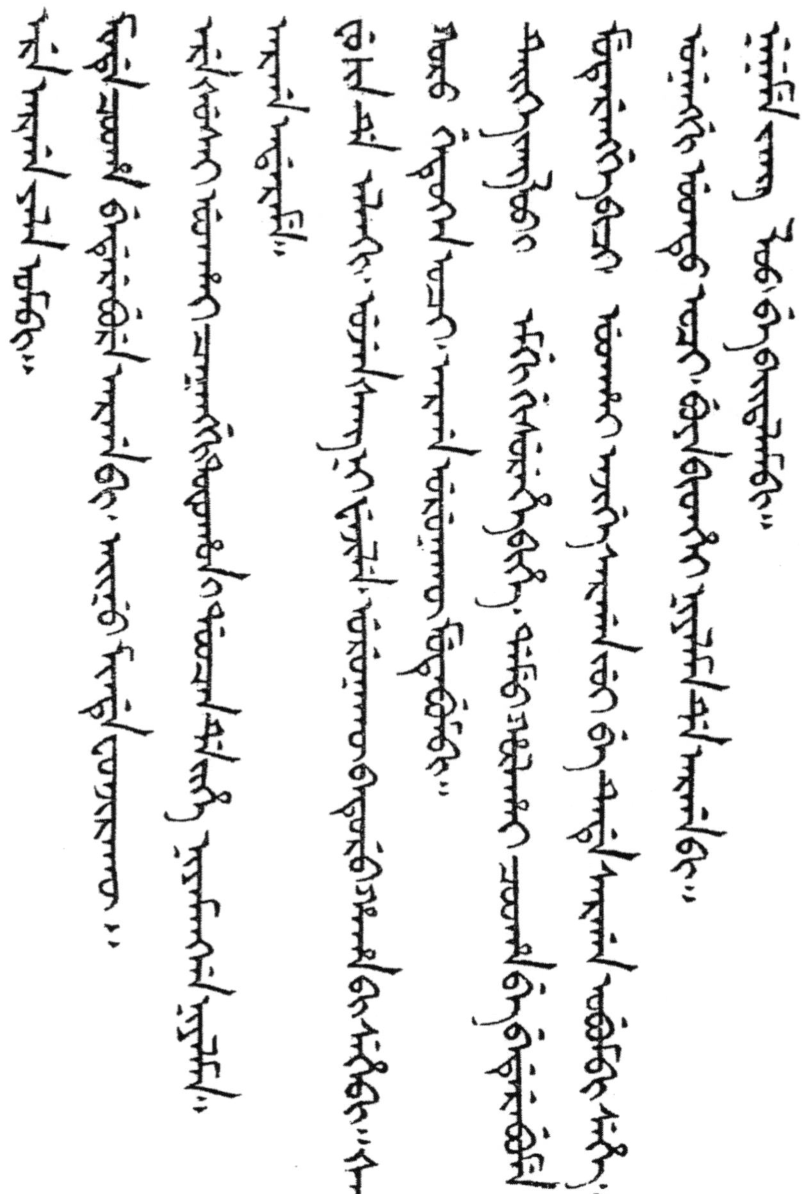

ere arga yala ombi.
minde cooha bederebure arga bi, ainu minde fonjirakū.
ere šusai uthai cananggi tofohon i doocan de jihe niyamangga niyalma.
arga adarame.
fu žin de alaki, ujen šang ni fejile, urunakū baturu haha bi sehebi.
šang koro getuken oci, arga urunakū mutebumbi.
teike jang loo i emgi gisurehe bihe, damu hūlhai cooha be bederebume muterengge bici, uthai ajige sargan jui be tede sargan obumbi sehe.
unenggi uttu oci, buya bithei niyalma de arga bi.
neneme jang loo be baitalambi.

此計較可。
我有退兵之計，何不問我?
這秀才便是前十五日附齋的敝親。
計將安在?
稟夫人，重賞之下，必有勇夫，賞罰若明，其計必成。
恰纔與長老說下，但有退得賊兵的，便將小姐與他為妻。
既是恁的，小生有計。
先用著長老。

此计较可。
我有退兵之计，何不问我?
这秀才便是前十五日附斋的敝亲。
计将安在?
禀夫人，重赏之下，必有勇夫，赏罚若明，其计必成。
恰纔与长老说下，但有退得贼兵的，便将小姐与他为妻。
既是恁的，小生有计。
先用着长老。

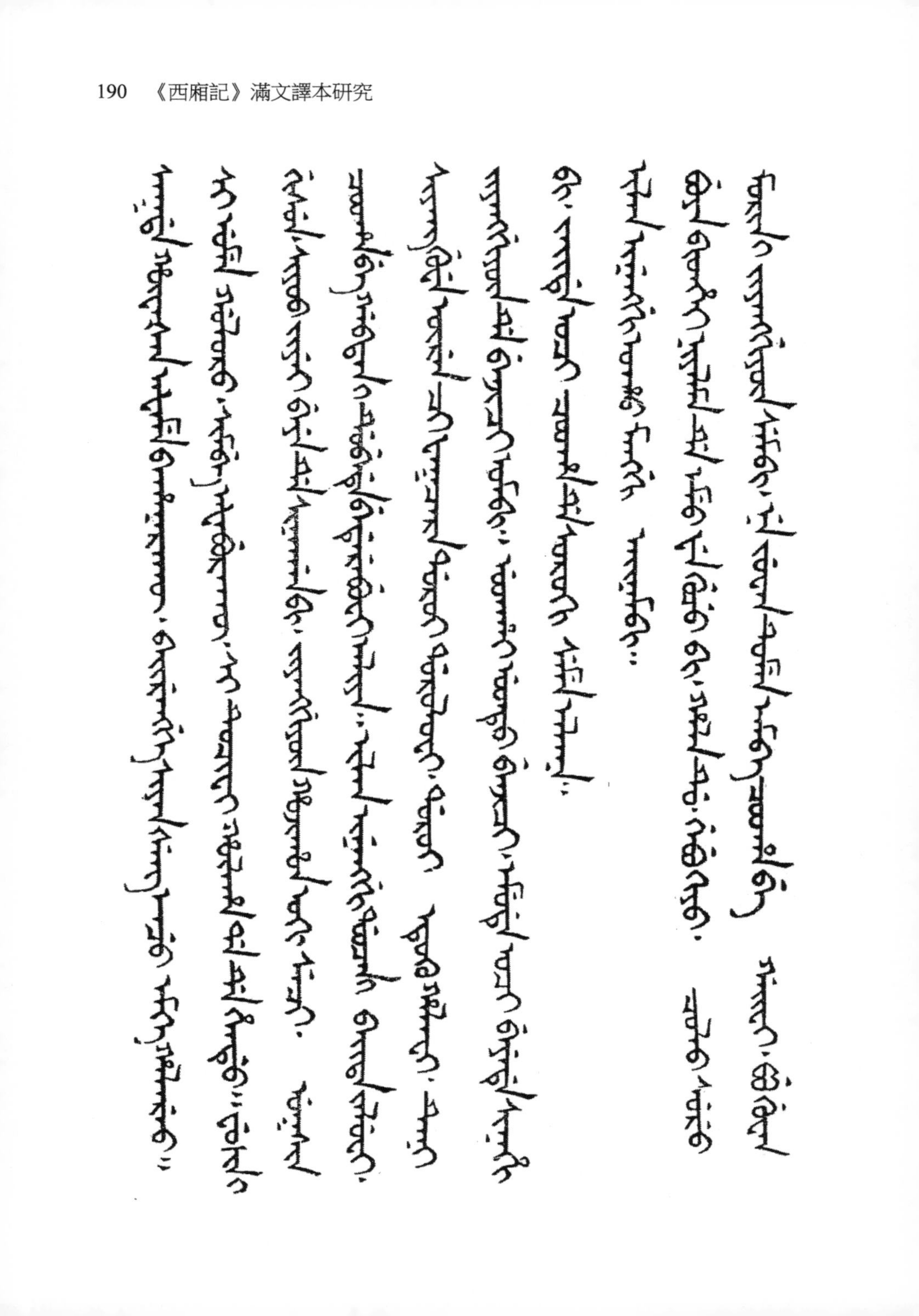

[illegible]

sakda hūwašan afame bahanarakū, bairengge siyan šeng encu emke halareo.
si ume goloro, simbe afaburakū, si tucifi hūlha da de hendu. fu žin i gisun, siyoo jiyei beye de sinagan bi, jiyanggiyūn hojihon oki seci, uksin cooha be gabtan i dubede bederebufi aliya. ilan inenggi doocan i baita jalufi, siyang guwe ūren ci fakcara doroi dorolofi, doroi etuku halafi, teni jiyanggiyūn de benjici ombi. uthai uttu benjici, emude oci beyede sinahi bi, jaide oci cooha de soroki seme alana.
ilan inenggi oho manggi ainambi.
buya bithei niyalma de emu fe gucu bi, hala du, gebu kiyo, colo suru morin i jiyanggiyūn sembi, ne juwan tumen amba cooha be gaifi, pu guwan

---

老僧不會厮殺，請先生別換一個。
你休慌，不要你厮殺，你出去與賊頭說，夫人的命，小姐孝服在身，將軍要做女壻呵，可按甲來兵退一箭之地，等三日功德圓滿，拜別相國靈柩，改換禮服，然後方送來與將軍。不爭便送來，一來孝服在身，二來與軍不利，你去說。
三日後何如?
小生有一故人，姓杜，名確，號為白馬將軍，現統十萬大軍，

老僧不会厮杀，请先生别换一个。
你休慌，不要你厮杀，你出去与贼头说，夫人的命，小姐孝服在身，将军要做女壻呵，可按甲来兵退一箭之地，等三日功德圆满，拜别相国灵柩，改换礼服，然后方送来与将军。不争便送来，一来孝服在身，二来与军不利，你去说。
三日后何如?
小生有一故人，姓杜，名确，号为白马将军，现统十万大军，

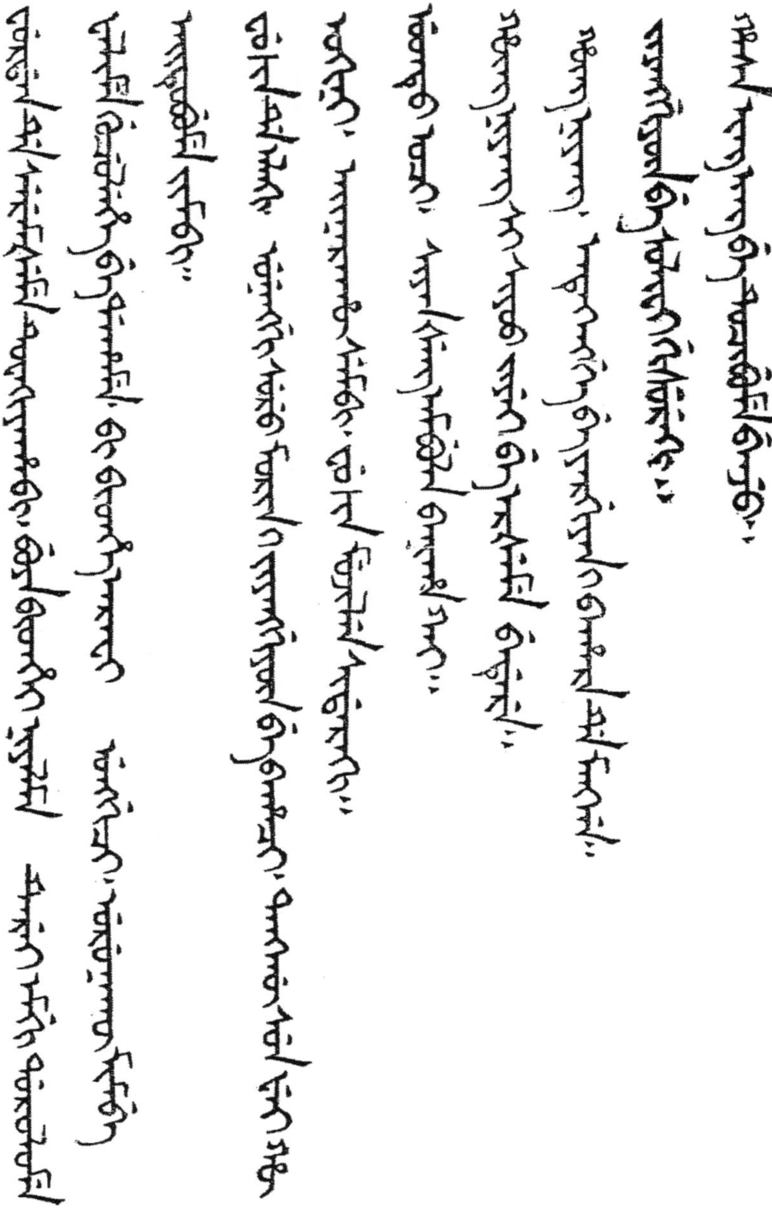

furdan de seremšeme tuwakiyahabi, buya bithei niyalma terei emgi dorolome falime guculehe be dahame, bi bithe arafi unggici, urunakū mimbe aitubume jimbi.
fu žin de alaki, unenggi suru morin i jiyanggiyūn be bahaci, tanggū sun fei hū okini. ainarahū sembi, fu žin mujilen sidaraki.
uttu oci, siyan šeng ambula baniha kai.
hūng niyang si siyoo jiyei be eršeme bedere.
hūng niyang, entekengge be yargiyan i bahara de mangga.
jiyanggiyūn be solifi gisureki.
hasa ing ing be tucibume benju.

鎮守蒲關，小生與他八拜至交，我修書去，必來救我。
稟夫人，若果得白馬將軍肯來時，何慮有一百孫飛虎，夫人請放心者。
如此多謝先生。
紅娘你服侍小姐回去者。
紅娘真難得他也。
請將軍打話。
快送鶯鶯出來。

镇守蒲关，小生与他八拜至交，我修书去，必来救我。
禀夫人，若果得白马将军肯来时，何虑有一百孙飞虎，夫人请放心者。
如此多谢先生。
红娘你服侍小姐回去者。
红娘真难得他也。
请将军打话。
快送莺莺出来。

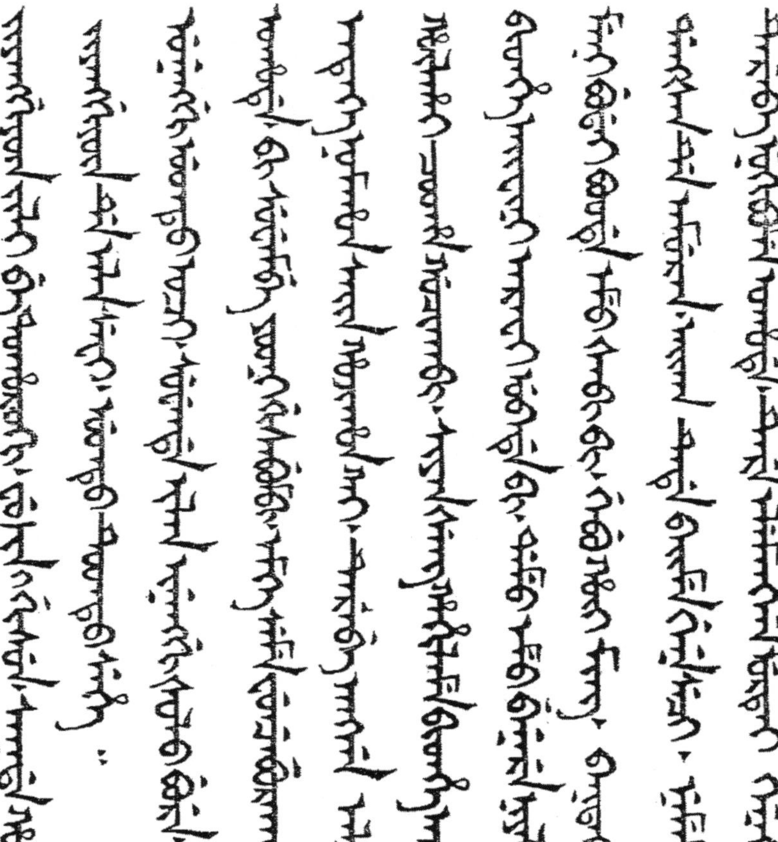

jiyanggiyūn jili be tohoroki, fu žin i gisun, sakda hūwašan be takūrafi, jiyanggiyūn de ala sefi, uttu tuttu sehe.
unenggi uttu oci, suwende ilan inenggi šolo bure, aikabade benjirakū ohode, bi suwembe yooni gisabumbi, emke seme funceburakū, fu žin de alana, enteke nomhon sain hojihon kai, terebe angga alja se.
hūlhai cooha gocikabi, siyan šeng hahilame bithe aracina.
bithe aifini arafi ubade bi, damu emu benere niyalma baibumbi.
meni budai boode emu šabi bi, gebu hūi ming, banitai nure omire, becen dangšan de amuran, aika tede baime gene seci, nememe ojorakū, gisun i terebe nukibume ohode, tere elemangga murtei geneki sembi, damu tere

---

將軍息怒，有夫人鈞命，使老僧來與將軍說云云。
既然如此，限你三日，若不送來，我着你人人皆死，個個不存，你對夫人說去，恁般好性兒的女壻，教他招了者。
賊兵退了也，先生作速修書者。
書已先修在此，只是要一個人送去。
俺這廚房下有一個徒弟，喚作惠明，最要吃酒廝打，若央他，他便必不肯，若把言語激著他，他却偏要去，

将军息怒，有夫人钧命，使老僧来与将军说云云。
既然如此，限你三日，若不送来，我着你人人皆死，个个不存，你对夫人说去，恁般好性儿的女婿，教他招了者。
贼兵退了也，先生作速修书者。
书已先修在此，只是要一个人送去。
俺这厨房下有一个徒弟，唤作惠明，最要吃酒厮打，若央他，他便必不肯，若把言语激着他，他却偏要去，

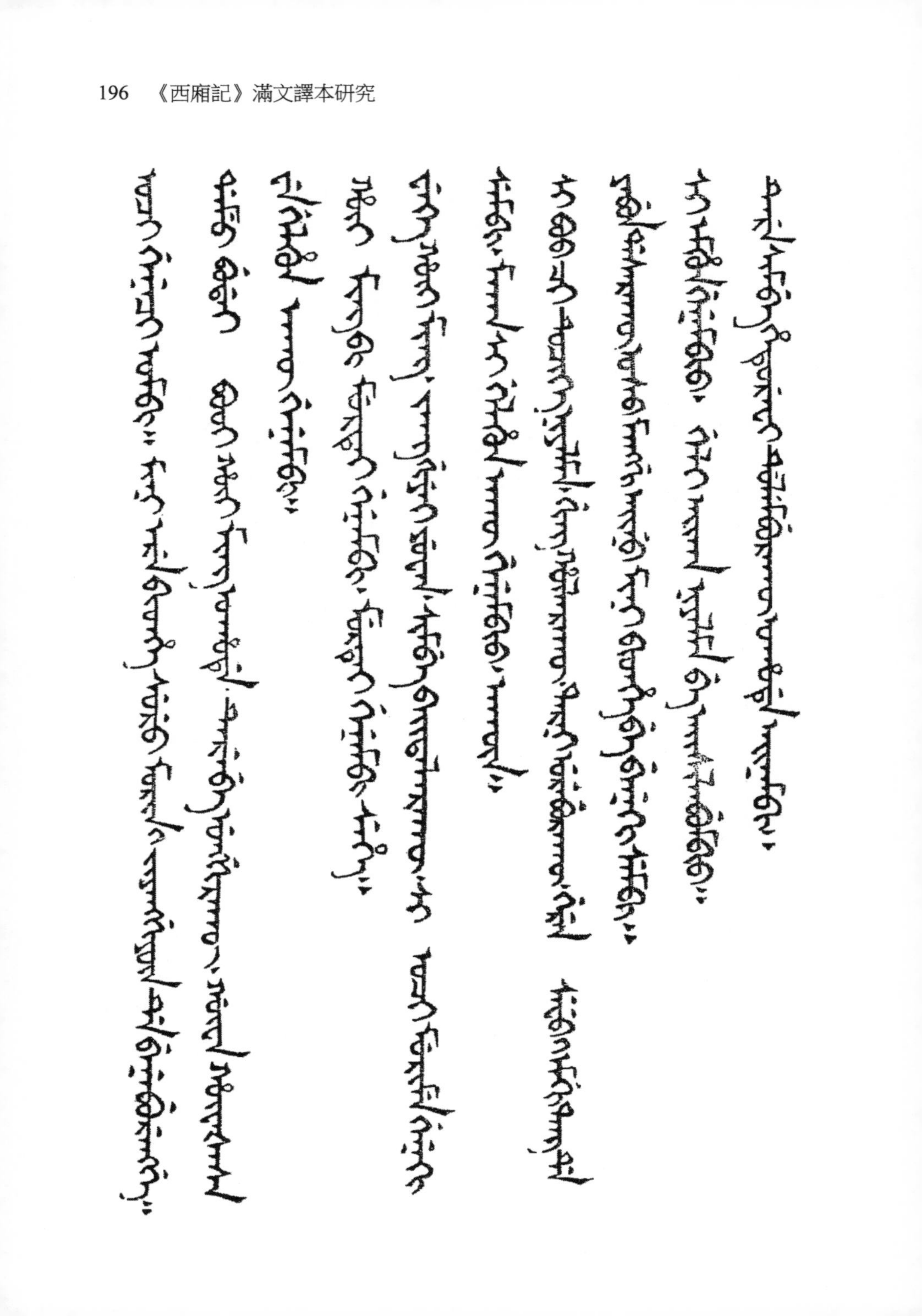

[illegible]

[illegible]

[illegible]

[illegible]

[illegible]

[illegible]

[illegible]

[illegible]

[illegible]

[illegible]

oci geneci ombi. mini ere bithe suru morin i jiyanggiyūn de beneburengge. damu budai booi hūi ming ohode terebe unggirakū, gūwa hūwašasa we gelhun akū genembi.
hūi ming bi murtei genembi, murtei genembi sehe.
weke hūi ming, jang giyei yuwan, simbe baitalarakū, si oci murime geneki sembi, maka si gelhun akū genembio, akūn.
si boo ci tucike niyalma, ging hūlarakū, tarni ureburakū, geren sefu i emgi tang de yabun dasarakū oso manggi, ainu mini bithe be beneki sembi.
si emhun genembio, geli aika niyalma be aisilabumbio.
tere simbe heturefi dulemburakū ohode ainambi.

只有他可以去得。我有書送與白馬將軍，只除廚下惠明不許他去，其餘諸僧誰敢去得?
惠明定要去，定要去。
惠明呵，張解元不用你去，你偏生要去，你真個敢去?不敢去?
你出家人，怎不誦經持咒，眾師隨堂修行，却要與我送書?
你獨自去，還是要人幫扶著?
他若不放你過去，却待如何?

只有他可以去得。我有书送与白马将军，只除厨下惠明不许他去，其余诸僧谁敢去得?
惠明定要去，定要去。
惠明呵，张解元不用你去，你偏生要去，你真个敢去?不敢去?
你出家人，怎不诵经持咒，众师随堂修行，却要与我送书?
你独自去，还是要人帮扶着?
他若不放你过去，却待如何?

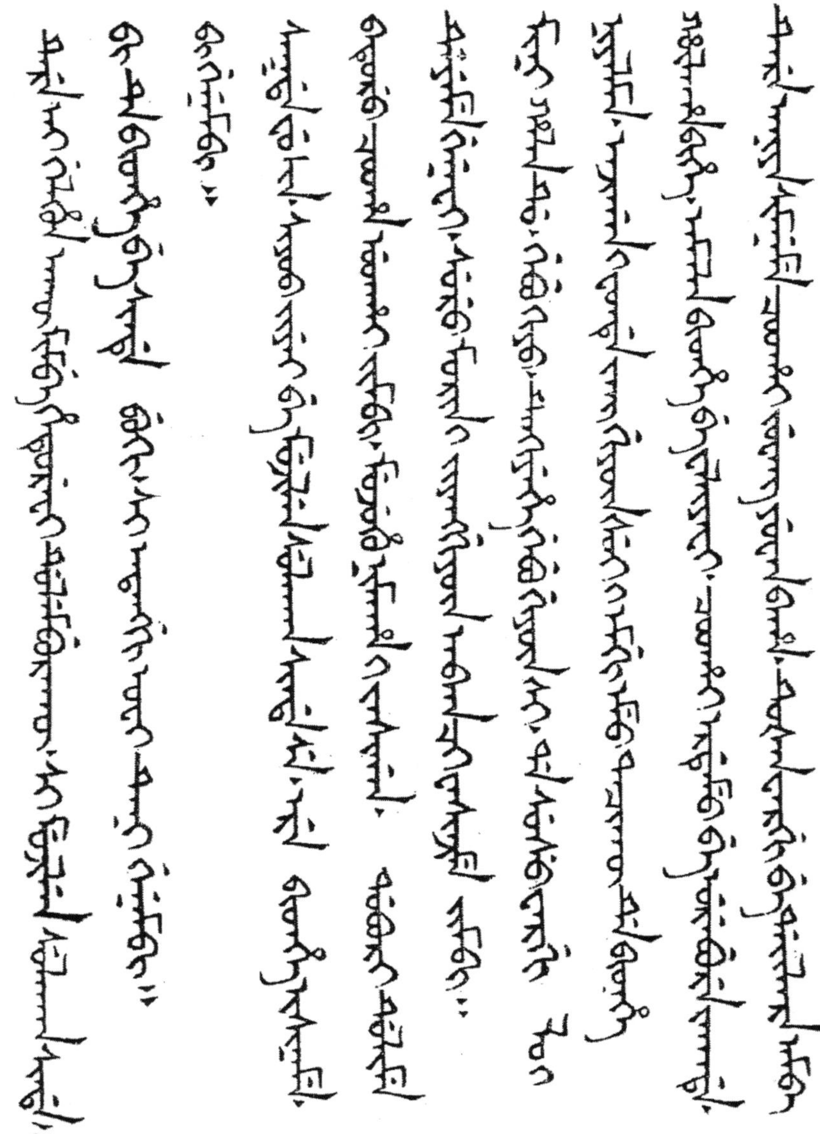

tere ai gelhun akū mimbe heturefi dulemburakū, si mujilen sulakan sinda.
bi te bithe be sinde buki, si atanggi ofi teni genembi.
bi genembi.
sakda fu žin, siyoo jiyei be mujilen sulakan sinda se, ere bithe isiname, baturu cooha uthai jimbi, mujuhu nimaha i jasigan, dobori dulime deyeme genefi, suru morin i jiyanggiyūn abka ci wasinjime jimbi.
mini hala du, gebu kiyo, tukiyehe gebu giyūn ši, da susu wargi lo i niyalma, ajigan i fonde jang giyūn šui i emgi emu tacikū de bithe hūlaha bihe, amala bithe be waliyafi, coohai erdemu be urebure jakade, tere aniya simneme coohai juwang yuwan baha, tušan wargi be dailara amba

---

他敢不放我過去，你寬心。
我今將書與你，你却到幾時可去?
我去也。
老夫人，分付小姐放心，此書一封，雄兵即來，鯉魚連夜飛馳去，白馬從天降下來。
自家姓杜，名確，字君實，本貫西洛人也，幼與張君瑞同學儒業，後棄文習武，當年武狀元及第，官拜征西

他敢不放我过去，你宽心。
我今将书与你，你却到几时可去?
我去也。
老夫人，分付小姐放心，此书一封，雄兵即来，鲤鱼连夜飞驰去，白马从天降下来。
自家姓杜，名确，字君实，本贯西洛人也，幼与张君瑞同学儒业，后弃文习武，当年武状元及第，官拜征西

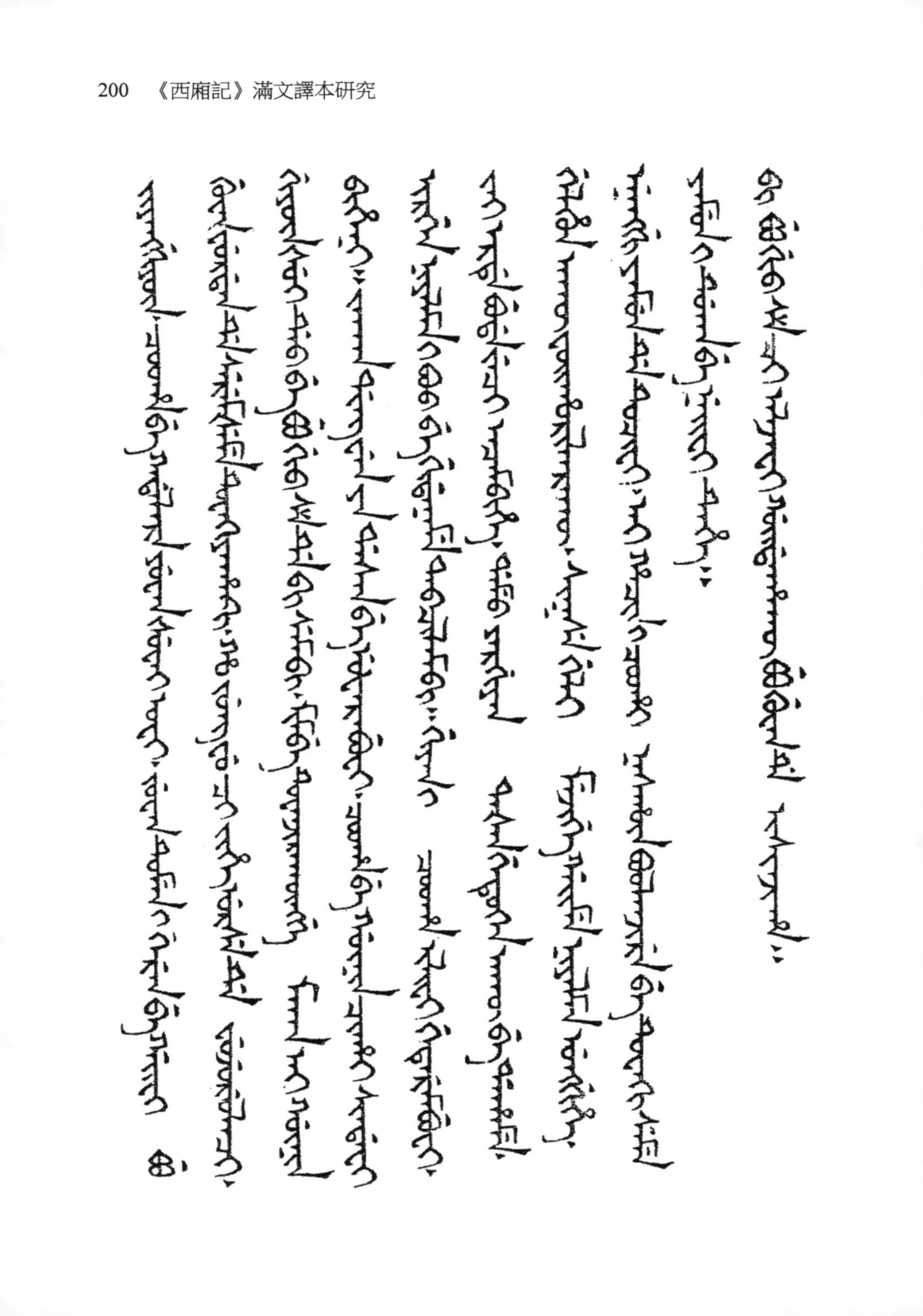

jiyanggiyūn, cooha be kadalara yuwan šuwai ofi, juwan tumen i geren be gaifi, pu guwan furdan de seremšeme tuwakiyahabi, ho jung fu ci jihe urse de fujurulaci, giyūn šui deo be pu gio sy de bi sembi, mimbe tuwanjirakūngge maka ai gūnin biheni. jakan ding wen ya dasan be ufarabufi, cooha be gūnin cihai sindafi irgen niyalma i boo be gidaname tabcilambi. giyan i cooha ilifi geterembufi, jai erde buda jeci acambihe, damu yargiyan tašan getuken akū be dahame, gelhun akū foihorilarakū. sikse geli mejige gaime niyalma unggihe, enenggi yamun de tucifi, ai hacin i coohai nashūn boolanjire be tuwaki seme yamun i duka be neifi tehe.
bi pu gio sy ci aljafi goidahakū pu guwan de isinjiha.

大將軍，正授管軍元帥，統領十萬之眾，鎮守蒲關。有人自河中府來探知，君瑞兄弟在普救寺中，不來看我，不知甚意，近日丁文雅失政，縱軍刼掠人民，即當興師，剪而朝食，奈虛實未的，不敢造次。昨又差探子去了，今日升帳，看有甚軍情來報者，開轅門坐科。
俺離了普救寺，早至蒲關。

大将军，正授管军元帅，统领十万之众，镇守蒲关。有人自河中府来探知，君瑞兄弟在普救寺中，不来看我，不知甚意，近日丁文雅失政，纵军刼掠人民，即当兴师，剪而朝食，奈虚实未的，不敢造次。昨又差探子去了，今日升帐，看有甚军情来报者，开辕门坐科。
俺离了普救寺，早至蒲关。

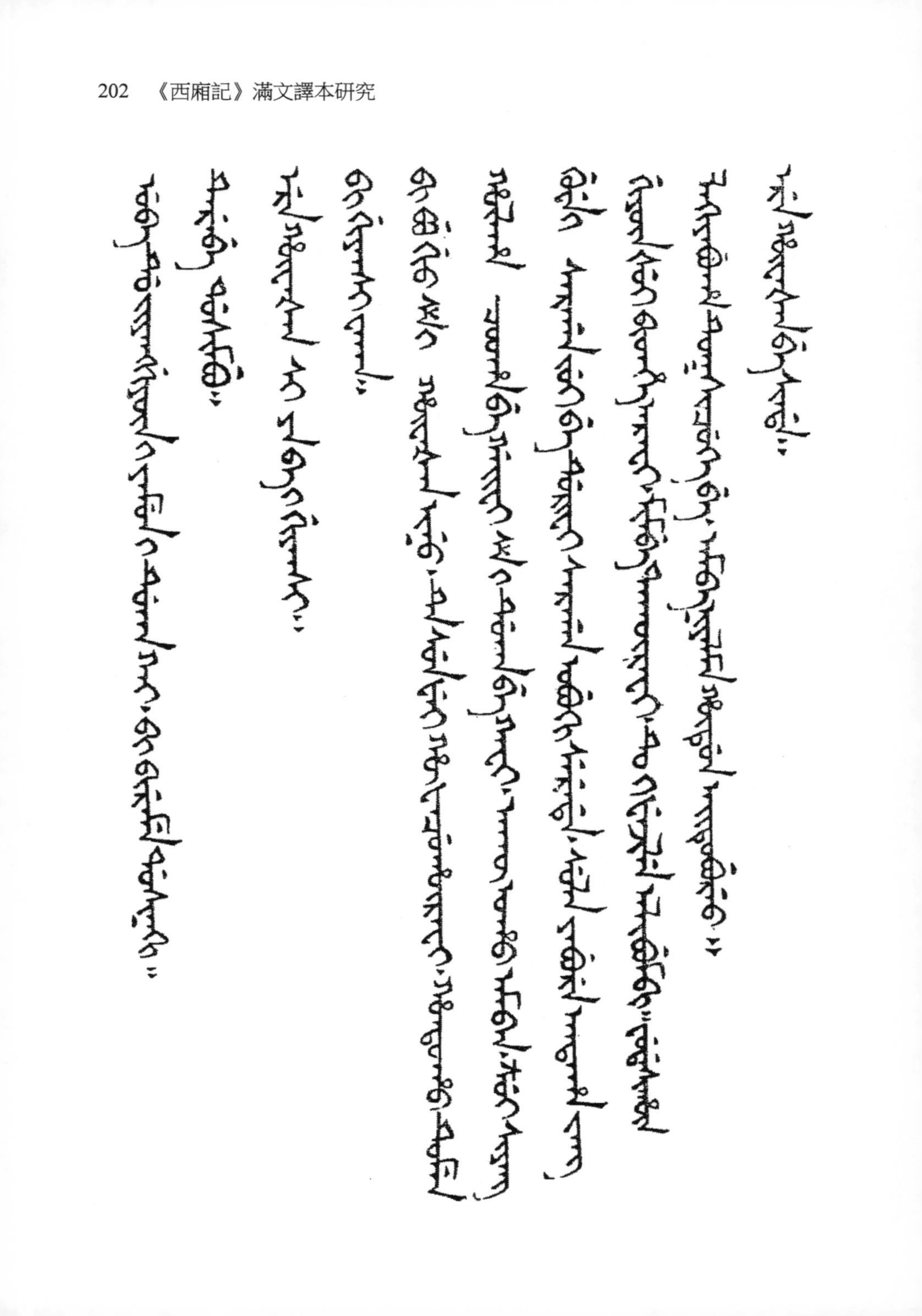

uba du jiyanggiyūn i yamun i duka kai, bi bireme dosinaki.
terebe dosimbu.
ere hūwašan si ya ba i giyansi.
bi giyansi waka.
bi pu gio sy i hūwašan inu, te sun fei hū facuhūrafi, hontoho tumen hūlha cooha be gaifi sy i duka be kafi, akū oho amban, ts'ui siyang guwe i sargan jui be durifi sargan obuki serede, sula yabure antaha jang giyūn šui bithe arafi, mimbe takūrafi, tu i fejile alibumbi. fudasihūn lakiyabuha tuksicuke be, amba niyalma hūdun aitubureo.
ere hūwašan be sinda.

這裡杜將軍轅門。俺闖入去。
著他進來。
兀那和尚你是那裡做奸細者。
俺不是奸細。
俺是普救寺僧人，今有孫飛虎作亂，將半萬賊兵圍住寺門，欲刼故臣崔相國女為妻。有遊客張君瑞奉書使俺遞至麾下，望大人速解倒懸之危。
放了這和尚者。

这里杜将军辕门。俺闯入去。
着他进来。
兀那和尚你是那里做奸细者。
俺不是奸细。
俺是普救寺僧人，今有孙飞虎作乱，将半万贼兵围住寺门，欲刼故臣崔相国女为妻。有游客张君瑞奉书使俺递至麾下，望大人速解倒悬之危。
放了这和尚者。

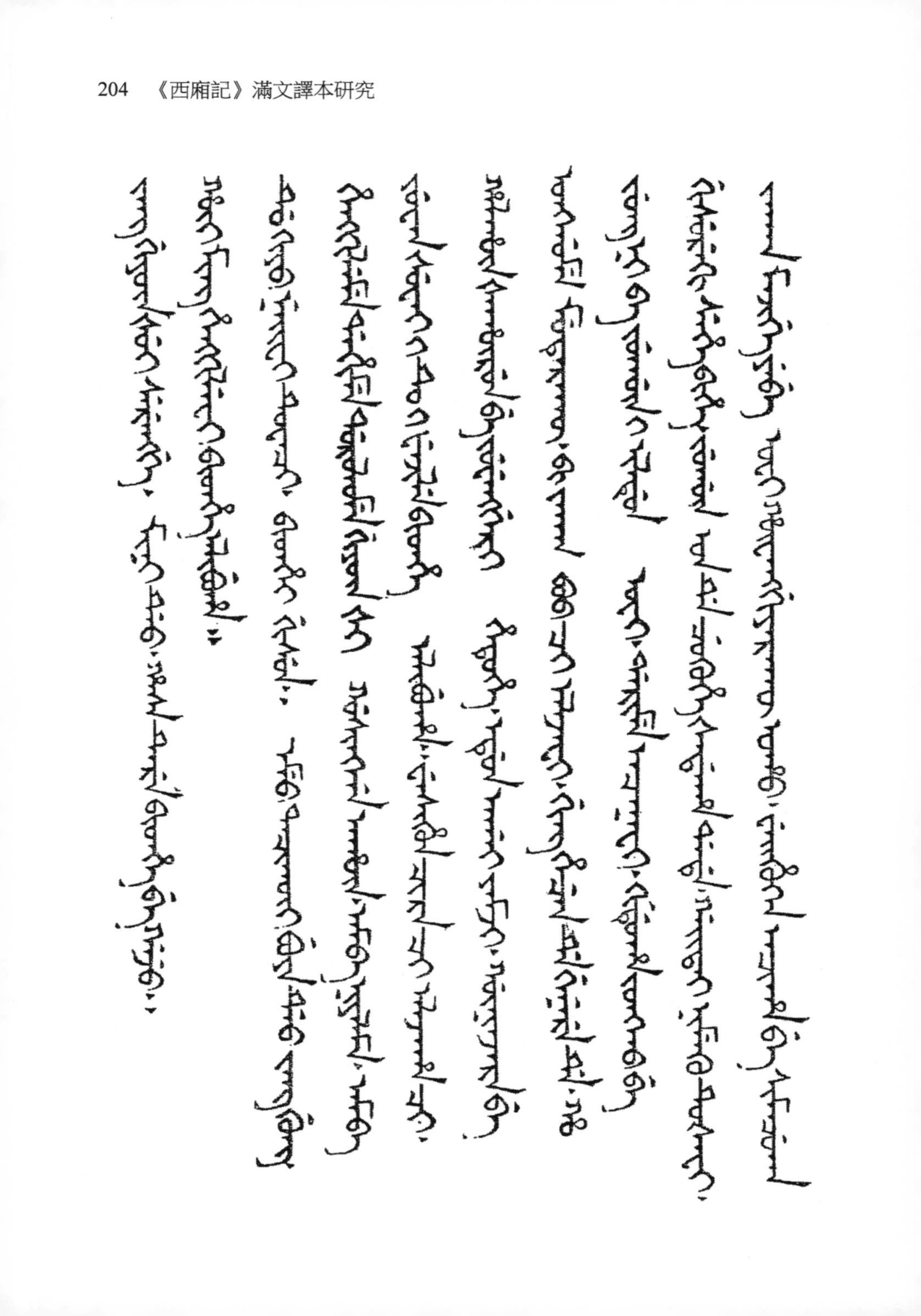

jang giyūn šui serengge, mini deo, hasa tere bithe be gaju.
hūi ming hengkilefi bithe alibuha.
du kiyo neifi tuwaci, bithei gisun: emu tacikūi buya deo jang gung, hengkileme dahime dorolome giyūn ši gosingga ahūn, amba niyalma, amba yuwan šuwai i tu i fejile bithe alibuha. wesihun cira ci aljaha ci, halhūn šahūrun be juwenggeri hetuhe, edun agai yamji, gūninjara be onggome muterakū, bi jakan boo ci aljafi, ging hecen de genere de, ho jung ni ba jugūn i ildun ofi, darime acanafi, giduha jongko be gisureki sehe bihe, jugūn on de cukuhe šadaha dade, gaitai nimeku tušafi, jakan majige yebe ofi hūwanggiyarakū oho, weihuken aciha be simacuka

———

張君瑞是我兄弟，快將他的書來。
惠明叩頭遞書科。
杜確拆閱，書云：同學小弟張珙，頓首再拜，奉書君實仁兄，大人大元帥麾下，自違犀表，寒暄再隔，風雨之夕，念不能忘，辭家赴京，便道河中，即擬覲謁，以敘間闊，路途疲頓，忽搆採薪，昨已粗愈，不為憂也。輕裝小頓，

———

张君瑞是我兄弟，快将他的书来。
惠明叩头递书科。
杜确拆阅，书云：同学小弟张珙，顿首再拜，奉书君实仁兄，大人大元帅麾下，自违犀表，寒暄再隔，风雨之夕，念不能忘，辞家赴京，便道河中，即拟觐谒，以叙间阔，路途疲顿，忽构采薪，昨已粗愈，不为忧也。轻装小顿，

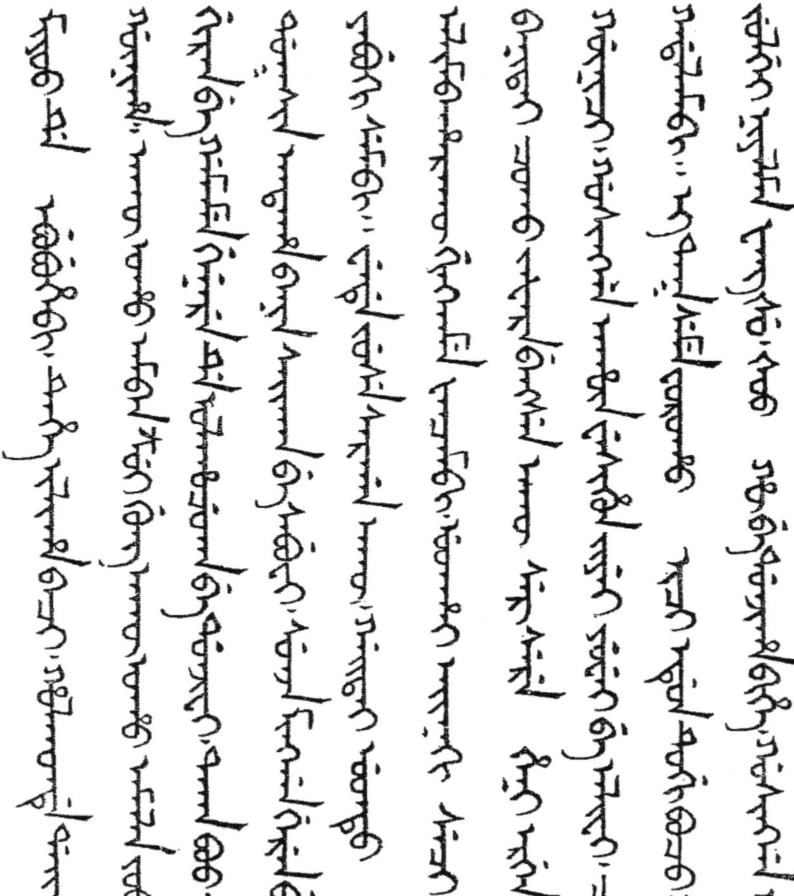

miyoo de ebubuhebi, tehe iliha baci, holkonde dain tucinjire be we gūniha. akū oho amban ts'ui gung akū oho amala jobocun ambula ofi, giran be gamame genere de olhocuka be donjifi, taka boo turifi tehe bihe, doksin antaha banin saikan be sabufi, sunja minggan geren be gaifi, dorakūlame yabuki sembi. wede juse sargan akū, gaitai uttu hafirabure jakade, alimbaharakū gingkame fancambi, uthai ainaki seci, kororongge beyede banitai coko jafara bengsen akū, ser sere heni ergen be hono aiseme, gūnici, gosingga ahūn wesihun jiyei yuwei be alifi, cohome emu dere be kadalambi. ek tak seme foroho ici edun tugi boco gūwaliyambi. daci julgei niyalma fang šu, šoo hū be donjiha bihe, gosingga ahūn oci yala

---

乃在蕭寺，几席之下，忽直弄兵。故臣崔公，身後多累，持喪聞戒，暫僦安居，何期暴客見其粲者，擁眾五千，將逞無禮。誰無弱息，遽見狼狽，不勝憤懣，便當甘心，自恨平生手無縛雞，區區微命，真反不計，伏惟仁兄仰受節鉞，專制一方，咄叱所臨，風雲變色。夙承古人，方叔召虎，信如仁兄實乃不愧。

乃在萧寺，几席之下，忽直弄兵。故臣崔公，身后多累，持丧闻戒，暂僦安居，何期暴客见其粲者，拥众五千，将逞无礼。谁无弱息，遽见狼狈，不胜愤懑，便当甘心，自恨平生手无缚鸡，区区微命，真反不计，伏惟仁兄仰受节钺，专制一方，咄叱所临，风云变色。夙承古人，方叔召虎，信如仁兄实乃不愧。

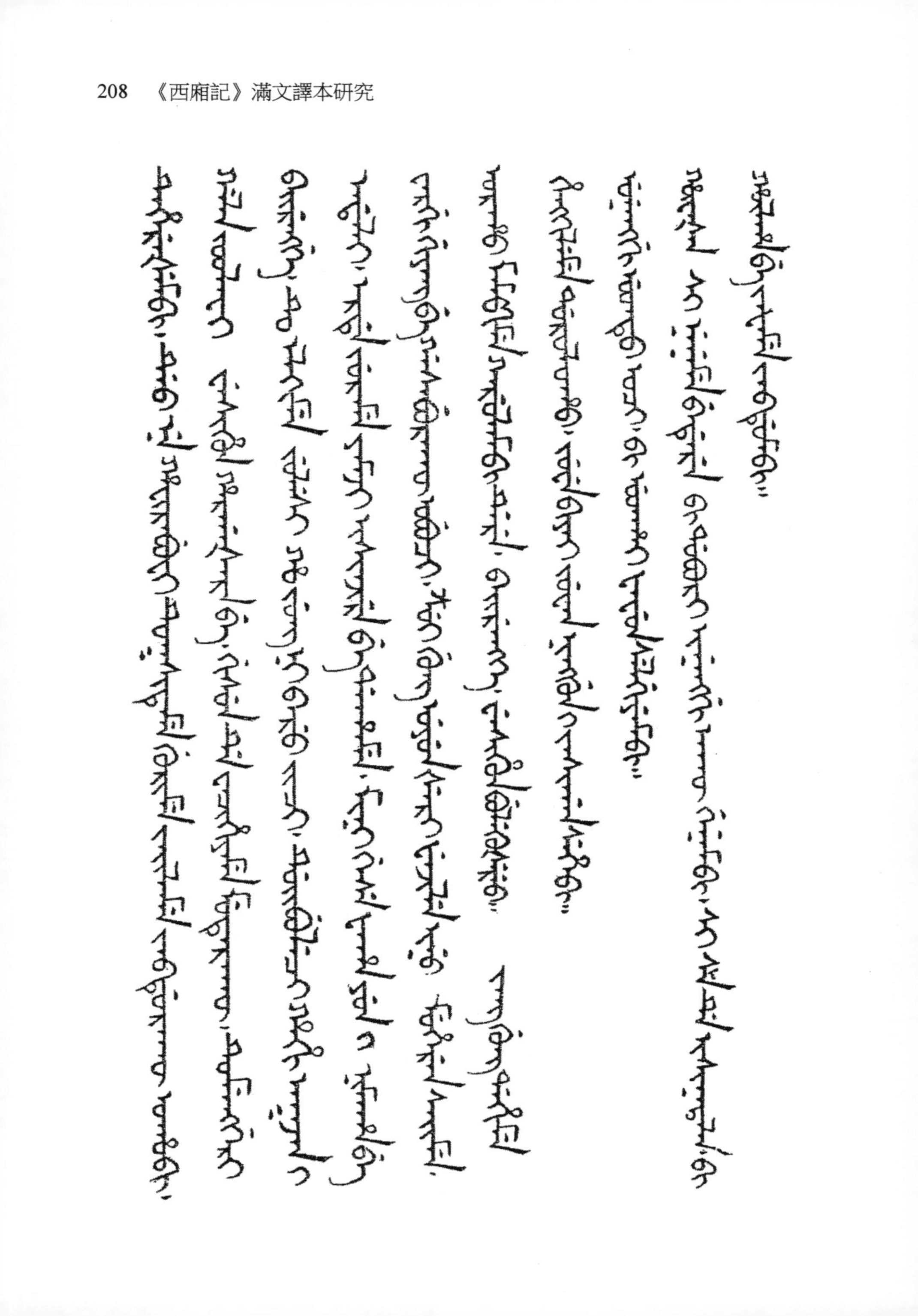

teherešembi. deo ne hafirabufi tuksiteme gurime jailame jabdurakū ohobi. gala joolafi wesihun hargašara be, gisun de wacihiyame muterakū, tumenggeri bairengge, tu elkime julesi ho jung ni baru jici, duibuleci hahi akjan i adali, erde jurame yamji isinjire be dahame, mini gese faha yun i nimaha be wargi giyang be gasaburakū obuci, ts'ui gung uyun šeri fejile inu muheren saime, orho mampime karulambi dere, bairengge, wesihun bulekušereo. jang gung dahime hengkileme doroloho, juwe biyai juwan ninggun i jasigan sehebi.
unenggi uttu oci, bi uthai fafun selgiyembi.
hūwašan si neneme bedere, bi dobori inenggi akū genembi, si sy de isinatala, bi hūlha be jafame jabdumbi.

今弟危偪，不及轉燭，仰望垂手，非可言喻，萬祈招搖，前指河中，譬如疾雷，朝發夕到，使我涸鮒不恨西江，崔公九泉亦當啣結，伏乞台照不宣。張珙再頓首拜，二月十六日書。
既然如此，我就傳令。
和尚你先回去，我星夜便來，比及你到寺裡時，敢我已捉了這賊子也。

今弟危偪，不及转烛，仰望垂手，非可言喻，万祈招摇，前指河中，譬如疾雷，朝发夕到，使我涸鲋不恨西江，崔公九泉亦当衔结，伏乞台照不宣。张珙再顿首拜，二月十六日书。
既然如此，我就传令。
和尚你先回去，我星夜便来，比及你到寺里时，敢我已捉了这贼子也。

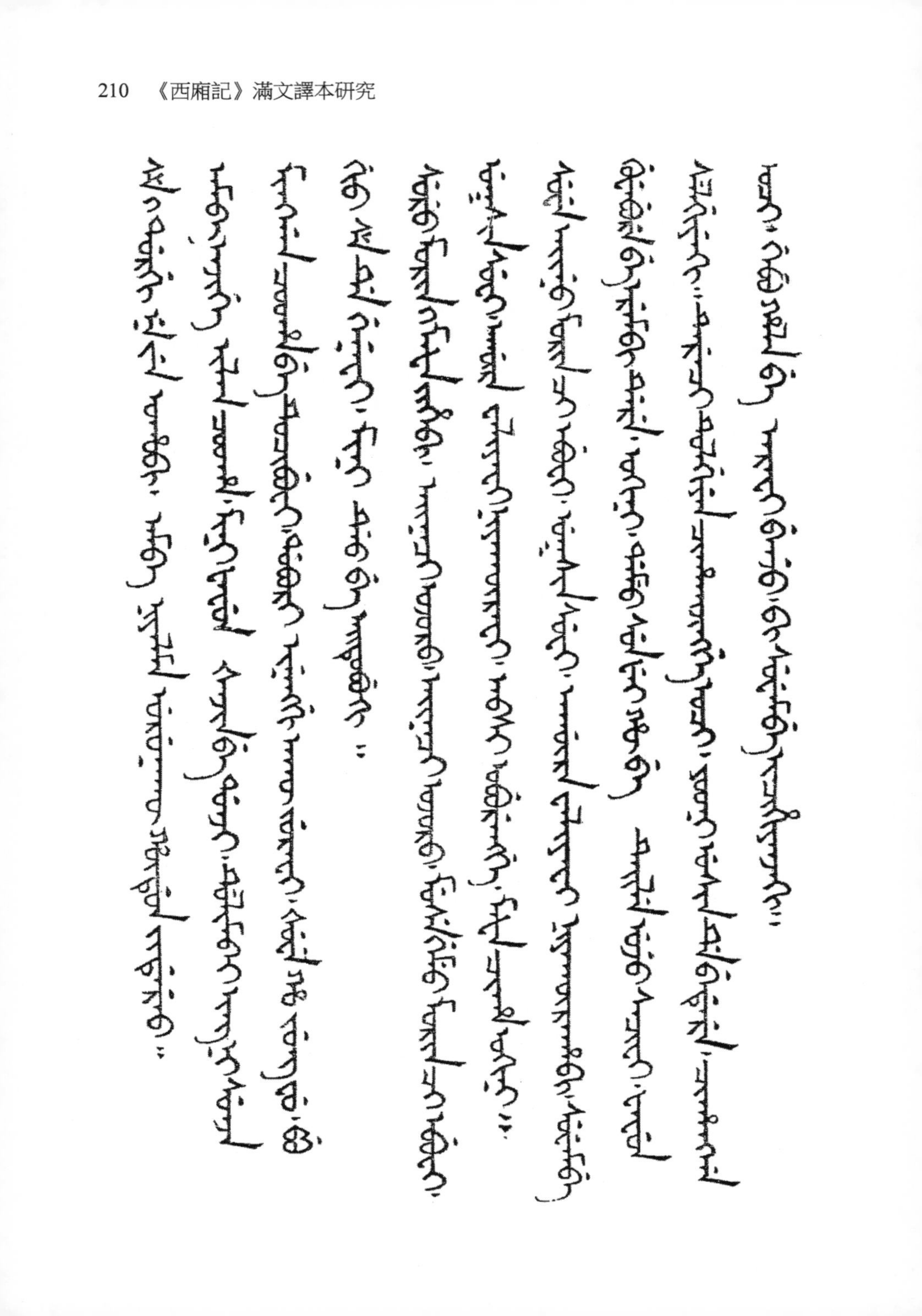

[illegible]

sy i dorgi ne je ohobi, amba niyalma urunakū hūdun jidereo.
amba ajige ilan cooha, mini fafun šajin be donji, dulimbai ing ni sunja minggan cooha be tucibufi, dobori inenggi akū jurafi, šuwe ho jung fu, pu gio sy de genefi, mini deo be aitubuki.
suru morin i mafa jihebi, ainaci ojoro, ainaci ojoro, muse gemu morin ci ebufi, uksin sufi, agūra waliyafi niyakūrafi, absi oburengge, mafa ciha okini.
suwe ainu morin ci ebufi, uksin sufi, agūra waliyafi niyakūrahabi, suwembe guwebure be erembi dere, okini, damu sun fei hū be teile uju sacifi, fafun selgiyeki. tereci tulgiyen cihakūngge oci, yooni usin de bedere, cihangga oci, gebu hala be arafi benju, bi suwembe icihiyanjaki.

寺中十分緊急，大人是必疾來者。
大小三軍，聽我號令，就點中雄五千人馬，星夜起發，直指河中府普救寺，救我兄弟走一遭。
白馬爺爺來了，怎麼了，怎麼了，我們都下馬卸甲投戈跪倒，悉憑爺爺發落也。
你們做甚麼都下馬卸甲投戈跪倒，你指望我饒你們也，也罷，止將孫飛虎一人砍首號令。其餘不願的，都歸農去；願的，開報花名，我與你安插者。

寺中十分紧急，大人是必疾来者。
大小三军，听我号令，就点中雄五千人马，星夜起发，直指河中府普救寺，救我兄弟走一遭。
白马爷爷来了，怎么了，怎么了，我们都下马卸甲投戈跪倒，悉凭爷爷发落也。
你们做甚么都下马卸甲投戈跪倒，你指望我饶你们也，也罢，止将孙飞虎一人砍首号令。其余不愿的，都归农去；愿的，开报花名，我与你安插者。

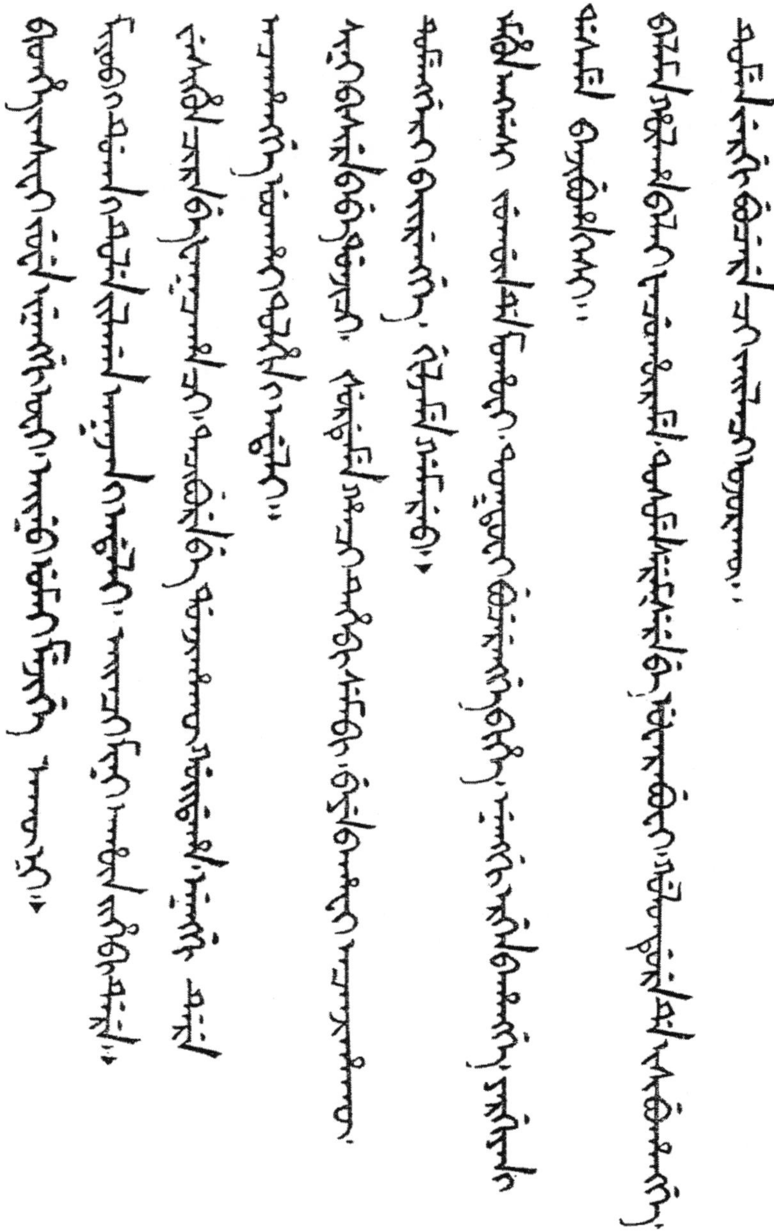

bithe jasifi juwe inenggi ofi, ainu umai mejige akū ni.
miyoo i duka i tule jilgan akjan i adali, ainci mini ahūn jihebi dere.
wesihun cira be fakcaha ci, tacibure be donjihakū goidaha, enenggi dere acahangge uthai tolhin i adali.
sini bisire babe donjici, šurdeme hanci tehebi sembi, beye bahafi acanjihakū, tumenggeri bairengge, giljame gamareo.
emhun anggasi jugūn de mohofi, toktofi bucerengge bihe, enenggi ergen bahangge, yargiyan i dasame banjibuha kesi.
balama hūlha balai facuhūrame, tosome seremšere be ufarabufi, golondure de isibuhangge, tumen jergi bucere ci jailaci ojorakū.

下書兩日，不見回音？
山門外暴雷似聲喏，敢是我哥哥到也。
自別台顏，久失聽教，今日見面，乃如夢中。
正聞行旌，近在鄰治，不及過訪，萬乞恕罪。
孤寡窮途，自分必死，今日之命，實蒙再造。
狂賊跳樑，有失防禦，致累受驚，敢辭萬死。

下书两日，不见回音？
山门外暴雷似声喏，敢是我哥哥到也。
自别台颜，久失听教，今日见面，乃如梦中。
正闻行旌，近在邻治，不及过访，万乞恕罪。
孤寡穷途，自分必死，今日之命，实蒙再造。
狂贼跳梁，有失防御，致累受惊，敢辞万死。

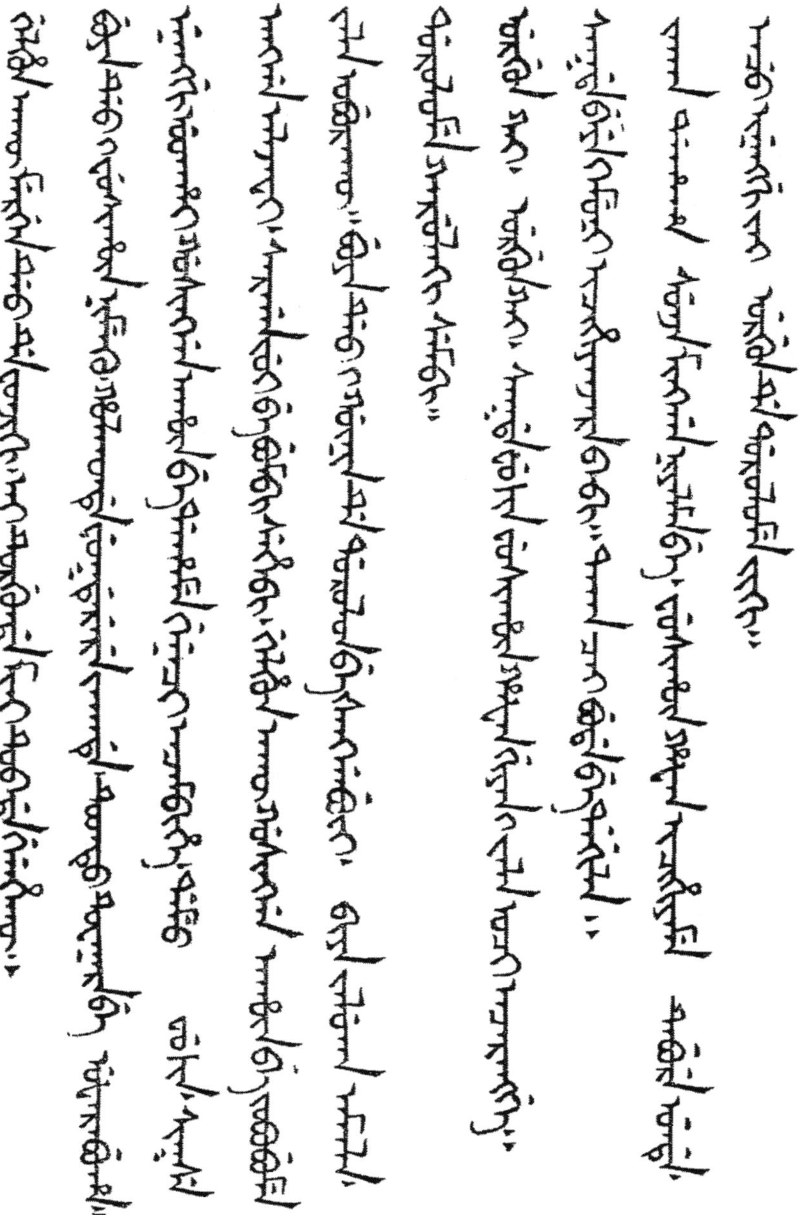

gelhūn akū mergen deo de fonjiki, ai turgunde mini tubade genehekū.
buya deo i fusihūn nimeku, holkonde fukderere jakade, tuttu tuwanara be ufarabuha.
enenggi uthai gosingga ahūn be dahame geneci acambihe, damu fu žin, sikse angga aljafi, sargan jui be bumbi sehebi, gelhun akū gosingga ahūn be jobobume jala oburakū. buya deo i gūnin de dorolon be šanggabufi, biya jaluka amala, dorolome karulaki sembi.
urgun kai, urgun kai, sakda fu žin fusihūn hafan giyan i jala oci acarangge.
sakda beye kemuni icihiyanjara babi. taka cai buda be dagila.
jakan dahaha sunja minggan niyalma be, fusihūn hafan icihiyame tebure unde, encu inenggi jai urgun de dorolome jiki.

敢問賢弟，因甚不至我處？
小弟賤恙偶作，所以失謁，今日便應隨仁兄去，却又為夫人昨日許以女相配，不敢仰勞仁兄執柯。小弟意思成大禮彌月後，便叩謝。
恭喜，賀喜，老夫人下官自當作伐。
老身尚有處分，安排茶飯者。
適間投誠五千人，下官尚須料理，異日却來拜賀。

敢问贤弟，因甚不至我处？
小弟贱恙偶作，所以失谒，今日便应随仁兄去，却又为夫人昨日许以女相配，不敢仰劳仁兄执柯。小弟意思成大礼弥月后，便叩谢。
恭喜，贺喜，老夫人下官自当作伐。
老身尚有处分，安排茶饭者。
适间投诚五千人，下官尚须料理，异日却来拜贺。

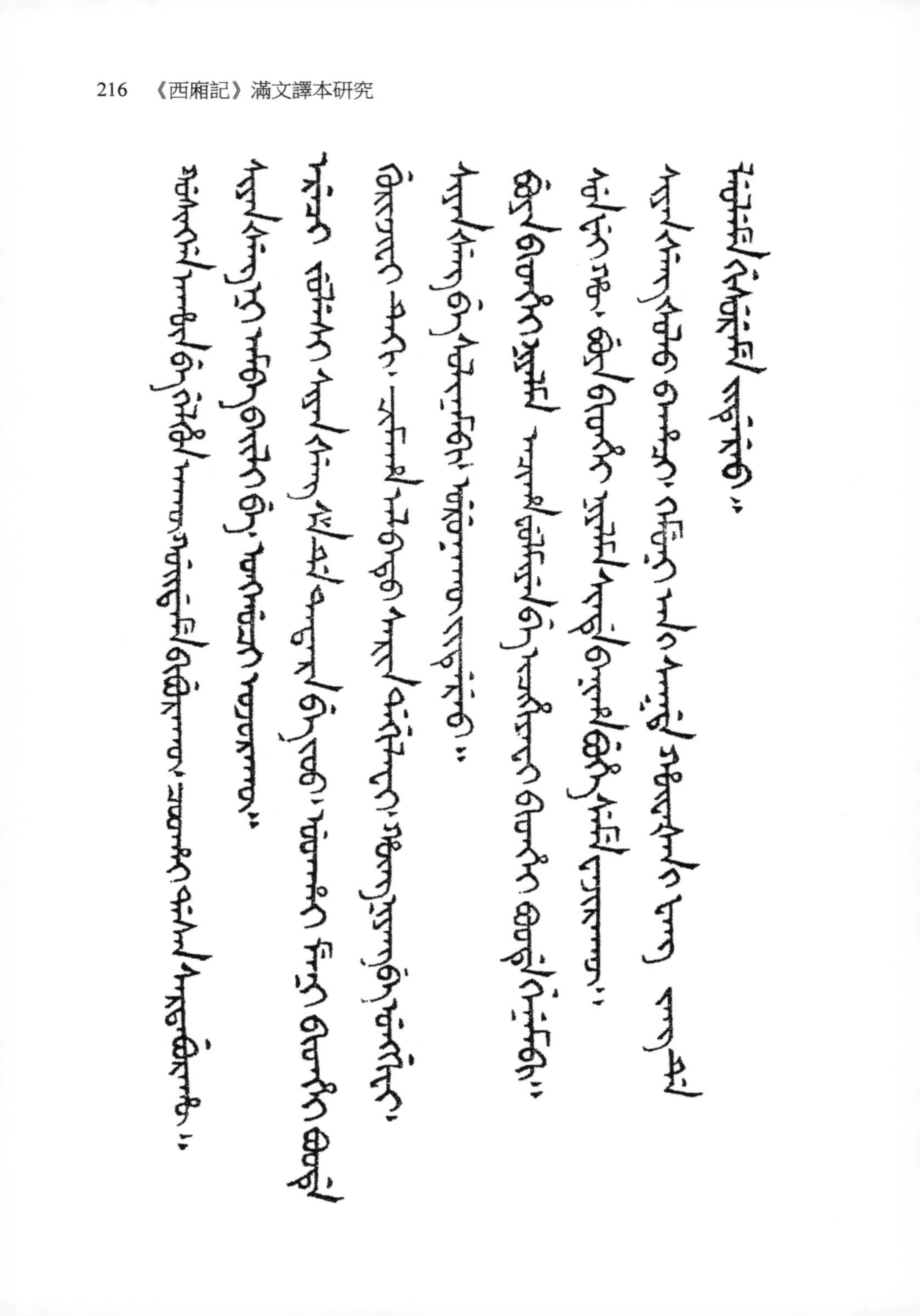

gosingga ahūn be gelhun akū goidame biburakū, coohai dasan sartaburahū.
siyan šeng ni amba baili be, onggoci ojorakū.
ereci julesi siyan šeng sy de tatara be joo, uthai meni bithei boode gurinjifi teki, cimaha albatu sarin dagilafi, hūng niyang be unggifi, siyan šeng be solinambi, urunakū jidereo.
buya bithei niyalma aciha fulmiyen be icihiyafi bithei boode genembi.
sun fei hū, buya bithei niyalma sinde baniha buhe seme wajirakū.
siyan šeng šolo bahaci, kemuni an i sakda hūwašan i fang jang de leoleme gisureme jidereo.

不敢久留仁兄，恐防軍政。
先生大恩不可忘也。
自今先生休在寺裡下，便移來家下書院內安歇，明日略備草酌，著紅娘來請先生，是必來者。
小生收拾行李，去書院裡去也。
孫飛虎，小生感謝你不盡也。
先生得閒，仍舊來老僧方丈裡攀話者。

不敢久留仁兄，恐防军政。
先生大恩不可忘也。
自今先生休在寺里下，便移来家下书院内安歇，明日略备草酌，着红娘来请先生，是必来者。
小生收拾行李，去书院里去也。
孙飞虎，小生感谢你不尽也。
先生得闲，仍旧来老僧方丈里攀话者。

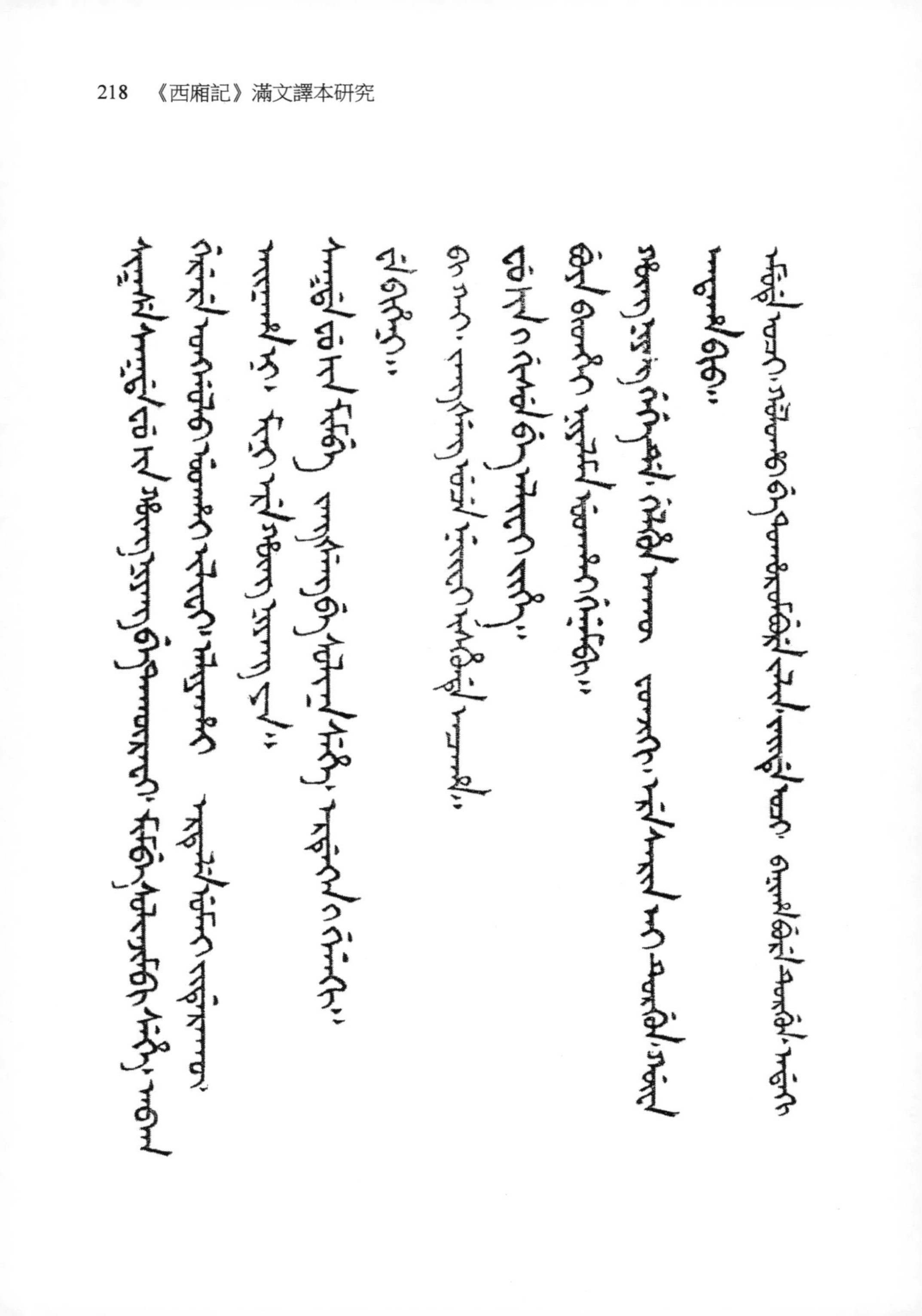

[illegible]

[illegible]

[illegible]

[illegible]

[illegible]

[illegible]

[illegible]

[illegible]

[illegible]

[illegible]

六、請宴　第六章

sikse sakda fu žin hūng niyang be takūrafi, mimbe solinjimbi sehe, abka gerere onggolo uthai ilifi, aliyahai ertele umai jiderakū, ainaha ni, mini ere hūng niyang ya.
sakda fu žin mimbe jang šeng be solina sehe, erdeken i geneki.
we biheni.
bi kai, jang šeng uce neifi ishunde acaha.
fu žin i gisun be alifi jihe.
buya bithei niyalma uthai genembi.
hūng niyang gege de, gelhun akū fonjiki, ere sarin ai turgun, gūwa antaha bio.
emude oci, goloho be tohorombure jalin, jaide oci, baniha bure turgun, adaki

---

夜來老夫人說使紅娘來請我，天未明便起身，直等至這早晚不見來，我的紅娘也呵。
老夫人著俺請張生，須索早去者。
是誰？
是我，張生開門相見科。
奉夫人嚴命。
小生便去。
敢問紅娘姐，此席為何？可有別客？
第一來為壓驚，第二來為謝承

夜来老夫人说使红娘来请我，天未明便起身，直等至这早晚不见来，我的红娘也呵。
老夫人着俺请张生，须索早去者。
是谁？
是我，张生开门相见科。
奉夫人严命。
小生便去。
敢问红娘姐，此席为何？可有别客？
第一来为压惊，第二来为谢承，

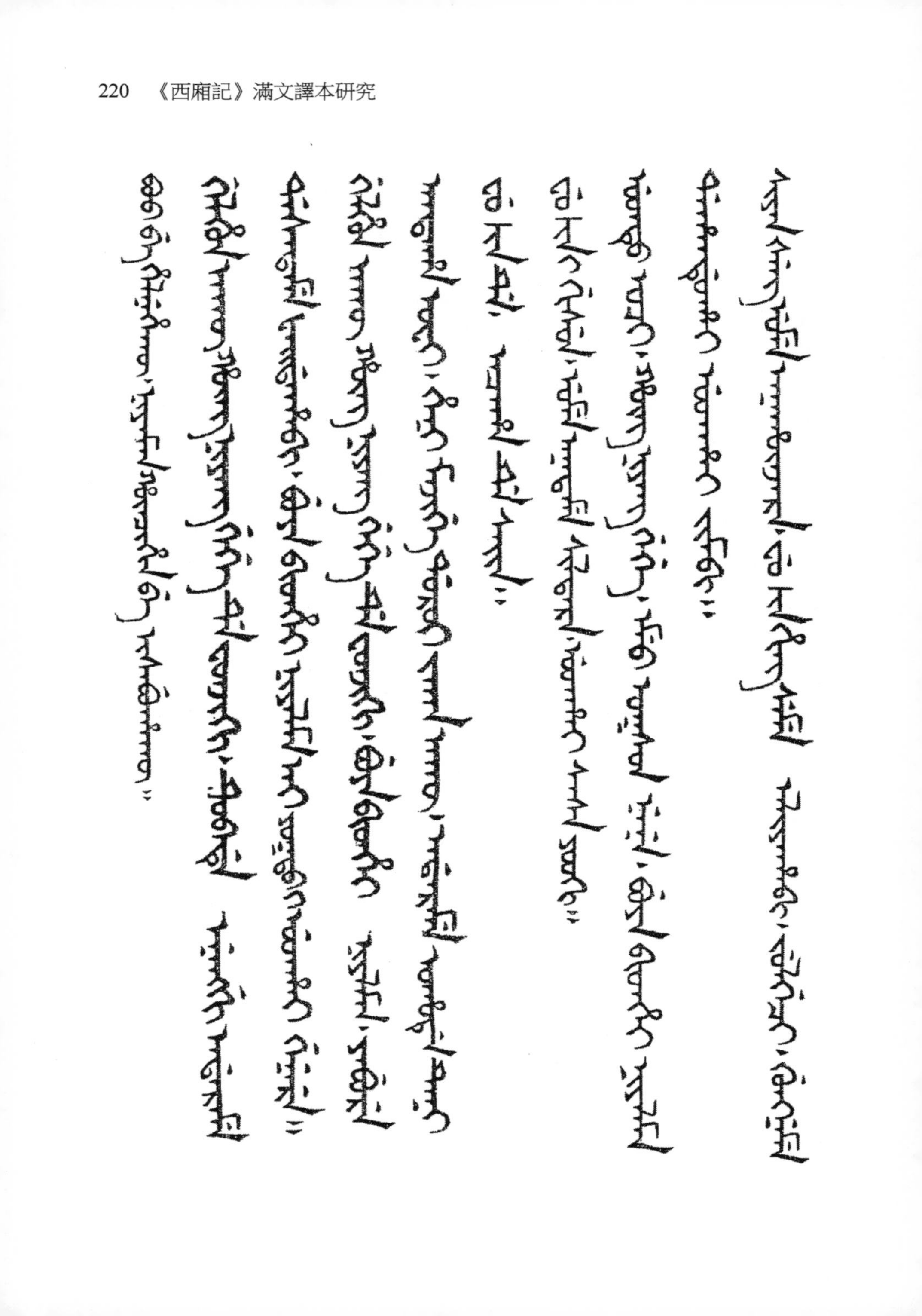

boo be helnehekū, niyaman hūncihin be isabuhakū.
gelhun akū hūng niyang gege de fonjiki, tubade enenggi adarame dasatame faidahabi, buya bithei niyalma ai yokto i uthai genere.
gelhun akū hūng niyang gege de fonjiki, buya bithei niyalma, yabure antaha ofi, heni majige doroi jaka akū, adarame ohode teni　fu žin de, acaha de sain.
fu žin i gisun, ume anatame siltara, uthai sasa yooki.
uttu oci, hūng niyang gege, emu okson nene, buya bithei niyalma dahanduhai uthai jimbi.
siyan šeng ume anahūnjara, fu žin hing seme aliyahabi, julgeci, gungneme

---

不請街坊，不會諸親。
敢問紅娘姐，那邊今日如何鋪設，小生豈輕造。
敢問紅娘姐，小生在客中，無一點財禮，却是怎生好見夫人。
夫人的命，不須推托，即便同行。
既如此，紅娘姐且先行一步，小生隨後便來。
先生休作謙，夫人專意等，自古道

不请街坊，不会诸亲。
敢问红娘姐，那边今日如何铺设，小生岂轻造。
敢问红娘姐，小生在客中，无一点财礼，却是怎生好见夫人。
夫人的命，不须推托，即便同行。
既如此，红娘姐且先行一步，小生随后便来。
先生休作谦，夫人专意等，自古道

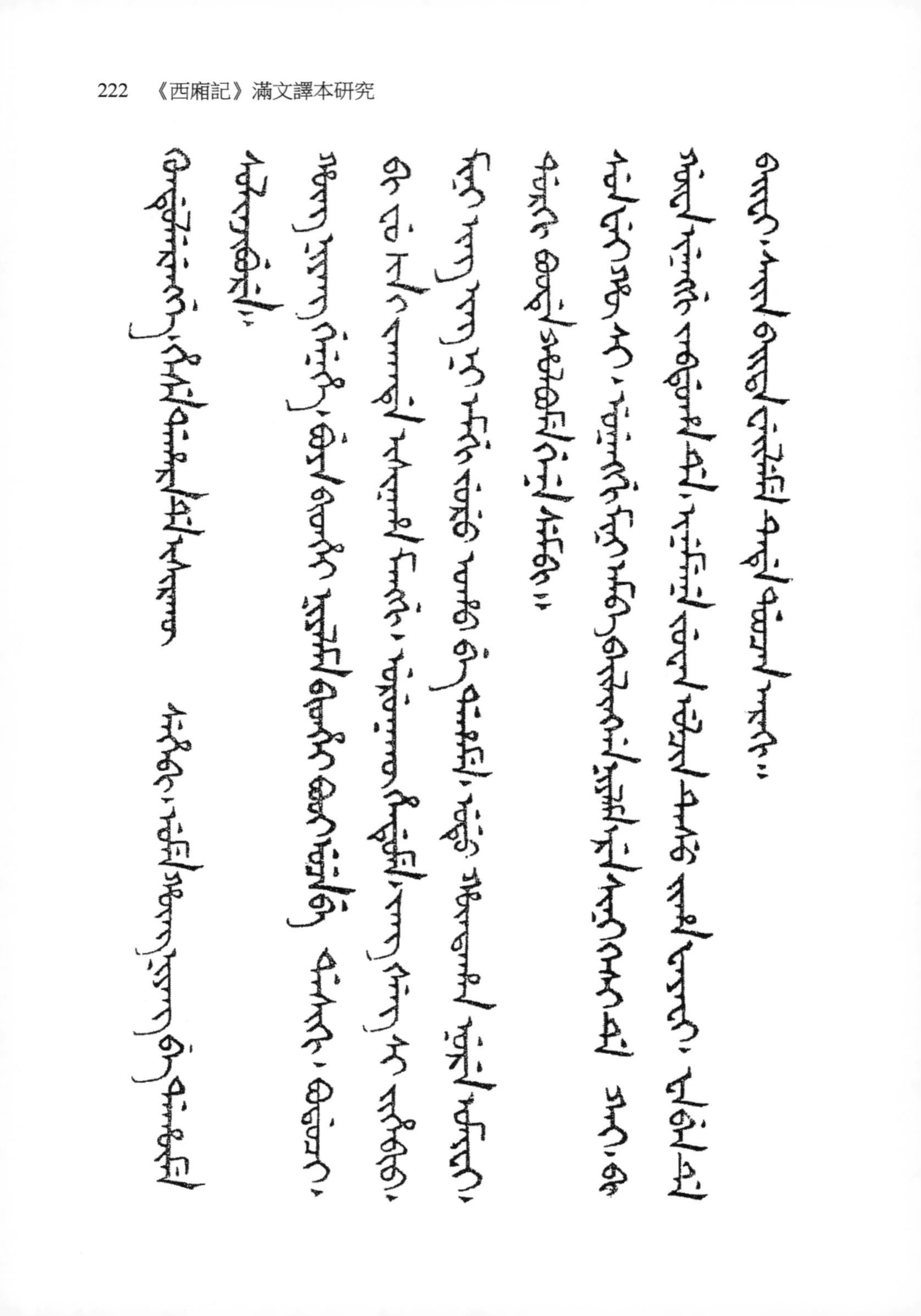

[illegible]
[illegible]
[illegible]
[illegible]
[illegible]
[illegible]
[illegible]
[illegible]
[illegible]

kundulerengge, hese dahara de isirakū sehebi, ume hūng niyang be dahūme solinjibure.
hūng niyang genehe, buya bithei niyalma bithei booi uce be dasiki, bodoci, bi fu žin i jakade isinaha manggi, urunakū hendume, jang šeng si jihebio, mini ing ing ni emgi juru oho be dahame, udu hūntaha nure omifi, dorgi boode holbome gene sembi.
sun fei hū si, unenggi mini amba bailingga niyalma ere sini kesi de kai, bi gūwa inenggi jabduha de, inemene juwan ulcin tesu jiha fayafi, fa ben de baifi, sain baita weileme tede doocan araki.

恭敬不如從命，休使紅娘再來請。
紅娘去了，小生拽上書院門者，想著：比及我到得夫人那裡，夫人道，張生你來了也，與俺鶯鶯做一對兒，飲兩杯酒，便去臥房裡做親，笑科。
孫飛虎你真是我大恩人也，多虧了他，我改日空閒，索破十貫足錢，央法本做好事起薦他。

恭敬不如从命，休使红娘再来请。
红娘去了，小生拽上书院门者，想着：比及我到得夫人那里，夫人道，张生你来了也，与俺莺莺做一对儿，饮两杯酒，便去卧房里做亲，笑科。
孙飞虎你真是我大恩人也，多亏了他，我改日空闲，索破十贯足钱，央法本做好事起荐他。

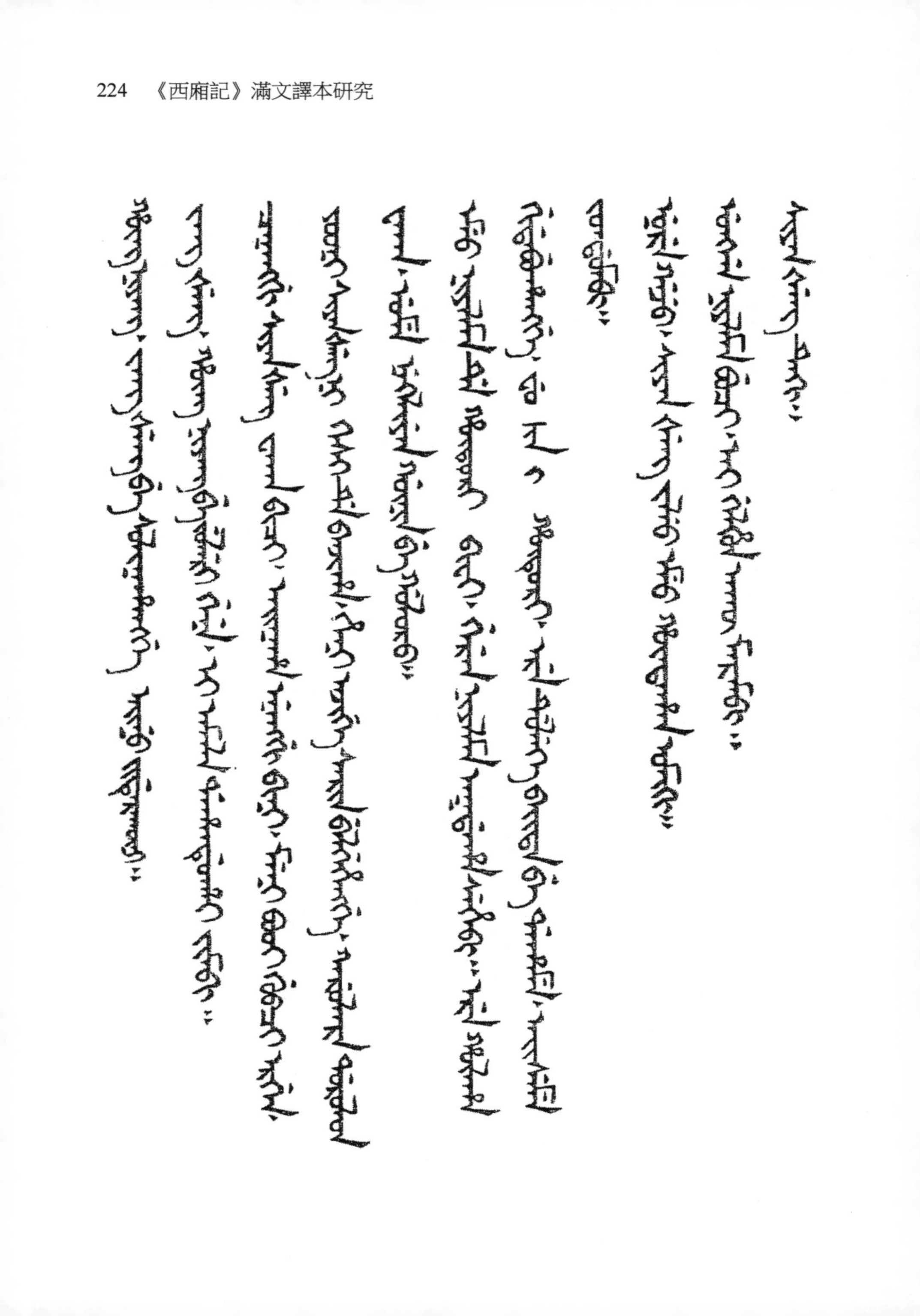

七、賴婚　第七章

hūng niyang, jang šeng be solinahangge ainu jiderakūni.
jang šeng, hūng niyang be juleri gene, i amala dahanduhai jimbi.
cananggi siyan šeng waka bici, ainaha enenggi bini, meni booi gubci ergen, yooni siyan šeng ni kesi de banjiha, heni ajige sarin belgehengge, karulara dorolon waka, ume nekeliyen gūnin be goloro.
emu niyalma de hūturi bifi, geren niyalma akdaha sehebi. ere hūlha gidabuhangge, fu žin i hūturi, ere duleke baita be dahame, aiseme jondombi.
nure gaju, siyan šeng jalu emu hūntahan omiki.
ungga niyalma buci, ai gelhun akū marambi.
siyan šeng teki.

紅娘去請張生，如何不見來？
張生著紅娘先行，他隨後便來也。
前日若非先生，焉有今日？我一家之命，皆先生所活，聊備小酌，非惟報禮，勿嫌輕意。
一人有慶，兆民賴之。此賊之敗，惟夫人之福。此為往事，不足掛齒。
將酒來，先生滿飲此一杯。
長者賜，不敢辭。
先生請坐。

红娘去请张生，如何不见来？
张生着红娘先行，他随后便来也。
前日若非先生，焉有今日？我一家之命，皆先生所活，聊备小酌，非惟报礼，勿嫌轻意。
一人有庆，兆民赖之。此贼之败，惟夫人之福。此为往事，不足挂齿。
将酒来，先生满饮此一杯。
长者赐，不敢辞。
先生请坐。

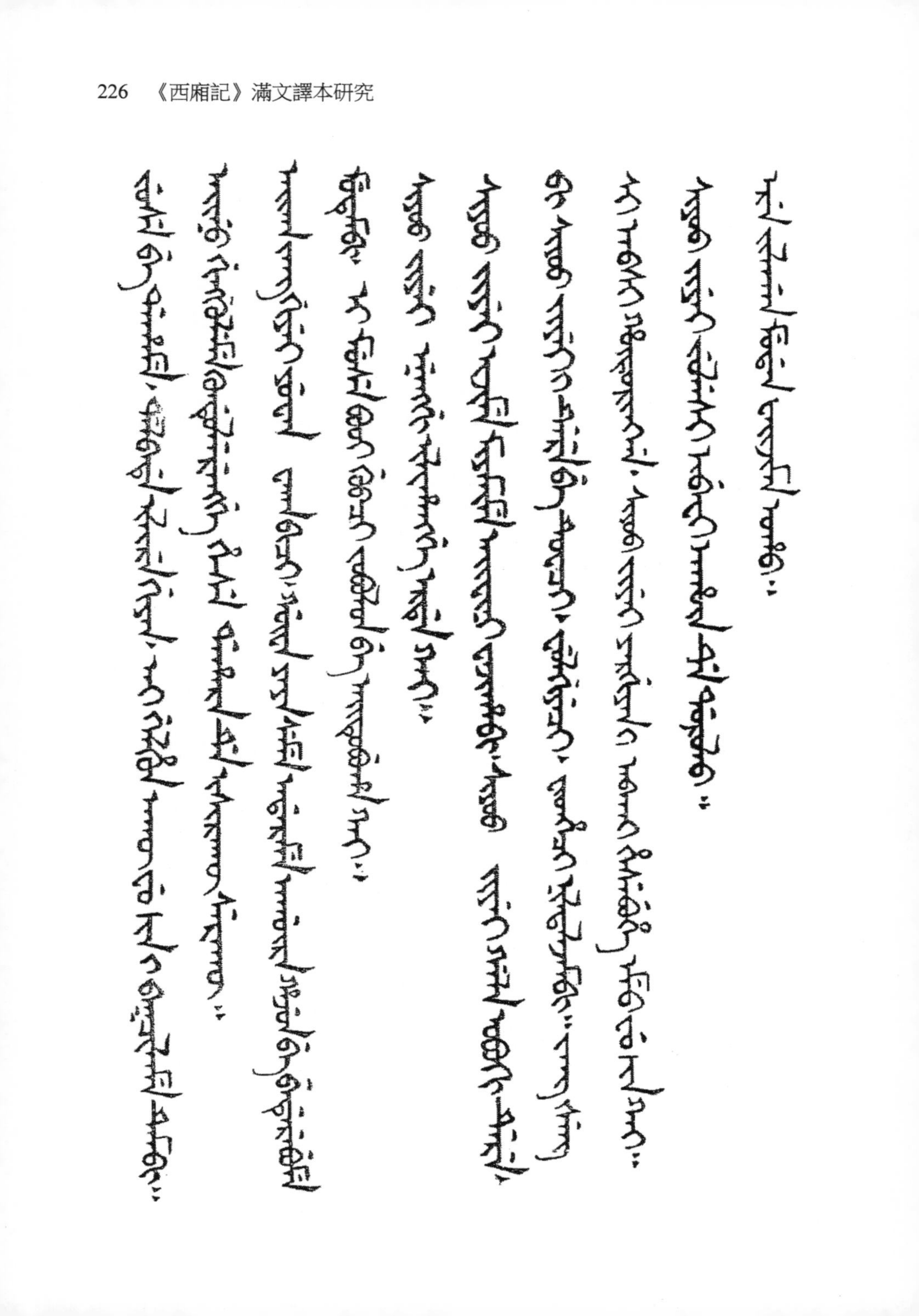

juse be dahame, dalbade ilire giyan, ai gelhun akū fu žin i bakcilame tembi.
ainu gingguleme kundulerengge hese dahara de isirakū serakū.
aika jang giyei yuwan waka bici, gūwa yaya seme adarame agūra hajun be bederebume mutembi, i muse booi gubci jobolon be aitubuha kai.
siyoo jiyei enenggi ilihangge erde kai.
siyoo jiyei ijime miyamime aifini wajihabi, siyoo jiyei gala oboki dere, bi siyoo jiyei i dere be tuwaci, fulgiyeci, fitheci niltalajambi. jang šeng si absi hūturingga, siyoo jiyei yargiyan i abkai hesebuhe emu fu žin kai.
siyoo jiyei julesi ibefi ahūn de dorolo.
ere jilgan mudan faijima oho.

小子禮當侍立，焉敢與夫人對坐。
道不得個恭敬不如從命。
若不是張解元，別一個怎退干戈，他救了咱全家禍。
小姐今日起得早也。
小姐梳粧早畢也，小姐洗手。我覷小姐臉兒，吹彈得破，張生你好有福也，小姐真乃天生就一位夫人。
小姐近前來拜了哥哥者。
這聲息不好也。

小子礼当侍立，焉敢与夫人对坐。
道不得个恭敬不如从命。
若不是张解元，别一个怎退干戈，他救了咱全家祸。
小姐今日起得早也。
小姐梳妆早毕也，小姐洗手。我觑小姐脸儿，吹弹得破，张生你好有福也，小姐真乃天生就一位夫人。
小姐近前来拜了哥哥者。
这声息不好也。

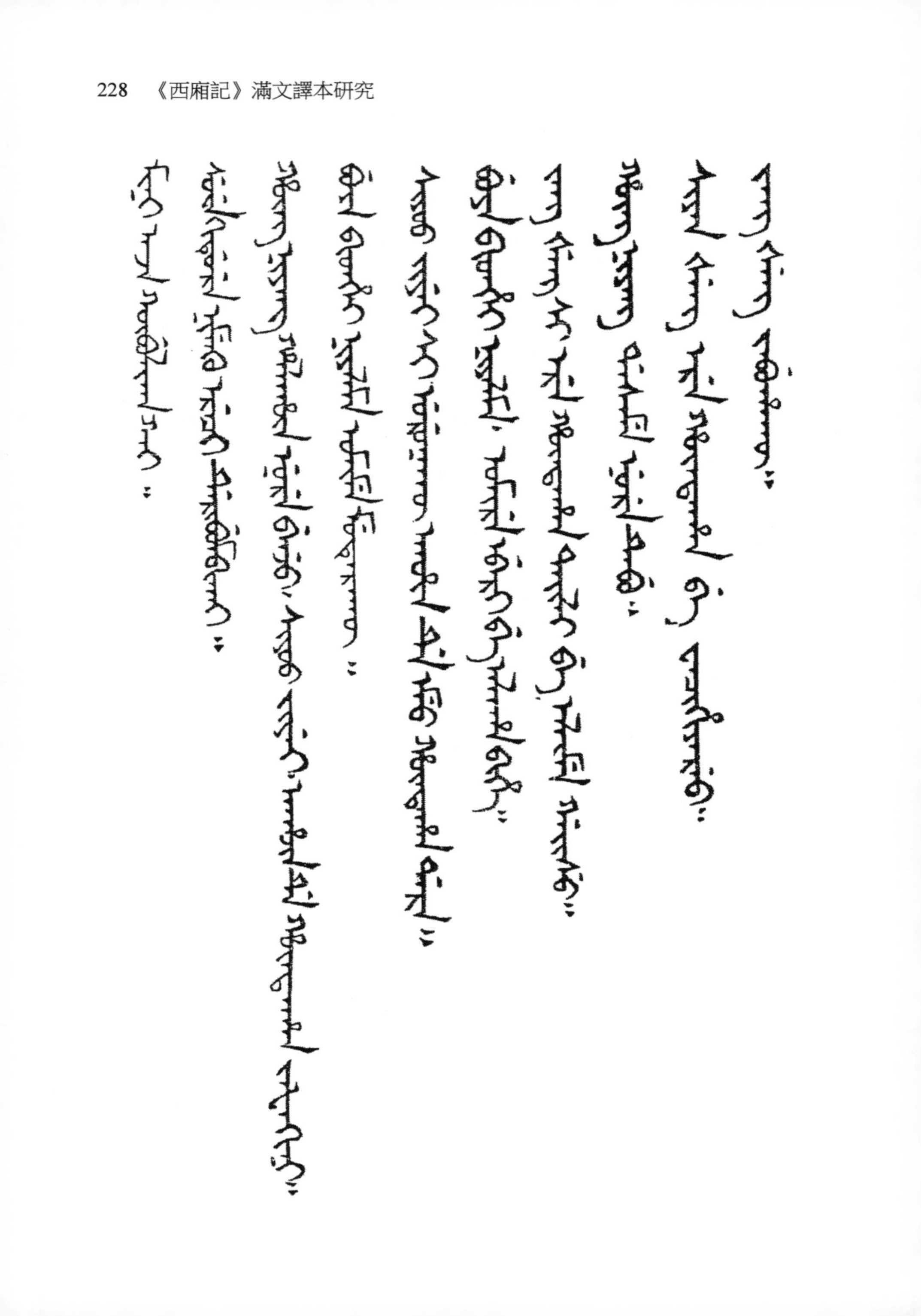

[illegible]

[illegible]

[illegible]

[illegible]

[illegible]

[illegible]

[illegible]

[illegible]

[illegible]

mini aja kūbulika kai.
suwe kidure nimeku ereci deribumbikai.
hūng niyang halhūn nure benju, siyoo jiyei, ahūn de hūntahan jafakini.
buya bithei niyalma omime muterakū.
siyoo jiyei si urunakū ahūn de emu hūntahan dara.
buya bithei niyalma, omire eberi be alaha bihe.
jang šeng si ere hūntahan taili be alime gaisu.
hūng niyang dasame nure tebu.
siyan šeng ere hūntahan be wacihiyareo.
jang šeng jabuhakū.

俺娘變了卦也。
這相思今番害也。
紅娘看熱酒來，小姐與哥哥把盞者。
小生量窄。
小姐你是必把哥哥一盞者。
說過小生量窄。
張生你接過臺盞者。
紅娘再斟酒科。
先生滿飲此杯。
張生不答科。

俺娘变了卦也。
这相思今番害也。
红娘看热酒来，小姐与哥哥把盏者。
小生量窄。
小姐你是必把哥哥一盏者。
说过小生量窄。
张生你接过台盏者。
红娘再斟酒科。
先生满饮此杯。
张生不答科。

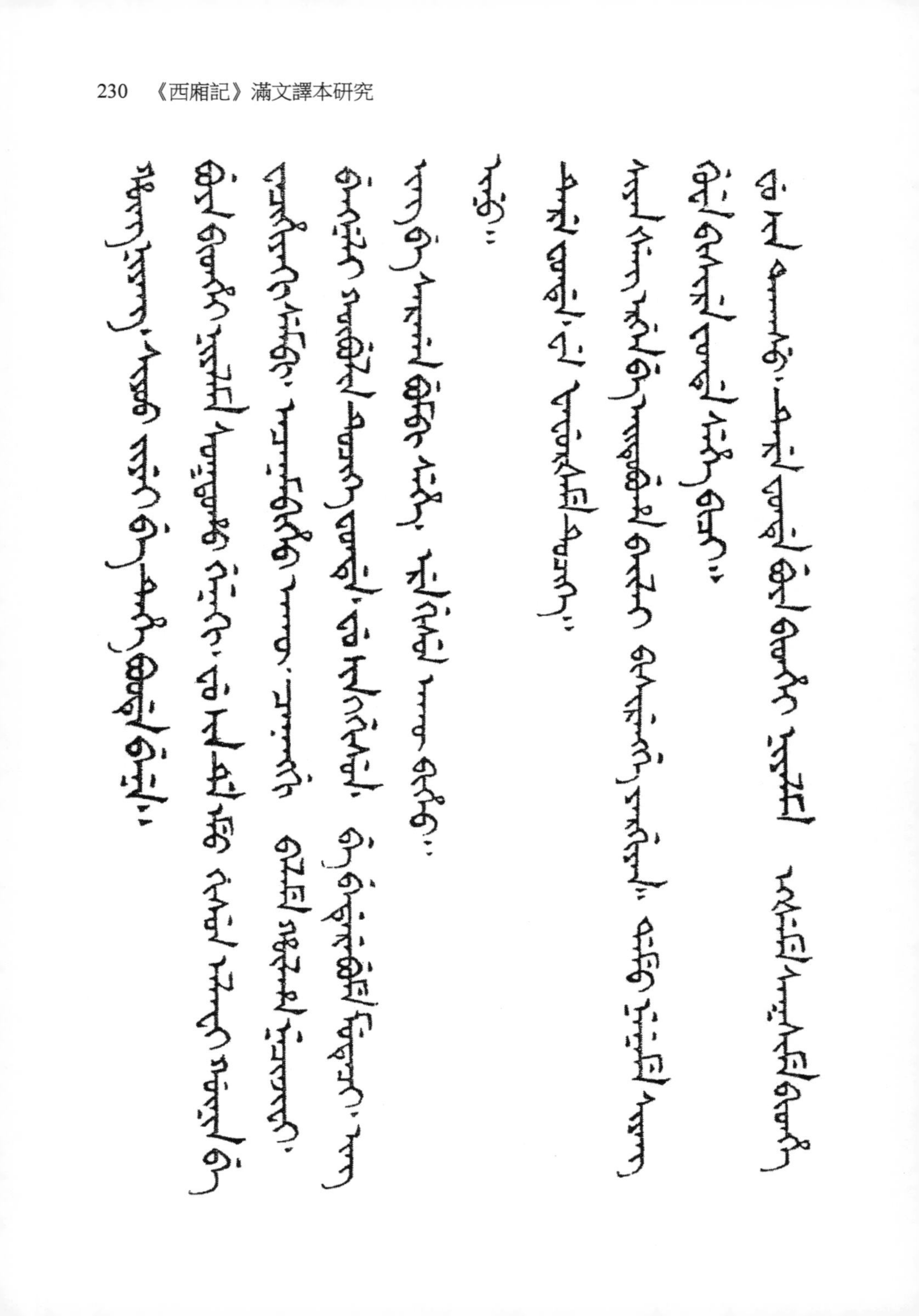

hūng niyang, siyoo jiyei be tehe boode bene.
buya bithei niyalma soktoho geneki, fu žin de emu gisun alafi gūnin be wacihiyaki sembi, acanambiheo akū, cananggi balame hūlha necinjifi, bengneli kūbulin tucike fonde, fu žin i gisun, be bederebume muteci, ing ing be sargan bumbi sehe, ere gisun akū biheo.
inu.
tere fonde, we fafuršame tucike.
siyan šeng ergen be aitubuha baili bisirengge yargiyan. damu neneme siyang guwe bisire fonde sehe bici.
fu žin takasu, tere fonde buya bithei niyalma ekšeme saksime bithe

---

紅娘送小姐臥房裡去者。
小生醉也告退，夫人跟前欲一言盡意，未知可否？前者狂賊思逞，變在倉卒。夫人有言，能退賊者，以鶯鶯妻之，是曾有此語否？
有之。
當此之時，是誰挺身而出？
先生實有活命之恩，奈先相國在日。
夫人却請住者，當時小生疾忙作書，

红娘送小姐卧房里去者。
小生醉也告退，夫人跟前欲一言尽意，未知可否？前者狂贼思逞，变在仓卒。夫人有言，能退贼者，以莺莺妻之，是曾有此语否？
有之。
当此之时，是谁挺身而出？
先生实有活命之恩，奈先相国在日。
夫人却请住者，当时小生疾忙作书，

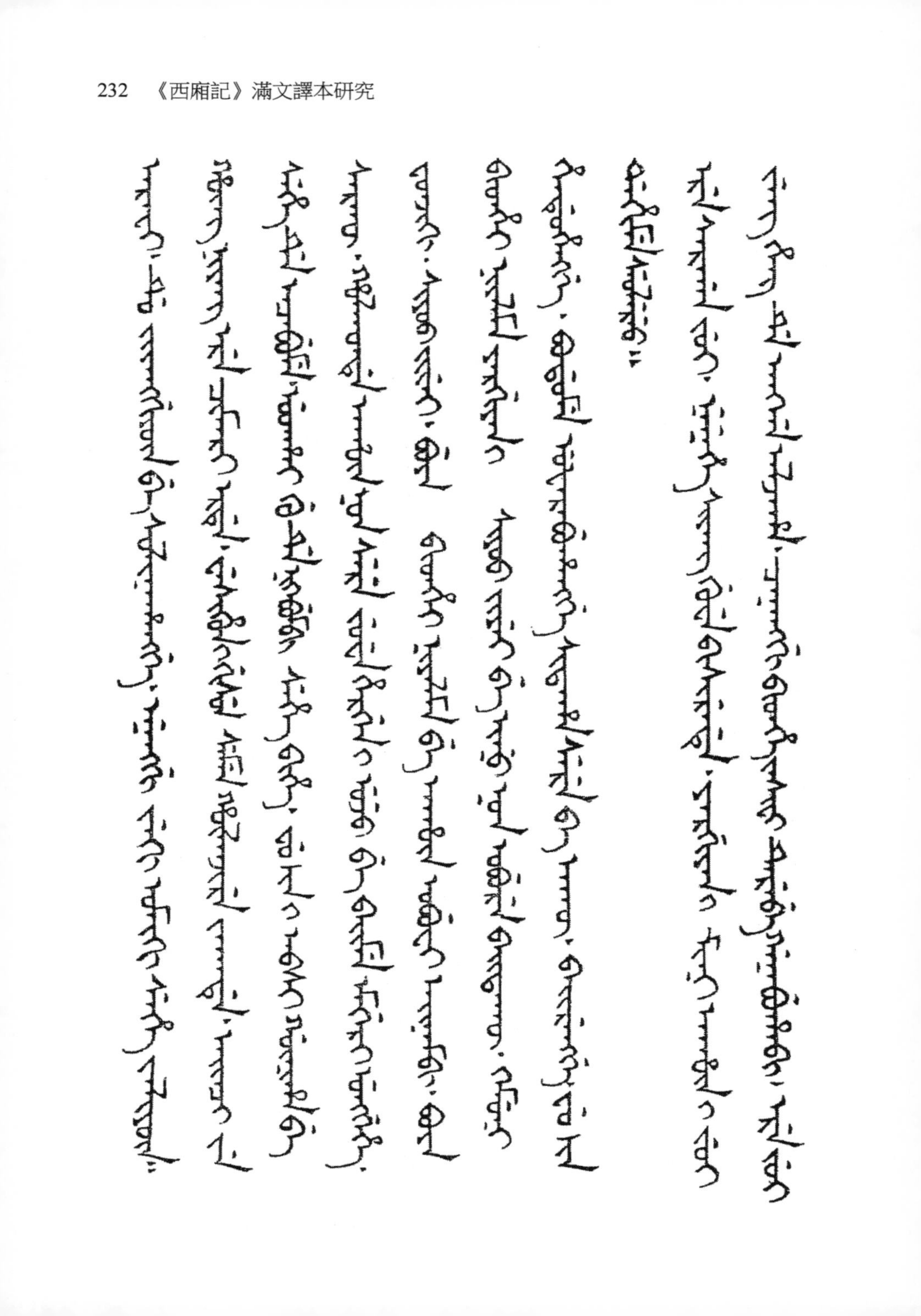

arafi, du jiyanggiyūn be solinahangge, enenggi jeki omiki sehe jaliyūn.
hūng niyang ere cimari erde, wesihun i gisun seme hūlanjire jakade, ainci je sehe de acabume, uthai gu de nikebumbi sehe bihe, fu žin i absi gūniha be sarkū, holkonde ahūn non sere juwe hergen i uju be baime emgeri unggihe, fonjiki, siyoo jiyei, buya bithei niyalma be ahūn obufi ainambi, buya bithei niyalma yargiyan i siyoo jiyei be inu non obure baitakū, kemuni henduhengge, bodome ufarabuhangge sitaha sere ba akū, bairengge, fu žin dahime seolereo.
ere sargan jui, nenehe siyang guwe bisirede, yargiyan i mini ahūn i jui jeng heng de angga aljaha, cananggi bithe jasifi terebe ganabuhabi, ere jui

---

請杜將軍來，徒為今日餔啜也乎？
今早紅娘傳命相呼，將謂永踐金諾，快成倚玉，不知夫人何見。忽以兄妹二字撓頭一蓋，請問小姐何用小生為兄？若小生真不用小姐為妹，常言：算錯非遲，還請夫人三思。
這個小女，先相國在日，實已許下老身姪兒鄭恒，前日發書，曾去喚他，

请杜将军来，徒为今日餔啜也乎？
今早红娘传命相呼，将谓永践金诺，快成倚玉，不知夫人何见。忽以兄妹二字挠头一盖，请问小姐何用小生为兄？若小生真不用小姐为妹，常言：算错非迟，还请夫人三思。
这个小女，先相国在日，实已许下老身侄儿郑恒，前日发书，曾去唤他，

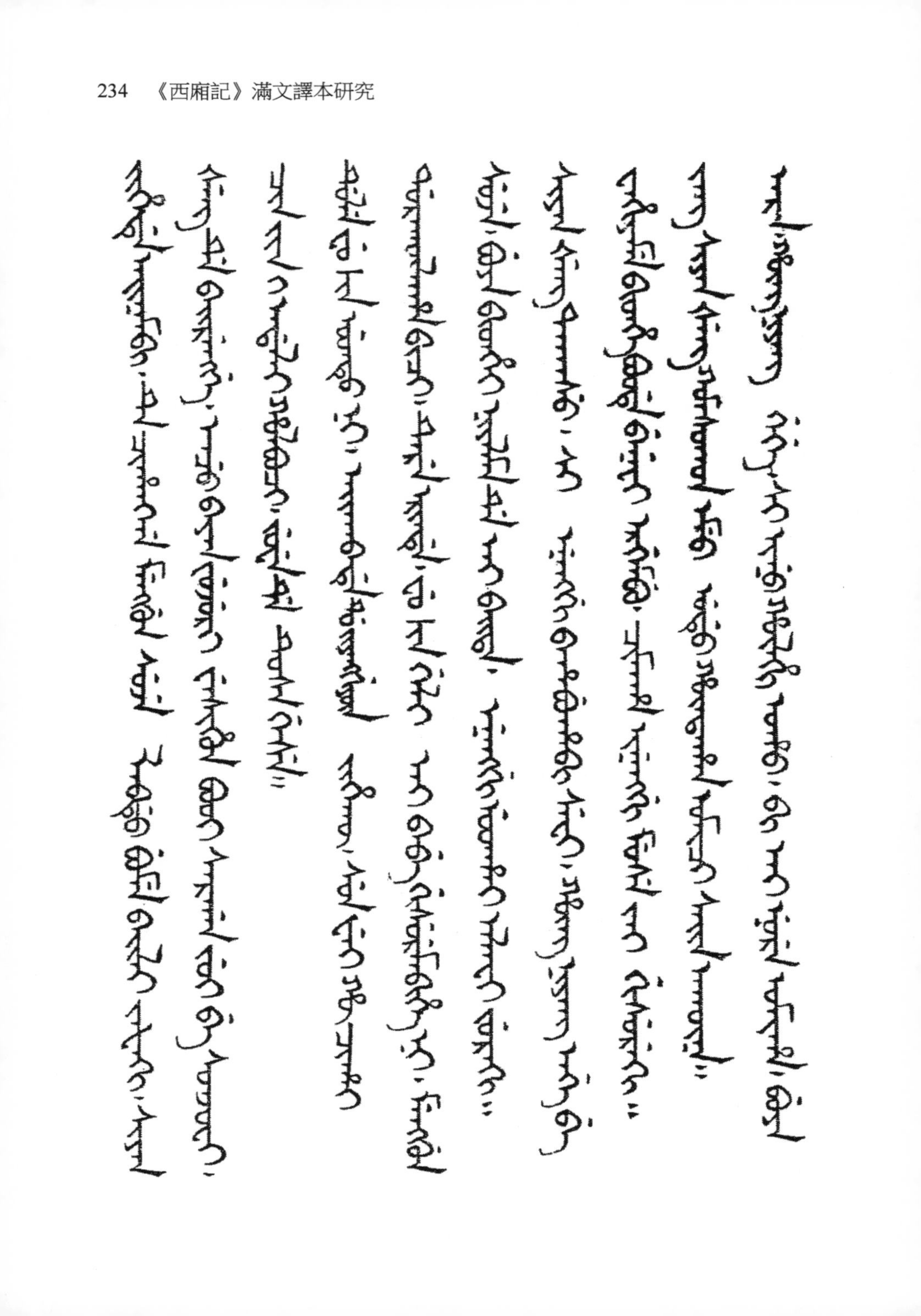

[illegible]

[illegible]

[illegible]

[illegible]

[illegible]

[illegible]

[illegible]

[illegible]

[illegible]

[illegible]

[illegible]

jihede ainambi, te cihangga menggun suje labdu bume baili jafaki, siyan šeng de bairengge, encu bayan fujuri wesihun booi sargan jui be sonjofi, cin jin i adali holboci juwe de tusa gese.
dule fu žin uttu ni, aikabade du jiyanggiyūn jihekū, sun fei hū cihai dorakūlaha bici, tere erinde, fu žin geli ai babe gisurembihe ni, menggun suje, buya bithei niyalma de ai baita, enenggi uthai alafi juraki.
siyan šeng takasu, si enenggi bahabuhabi sefi, hūng niyang age be wahiyame bithe boode benefi ergembu, cimaha inenggi muse jai gisureki.
jang siyan šeng komsokon emu udu hūntahan omici sain akūna.
ara, hūng niyang gege, si inu hūlhi oho, bi ai nure omiha, buya

---

此子若至將如之何？如今情願多以金帛奉酬，願先生別揀豪門貴宅之女，各諧秦晉，似為兩便。
原來夫人如此，只不知杜將軍若是不來，孫飛虎公然無禮，此夫人又有何說？小生何用金帛，今日便索告別。
先生住者，你今日有酒了也，紅娘扶哥哥去書房中歇息，到明日嗜別有話說。
張先生少吃一杯却不是好？
哎呀！紅娘姐，你也糊突，我吃甚麼酒來？

此子若至将如之何？如今情愿多以金帛奉酬，愿先生别拣豪门贵宅之女，各谐秦晋，似为两便。
原来夫人如此，只不知杜将军若是不来，孙飞虎公然无礼，此夫人又有何说？小生何用金帛，今日便索告别。
先生住者，你今日有酒了也，红娘扶哥哥去书房中歇息，到明日嗜别有话说。
张先生少吃一杯却不是好？
哎呀！红娘姐，你也糊突，我吃甚么酒来？

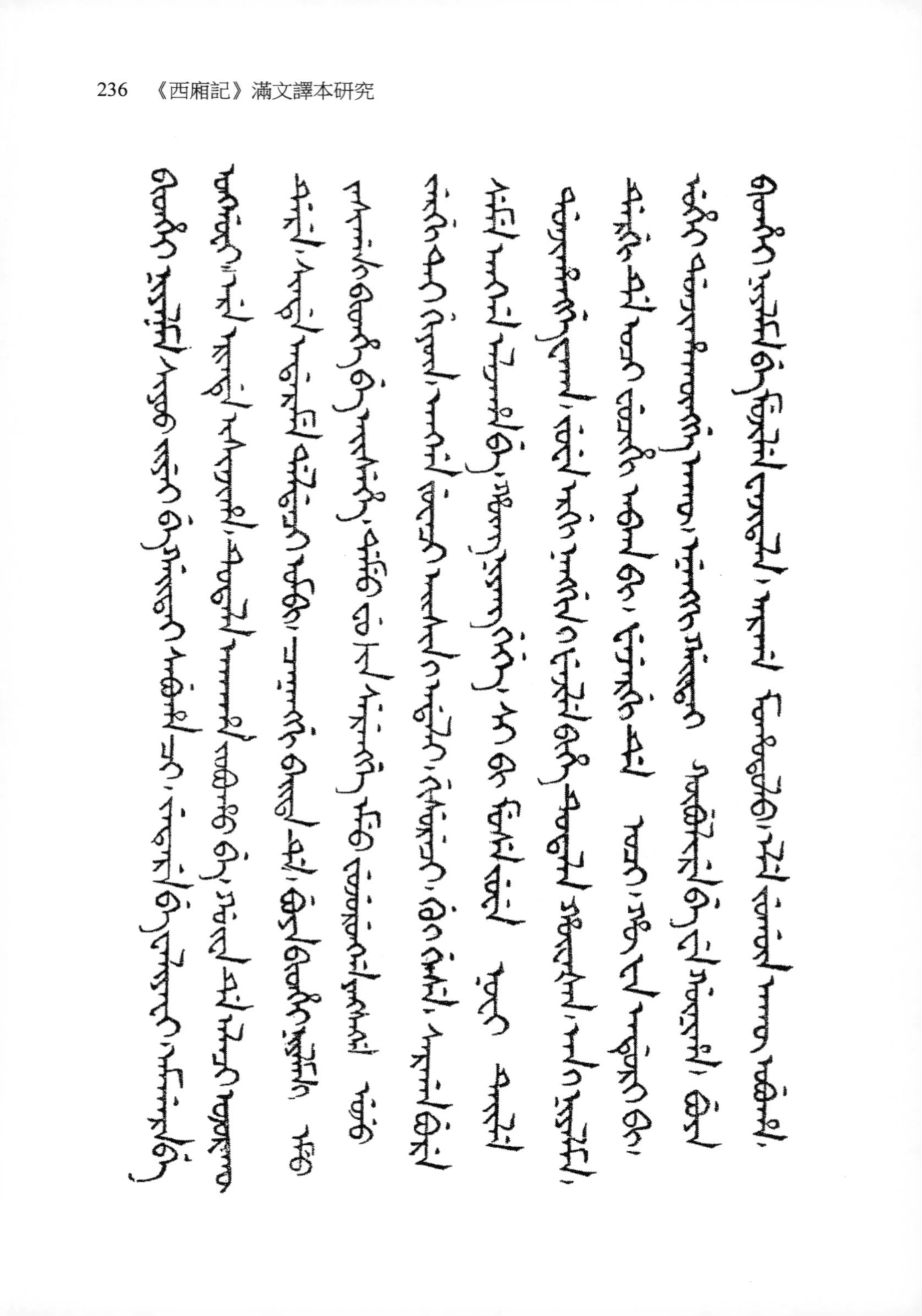

bithei niyalma siyoo jiyei be gaitai sabuha ci, jetere be waliyafi, amgara be onggofi, ere erinde isinjiha, tutala akaha joboho be, gūwa de alaci ojorakū dere, sinde adarame daldaci ombi. cananggi baita de, buya bithei niyalma i emu jasigan i bithe be aisehe, damu fu žin serengge emu fujurungga yangsangga uju jergi tai giyūn, angga juwaci aisin i adali, gisureci, gu i gese, sargan bure seme angga aljaha be, hūng niyang gege, si bi muse juwe nofi teile donjihangge waka, juwe ergi nanggin i fejile bihe tutala hūwašan, an i niyalma, dergi de oci fucihi abka bi, fejergi de oci, hū fa enduri bi, uhei donjihakūngge akū. enenggi gaitai kūbulire be we gūniha, buya bithei niyalma be mujilen wajitala, arga mohotolo, ele jugūn akū obuha,

---

小生自從見小姐，忘餐廢寢，直到如今受無限苦楚，不可告訴他人，須不敢瞞你。前日之事，小生這一封書本何足道，只是夫人堂堂一品太君，金口玉言，許以婚姻之約，紅娘姐這不是你我二人獨聽見的，兩廊下無數僧俗，乃至上有佛天，下有護法，莫不共聞。不料如今忽然變卦，使小生心盡計窮，更無出路，

小生自从见小姐，忘餐废寝，直到如今受无限苦楚，不可告诉他人，须不敢瞒你。前日之事，小生这一封书本何足道，只是夫人堂堂一品太君，金口玉言，许以婚姻之约，红娘姐这不是你我二人独听见的，两廊下无数僧俗，乃至上有佛天，下有护法，莫不共闻。不料如今忽然变卦，使小生心尽计穷，更无出路，

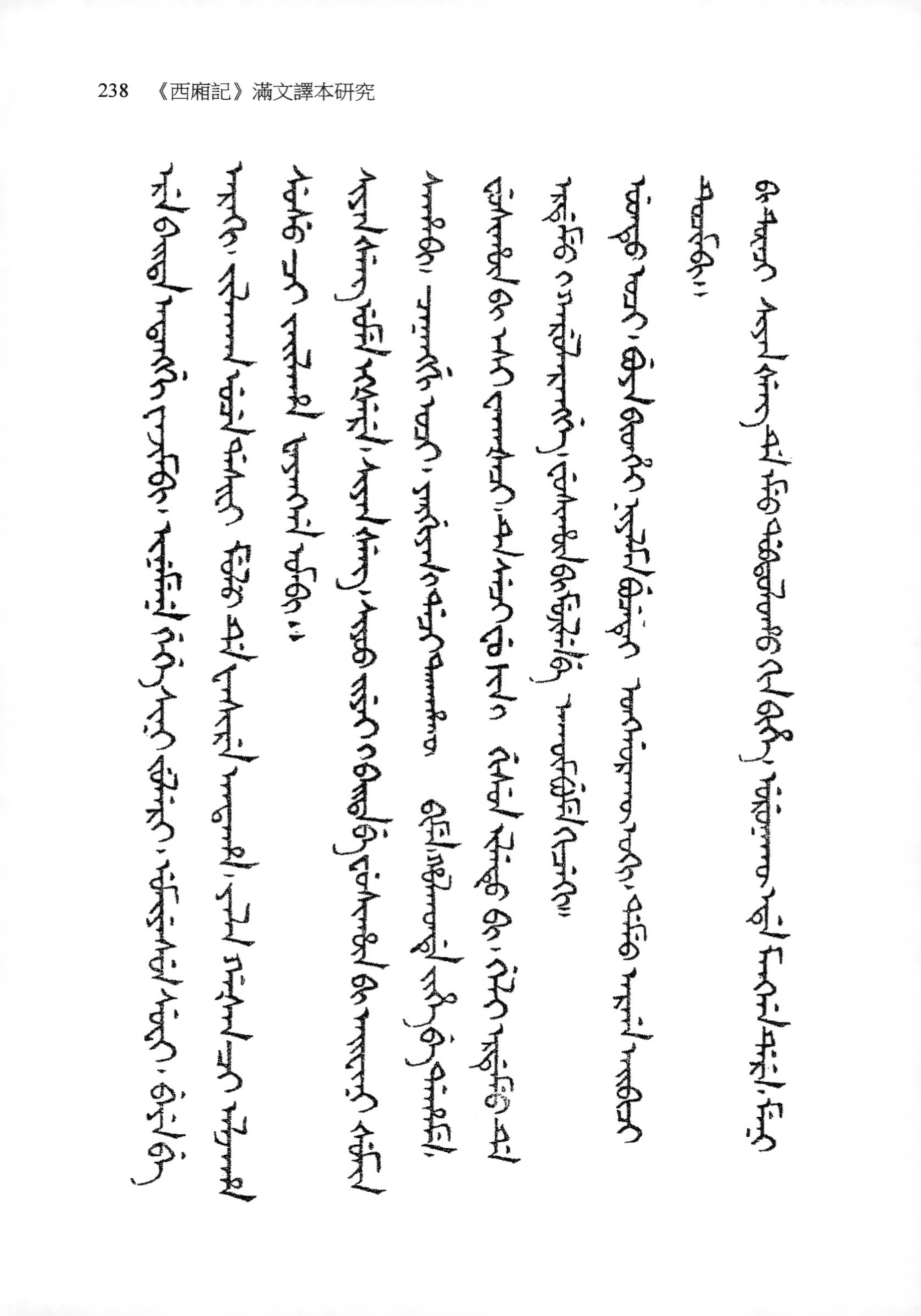

ere baita atanggi wajimbi, inemene gege sini juleri, umiyesun sufi, beye be araki, jilakan uce dasifi mulu de fasire antaha, yala gašan ci aljaha susu ci jailaha fayangga ombi.
siyan šeng ume ekšere, siyan šeng, siyoo jiyei i baita be fusihūn bi aifini šumin sahabi, cananggi oci, yargiyan i daci takahakū bime, holkonde jihe be dahame, fusihūn bi esi wakašaci, te seci fu žin i gisun iletu bi, geli erdemu de erdemu i karularangge, fusihūn bi mujilen be akūmbume kiceki.
uttu oci, buya bithei niyalma bucetei onggorakū oki, damu arga aibici tucimbi.
bi tuwaci siyan šeng de emu dobtoloho kin bihe, urunakū ede mangga dere, meni

---

此事幾時是了，只就小娘子跟前只索解下腰帶尋個自盡，可憐閉戶懸樑客，真作離鄉背井魂。
先生休謊，先生之於小姐，妾已觀之深矣，其在前日，真為素昧平生，突如其來，難怪妾之得罪，至於今日，夫人實有成言，況是以德報德，妾當盡心謀之。
如此小生生死不忘，只是計將安出？
妾見先生有琴一張，必善於此，

此事几时是了，只就小娘子跟前只索解下腰带寻个自尽，可怜闭户悬梁客，真作离乡背井魂。
先生休谎，先生之于小姐，妾已观之深矣，其在前日，真为素昧平生，突如其来，难怪妾之得罪，至于今日，夫人实有成言，况是以德报德，妾当尽心谋之。
如此小生生死不忘，只是计将安出？
妾见先生有琴一张，必善于此，

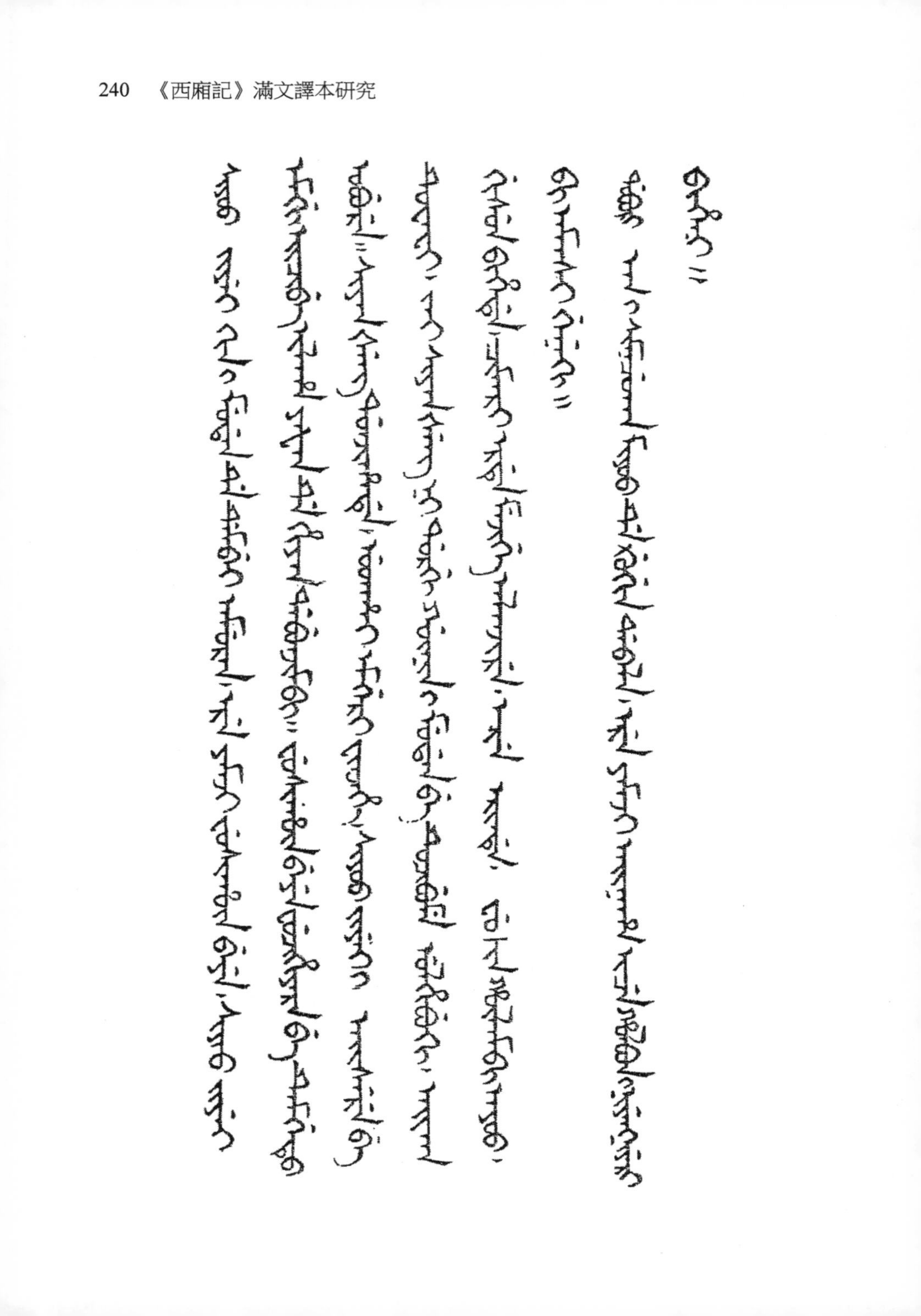

[illegible]

siyoo jiyei kin i mudan de dembei amuran, ere yamji fusihūn beye, siyoo jiyei emgi eicibe ilha yafan de hiyan dabunjimbi. fusihūn beye fucihiyara be temgetu obure, siyan šeng donjihade, uthai emgeri fithe, siyoo jiyei i aisere be tuwafi, jai siyan šeng ni dorgi gūnin i mudan be tucibume ulhibuki, aika gisun bihede, cimari erde mejige alanjire, ere erinde, fu žin hūlambi ayoo, bi amasi geneki.
dobori an i simnacuka miyoo de g'ogin dabala, ere yamji ainaha ice holbon i niyengniyeri biheni.

俺小姐酷好琴音，今夕妾與小姐少不得花園燒香，妾以咳嗽為號，先生聽見，便可以彈，看小姐說甚言語，便將先生衷曲稟知，若有話說，明早來回報，這早晚怕夫人呼喚，我只索回去。
依舊夜來蕭寺寡，何曾今夕洞房春

俺小姐酷好琴音，今夕妾与小姐少不得花园烧香，妾以咳嗽为号，先生听见，便可以弹，看小姐说甚言语，便将先生衷曲禀知，若有话说，明早来回报，这早晚怕夫人呼唤，我只索回去。
依旧夜来萧寺寡，何曾今夕洞房春。

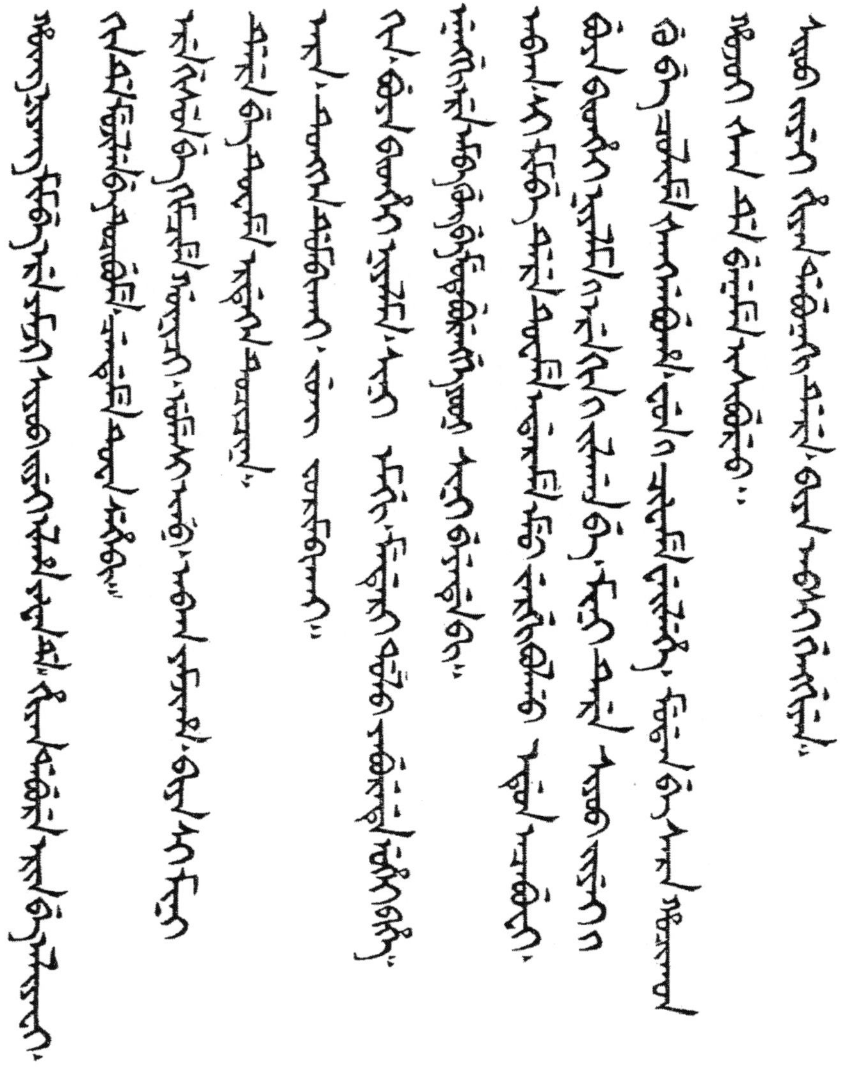

八、琴心　第八章

hūng niyang mimbe ere yamji siyoo jiyei ilha yafan de, hiyan dabure erin be aliyafi, kin de mujilen be tucibume, cendeme tuwa sehebi.
ere gisun be kimcime gūnici, umesi inu, abka yamjiha, biya si mini dere be tuwame erdeken tucicina.
ara, tungken dumbikai, jung forimbikai.
kin, buya bithei niyalma, sini emgi, mederi dolo yaburede uhei bihe.
enenggi ere amba gung be muteburengge yooni sini beyede bi.
abka, si mimbe dere tuwame adarame emu jergi bolgo edun acabufi, buya bithei niyalma i ere kin i jilgan be, mini tere siyoo jiyei i gu be colime šanggabuha, fun i cifame weilehe, mudan be sara hocikon hojoi šan de beneme isibureo.
siyoo jiyei hiyan dabunaki dere, biya absi genggiyen.

紅娘教我今夜花園中待小姐燒香時，把琴心探聽他。
尋思此言，深有至理，天色晚也，月兒你與分上不能早些出來呵!
呀!恰早發擂也，早撞鐘也。
琴呵，小生與你潮海相隨。
今日這場大功只在你身上。
天那，你與分上怎生借得一陣輕風，將小生這琴聲送到我那小姐的玉琢成粉捏就，知音俊俏耳朵裡去者。
小姐燒香去來，好明月也。

红娘教我今夜花园中待小姐烧香时，把琴心探听他。
寻思此言，深有至理，天色晚也，月儿你与分上不能早些出来呵!
呀!恰早发擂也，早撞钟也。
琴呵，小生与你潮海相随。
今日这场大功只在你身上。
天那，你与分上怎生借得一阵轻风，将小生这琴声送到我那小姐的玉琢成粉捏就，知音俊俏耳朵里去者。
小姐烧香去来，好明月也。

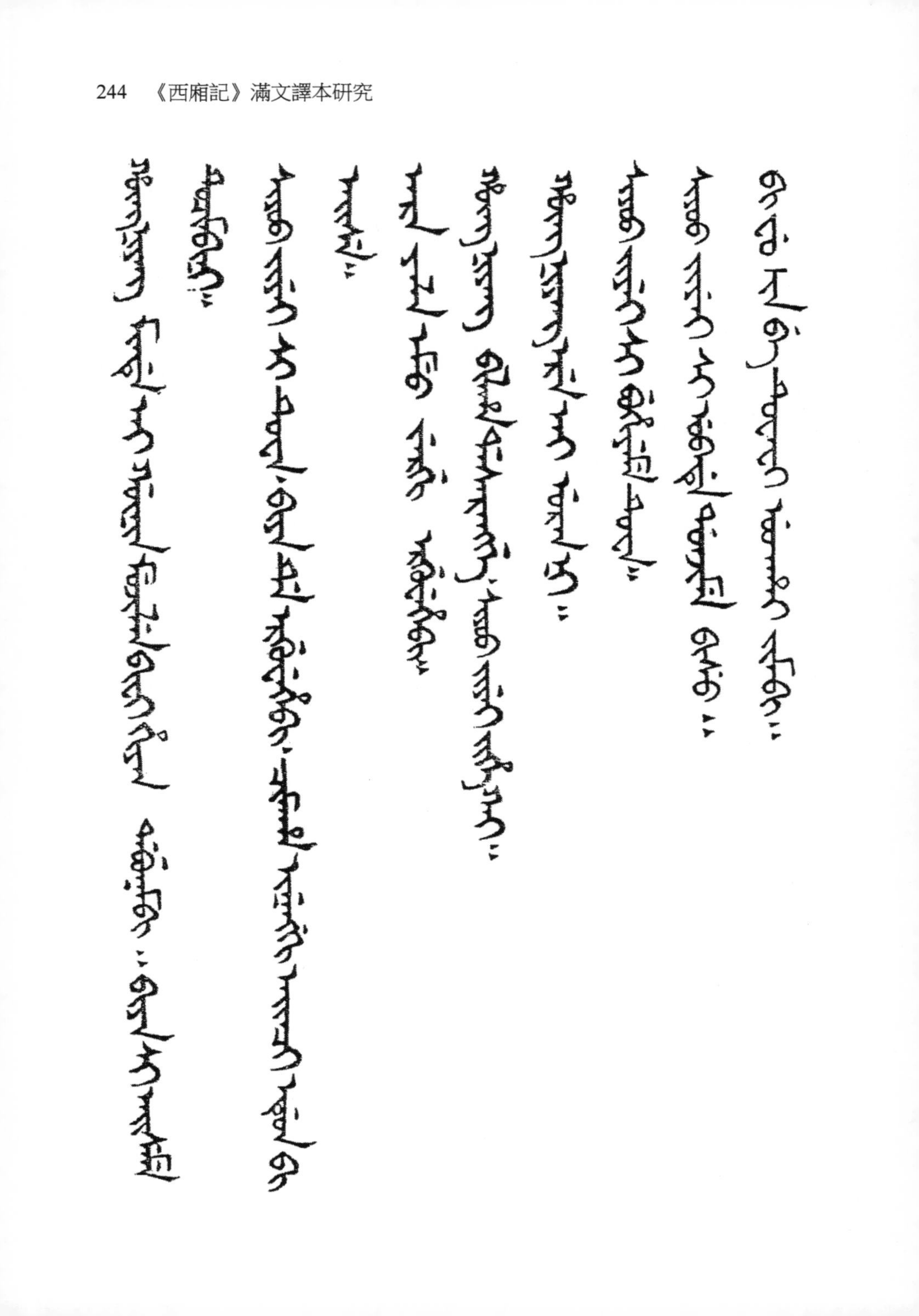

hūng niyang minde ai gūnin mujilen bifi hiyan dabunambi.biya si aiseme tucimbini.
siyoo jiyei si tuwa, biya de erguwehebi, cimaha inenggi ainci edun bi aise.
ara yala emu jergi erguwehebi.
hūng niyang bilha dasarangge, siyoo jiyei jihe kai.
hūng niyang ere ai uran ni.
siyoo jiyei si buhiyeme tuwa.
siyoo jiyei si ubade donjime bisu.
bi fu žin be tuwafi uthai jimbi.

紅娘我有甚心情燒香來？月兒呵，你出來做甚那？
小姐你看月闌，明日敢有風也。
呀!果然一個月闌。
是紅娘姐咳嗽，小姐來了也。
紅娘這是甚麼響？
小姐你猜咱。
小姐你住這裡聽者。
我瞧夫人便來。

红娘我有甚心情烧香来？月儿呵，你出来做甚那？
小姐你看月阑，明日敢有风也。
呀!果然一个月阑。
是红娘姐咳嗽，小姐来了也。
红娘这是甚么响？
小姐你猜咱。
小姐你住这里听者。
我瞧夫人便来。

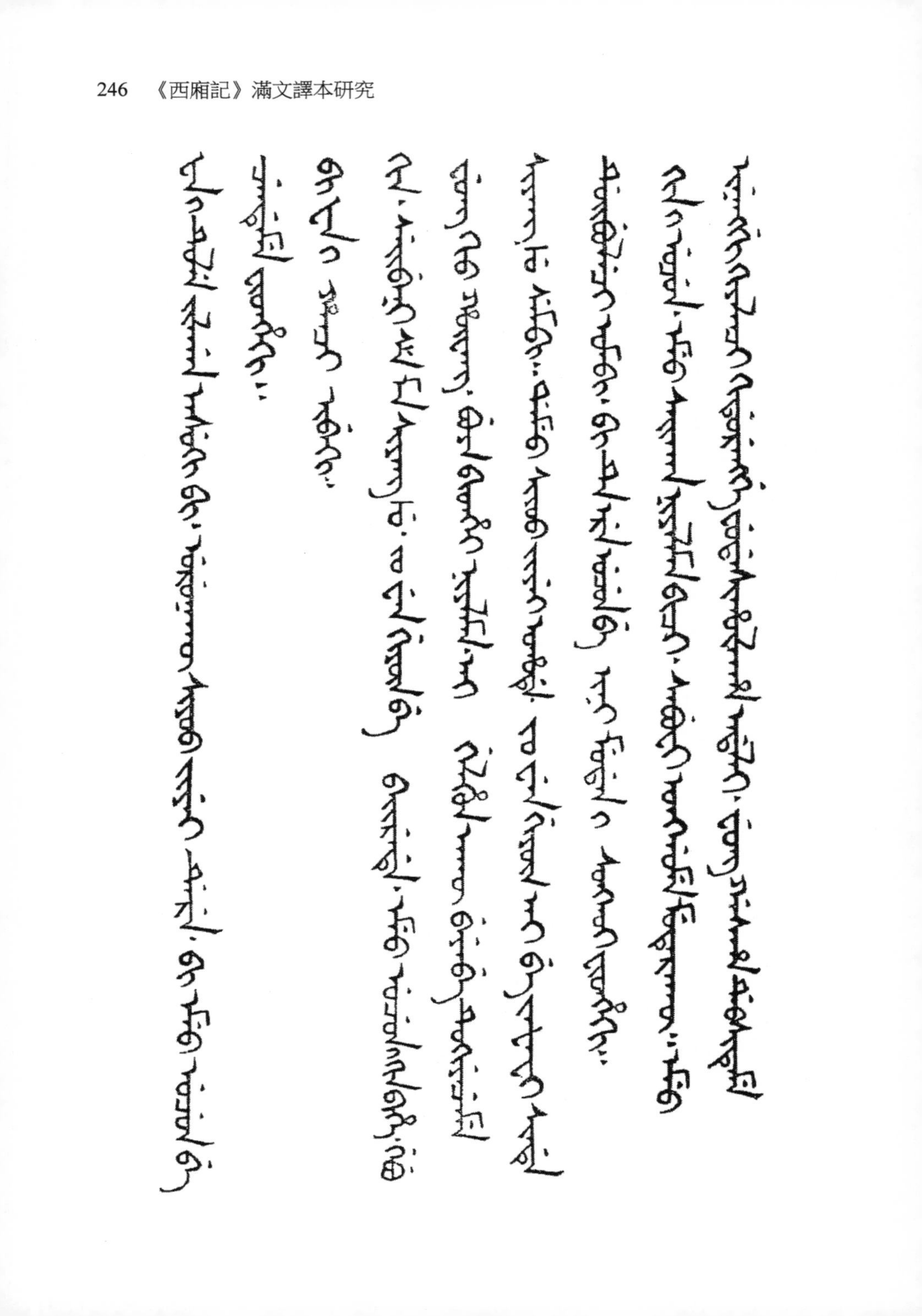

[illegible]

[illegible]

[illegible]

[illegible]

[illegible]

[illegible]

[illegible]

[illegible]

[illegible]

fa i tule jilgan asuki bi, urunakū siyoo jiyei dere, bi emu ucun be cendeme fitheki.
bi fa i hanci ibeki.
kin, seibeni sy ma siyang žu, jo wen giyūn be bairede, emu ucun i kin bihe, gebu fung kio hūwang, buya bithei niyalma, ai gelhun akū beyebe tukiyeceme siyang žu sembi. damu siyoo jiyei ohode, jo wen giyūn ai be jafafi sinde duibuleci ombi, bi te ere ucun be ini mudan i songkoi fitheki.
kin i ucun, emu saikan niyalma bici, sabufi onggome muterakū. emu inenggi kiyalaci kidurengge fudasihūlaha adali, fung gasha debsiteme

---

窗外微有聲息，一定是小姐，我試彈一曲。
我近這窗邊者。
琴呵，昔日司馬相如求卓文君，曾有一曲，名曰文鳳求凰，小生豈敢自稱為相如。只是小姐呵，教文君將甚來比得你，我今便將此曲，依譜彈之。
琴曰，有一美人兮，見之不忘。日不見兮，思之如狂，鳳飛翱翔兮，

窗外微有声息，一定是小姐，我试弹一曲。
我近这窗边者。
琴呵，昔日司马相如求卓文君，曾有一曲，名曰文凤求凰，小生岂敢自称为相如。只是小姐呵，教文君将甚来比得你，我今便将此曲，依谱弹之。
琴曰，有一美人兮，见之不忘。日不见兮，思之如狂，凤飞翱翔兮，

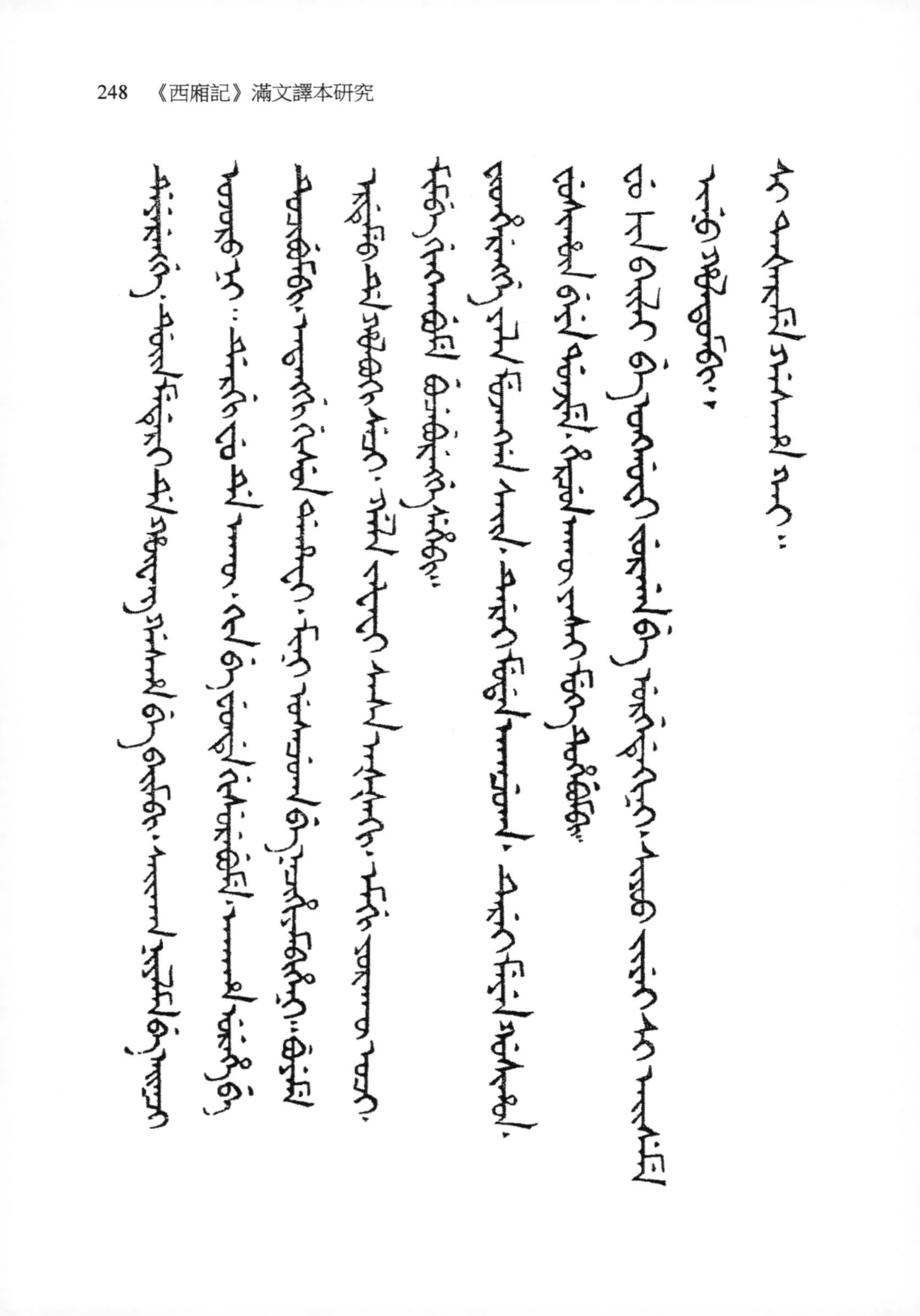

deyerengge, duin mederi de hūwang gasha be baimbi, saikan niyalma be ainaci ojoro ni. dergi fu de akū, kin be funde gisurebume, akaha urehe be tucibumbi, atanggi gisun dahafi, mini usacuka be nacihiyambiheni. buyeme erdemu de holboki seci, gala jafafi sasa aššaki, emgi yorakū oci, mimbe gingkabume buceburengge sehebi.
fitherengge yala mujangga sain, terei mudan akacuka, terei meyen gosihon, fusihūn beye donjime, hercun akū yasai muke tuhebumbi.
fu žin baili be onggofi jurgan be urgedekini, siyoo jiyei si aiseme inu holtombi.
si tašarame gasaha kai.

四海求凰，無奈佳人兮，不在東墻，張琴代語兮，欲訴衷腸，何時見許兮，慰我徬徨。願言配德兮，攜手相將，不得于飛兮，使我淪亡。
是彈得好也呵，其音哀，其節苦，使妾聞之，不覺淚下。夫人忘恩負義，只是小姐你却不宜說謊呵。
你錯怨了也。

四海求凰，无奈佳人兮，不在东墙，张琴代语兮，欲诉衷肠，何时见许兮，慰我彷徨。愿言配德兮，携手相将，不得于飞兮，使我沦亡。
是弹得好也呵，其音哀，其节苦，使妾闻之，不觉泪下。夫人忘恩负义，只是小姐你却不宜说谎呵。
你错怨了也。

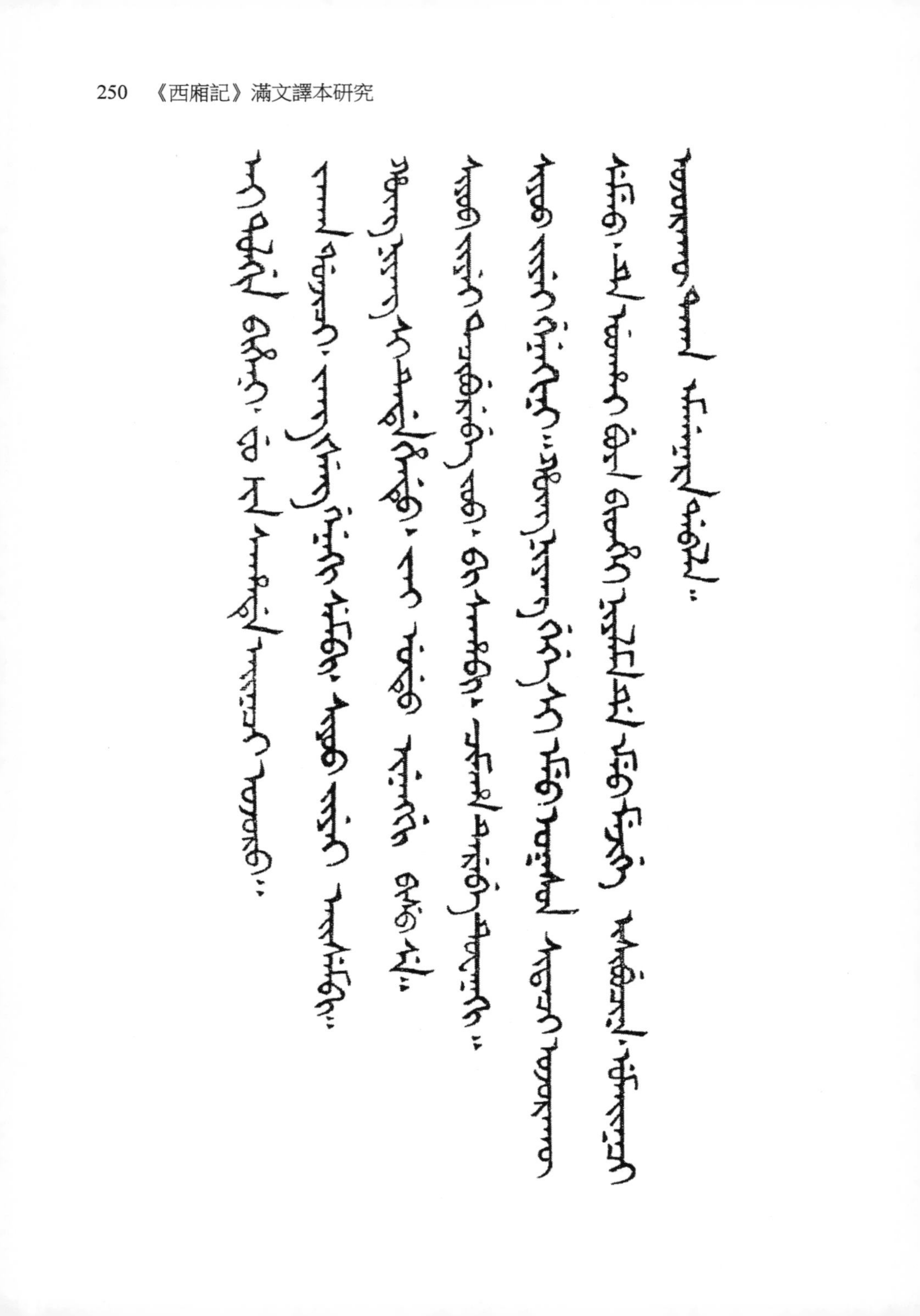

[illegible]

[illegible]

[illegible]

[illegible]

[illegible]

[illegible]

[illegible]

ai tolgin biheni, fu žin sahade ainaci ojoro.
jakan donjici, jang šeng geneki sembi, siyoo jiyei aisembi.
hūng niyang si tede hendu, jai udu inenggi bisu se.
siyoo jiyei taciburebe joo, bi sahabi, cimaha terebe tuwanaki.
siyoo jiyei genekini. hūng niyang gege si emu okson sitaci ojorakū semeo, te uthai buya bithei niyalma de emu mejige isibucina, umainaci ojorakū taka amganara dabala.

甚麼夢中，那夫人知道怎了？
適纔聞得張生要去也，小姐却是怎處？
紅娘你便與他說，再住兩三日兒。
小姐不必分付，我知道了也，明日我看他去。
小姐去了也。紅娘呵，你便遲不得一步兒，今夜便回覆小生波，沒奈何且只得睡去。

甚么梦中，那夫人知道怎了？
适纔闻得张生要去也，小姐却是怎处？
红娘你便与他说，再住两三日儿。
小姐不必分付，我知道了也，明日我看他去。
小姐去了也。红娘呵，你便迟不得一步儿，今夜便回复小生波，没奈何且只得睡去。

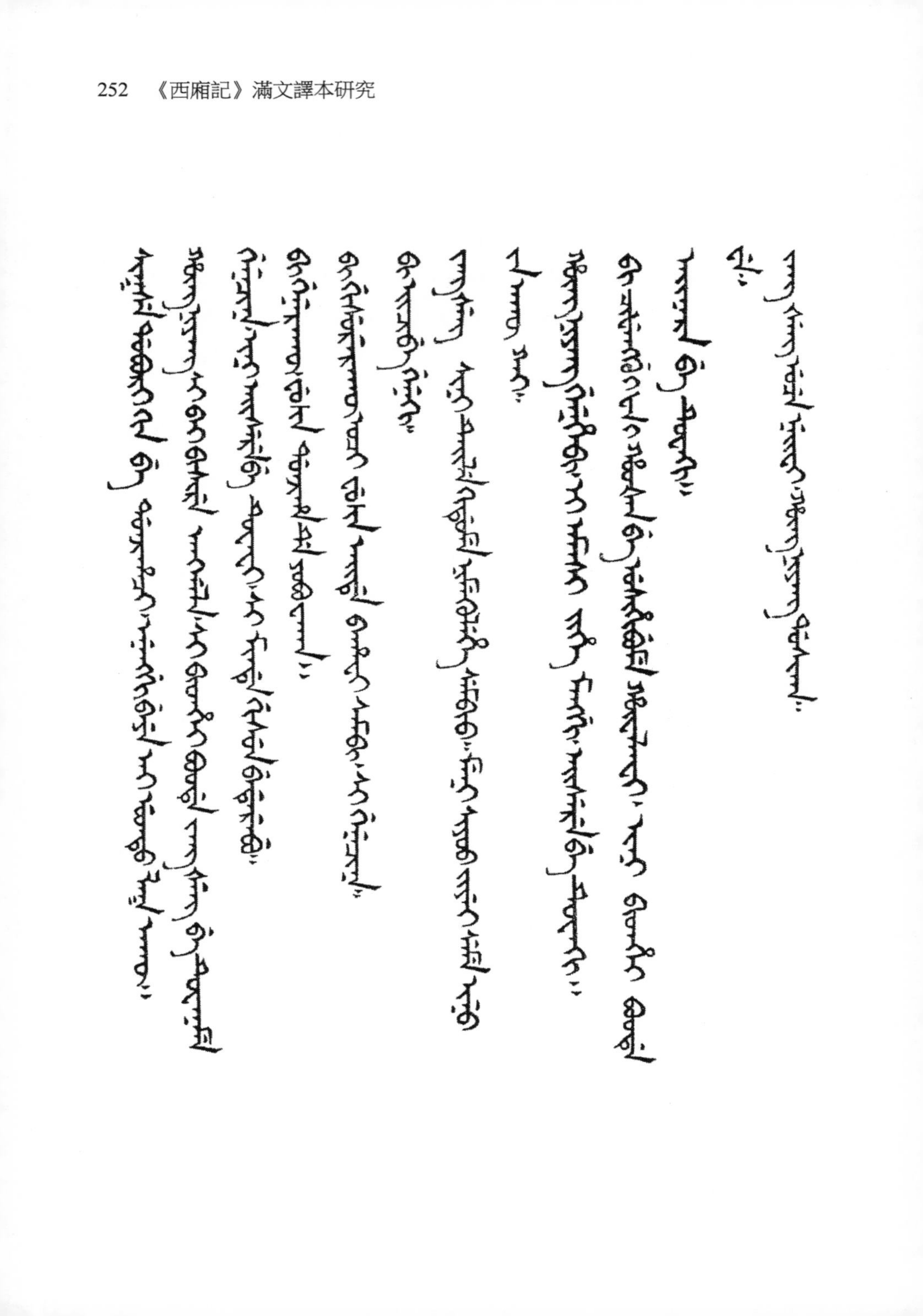

九、前候　第九章

sikse dobori kin be donjihaci, enenggi beye ai uttu lak akū.
hūng niyang si bai bisire anggala, si bithei boode jang šeng be tuwaname genecina, ini aisere be tuwafi, si minde gisun bederebu.
bi generakū, fu žin donjiha de yobo waka.
bi gisurerakū oci fu žin aide bahafi sambi, si genecina.
bi eicibe geneki.
jang šeng sini teile kidume nimekulehe sembio. meni siyoo jiyei seme inu ja akū kai.
hūng niyang genehebi, i amasi jihe manggi, aisere be tuwaki.
bi cifenggu i fa i hoošan be usihibume hūwalafi, ini bithei boode ainara be tuwaki.
we.
jang šeng uce neifi, hūng niyang dosika.

自昨夜聽琴，今日身子這般不快呵，紅娘你左右閒著，你到書院中看張生一遭，看他說甚麼？你來回我話者。
我不去，夫人知道呵，不是耍。
我不說夫人怎得知道，你便去咱。
我去便了。
單說張生你害病？俺的小姐也不弱。
紅娘去了，看他回來說甚麼？
我把唾津兒潤破紙窗，看他書房裡作甚麼那？
是誰？
張生開門，紅娘入科。

自昨夜听琴，今日身子这般不快呵，红娘你左右闲着，你到书院中看张生一遭，看他说甚么？你来回我话者。
我不去，夫人知道呵，不是耍。
我不说夫人怎得知道，你便去咱。
我去便了。
单说张生你害病？俺的小姐也不弱。
红娘去了，看他回来说甚么？
我把唾津儿润破纸窗，看他书房里作甚么那？
是谁？
张生开门，红娘入科。

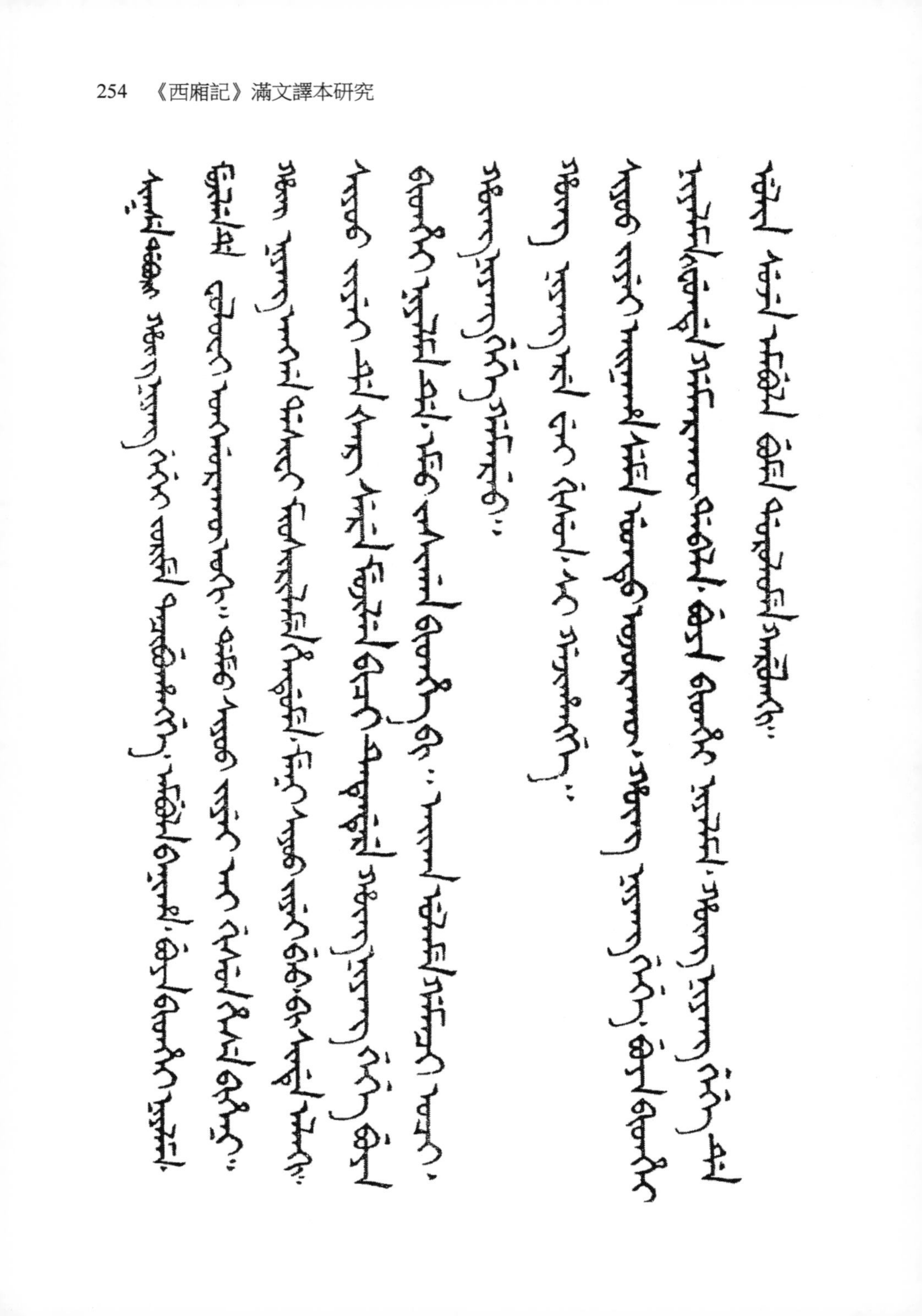

sikse dobori hūng niyang gegei jorime tacibuhangge, ambula baniha, buya bithei niyalma, mujilen de folofi onggorakū oki. damu siyoo jiyei ai gisun hese biheni?
hūng niyang angga dasifi miosirilame hendume, meni siyoo jiyei beo, bi sinde alaki.
siyoo jiyei de šar sere mujilen bici tetendere hūng niyang gege buya bithei niyalma de, emu jasigan bithe bi. aika ulame gamaci oci, hūng niyang gege gamareo.
hūng niyang ere wei gisun, si gajihangge.
siyoo jiyei ainaha seme uttu ojorakū, hūng niyang gege, buya bithei niyalma i funde gamarakū dabala, buya bithei niyalma, hūng niyang gege de ulin suje ambula bume dorolome karulaki.

夜來多謝紅娘姐指教，小生銘心不忘，只是不知小姐可曾有甚言語？
紅娘掩口笑云：俺小姐麼，俺可要說與你。
小姐既有見憐之心，紅娘姐小生有一簡可敢寄得去，紅娘姐帶回。
紅娘這是誰的言語？你將來。
小姐決不如此，只是紅娘姐不肯與小生將去。
小生多以金帛拜酬紅娘姐。

夜来多谢红娘姐指教，小生铭心不忘，只是不知小姐可曾有甚言语？
红娘掩口笑云：俺小姐么，俺可要说与你。
小姐既有见怜之心，红娘姐小生有一简可敢寄得去，红娘姐带回。
红娘这是谁的言语？你将来。
小姐决不如此，只是红娘姐不肯与小生将去。
小生多以金帛拜酬红娘姐。

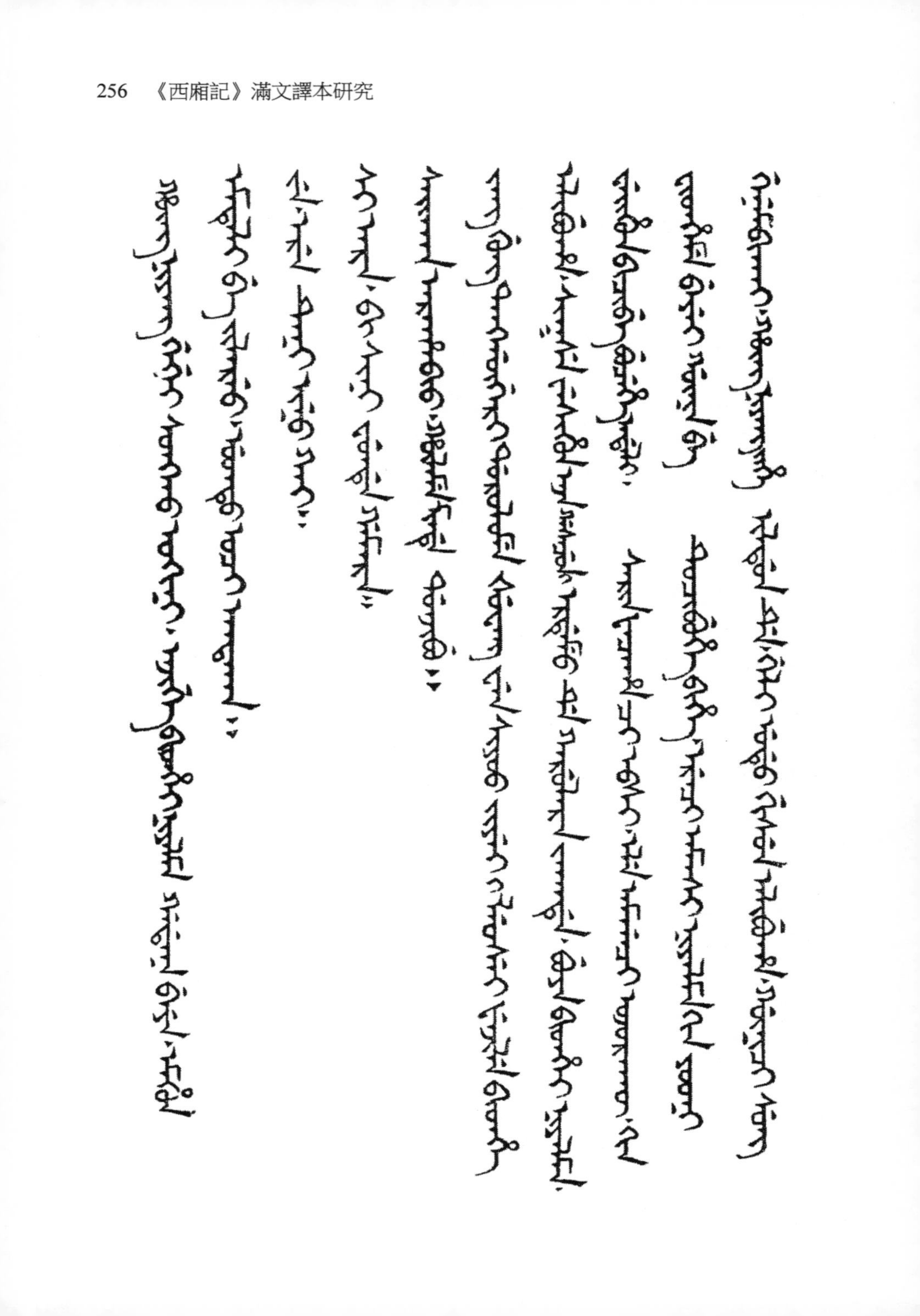

hūng niyang gegei songko okini, ajige bithei niyalma gadana beye, emhun emteli be jilareo, uttu oci antaka.
je, ere teni inu kai.
si ara, bi sini funde gamara.
saikan arahabio? hūlame minde donjibu.
jang gung tanggūgeri dorolome šuwang wen siyoo jiyei i leosei fejile bithe alibuha, sikse wesihun aja gasacun i erdemu de karulara jakade, buya bithei niyalma, weihun bicibe bucehe adali, sarin facaha ci ebsi, ele amgaci ojorakū, kin fitheme beyei gūnin be tucibuhe bihe. ereci amasi niyalma kin yooni genembikai, hūng niyang jihe ildun de, geli udu gisun alibuha, gūnici sung

---

依著紅娘姐，可憐見小子隻身獨自，這如何？
兀的不是也。
你寫波，俺與你將去。
寫得好呵？念與我聽。
張珙百拜奉書雙文小姐閣下：昨尊慈以怨報德，小生雖生猶死，筵散之後，不復成寐，曾托稿梧自鳴情抱亦見，自今以後人琴俱去矣，因紅娘來，又奉數字，意者

依着红娘姐，可怜见小子只身独自，这如何？
兀的不是也。
你写波，俺与你将去。
写得好呵？念与我听。
张珙百拜奉书双文小姐阁下：昨尊慈以怨报德，小生虽生犹死，筵散之后，不复成寐，曾托稿梧自鸣情抱亦见，自今以后人琴俱去矣，因红娘来，又奉数字，意者

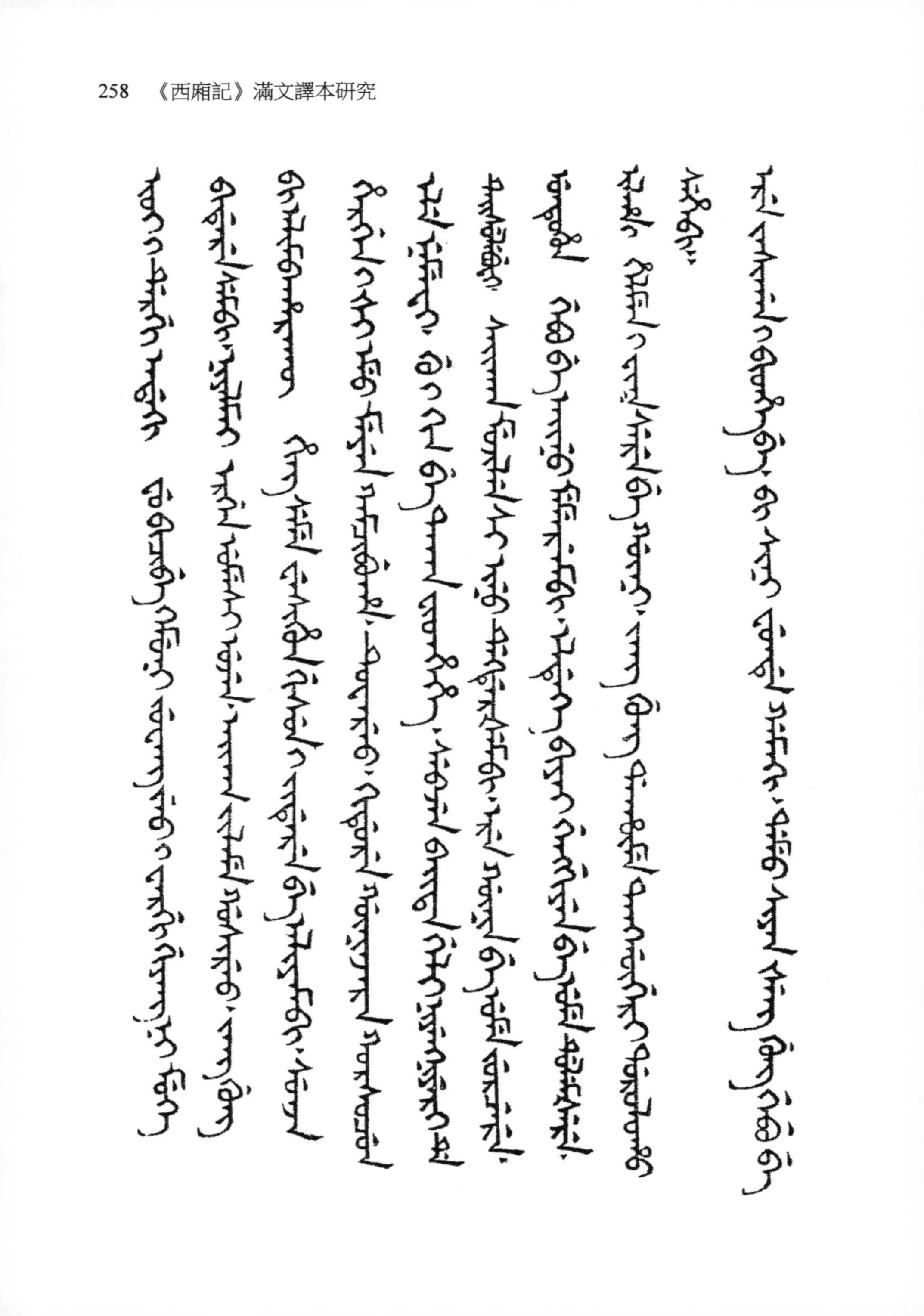

ioi i dergi adaki fu bicibe kemuni juwang jeo i wargi giyang ni muke bidere sembi. niyalmai ergen umesi ujen, aika jilame gosireo, jang gung bi alimbaharakū hing seme wesihun gisun i jidere be aliyambi. sunja hergen i ši emu meyen kamcibuha, tuwareo. kidure gūninjara korsocun ele nemefi, gu i kin be taka fithehe. sebjen baita geli niyengniyeri de teisulebufi, saikan mujilen si inu dekderšembi. ere gūnin be ume jurcere, untuhun gebu be ainu memerembi. eldeke biyai genggiyen be ume dulemšere, ilha i helmen i fik sere be gūni. jang gung dahūme tanggūgeri doroloho sehebi.
ere jasigan i bithe be, bi sini funde gamaki, damu siyan šeng gung gebu be

---

宋玉東隣之墻，尚有莊周西江之水。人命至重，或蒙矜恤，珙可勝悚仄待命之至。附五言詩一首，伏惟賜覽。相思恨轉添，漫把瑤琴弄。樂事又逢春，芳心爾亦動。此情不可違，虛譽何須奉。莫負月華明，且憐花影重。張珙再百拜。
這簡帖兒，我與你將去，只是先生

宋玉东邻之墙，尚有庄周西江之水。人命至重，或蒙矜恤，珙可胜悚仄待命之至。附五言诗一首，伏惟赐览。相思恨转添，漫把瑶琴弄。乐事又逢春，芳心尔亦动。此情不可违，虚誉何须奉。莫负月华明，且怜花影重。张珙再百拜。
这简帖儿，我与你将去，只是先生

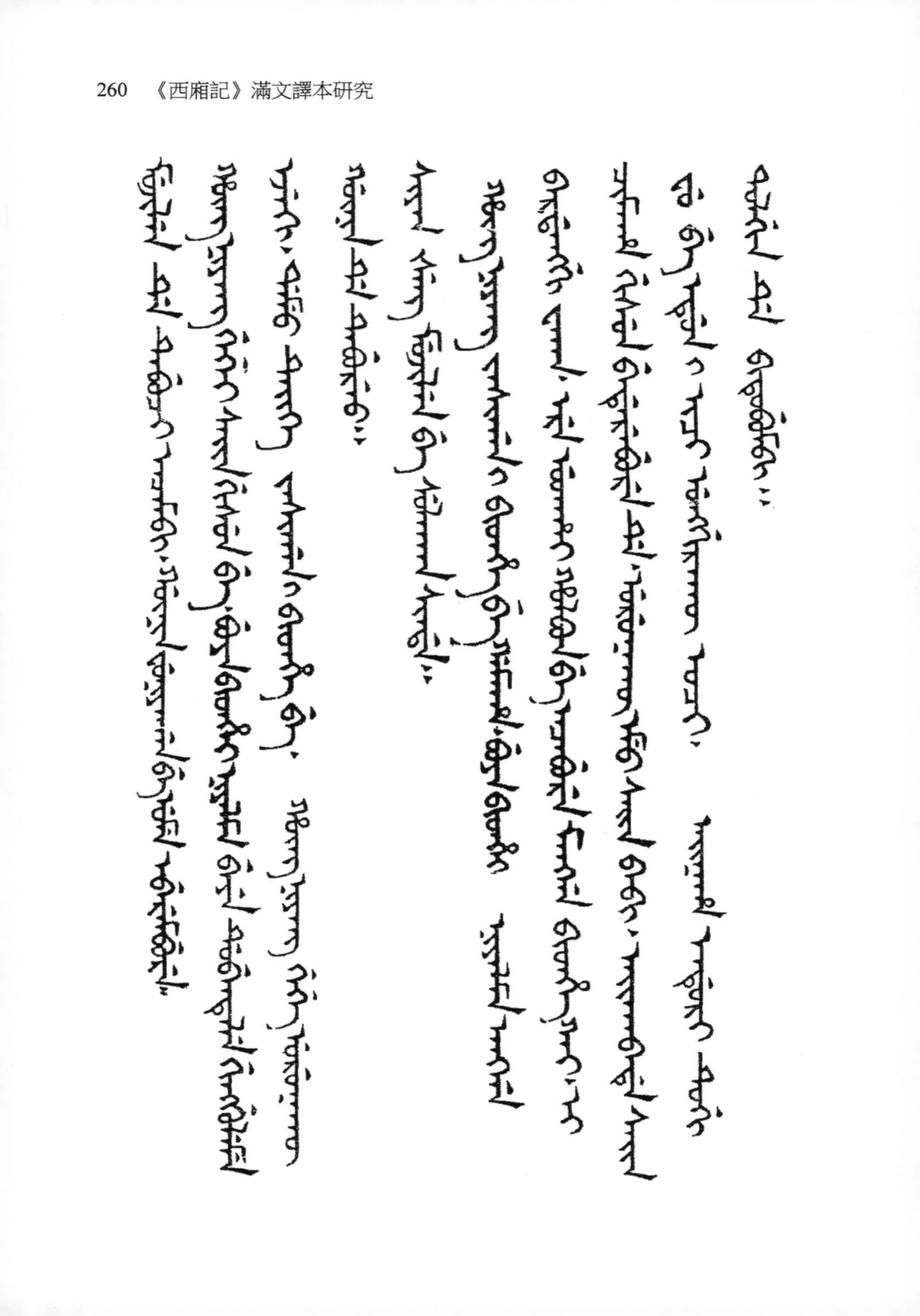

mujilen de tebuci acambi, gūnin funiyagan be ume eberembure.
hūng niyang gegei sain gisun be, buya bithei niyalma beye dubentele gingguleme ejeki, damu teike jasigan i bithe be, hūng niyang gege urunakū gūnin de tebureo.
siyan šeng mujilen be sulakan sinda.
hūng niyang jasigan i bithe be gamaha, buya bithei niyalma angga bardanggi waka, ere uthai holbon be acabure mangga bithe kai, i cimaha gisun bederebure de, urunakū emu sain babi, aikabade sain fu be edun i ici unggirakū oci, ainaha enduri tugi tolgin de bitubumbi.

當以功名為念，休墮了志氣也。
紅娘姐好話，小生終身敬佩，只是方纔簡帖，我的紅娘姐是必在意者。
先生放心。
紅娘將簡帖兒去了，不是小生誇口，這是一道會親的符籙，他明日回話，必有好處，若無好賦因風去，豈有仙雲入夢來。

当以功名为念，休堕了志气也。
红娘姐好话，小生终身敬佩，只是方纔简帖，我的红娘姐是必在意者。
先生放心。
红娘将简帖儿去了，不是小生夸口，这是一道会亲的符箓，他明日回话，必有好处，若无好赋因风去，岂有仙云入梦来。

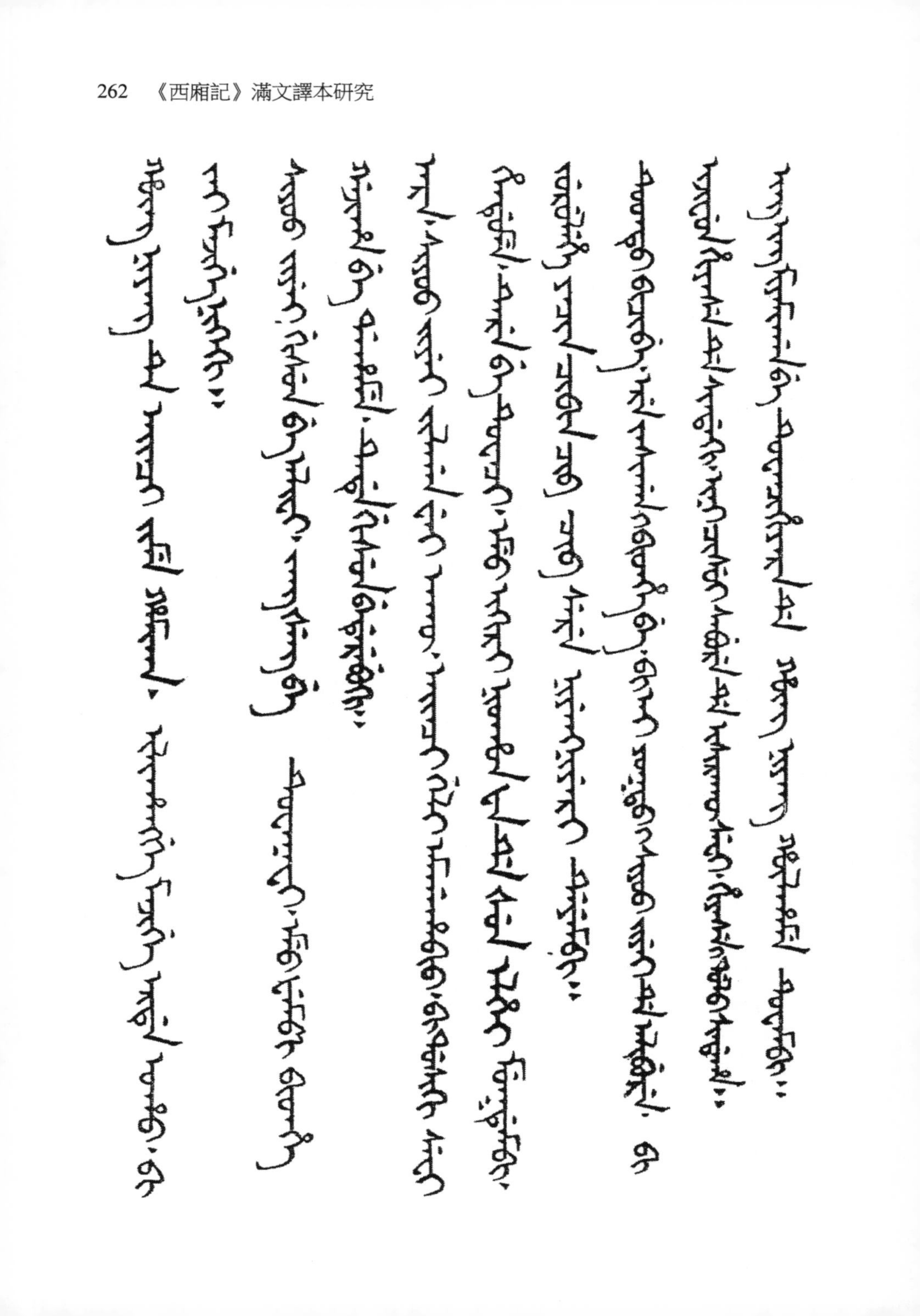

十、鬧簡　第十章

hūng niyang te ainci jime hamika, ilihangge majige erde oho, bi jai majige nikeki.
siyoo jiyei gisun be alifi, jang šeng be tuwanafi, emu fempi bithe gajiha be dahame, tede gisun bederebuki.
ara, siyoo jiyei jilgan wei akū, ainci geli amgahabio, bi dosiki sefi hendume, tere be tuwaci, emu ikiri niohon fa de šun elhei mukdembi, jurulehe yacin cibin cib cib sere niyengniyeri deyembi.
tuttu bicibe, ere jasigan i bithe be, bi ai yokto i siyoo jiyei de alibure, bi ijifun hiyase de sindaki, ini cisui sabure de isirakū sefi, hiyase i dolo sindaha.
ing ing miyamigan be tuwancihiyara de hūng niyang hūlhame tuwambi.

紅娘這早晚敢待來也，起得早了些兒，俺如今再睡些。
奉小姐言語去看張生，取得一封書來，回他話去。
呀！不聽得小姐聲音，敢又睡哩，俺便入云：看他綠窗一帶遲遲日，紫燕雙飛寂寂春。是便是，只是這簡帖兒俺那好遞與小姐，俺不如放在粧盒兒裡，等他自見，放科。
鶯鶯整粧，紅娘偷覷科。

红娘这早晚敢待来也，起得早了些儿，俺如今再睡些。
奉小姐言语去看张生，取得一封书来，回他话去。
呀！不听得小姐声音，敢又睡哩，俺便入云：看他绿窗一带迟迟日，紫燕双飞寂寂春。是便是，只是这简帖儿俺那好递与小姐，俺不如放在妆盒儿里，等他自见，放科。
莺莺整妆，红娘偷觑科。

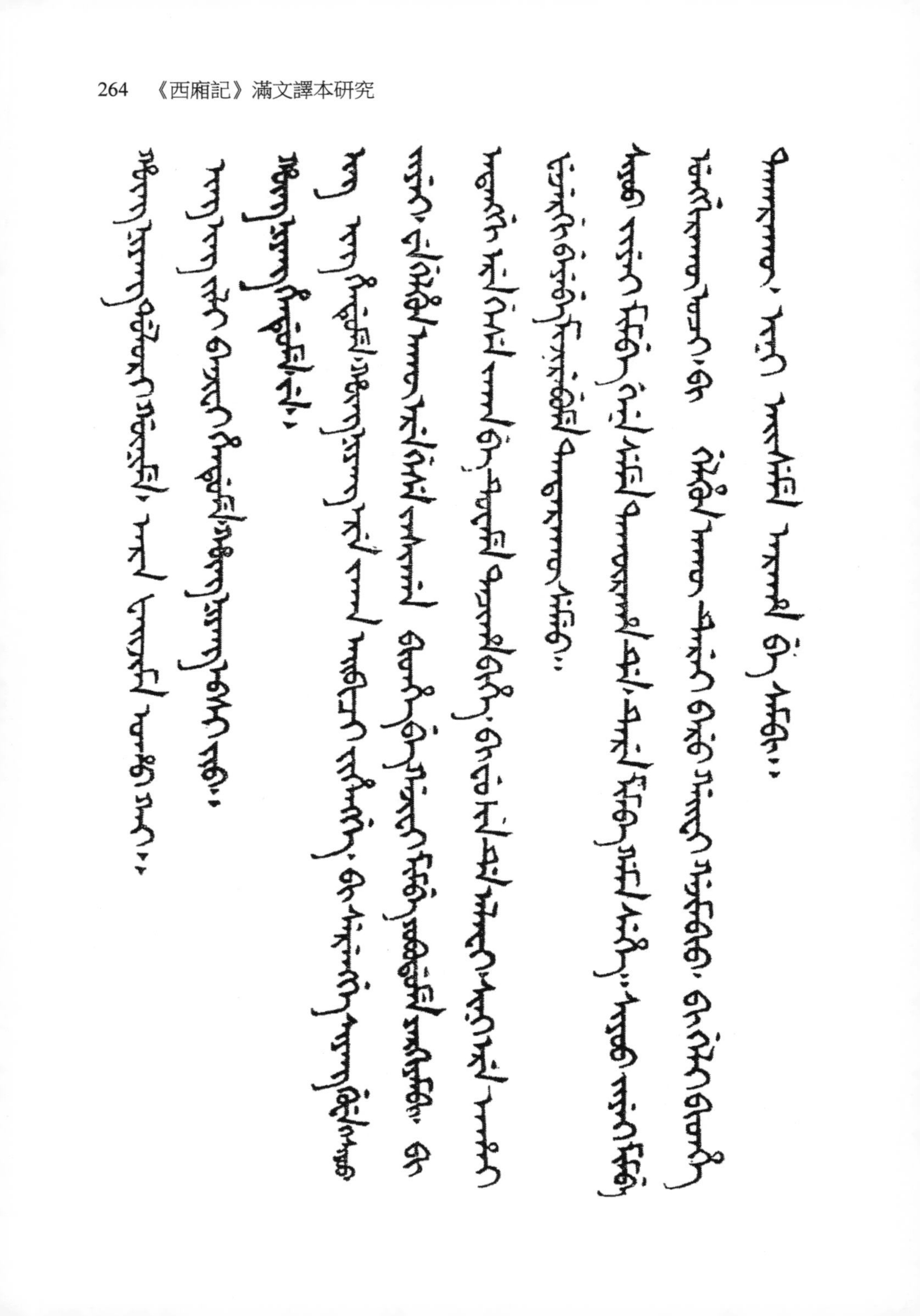

[illegible]

hūng niyang dolori gūnime, ara faijima oho kai.
ing ing jili banjifi hendume, hūng niyang ebsi jio.
hūng niyang hendume, je.
ing ing hendume, hūng niyang ere jaka aibici jihengge, bi serengge siyang guwe i siyoo jiyei, we gelhun akū ere gese jasigan bithe be gajifi mimbe yobodome yarkiyambi, bi atanggi ere gese jaka be tuwame taciha bihe. bi fu žin de alafi, sini ere ahai fejergi beyebe mijirebume tantarakū semeo.
siyoo jiyei mimbe gene seme takūraha de, tere mimbe gama sehe. siyoo jiyei mimbe unggirakū oci, bi gelhun akū terei baru gaifi gajimbio. bi geli bithe takarakū, ini aiseme araha be sambi.

紅娘做意科云：呀決撒了也。
鶯鶯怒科云：紅娘過來。
紅娘云：有。
鶯鶯云：紅娘這東西那裡來的？我是相國的小姐，誰敢將這簡帖兒來戲弄我，我幾曾慣看這樣東西來。我告過夫人，打下你這個小賤人下截來。
小姐使我去，他着我將來。小姐不使我去，我敢問他討來？我又不識字，知他寫的是些甚麼？

红娘做意科云：呀决撒了也。
莺莺怒科云：红娘过来。
红娘云：有。
莺莺云：红娘这东西那里来的？我是相国的小姐，谁敢将这简帖儿来戏弄我，我几曾惯看这样东西来。我告过夫人，打下你这个小贱人下截来。
小姐使我去，他着我将来。小姐不使我去，我敢问他讨来？我又不识字，知他写的是些甚么？

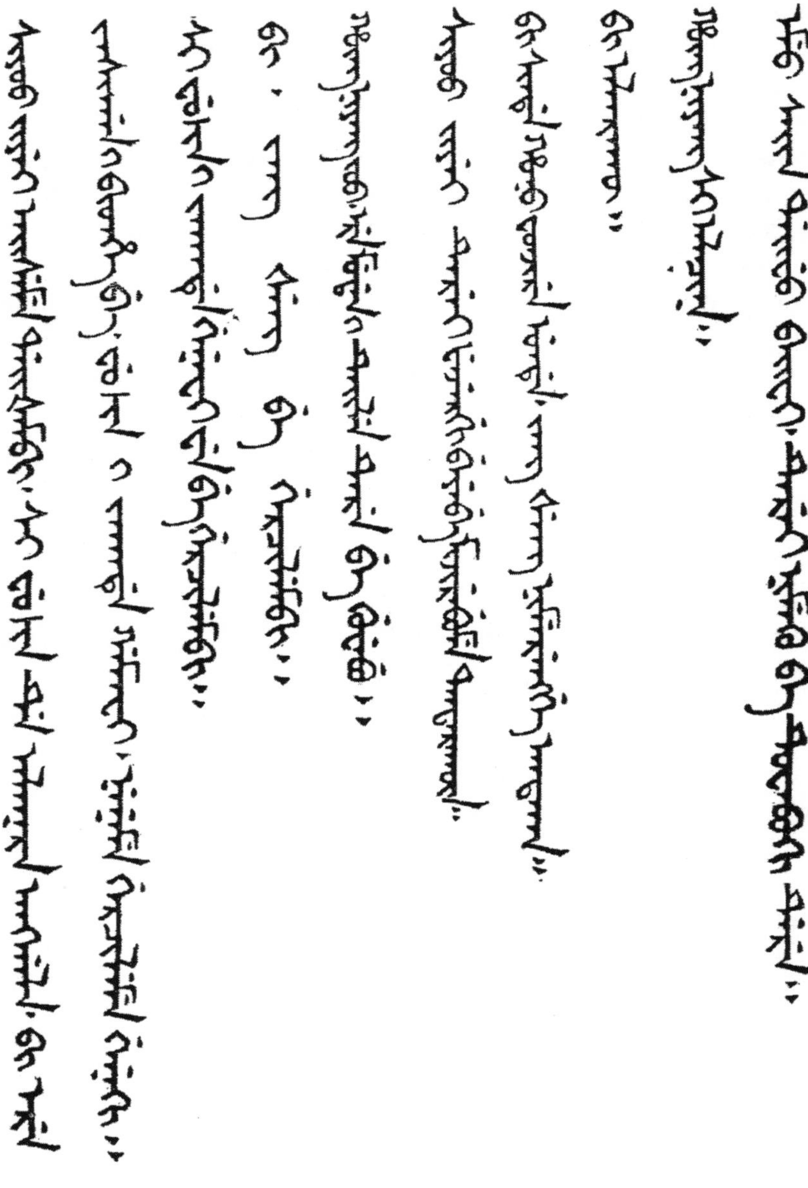

siyoo jiyei aiseme daišambi, si fu žin de alanara anggala, bi ere jasigan i bithe be, fu žin i jakade gamafi, neneme gercileme geneki.
si fu žin i jakade genefi we be gercilembi.
bi, jang šeng be gercilembi.
hūng niyang joo, ere mudan i teile tere be guwebu.
siyoo jiyei terei fejergi beyebe mijirebume tantarakūn?
bi sinde hono fonjire unde, jang šeng nimerengge antaka?
bi alarakū.
hūng niyang si alacina.
emu sain daifu baifi, terei nimeku be tuwabuki dere.

小姐休鬧，比及你對夫人說科，我將這簡帖兒先到夫人行出首去[1]。
你到夫人行却出首誰來？
我出首張生。
紅娘也罷，直饒他這一次。
小姐怕不打下他下截來？
我正不曾問你，張生病體如何？
我只不說。
紅娘你便說咱。
請一位好太醫看他證候咱。

小姐休闹，比及你对夫人说科，我将这简帖儿先到夫人行出首去[1]。
你到夫人行却出首谁来？
我出首张生。
红娘也罢，直饶他这一次。
小姐怕不打下他下截来？
我正不曾问你，张生病体如何？
我只不说。
红娘你便说咱。
请一位好太医看他证候咱。

---

[1] 「夫人行」滿文作“fu žin i jakade”，意即「夫人的跟前」。

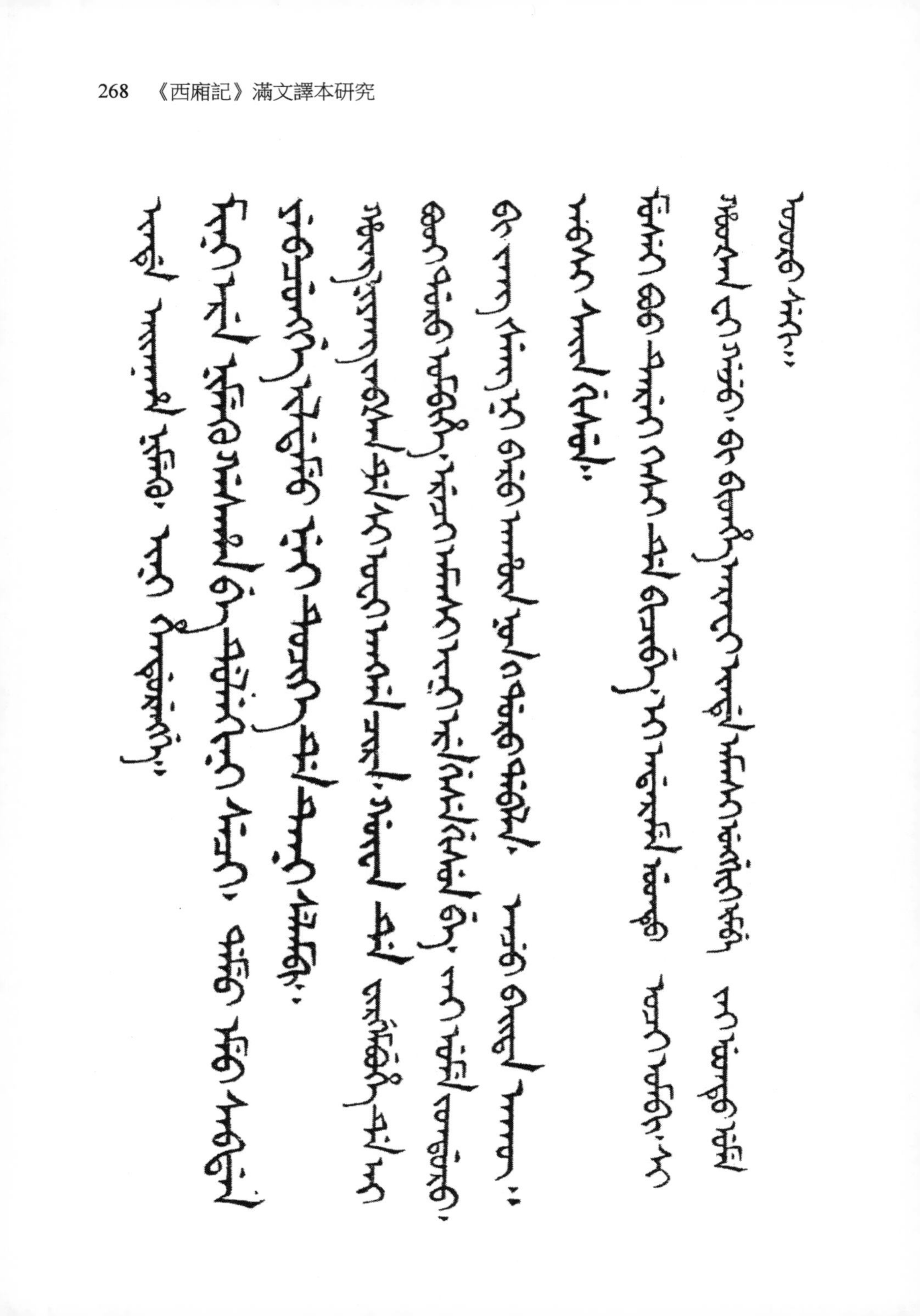

inde ainaha nimeku, ini hendurengge.
mini ere nimeku gasaha be dulekini seci, damu emu sabdan yebcungge ildamu nei tucike de teni selambi.
hūng niyang jabšan de si ofi angga cira, gūwa de firgembuhe de ai booi doro ombihe, ereci amasi ini ere gese gisun be, jai ume jondoro. bi jang šeng ni baru ahūn non i doro dabala, encu baita akū.
absi sain gisun.
musei boo terei kesi de bicibe, i adarame uttu oci ombi, si hoošan fi gaju, bi bithe arafi inde amasi unggifi imbe jai uttu ume ojoro seki.

他也無甚證候，他自家說來。
我這患病要安，只除是出點風流汗。
紅娘早是你口穩來，若別人知道呵，成何家法，今後他這般的言語，你再也休題。我和張生只是兄妹之情，有何別事。
是好話也呵。
雖是我家虧他，他豈得如此，你將紙筆過來，我寫將去回他[1]，着他下次休得這般。

他也无甚证候，他自家说来。
我这患病要安，只除是出点风流汗。
红娘早是你口稳来，若别人知道呵，成何家法，今后他这般的言语，你再也休题。我和张生只是兄妹之情，有何别事。
是好话也呵。
虽是我家亏他，他岂得如此，你将纸笔过来，我写将去回他[1]，着他下次休得这般。

---

[1] 「我寫將去回他」，滿文作“bi bithe arafi inde amasi unggifi”，意即「我寫書信去回他」。

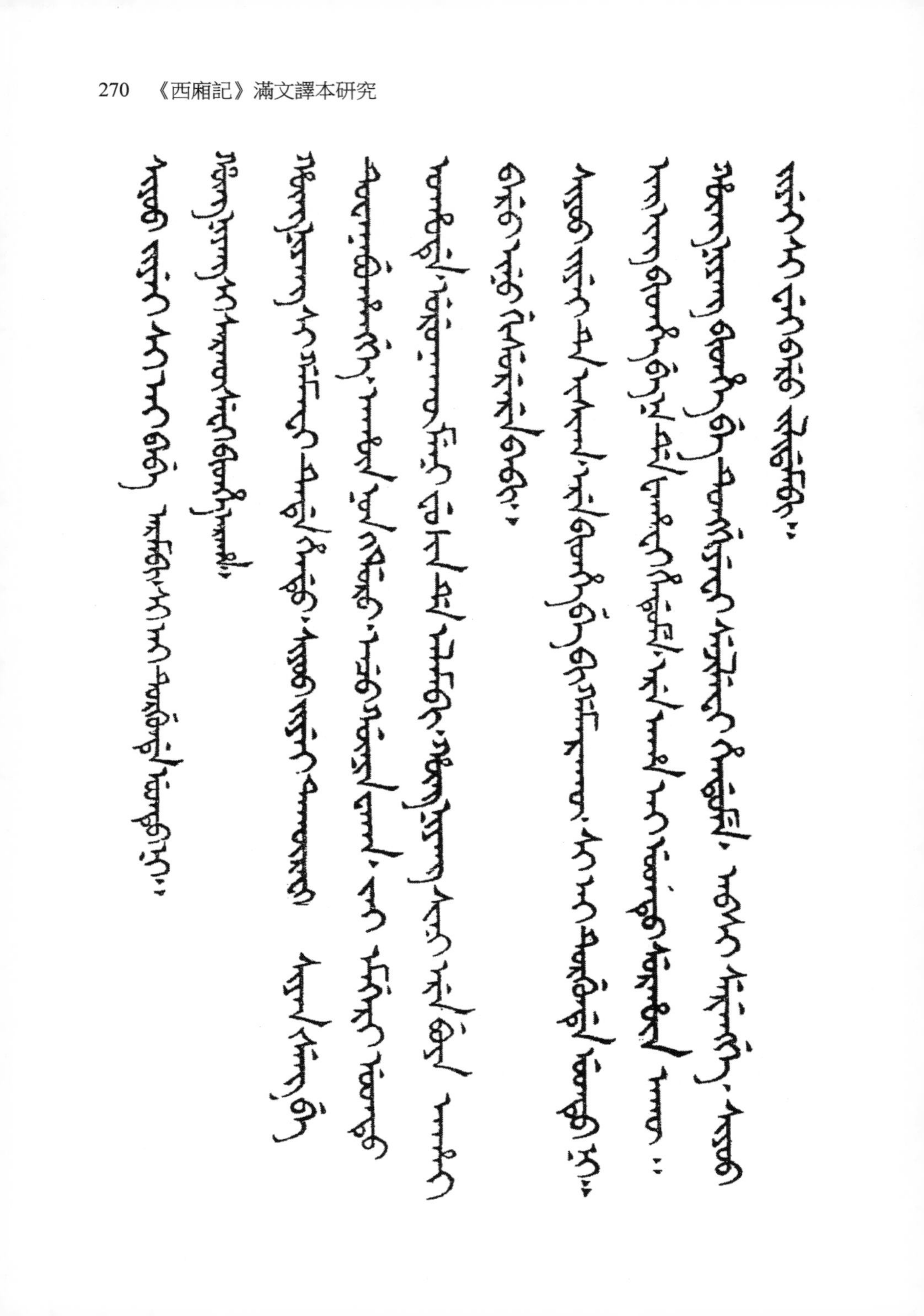

[illegible]

[illegible]

[illegible]

[illegible]

[illegible]

[illegible]

[illegible]

[illegible]

[illegible]

[illegible]

siyoo jiyei si ai babe arambi, si ai turgunde uttu ni.
hūng niyang si sarkū sefi bithe araha.
hūng niyang si gamafi tede hendu, siyoo jiyei takūrafi siyan šeng be tuwanabuhangge, ahūn non i doro, encu gūnin waka, jai emgeri uttu ohode, urunakū meni fu žin de alambi, hūng niyang sini ere buya ahai baru inu gisurere babi.
siyoo jiyei te isika, ere bithe be bi gamarakū, si ai turgunde uttu ni.
ing ing bithe be na de fahafi hendume, ere aha ai uttu surhūn akū.
hūng niyang bithe be tunggiyefi sejilefi hendume, absi serengge, siyoo jiyei si wei baru jilidambi.

小姐你寫甚的那？你何苦如此？
紅娘你不知道，寫科。
紅娘你將去對他說，小姐遣看先生，乃兄妹之禮，非有他意，再一遭兒是這般呵，必告俺夫人知道，紅娘和你小賤人都有話說也。
小姐你又來，這帖兒我不將去，你何苦如此。
鶯鶯擲書地下云：這妮子好沒分曉。
紅娘拾書嘆云：咳，小姐你將這個性兒那裡使也。

小姐你写甚的那？你何苦如此？
红娘你不知道，写科。
红娘你将去对他说，小姐遣看先生，乃兄妹之礼，非有他意，再一遭儿是这般呵，必告俺夫人知道，红娘和你小贱人都有话说也。
小姐你又来，这帖儿我不将去，你何苦如此。
莺莺掷书地下云：这妮子好没分晓。
红娘拾书叹云：咳，小姐你将这个性儿那里使也。

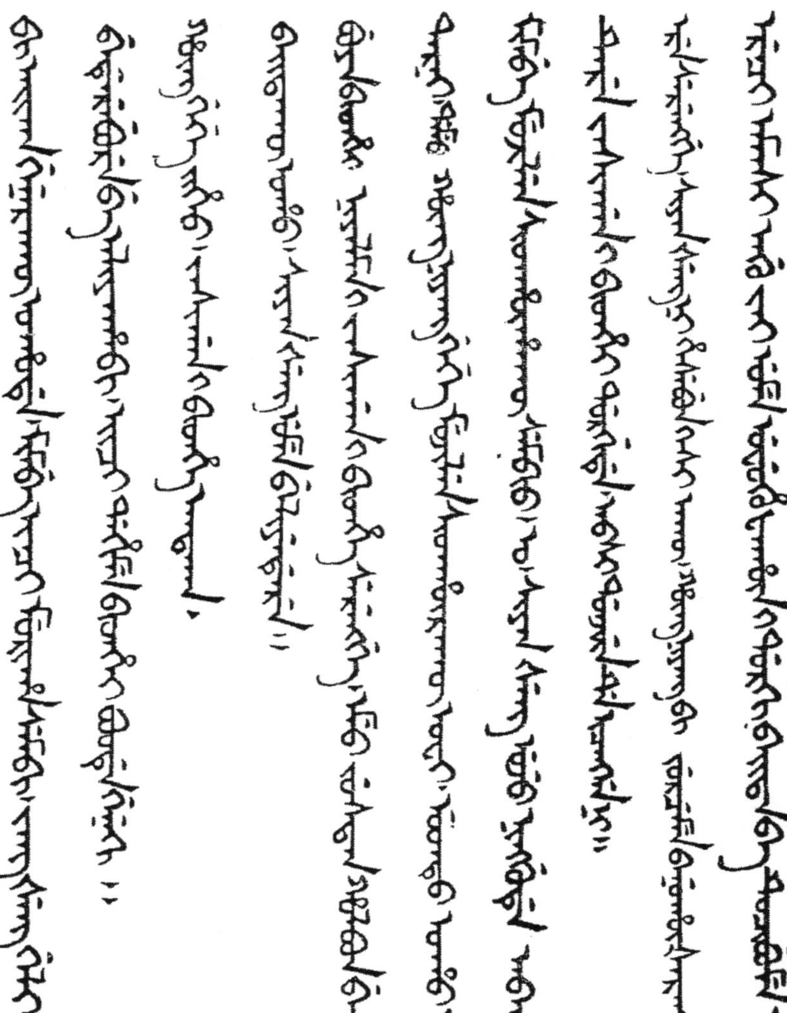

bi aika generakū ohode, mimbe inci muriha sembi, jang šeng geli gisun bederebure be aliyahabi, eici dahime bithei boode geneki.
hūng gege jiheo, jasigan i bithe antaka.
baitakū oho, siyan šeng ume beliyedere.
buya bithei niyalma i jasigan i bithe serengge, emu justan holbon be acabure fu tarni, damu hūng niyang gege mujilen sithūrakū ofi, uttu oho dabala.
mimbe mujilen sithūhakū sembio. o, siyan šeng uju ninggude abka bi, sini tere jasigan i bithei dorgide, absi donjire de icangga ni.
ere serengge, siyan šeng ni hesebun kesi akū, hūng niyang bi jurceme banuhūšarangge waka.
ereci amasi agu jai ume ufuhu fahūn i dorgi baita be tucibume alara,

---

俺若不去來，道俺違拘也，張生又等俺回話，只得再到書房。
紅娘姐來了，簡帖兒如何？
不濟事了，先生休儍。
小生的簡帖兒，是一道會親的符籙，只是紅娘姐不肯用心，故致如此。
是我不用心？哦，先生頭上有天理，你那個簡帖裡面，好聽也。這是先生命慳，不是紅娘違慢。
只此足下再也不必伸訴肺腑，

俺若不去来，道俺违拘也，张生又等俺回话，只得再到书房。
红娘姐来了，简帖儿如何？
不济事了，先生休儍。
小生的简帖儿，是一道会亲的符箓，只是红娘姐不肯用心，故致如此。
是我不用心？哦，先生头上有天理，你那个简帖里面，好听也。这是先生命慳，不是红娘违慢。
只此足下再也不必伸诉肺腑，

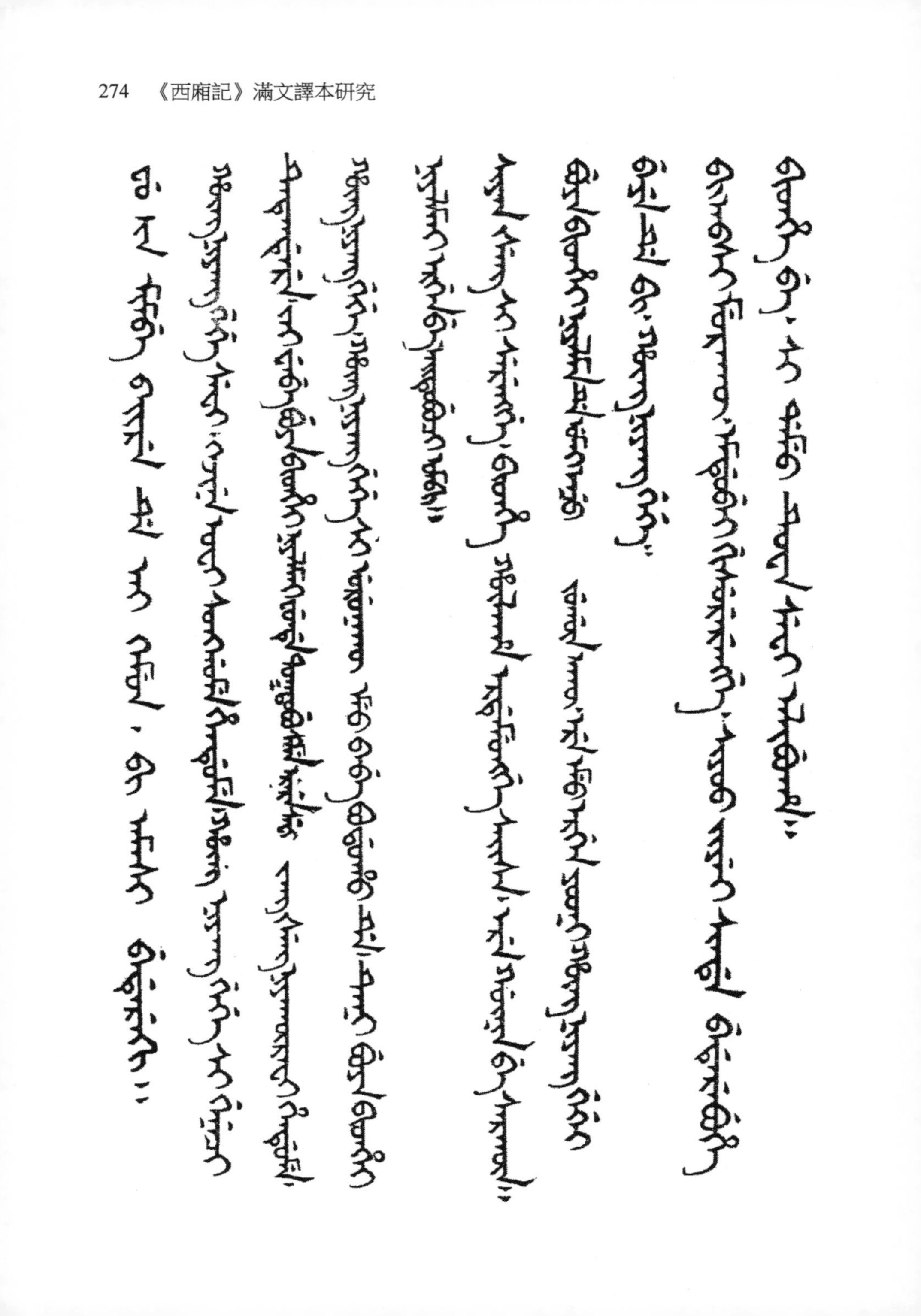

fu žin mimbe baire de ai kemun, bi amasi bedereki.
hūng niyang gege sefi, kejine ofi, songgome hendume, hūng niyang gege si geneci tetendere, jai webe buya bithei niyalmai funde toktobu seme erere sefi, jang šeng niyakūrafi hendume, hūng niyang gege, hūng niyang gege si urunakū emu babe bodoho de, teni buya bithei niyalmai ergen be aitubuci ombi.
siyan šeng si serengge, bithe hūlaha erdemungge saisa, ere gūnin be sarkūn.
buya bithei niyalma de umai encu jugūn akū, ere emu ergen yooni hūng niyang gegei beye de bi, hūng niyang gege.
bi absi murakū, emdubei gisurerengge, siyoo jiyei sinde bederebuhe bithe be, si damu tuwa sefi alibuha.

怕夫人尋我，我回去也。
紅娘姐，定科，良久生哭云：紅娘姐你一去呵，更望誰與小生分剖。張生跪云：紅娘姐，紅娘姐你是必做個道理，方可救得小生一命。
先生你是讀書才子，豈不知此意？
小生更無別路，一條性命都只在紅娘姐身上，紅娘姐。
我沒來由，只管分說，小姐回你的書，你自看者，遞書科。

怕夫人寻我，我回去也。
红娘姐，定科，良久生哭云：红娘姐你一去呵，更望谁与小生分剖。张生跪云：红娘姐，红娘姐你是必做个道理，方可救得小生一命。
先生你是读书才子，岂不知此意？
小生更无别路，一条性命都只在红娘姐身上，红娘姐。
我没来由，只管分说，小姐回你的书，你自看者，递书科。

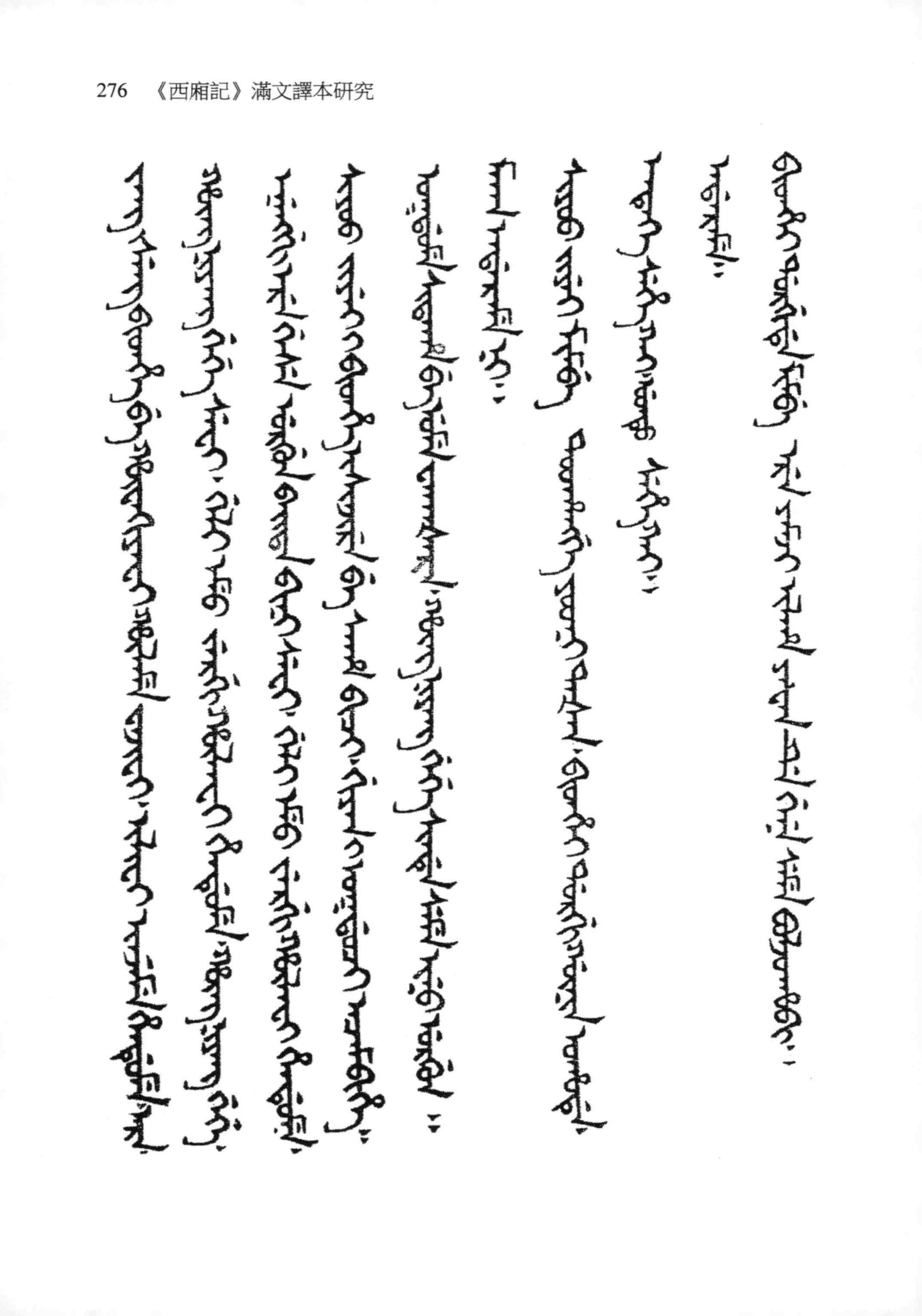

[illegible]

jang šeng bithe be hūwakiyafi hūlame wajifi, ilifi injeme hendume, ara, hūng niyang gege sefi, geli emu jergi hūlafi hendume, hūng niyang gege, enenggi ere gese urgun baita bini sefi, geli emu jergi hūlafi hendume, siyoo jiyei i bithe isinjire be saha bici, giyan i okdoci acambihe. okdome sitaha be ume wakašara, hūng niyang gege sinde seme inu urgun.
maka adarame ni.
siyoo jiyei mimbe toohangge yooni tašan, bithei dorgi gūnin ohode, enteke sehe kai, uttu sehe kai.
adarame.
bithei dorgide mimbe ere yamji ilha yafan de gene seme boljohobi.

張生拆書讀畢，起立笑云：呀！紅娘姐，又讀畢云；紅娘姐今日有這場喜事，又讀畢云：早知小姐書至，理合應接。接待不及，切無見罪，紅娘姐和你也歡喜。
却是怎麼？
小姐罵我都是假，書中之意，哩也波，哩也羅哩。
怎麼？
書中約我今夜花園裡去。

张生拆书读毕，起立笑云：呀！红娘姐，又读毕云；红娘姐今日有这场喜事，又读毕云：早知小姐书至，理合应接。接待不及，切无见罪，红娘姐和你也欢喜。
却是怎么？
小姐骂我都是假，书中之意，哩也波，哩也罗哩。
怎么？
书中约我今夜花园里去。

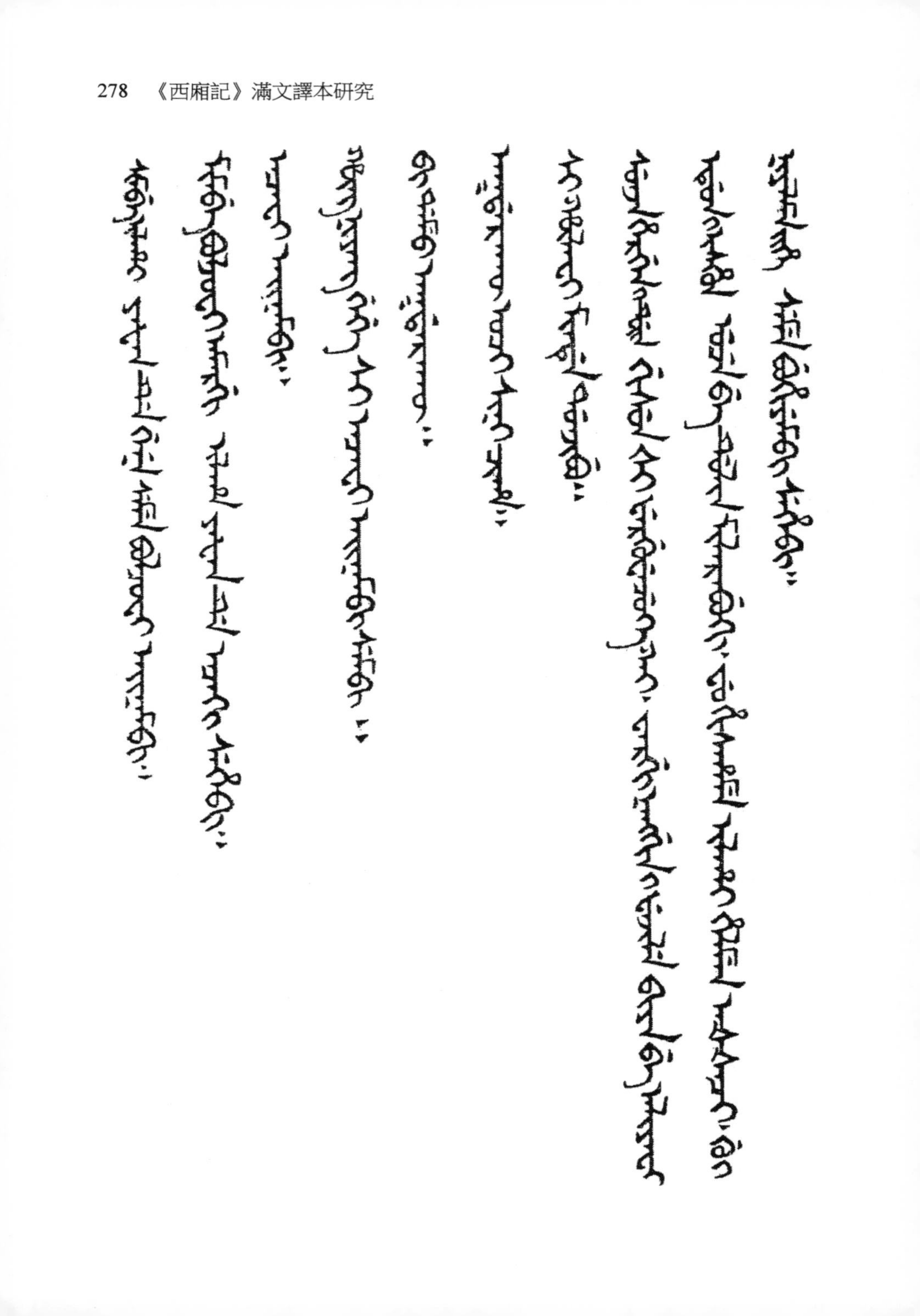

[illegible]

[illegible]

[illegible]

[illegible]

[illegible]

[illegible]

[illegible]

[illegible]

[illegible]

simbe ilhai yafan de gene seme boljofi ainambi.
mimbe boljofi amargi ilha yafan de acaki sehebi.
acafi ainambi.
hūng niyang gege si acafi ainambi sembi.
bi damu akdarakū.
akdarakū oci sini ciha.
si hūlafi minde donjibu.
sunja hergen i duin gisun ši ferguwecuke kai. wargi nanggin i fejile biya be aliyafi, edun i ishun uce be dulin milarabuki, fu hishame ilhai helmen aššaci, gu i niyalma jihe seme buhiyembi sehebi.

約你花園裡去怎麼？
約我後花園裡去相會。
相會怎麼？
紅娘姐你道相會怎麼哩？
我不信。
不信由你。
你試讀與我聽。
是五言詩四句哩！妙也，待月西廂下，迎風戶半開，拂墻花影動，疑是玉人來。

约你花园里去怎么？
约我后花园里去相会。
相会怎么？
红娘姐你道相会怎么哩？
我不信。
不信由你。
你试读与我听。
是五言诗四句哩！妙也，待月西厢下，迎风户半开，拂墙花影动，疑是玉人来。

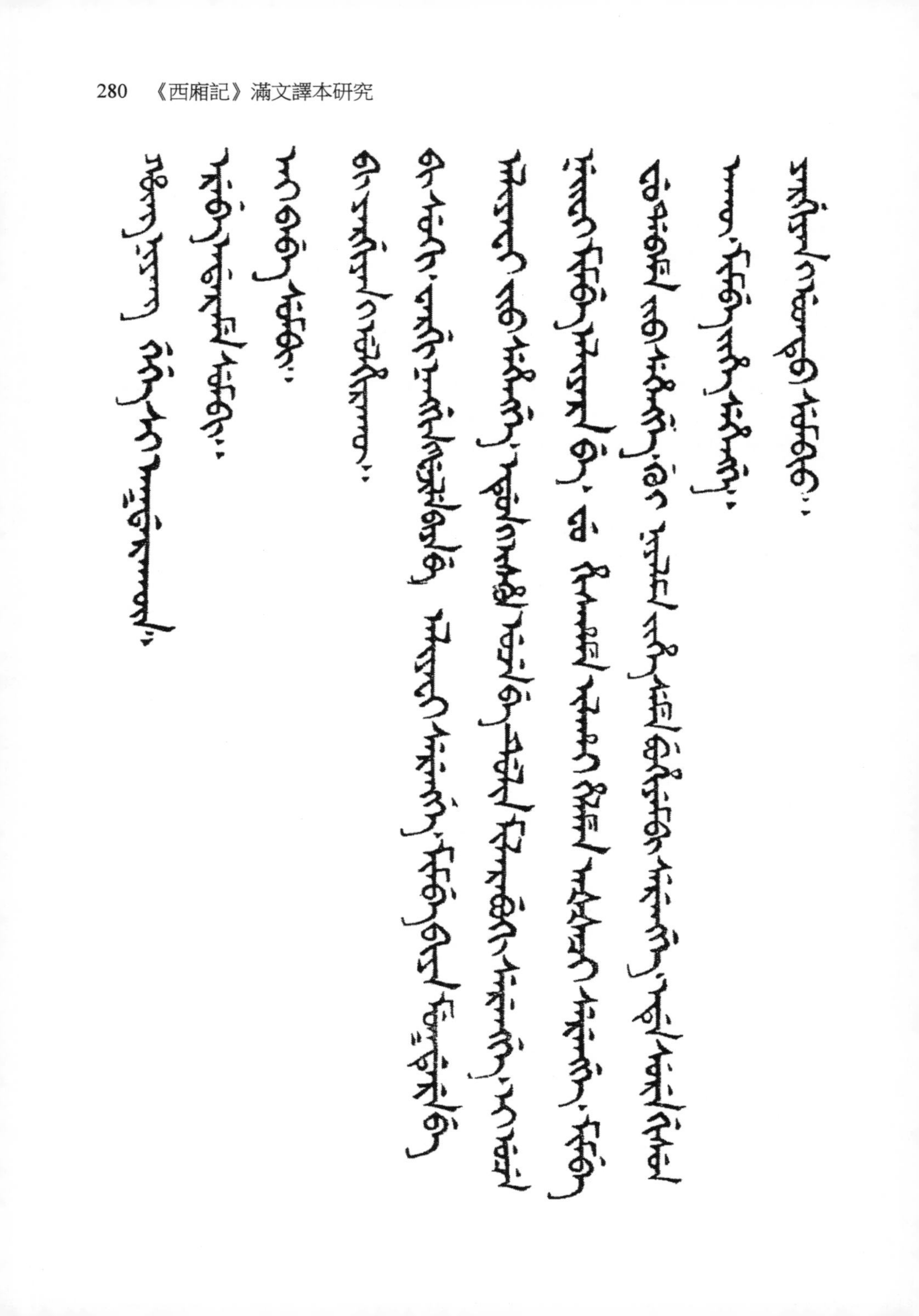

[illegible]

[illegible]

[illegible]

[illegible]

[illegible]

[illegible]

[illegible]

[illegible]

[illegible]

[illegible]

hūng niyang gege si akdarakūn.
erebe adarame sumbi.
ai babe sumbi.
bi yargiyan i ulhirakū.
bi suki, wargi nanggin i fejile biya be aliyafi serengge, mimbe biya mukdere be aliyafi jio sehengge, edun i ishun uce be dulin milarabuki serengge, i uce neifi mimbe aliyara be, fu hishame ilhai helmen aššaci serengge, mimbe fu dabame jio sehengge, gu i niyalma jihe seme buhiyembi serengge, ede sure gisun akū, mimbe jihe sehengge.
yargiyan i uttu sumbio.

紅娘姐你不信？
此是怎麼解？
有甚麼解？
我真個不解。
我便解波，待月西廂下，着我待月上而來；迎風戶半開，他開門等我；拂墻花影動，着我跳過墻來；疑是玉人來，這句沒有解，是說我至矣！
真個如此解？

红娘姐你不信？
此是怎么解？
有甚么解？
我真个不解。
我便解波，待月西厢下，着我待月上而来；迎风户半开，他开门等我；拂墙花影动，着我跳过墙来；疑是玉人来，这句没有解，是说我至矣！
真个如此解？

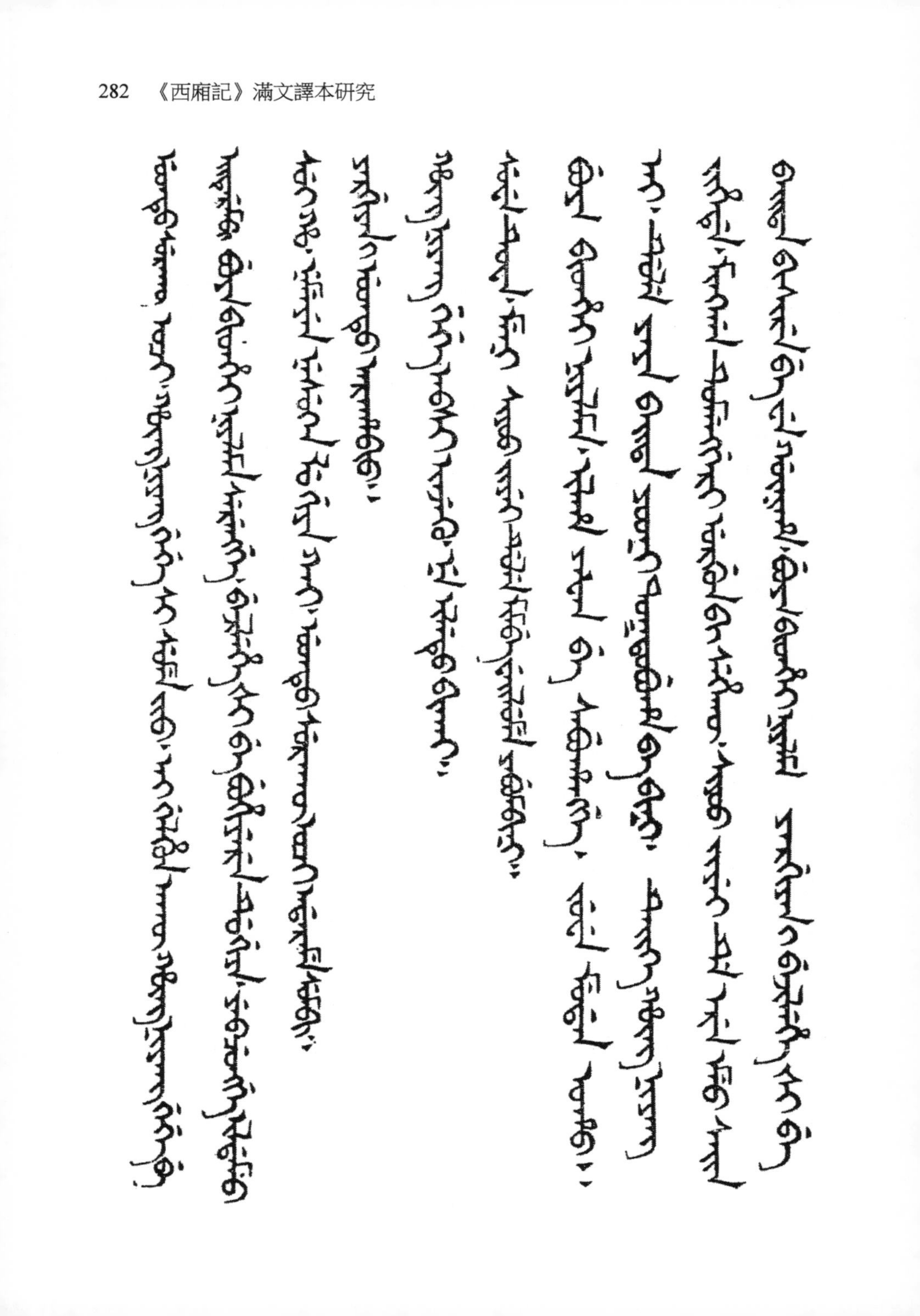

uttu surakū oci, hūng niyang gege si sume jio. ai gelhun akū hūng niyang gege be eiterembi. buya bithei niyalma serengge, bejilehe ši be buhiyere du giya, yebcungge ildamu sui ho, nemeyen nesuken lu giya kai, uttu surakū oci adarame sumbi.
yargiyan i uttu arahabio.
hūng niyang gege absi injeku, ne iletu bikai.
suwe tuwa, meni siyoo jiyei dule mimbe weilume yabumbini.
buya bithei niyalma, ilha yafan be sabuhangge, juwe mudan oho.
ai, dule yaya baita yooni toktobuha ba bini, teike hūng niyang jihede, minggan tumenggeri urgun bi sehekū, siyoo jiyei de ere emu sain baita bisire be we gūniha, buya bithei niyalma yargiyan i bejilehe ši be

---

不是這般解，紅娘姐你來解。不敢欺紅娘姐，小生乃猜詩謎的杜家，風流隋何，浪子陸賈，不是這般解怎解？
真個如此寫？
紅娘姐好笑也，如今見在。
你看，我小姐原來在我行使乖道。
小生曾見花園，已經兩遭。
嘆！萬事自有分定，適纔紅娘來，千不歡喜萬不歡喜，誰想小姐有此一場好事，小生實是猜詩謎的

不是这般解，红娘姐你来解。不敢欺红娘姐，小生乃猜诗谜的杜家，风流隋何，浪子陆贾，不是这般解怎解？
真个如此写？
红娘姐好笑也，如今见在。
你看，我小姐原来在我行使乖道。
小生曾见花园，已经两遭。
叹！万事自有分定，适纔红娘来，千不欢喜万不欢喜，谁想小姐有此一场好事，小生实是猜诗谜的

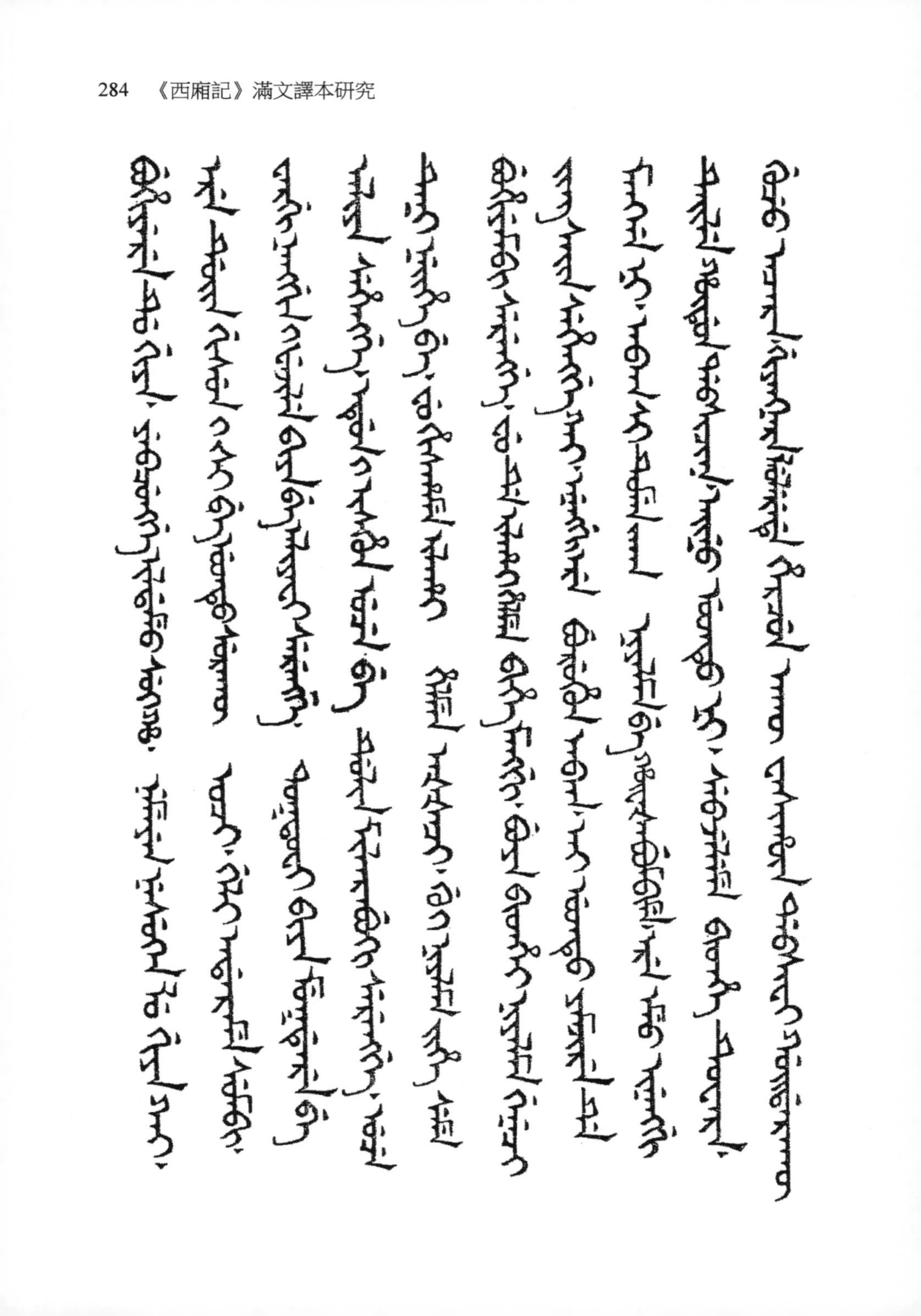

buhiyere du giya, yebcungge ildamu sui ho, nemeyen nesuken lu giya kai, ere duin gisun i ši be uttu surakū oci, geli adarame sumbi. wargi nanggin i fejile biya be aliyafi serengge, toktofi biya mukdere be aliya sehengge, edun i ishun uce be dulin milarabuki serengge, uce teni neihe be, fu hishame ilhai helmen aššaci, gu i niyalma jihe seme buhiyembi serengge, fu de ilhai helmen bihe manggi, buya bithei niyalma geneci jing sain sehengge kai. enenggi ere buruhun abka, ai uttu yamjire de mangga ni, abka si tumen jaka niyalma be hūwašabumbime, ere emu inenggi teile hūdun dabsicina, ainu uttu ni, sebjeleme bithe tuwara, gucu acara, giyangnara leolerede hercun akū wasihūn dabsifi goidarakū

杜家，風流隋何，浪子陸賈，此四句詩不是這般解，又怎解？待月西廂下，是必須待得月上；迎風戶半開，門方開了；拂墻花影動，疑是玉人來，墻上有花影，小生方好去。今日這頹天，你百般的難晚，天那你長養萬物于人，何苦爭此一日，疾下去波，快書快友快談論，不覺開西

杜家，风流隋何，浪子陆贾，此四句诗不是这般解，又怎解？待月西厢下，是必须待得月上；迎风户半开，门方开了；拂墙花影动，疑是玉人来，墙上有花影，小生方好去。今日这颓天，你百般的难晚，天那你长养万物于人，何苦争此一日，疾下去波，快书快友快谈论，不觉开西

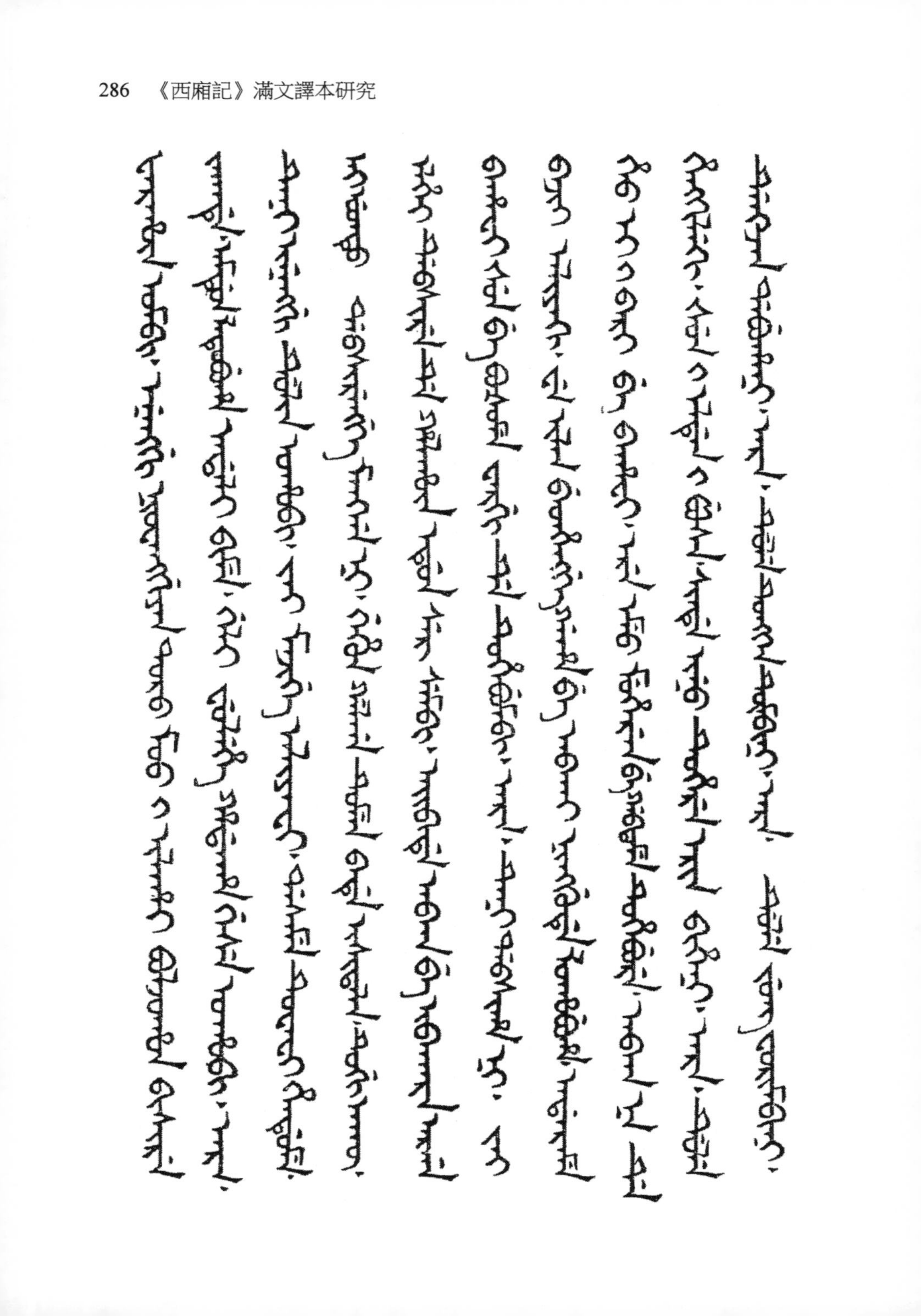

[illegible]

farhūn ombi, enenggi niowanggiyan toro moo i ilhai boljohon bisire jakade, amdun latubuha adali bime, geli fulehe hadaha gese ohobi. ara, teni inenggi dulin ohobi, jai majige aliyafi, dasame tuwafi hendume, ai uttu dabsirengge mangga ni. gehun galga tumen bade isitala, tugi akū, elhei debsire de halhūn edun ser sembi, aibide abka be ibakara arga bahafi, šun be bošome wargi de tuhebumbi, ara, teni dabsiha ni, jai bajii aliyaki, we ilan bethengge gaha be abkai ninggude lohobuha, adarame heo i i bari be bahafi. ere emu muheren be gabtame tuhebure, abka na de hengkileki, šun i elden i pusa, sinde inu tuhere erin biheni. ara, dule dengjan dabuhani, ara, dule tungken tūmbini, ara, dule jung forimbini,

---

立又昏，今日碧桃花有約，鰾膠黏了又生根。呀！纔向午也，再等一等，又看咱，何百般的難下去呵，空青萬里無雲，悠然扇一作微薰，何處縮天有術，便教逐西沉。呀！初倒西也，再等一等咱，誰將三足烏來向天上閣，安得后羿弓射此一輪落，謝天謝地，日光菩薩，你也有下去之日。呀！却早上燈也，呀！却早發雷也。呀！却早撞鐘也。

立又昏，今日碧桃花有约，鳔胶黏了又生根。呀！纔向午也，再等一等，又看咱，何百般的难下去呵，空青万里无云，悠然扇一作微熏，何处缩天有术，便教逐西沉。呀！初倒西也，再等一等咱，谁将三足乌来向天上閣，安得后羿弓射此一轮落，谢天谢地，日光菩萨，你也有下去之日。呀！却早上灯也，呀！却早发雷也。呀！却早撞钟也。

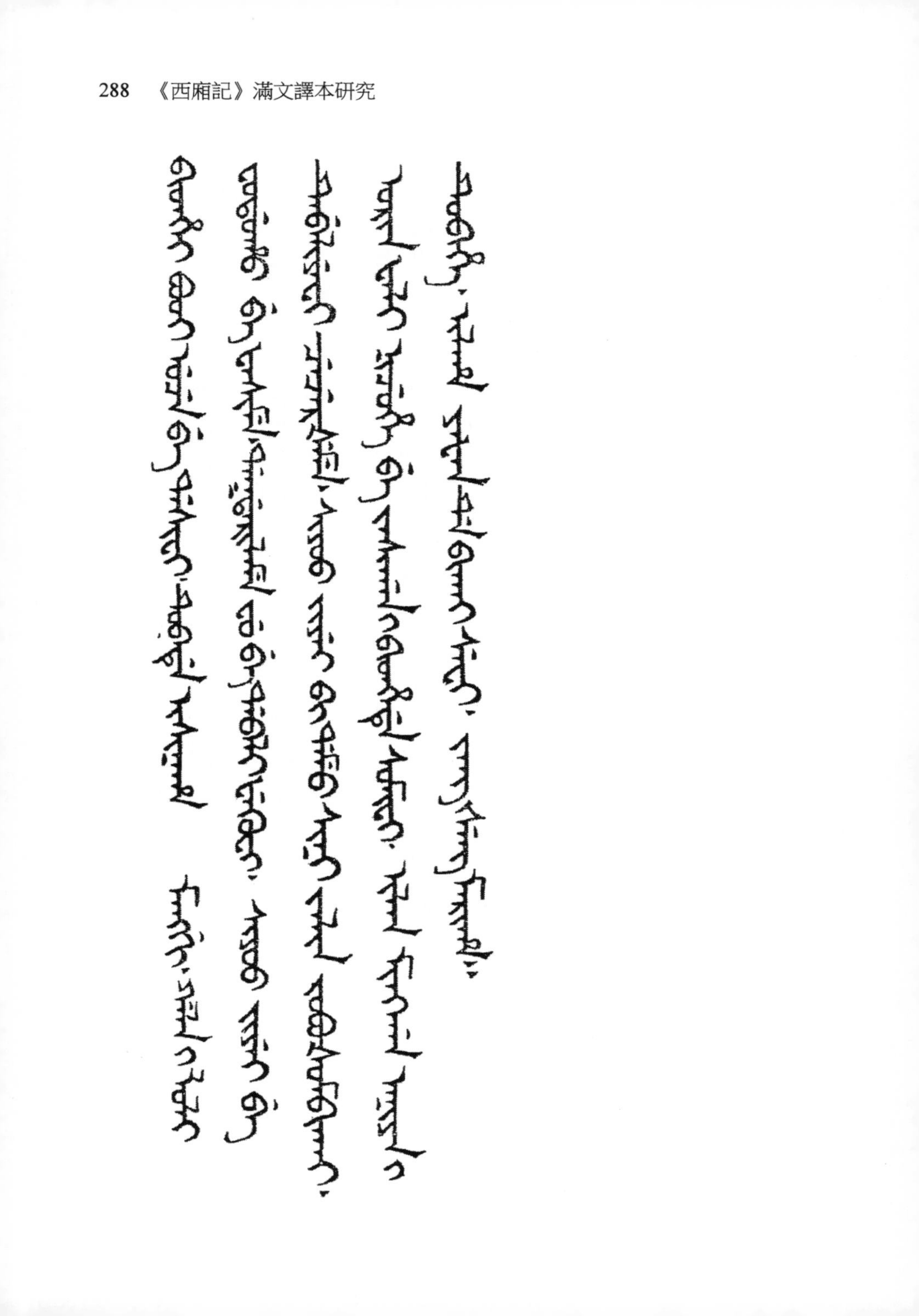

[illegible]

bithei booi uce be dasifi, tubade isinaha manggi, gala i loli fodoho be fasime, dakdarilame fu be dabali fekufi, siyoo jiyei be tebeliyefi ceceršeme, siyoo jiyei bi damu sini jalin jobošombikai. orin fali nicuhe be jasigan i bithede somifi, ilan minggan aniya i tubihe, ilha yafan de bikai sefi, jang šeng mariha.

拽上書房門，到得那裡，手挽着垂楊，滴溜撲碌跳過墻去，抱住小姐，咦小姐我只替你愁哩！二十顆珠藏簡帖，三千年果在花園，張生下。

拽上书房门，到得那里，手挽着垂杨，滴溜扑碌跳过墙去，抱住小姐，咦小姐我只替你愁哩！二十颗珠藏简帖，三千年果在花园，张生下。

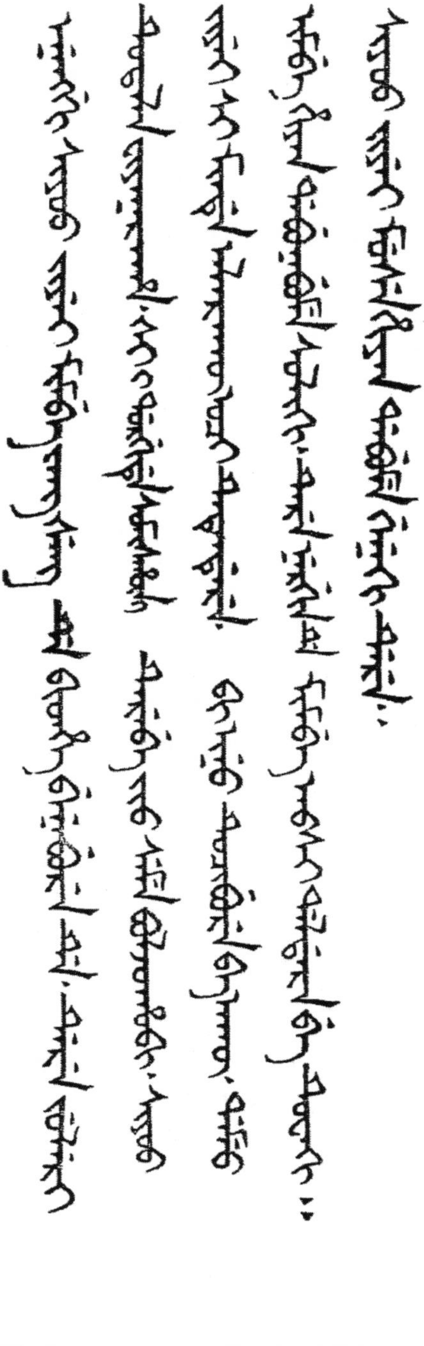

十一、賴簡　第十一章

eneŋggi siyoo jiyei mimbe jang šeng de bithe benebure de, dere juleri tutala fiyanaraha, ši i dorgide somishūn i terebe jio seme boljohobi, siyoo jiyei si minde alarakū oci tetendere, bi inu tucibure ba akū, damu imbe hiyan dabunabume soliki, tere nergin de mimbe absi daldara be tuwaki.
siyoo jiyei muse hiyan dabume geneki dere.

今日小姐着俺寄書與張生，當面偌多假意見，詩內却暗約着他來，小姐既不對俺說，俺也不要說破他，只請他燒香，看他到其間怎生瞞我。
小姐俺燒香去來。

今日小姐着俺寄书与张生，当面偌多假意见，诗内却暗约着他来，小姐既不对俺说，俺也不要说破他，只请他烧香，看他到其间怎生瞒我。
小姐俺烧香去来。

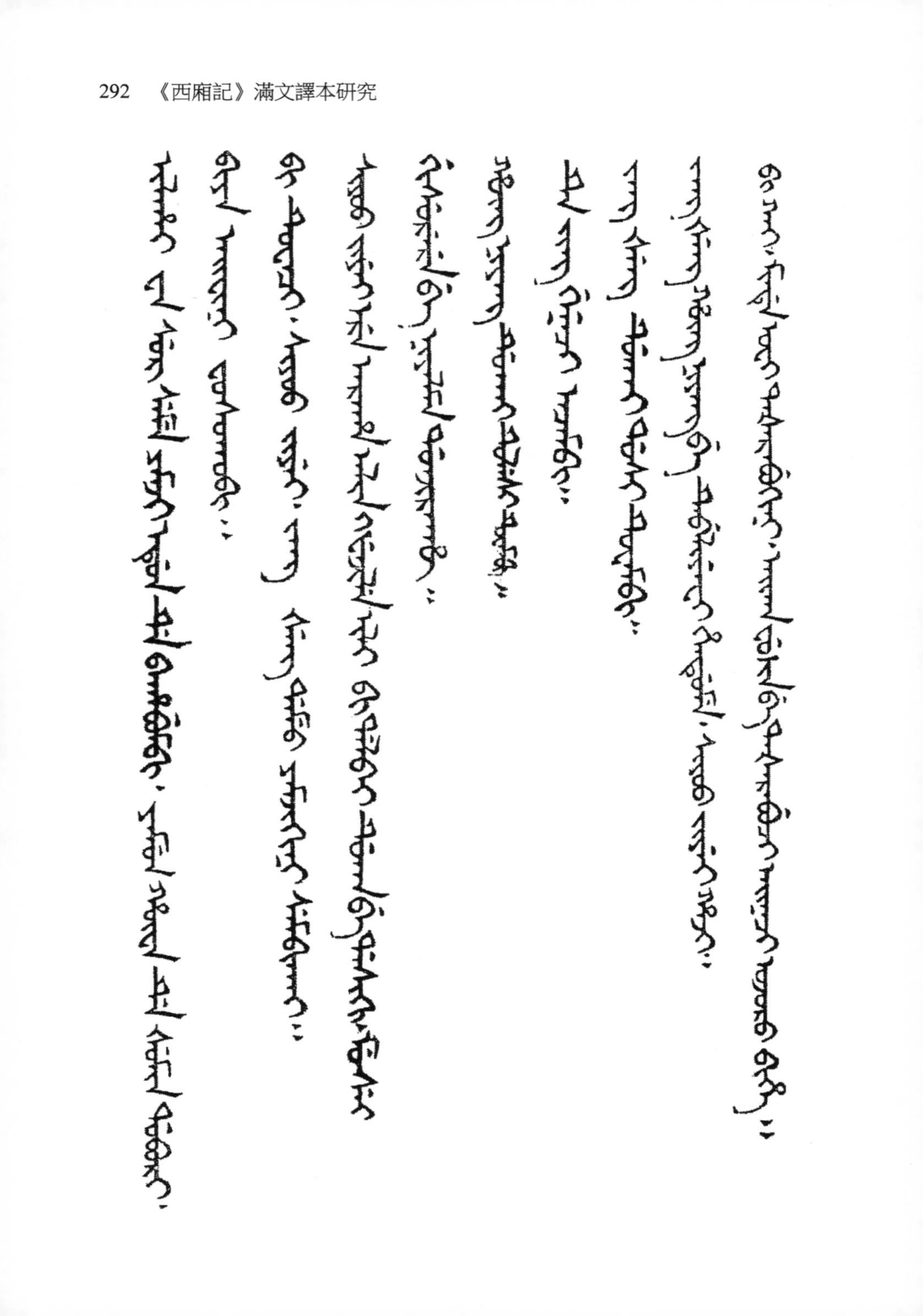

[illegible]

[illegible]

[illegible]

[illegible]

[illegible]

[illegible]

[illegible]

[illegible]

[illegible]

[illegible]

ilhai wa sur seme yamji edun de bahabumbi, yamun hūwa de šumin dobori, biya aifini fosokobi.
bi tuwaci, siyoo jiyei, jang šeng damu yamjikini sembikai.
siyoo jiyei ere araha alin i fejile ili bi dalbai duka be dasiki, musei gisurere be niyalma donjirahū.
hūng niyang dukai tulesi tuwambi.
te jing geneci acambi.
jang šeng dukai dosi tuwambi.
jang šeng hūng niyang be tebeliyefi hendume, siyoo jiyei haji.
bi kai, minde ofi tašarabukini, aika fu žin be tašarabuci ainaci ojoro bihe.

花香重疊晚風細，庭院深沉早月明。
我看小姐、張生俱巴不到晚哩！
小姐這湖山立地，我閉了角門兒，怕有人聽咱說話。
紅娘瞧門外科。
此時正好過去也。
張生瞧門內科。
張生摟紅娘云：我的小姐。
是俺也，早是差到俺，若差到夫人怎了？

花香重叠晚风细，庭院深沉早月明。
我看小姐、张生俱巴不到晚哩！
小姐这湖山立地，我闭了角门儿，怕有人听咱说话。
红娘瞧门外科。
此时正好过去也。
张生瞧门内科。
张生搂红娘云：我的小姐。
是俺也，早是差到俺，若差到夫人怎了？

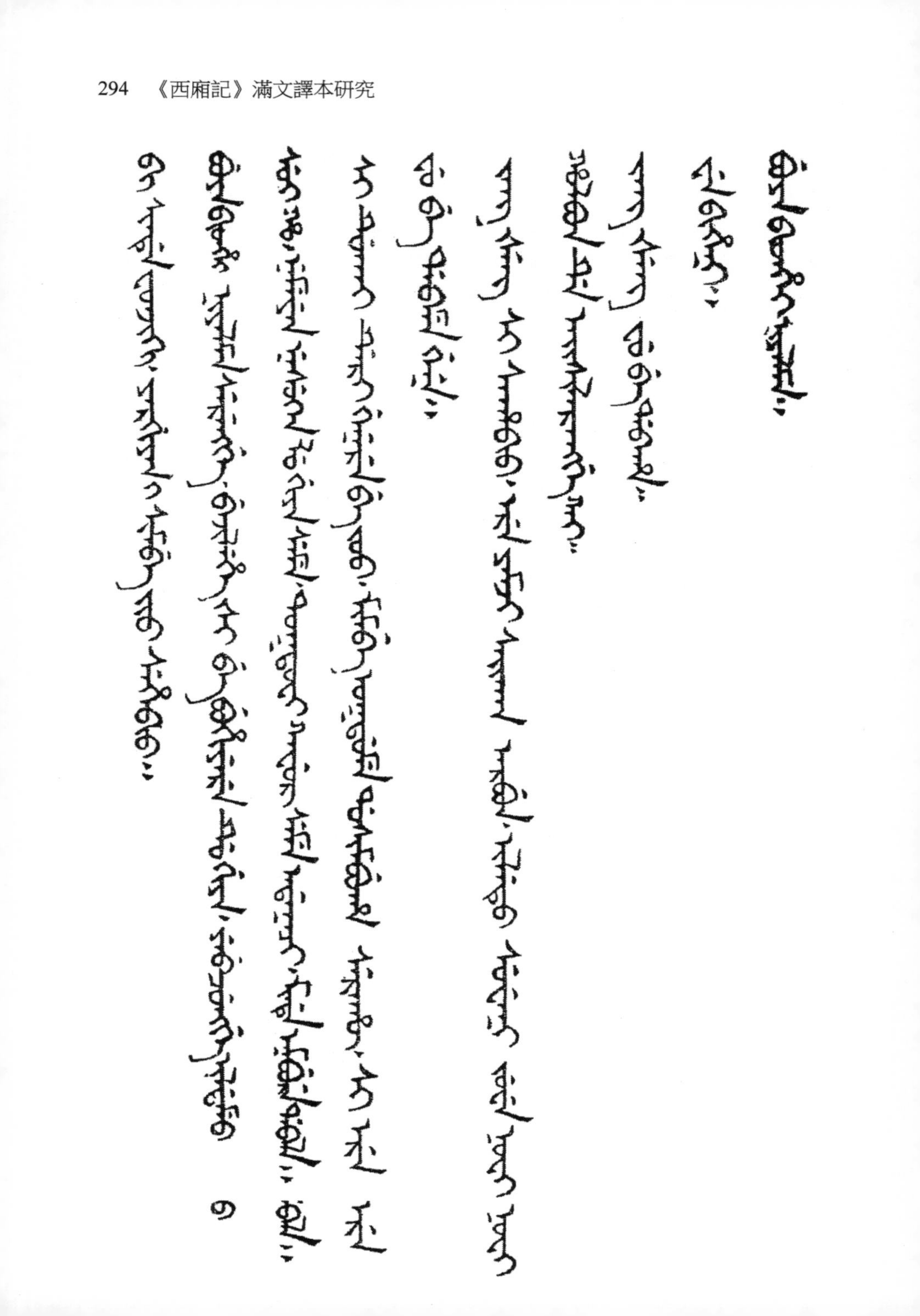

[illegible]

bi sinde fonjiki, yargiyan i simbe jio sehebio.
buya bithei niyalma serengge, bejilehe ši be buhiyere du giya, yebcungge ildamu sui ho, nemeyen nesuken lu giya seme, toktofi kafur seme adanaci, minde nambure dabala.
si dukai deri genere be joo, mimbe okdome dosimbuha serahū, si ere fu be dabame gene.
jang šeng si sahabio. ere yamji saikan arbun, iletu suweni juwe nofi holbon de aisilarangge kai.
jang šeng fu be dabaha.
we biheni.
buya bithei niyalma.

我且問你，真個着你來麼？
小生是猜詩謎杜家，風流隋何，浪子陸賈，准定扢扎幫便倒也。
你却休從門裡去，只道我接你來，你跳過這墻去。
張生你見麼？今夜一弄風景，分明助你兩個成親也。
張生跳墻科。
是誰？
是小生。

我且问你，真个着你来么？
小生是猜诗谜杜家，风流隋何，浪子陆贾，准定扢扎帮便倒也。
你却休从门里去，只道我接你来，你跳过这墙去。
张生你见么？今夜一弄风景，分明助你两个成亲也。
张生跳墙科。
是谁？
是小生。

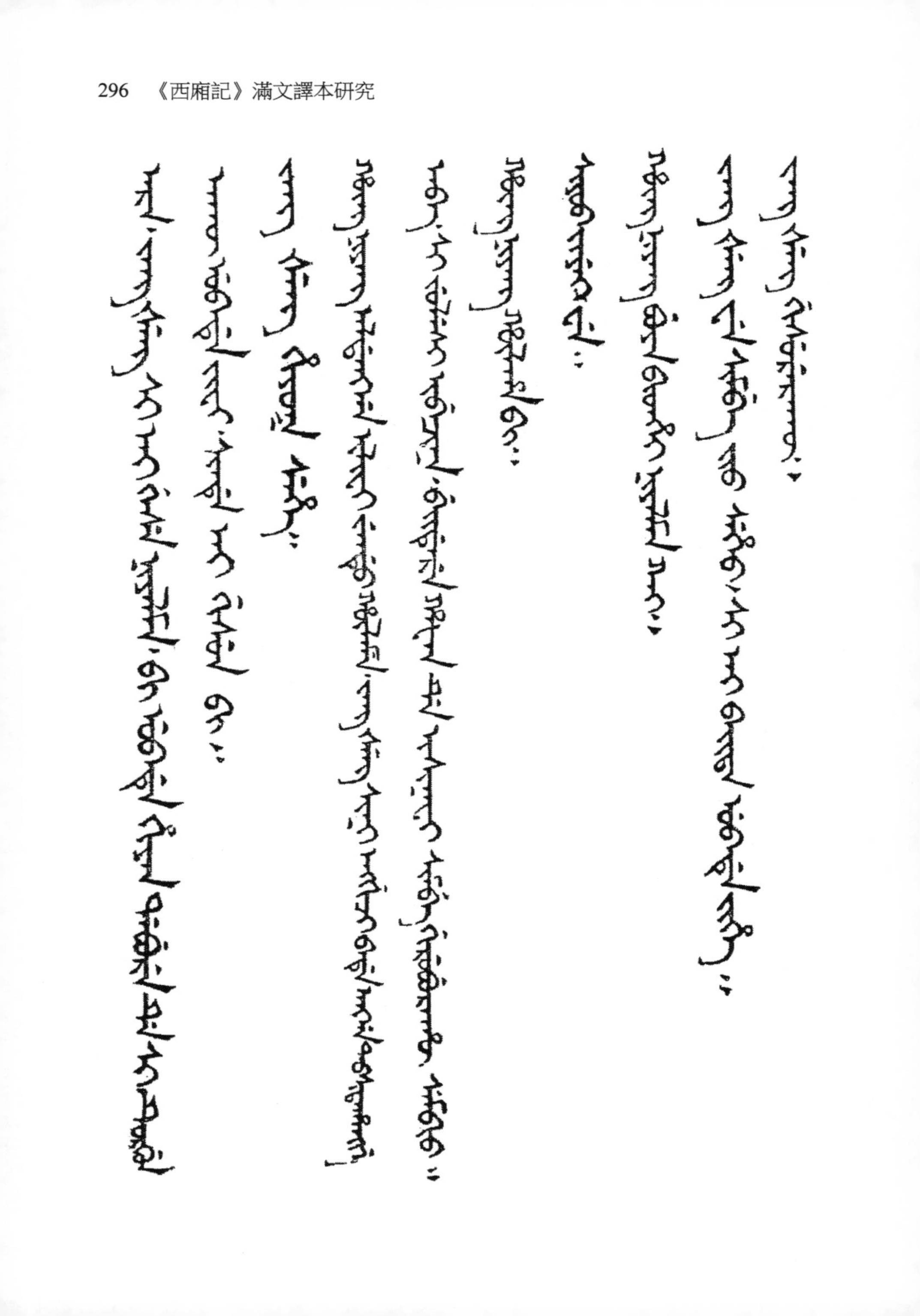

ᡥᡡᠩ ᠨᡳᠶᠠᠩ ᡤᡳᠰᡠᡵᡝᠮᡝ᠈

[illegible]

ara, jang šeng si ai gese niyalma. bi ubade hiyan dabure de si turgun akū ubade jifi, sinde ai gisun bi.
jang šeng hiyok sehe.
hūng niyang aldangga ilifi jendu hūlame, jang šeng sini enggici bade angga tabsitahangge aba, si julesi ibecina, beidere hafan de isinafi simbe giruburahū sembio.
hūng niyang hūlha bi.
siyoo jiyei we.
hūng niyang buya bithei niyalma kai.
jang šeng we simbe jio seheo. si ai baita ubade jihe.
jang šeng gisurerakū.

哎喲！張生你是何等人？我在這裡燒香，你無故至此，你有何說？
張生云：哎喲！
紅娘遠立低叫云：張生你背地裡硬嘴，却那裡去了？你向前呵！告到官司，怕羞了你？
紅娘有賊。
小姐是誰？
紅娘是小生。
張生這是誰着你來？你來此有甚麼勾當？
張生不語科。

哎哟！张生你是何等人？我在这里烧香，你无故至此，你有何说？
张生云：哎哟！
红娘远立低叫云：张生你背地里硬嘴，却那里去了？你向前呵！告到官司，怕羞了你？
红娘有贼。
小姐是谁？
红娘是小生。
张生这是谁着你来？你来此有甚么勾当？
张生不语科。

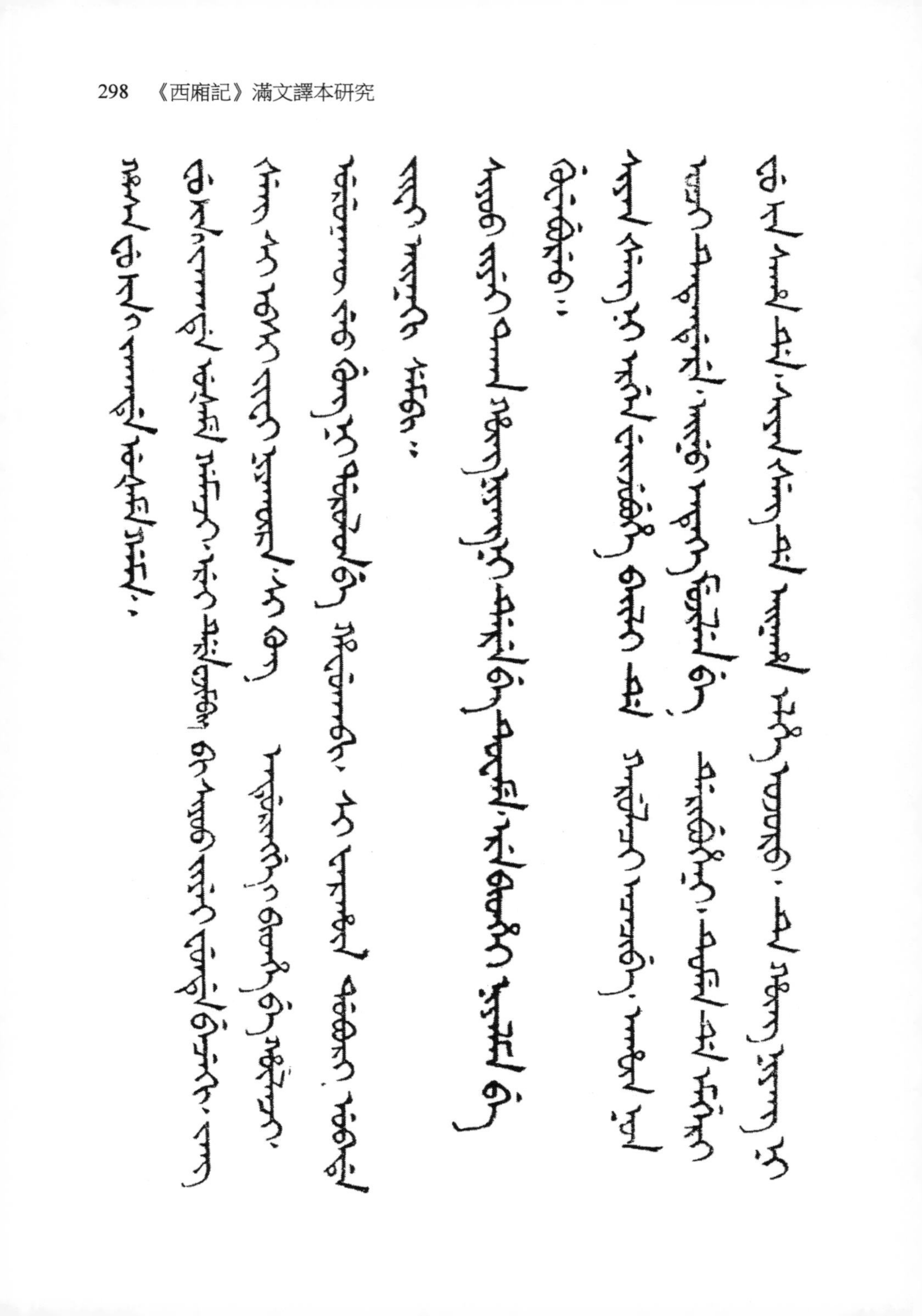

hasa fu žin i jakade ušame gama.
fu žin i jakade ušame gamaci, erei dere wajimbi, bi siyoo jiyei funde beceki, jang šeng si ebsi jifi niyakūra, si kung enduringge i bithe be hūlaci, urunakū jeo gung ni dorolon be hafukabi, si farhūn dobori ubade jifi ainaki sembi.
siyoo jiyei taka hūng niyang ni dere be tuwame, ere bithei niyalma be guwebureo.
siyan šeng ni ergen weijubuhe baili de karulaci acacibe, ahūn non oci tetendere, ainu enteke mujilen be deribuheni, tumen de emgeri fu žin saha de, siyan šeng de ainaha elhe ojoro, te hūng niyang ni

---

快扯去夫人那裡去。
扯去夫人那裡，便壞了他行止，我與小姐處分罷！張生你過來跪者，你既讀孔聖之書，必達周公之禮，你夤夜來此何幹？
小姐且看紅娘面，饒過這生者。
先生活命之恩，恩則當報，既為兄妹，何生此心，萬一夫人知之，先生何以自安，今看紅娘

快扯去夫人那里去。
扯去夫人那里，便坏了他行止，我与小姐处分罢！张生你过来跪者，你既读孔圣之书，必达周公之礼，你夤夜来此何干？
小姐且看红娘面，饶过这生者。
先生活命之恩，恩则当报，既为兄妹，何生此心，万一夫人知之，先生何以自安，今看红娘

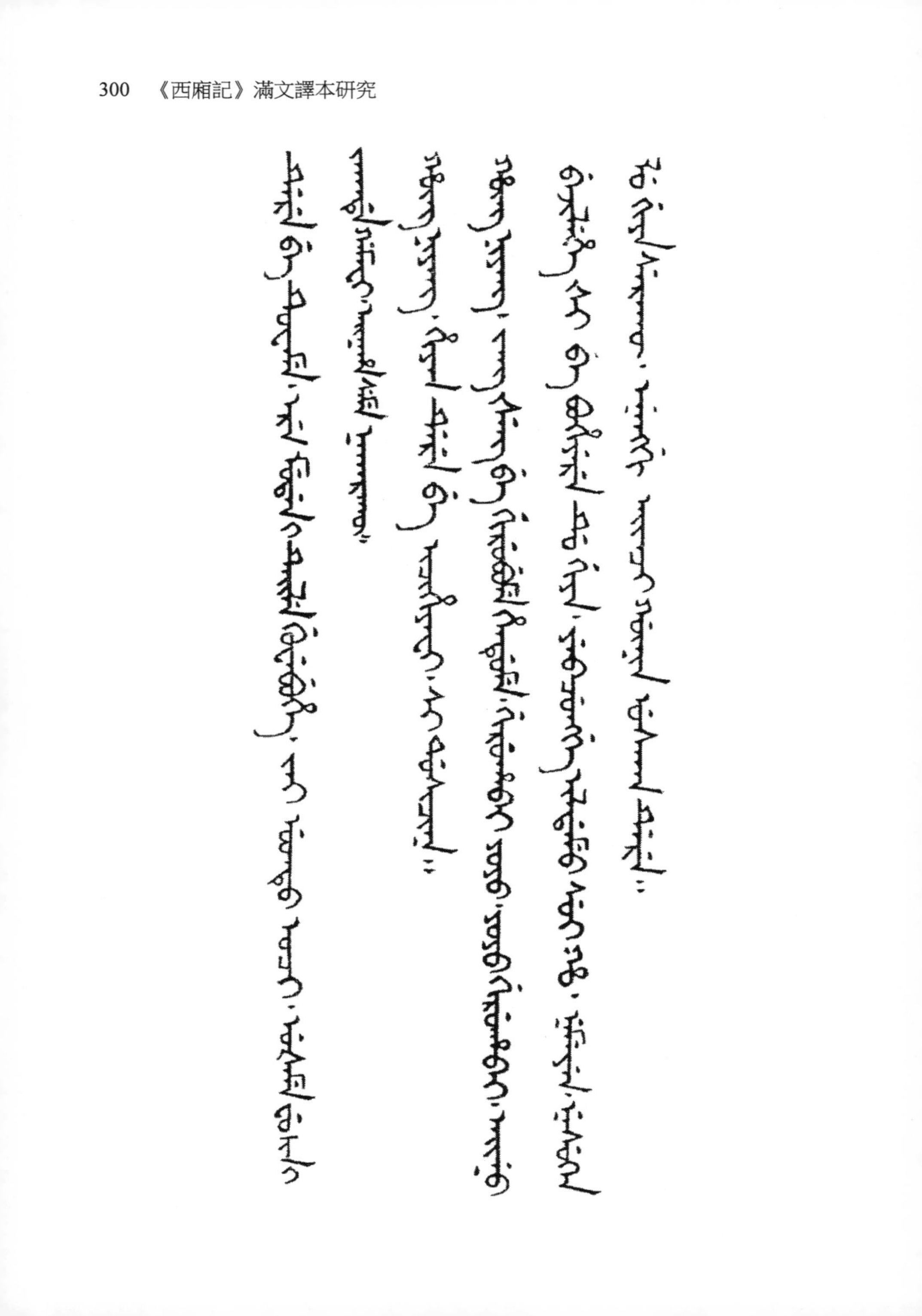

dere be tuwame, ere mudan i teile guwebuhe, jai uttu oci, ušame fu žin i jakade gamafi, ainaha seme nakarakū.
hūng niyang, hiyan dere be icihiyafi, si dosicina.
hūng niyang, jang šeng be girubume hendume, giruhabai yoyo, yoyo giruhabai, ainu bejilehe ši be bohiyere du giya, yebcungge ildamu sui ho, nemeyen nesuken lu giya serakū, enenggi ainci gūnin usaka dere.

面，便饒過這次，若更如此，扯去夫人那裡，決無干休。
紅娘收了香桌兒，你進來波。
紅娘羞張生云：羞也乇，羞也乇，却不道猜詩謎杜家，風流隋何，浪子陸賈，今日早死心榻地也。

面，便饶过这次，若更如此，扯去夫人那里，决无干休。
红娘收了香桌儿，你进来波。
红娘羞张生云：羞也乇，羞也乇，却不道猜诗谜杜家，风流隋何，浪子陆贾，今日早死心榻地也。

[illegible]

[illegible]

[illegible]

[illegible]

十二、後候　第十二章

ecimari jang loo niyalma takūrafi alanjihangge, jang šeng be nimere ujen sere jakade, bi daifu solinabufi, emu derei hūng niyang be tuwanabuha, jai daifu ai okto omibuha, nimerengge adarame, getukeleme fonjifi gisun bederebu.
fu žin mimbe takūrafi jang šeng be tuwanabumbi, fu žin si damu jang šeng ni

---

早間長老使人來說，張生病重，我着人去請太醫，一壁吩咐紅娘看去，問太醫下什麼藥，是何病症候脈息如何？便來回話者。
夫人使俺去看張生，夫人呵你只知張生

早间长老使人来说，张生病重，我着人去请太医，一壁吩咐红娘看去，问太医下什么药，是何病症候脉息如何？便来回话者。
夫人使俺去看张生，夫人呵你只知张生

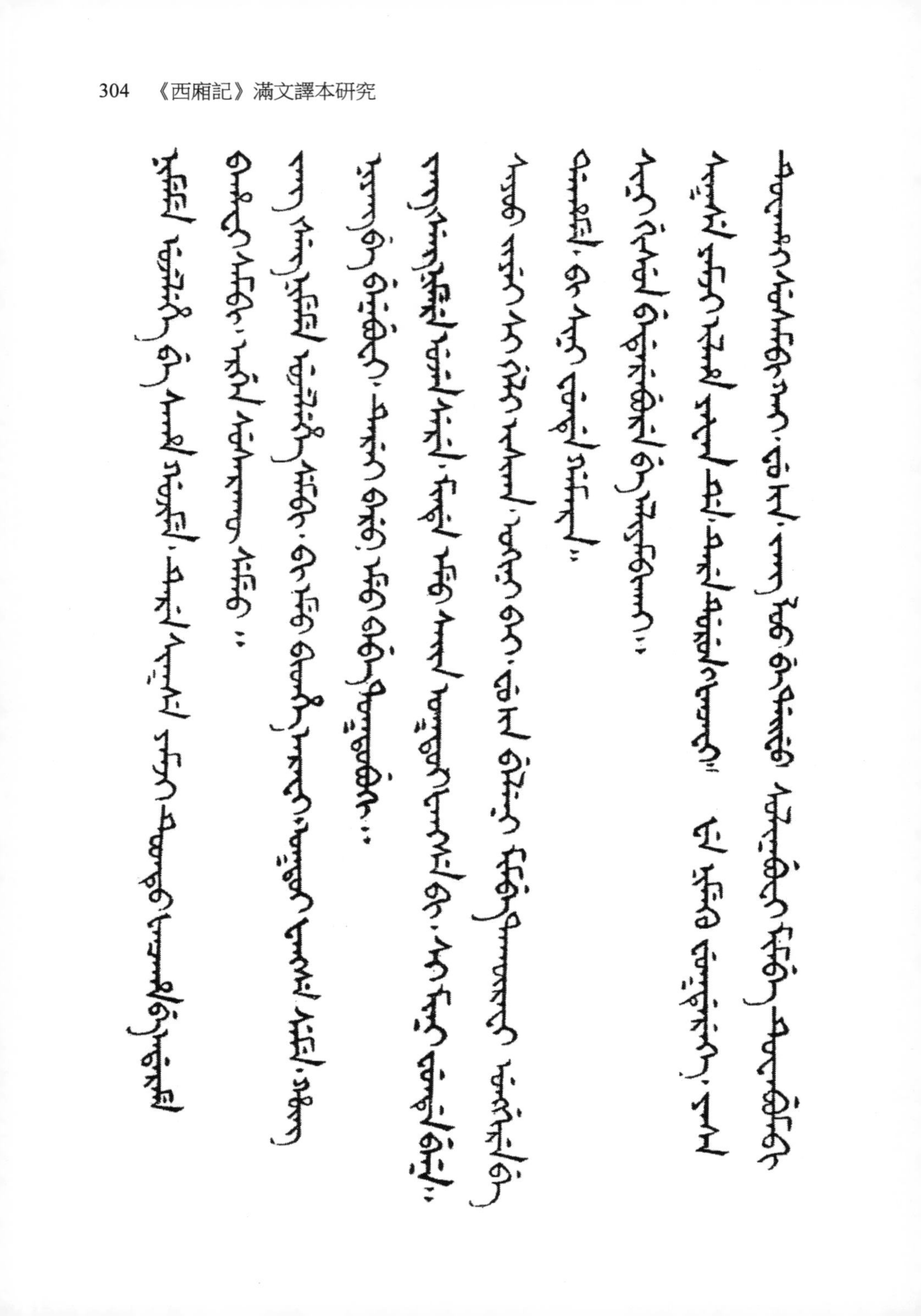

[illegible]

[illegible]

[illegible]

[illegible]

[illegible]

[illegible]

[illegible]

[illegible]

[illegible]

[illegible]

nimeme ujelehe be saha gojime, tere sikse yamji tuttu fancaha be adarame bahafi sambi, ergen susarakū semeo.
jang šeng nimeme ujelehe sembi, bi emu bithe arafi, oktoi fangse seme, hūng niyang be benebufi, terei baru emu babe toktobuki.
jang šeng nimere ujen sere, minde emu sain oktoi fangse bi, si mini funde bene.
siyoo jiyei si geli isika, okini bai, fu žin beleni mimbe takūrafi unggire be dahame, bi sini funde gamara.
sini gisun bederebure be aliyambikai.
sikse yamji ilha yafan de, tere durum i fancafi, fe nimeku fukdereke, yasa tuwahai susambi kai, fu žin, jang loo be daifu solinabufi mimbe tuwabumbi.

病重，那知他昨夜受這場氣呵，怕不送了性命也。
張生病重，俺寫一簡，只說藥方，着紅娘將去，與他做個道理。
張生病重，我有一個好藥方兒，與我將去咱。
小姐呵你又來也，也罷，夫人正使我去，我就與你將去波。
我專等你回話者。
昨夜花園中，我喫這場氣，投着舊證候，眼見得休了也。夫人着長老請太醫來看我。

病重，那知他昨夜受这场气呵，怕不送了性命也。
张生病重，俺写一简，只说药方，着红娘将去，与他做个道理。
张生病重，我有一个好药方儿，与我将去咱。
小姐呵你又来也，也罢，夫人正使我去，我就与你将去波。
我专等你回话者。
昨夜花园中，我吃这场气，投着旧证候，眼见得休了也。夫人着长老请太医来看我。

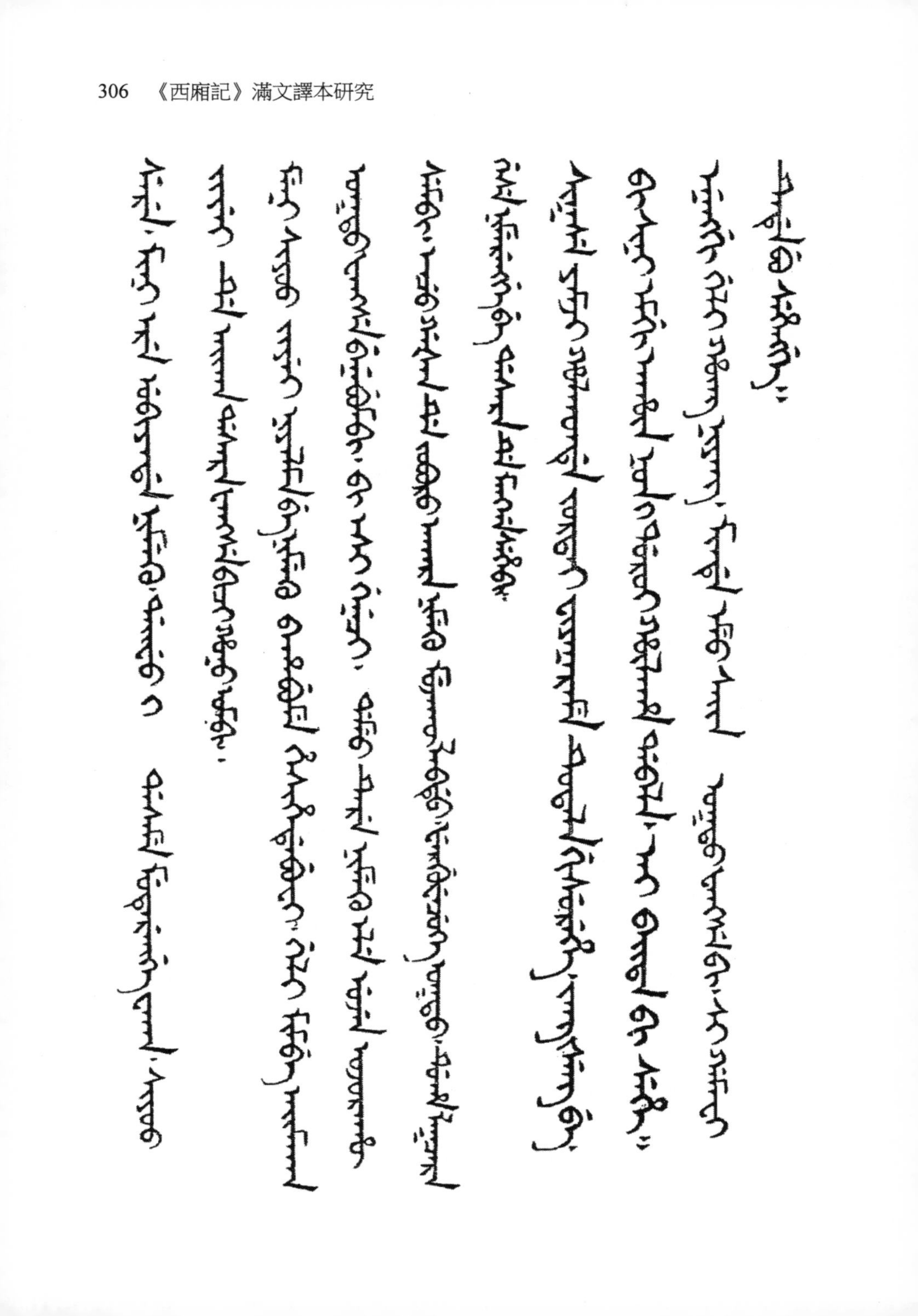

[illegible]

sere, mini ere ubiyada nimeku, daifu i dasame muterengge waka, siyoo jiyei de aika dasara fangse bici hono ombi.
meni siyoo jiyei niyalma be nimeku bahabume hesihedebufi, geli mimbe aimaka okto fangse benebumbi, bi esi geneci, damu tere nimeku ele ujen ojorahū sembi. encu gašan de joboro akara nimeku mujakū labdu, ferguwecuke okto, duha lakcara gese nimerengge be dasara de mangga sehebi.
sikse yamji holkonde jortai fiyanarame tutala gisurehe, jang šeng be, bi sini emgi ahūn non i doroi hūlaha dabala, ai baita bi sehe.
enenggi geli hūng niyang, minde emu sain okto fangse bi, si gamafi tede bu sehengge.

我這惡證候，非是太醫所治，除非小姐有甚好藥方兒這病便可了。
俺小姐害得人一病即當，如今又着俺送甚藥方兒，俺去則去，只恐越着他沉重也。異鄉最有離愁病，妙藥難醫腸斷人。
昨夜忽然撇假偌多說，張生我與兄妹之禮，甚麼勾當。
今日又是紅娘，我有個好藥方兒，你將去與了他。

我这恶证候，非是太医所治，除非小姐有甚好药方儿这病便可了。
俺小姐害得人一病即当，如今又着俺送甚药方儿，俺去则去，只恐越着他沉重也。异乡最有离愁病，妙药难医肠断人。
昨夜忽然撇假偌多说，张生我与兄妹之礼，甚么勾当。
今日又是红娘，我有个好药方儿，你将去与了他。

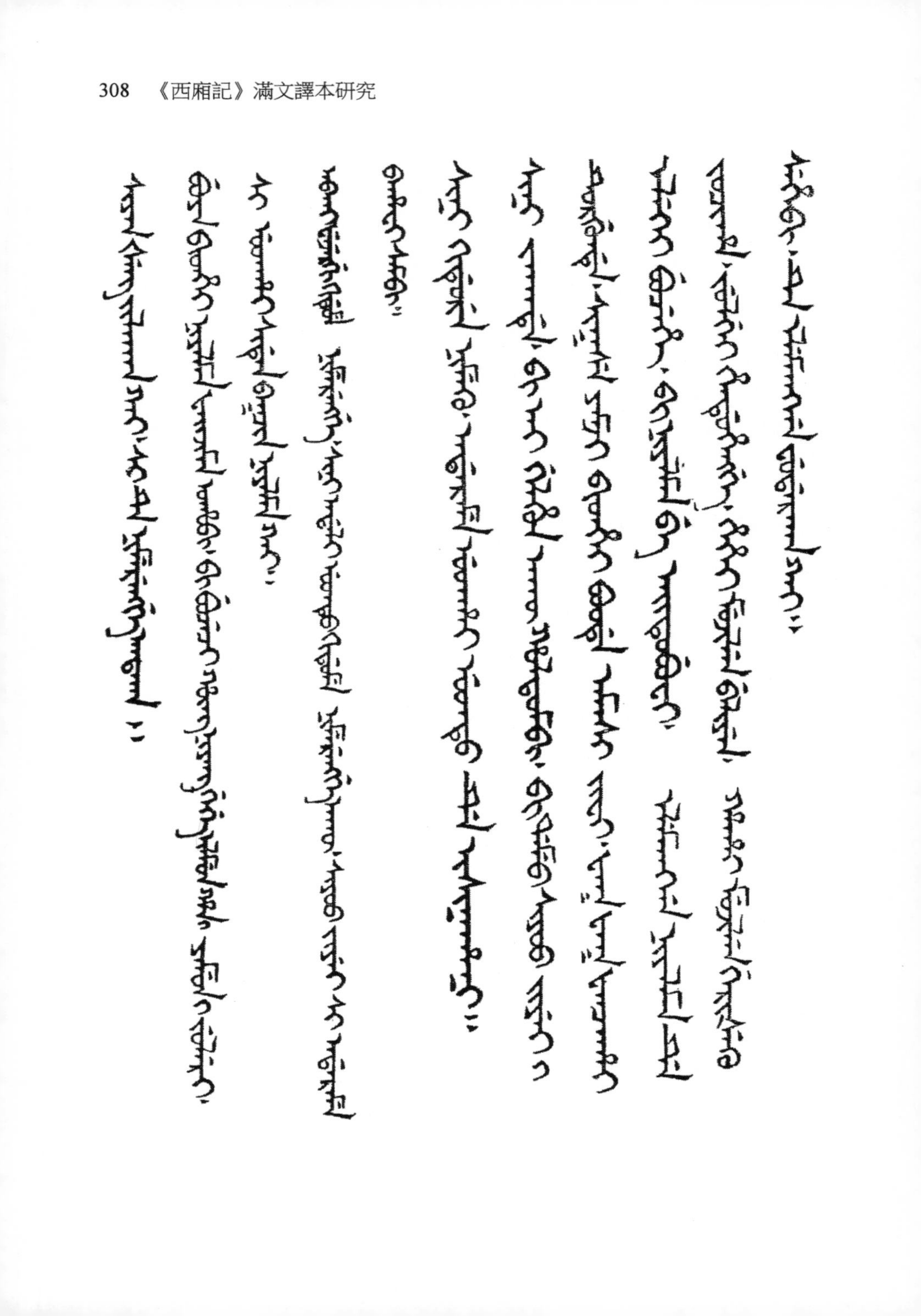

siyan šeng jilakan kai, si te nimerengge antaka.
buya bithei niyalma faijima ohobi, bi buceci hūng niyang gege ilmun han i yamun i juleri, si uthai siden bakcin niyalma kai.
abkai fejergi kidume nimerengge, sini adali uttu kidume nimerengge akū, siyoo jiyei si adarame bahafi sambi.
sini kidure nimeku, adarame uthai uttu de isinahani.
sini jakade, bi ai gelhun akū holtombi, bi damu siyoo jiyei i turgunde, sikse yamji bithei boode amasi jifi, fak fak fancahai elekei bucehe. bi niyalma be aitubufi, elemangga niyalma de jociha. julgei henduhengge, hehei mujilen beliyen, hahai mujilen gerišeku sehebi, te elemangga fudaraka kai.

先生可憐呵，你今日病體如何？
害殺小生也，我若是死呵，紅娘姐閻王殿前，少不得你是干連人。
普天下害相思，不像你害得忒煞也，小姐妳那裡知道呵？
你因甚便害到這般了。
你行我敢說謊，我只因小姐來，昨夜回書房，一氣一個死，我救了人，反被人害。古云：癡心女子負心漢，今日反其事了。

先生可怜呵，你今日病体如何？
害杀小生也，我若是死呵，红娘姐阎王殿前，少不得你是干连人。
普天下害相思，不像你害得忒煞也，小姐妳那里知道呵？
你因甚便害到这般了。
你行我敢说谎，我只因小姐来，昨夜回书房，一气一个死，我救了人，反被人害。古云：痴心女子负心汉，今日反其事了。

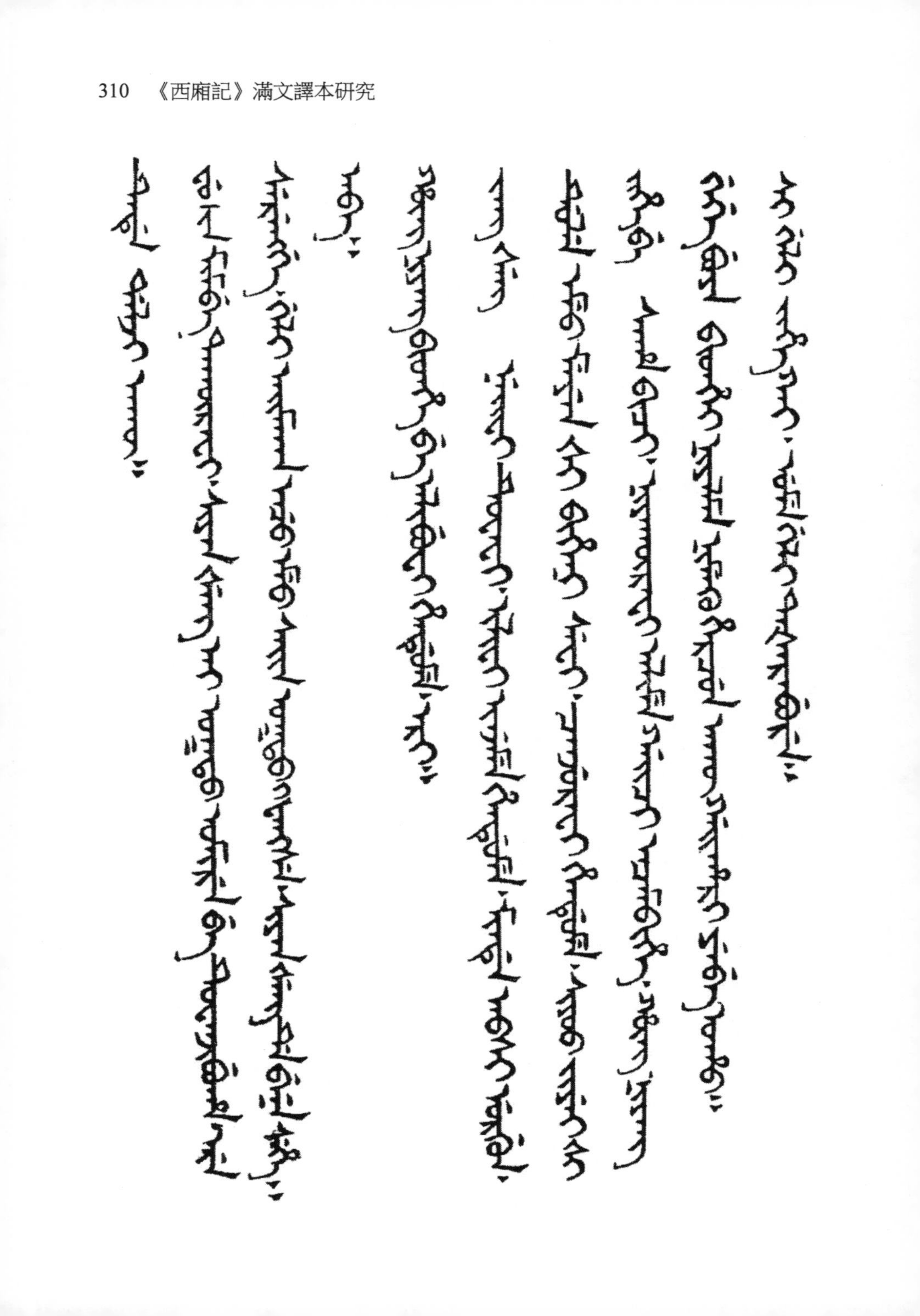

tede dalji akū.
fu žin mimbe takūrafi, siyan šeng ai okto omire be tuwanjibuha, ere serengge, geli aimaka encu emu sain okto i fangse, siyan šeng de bene sehe.
aba.
hūng niyang bithe be alibufi hendume, eri.
jang šeng neifi tuwafi, ilifi injeme hendume, minde absi urgun, dule emu meyen ši biheni sefi, canjurafi hendume, siyoo jiyei ši jihe be saha bici, niyakūrafi alime gaici acambihe, hūng niyang gege buya bithei niyalma nimeku hercun akū gaihari yebe oho.
si geli jihe kai, ume geli tašarabure.

這個與他無干。
夫人着俺來看先生吃甚麼湯藥，這另一個甚麼好藥方兒，送來與先生。
在那裡？
紅娘授簡云：在這裡。
張生開讀，立起笑云：我好喜也，是一首詩，揖云：早知小姐詩來，禮合跪接，紅娘姐，小生賤體不覺頓好也。
你又來也，不要又差了一些兒。

这个与他无干。
夫人着俺来看先生吃甚么汤药，这另一个甚么好药方儿，送来与先生。
在那里？
红娘授简云：在这里。
张生开读，立起笑云：我好喜也，是一首诗，揖云：早知小姐诗来，礼合跪接，红娘姐，小生贱体不觉顿好也。
你又来也，不要又差了一些儿。

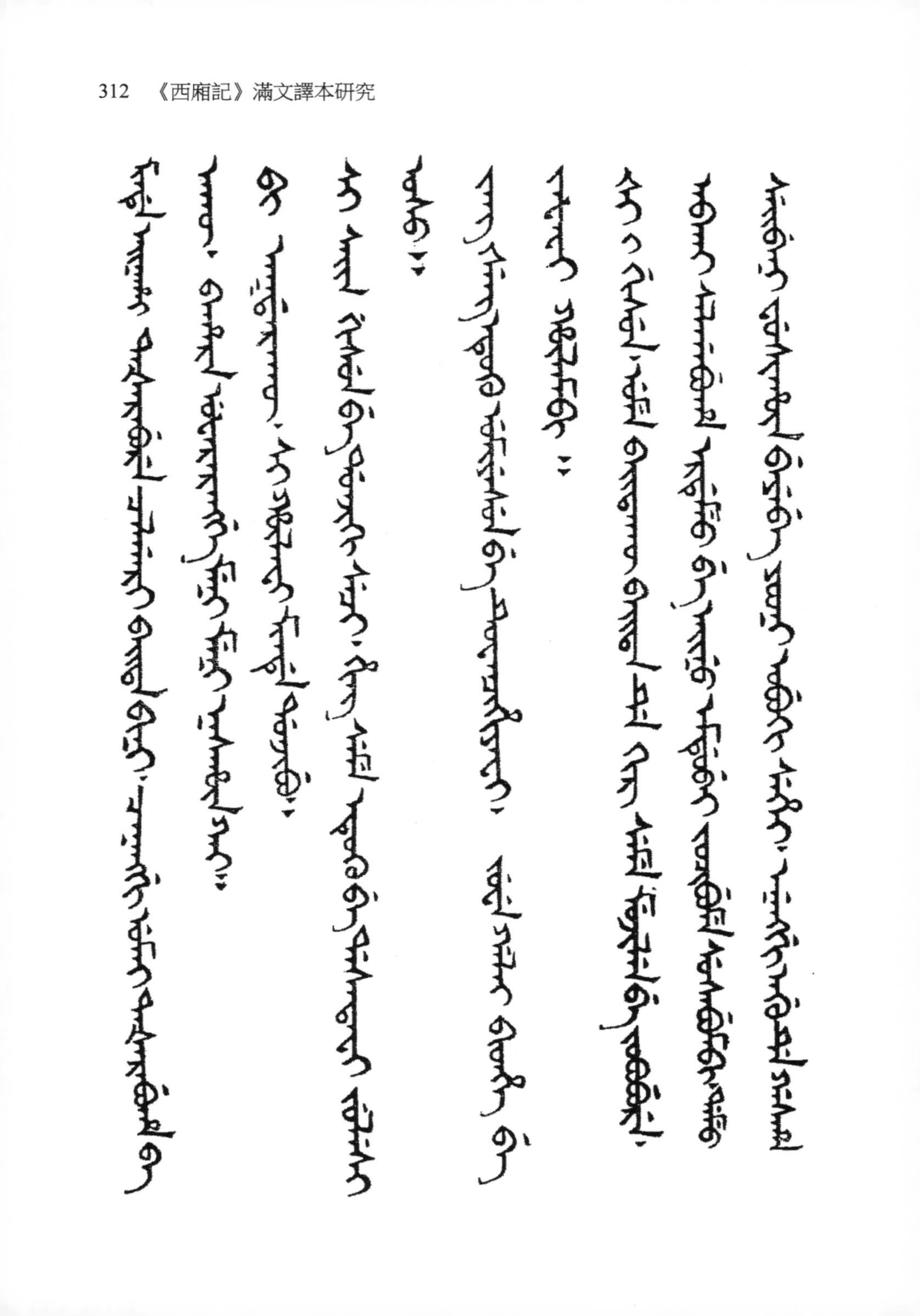

minde ainahai tašarabure calgari baita bini, cananggi umai tašarabuha ba akū, bahara ufarangge meni meni nashūn kai.
bi akdarakū, si hūlafi minde donjibu.
si sain gisun be donjiki seci, hing seme etuku be dasatafi julesi oso.
jang šeng etuku umiyesun be tuwancihiyafi, juwe galai bithe be jafafi hūlambi.
ši i gisun, ume baitakū baita de kir seme mujilen be jobobure, abkai salgabuha erdemu be ainu emdubei jocibume susabumbi, damu seibeni fusihūn beyebe yooni obuki sehei, enenggi agu de gashan

---

我哪有差的事，前日原不得差，得失亦事之偶然耳！
我不信，你念與我聽呵。
你欲聞好語，必須致誠斂袵而前。
張生整冠帶，雙手執簡科。
念詩云：休將閒事苦縈懷，取次摧殘天賦才，不意當時完妾行，豈防今日作君災，

我哪有差的事，前日原不得差，得失亦事之偶然耳！
我不信，你念与我听呵。
你欲闻好语，必须致诚敛袵而前。
张生整冠带，双手执简科。
念诗云：休将闲事苦萦怀，取次摧残天赋才，不意当时完妾行，岂防今日作君灾，

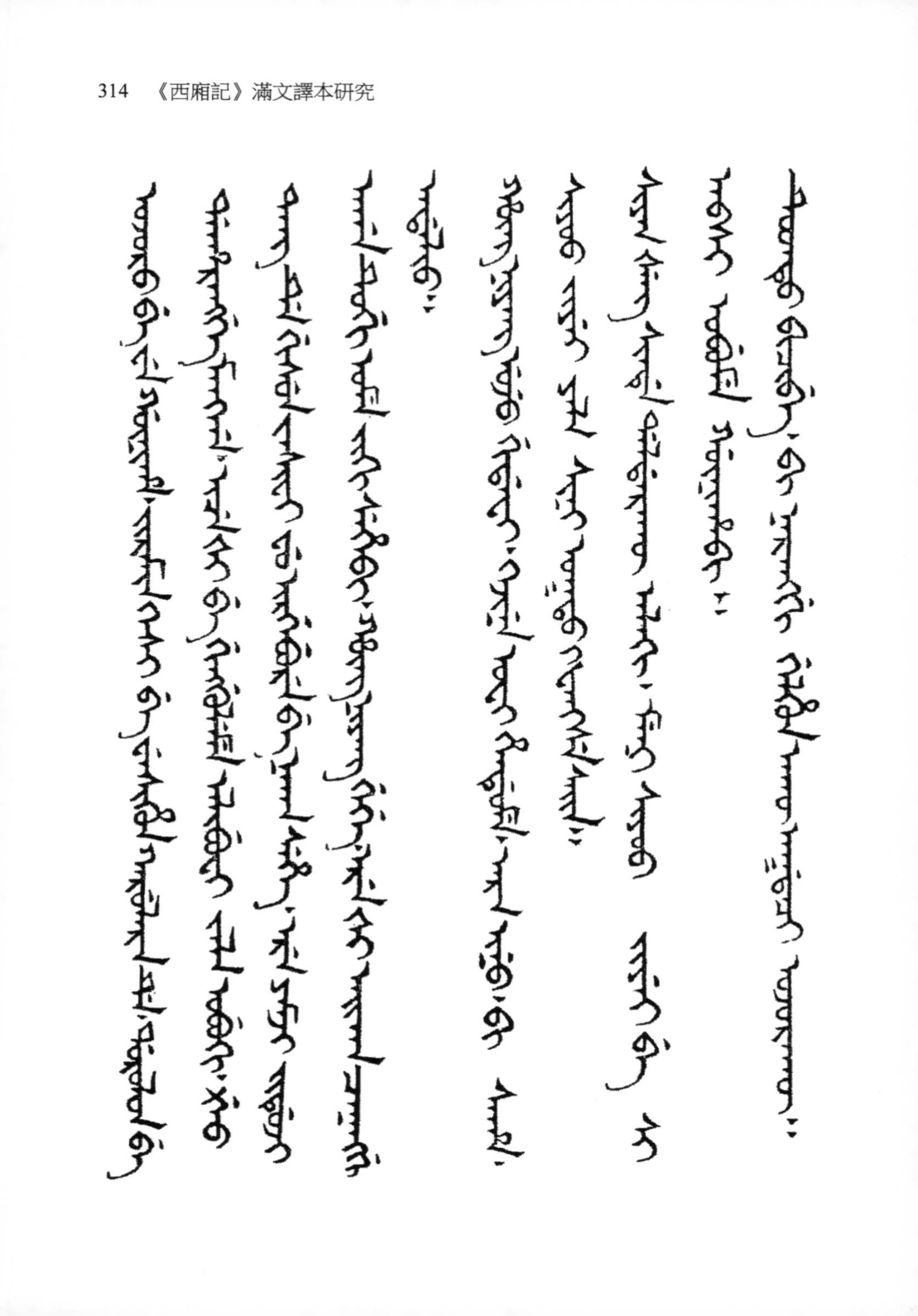

ojoro be we gūniha, jiramin kesi be wesihun karulara de, dorolon be daharangge mangga, ice ši be gingguleme alibufi jala obuki, ga'o tang de gisun jasifi fu irgebure be naka sehe, ere yamji jiduji aga tugi ome jiki sehebi. hūng niyang gege, ere ši aika cananggi adalio.
hūng niyang uju gidafi, kejine ofi hendume, ara inu, bi saha, siyoo jiyei yala sini okto i fangse sain.
siyan šeng sinde daldarakū alaki, meni siyoo jiyei be si absi obume gūnihabi.
tuttu bicibe, bi naranggi gelhun akū akdaci ojorakū.

仰酬厚德難從禮，謹奉新詩可當媒，寄語高唐休詠賦，今宵端的雲雨來。紅娘姐，此詩又非前之比。
紅娘低頭沉吟云：哦，有之，我知之矣。小姐妳真個好藥方兒也。
先生不瞞你說，俺的小姐呵，你道怎麼來？
雖然如此，我終是不敢信來。

仰酬厚德难从礼，谨奉新诗可当媒，寄语高唐休咏赋，今宵端的云雨来。红娘姐，此诗又非前之比。
红娘低头沉吟云：哦，有之，我知之矣。小姐妳真个好药方儿也。
先生不瞒你说，俺的小姐呵，你道怎么来？
虽然如此，我终是不敢信来。

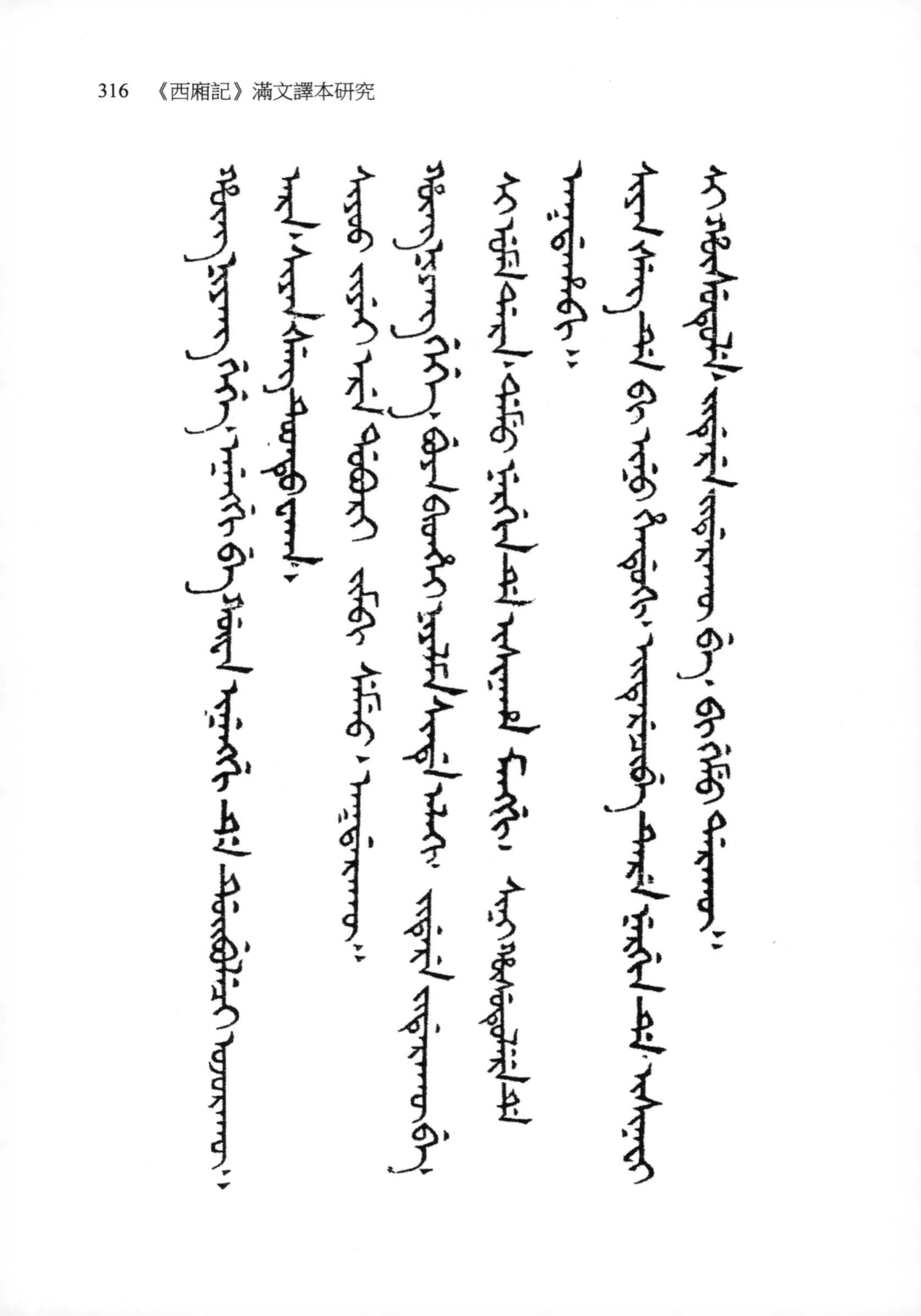

hūng niyang gege, enenggi be gūwa inenggi de duibuleci ojorakū.
ara. siyan šeng tuttu waka.
siyoo jiyei ere dobori jimbi semeo, akdarakū.
hūng niyang gege, buya bithei niyalma sinde alaki, jidere jiderakū be, si ume dara, damu nergin de isinaha manggi, sini hūsutulere de akdahabi.
siyan šeng de bi inu henduki, eiterecibe tere nergin de isinafi si hūsutule, jidere jiderakū be, bi gemu darakū.

紅娘姐，今日不比往日。
呀！先生不然。
不信小姐今夜却來。
紅娘姐，小生吩咐你，來與不來，你不要管，總之其間，望你用心。
先生我也要吩咐你，總之其間，你自用心。來與不來，我都不管。

红娘姐，今日不比往日。
呀！先生不然。
不信小姐今夜却来。
红娘姐，小生吩咐你，来与不来，你不要管，总之其间，望你用心。
先生我也要吩咐你，总之其间，你自用心。来与不来，我都不管。

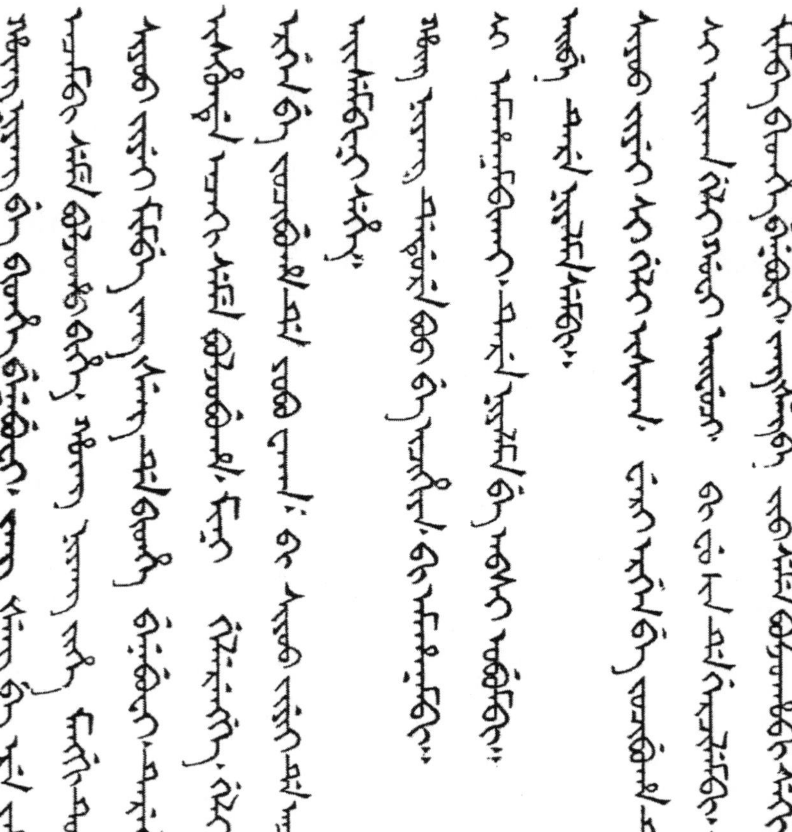

十三、酬簡　第十三章

hūng niyang be bithe benebufi, jang šeng be ere yamji ini emgi acambi seme boljoho bihe, hūng niyang jihe manggi tuwaki.
siyoo jiyei mimbe jang šeng de bithe benebufi, terebe ere yamji ishunde acaki seme boljobuha, mini gelerengge, geli gofi weri ergen be jocibuha de yobo waka, bi siyoo jiyei de ancanaki, i maka aisembini sehe.
hūng niyang dedure boo be icihiya, bi amhanambi.
si amhanambikai, tere niyalma be absi obumbi.
aibe tere niyalma sembi.
siyoo jiyei si geli isika, weri ergen be jocibuha de yobo waka, si aika geli gofi aifuci, bi fu žin de gercilembi, siyoo jiyei mimbe bithe benebufi, jang šeng be jio seme boljohobi seki.

紅娘傳簡帖兒去，約張生今夕與他相會，等紅娘來做個商量。
小姐着俺送簡帖兒與張生，約他今夕相會，俺怕又變卦送了他性命不是耍，俺見小姐去，看他說甚的。
紅娘收拾臥房，我睡去。
不爭你睡呵！那裡發付那人？
甚麼那人？
小姐你又來也，送了人性命不是耍，你若又翻悔，我出首與夫人，小姐着我將簡帖兒約下張生來。

红娘传简帖儿去，约张生今夕与他相会，等红娘来做个商量。
小姐着俺送简帖儿与张生，约他今夕相会，俺怕又变卦送了他性命不是耍，俺见小姐去，看他说甚的。
红娘收拾卧房，我睡去。
不争你睡呵！那里发付那人？
甚么那人？
小姐你又来也，送了人性命不是耍，你若又翻悔，我出首与夫人，小姐着我将简帖儿约下张生来。

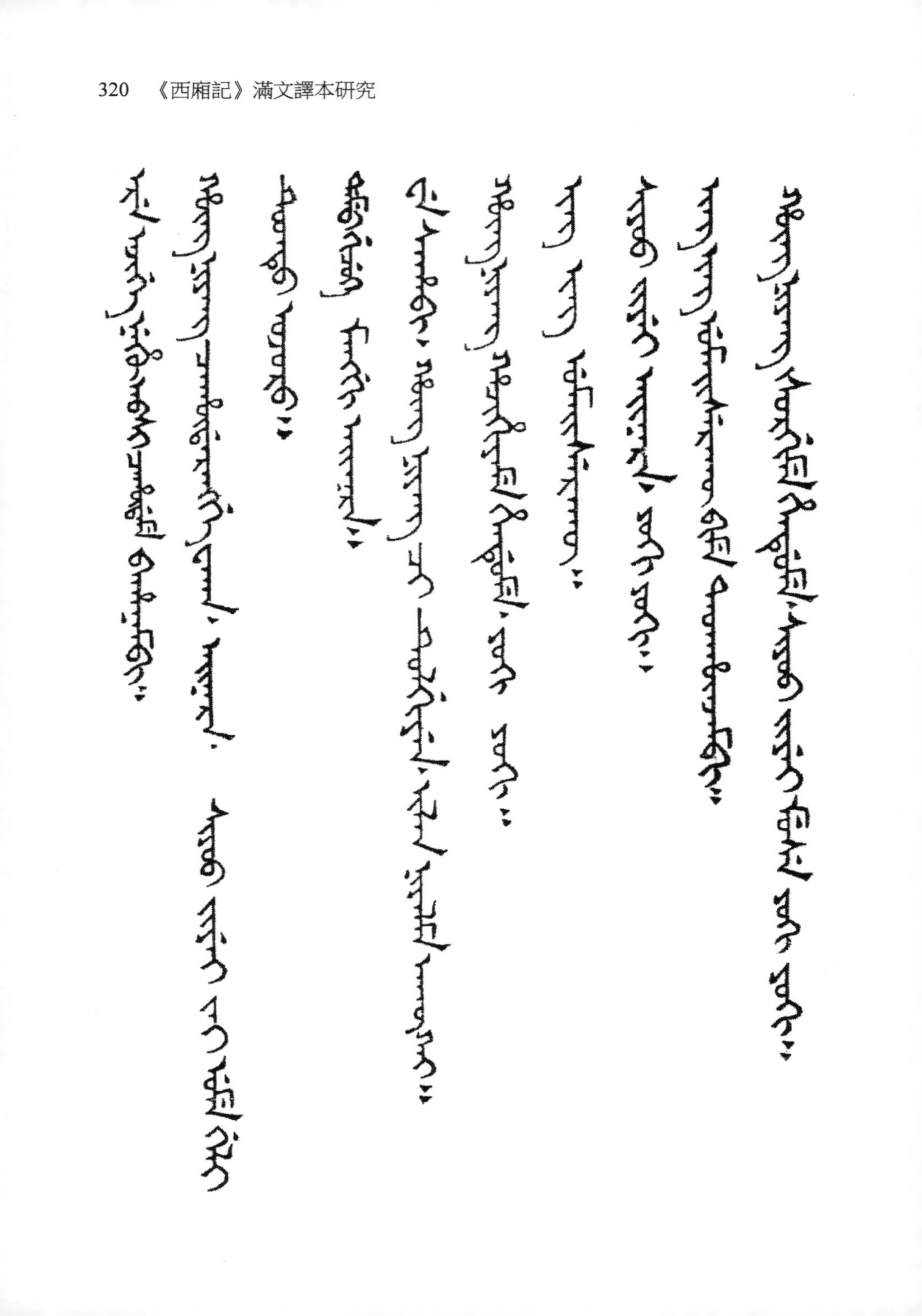

ere ajige nehü absi cahūdame bahanambi.
hūng niyang cahūdarangge waka, ainara siyoo jiyei jai ume geli tuttu ojoro.
damu gicuke manggi ainara.
we sahabi, hūng niyang ci tulgiyen, ilan niyalma akū kai.
hūng niyang hacihiyame hendume, yoki yoki.
ing ing umaiserakū.
siyoo jiyei ainara, yoki yoki.
ing ing umaiserakū bime tathūnjambi.
hūng niyang šorgime hendume, siyoo jiyei muse yoki yoki.

這小妮子倒會放刁。
不是紅娘放刁，其實小姐切不可又如此。
只是羞人荅荅的。
誰見來，除却紅娘並無第三個人。
紅娘催云：去來去來。
鶯鶯不語科。
小姐沒奈何，去來去來。
鶯鶯不語作意科。
紅娘催云：小姐我們去來去來。

这小妮子倒会放刁。
不是红娘放刁，其实小姐切不可又如此。
只是羞人荅荅的。
谁见来，除却红娘并无第三个人。
红娘催云：去来去来。
莺莺不语科。
小姐没奈何，去来去来。
莺莺不语作意科。
红娘催云：小姐我们去来去来。

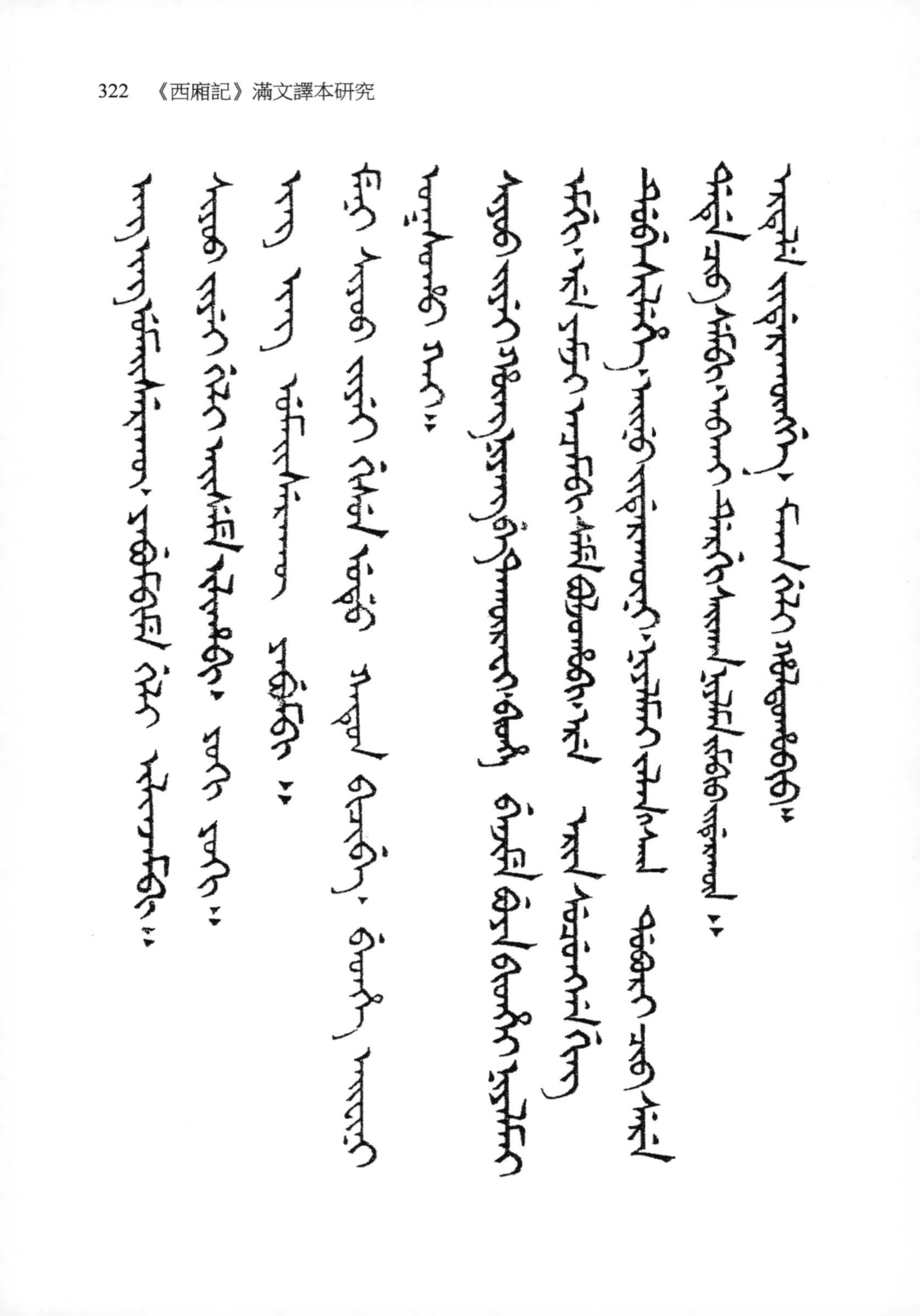

ing ing umaiserakū, yabumbime geli ilinjambi.
siyoo jiyei geli aiseme ilihabi, yoki yoki.
ing ing umaiserakū yabumbi.
meni siyoo jiyei gisun udu katun bicibe, bethe aifini oksoho kai.
siyoo jiyei hūng niyang be takūrafi, bithe benjime buya bithei niyalmai emgi, ere yamji acambi seme boljohobi. ere erin sucungga ging dubesilehe, ainu jiderakūni. niyalmai jalan i sain dobori cib sere dade cib sembi, abkai dergi saikan niyalma jimbio jiderakūn.
ertele jiderakūngge, maka geli holtohobio.

鶯鶯不語，行又住科。
小姐又立住怎麼？去來去來。
鶯鶯不語行科。
我小姐語言雖是強，腳步兒早已行。
小姐着紅娘將簡帖兒約小生今夕相會。這早晚初更盡呵，怎不見來？人間良夜靜復靜，天上美人來不來？
偌早晚不來，莫不又是謊？

莺莺不语，行又住科。
小姐又立住怎么？去来去来。
莺莺不语行科。
我小姐语言虽是强，脚步儿早已行。
小姐着红娘将简帖儿约小生今夕相会。这早晚初更尽呵，怎不见来？人间良夜静复静，天上美人来不来？
偌早晚不来，莫不又是谎？

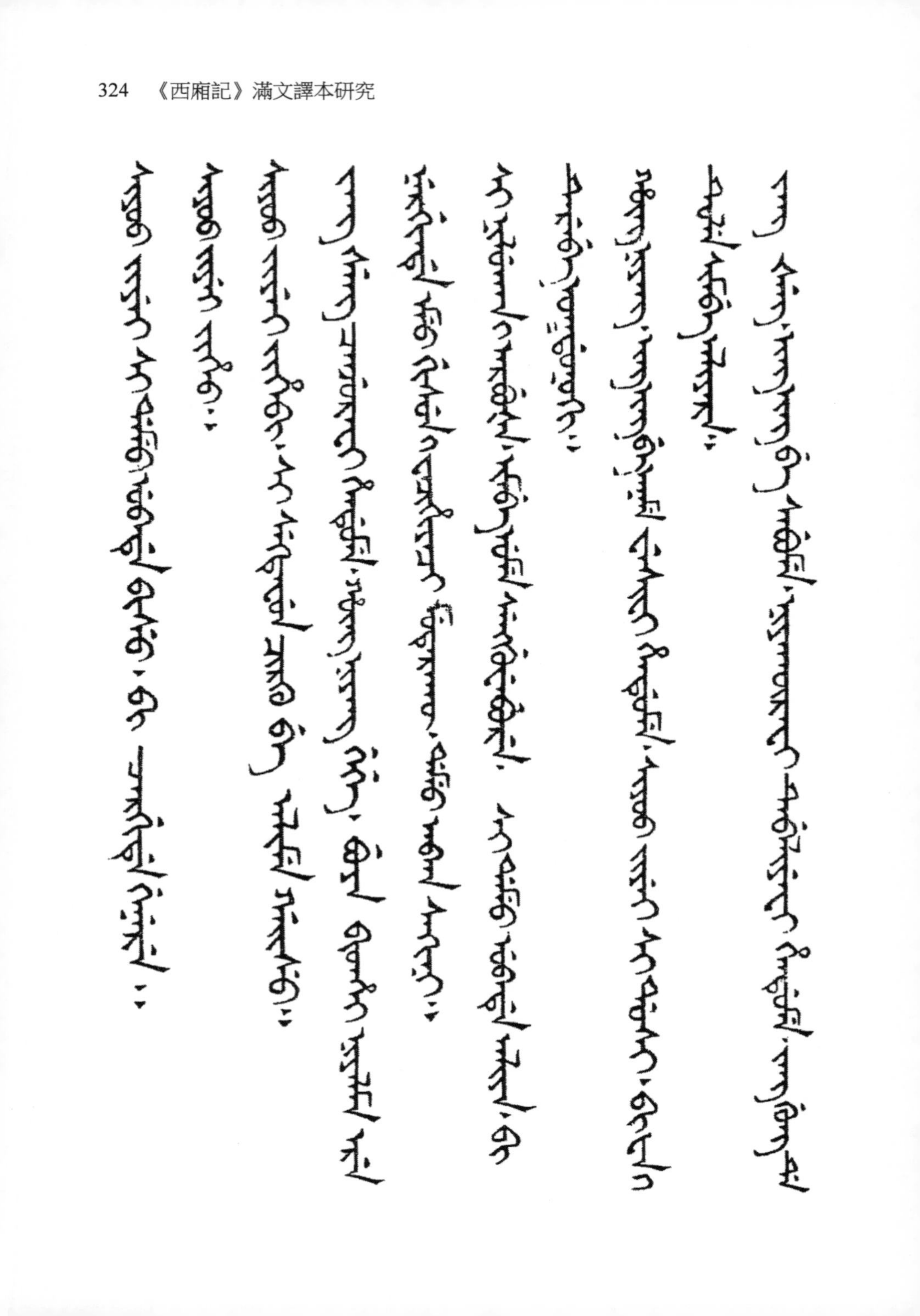

siyoo jiyei si damu ubade bisu, bi cargide genere.
siyoo jiyei jiheo.
siyoo jiyei jihebi, si sektefun cirku be alime gaisu.
jang šeng canjurafi hendume, hūng niyang gege, buya bithei niyalma ere nerginde emu gisun i wacihiyaci muterakū, damu abka sakini.
si nilukan i arbuša, imbe ume sengguwebure, si damu ubade aliya, bi terebe okdonoki.
hūng niyang, ing ing be aname wesifi hendume, siyoo jiyei si dosi, bi fa i tule simbe aliyara.
jang šeng, ing ing be sabume, niyakūrafi tebeliyefi hendume, jang gung de

---

小姐我過去，你只在這裡。
小姐來也？
小姐來也，你接了衾枕者。
張生揖云：紅娘姐，小生此時一言難盡，惟天可表。
你放輕者，休唬了他，你只在這裡，我迎他去。
紅娘推鶯鶯上云：小姐你進去，我在窓兒外等你。
張生見鶯鶯跪抱云：張珙有

小姐我过去，你只在这里。
小姐来也？
小姐来也，你接了衾枕者。
张生揖云：红娘姐，小生此时一言难尽，惟天可表。
你放轻者，休唬了他，你只在这里，我迎他去。
红娘推莺莺上云：小姐你进去，我在窓儿外等你。
张生见莺莺跪抱云：张珙有

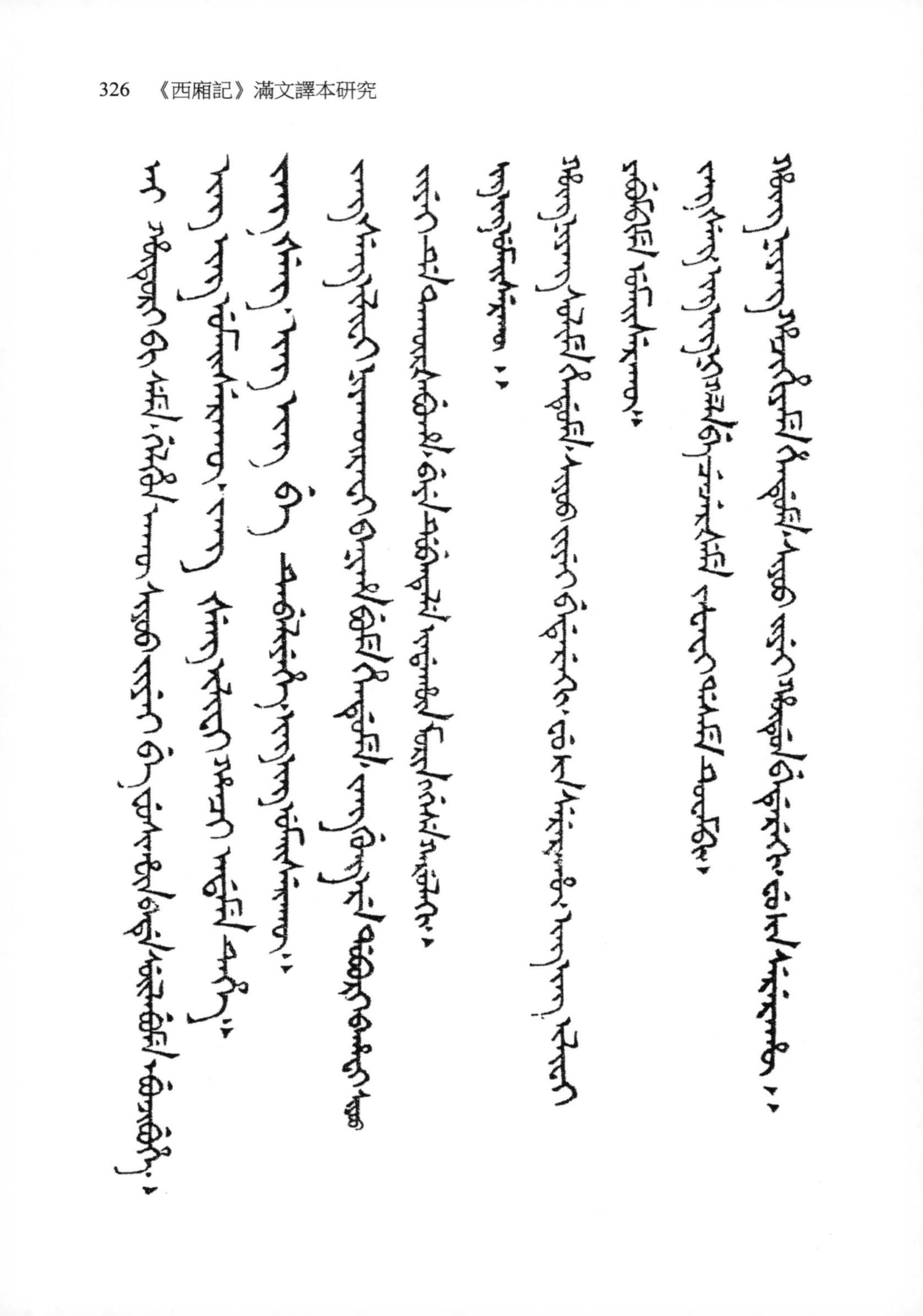

ai hūturi bi seme, gelhun akū siyoo jiyei be fusihūn bade suilabume ebunjibuhe.
ing ing umaiserakū, jang šeng ilifi hanci adame tehe.
jang šeng, ing ing be tebeliyehe, ing ing umaiserakū.
jang šeng ilifi niyakūrafi baniha bume hendume, jang gung ere dobori bahafi siyoo jiyei de takūršabuha, beye dubentele indahūn morin i gese karulaki.
ing ing umaiserakū.
hūng niyang solime hendume, siyoo jiyei bedereki, fu žin sererahū, ing ing ilifi yabumbime umaiserakū.
jang šeng, ing ing ni gala be cecerseme jafafi dasame tuwambi.
hūng niyang hacihiyame hendume, siyoo jiyei hūdun bedereki, fu žin sererahū.

多少福，敢勞小姐下降。鶯鶯不語，張生起捱鶯鶯坐科。
張生抱鶯鶯，鶯鶯不語科。
張生起跪謝云：張珙今夜得侍小姐，終身犬馬之報。
鶯鶯不語科。
紅娘請云：小姐回去波，怕夫人覺來，鶯鶯起行不語科。
張生攜鶯鶯手再看。
紅娘催云：小姐快回去波，怕夫人覺來。

多少福，敢劳小姐下降。莺莺不语，张生起捱莺莺坐科。
张生抱莺莺，莺莺不语科。
张生起跪谢云：张珙今夜得侍小姐，终身犬马之报。
莺莺不语科。
红娘请云：小姐回去波，怕夫人觉来，莺莺起行不语科。
张生携莺莺手再看。
红娘催云：小姐快回去波，怕夫人觉来。

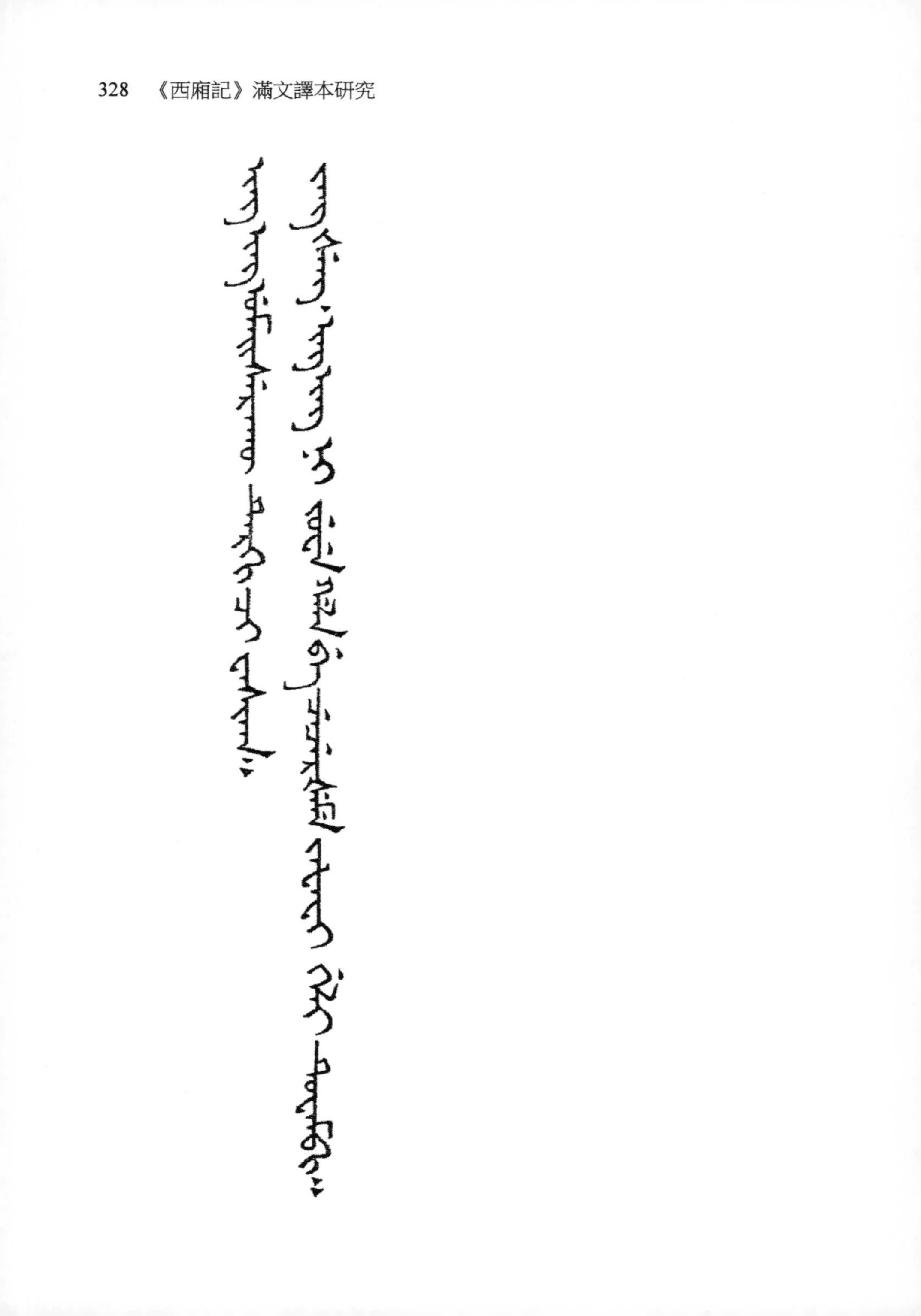

ing ing umaiserakū terki ci wasika.
jang šeng, ing ing ni juwe gala be ceceršeme jafafi geli tuwambi.

鶯鶯不語行下堦來。
張生雙手攜鶯鶯手再看科。

莺莺不语行下阶来。
张生双手携莺莺手再看科。

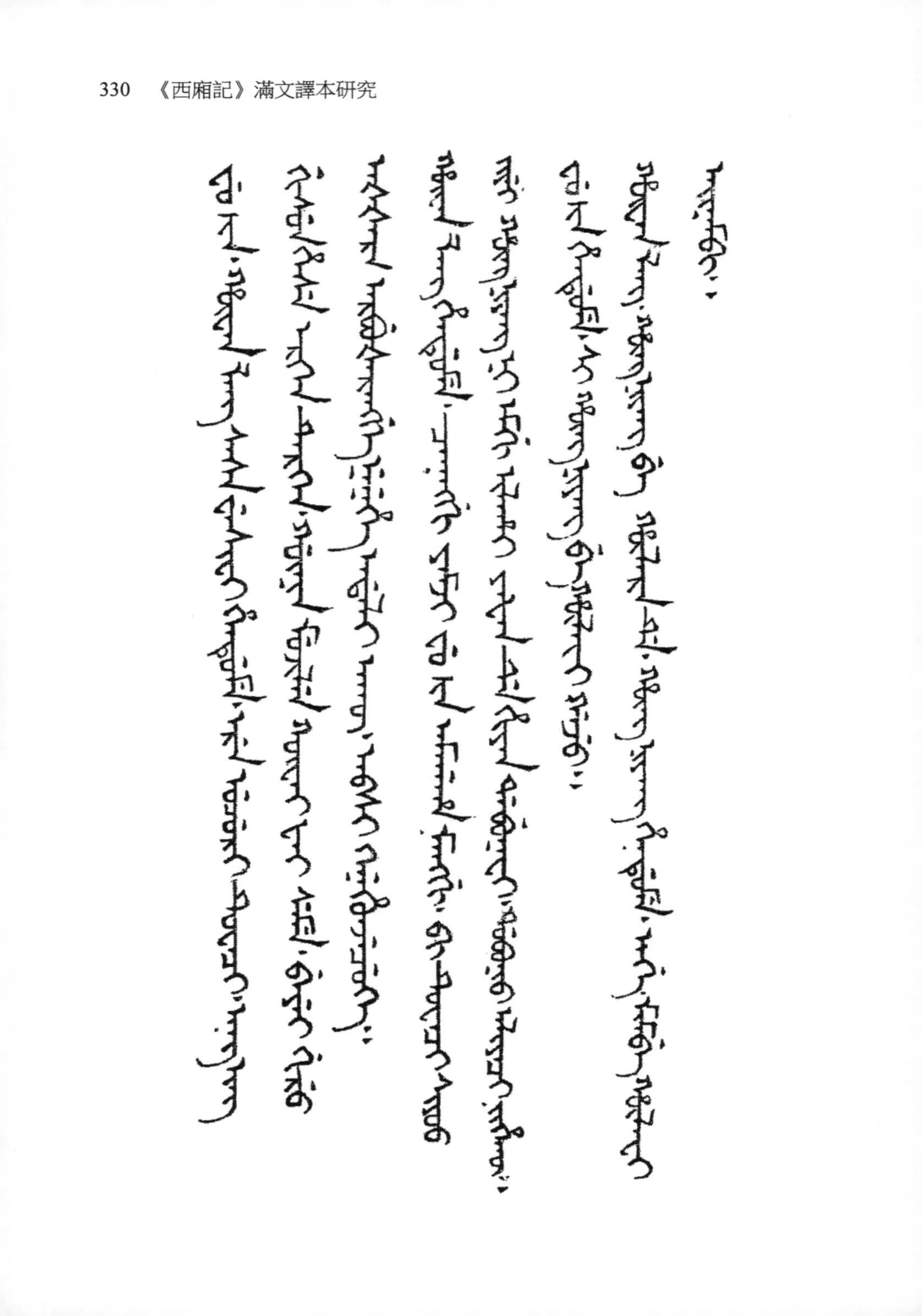

十四、拷艷 第十四章

fu žin, hūwan lang sasa wesifi hendume, ere ucuri tuwaci, ing ing gisun hese erken terken, gūnin mujilen kūwai fai seme, beyei giru aššara arbušarangge nenehe adali akū, absi kenehunjecuke.
hūwan lang hendume, cananggi yamji fu žin amgaha manggi, bi tuwaci siyoo jiyei hūng niyang ni emgi ilhai yafan de hiyan dabunafi, dobonio aliyaci jihekū.
fu žin hendume, si hūng niyang be hūlafi gaju.
hūwan lang, hūng niyang be hūlara de, hūng niyang hendume, age mimbe hūlafi ainambi.

夫人引懽郎上云：這幾日見鶯鶯語言恍惚，神思加倍，腰肢體態，別又不同，心中甚是委決不下。
懽郎云：前日晚夕夫人睡了，我見小姐和紅娘去花園裡燒香，半夜等不得回來。
夫人云：你去喚紅娘來。
懽郎喚紅娘科，紅娘云：哥兒喚我怎麼？

夫人引欢郎上云：这几日见莺莺语言恍惚，神思加倍，腰肢体态，别又不同，心中甚是委决不下。
欢郎云：前日晚夕夫人睡了，我见小姐和红娘去花园里烧香，半夜等不得回来。
夫人云：你去唤红娘来。
欢郎唤红娘科，红娘云：哥儿唤我怎么？

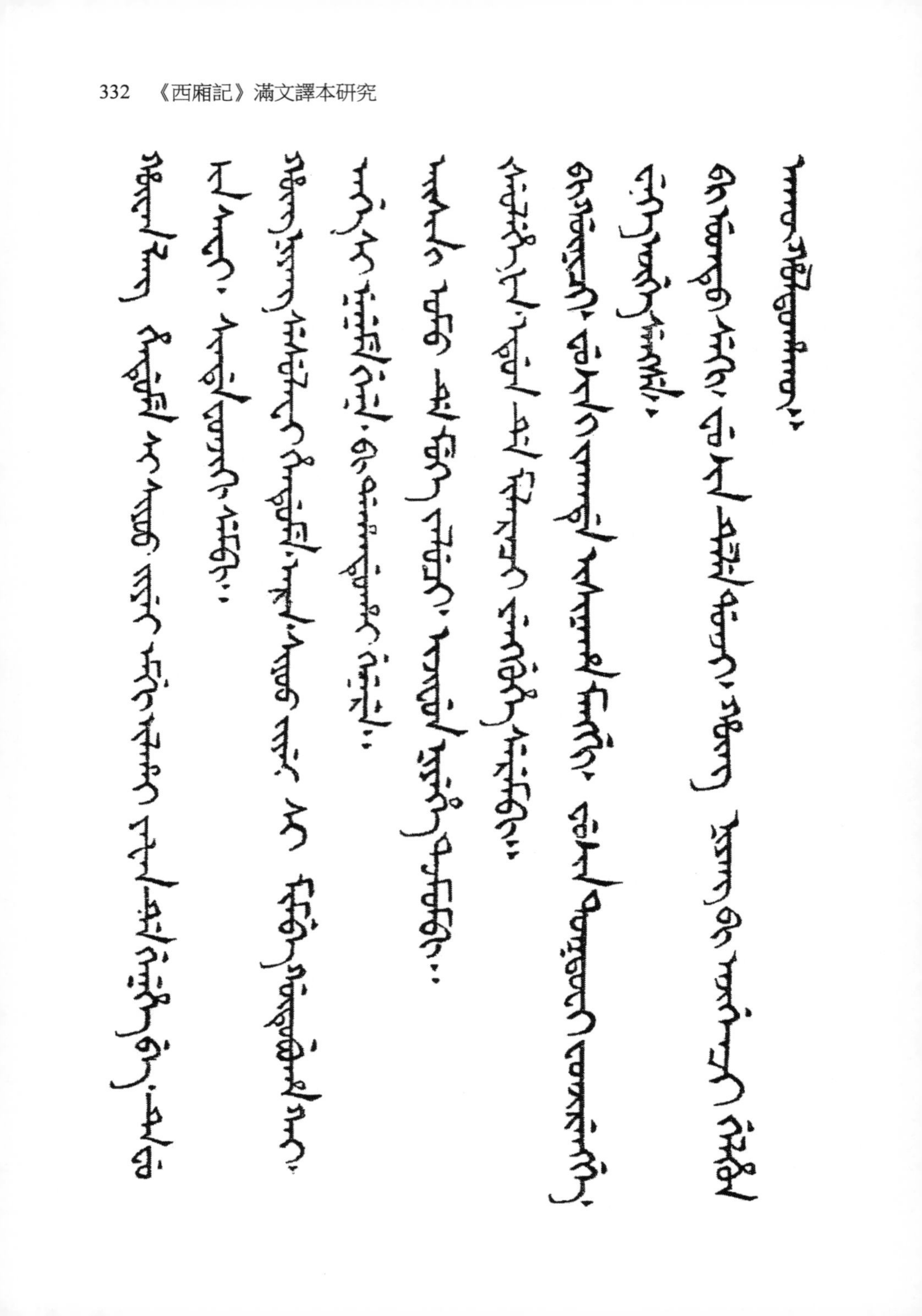

hūwan lang hendume, si siyoo jiyei emgi ilhai yafan de genehe be, te fu žin safi, sinde fonjiki sembi.
hūng niyang sesulafi hendume, ara. siyoo jiyei si mimbe gūtubuha kai, age si neneme gene, bi dahanduhai genere.
aisin i omo de muke jaluci, ijifun niyehe tomombi.
šeolehe fa, edun de milaraci yengguhe serembi.
bi gūnici, fu žin i jakade isinaha manggi, fu žin toktofi fonjirengge, weke ajige sengse.
bi uttu seki, fu žin dele donji, hūng niyang bi ajigenci gelhun akū holtohakū.

歡郎云：夫人知道，你和小姐花園裡去，如今要問你哩！
紅娘驚云：呀！小姐你連累我也，哥兒你先去，我便來也。
金塘水滿鴛鴦睡，繡戶風開鸚鵡知。
我算將來，我到夫人那裡，夫人必問道：兀那小賤人。我便只道：夫人在上，紅娘自幼不敢欺心。

欢郎云：夫人知道，你和小姐花园里去，如今要问你哩！
红娘惊云：呀！小姐你连累我也，哥儿你先去，我便来也。
金塘水满鸳鸯睡，绣户风开鹦鹉知。
我算将来，我到夫人那里，夫人必问道：兀那小贱人。我便只道：夫人在上，红娘自幼不敢欺心。

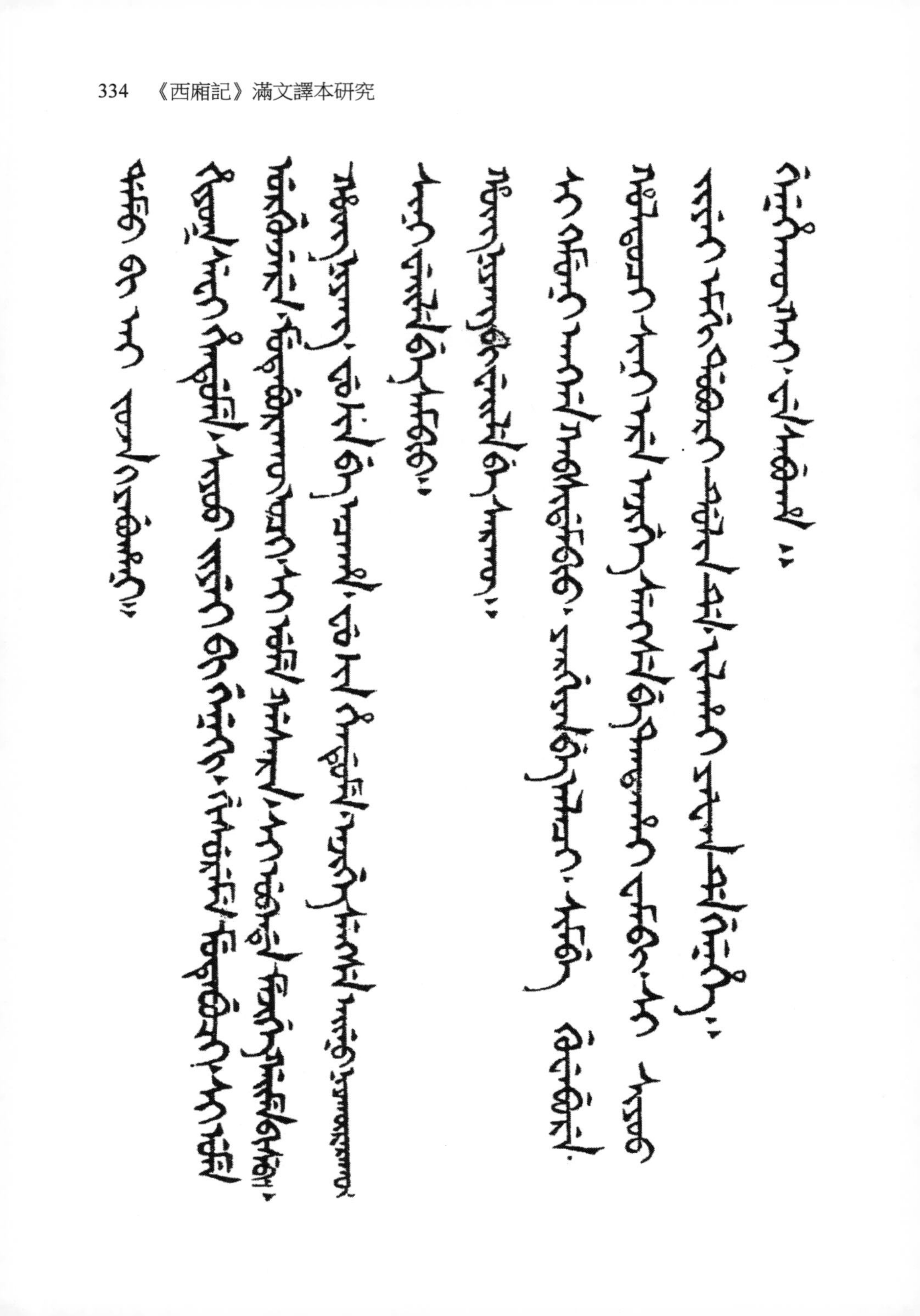

damu bi ai joja[1] i yabuhani.
hiyok sefi hendume, siyoo jiyei bi geneki, gisureme mutebuci, si ume urgunjere, muteburakū oci, si ume gasara, si ubade mejige gaime bisu.
hūng niyang, fu žin be acaha, fu žin hendume, ajige sengse ainu niyakūrakū, sini weile be sambio.
hūng niyang bi weile be sarkū.
si kemuni angga kabsidambio, yargiyan be alaci, simbe guwebure, holtoci sini ere ajige sengse be tantahai wambi, si siyoo jiyei emgi dobori dulin de, ilhai yafan de genehe.
genehekū kai, we sabuha.

只是我圖著什麼來？
咳，小姐我過去呵！說得過你休歡喜，說不過你休煩惱，你只在這裡打聽波。
紅娘見夫人科，夫人云：小賤人，怎麼不跪下，你知罪麼？
紅娘不知罪。
你還自口強哩！若實說呵！饒你，若不實說呵！我只打死你個小賤人，你和小姐半夜花園裡去。
不曾去，誰見來？

只是我图着什么来？
咳，小姐我过去呵！说得过你休欢喜，说不过你休烦恼，你只在这里打听波。
红娘见夫人科，夫人云：小贱人，怎么不跪下，你知罪么？
红娘不知罪。
你还自口强哩！若实说呵！饶你，若不实说呵！我只打死你个小贱人，你和小姐半夜花园里去。
不曾去，谁见来？

---

[1] "joja"，按漢文「意圖」，滿文讀作"jorin"，國家圖書館藏本作"jojin"，此作"joja"，誤，當作"jorin"。

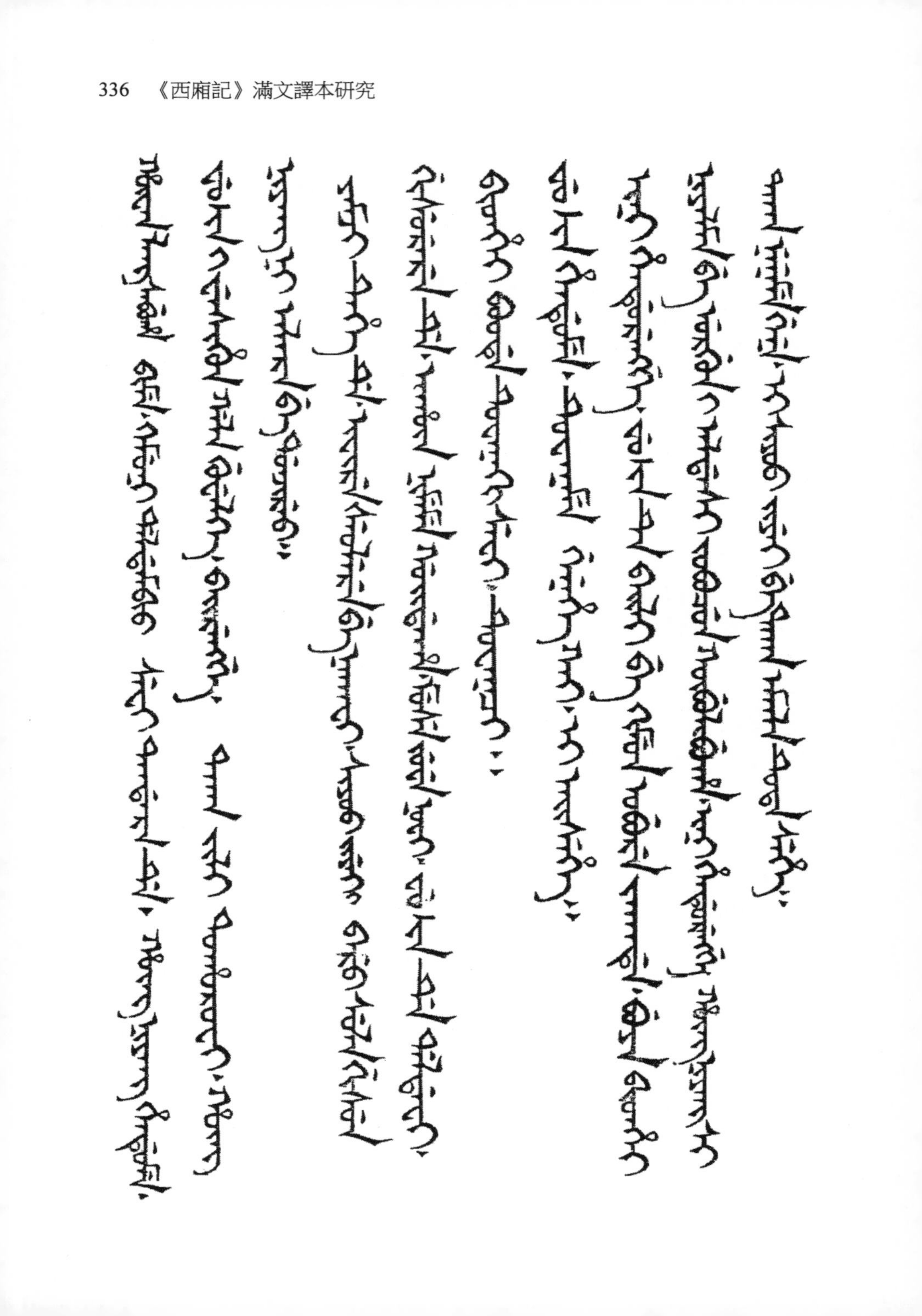

hūwan lang sabuha bime, kemuni daldambio sefi tandara de, hūng niyang hendume, fu žin i wesihun gala guwelke, bairengge, taka jili tohorofi, hūng niyang ni alara be donjireo.
yamji tehe de, ifire šeolere be nakafi, siyoo jiyei i baru sula gisun gisurere de, ahūn nimeme goidaha, muse juwe nofi, fu žin de daldafi, bithei boode tuwanaki sefi, tuwanaci.
fu žin hendume, tuwaname genehe kai, i aisehe.
ini hendurengge, fu žin te baili be kimun obure jakade, buya bithei niyalma be urgun i aldasi jobocun kūbulibuha. ini hendurengge, hūng niyang si taka neneme gene, i siyoo jiyei be taka amala tuta sehe.

歡郎見來，尚兀自推哩！打科。紅娘云：夫人不要閃了貴手，且請息怒，聽紅娘說。
夜坐時停了鍼繡，和小姐閒窮究，說哥哥病久，喒兩個背着夫人，向書房問候。
夫人云：問候呵！他說甚麼？
他說：夫人近來恩愛做讐，教小生半途喜變憂。他說：紅娘你且先行，他說小姐權時落後。

欢郎见来，尚兀自推哩！打科。红娘云：夫人不要闪了贵手，且请息怒，听红娘说。
夜坐时停了针绣，和小姐闲穷究，说哥哥病久，咱两个背着夫人，向书房问候。
夫人云：问候呵！他说甚么？
他说：夫人近来恩爱做雠，教小生半途喜变忧。他说：红娘你且先行，他说小姐权时落后。

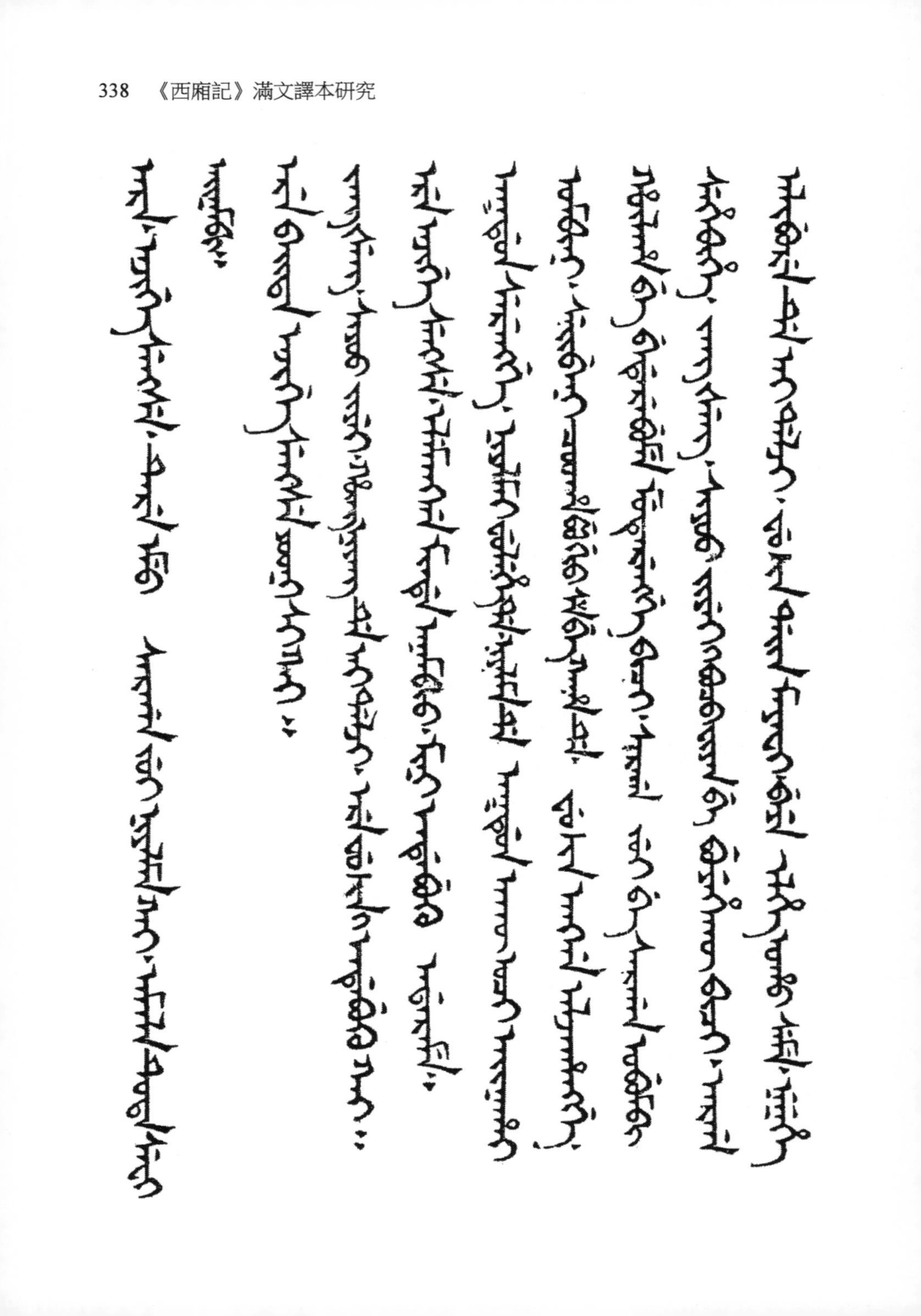

[illegible]

[illegible]

[illegible]

[illegible]

[illegible]

[illegible]

[illegible]

[illegible]

[illegible]

[illegible]

[illegible]

ara, ajige sengse, tere emu sargan jui niyalma kai ! amala tuta sefi ainambi.
ere baita ajige sengse yooni si kai.
jang šeng, siyoo jiyei, hūng niyang de ai dalji, ere fu žin i endebuku kai.
ere ajige sengse, elemangga minde anambio. mini endebuku adarame.
akdun serengge, niyalmai fulehe da, niyalma de akdun akū oci ainahai ombini. seibeni cooha pu gio sy be kaha de, fu žin angga aljahangge, hūlha be bederebume muterengge bici, sargan jui be sargan obumbi sehebihe. jang šeng, siyoo jiyei i boco fiyan be buyehekū bici, arga alibure de ai dalji, fu žin dain mayafi, beye elhe oho seme, nenehe

---

哎喲，小賤人，他是個女孩兒家，着他落後怎麼？
這事都是你這小賤人。
不管張生、小姐、紅娘之事，乃夫人之過！
這小賤人倒拖下我來？怎麼是我之過？
信者，人之根本，人而無信大不可也。當日軍圍普救，夫人許退得軍者，以女妻之。張生非慕小姐顏色，何故無干建策，夫人兵退身安，

哎哟，小贱人，他是个女孩儿家，着他落后怎么？
这事都是你这小贱人。
不管张生、小姐、红娘之事，乃夫人之过！
这小贱人倒拖下我来？怎么是我之过？
信者，人之根本，人而无信大不可也。当日军围普救，夫人许退得军者，以女妻之。张生非慕小姐颜色，何故无干建策，夫人兵退身安，

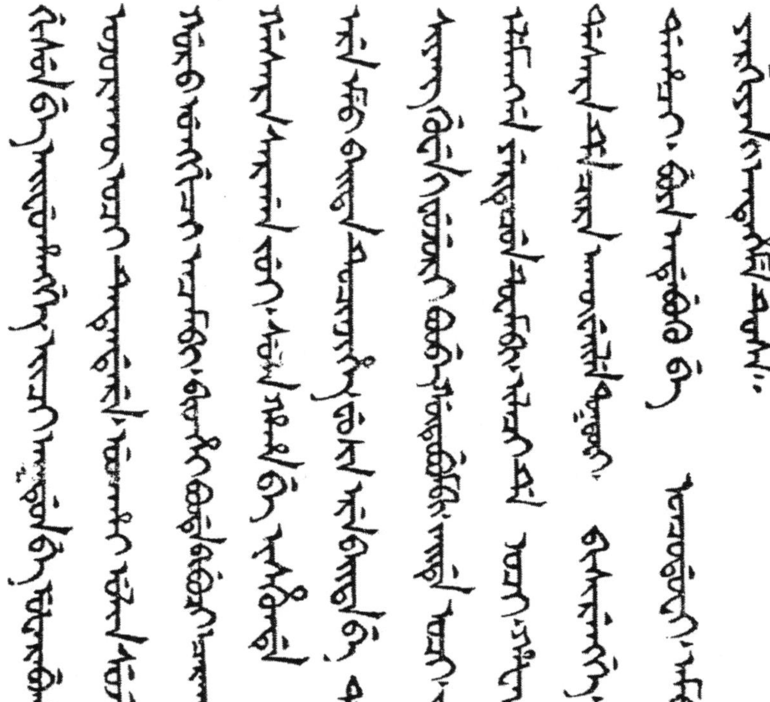

gisun be aifuhangge, eici akdun be ufarabuhangge wakao.
niyaman i baita ojorakū oci tetendere, uthai ulin suje i karulafi, ubaci aljabufi goro unggici acambi, bithei boode bibuci acarakū bihe, cy urhun i gese giyalafi, gasara sargan jui, sula haha be ishunde tuwašame hiracabuhai, tuttu ere emu baita tucinjihe, fu žin ere baita be daldame gidarakū oci, emude oci, siyang guwe i fujuri boobe gūtubumbi, jaide oci, jang šeng niyalma de baili isibufi, elemangga yertecun tuwambi, ilaci de oci, hafan de habšaha de, fu žin de, boobe dasara de cira akū weile toktofi, bisirengge, hūng niyang ni mentuhun gūnin be dahaci, buya endebuku be oncodofi, amba baita be šanggabuha de, yargiyan i enteheme tusa.

悔却前言，豈不為失信乎？既不允其親事，便當酬以金帛，令其舍此遠去，却不合留於書院，相近咫尺，使怨女曠夫各相窺伺，因而有此一端，夫人若不遮蓋此事，一來辱沒相國家譜，二來張生施恩於人，反受其辱，三來告到官司，夫人先有治家不嚴之罪，依紅娘愚見，莫若恕其小過，完其大事，實為長便。

悔却前言，岂不为失信乎？既不允其亲事，便当酬以金帛，令其舍此远去，却不合留于书院，相近咫尺，使怨女旷夫各相窥伺，因而有此一端，夫人若不遮盖此事，一来辱没相国家谱，二来张生施恩于人，反受其辱，三来告到官司，夫人先有治家不严之罪，依红娘愚见，莫若恕其小过，完其大事，实为长便。

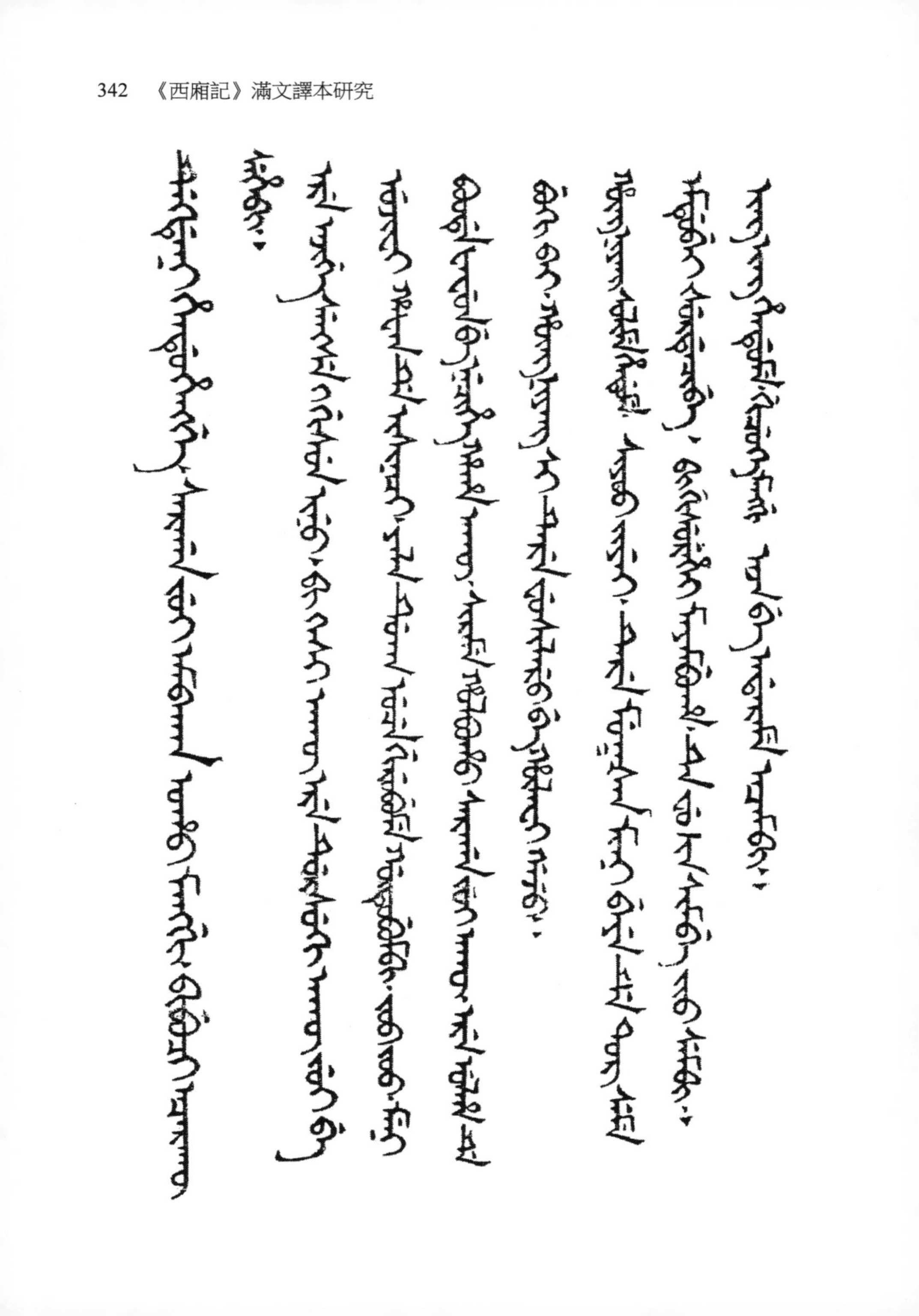

dekdeni henduhengge, sargan jui ambakan oho manggi, bibuci acarakū sehebi.
ere ajige sengse i gisun inu, bi kesi akū ere dursuki akū jui be ujifi hafan de isinaci, yala duka uce girubume gūtubumbi, joo joo, meni boode fafun be necihe haha akū, sirame holboho sargan jui akū, ere ulha de buki bai, hūng niyang si tere fusilaru be hūlafi gaju.
hūng niyang solime hendume, siyoo jiyei, tere mukšan mini beye de tor seme emdubei šurdecibe, bi gisurehei mayambuha, te fu žin simbe jio sembi.
ing ing hendume, gicuke manggi aja be adarame acambi.

常言：女大不中留。
這小賤人倒也說得是，我不合養了這個不肖之女，經官呵，其實辱沒家門，罷罷，俺家無犯法之男，再嫁之女，便與了這禽獸罷，紅娘先與我喚那賤人過來。
紅娘請云：小姐，那棍子兒只是滴留在我身上轉，吃我直說過了，如今夫人請你過去。
鶯鶯云：羞人答答的，怎麼見我母親。

常言：女大不中留。
这小贱人倒也说得是，我不合养了这个不肖之女，经官呵，其实辱没家门，罢罢，俺家无犯法之男，再嫁之女，便与了这禽兽罢，红娘先与我唤那贱人过来。
红娘请云：小姐，那棍子儿只是滴留在我身上转，吃我直说过了，如今夫人请你过去。
莺莺云：羞人答答的，怎么见我母亲。

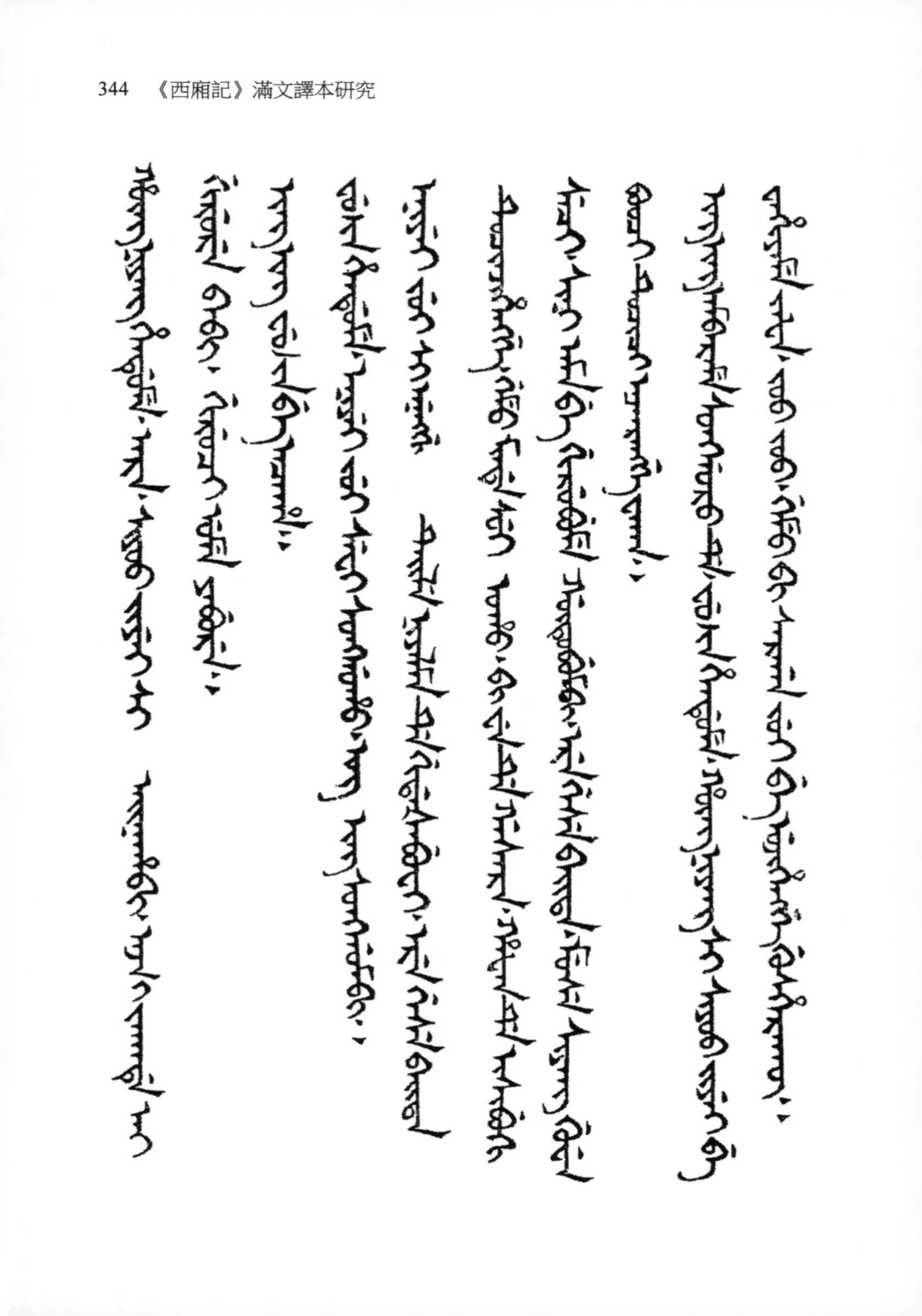

[illegible]

[illegible]

[illegible]

[illegible]

[illegible]

[illegible]

[illegible]

[illegible]

[illegible]

[illegible]

hūng niyang hendume, ara. siyoo jiyei si ainahabi, aja i jakade ai girure babi. giruci ume yabure.
ing ing fu žin be acaha.
fu žin hendume, eniyei jui sefi songgoho, ing ing songgombi.
eniyei jui si enenggi teile niyalma de gidašabufi, ere gese baita tucinjihengge, gemu minde sui oho, bi we de gasara, hafan de isibuki seci, sini ama be girubume gūtubumbi, ere gese baita, muse siyang guwe booci tucici acanrangge waka.
ing ing ambarame songgoro de, fu žin hendume, hūng niyang si siyoo jiyei be wahiyame jafa, joo joo, gemu bi sargan jui be ujihengge gusherakū.

紅娘云：哎喲！你又來，娘跟前有甚麼羞？羞時休做。
鶯鶯見夫人科。
夫人云：我的孩兒，哭科，鶯鶯哭科。
我的孩兒，你今日被人欺負，做下這般之事，都是我的業障，待怨誰來，我待經官呵，辱沒了你父親，這等事，不是俺相國人家做出來的。
鶯鶯大哭科。夫人云：紅娘你扶住小姐，罷罷，都是俺養兒女不長進。

红娘云：哎哟！你又来，娘跟前有甚么羞？羞时休做。
莺莺见夫人科。
夫人云：我的孩儿，哭科，莺莺哭科。
我的孩儿，你今日被人欺负，做下这般之事，都是我的业障，待怨谁来，我待经官呵，辱没了你父亲，这等事，不是俺相国人家做出来的。
莺莺大哭科。夫人云：红娘你扶住小姐，罢罢，都是俺养儿女不长进。

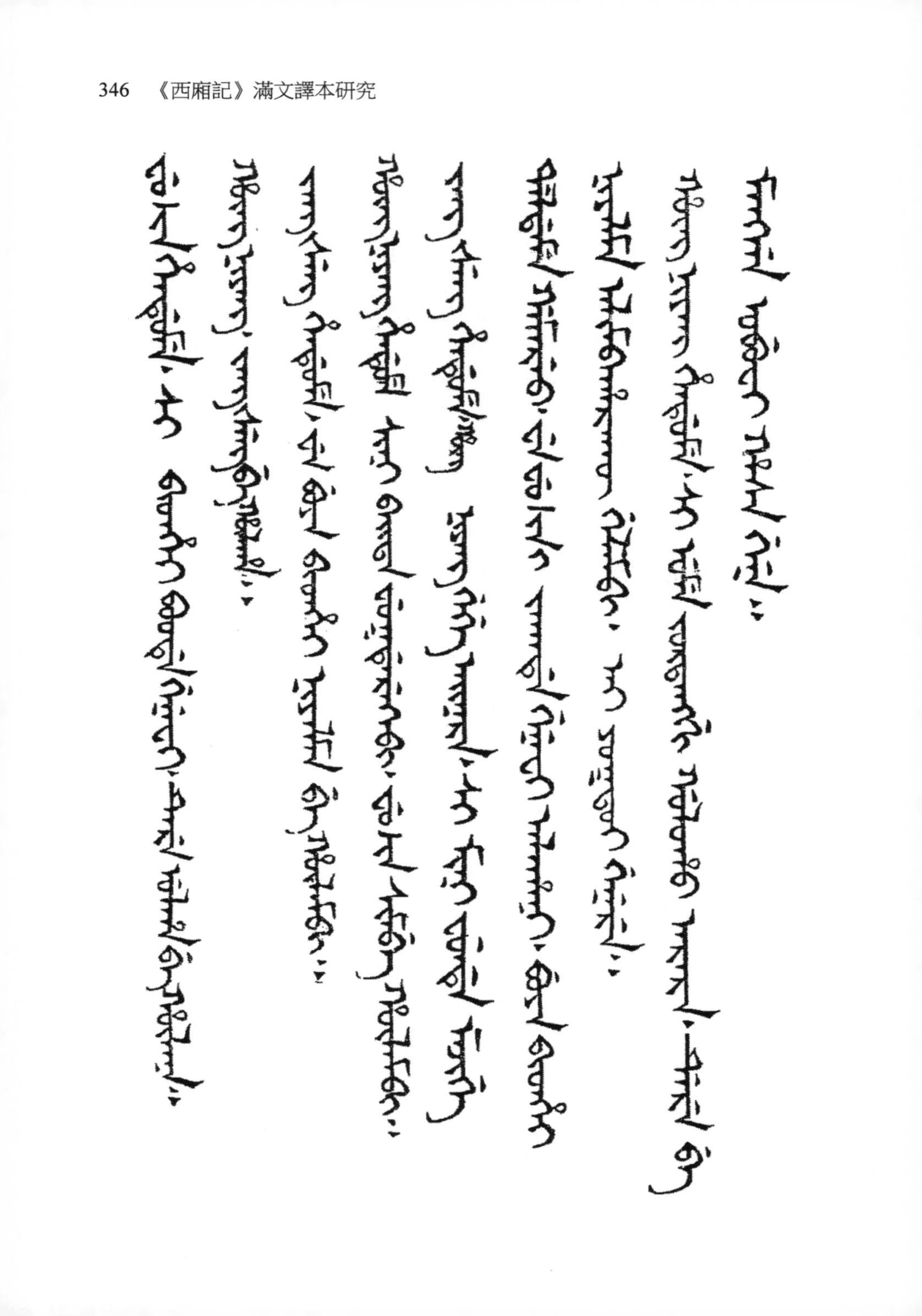

fu žin hendume, si bithei boode genefi, tere ulha be hūlana.
hūng niyang, jang šeng be hūlaha.
jang šeng hendume, we buya bithei niyalma be hūlambi？
hūng niyang hendume, sini baita fukderekebi, fu žin simbe hūlambi.
jang šeng hendume, hūng niyang gege ainara, si mini funde majige daldame gamareo. we fu žin i jakade genefi alahani. buya bithei niyalma alimbaharakū gelembi, ai yoktoi genere.
hūng niyang hendume, si ume jortanggi goloho arara, dere be mangga obufi hasa gene.

夫人云：你去書房裡喚那禽獸來。
紅娘喚張生科。
張生云：誰喚小生？
紅娘云：你的事發了也，夫人喚你哩！
張生云：紅娘姐沒奈何，你與我遮蓋些。不知誰在夫人行說來，小生惶恐，怎好過去。
紅娘云：你休佯小心，老着臉兒快些過去。

夫人云：你去书房里唤那禽兽来。
红娘唤张生科。
张生云：谁唤小生？
红娘云：你的事发了也，夫人唤你哩！
张生云：红娘姐没奈何，你与我遮盖些。不知谁在夫人行说来，小生惶恐，怎好过去。
红娘云：你休佯小心，老着脸儿快些过去。

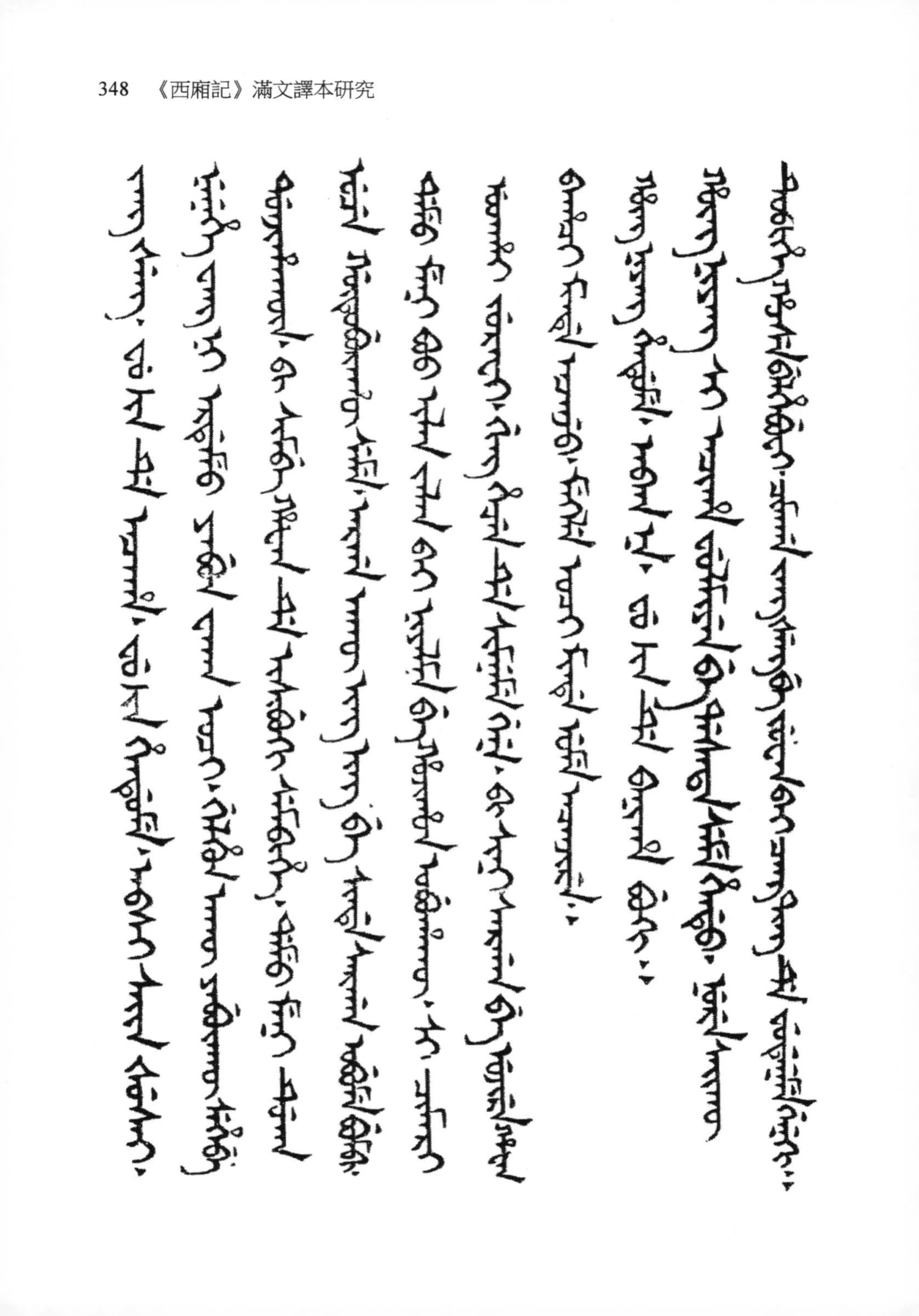

jang šeng, fu žin de acaha, fu žin hendume, absi sain šusai, nenehe wang ni erdemu yabun waka oci, gelhun akū yaburakū[1] sehebe donjihakūn. bi simbe hafan de isibuki sembihe, damu meni duka uce gūtuburahū seme, arga akū ing ing be sinde sargan obume bumbi. damu meni boo ilan jalan bai niyalma be hojihon obuhakū, si cimari uthai jurafi, ging hecen de simneme gene, bi sini sargan be ujire, hafan bahaci minde acanju, mekele oci minde ume acanjire.
hūng niyang hendume, abka na, fu žin de baniha buki.
hūng niyang si aciha fulmiyen be dasata seme hendu, nure saikū tubihe hose belhebufi, cimaga jang šeng be juwan bai cang ting de fudeneme geneki.

張生見夫人科，夫人云：好秀才，豈不聞非先王之德行不敢行？我待便送你到官府去，祇恐辱沒了我家門，我沒奈何把鶯鶯便配與你為妻。只是俺家三輩不招白衣女婿，你明日便上朝取應試去，俺與你養着媳婦兒；得官呵，來見我，剝落呵，休來見我。
紅娘云：謝天地夫人。
紅娘你分付收拾行裝，安排酒肴果盒，明日送張生到十里長亭餞行者。

张生见夫人科，夫人云：好秀才，岂不闻非先王之德行不敢行？我待便送你到官府去，祇恐辱没了我家门，我没奈何把莺莺便配与你为妻。只是俺家三辈不招白衣女婿，你明日便上朝取应试去，俺与你养着媳妇儿；得官呵，来见我，剥落呵，休来见我。
红娘云：谢天地夫人。
红娘你分付收拾行装，安排酒肴果盒，明日送张生到十里长亭饯行者。

---

[1] “gelhun akū yaburakū”，意即「不敢行」，句中“yaburakū”，有缺筆。

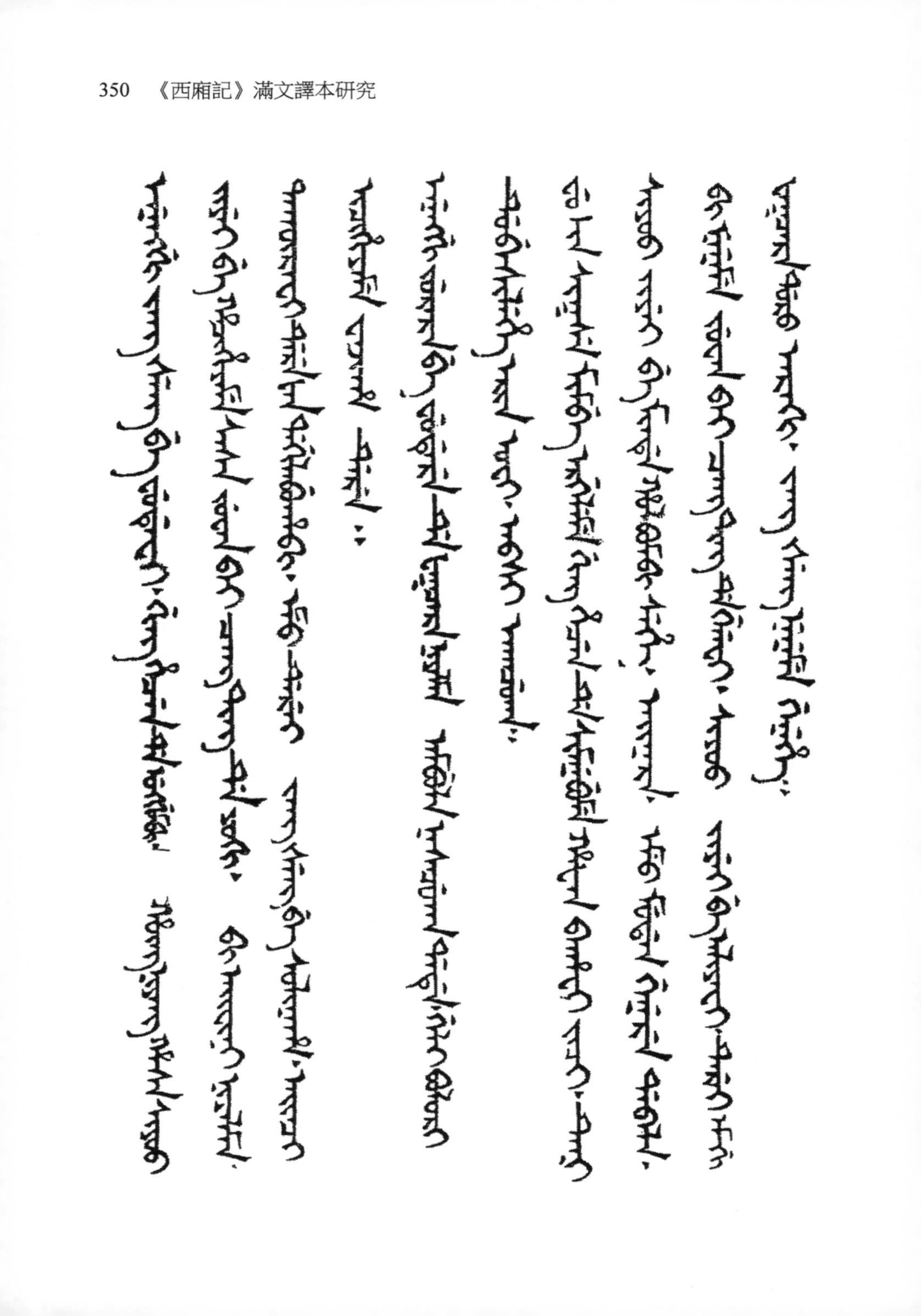

[illegible]

[illegible]

[illegible]

[illegible]

[illegible]

[illegible]

[illegible]

[illegible]

[illegible]

[illegible]

十五、哭宴 第十五章

eneggi jang šeng be fudefi, ging hecen de unggimbi, hūng niyang hasa siyoo jiyei be hacihiyame sasa juwan bai cang ting de yoki, bi aifini niyalma takūrafi dere fan dagilabuhabi, emu derei jang šeng be solinaha, ainci icihiyame wajiha dere.
enenggi jurara be fudere de fakcara niyalma ambula nasacuka dade, geli bolori dubesilehe erin ofi, absi akacuka.
fu žin sikse mimbe ergeleme ging hecen de simnebume hafan bahafi jici, teni siyoo jiyei be minde holbombi sehe, ainara, emu mudan genere dabala, bi neneme juwan bai cang ting de genefi, siyoo jiyei be aliyafi, terei emgi fakcara doro araki, jang šeng neneme genehe.

今日送張生赴京去。紅娘快催小姐同去十里長亭，我已吩咐人安排下筵席，一面去請張生，想亦必定收拾來也。
今日送行，早則離人多感，況值暮秋時候，好煩惱人也呵！
夫人夜來逼我上朝取應得官回來，方把小姐配我，沒奈何，只得去走一遭，我今先往十里長亭等候小姐，與他作別呵，張生先行科。

今日送张生赴京去。红娘快催小姐同去十里长亭，我已吩咐人安排下筵席，一面去请张生，想亦必定收拾来也。
今日送行，早则离人多感，况值暮秋时候，好烦恼人也呵！
夫人夜来逼我上朝取应得官回来，方把小姐配我，没奈何，只得去走一遭，我今先往十里长亭等候小姐，与他作别呵，张生先行科。

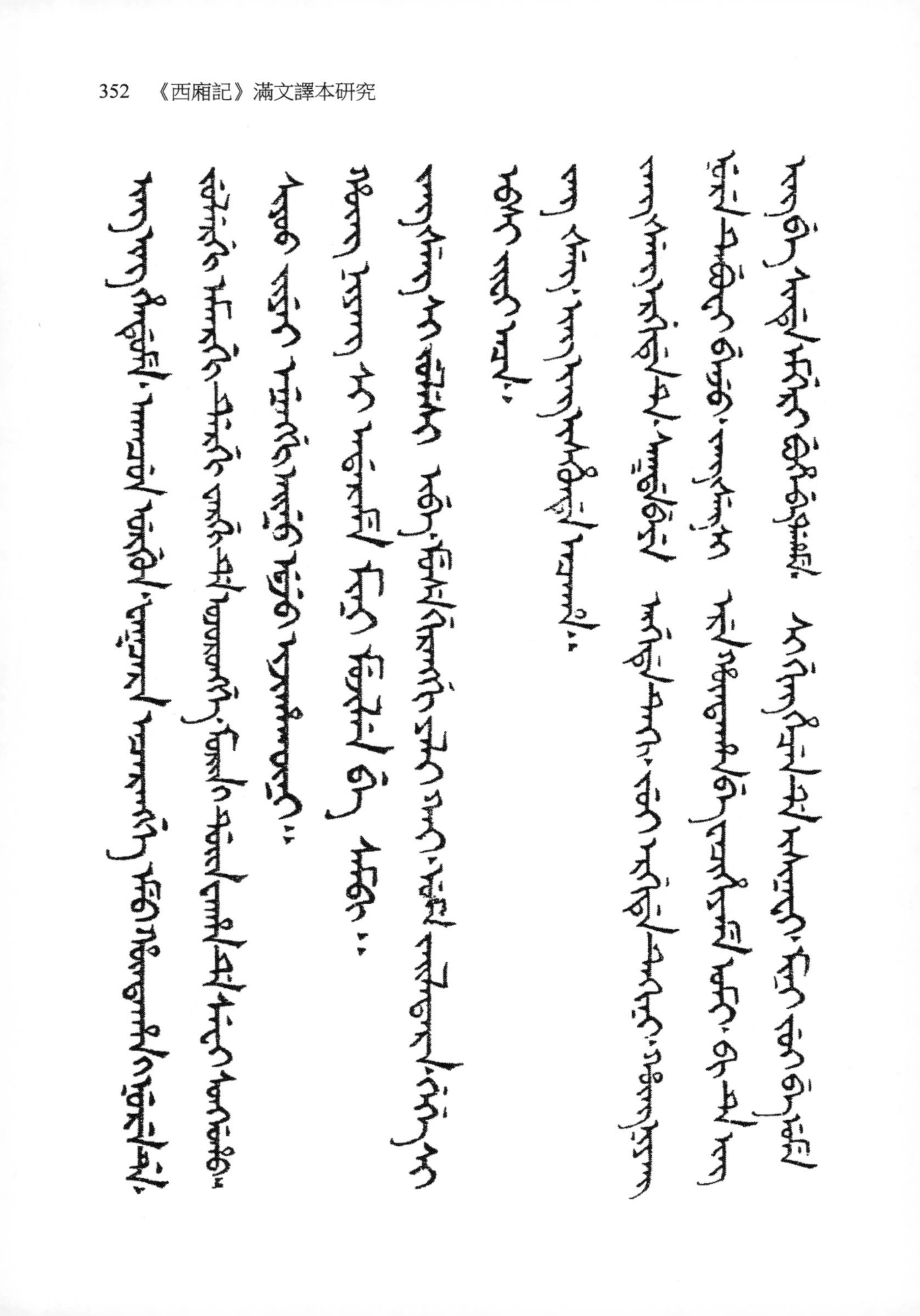

[illegible]

[illegible]

[illegible]

[illegible]

[illegible]

[illegible]

[illegible]

[illegible]

[illegible]

ing ing hendume, akacun urgun, fakcara acarangge emu hūntahan i nure de, julergi amargi dergi wargi de ojorongge, morin i duin wahan de sefi songgoho.
siyoo jiyei enenggi ainu uju ijihakūni.
hūng niyang si adarame mini mujilen be sambi.
jang šeng si julesi ibe, muse giranggi yali kai, ume jailatara, gege si ebsi jifi aca.
jang šeng, ing ing ishunde acaha.
jang šeng ergide te, sakda beye ergide teki, jui ergide tekini, hūng niyang nure tebufi benju, jang šeng si ere hūntahan be wacihiyame omi, bi te ing ing be sinde emgeri buhebe dahame, si ging hecen de isinafi, mini jui be ume

---

鶯鶯云：悲歡離合一杯酒，南北東西四馬蹄，悲科。
小姐你今日竟不曾梳洗呵？
紅娘你那知我心來？
張生你近前來，自家骨肉，不須迴避，孩兒你過來見了呵！
張生、鶯鶯相見科。
張生這壁坐，老身這壁坐，孩兒這壁坐，紅娘斟酒來，張生你滿飲此杯，我今既把鶯鶯許配於你，你到京師，

莺莺云：悲欢离合一杯酒，南北东西四马蹄，悲科。
小姐你今日竟不曾梳洗呵？
红娘你那知我心来？
张生你近前来，自家骨肉，不须回避，孩儿你过来见了呵！
张生、莺莺相见科。
张生这壁坐，老身这壁坐，孩儿这壁坐，红娘斟酒来，张生你满饮此杯，我今既把莺莺许配于你，你到京师，

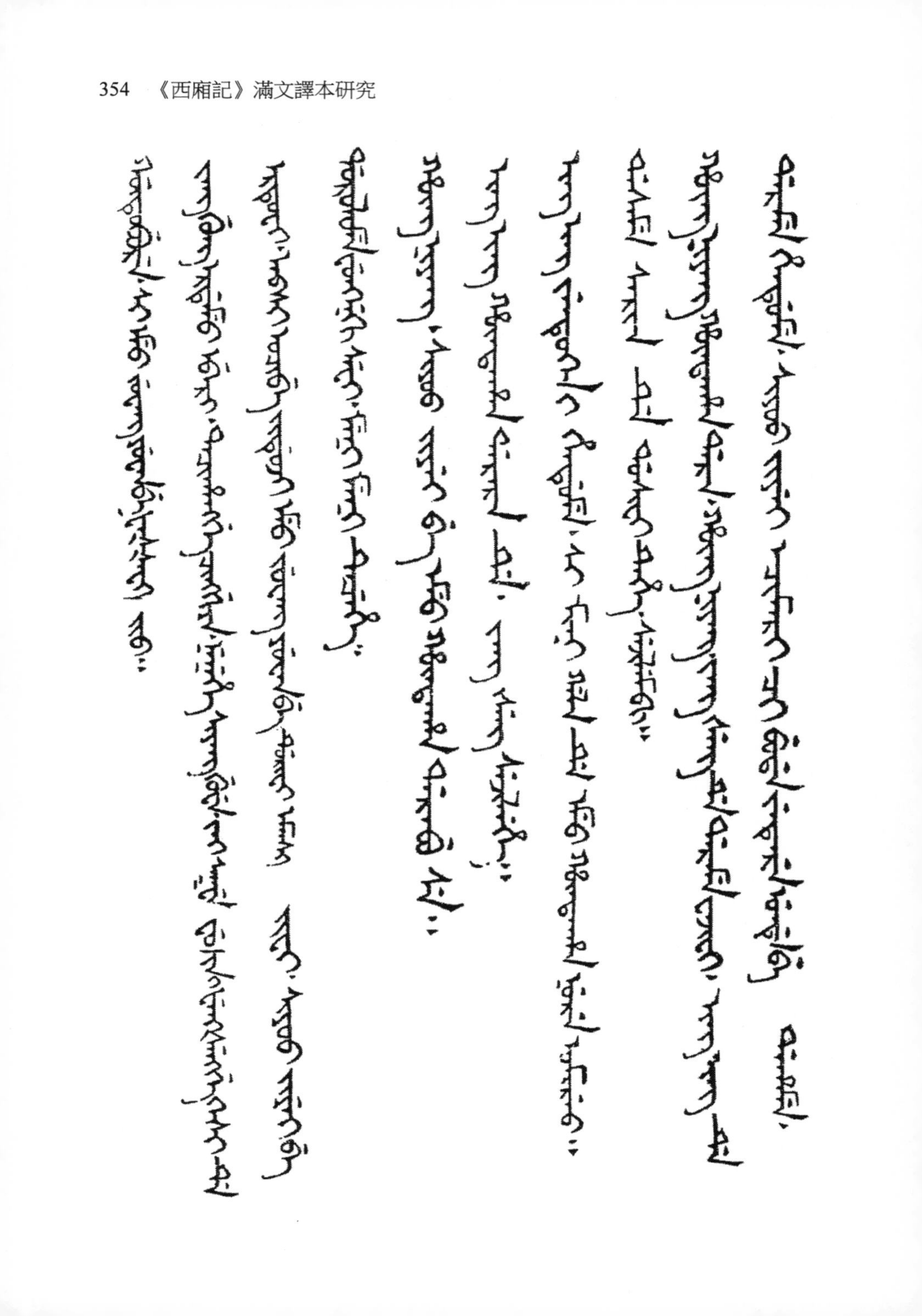

gūtubure, si emu juwang yuwan be faššafi jio.
jang gung erdemu eberi, tacihangge cinggiya, nenehe siyang guwe, jai sakda fu žin i fengšengge kesi de ertufi, absi ocibe jiduji emu juwang yuwan be durifi amasi jifi, siyoo jiyei be dorolome fungneki sefi, meni meni tecehe.
hūng niyang, siyoo jiyei be emu hūntahan darabu se.
ing ing hūntahan darara de, jang šeng sejilehe.
ing ing jentuken i hendume, si mini gala de emu hūntahan nure omireo.
dasame sarin de dosifi tehe, sejilembi.
hūng niyang hūntahan dara, hūng niyang, jang šeng de darame wajifi, ing ing de darame hendume, siyoo jiyei ecimari ci buda jetere unde be dahame,

---

休辱沒了我孩兒，你掙扎個狀元回來者。
張珙才踈學淺，憑仗先相國及老夫人恩蔭，好歹奪個狀元來，封拜小姐，各坐科。
紅娘服侍小姐把盞者。
鶯鶯把盞科，張生吁科。
鶯鶯低云：你向我手裡喫一盞酒者。
重入席科，吁科。
紅娘把盞者，紅娘把張生盞畢，把鶯鶯盞云：小姐你今早不曾用早飯，

休辱没了我孩儿，你挣扎个状元回来者。
张珙才踈学浅，凭仗先相国及老夫人恩荫，好歹夺个状元来，封拜小姐，各坐科。
红娘服侍小姐把盏者。
莺莺把盏科，张生吁科。
莺莺低云：你向我手里吃一盏酒者。
重入席科，吁科。
红娘把盏者，红娘把张生盏毕，把莺莺盏云：小姐你今早不曾用早饭，

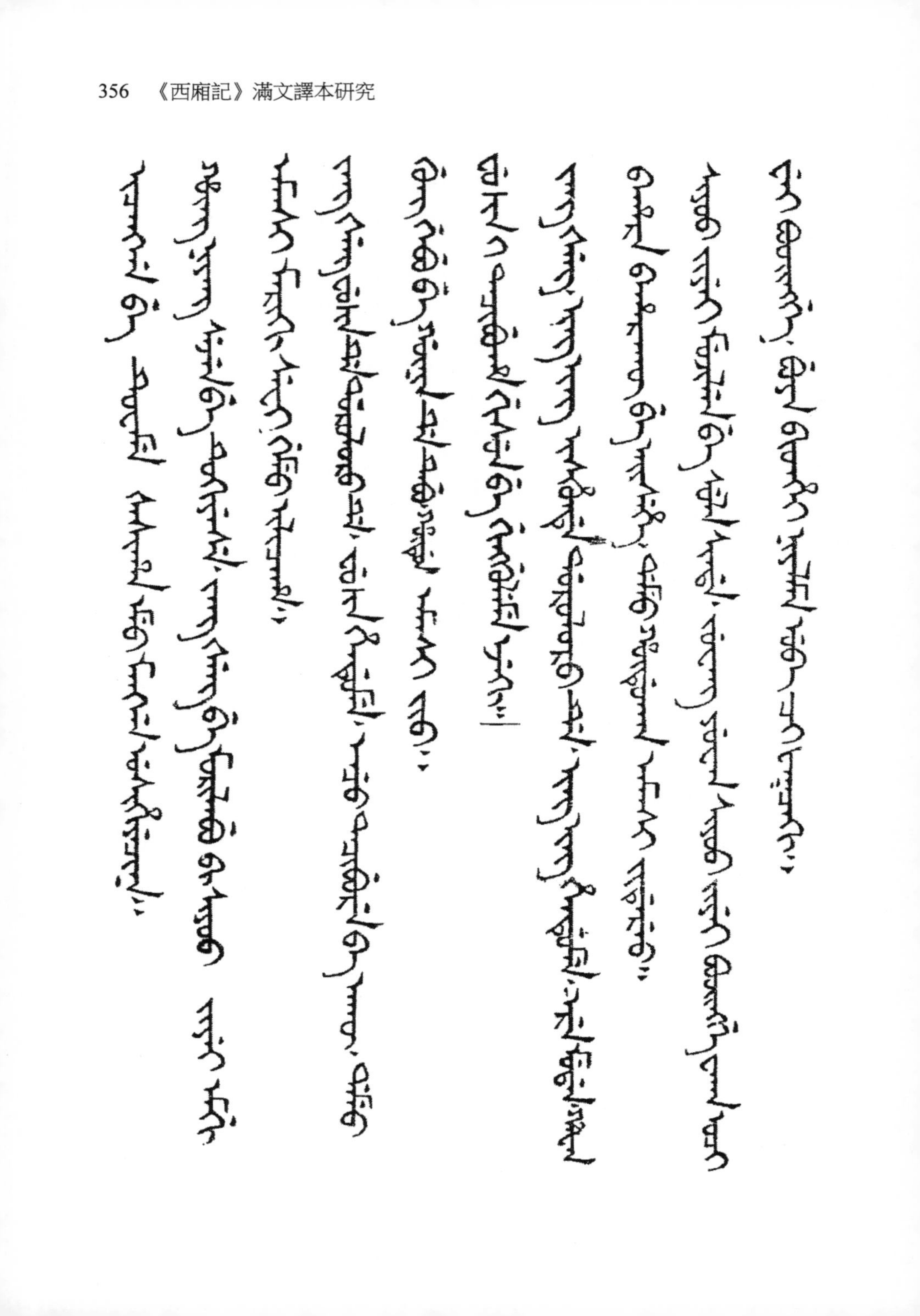

[illegible]

icangga be tuwame šasihan emu mangga[1] usihiyecina.
hūng niyang sejen be tukiyese, jang šeng be morilabu, bi siyoo jiyei emgi amasi mariki sefi gemu ilicaha.
jang šeng fu žin de doroloro de, fu žin hendume, encu tacibure ba akū, damu gung gebu be gūnin de tebu, hūdun amasi jio.
fu žin i tacibuha gisun be gingguleme ejeki.
jang šeng, ing ing ishunde doroloro de, ing ing hendume, ere mudan, hafan bahara baharakū be aisehe, damu hūdukan amasi jidereo.
siyoo jiyei mujilen be sula sinda, juwang yuwan siyoo jiyei booingge waka oci, wei booingge, buya bithei niyalma uba ci fakcaki.

隨意飲一口湯波。
紅娘吩咐起車輛兒，請張生上馬，我和小姐回去，各起身科。
張生拜夫人科，夫人云：別無他囑，願以功名為念，疾早回來者。
謹遵夫人嚴命。
張生、鶯鶯相拜科，鶯鶯云：此一行得官不得官，疾便回來者。
小姐放心，狀元不是小姐家的，是誰家的，小生就此告別

随意饮一口汤波。
红娘吩咐起车辆儿，请张生上马，我和小姐回去，各起身科。
张生拜夫人科，夫人云：别无他嘱，愿以功名为念，疾早回来者。
谨遵夫人严命。
张生、莺莺相拜科，莺莺云：此一行得官不得官，疾便回来者。
小姐放心，状元不是小姐家的，是谁家的，小生就此告别。

---

[1] “šasihan emu mangga usihiyecina”，句中“mangga”，國家圖書館藏本作“angga”，此作“mangga”，誤，當作“angga”。

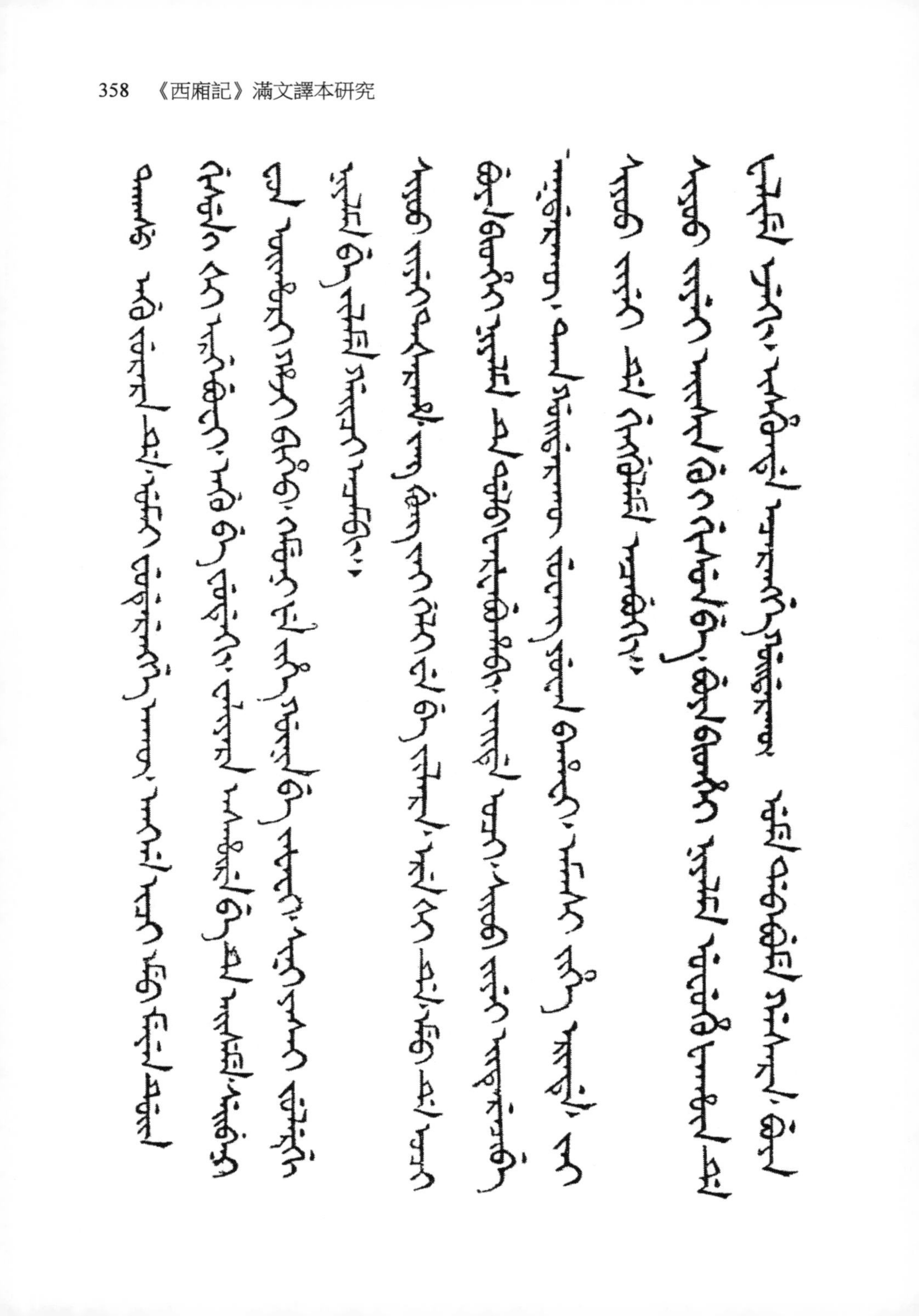

takasu agu jurara de, umai fuderengge akū, angga ici emu meyen duin gisun i ši irgebufi, agu be fudeki. waliyara ashūre be te aiseme, seibeni fon oihori haji biheo, kemuni fe jihe gūnin be jafafi, sini yasai julergi niyalma be jilame gaici acambi.
siyoo jiyei tašaraha, jang gung jai geli we be jilara. ere ši de, emu de oci buya bithei niyalma te dolo farfabuhabi, jaide oci, siyoo jiyei eiterecibe akdarakū, taka goidarakū juwang yuwan bahafi, amasi jihe erinde, jai siyoo jiyei de gingguleme acabuki.
siyoo jiyei aisin gu i gisun be, buya bithei niyalma ufuhu fahūn de falime ejeki, ishunde acarangge goidarakū, ume dababume gasara, buya

---

住者，君行別無所贈，口占一絕，為君送行。棄擲今何道，當時且自親，還將舊來意，憐取眼前人。
小姐差矣，張珙更敢憐誰？此詩一來小生此時方寸已亂，二來小姐到底不信，且俟不日狀元及第回來那時，敬和小姐。
小姐金玉之言，小生一一銘之肺腑，相見不遠，不須過悲，

住者，君行别无所赠，口占一绝，为君送行。弃掷今何道，当时且自亲，还将旧来意，怜取眼前人。
小姐差矣，张珙更敢怜谁？此诗一来小生此时方寸已乱，二来小姐到底不信，且俟不日状元及第回来那时，敬和小姐。
小姐金玉之言，小生一一铭之肺腑，相见不远，不须过悲，

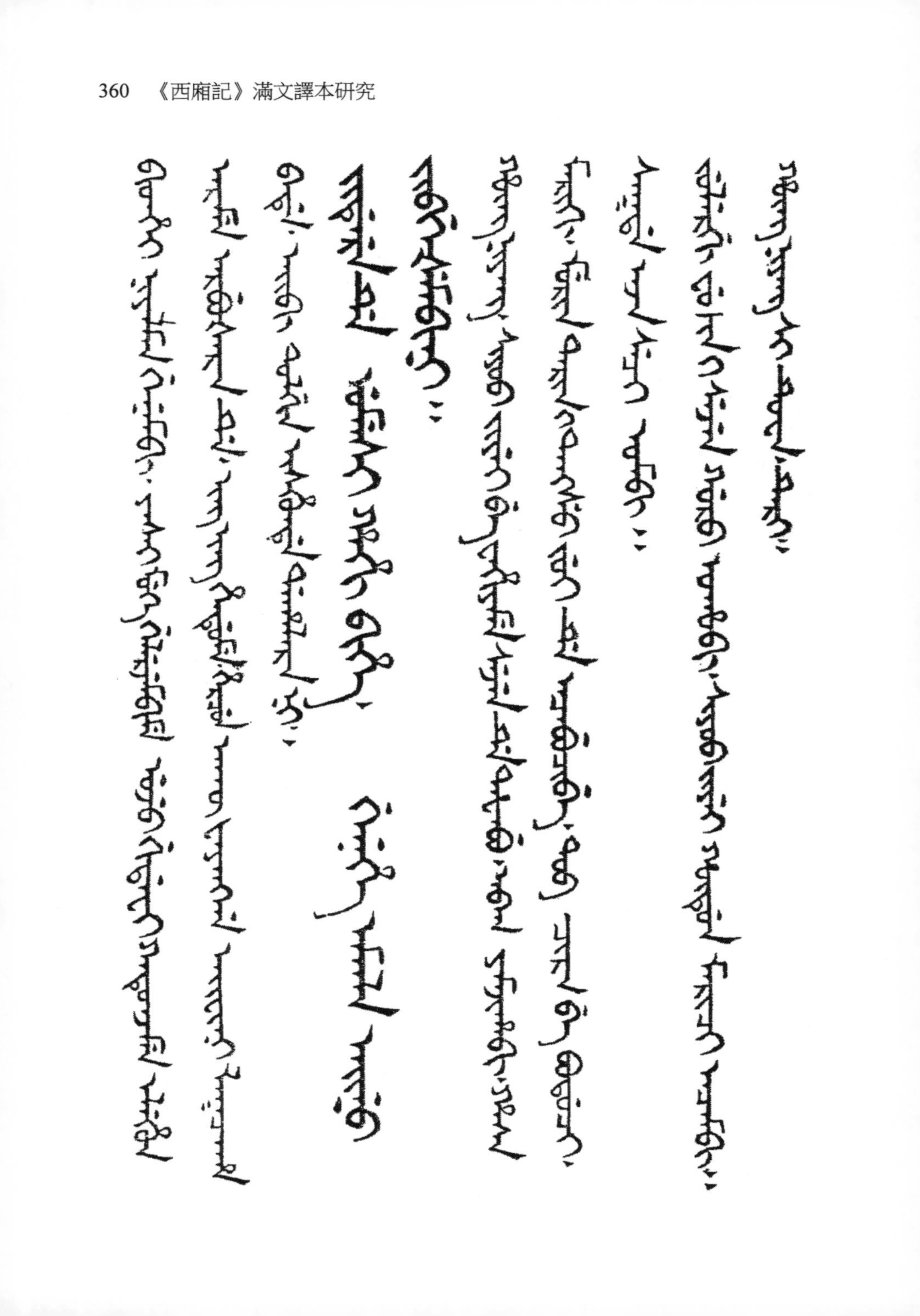

bithei niyalma genembi, yasai muke gelerjembime uju gidafi katunjame elehun arame arbušara de, ing ing hendume, hercun akū fayangga aifini lakcaha bade, aibi tolgin ishunde dahalara ni.
jidere de umesi hahi bihe, genehe amala ainu jibgešembini.
hūng niyang, siyoo jiyei be wahiyame sejen de tafabu, abka yamjihabi, hasa mariki. murin tarin i tangsu jui de acabucibe, tob cira be bodoci, sakda aja seci ombi.
julergi fu žin i sejen goro ohobi, siyoo jiyei hūdun marici acambi.
hūng niyang si tuwa, teri.

小生去也，忍淚佯低面，含情假放眉。鶯鶯云：不知魂已斷，那有夢相隨。
來時甚急，去後何遲？
紅娘扶小姐上車，天色已晚，快回去波。終然宛轉從嬌女，算是端嚴做老娘。
前車夫人已遠，小姐快回去波。
紅娘你看，他在那裡。

小生去也，忍泪佯低面，含情假放眉。莺莺云：不知魂已断，那有梦相随。
来时甚急，去后何迟？
红娘扶小姐上车，天色已晚，快回去波。终然宛转从娇女，算是端严做老娘。
前车夫人已远，小姐快回去波。
红娘你看，他在那里。

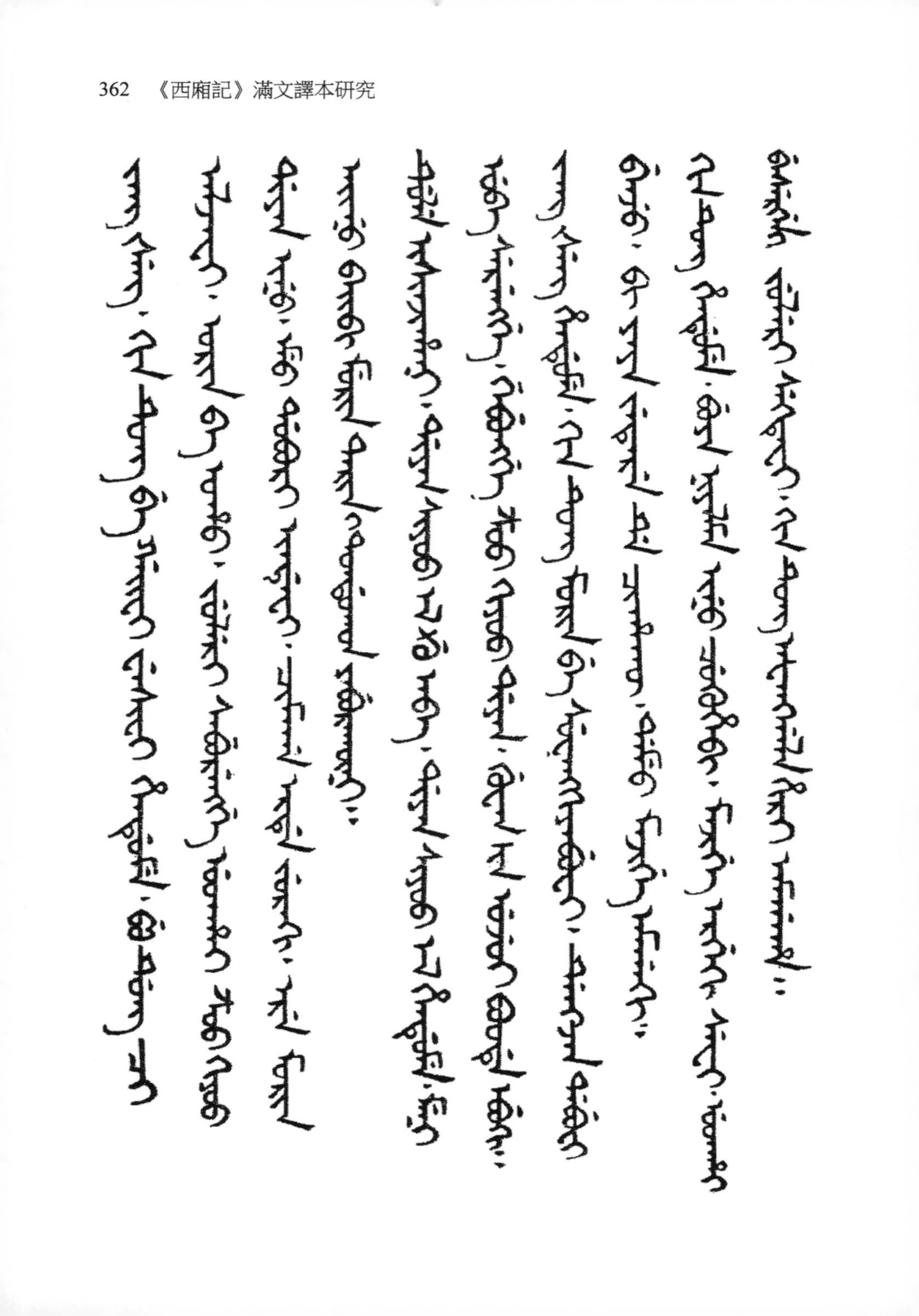

[illegible]

[illegible]

[illegible]

[illegible]

[illegible]

[illegible]

[illegible]

[illegible]

[illegible]

[illegible]

十六、驚夢　第十六章

jang šeng, kin tung be gaifi wesifi hendume, pu dung ci aljafi, orin ba oho, juleri saburengge uthai ts'oo kiyoo diyan inu, emu dobori indefi, cimaga erde juraki, ere morin ainu baibi murin tarin i tondokon yaburakūni.
dule isinjihani, diyan siyoo el g'o aba. diyan siyoo el hendume, meni uba serengge, gebungge ts'oo kiyoo diyan, guwan žin ujui boode ebuki.
jang šeng hendume, kin tung morin be suwangkiyabufi, dengjan dabufi benju, bi yaya jetere de cihakū, damu majige amgaki.
kin tung hendume, buya niyalma inu cukuhebi, majige ergeki sefi, uthai besergen i juleri sektefi, kin tung afanggala hiri amgaha.

張生引琴童上云：離了蒲東，早二十里也，兀的前面是草橋店。宿一宵，明日早行，這馬百般的不肯走呵。
早至也，店小二哥那裡？店小二云：俺這裡，有名的草橋店，官人頭房裡下者。
張生云：琴童撒和了馬者，點上燈來，我諸般不要喫，只要睡些兒。
琴童云：小人也辛苦，待歇息也，就在床前打鋪，琴童先睡着科。

张生引琴童上云：离了蒲东，早二十里也，兀的前面是草桥店。宿一宵，明日早行，这马百般的不肯走呵。
早至也，店小二哥那里？店小二云：俺这里，有名的草桥店，官人头房里下者。
张生云：琴童撒和了马者，点上灯来，我诸般不要吃，只要睡些儿。
琴童云：小人也辛苦，待歇息也，就在床前打铺，琴童先睡着科。

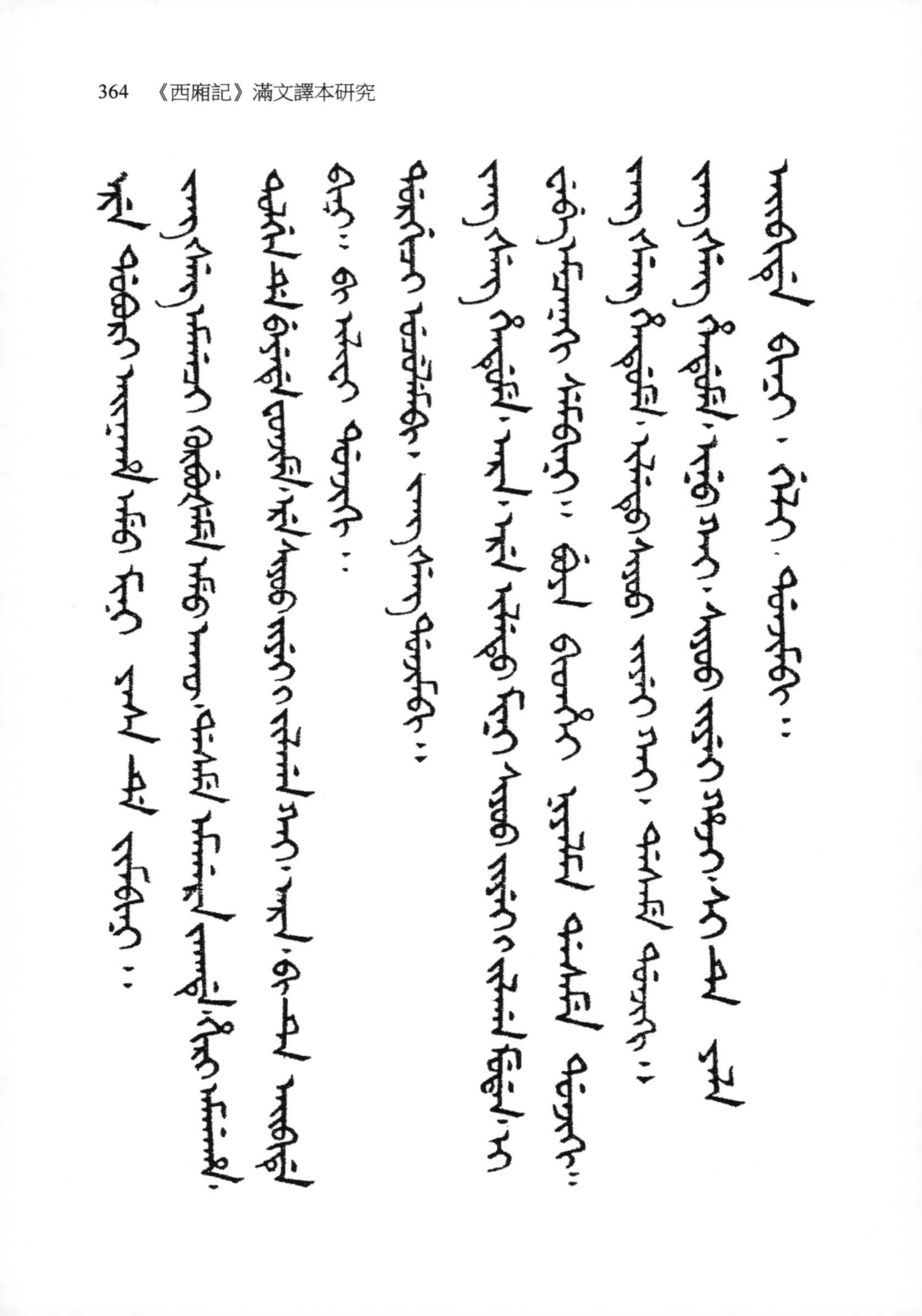

[illegible]

ere dobori ainaha amu mini yasa de jimbini.
jang šeng amgaci kurbušeme amu akū, dasame amgara jakade, hiri amgaha, tolgin de beyede fonjime, ere siyoo jiyei i jilgan kai. ara. bi te aibide bini. bi ilifi donjiki.
dorgici uculembi, jang šeng donjimbi.
jang šeng hendume, ara. ere iletu mini siyoo jiyei i jilgan mudan, i webe amcanaki sembini. buya bithei niyalma dasame donjiki.
jang šeng hendume, iletu siyoo jiyei kai, dasame donjiki.
jang šeng hendume, inu kai, siyoo jiyei haji, si te yala aibide bini. geli donjimbi.

今夜甚睡魔到得我眼裡來？
張生睡科，反覆睡不着科，又睡科，睡熟科，入夢科自問科云：這是小姐的聲音，呀！我如今却在那裡？待我立起身來聽咱。
內唱，張生聽科。
張生云：呀！這明明是我小姐的聲音，他待趕上誰來？待小生再聽咱。
張生云：分明是小姐也，再聽咱。
張生云：然也，我的小姐，只是你如今在那裡哩？又聽科。

今夜甚睡魔到得我眼里来？
张生睡科，反复睡不着科，又睡科，睡熟科，入梦科自问科云：这是小姐的声音，呀！我如今却在那里？待我立起身来听咱。
内唱，张生听科。
张生云：呀！这明明是我小姐的声音，他待赶上谁来？待小生再听咱。
张生云：分明是小姐也，再听咱。
张生云：然也，我的小姐，只是你如今在那里哩？又听科。

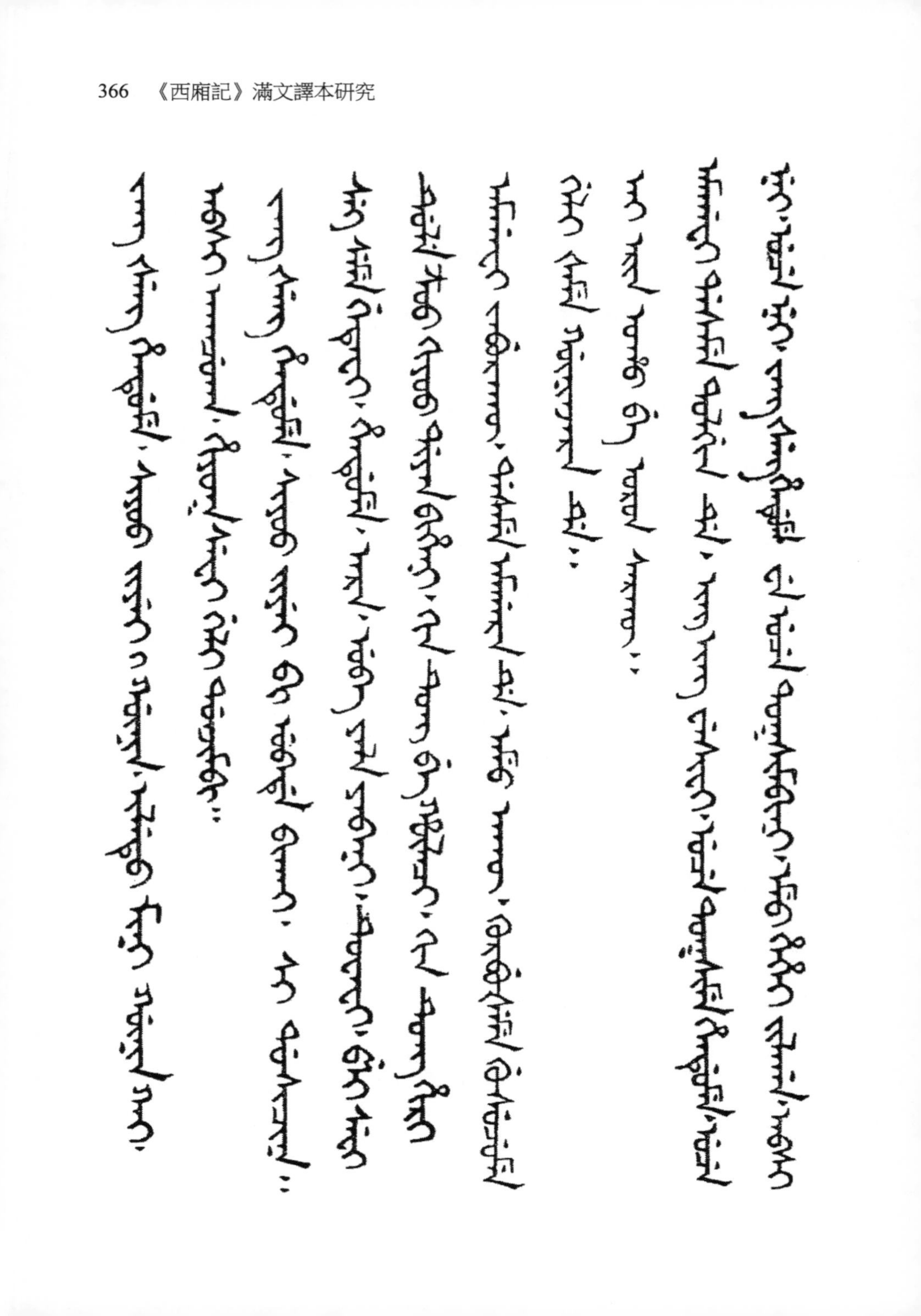

[illegible]

[illegible]

[illegible]

[illegible]

[illegible]

[illegible]

[illegible]

[illegible]

[illegible]

[illegible]

jang šeng hendume, siyoo jiyei i gūnin, iletu mini gūnin kai, absi akacuka, hiyok sefi geli donjimbi.
jang šeng hendume, siyoo jiyei bi ubade bikai, si dosicina.
sek seme getefi, hendume, ara, uba yala yabani. tuwafi, pai sefi dule ts'oo kiyoo diyan biheni, kin tung be hūlaci, kin tung hiri amgafi jaburakū, dasame amgara de, amu akū, kurbušeme gusucume geli šame gūninjara de.
ai erin oho be oron sarkū.
amgafi dasame tolgin de, ing ing wesifi, uce toksime hendume, uce nei, uce nei, jang šeng hendume, we uce toksimbini, emu hehei jilgan, absi

---

張生云：小姐的心分明便是我的心，好不傷感呵，吁科，再聽科。
張生云：小姐我在這裡也，你進來波。
忽醒云：哎呀！這裡却是那裡？看科，呸，原來却是草橋店，喚琴童，琴童睡熟不應科，仍復睡科，睡不着反覆科，再看科，想科。
竟不知此時是甚時候了？
睡着科，重入夢科，鶯鶯上，敲門云：開門！開門！張生云：誰敲門哩！是一個女子聲音，

张生云：小姐的心分明便是我的心，好不伤感呵，吁科，再听科。
张生云：小姐我在这里也，你进来波。
忽醒云：哎呀！这里却是那里？看科，呸，原来却是草桥店，唤琴童，琴童睡熟不应科，仍复睡科，睡不着反复科，再看科，想科。
竟不知此时是甚时候了？
睡着科，重入梦科，莺莺上，敲门云：开门！开门！张生云：谁敲门哩！是一个女子声音，

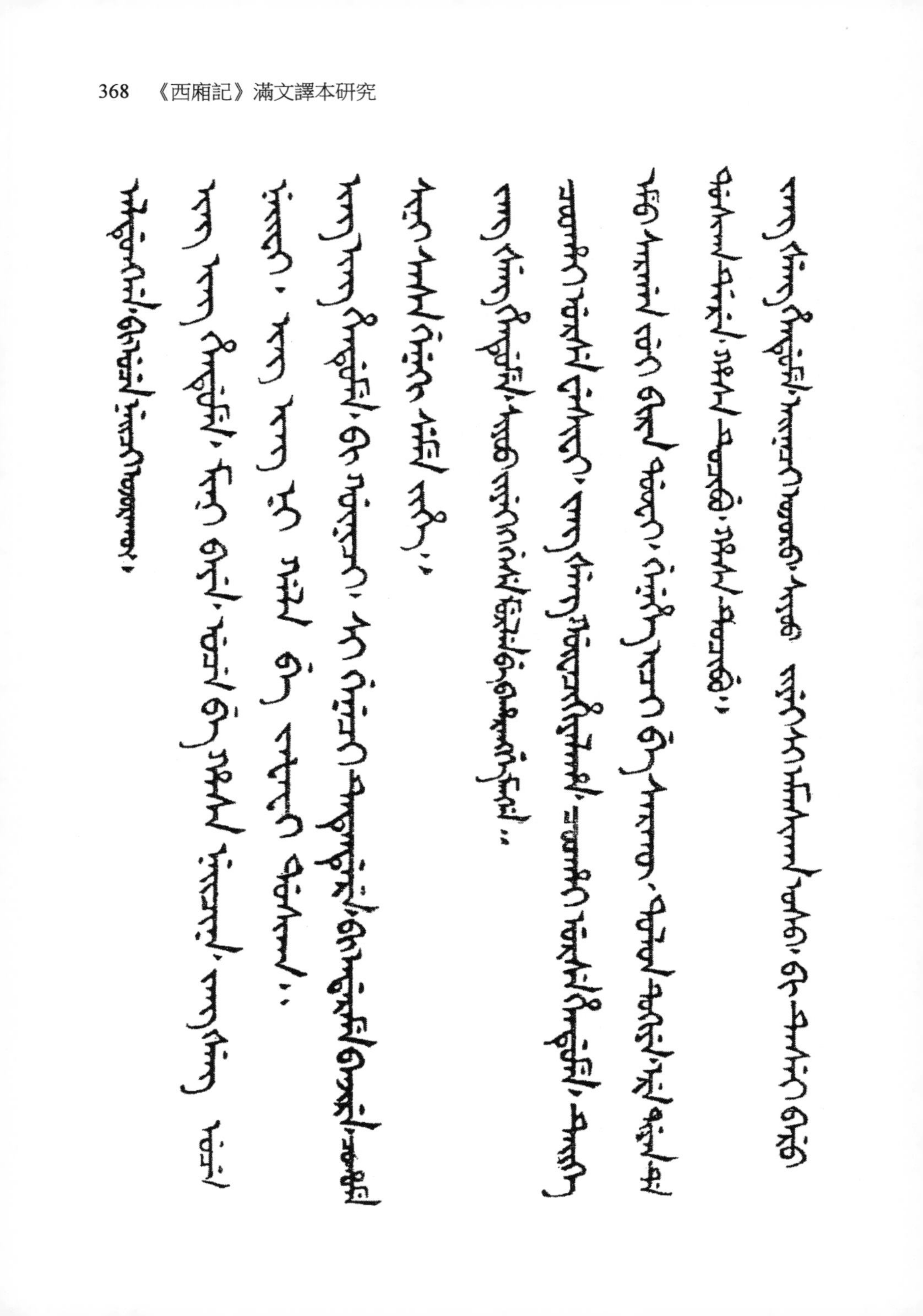

[illegible]

[illegible]

[illegible]

[illegible]

[illegible]

[illegible]

[illegible]

[illegible]

[illegible]

[illegible]

aldungga, bi uce neici ojorakū.
ing ing hendume, mini beye, uce be hasa neicina, jang šeng uce neifi, ing ing ni gala be jafafi dosika.
ing ing hendume, bi gūnici, si geneci tetendere, bi adarame banjire, cohome sini sasa geneki seme jihe.
jang šeng hendume, siyoo jiyei i gese mujilen be baharangge mangga.
coohai urse wesifi, jang šeng gūwacihiyalaha, coohai urse hendume, teike emu sargan jui bira doofi, genehe ici be sarkū, tolon tukiye, ere diyan de dosika dere, hasa tucibu, hasa tucibu.
jang šeng hendume, ainaci ojoro, siyoo jiyei si amasikan oso, bi tesei baru

---

作怪也，我開不得門。
鶯鶯云：是我，快開門咱，張生開門科，攜鶯鶯入科。
鶯鶯云：我想你去了呵，我怎得過日子，我來和你同去波。
張生云：難得小姐的心腸也。
卒子上，張生驚科，卒子云：方纔見一女子渡河，不知那裡去了，打起火把者，走入這店房裡去了，將出來，將出來。
張生云：却怎生了也，小姐你靠後些，

作怪也，我开不得门。
莺莺云：是我，快开门咱，张生开门科，携莺莺入科。
莺莺云：我想你去了呵，我怎得过日子，我来和你同去波。
张生云：难得小姐的心肠也。
卒子上，张生惊科，卒子云：方纔见一女子渡河，不知那里去了，打起火把者，走入这店房里去了，将出来，将出来。
张生云：却怎生了也，小姐你靠后些，

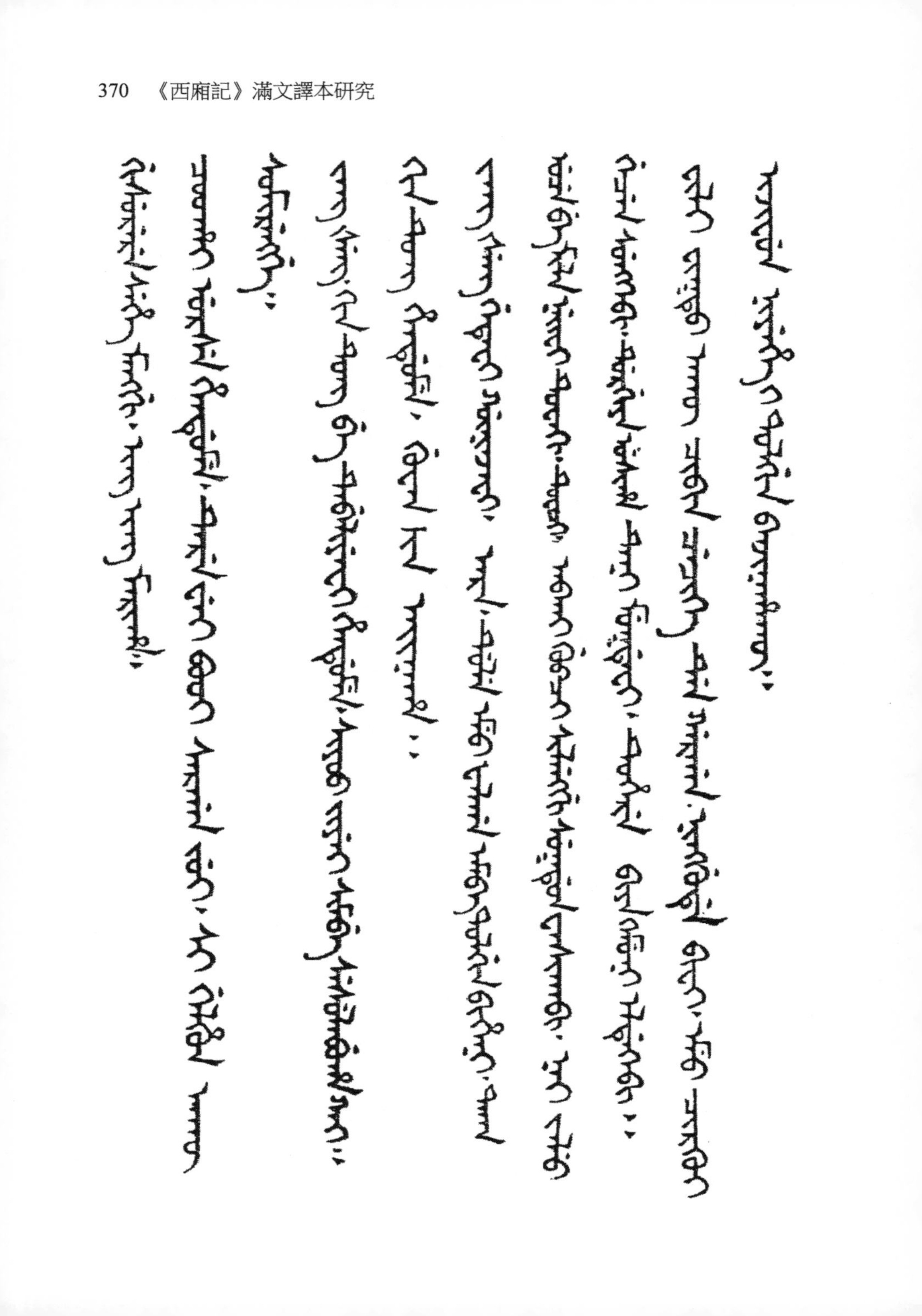

[illegible]

[illegible]

[illegible]

[illegible]

[illegible]

[illegible]

[illegible]

[illegible]

[illegible]

gisurere sehe manggi, ing ing mariha.
coohai urse hendume, tere wei booi sargan jui, si gelhun akū somirengge.
jang šeng, kin tung be tebeliyefi hendume, siyoo jiyei simbe sesulabuha kai.
kin tung hendume, guwan žin ainaha.
jang šeng getefi gūninjafi, ara. dule emu falga amba tolgin biheni, taka uce be mila neifi tuwaki, tuwaci, abkai gubci silenggi sukdun wasikabi, nai jalu gecen sungkebi, durgiya usiha teni mukdefi, tuhere biya kemuni eldekebi.
fili fiktu akū cibin cecike den gargan ninggude bifi, emu cirkui ijifun niyehe i tolgin banjinahakū.

我自與他說話，鶯鶯下。
卒子云：他是誰家女子，你敢藏者。
張生抱琴童云：小姐你受驚也。
琴童云：官人怎麼？
張生醒科，做意科，呀！原來是一場大夢，且將門兒推開看，只見一天露氣，滿地霜華，曉星初上，殘月猶明。
無端燕雀高枝上，一枕鴛鴦夢不成。

我自与他说话，莺莺下。
卒子云：他是谁家女子，你敢藏者。
张生抱琴童云：小姐你受惊也。
琴童云：官人怎么？
张生醒科，做意科，呀！原来是一场大梦，且将门儿推开看，只见一天露气，满地霜华，晓星初上，残月犹明。
无端燕雀高枝上，一枕鸳鸯梦不成。

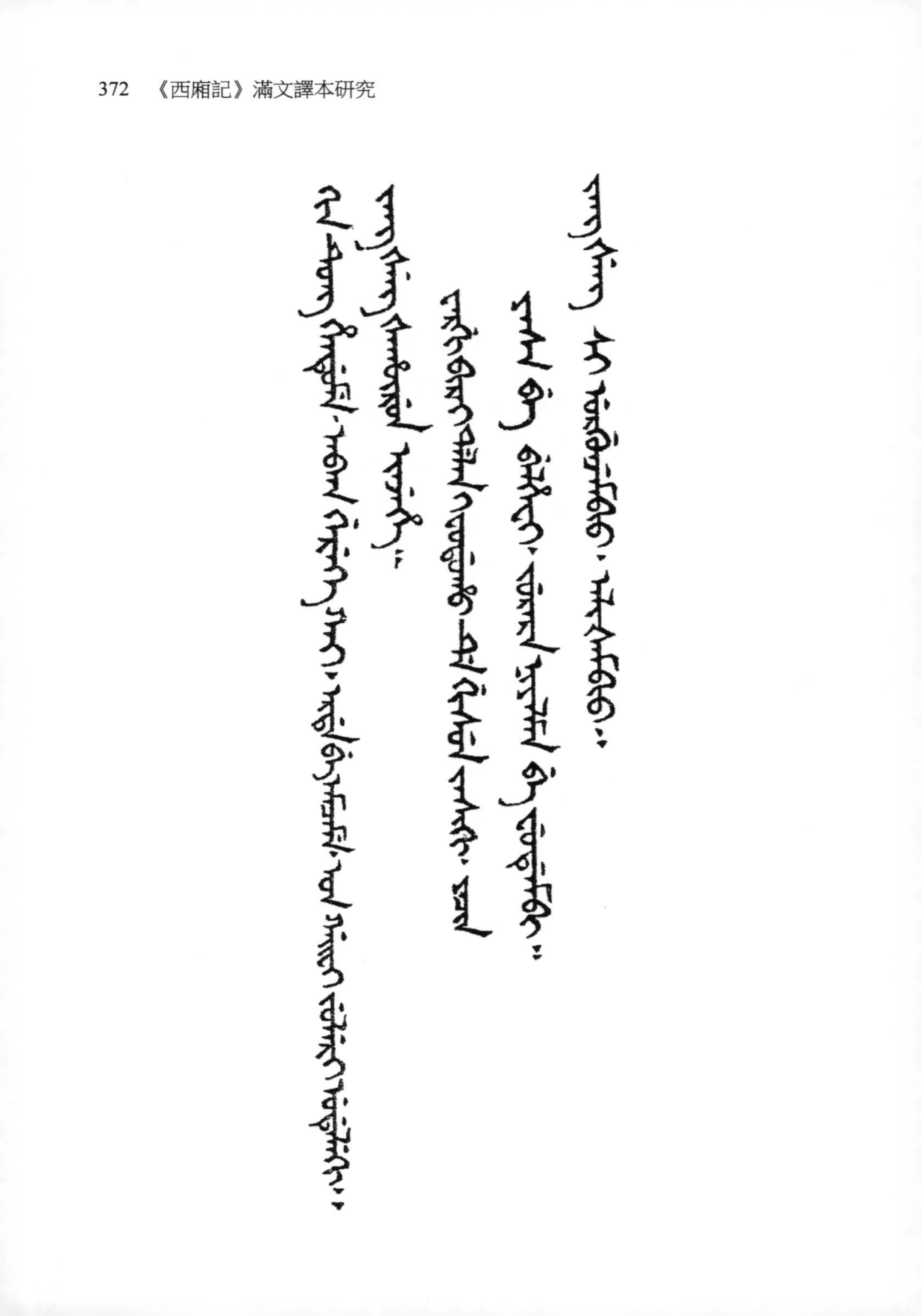

kin tung hendume, abka gereke kai, erde be amcame, on gaifi juleri udeleki.
jang šeng šahūrun injehe.

wargi birai dalan i fodoho de gisun jasiki, yacin yasa be belhefi, jurara niyalma be fudembi.

jang šeng si urgunjembio. ališambio.

琴童云：天明也，早行一程兒，前面打火去。
張生冷笑。

寄語西河堤畔柳，
安排青眼送行人。

張生你還是喜？還是悶也？

琴童云：天明也，早行一程儿，前面打火去。
张生冷笑。

寄语西河堤畔柳，
安排青眼送行人。

张生你还是喜？还是闷也？

附錄一：《滿漢西廂記》，鬧簡第十章

（日本，天理圖書館藏本）

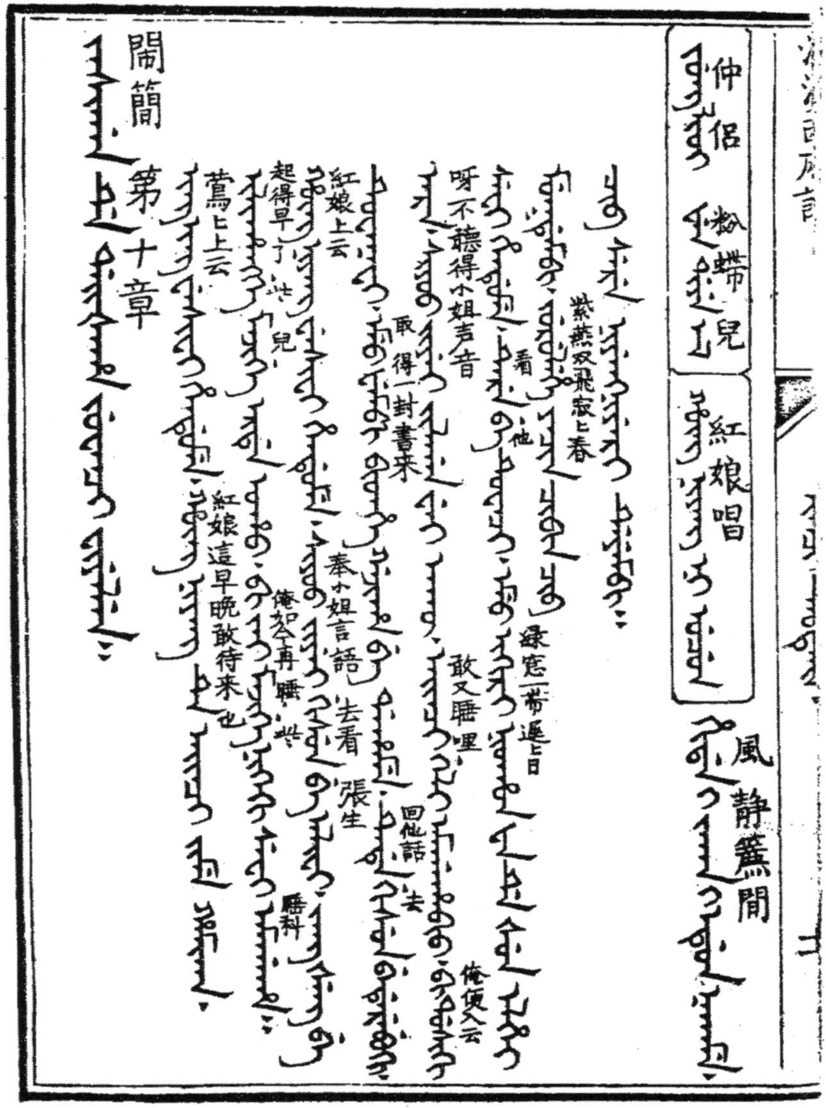

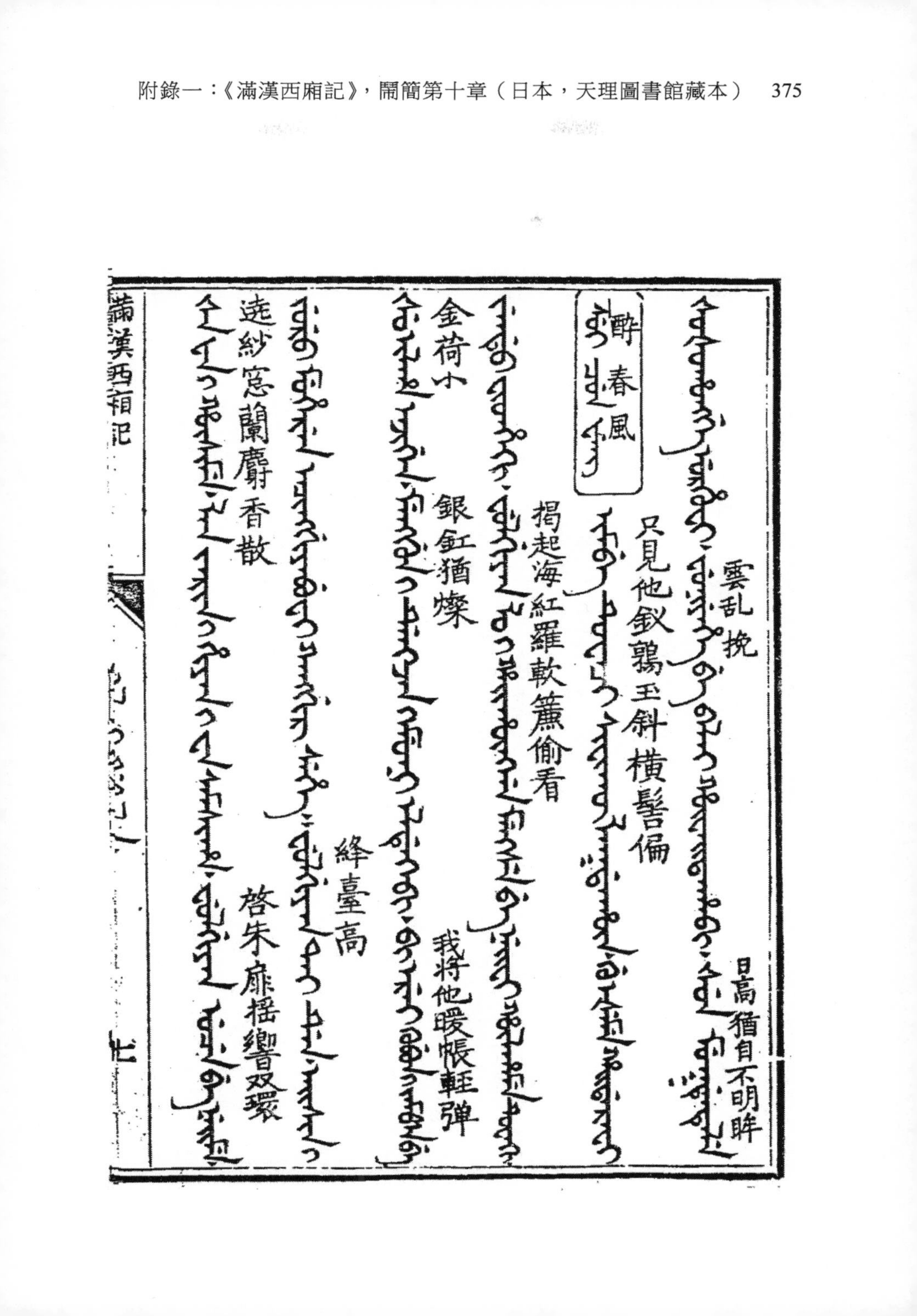

滿漢西廂記

透紗窗蘭麝香散

啓朱扉搖響双環

絳臺高

金荷小

銀釭猶燦

我將他暖帳輕彈

揭起海紅羅軟簾偷看

醉春風

只見他釵鶉玉斜横髻偏

雲乱挽

日高猶自不明眸

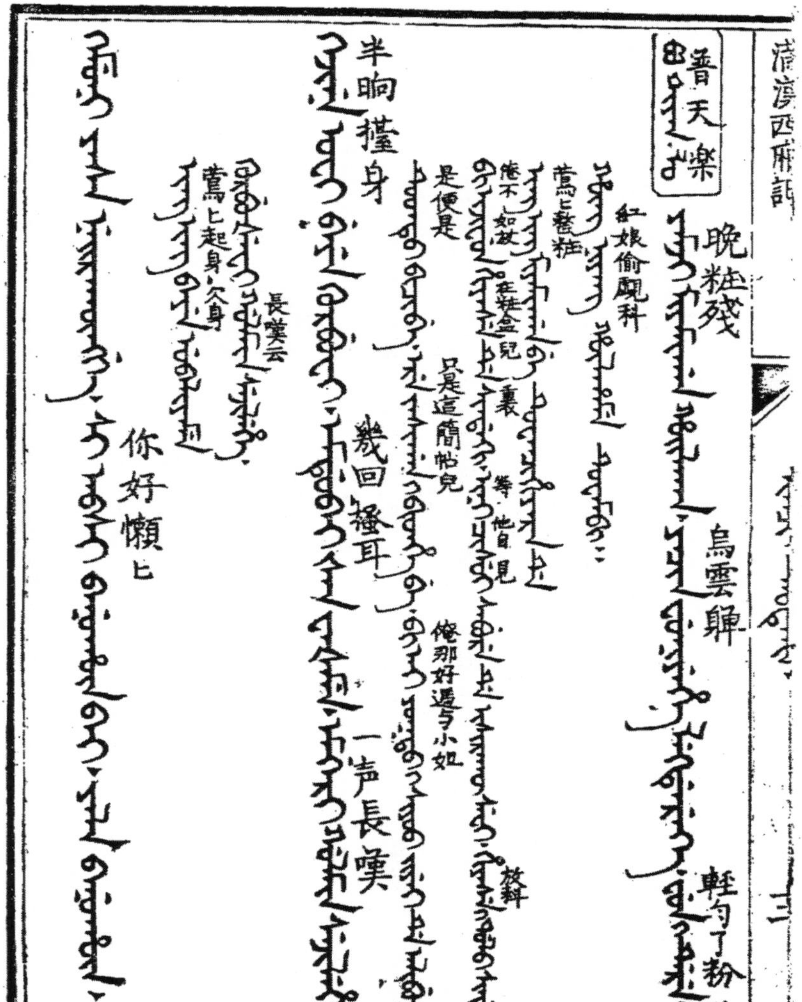

滿漢西廂記 三
普天樂
晚粧殘 烏雲嚲 輕勻了粉臉
紅娘偷覷科
驀匕鬆粧
俺不如放 在粧盒兒裏 等他自見 放科
是便是 只是這簡帖兒 俺那好遲与小姐
半晌擡身 幾回搔耳 一声長嘆
長嘆云
驀匕起身匕欠身
你好懶匕

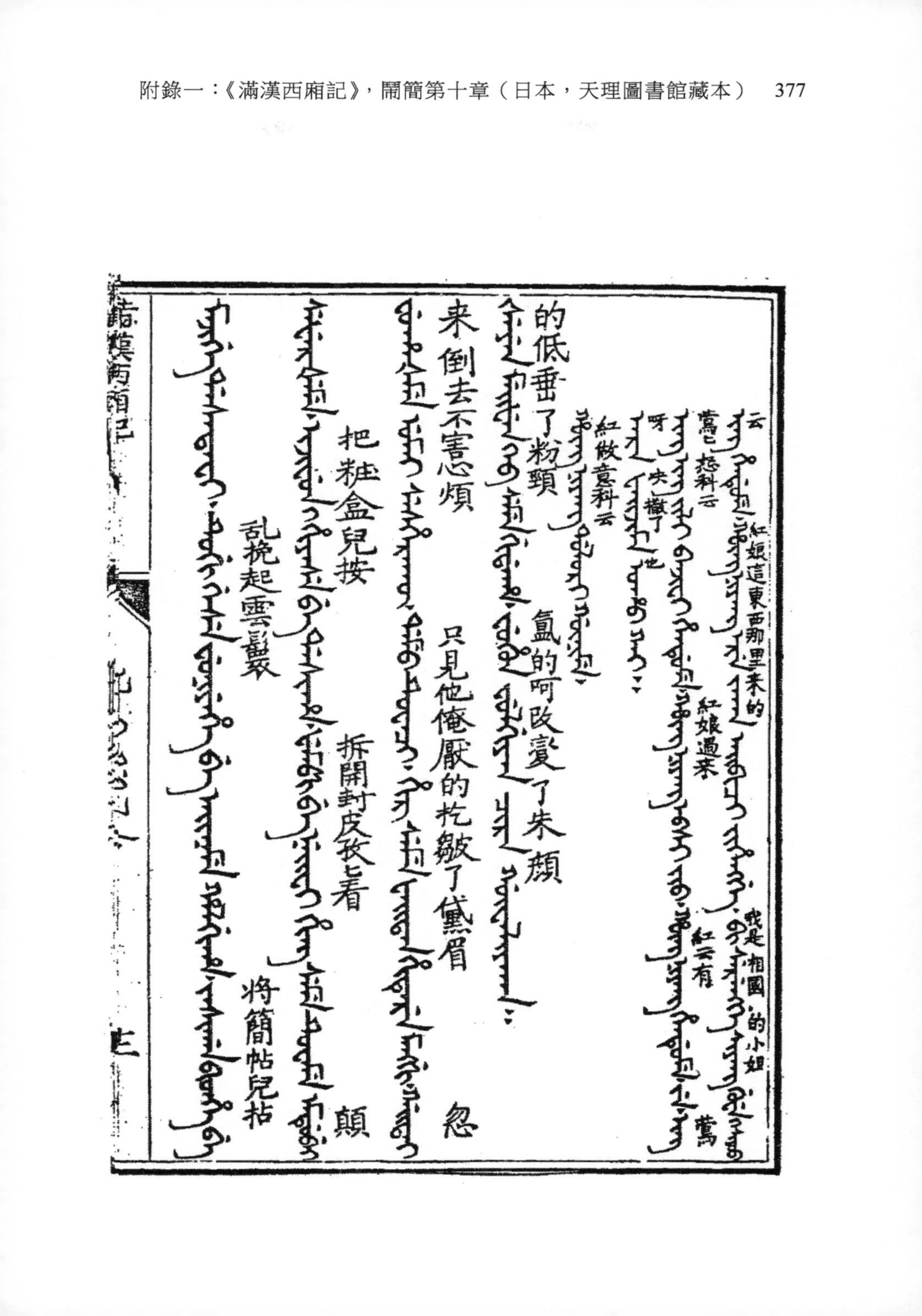

云 紅娘這東西那里来的 我是相國的小姐

鶯 怒科云 紅娘過来 紅云有 鶯

呀 失擻了也

紅做意科云

的低垂了粉頸 氳的呵改變了朱顏

来倒去不害心煩 只見他俺厭的扢皺了黛眉 忽

把粧盒兒按 拆開封皮孜孜看 顛

乱挽起雲鬟 将簡帖兒拈

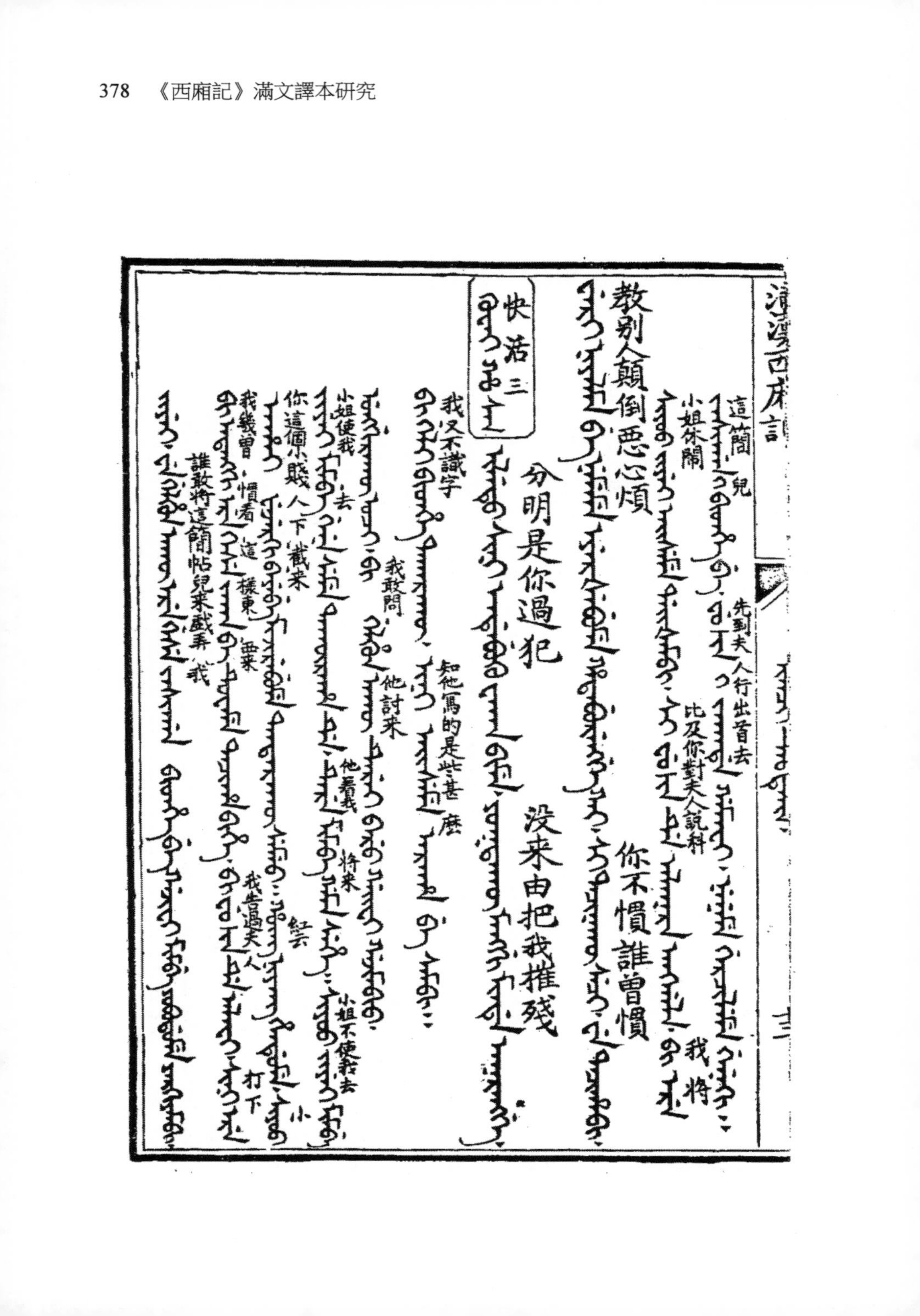

這簡兒 先到夫人行出首去 我將

小姐休鬧 比及你對夫人說科

教別人顛倒惡心煩 你不慣誰曾慣

分明是你過犯 沒来由把我摧殘

快活三

我又不識字 知他寫的是些甚麼

我敢問 他討来

小姐使我 去 他看我 將来 小姐不使我去

你這個小賤人 下 截来 紅云 小

我幾曾 慣看 這 様東 西来 我告過夫人 打下

誰敢將這簡帖兒来戲弄 我

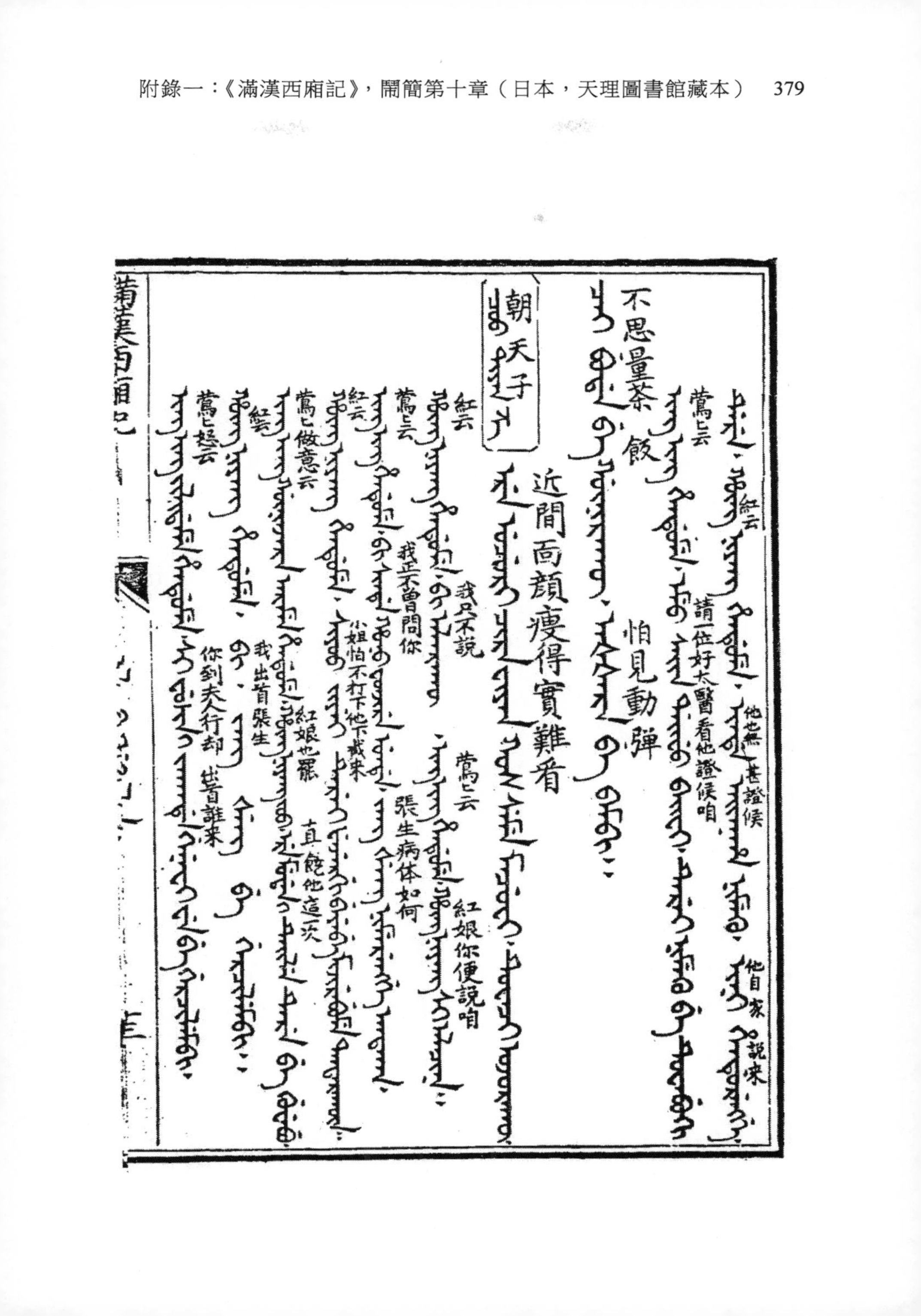

紅云 他也無甚證候 他自家說來

鶯云 請一位好太醫看他證候咱

怕見動彈

不思量茶飯

近間面顏瘦得實難看

朝天子

紅云 我只不說

鶯云 紅娘你便說咱

鶯云 我正不曾問你 張生病体如何

紅云 小姐怕不打下他來

鶯云做意云 紅娘也罷 直餓他這一遭

紅云 我出首張生

鶯云怒云 你到夫人行却 出首誰來

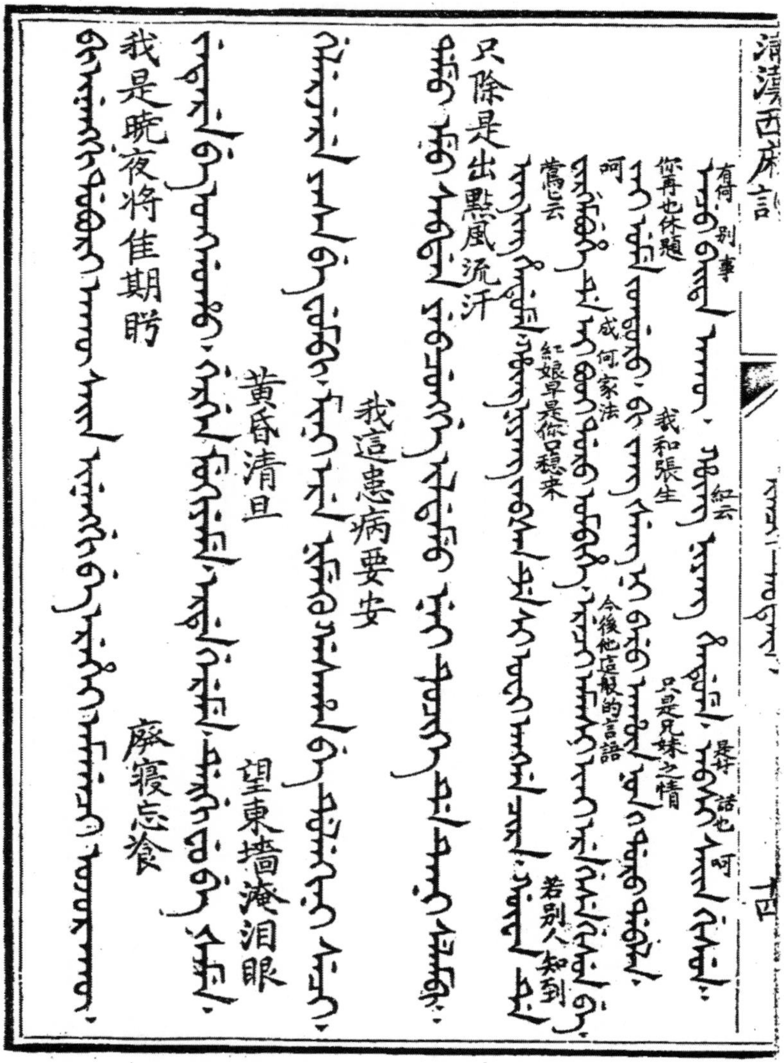

滿漢西廂記 十四

有甚別事 紅云 是甚話也呵

你再也休題 我和張生 只是兄妹之情

呵 成何家法 今後他這般的言語

鶯鶯云 紅娘早是你口穩來 若別人知到

只除是出點風流汗

我這患病要安

黃昏清旦 望東牆淹泪眼

我是曉夜將佳期盼 廢寢忘飡

你何苦如此　鶯云　紅娘你不知道　寫將

他下次休得這般　紅云　小姐你寫甚的那

你將紙筆過來　我寫將去回他　着

鶯云　雖是我家虧他　他豈得知

梯兒看

你只攛掇上竿　拔了

只是你我何安　又問甚他危難

四邊靜

怕人家調犯　早晚怕夫人行破綻

滿漢西廂記

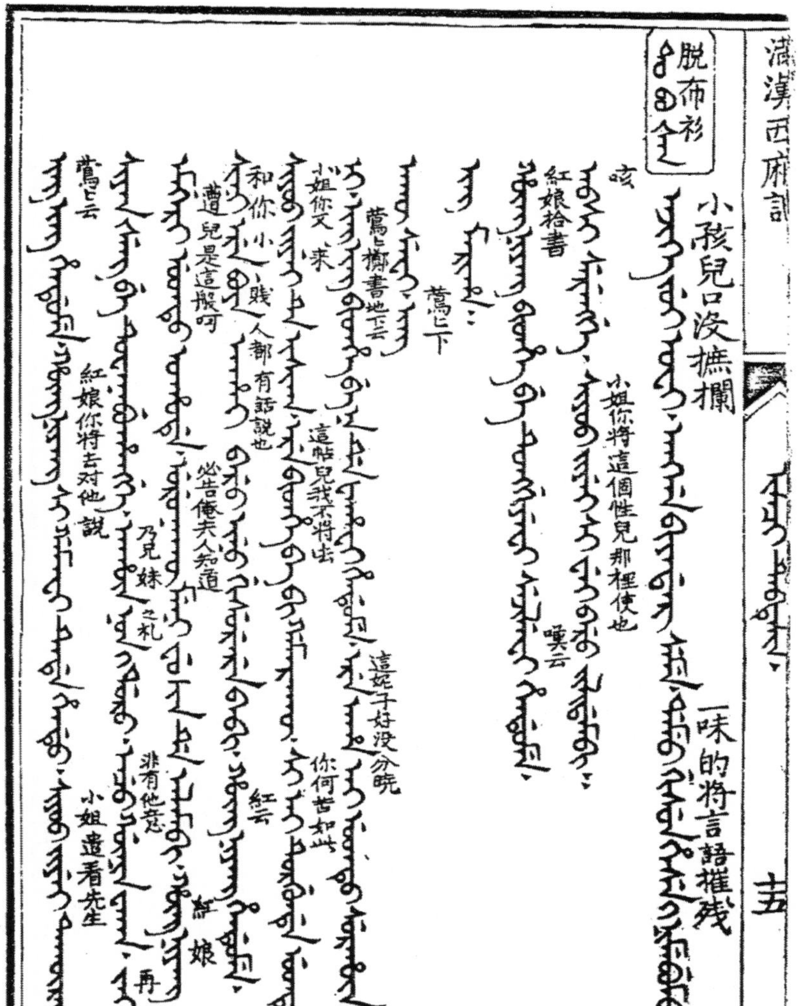
滿漢西廂記
十五
小孩兒口沒擶攔 一味的將言語摧殘
脫布衫
咳
小姐你將這個性兒那裡使也
嘆云
紅娘拾書
鶯ㄷ下
鶯ㄷ擲書地下云
這妮子好沒分曉
小姐你又來
這帖兒我不將去
你何苦如此
和你小賤人都有話說也
紅云
遭兒是這般呵
必告俺夫人知道
紅娘
乃兄妹之礼
非有他意
再
鶯ㄷ云
紅娘你將去對他說
小姐遣看先生

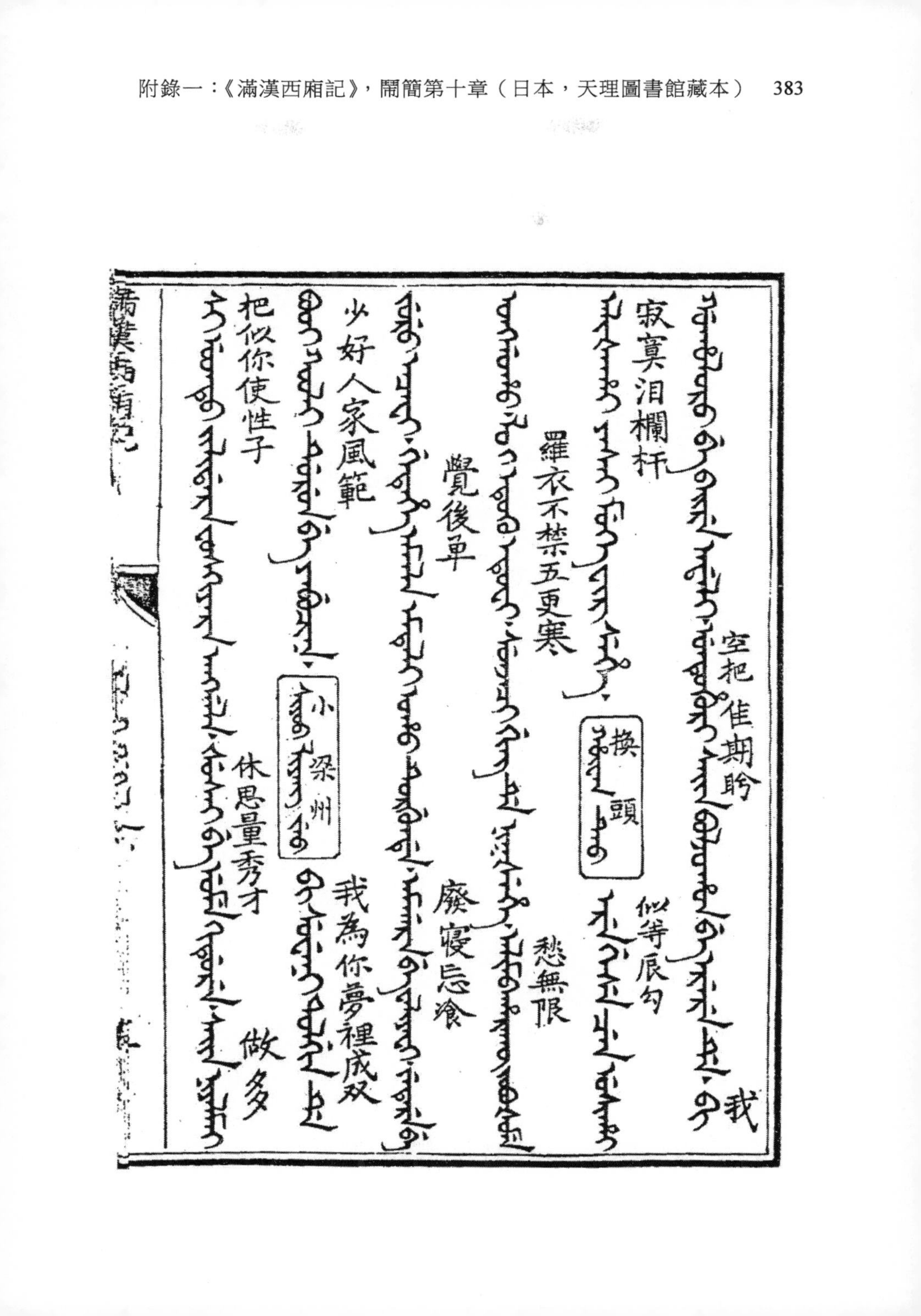

空把佳期盼
我

寂寞泪欄杆
似等辰勾

換頭

羅衣不禁五更寒
愁無限

覺後單
廢寢忘飡

少好人家風範
我為你夢裡成双

小梁州

把似你使性子
休思量秀才
做多

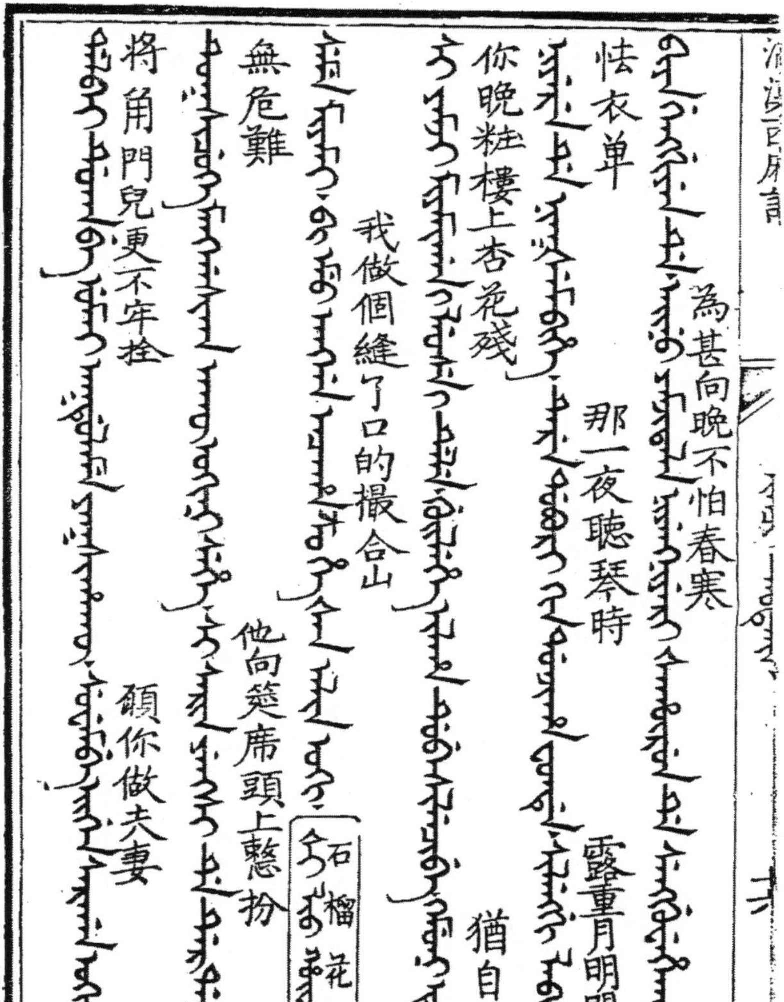
滿漢西廂記

為甚向晚不怕春寒

怯衣单 那一夜聽琴時 露重月明間

你晚粧樓上杏花残 猶自

我做個縫了口的撮合山

石榴花

無危難 他向筵席頭上整扮

將角門兒更不牢拴 願你做夫妻

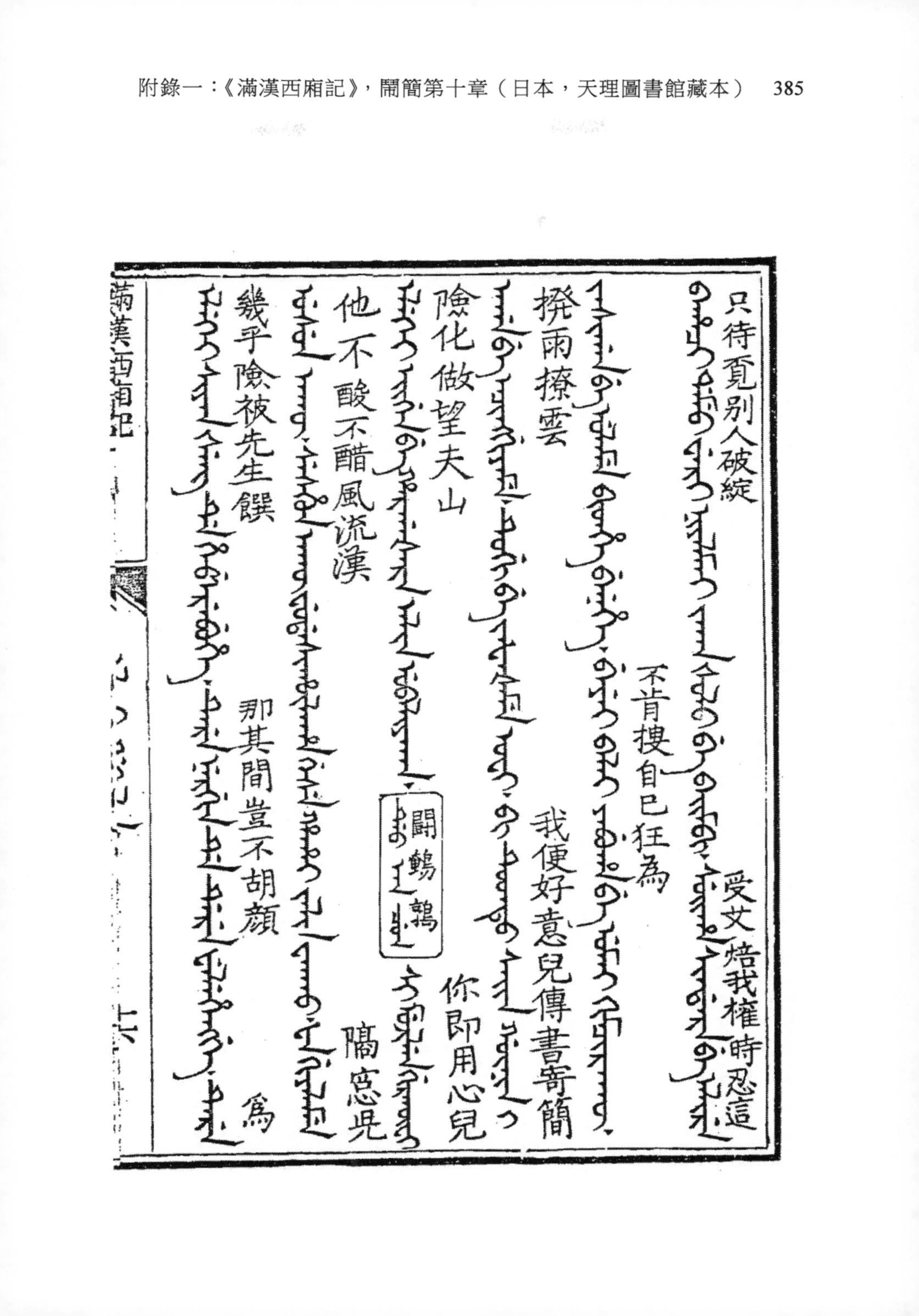

只待覔別人破綻
受文焙我權時忍這

不肯搜自己狂爲

攙雨撩雲
我便好意兒傳書寄簡

險化做望夫山
你即用心兒

鬪鵪鶉

他不酸不醋風流漢
隔窓兒

幾乎險被先生饌
那其間豈不胡顏
爲

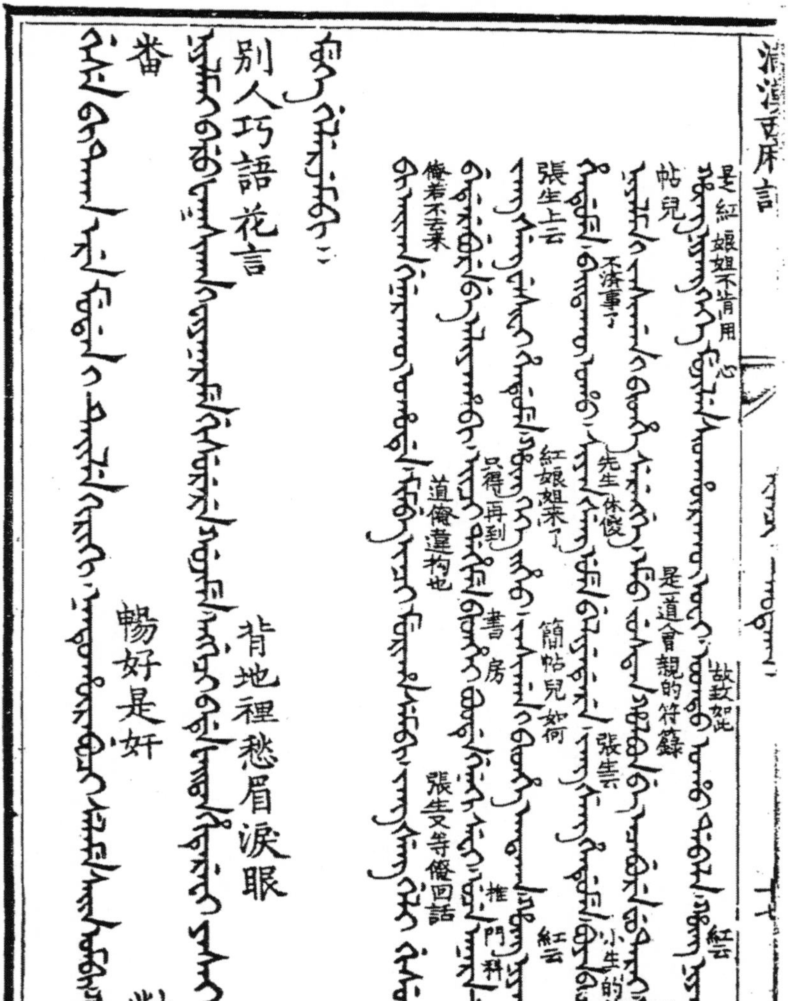
滿漢西廂記 十七

是紅娘姐不肯用心 故致如此 紅云 只

帖兒 是道會親的符籙 小生的簡

不濟事了 先生休傻 張生云

張生上云 紅娘姐來了 簡帖兒如何 紅云

只得再到 書房 推門科

俺着不去来 道俺違拘也 張生又等俺回話

別人巧語花言 背地裡愁眉淚眼

番 暢好是奸 對

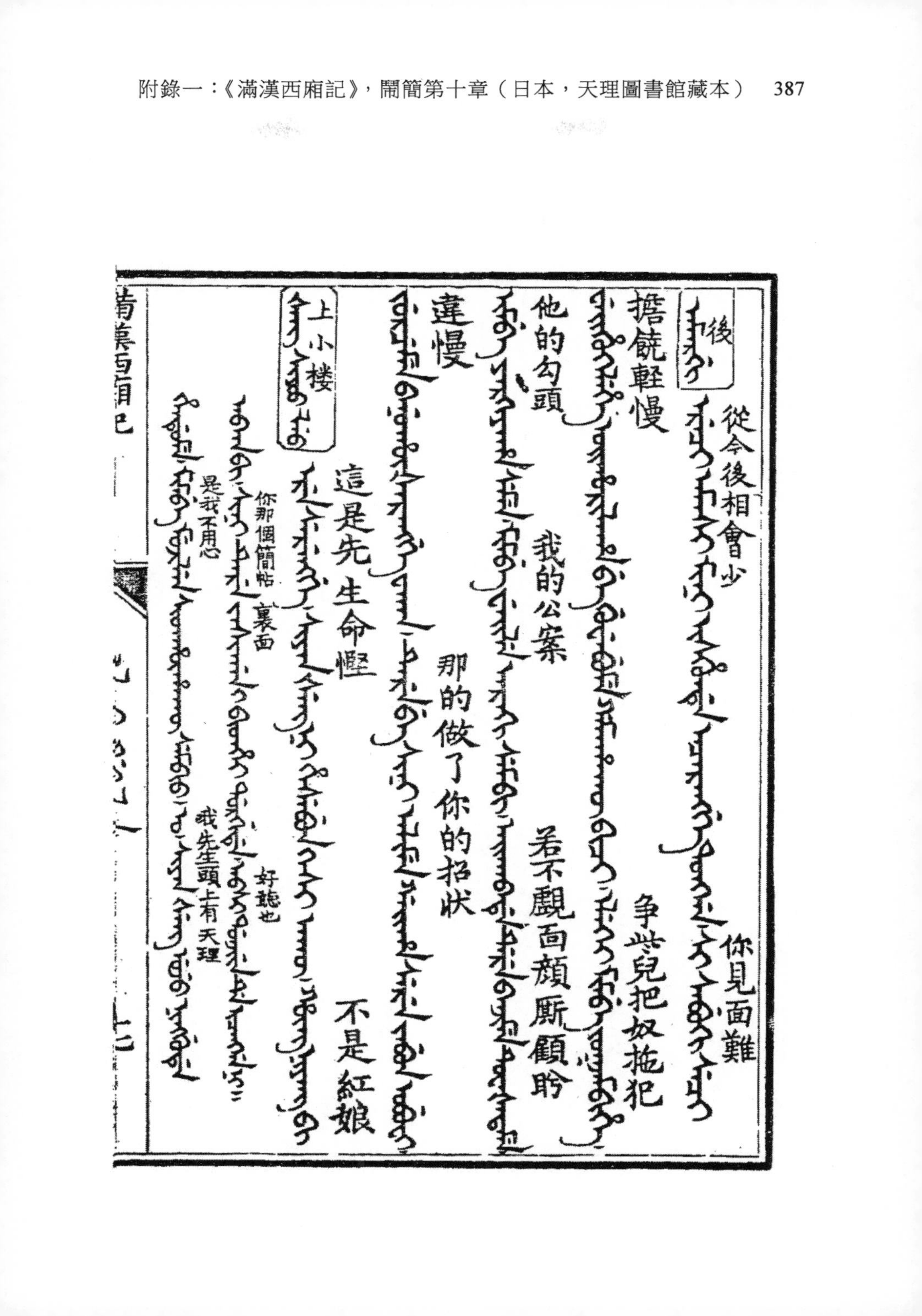

後

從今後相會少　你見面難

揞饒輕慢　爭些兒把奴拖犯

他的勾頭　我的公案　若不覷面顏厮顧盻

違慢　那的做了你的招狀

這是先生命慳　不是紅娘

上小樓

你那個簡帖裏面　好聽也

是我不用心　我先生頭上有天理

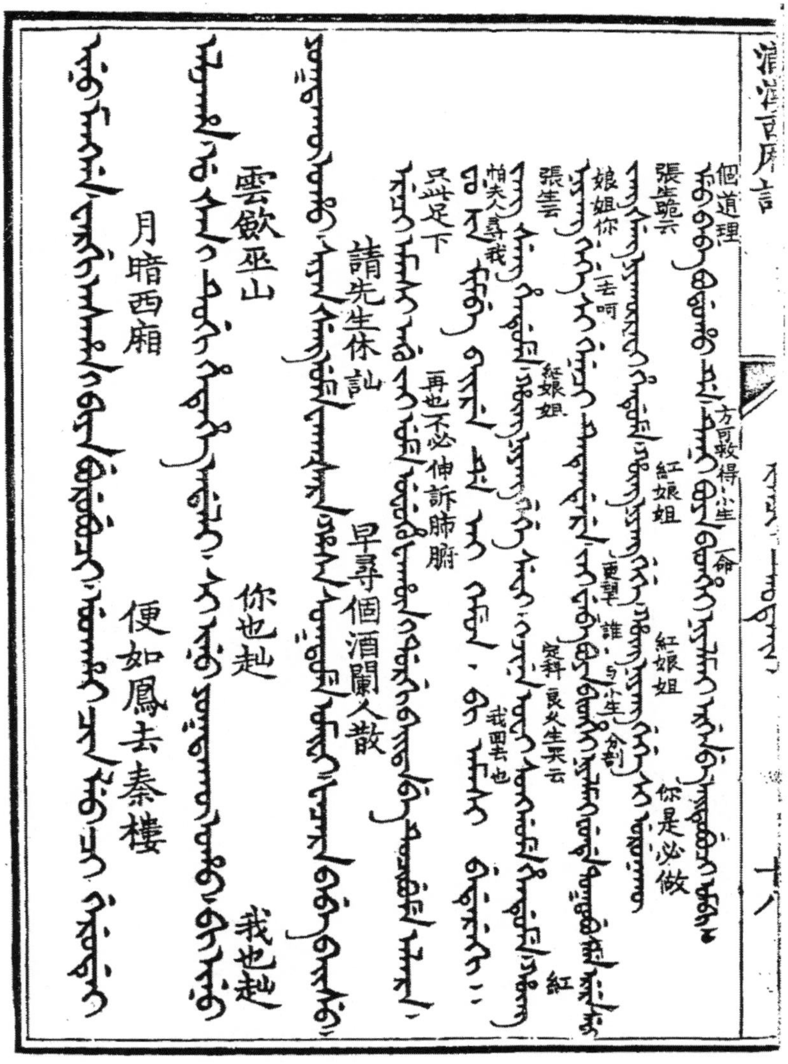
十八
個道理
方可救得小生一命
張生跪云
紅娘姐
紅娘姐
你是必做
娘姐你
一去呵
更望誰與小生分剖
張生云
紅娘姐
定料
良久生哭云
紅
怕夫人尋我
我回去也
只當足下
再也不必伸訴肺腑
請先生休訕
早尋個酒闌人散
雲歛巫山
你也赳
我也赳
月暗西廂
便如鳳去秦樓

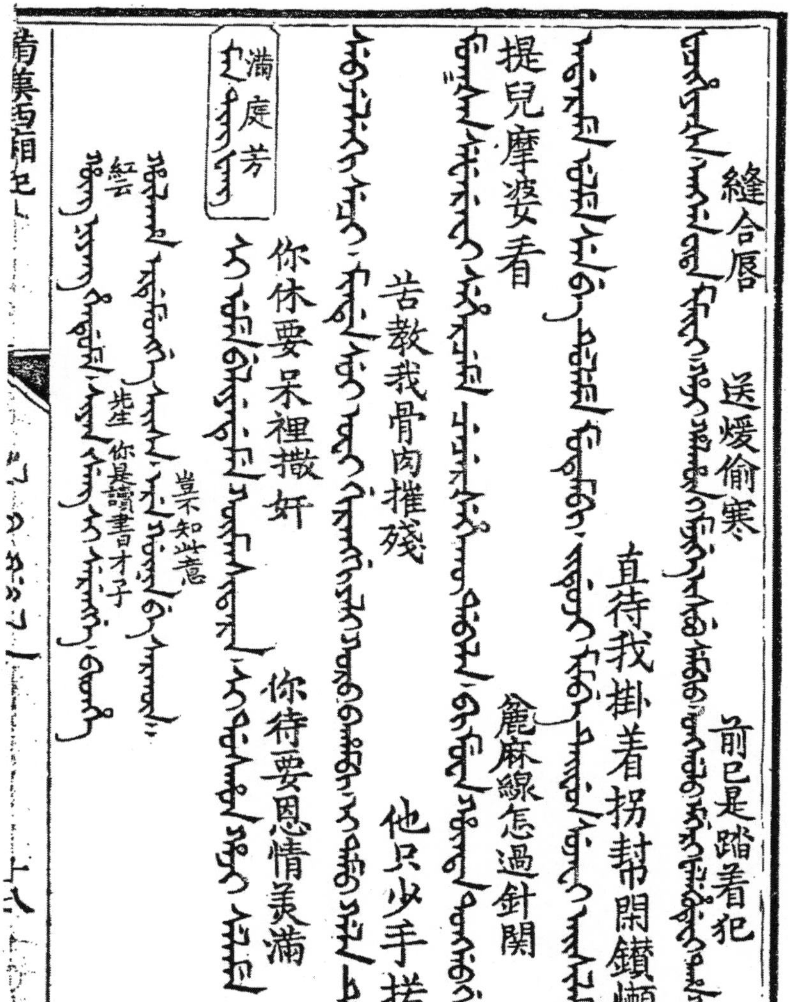

縫合唇　送煖偷寒　前巳是踏着犯

直待我掛着拐帮閑鑽懶

提兒麼婆看　麄麻線怎過針關

苦敎我骨肉摧殘　他只少手掿

你休要呆裡撒奸　你待要恩情美滿

滿庭芳

紅云　豈不知此意

先生　你是讀書日才子

滿漢西廂記上

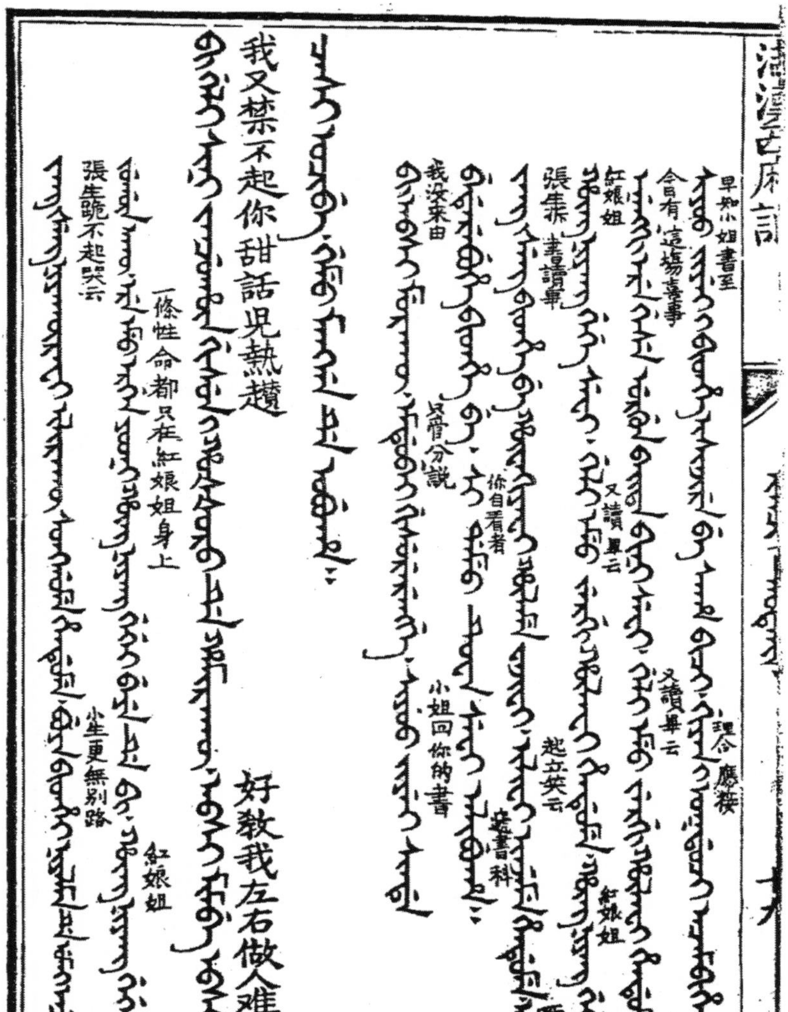
滿漢西廂記
早知小姐書至
理合應接
今日有這場喜事
又讀畢云
紅娘姐
又讀畢云
紅娘姐
張生拜書讀畢
起立笑云
你自看者
笑書科
我沒來由
又唇分說
小姐回你的書
我又禁不起你甜話兒熱趲
好教我左右做人难
一條性命都只在紅娘姐身上
紅娘姐
張生跪不起哭云
小生更無別路

拂牆花影動　疑是玉人來

妙也　待月西廂下　迎風戶半開

你試讀与我聽　張生云　是書　詩四句哩

紅　我不信　張生云　不信由你　紅

紅娘姐你道相會怎麼哩　紅云　相會怎麼　紅云

相會　張生云　張生笑云

園裏去　怎麼　張生云　約我後花園裏去

裏去　紅云　約你花

紅云　怎麼　張生云　書中約我今夜花園

書中之意　哩也波　哩也囉哩

云　卻是怎麼　張生笑云　小姐罵我都是假

接待不及　切無見罪　紅娘姐和你也歡喜　紅

滿漢西廂記　十九

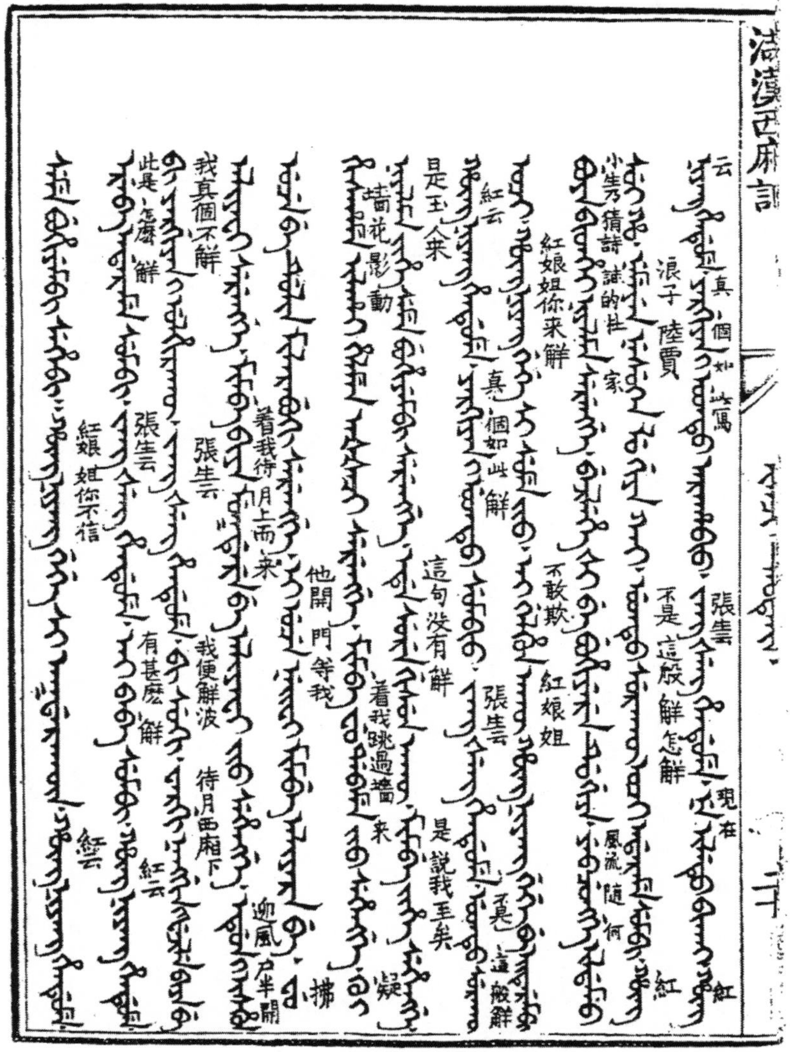

滿漢西廂記

云 真個如此寫 張生 現在 紅

浪子陸賈 不是這般解怎解 紅

小生乃猜詩謎的社家 風流隨何

紅娘姐你來解 不敢欺 紅娘姐

紅云 真個如此解 張生 真這般解

是玉人來 這句沒有解 是說我至矣

墻花影動 着我跳過墻來 疑

他開門等我 拂

着我待月上而來 迎風戶半開

我真個不解 張生云 我便解波 待月西廂下

此是怎麼解 張生云 有甚麼解 紅云

紅娘姐你不信 紅云

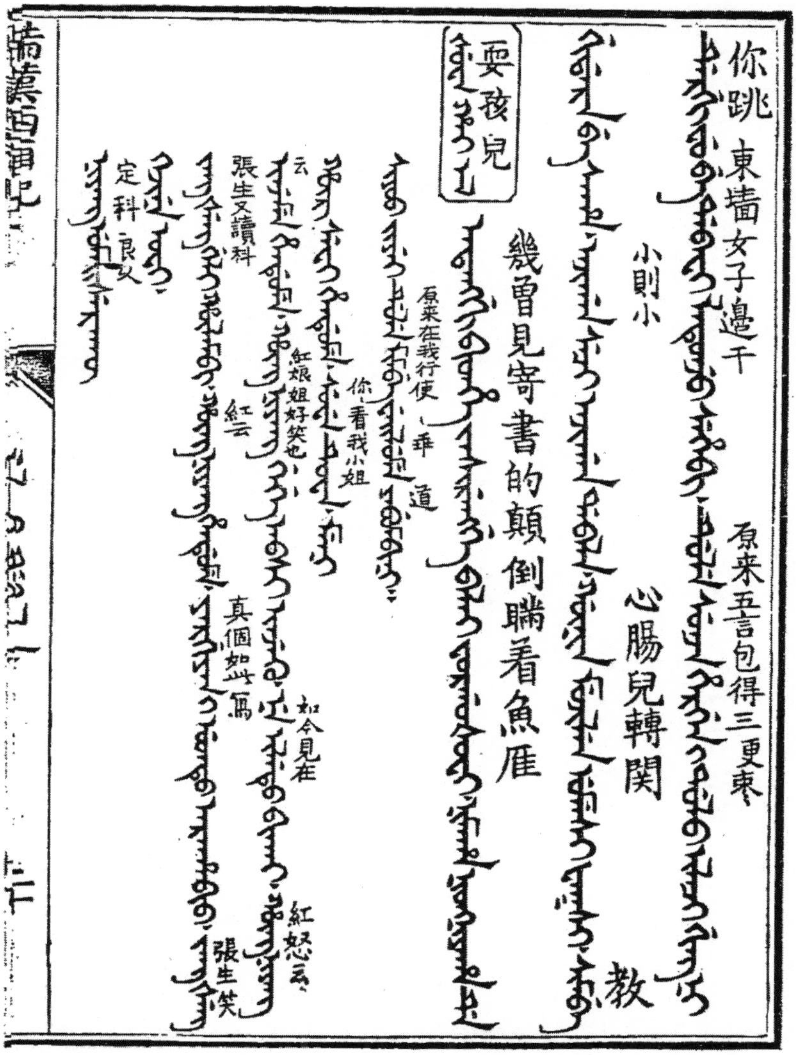

滿漢西廂記

你跳東墻女子邊干 原来五言包得三更棗

小則小 心腸兒轉関 教

幾曾見寄書的顛倒瞞着魚雁

耍孩兒

原来在我行使乖道

你看我小姐 紅怒云

云 紅娘姐好笑也 知今見在

紅云 真個如此寫 張生笑

張生又讀科

定科 良久

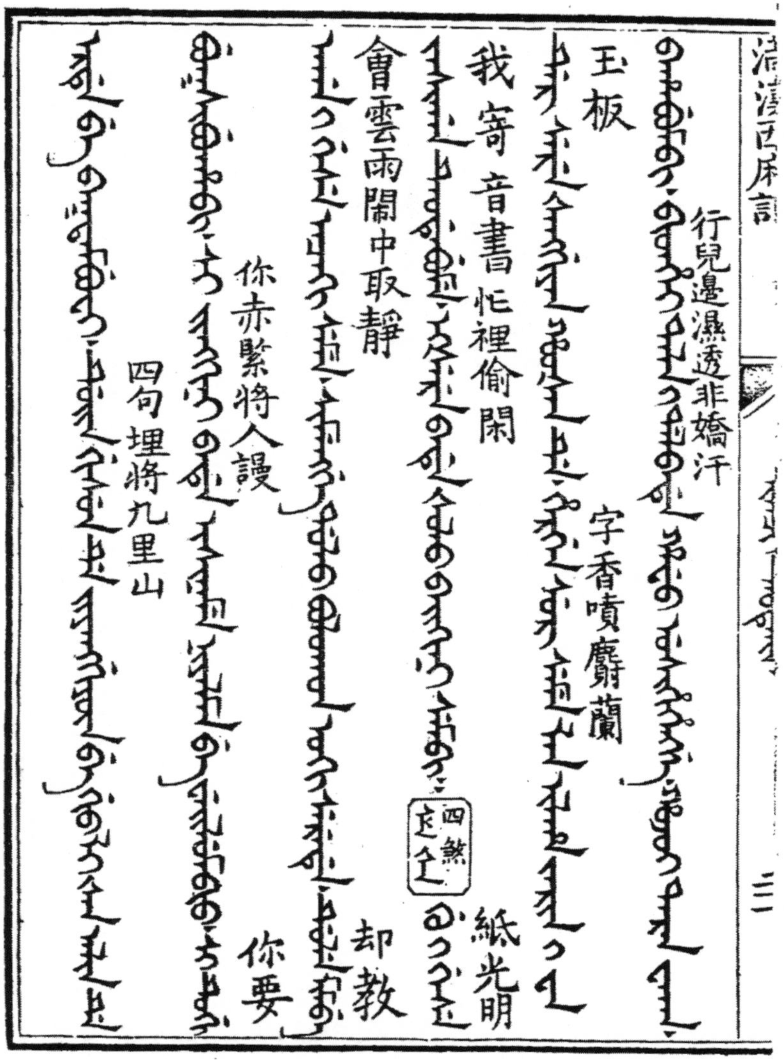

行兒邊濕透非嬌汗
玉板
字香噴麝蘭
紙光明
我寄音書忙裡偷閑
四煞
會雲雨鬧中取靜
卻教
你赤緊將人謾
你要
四句埋將九里山

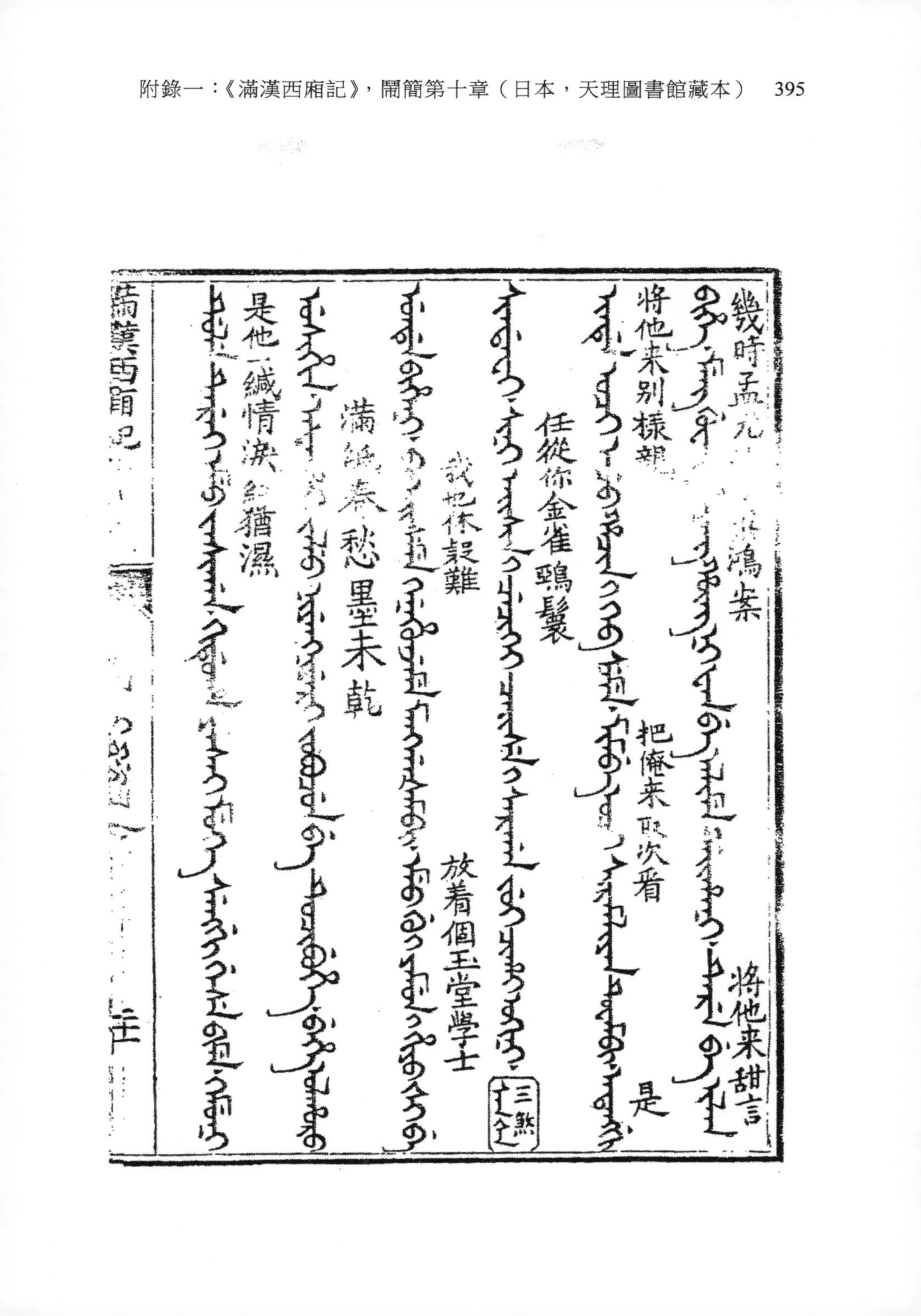

幾時孟光……鴻案 將他来甜言

將他来別樣親 把俺来取次看 是

任從你金雀鴉鬟

我把你穀難 放着個玉堂學士

三煞

滿紙春愁墨未乾

是他一緘情淚紅猶濕

滿漢西廂記

偷香手段 今番按 你怕牆高

拂牆花又低 迎風户半拴

偷期 花園牆過 只是小生讀書人 怎生的擲果潘安

今日為頭看 看

三女[illegible]

把俺來惡語傷人六月寒

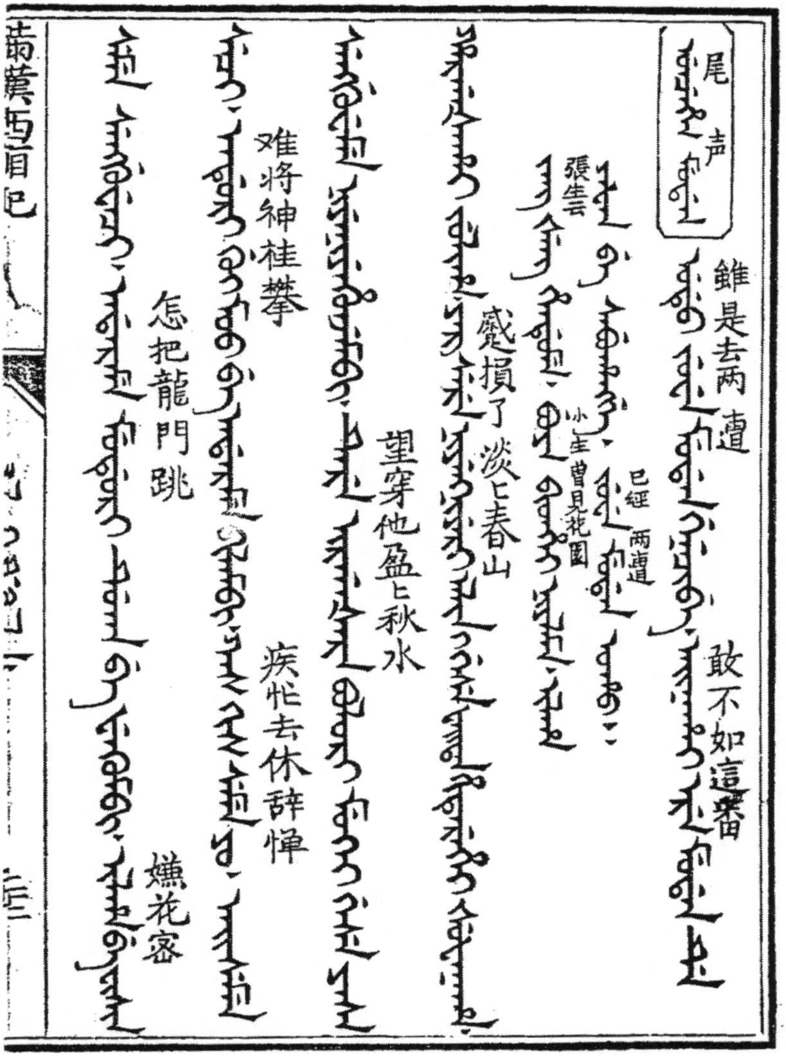
尾声
雖是去兩遭　敢不如這番
張生云
已經兩遭
小生曾見花園
戲損了淡〻春山
望穿他盈〻秋水
难将神桂攀　疾忙去休辞憚
怎把龍門跳　爋花窨

滿漢西廂記

又怎解 待月西廂下

浪子陸賈 此四句詩不是這般解

迷的杜家 風流隋何

想小姐有此一場好事 小生实是猜詩

適纔紅娘來 千不歡喜万不歡喜 誰

張生云 嘆万事自有分定

紅娘下

證果是他 今朝這一箇

你當初隔墻酬和 都胡侃

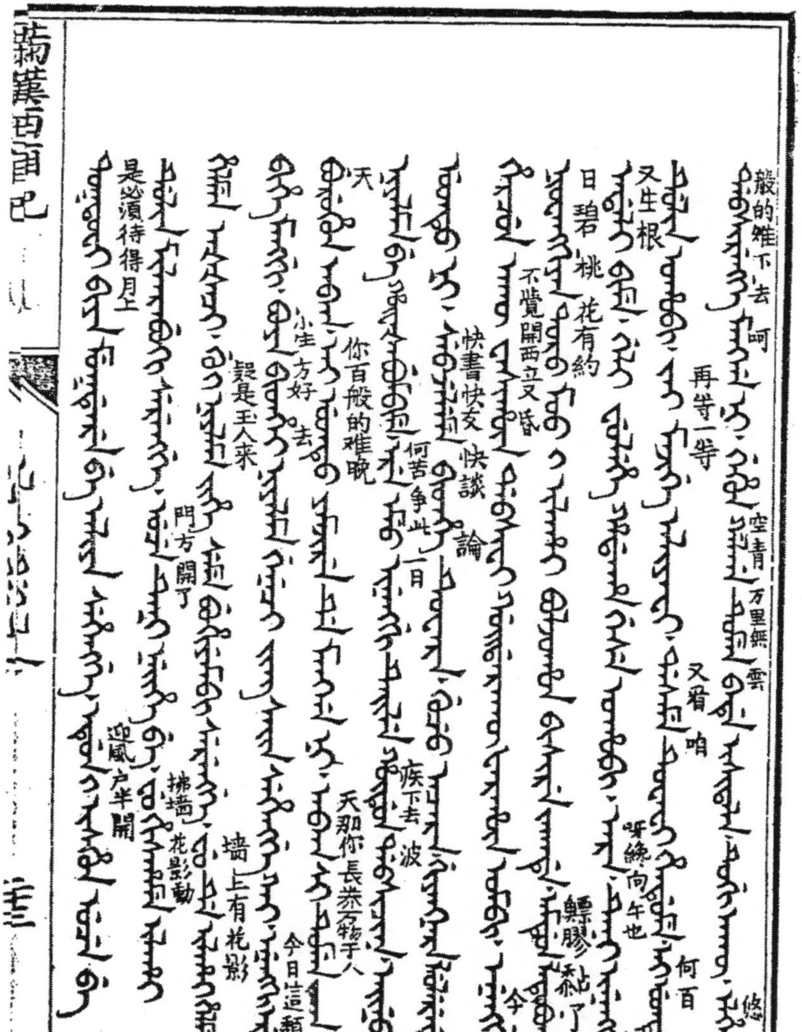
滿漢西廂記
般的難下去呵
空青
万里無雲
悠
再等一等
又看
咱
何百
又生根
呀綠向午也
日碧桃花有約
鰾膠黏了
不覺開西立又昏
今
快書快友快談論
何苦爭此一日
疾下去
波
天
你百般的難晚
天劾你長恭万物于人
小生方好去
今日這顙
疑是玉人來
墻上有花影
門方開了
拂墻花影動
是必須待得月上
迎風户半開

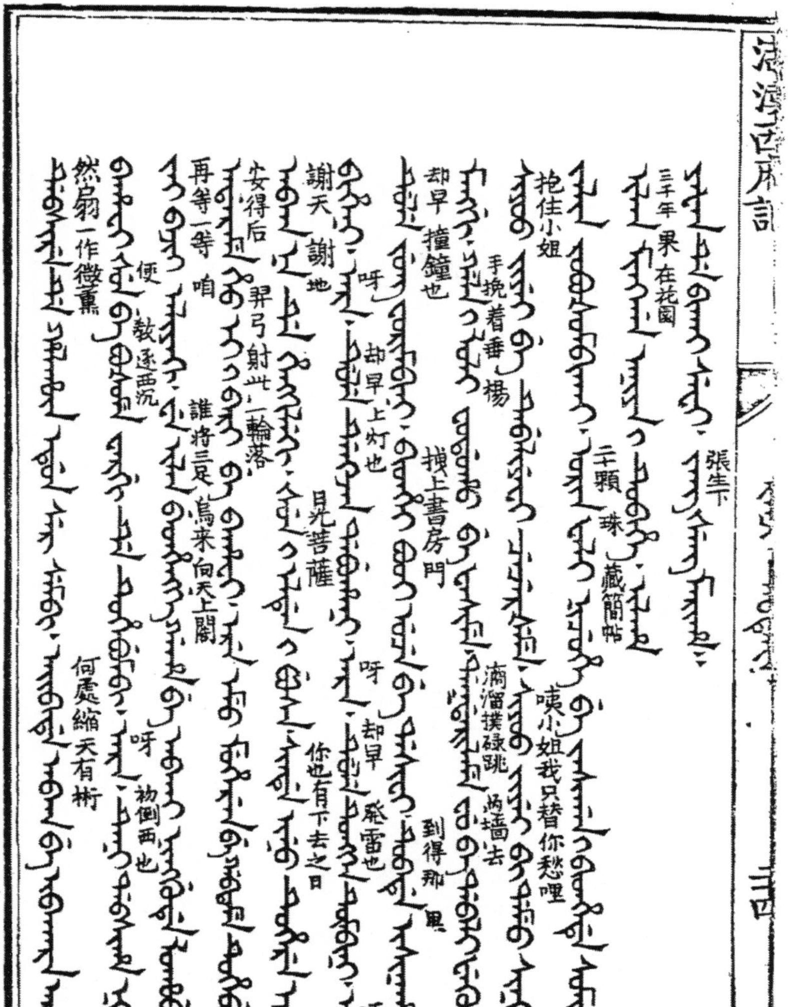
清漢西廂記
三四
張生下
三千年果在花園
二千顆珠藏簡帖
噯小姐我只替你愁哩
抱住小姐
手挽着垂楊
滴溜撲碌跳過牆去
却早撞鐘也
攛上書房門
到得那里
呀
却早上灯也
呀
却早發雷也
呀
謝天謝地
晃菩薩
你也有下去之日
安得后羿弓射此一輪落
再等一等咱
誰將三足烏來向天上鬪
便教逐西沉
呀
被倒西也
然翁一作徵熏
何處縮天有術

《滿漢合璧西廂記》鬧簡第十章

附錄二：《滿漢合璧西廂記》，鬧簡第十章

（臺北，國家圖書館藏本）

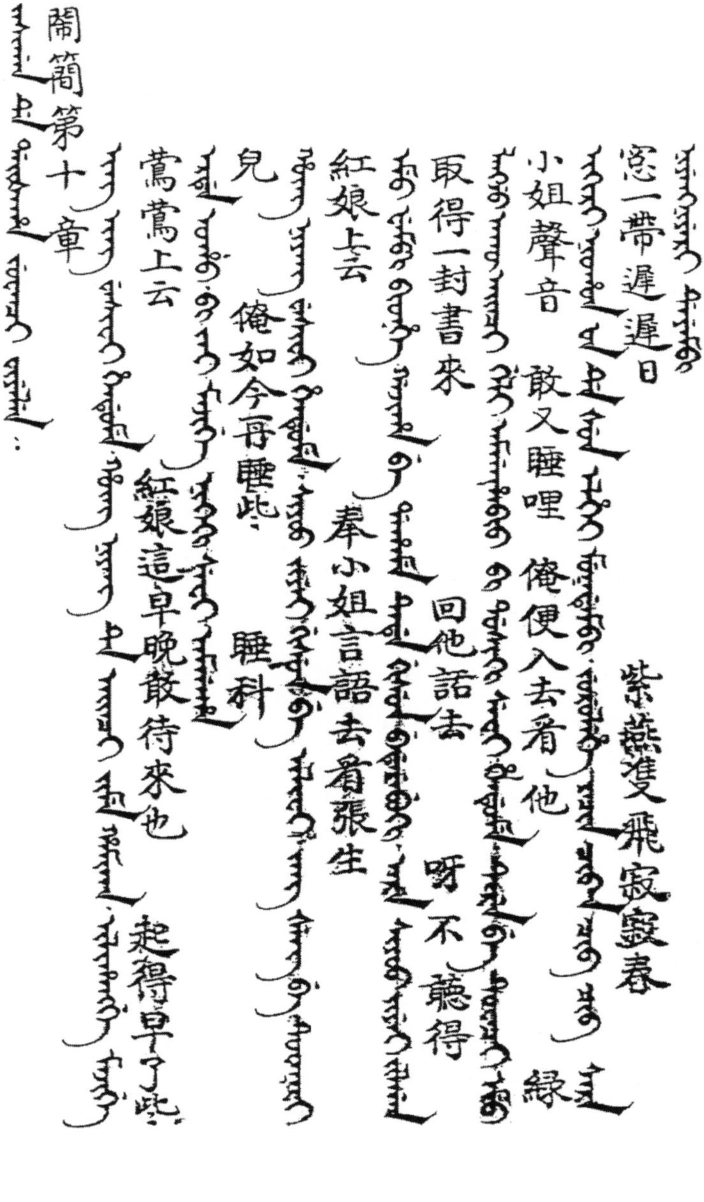

鬧簡第十章

鶯鶯上云 紅娘這早晚敢待來也 起得早了些兒 俺如今再睡些 睡科

紅娘上云 奉小姐言語去看張生 取得一封書來 回他話去 呀不聽得小姐聲音 敢又睡哩 俺便入去看他

綠窗一帶遲遲日 紫燕雙飛寂寞春

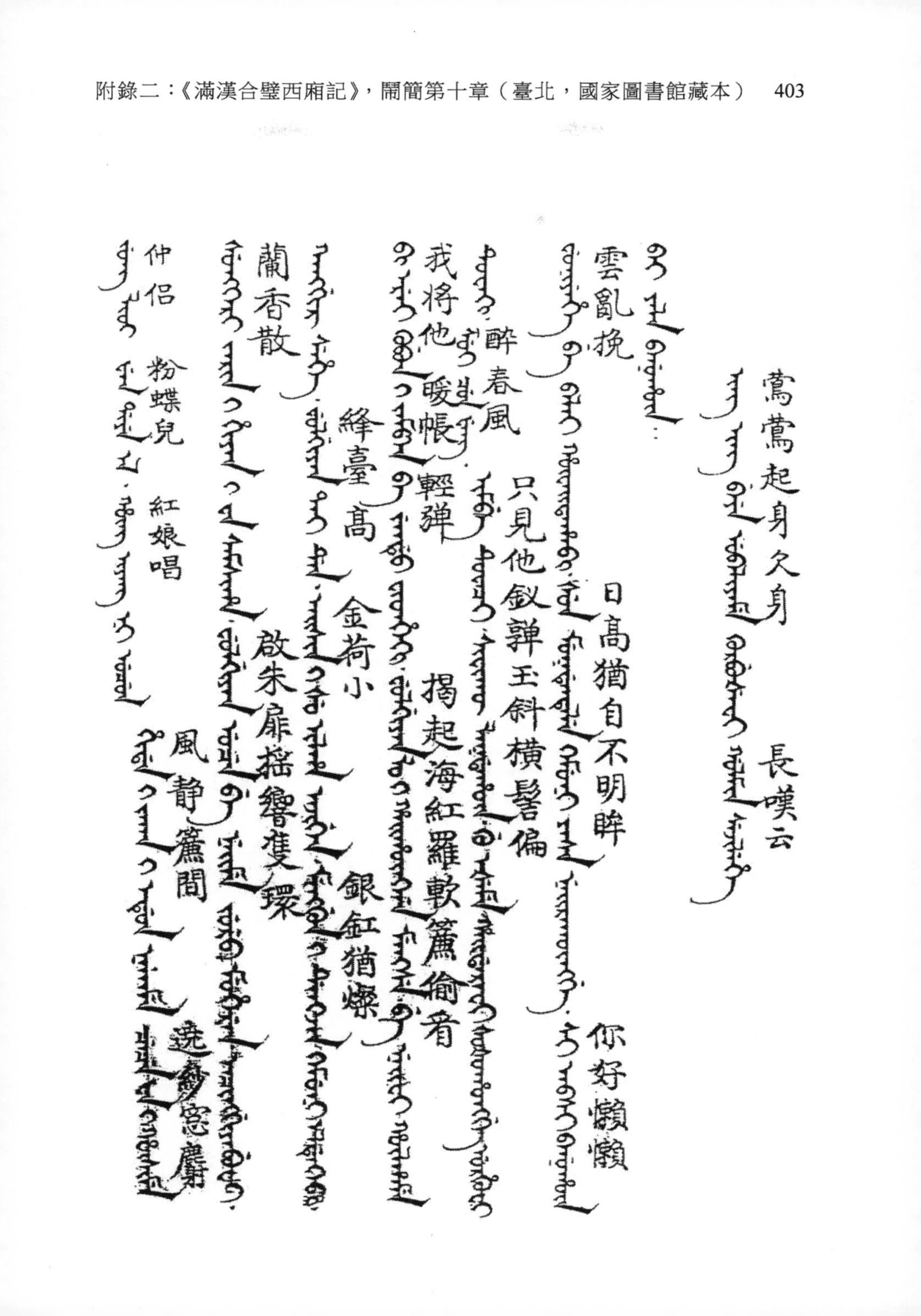

仲呂 粉蝶兒 紅娘唱

風靜簾閒 透紗窗麝

蘭香散 啓朱扉搖響雙環

絳臺高 金荷小 銀釭猶燦

我將他暖帳輕彈 揭起海紅羅軟簾偷看

醉春風 只見他釵嚲玉斜橫髻偏

雲亂挽 日高猶自不明眸 你好懶懶

鶯鶯起身久身 長嘆云

的扢皺了黛眉　忽的低垂了粉頸　氳的改變了朱

拆開封皮孜孜看　顛來倒去不害心煩　只見他厭

亂挽了雲鬟　將簡帖兒拈　把粧盒兒按

晚粧殘　烏雲軃　輕勻了粉臉

81 普天樂

鶯鶯整粧　紅娘偷覷科

俺不如放在粧盒兒裡等他自見　放科

是便是　只是這簡帖兒　俺那好遞與小姐

半晌擡身　幾回搔耳　一聲長嘆

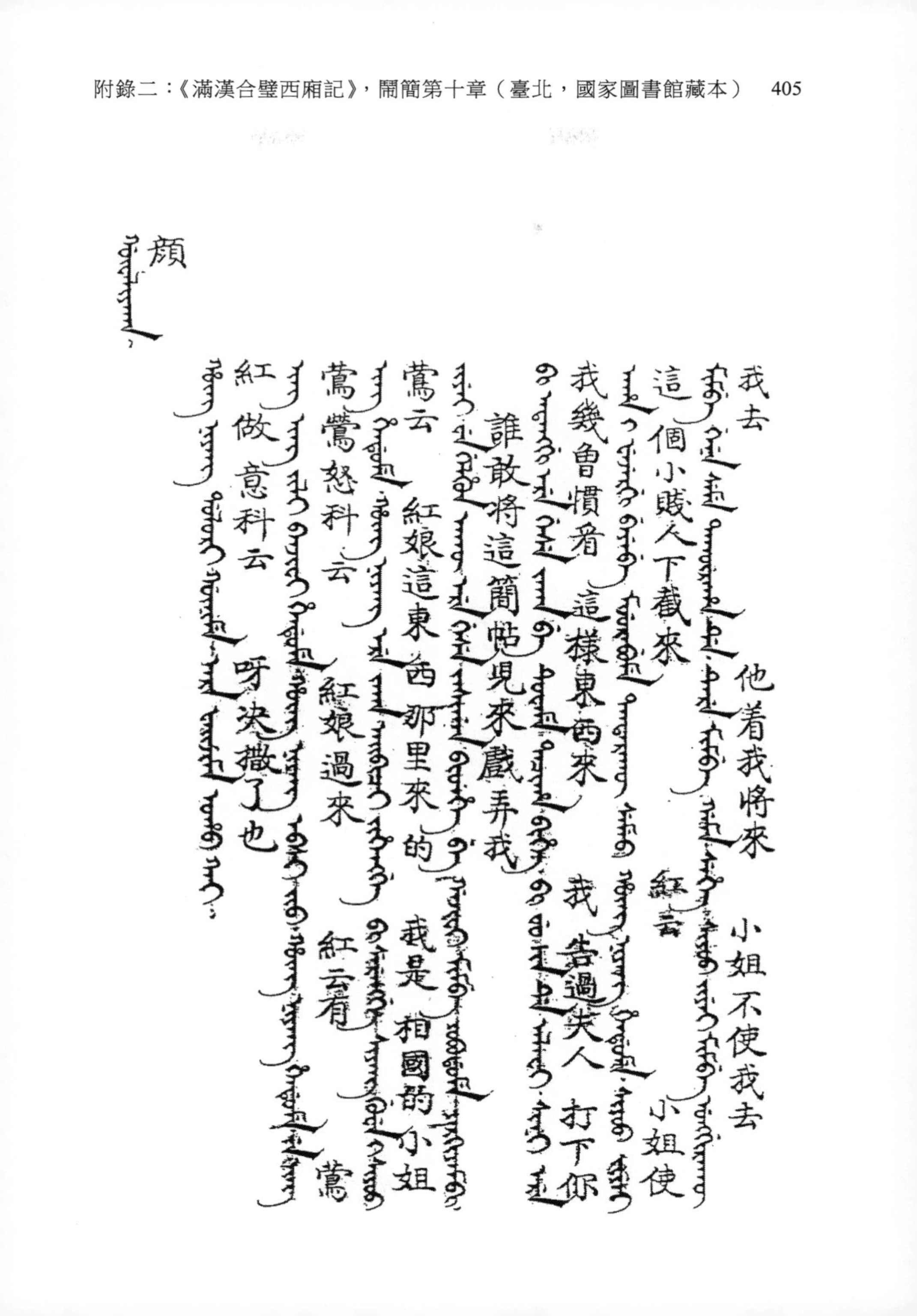

顏

紅做意科云 呀決撒了也

鶯鶯怒科云 紅娘過來 紅云有 鶯

鶯云 紅娘這東西那里來的 我是相國的小姐

誰敢將這簡帖兒來戲弄我

我幾曾慣看 這樣東西來 我告過夫人打下你

這個小賤人下截來 紅云 小姐使

我去 他着我將來 小姐不使我去

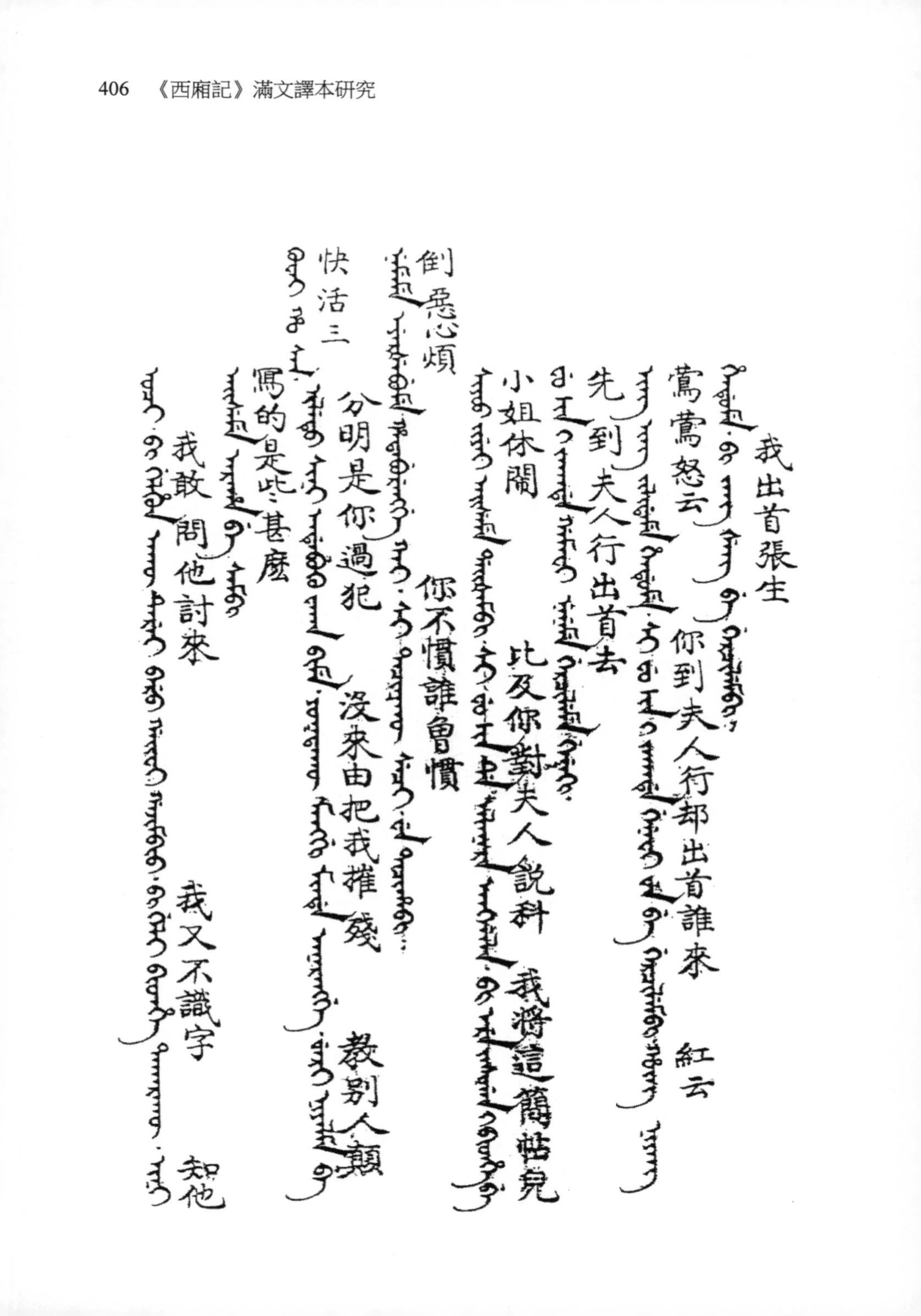

我出首張生

鶯鶯怒云 你到夫人行却出首誰來 紅云

先到夫人行出首去

小姐休鬧 比及你對夫人說科 我將這簡帖兒

倒惡心煩 你不慣誰曾慣

快活三 分明是你過犯 沒來由把我摧殘 教別人顛

寫的是些甚麼

我敢問他討來 我又不識字 知他

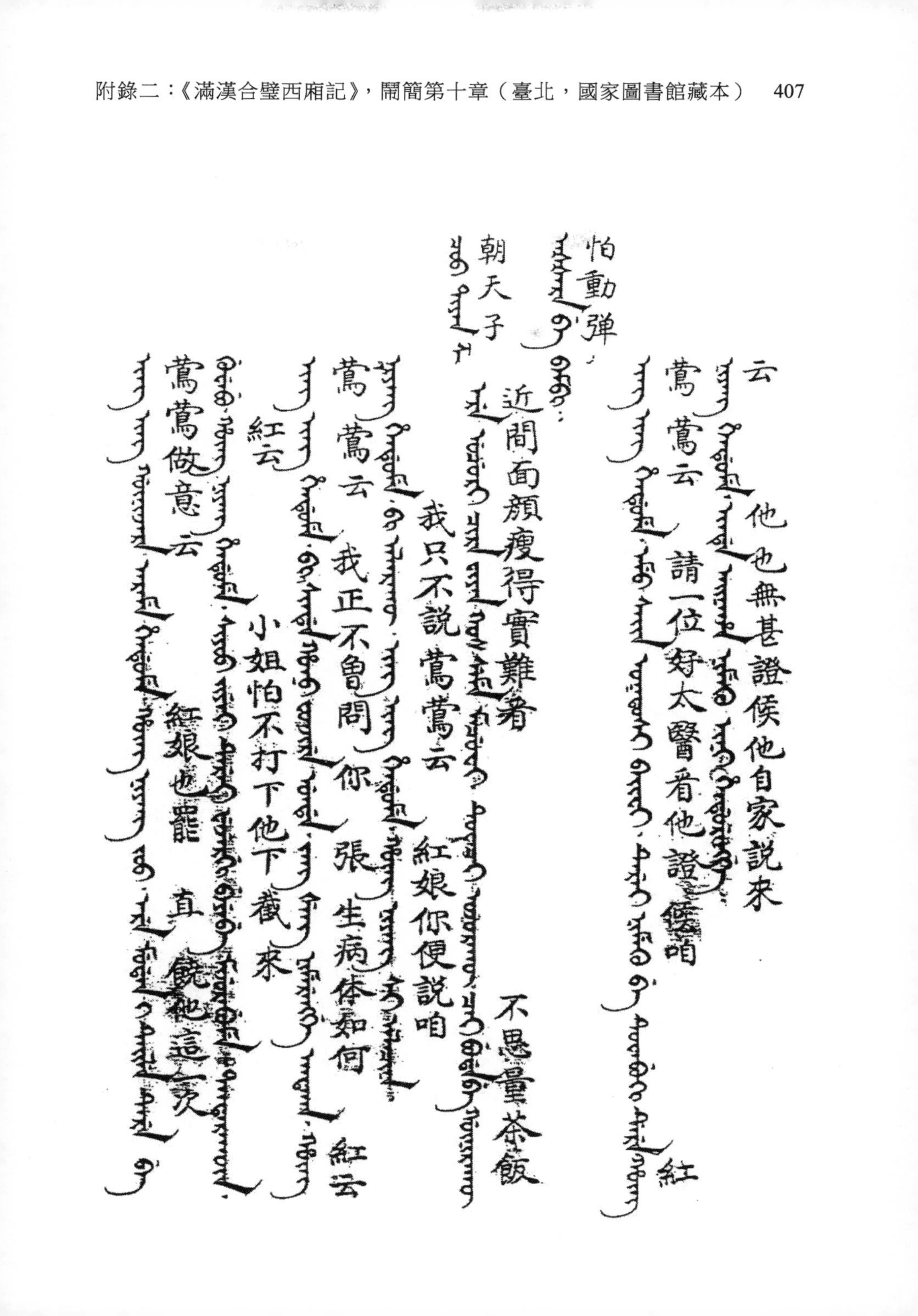

云　他也無甚證候他自家說來

鶯鶯云　請一位好太醫看他證候咱　紅

怕動彈

朝天子

近間面顏瘦得實難看　不思量茶飯

我只不說　鶯鶯云　紅娘你便說咱

鶯鶯云　我正不曾問你　張生病体如何　紅云

紅云　小姐怕不打下他下截來

鶯鶯做意云　紅娘也罷　直饒他這一次

四邊靜 怕人家調犯 早晚怕夫人行破綻 只是你我

是好話也呵

和張生 只是兄妹之情 有何別事 紅云

成何家法 今後他這般的言語 你再也休題我

鶯鶯云 紅娘早是你口穩來 若別人知道呵

只除是出點風流汗

昏清旦 望東墻淹淚眼 我這患病要安

我是曉夜將佳期盼 廢寢忘餐 黃

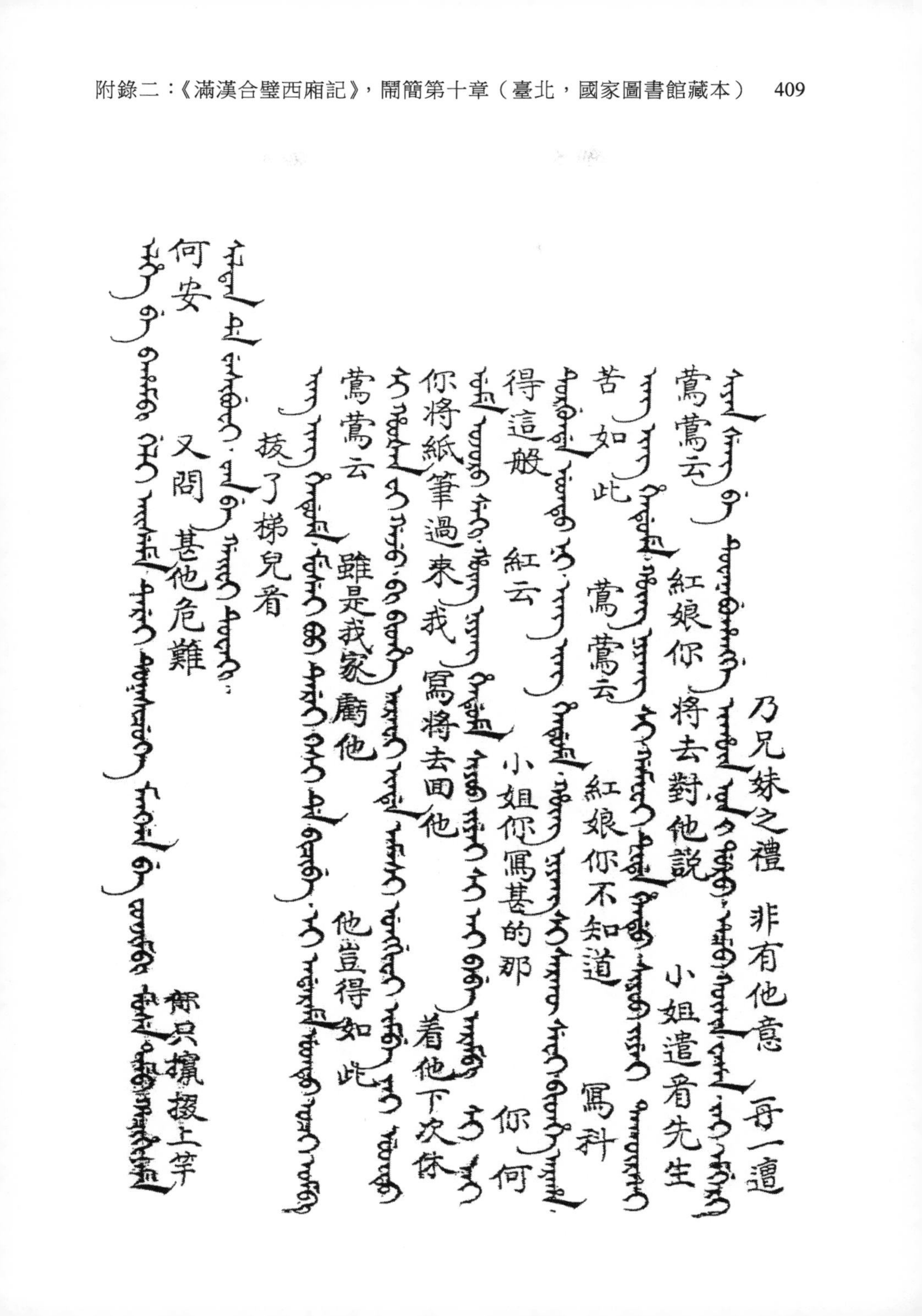

何安 又問 甚他危難 衘只攛掇上竿

撥了梯兒看

鶯鶯云 雖是我家虧他 他豈得如此

你將紙筆過來 我 寫將去回他 着他下次休

得這般 紅云 小姐你寫甚的那 你何

苦 如此 鶯鶯云 紅娘你不知道 寫科

鶯鶯云 紅娘你 將去對他說 小姐遣看先生

乃兄妹之禮 非有他意 毋一遭

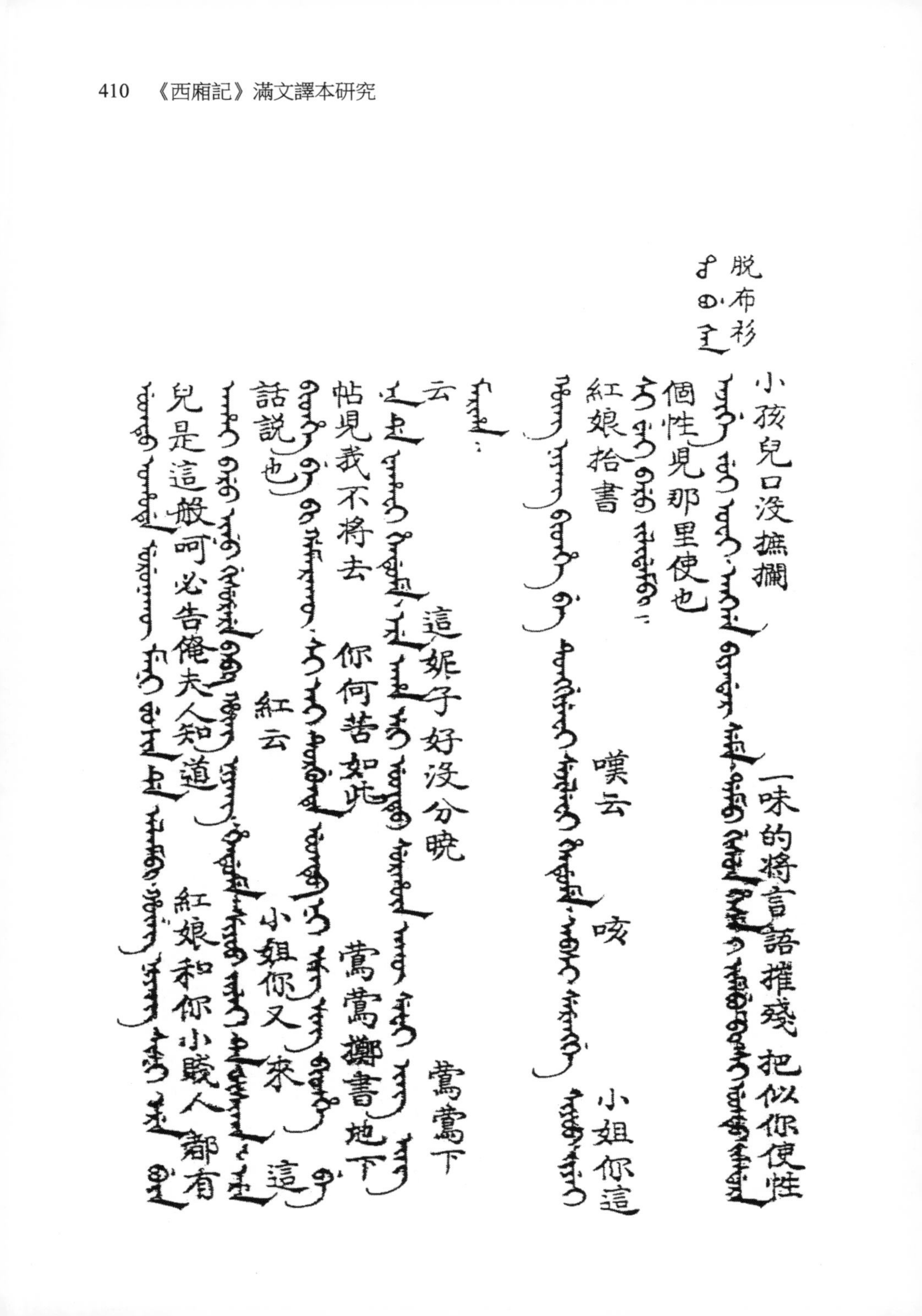

脫布衫

小孩兒口沒摭攔 一味的將言語摧殘 把似你使性

個性兒那里使也

紅娘拾書 嘆云 咳 小姐你這

云 這妮子好沒分曉 鶯鶯下

帖兒我不將去 你何苦如此 鶯鶯擲書地下

話說也 紅云 小姐你又來 這

兒是這般可必告俺夫人知道 紅娘和你小賤人都有

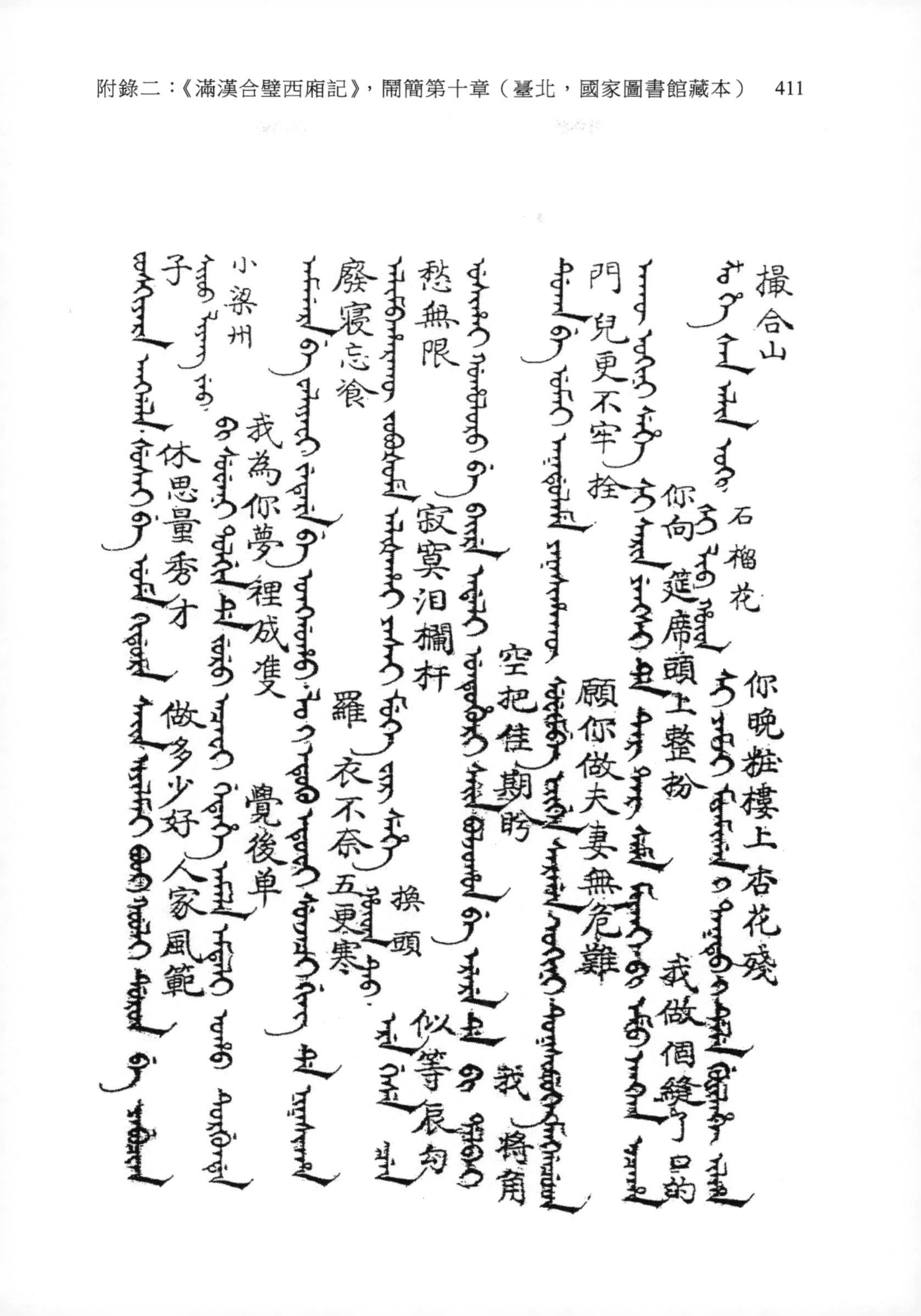

子 休思量秀才 做多少好人家風範

小梁州 我為你夢裡成雙 覺後单

廢寢忘飡 羅衣不奈五更寒

愁無限 寂寞泪欄杆 換頭 似等辰勾

空把佳期盼 我將角

門兒更不牢拴 顧你做夫妻無危難

你向筵席頭上整扮 我做個縫了口的

攝合山 石榴花 你晚粧樓上杏花殘

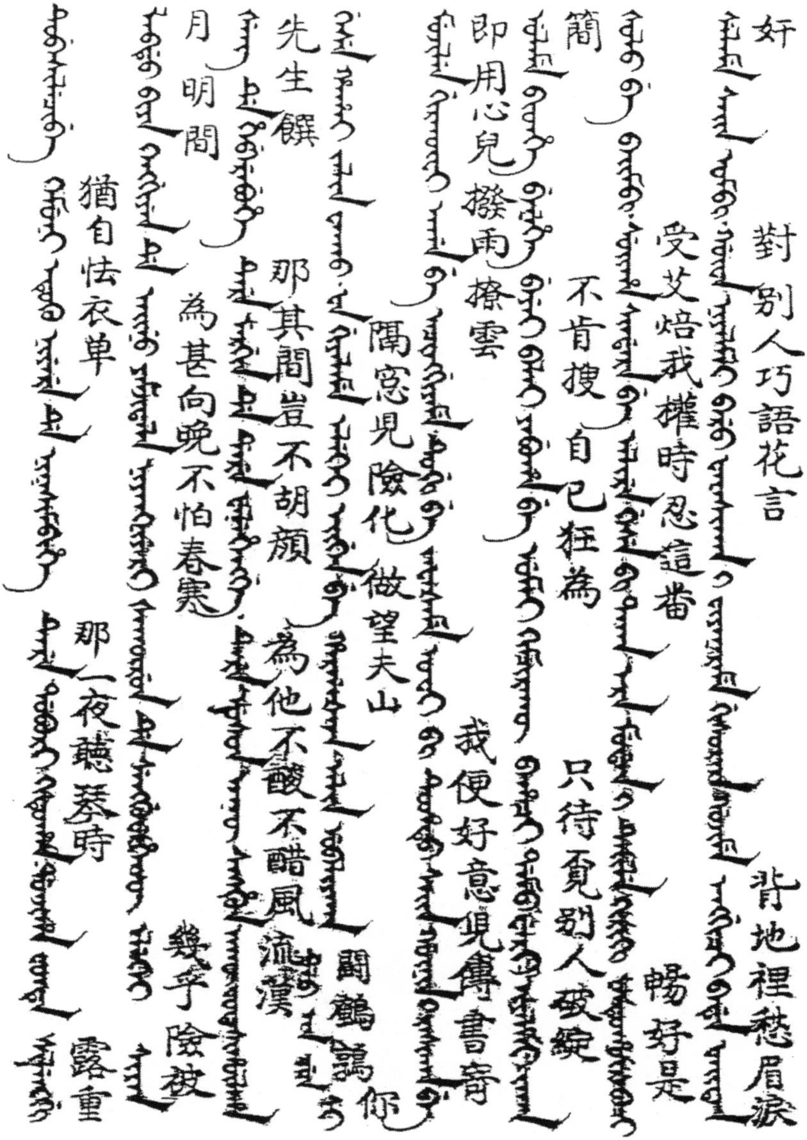
猶自怯衣單 那一夜聽琴時 露重
月明間 為甚向晚不怕春寒 幾乎險被
先生饌 那其間豈不胡顏 為他不酸不醋風流漢
隔窗兒險化做望夫山 鬪鵪鶉 你
即用心兒撥雨撩雲 我便好意兒傳書寄
簡 不肯搜自己狂為 只待覓別人破綻
受艾焙我權時忍這番 暢好是
奸 對別人巧語花言 背地裡愁眉淚

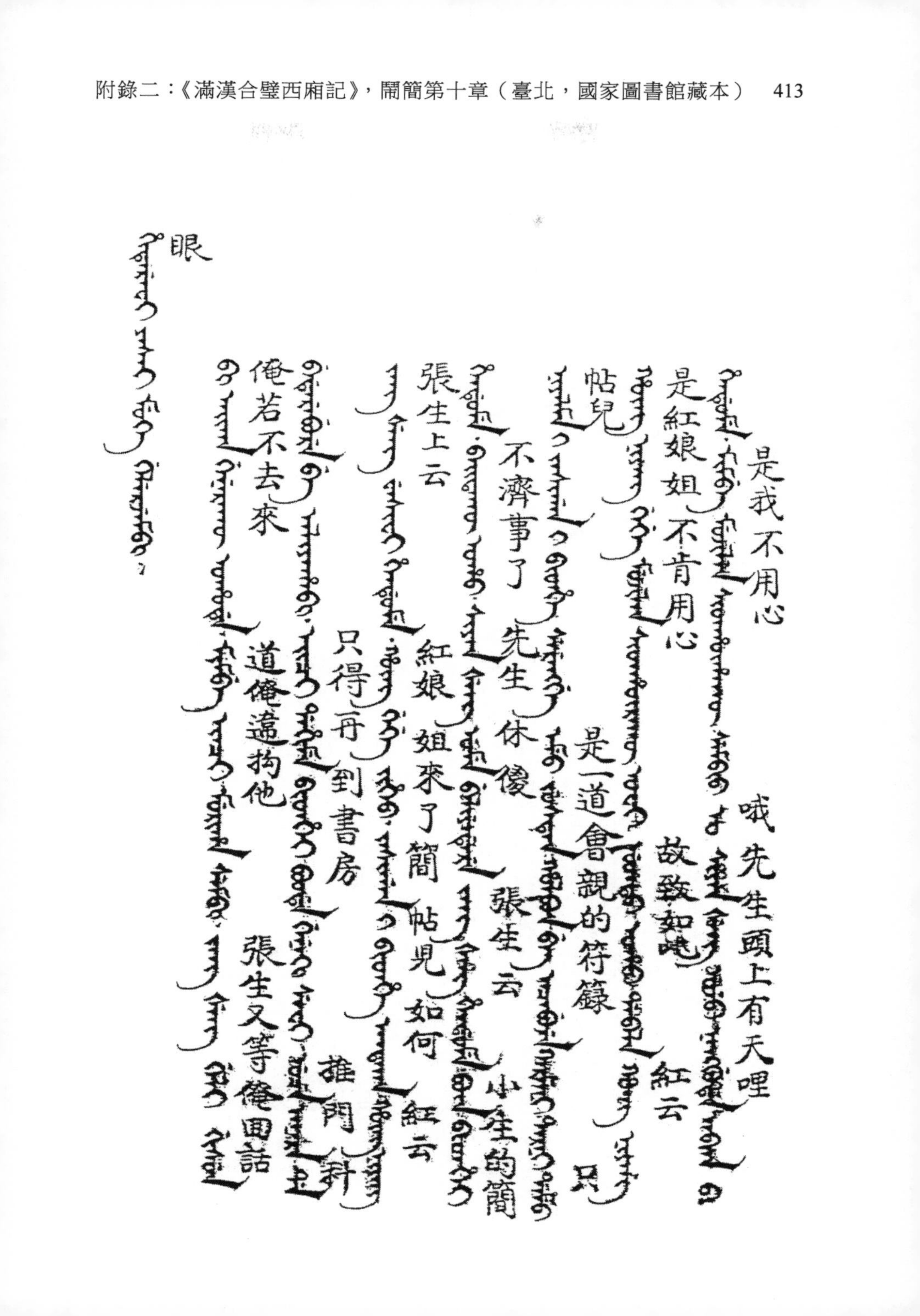

眼

俺若不去來　道俺違拗他　張生又等俺回話

只得再到書房　推門科

張生上云　紅娘姐來了　簡帖兒如何　紅云

不濟事了　先生休傻　張生云　小生的簡

帖兒　是一道會親的符籙　只

是紅娘姐不肯用心　故致如此　紅云

是我不用心　哦　先生頭上有天哩

上小樓

你那個簡帖裡面好聽也

這是先生命慳 不是紅娘違慢

那的做了你的招伏 他的勾頭 我的公案

若不覷面顏 厮顧盼擔饒輕慢 爭此兒

把奴拖犯

後

從今後我相會少 你見面難

月暗西廂 便如鳳去秦樓 雲斂巫山

你也赳 我也赳 請先生休訕 早尋個酒

闌人散

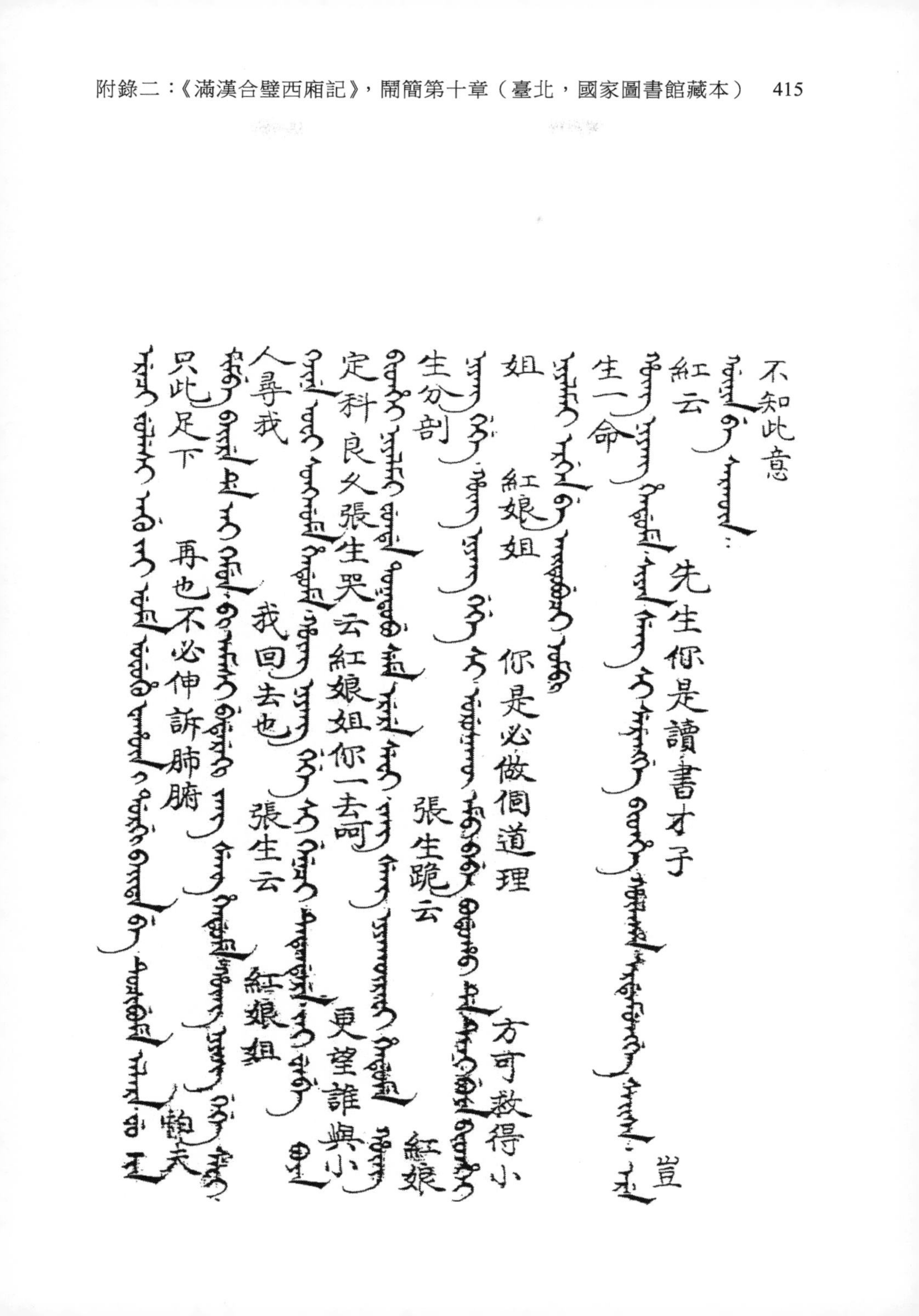

只此足下 再也不必伸訴肺腑 怕夫
人尋我 我回去也 張生云 紅娘姐
定科良久張生哭云紅娘姐你一去呵 更望誰與小
生分剖 張生跪云 紅娘
姐 紅娘姐 你是必做個道理 方可救得小
生一命
紅云 先生你是讀書才子 豈
不知此意

滿庭芳 你休要呆裡撒奸 你待要恩情美滿 苦教我
骨肉摧殘 他只少手掿棍兒摩娑看 我麁
麻線怎過針閑 定要我拄着拐幫閑鑽懶
縫合口 送煖偷寒 前已是踏着犯
張生跪不起哭云 小生更無別路
一條性命都只在紅娘姐身上 紅娘姐
我又禁不起你甜話兒熱趲 好教我左右做人難

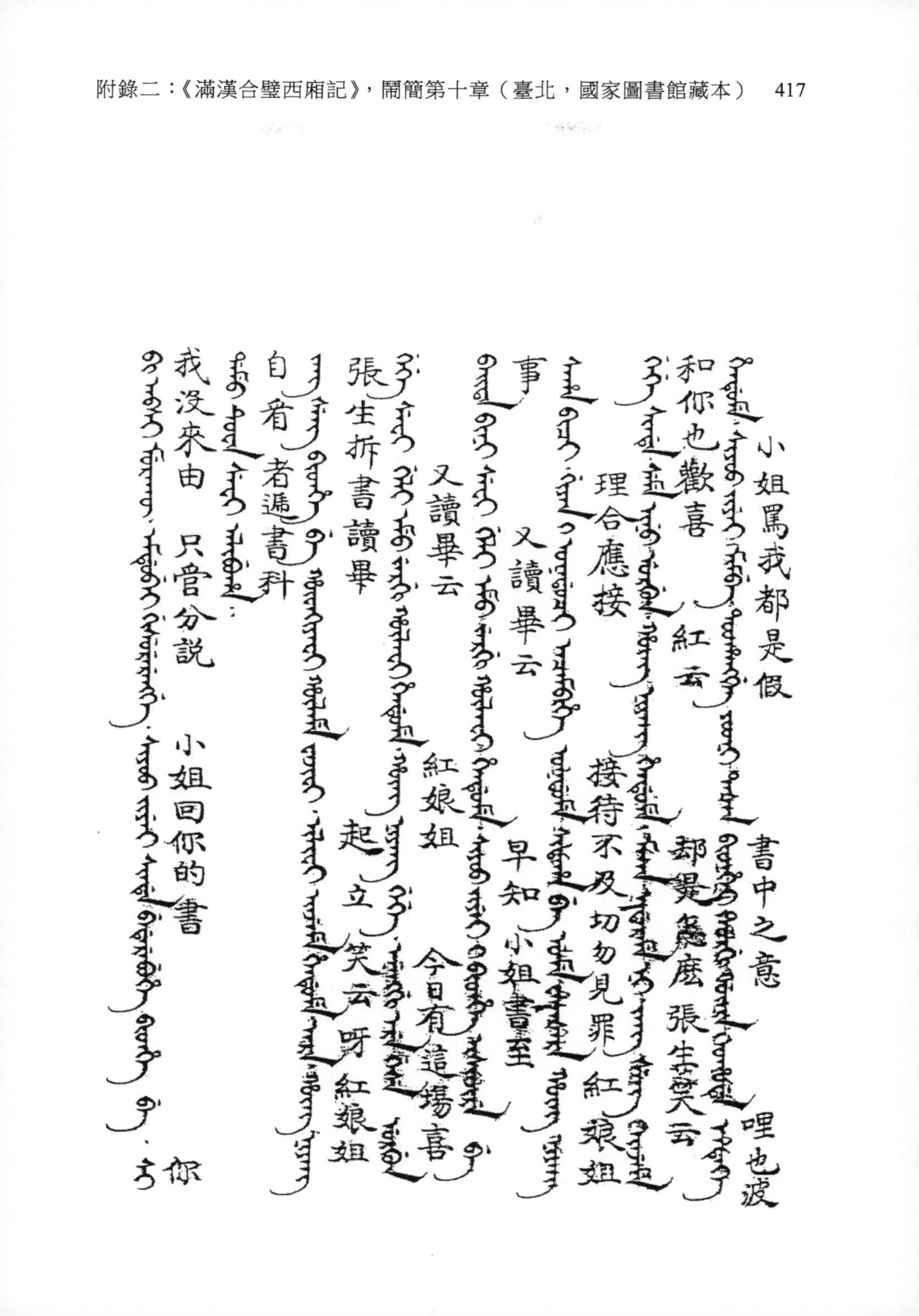

我沒來由　只管分說　小姐回你的書　你
自看　者遞書科
張生拆書讀畢　起立　笑云　呀　紅娘姐
又讀畢云　紅娘姐　今日有這場喜
事　又讀畢云　早知小姐書至
理合應接　接待不及　切勿見罪　紅娘姐
和你也歡喜　紅云　卻是為麼　張生笑云
小姐罵我都是假　書中之意　哩也波

妙也　待月西廂下　迎風户半開

你試讀與我聽　張生云　是五言詩四句哩

只不信　張生云　不信由你　紅云

云　紅娘姐你道相會怎麼哩　紅云　我

花園裡去相會　紅云　相會怎麼　張生笑

約你花園裡去怎麼　張生云　約我後

約我今夜花園裡去　紅云

哩也羅哩　紅云　怎麼　張生云　書中

拂墻花影動　疑是玉人來

紅娘姐你不信　紅云　此是怎麼解　張

生云　有甚麼解　紅云　我真個不解　張生云

我便解波　待月西廂下　着我待月西廂

來　迎風戶半開　他開門等

我　拂墻花影動　着我跳過墻來

疑是玉人來　這句無有解　是說我

至矣　紅云　真個如此解　張生云　不是

你看我小姐 原來在我行使乖道兒

紅娘姐好笑也 如今現在 紅怒云

張生又讀科 紅云 真個如此寫 張生笑云

定科良久

云 真個如此寫 張生云 現在 紅

何 浪子陸賈 不是這般解 怎解 紅

小生乃猜詩謎的杜家 風流隨

這般解 紅娘姐你來解 不敢欺 紅娘姐

至矣 紅云 真個如此解 張生云 不是
疑是玉人來 這句無有解 是說我
我 拂墻花影動 着我跳過墻來
來 迎風戶半開 他開門等
我便解波 待月西廂下 着我待月上而
生云 有甚麼解 紅云 我真個不解 張生云
紅娘姐你不信 紅云 此是怎麼解 張
拂墻花影動 疑是玉人來

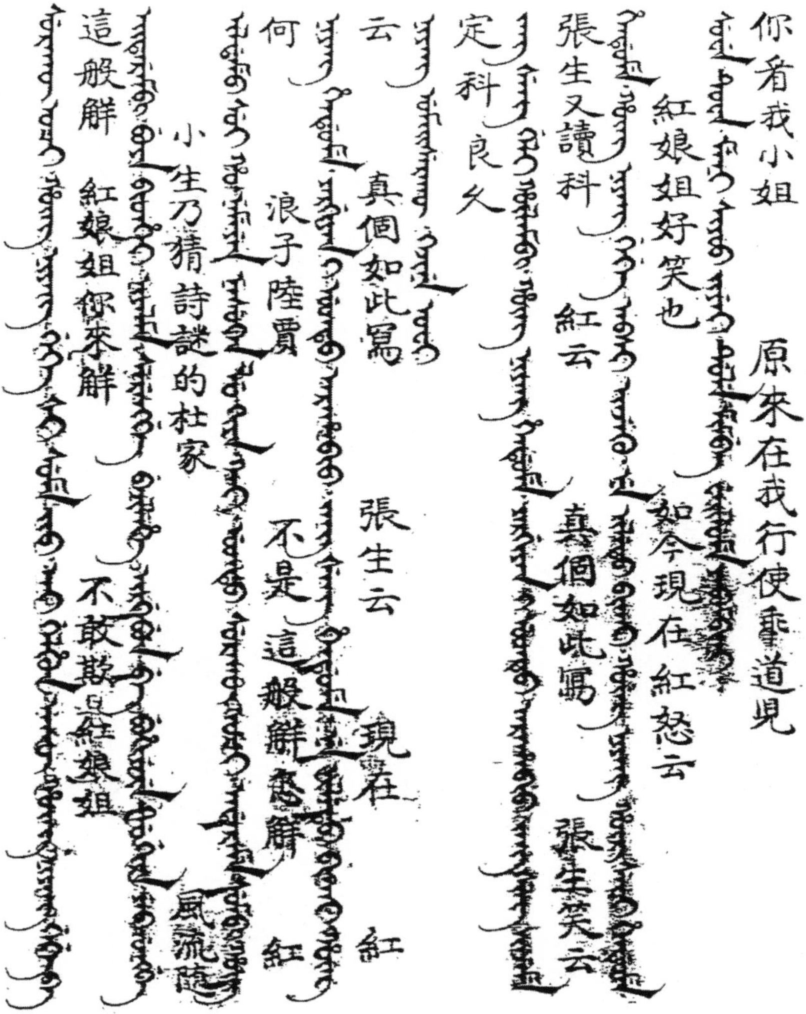

你看我小姐 原來在我行使乖道兒
紅娘姐好笑也 如今現在紅怒云
張生又讀科 紅云 真個如此寫 張生笑云
定科良久
云 真個如此寫 張生云 現在 紅
何 浪子陸賈 不是這般解 怎解 紅
小生乃猜詩謎的杜家 風流隨
這般解 紅娘姐你來解 不敢欺 是紅娘姐

紅猶濕

滿紙春愁墨未乾

行兒邊濕透非嬌汗

是他一緘情淚

紙光明玉板

字香噴麝蘭

四煞

中取靜

卻教我寄音書

忙裡偷閒

你赤緊將人謾

你要會雲雨鬧

原來五言包得三更棗

四向埋將九里山

小則小

心腸兒轉關

教你跳東牆女子邊干

耍孩兒

幾曾見寄書的顛倒瞞着魚雁

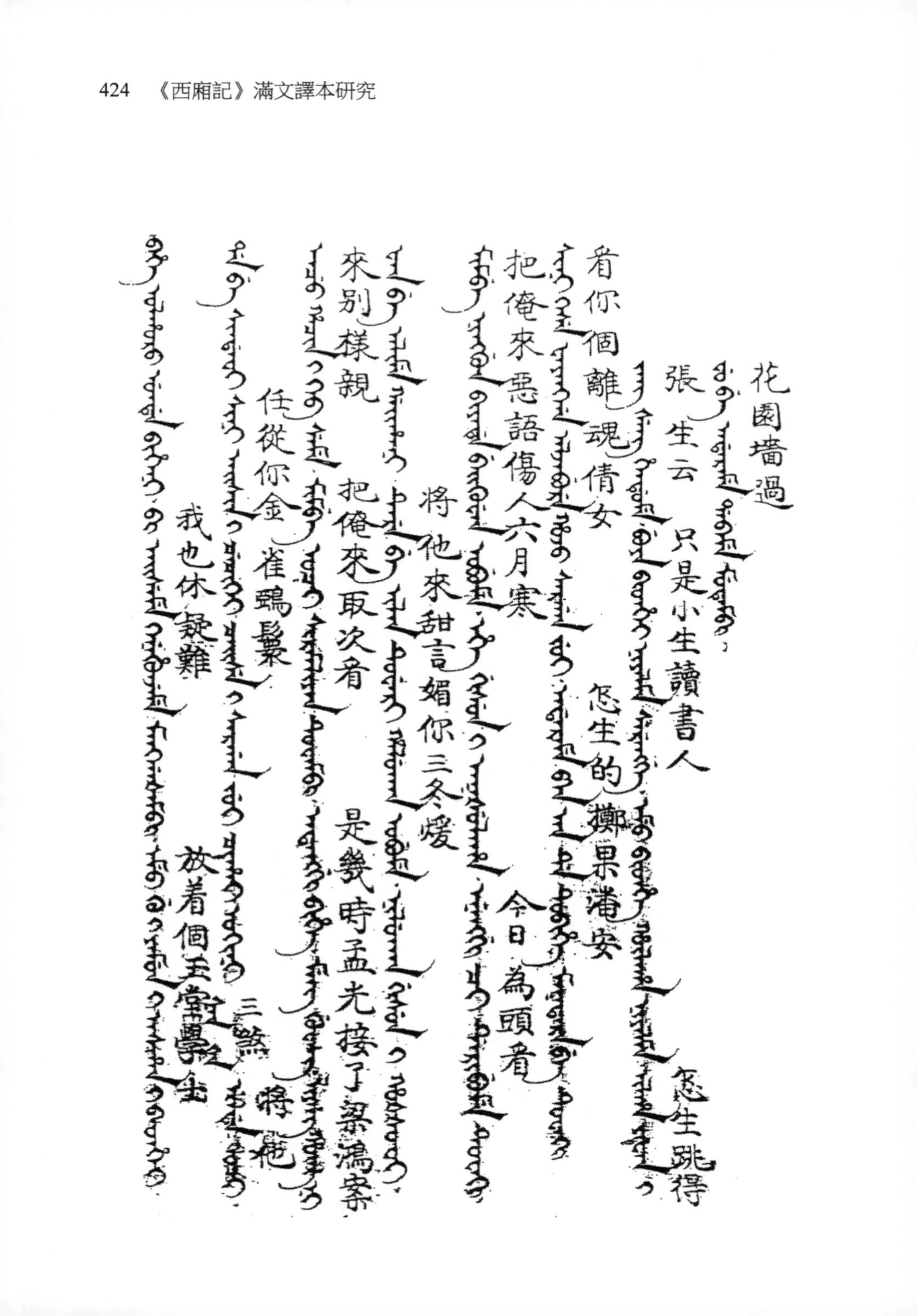

花園墻過

張生云 只是小生讀書人 怎生跳得

看你個離魂倩女 怎生的擲果潘安

把俺來惡語傷人六月寒 今日為頭看

將他來甜言媚你三冬煖

來別樣親 把俺來取次看 是幾時孟光接了梁鴻案

任從你金雀鴉鬢 三煞 將[illegible]

我也休疑難 放着個玉堂學士

二煞　拂墻花又低　迎風户半拴　偷香手段

今番按　你怕墻高　怎把龍門跳　嫌花密

難將神　桂攀　疾忙去休辭憚

他望穿了盈盈秋水　蹙損了淡淡春山

張生云　小生曾見花園　已經兩遭

尾聲　雖是去兩遭　敢不如這番　你當初隔牆酬

和　都胡侃　證果是他　今朝這一簡

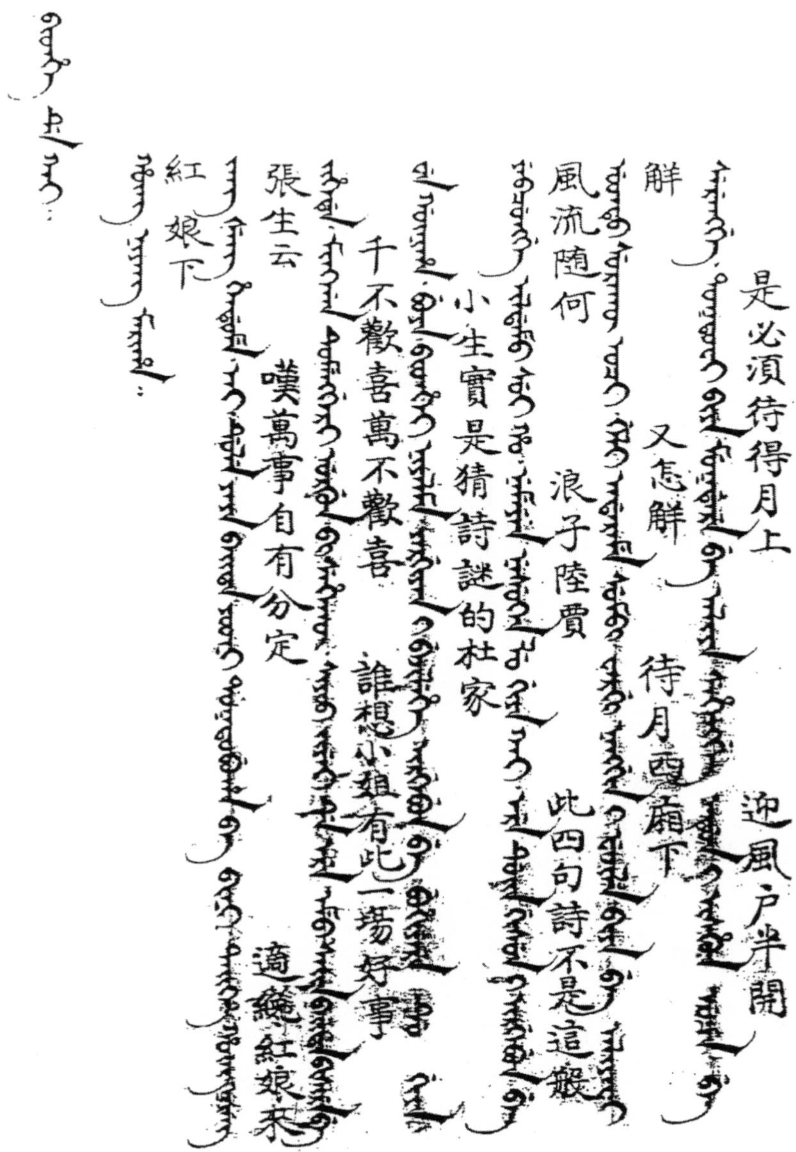

紅娘下

張生云 嘆萬事自有分定 適纔紅娘來

千不歡喜萬不歡喜 誰想小姐有此一場好事

小生實是猜詩謎的杜家

風流隨何 浪子陸賈 此四句詩不是這般

解 又怎解 待月西廂下

是必須待得月上 迎風户半開

呀　纔向午也　再等一等　又看

碧甃花有約　鰾膠黏了又生根

不覺開西立又昏　今日

爭此一日　疾下去波　快書快友快談論

百般的難晚　天那你有萬物於人　倒苦

方好去　今日這頹天　偏

疑是玉人來　牆上有花影　注

門方開了　拂牆花影動

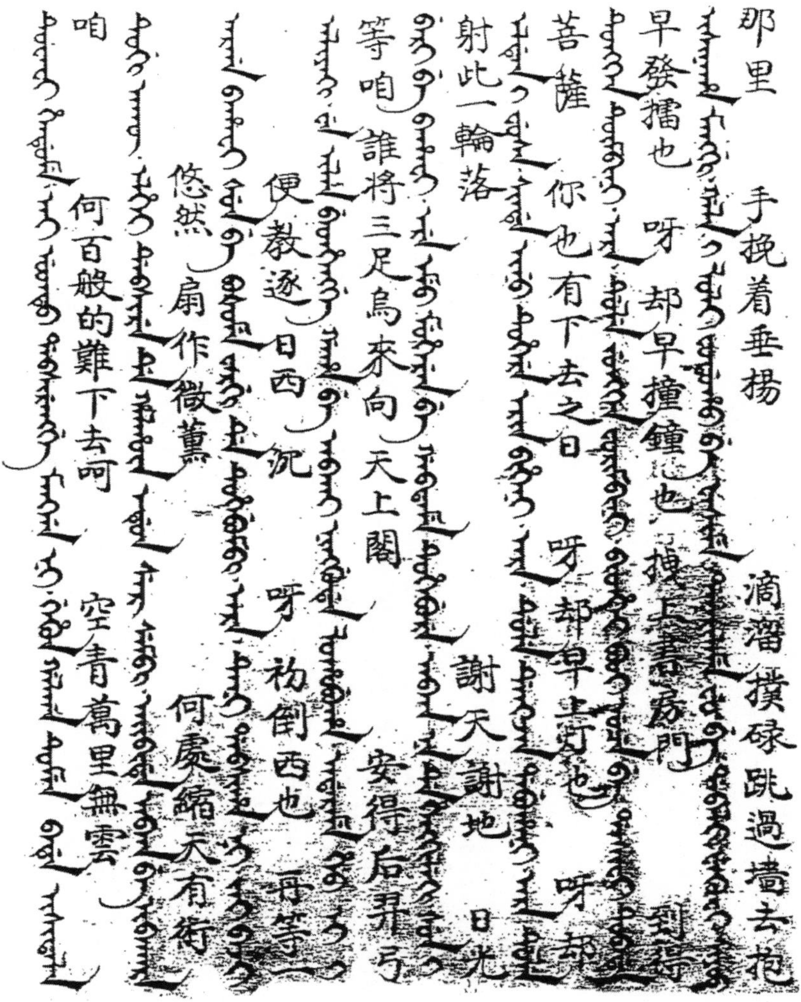
那里　手挽着垂楊　滴溜撲碌跳過墻去抱
早發擂也　呀　却早撞鐘也　拽上書房門　到得
菩薩　你也有下去之日　呀　却早亭午也　呀　却
射此一輪落　謝天謝地　日光
等咱　誰將三足烏來向天上閣　安得后羿弓
便教逐日西沉　呀　祝倒西也　再等一
悠然　扇作微薰　何處縮天有術
咱　何百般的難下去呵　空青萬里無雲

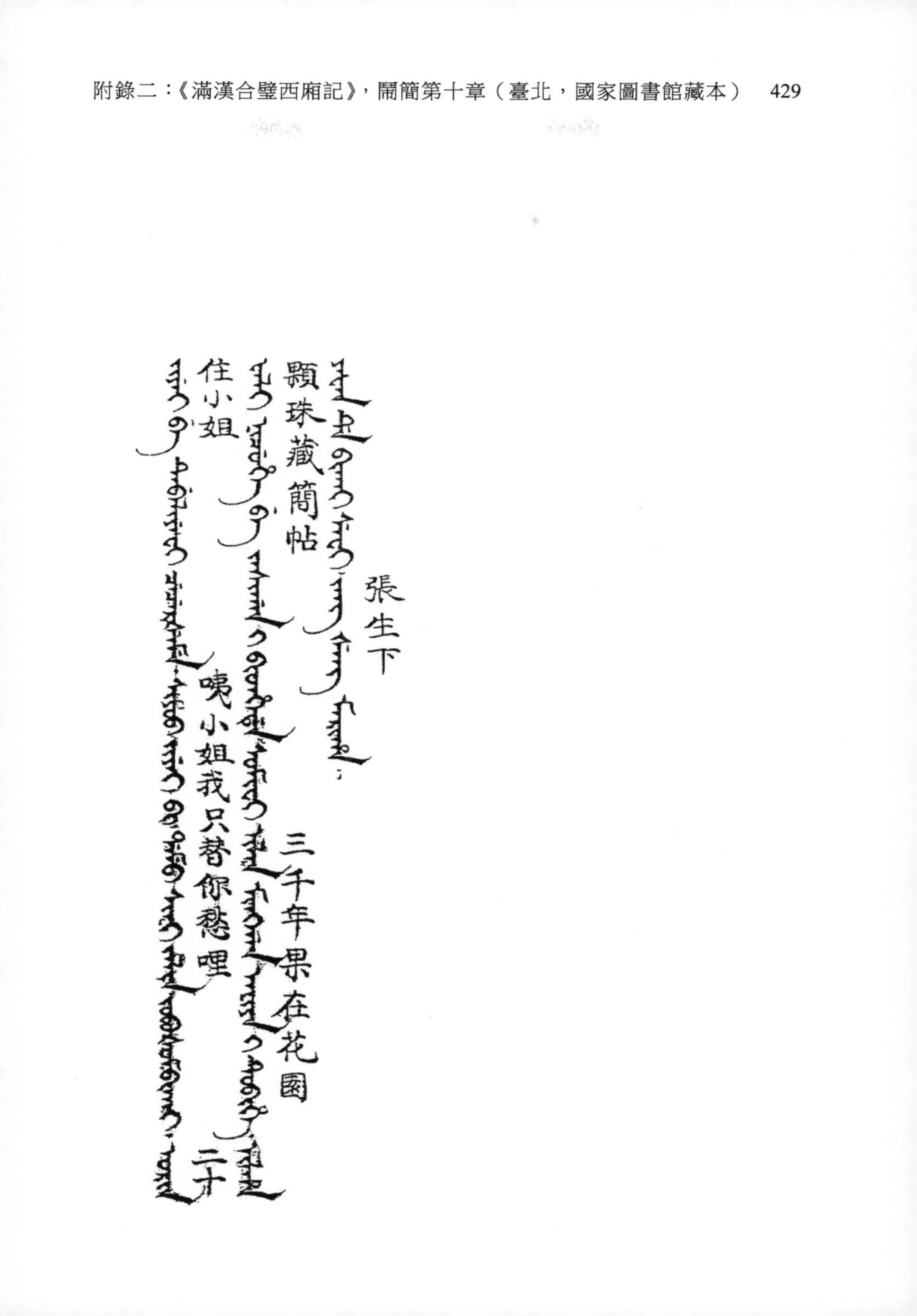

張生下

顆珠藏簡帖

三千年果在花園

住小姐

噯小姐我只替你愁哩

二十

附錄三：《滿漢合璧西廂記》，鬧簡第十章

（烏魯木齊，新疆人民出版社，1991 年 5 月）

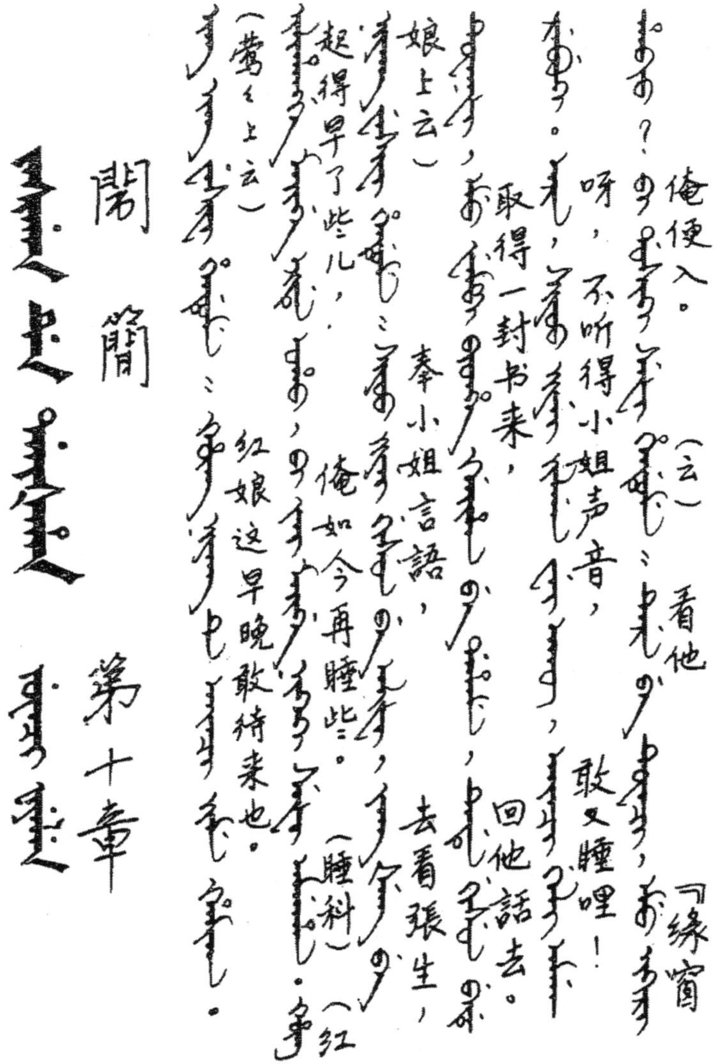

鬧簡
第十章
（鶯鶯上云）紅娘这早晚敢待来也。
起得早了些儿，俺如今再睡些。（睡科）（紅
娘上云）奉小姐言語，去看張生，
取得一封书来，回他話去。
呀，不听得小姐声音，敢又睡哩！
俺便入。（云）看他「綠窗

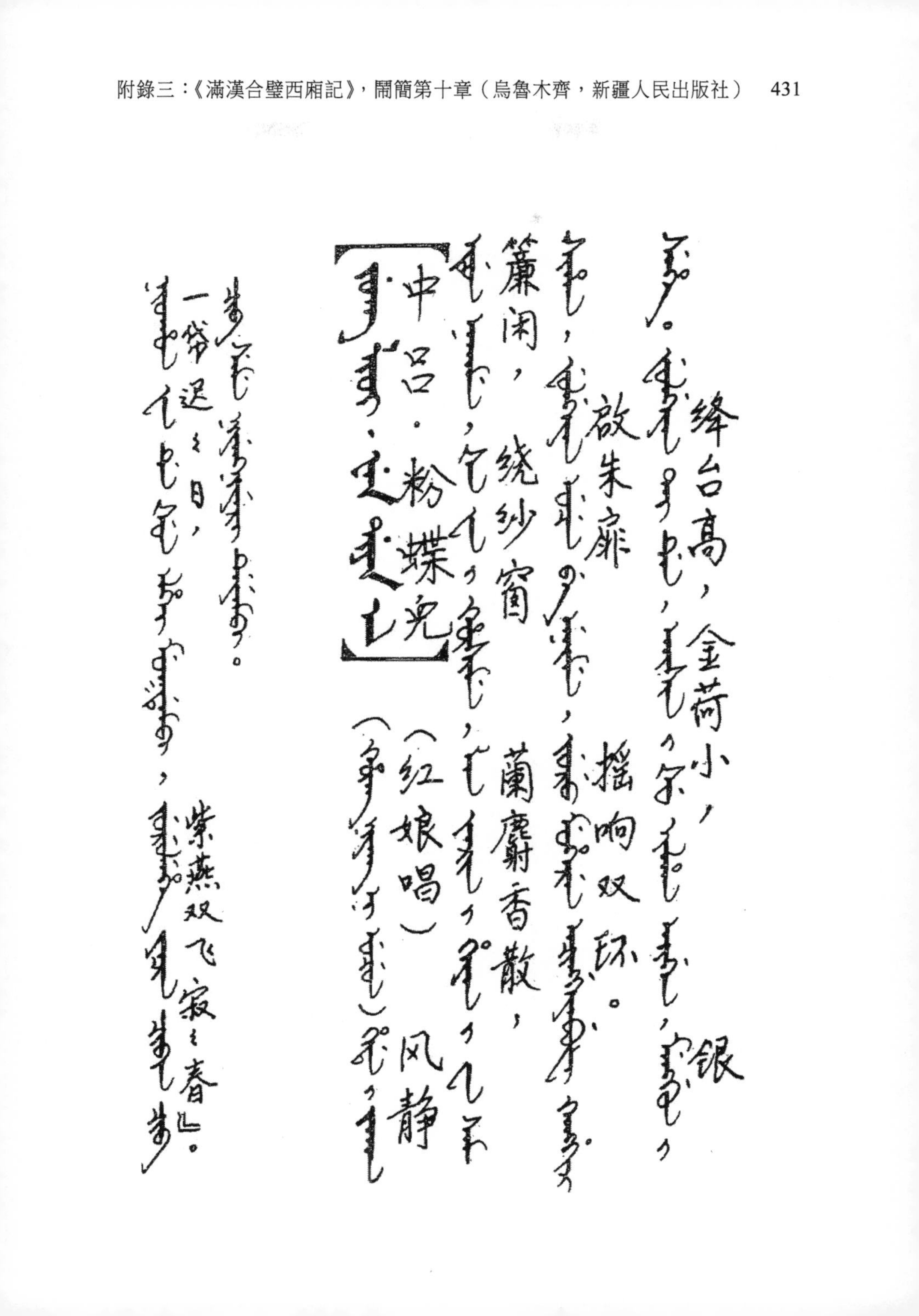

一帘迟々日，紫燕双飞寂々春。

【中吕·粉蝶儿】（红娘唱）风静

簾闲，绕纱窗蘭麝香散，

啟朱扉摇响双环。

绛台高，金荷小，银

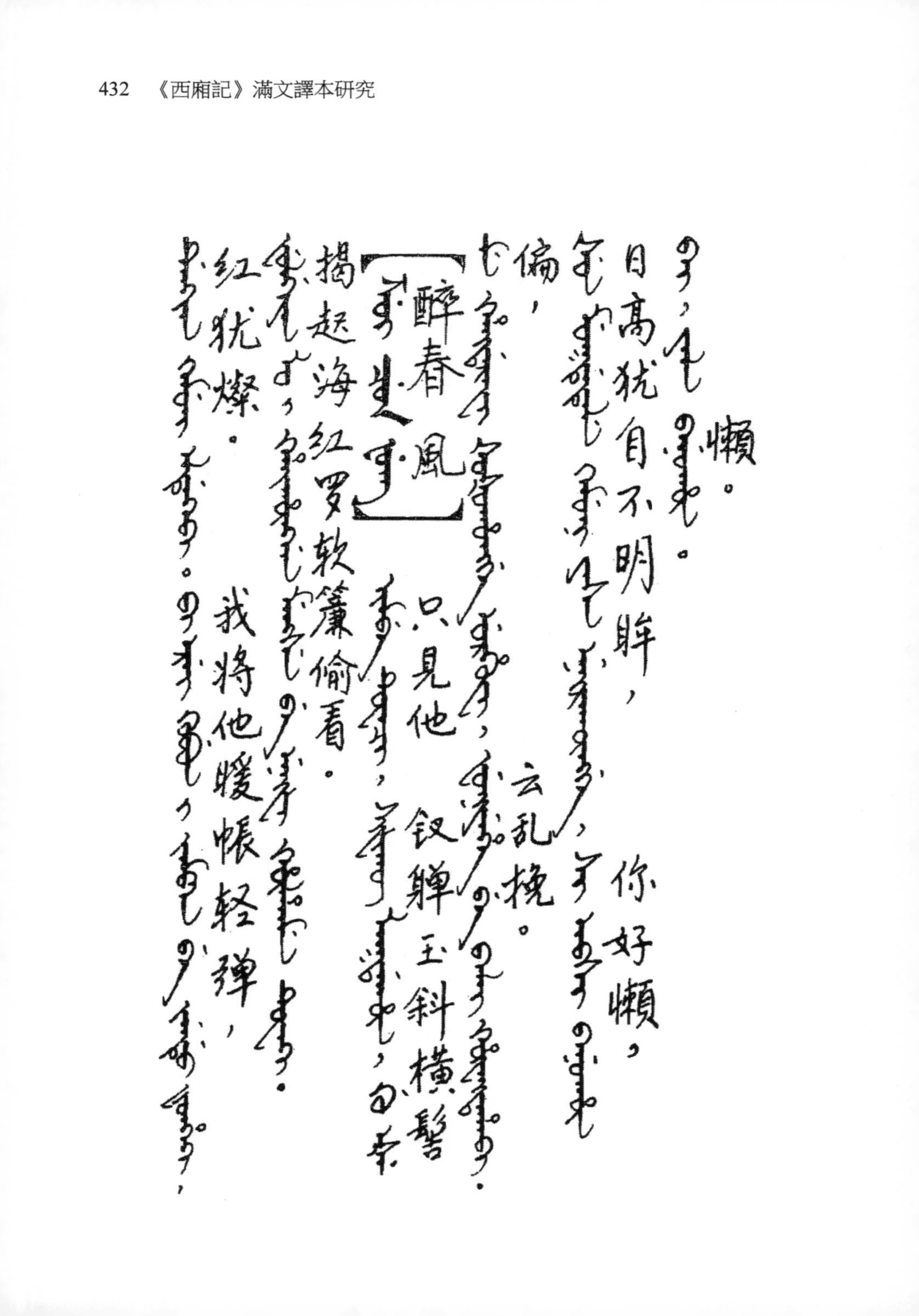

紅犹燦。我將他暖帳輕彈，

揭起海紅罗軟簾偷看。

【醉春風】只見他釵軃玉斜橫，髻偏，云乱挽。

日高犹自不明眸，你好懶，

懶。

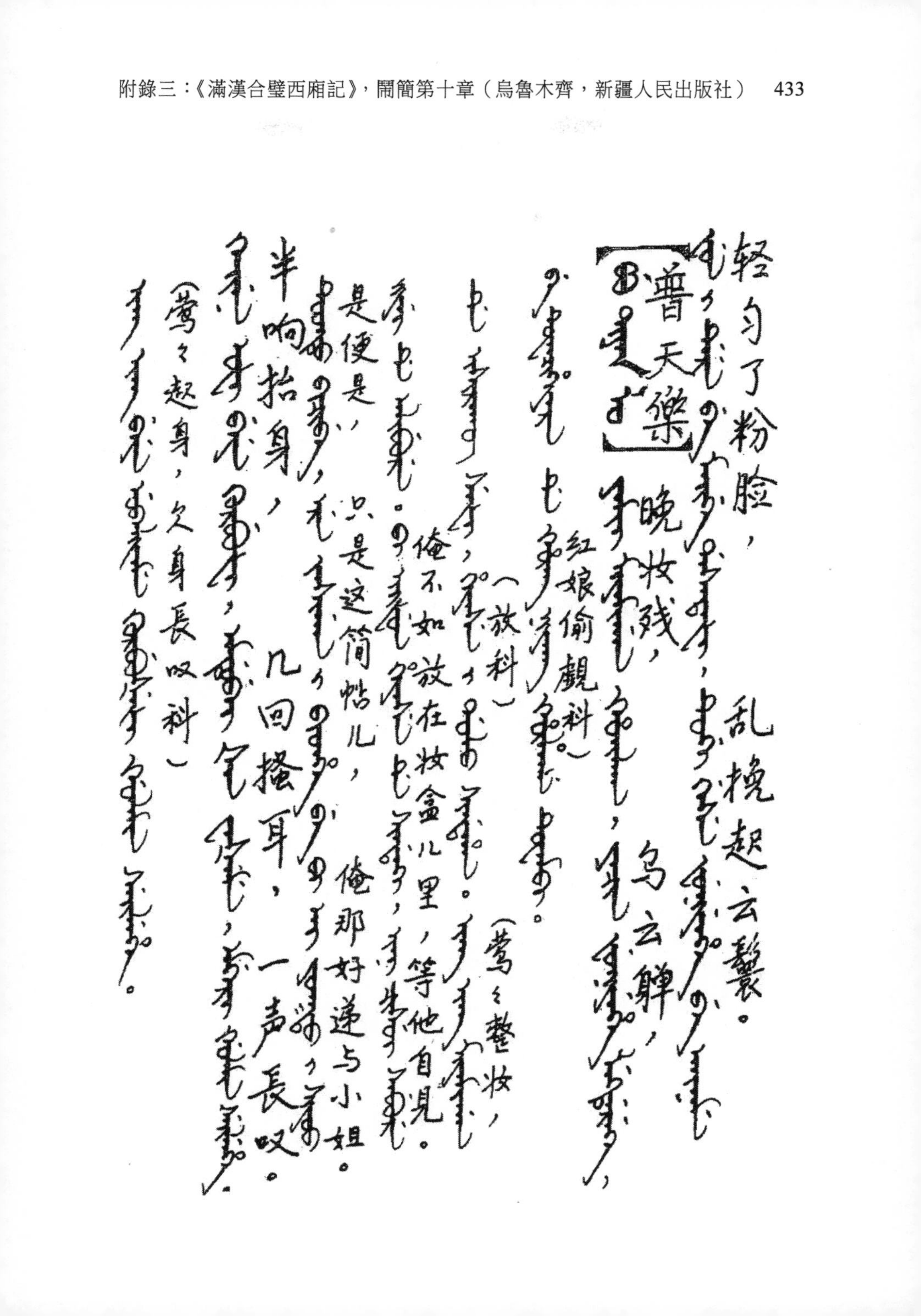

轻匀了粉脸，乱挽起云鬟。

【普天樂】晚妆残，乌云亸，

红娘偷覷科）

（放科）（莺々整妆，

俺不如放在妆盒儿里，等他自見。

是便是，只是这简帖儿，俺那好递与小姐。

半晌抬身，几回搔耳，一声長叹。

（莺々起身，久身長叹科）

將簡帖儿拈，把妝盒儿按，

拆開封皮孜々看，顛來倒去不

害心煩。只見他俺厭的扢皺了黛眉，

忽的低垂了粉頸，氳的呵改變

了朱顏。

（紅做意科云）呀，決撒了也！（鶯々

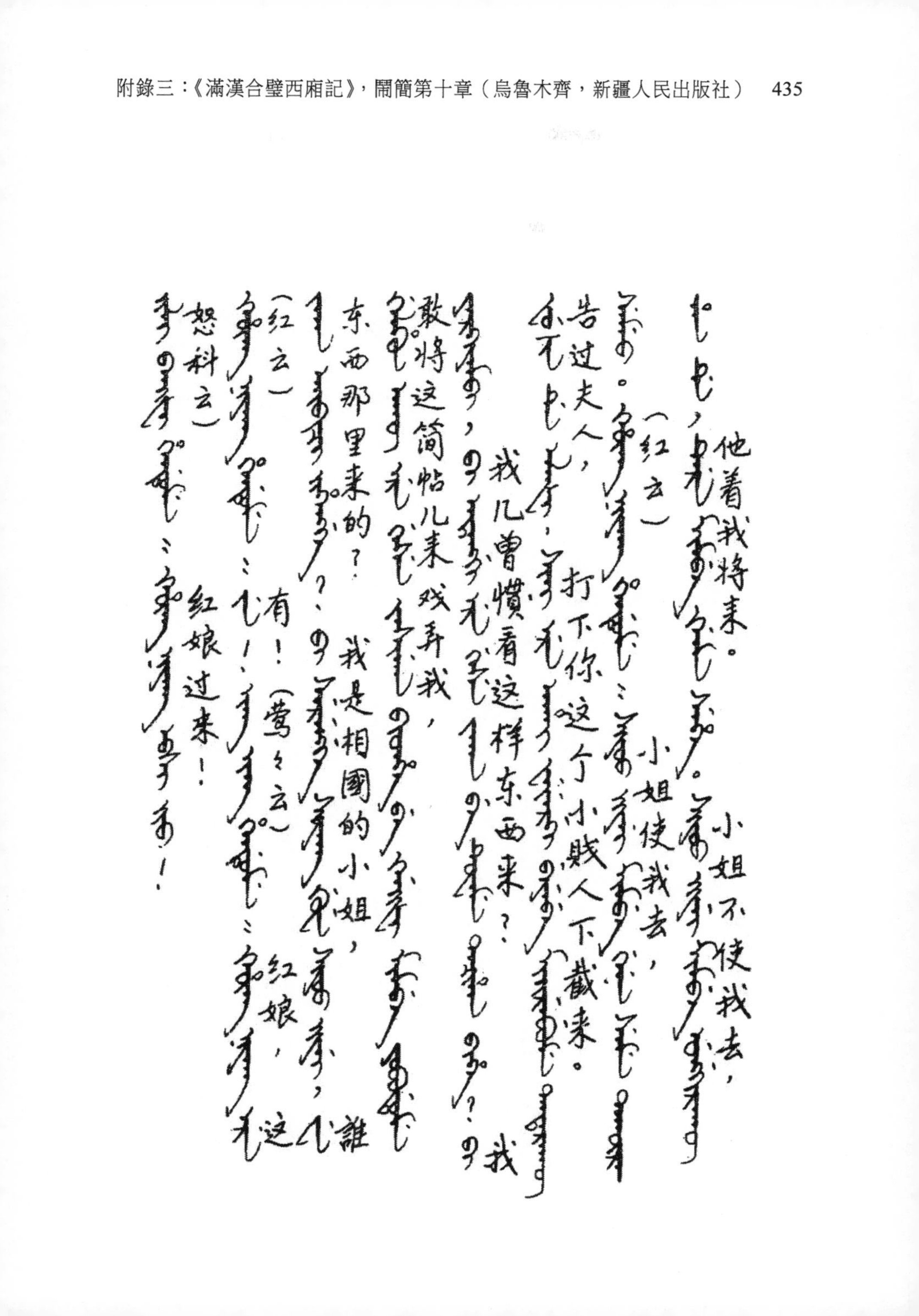

怒科云） 红娘过来！

（红云） 有！（莺々云） 红娘，这

东西那里来的？ 我是相国的小姐， 谁

敢将这简帖儿来戏弄我，

我几曾惯看这样东西来？ 我

告过夫人，打下你这个小贱人下截来。

（红云） 小姐使我去，

他着我将来。小姐不使我去，

我將這簡帖儿先到夫人行出首去。

小姐休閙，比及你对夫人説呵，

你不慣誰曾慣？

由把我摧残。教别人顛倒恶心煩，

【快活三】分明是你过犯，没来

不識字，知他写的是些甚么？

我敢问他討来？ 我又

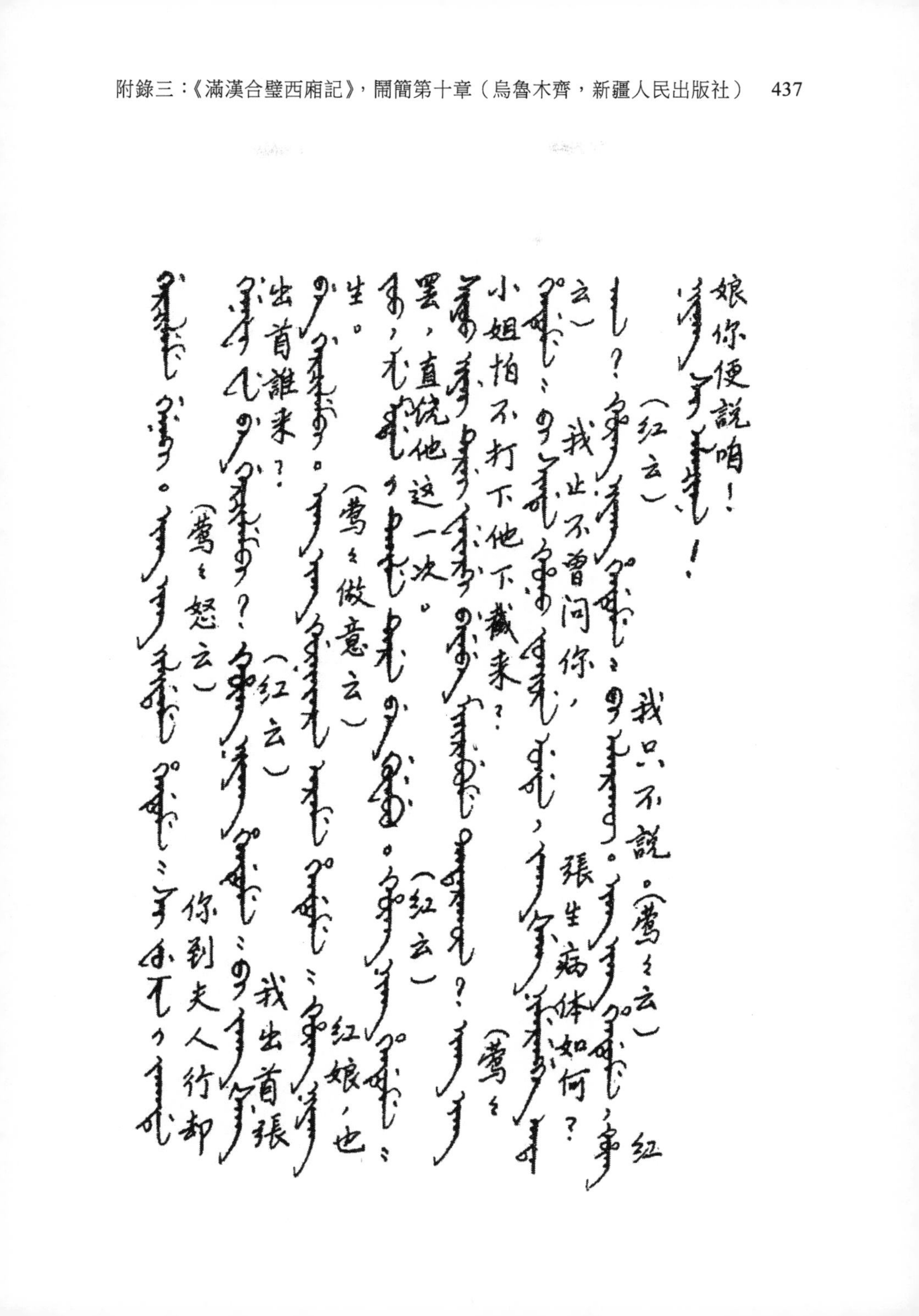

娘你便說咱！

（紅云） 我只不說。（鶯々云） 紅

云） 我止不曾问你， 張生病体如何？

小姐怕不打下他下截来？ （鶯々

罢，直饶他这一次。 （紅云）

生。 （鶯々做意云） 紅娘，也

出首誰来？ （紅云） 我出首張

（鶯々怒云） 你到夫人行却

餐。黃昏清旦，望东

我是曉夜將佳期盼，廢寢忘

（紅云）他也无甚証候！他自家說来：

（鶯々云）請一位好太医看他証候咱。

不思量茶飯，怕見动弹。

【朝天子】近间面顏瘦得实难看，

墙淹泪眼。我这患病要安，

只除是出突风流汗。

（鶯々云）紅娘，早是你口穩来，

若別人知道呵，成何家法。今后他这

般的言語，你再也休題。我和張生，

只是兄妹之情，有何別事。（紅云）

是好話也呵！

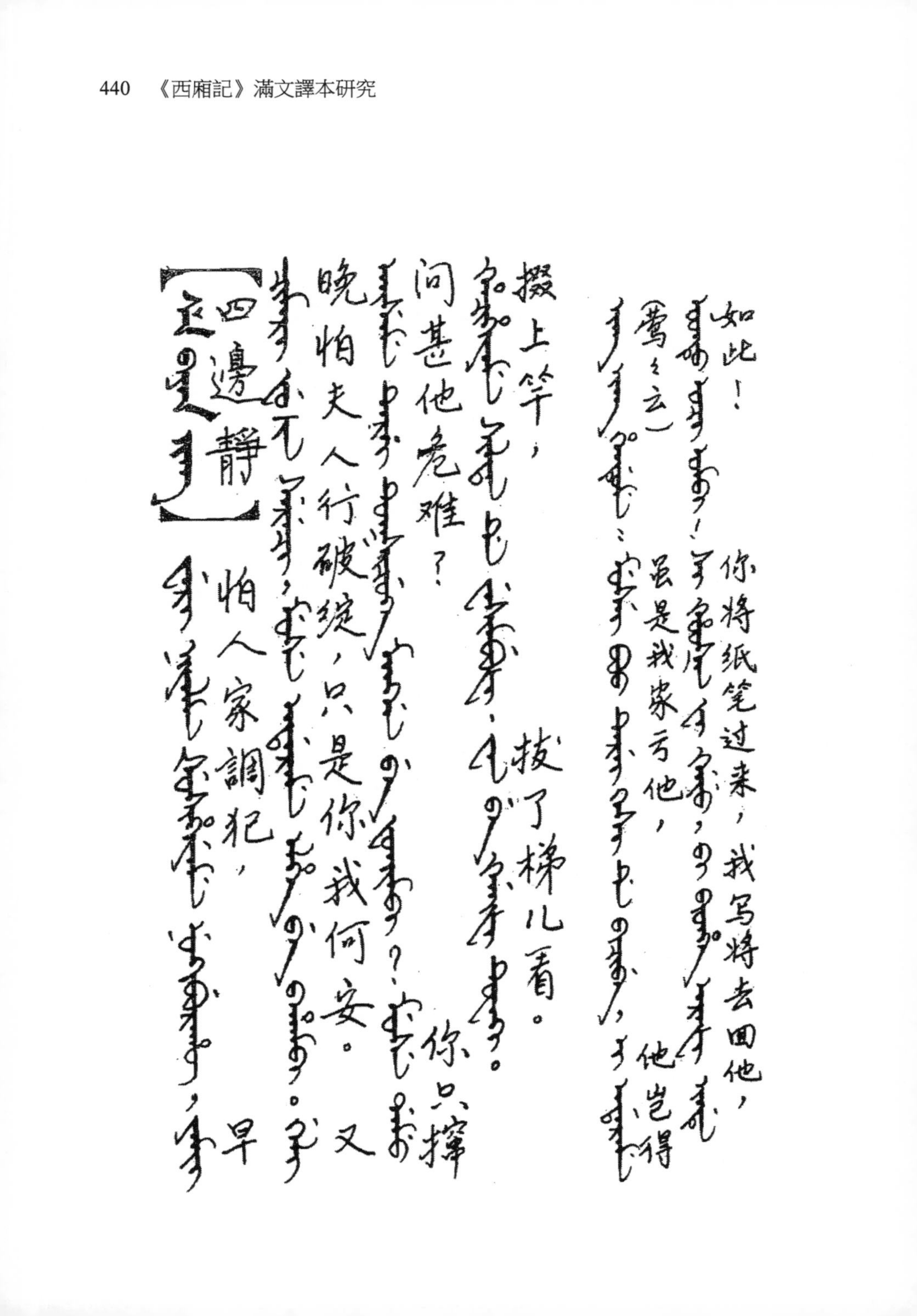

如此！ 你将纸笔过来，我写将去回他，

(莺々云) 岂是我家亏他， 他岂得

掇上竿， 拔了梯儿看。

问甚他危难？ 你只撺

晚怕夫人行破绽，只是你我何安。 又

【四边静】 怕人家调犯， 早

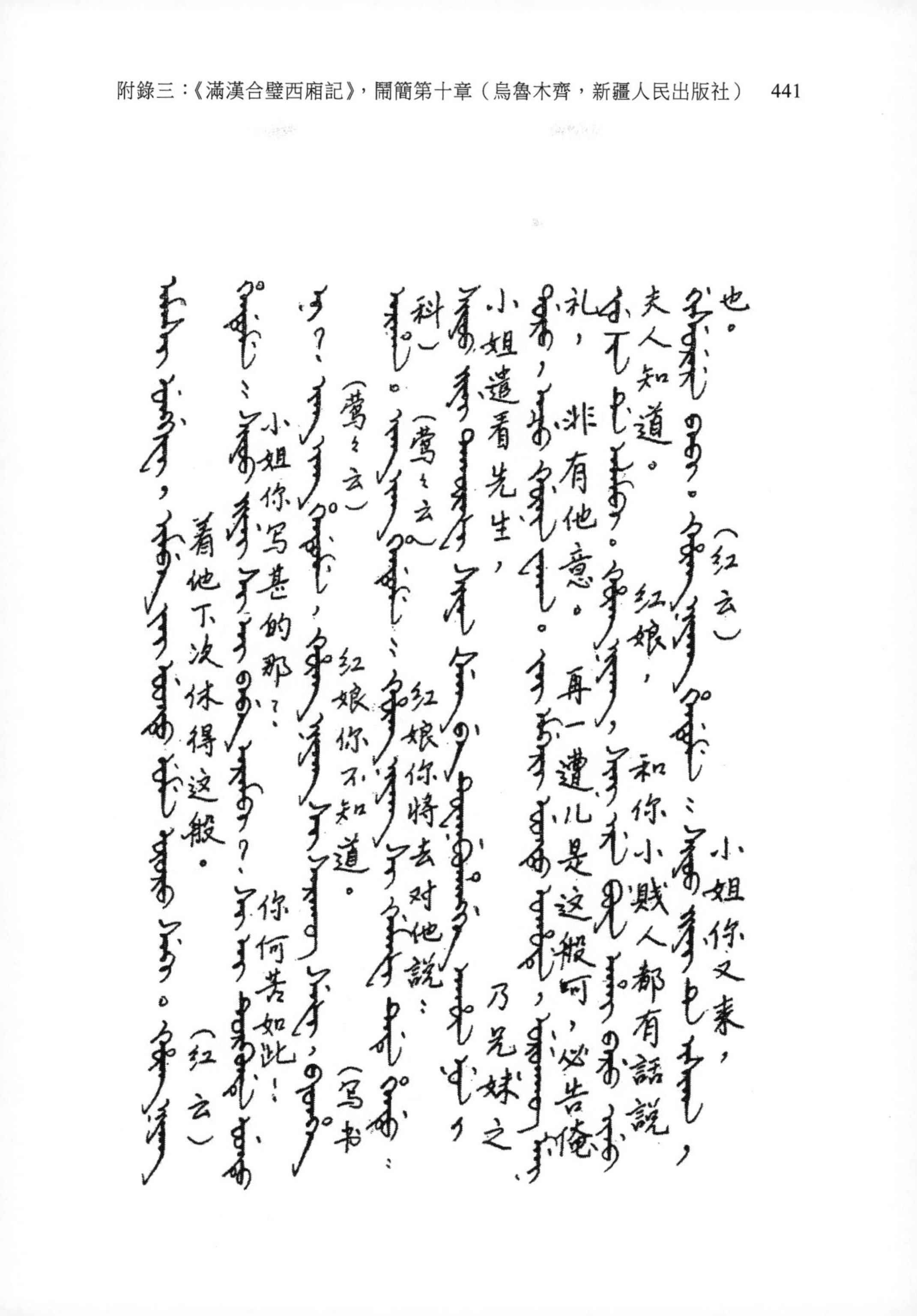

也。　（红云）　小姐你又来，

夫人知道。　红娘，　和你小賤人都有話說

礼，　非有他意。　再一遭儿是这般呵，必告俺

小姐遣看先生，　乃兄妹之

科）　（莺々云　红娘你将去对他說：

（莺々云）　红娘你不知道。　（写书

小姐你写甚的那々，　你何苦如此！

着他下次休得这般。　（红云）

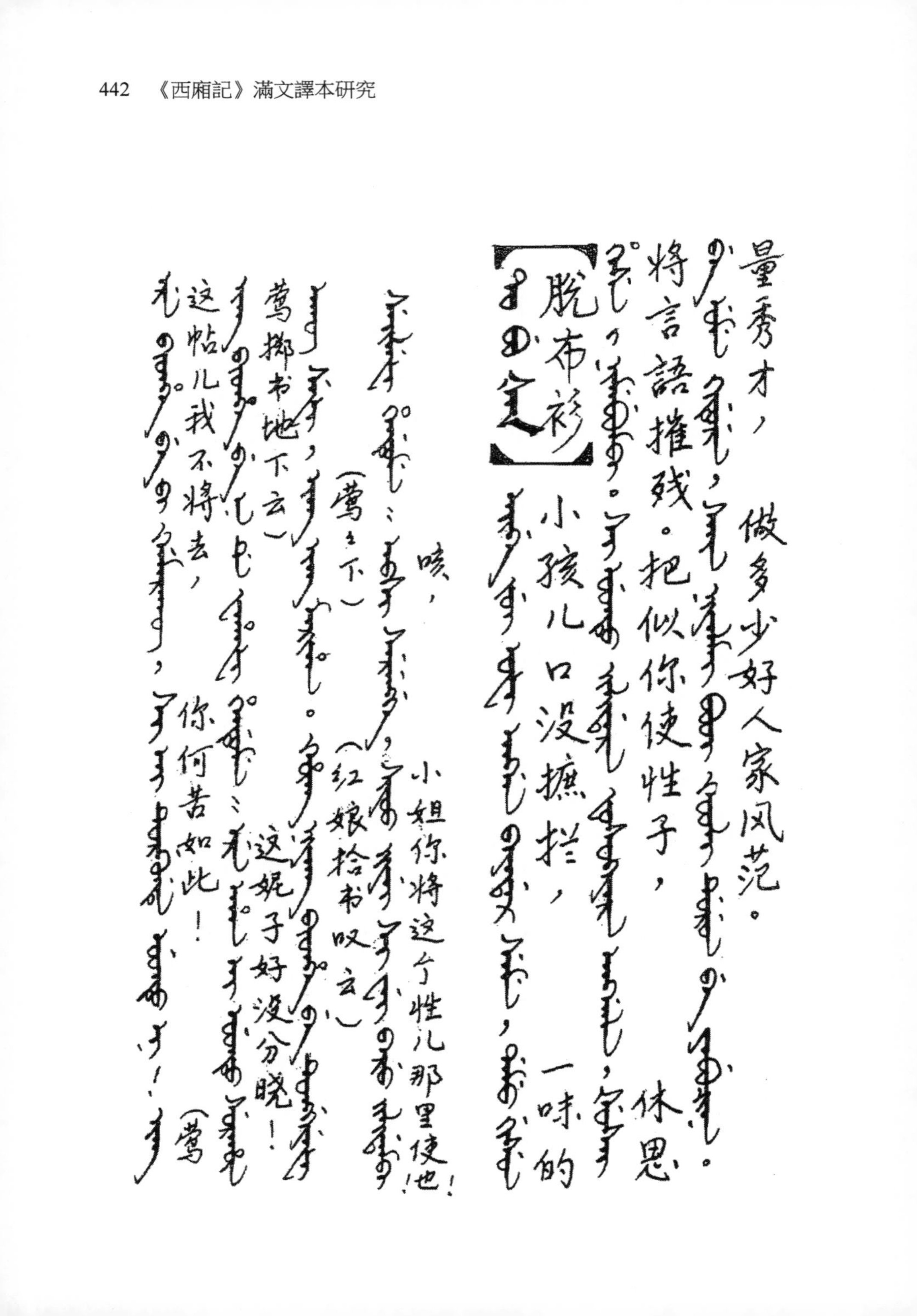

量秀才，做多少好人家风范。

将言語摧残。把似你使性子，休思

【脱布衫】小孩儿口没揸拦，一味的

咳，小姐你将这个性儿那里使也！

(莺土下)（红娘拾书叹云）

莺掷书地下云）这妮子好没分晓！

这帖儿我不将去，你何苦如此！(莺

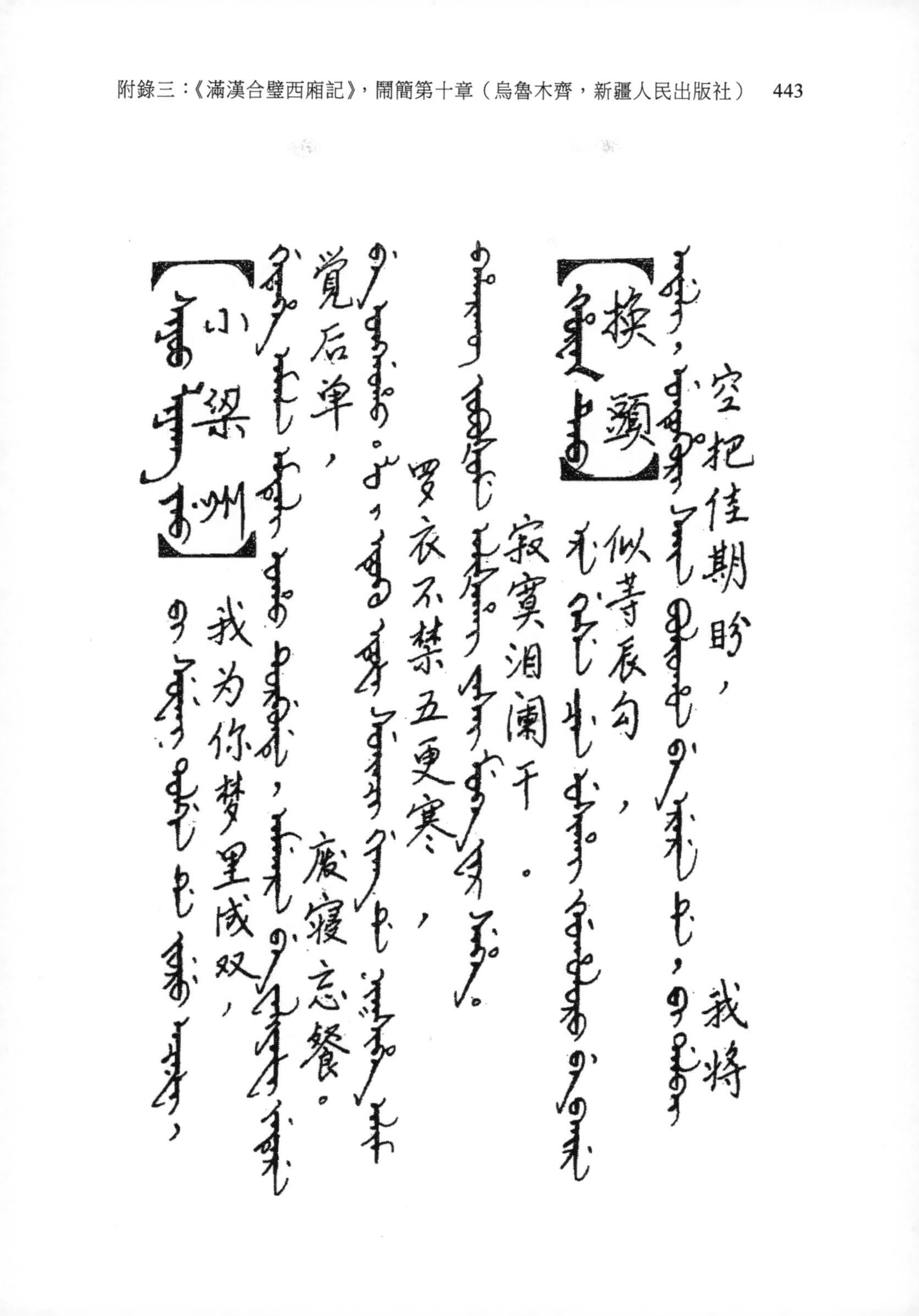

空把佳期盼，我將

【換頭】

似等辰勾，

寂寞泪闌干。

罗衣不禁五更寒，

覺后单，廢寢忘餐。

我为你梦里成双，

【小梁州】

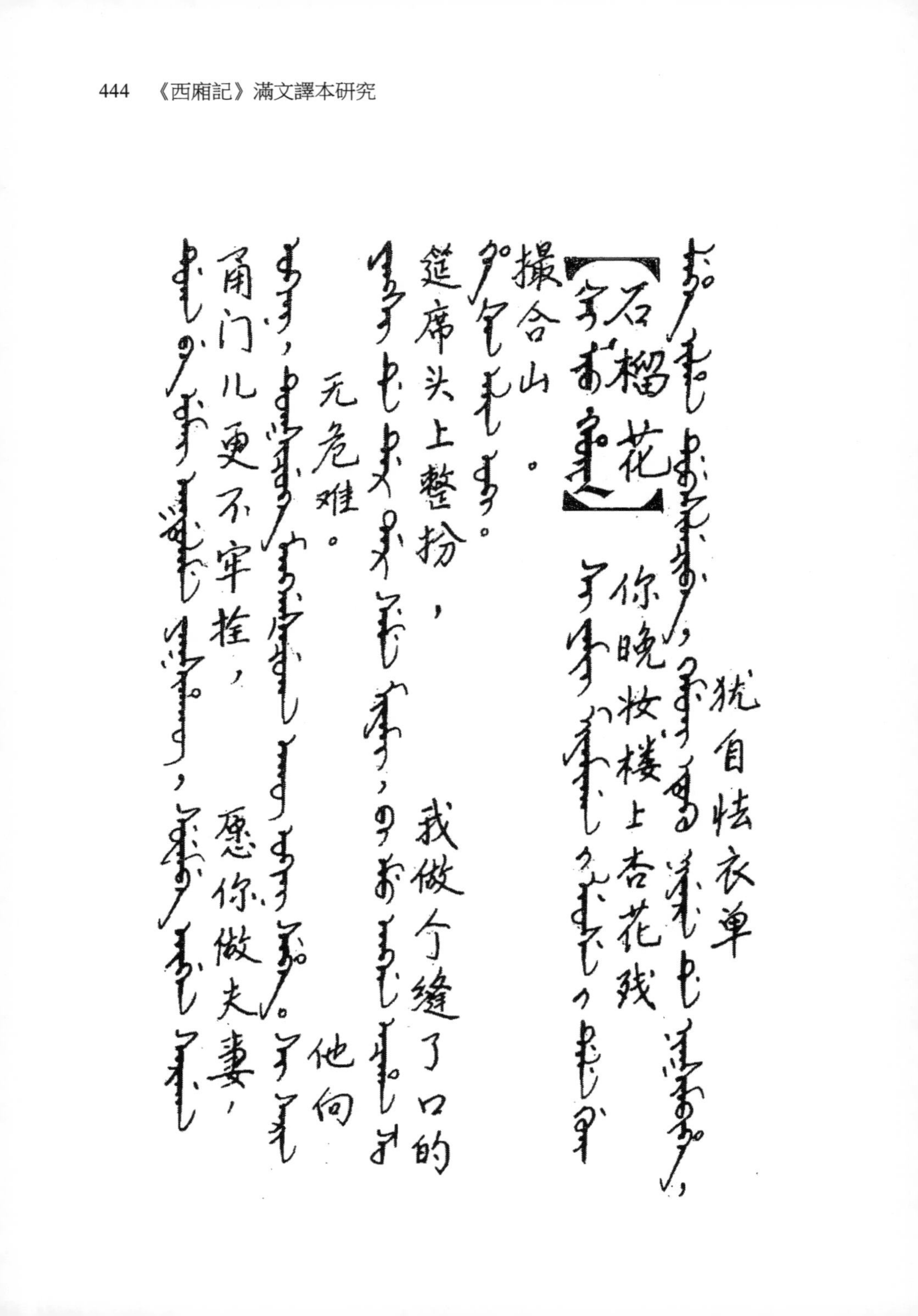

犹自怯衣单

【石榴花】你晚妆楼上杏花残

撮合山。

筵席头上整扮，我做个缝了口的

无危难。 他向

角门儿更不牢拴，愿你做夫妻，

那一夜听琴時，
露重月明间，
為甚向晚不怕春寒，
几乎險被先生饌，
那其间岂不胡顏。
為他不酸不醋风流汉，
隔窗儿險化做望夫山。

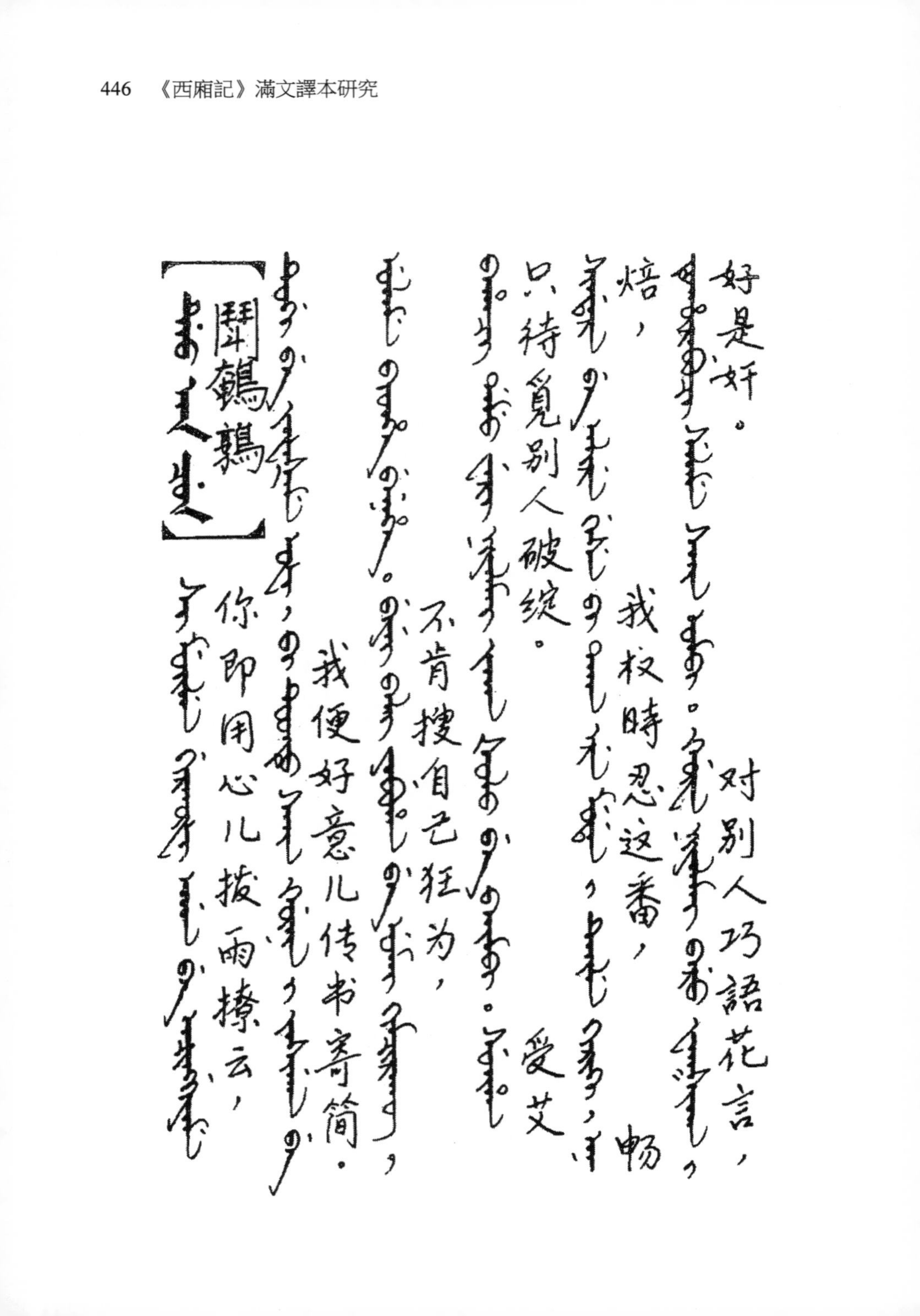

【鬪鵪鶉】

你即用心儿拨雨撩云，我便好意儿传书寄简。不肯搜自己狂為，只待覓别人破綻。受艾焙，我权時忍这番，暢好是奸。对别人巧語花言，

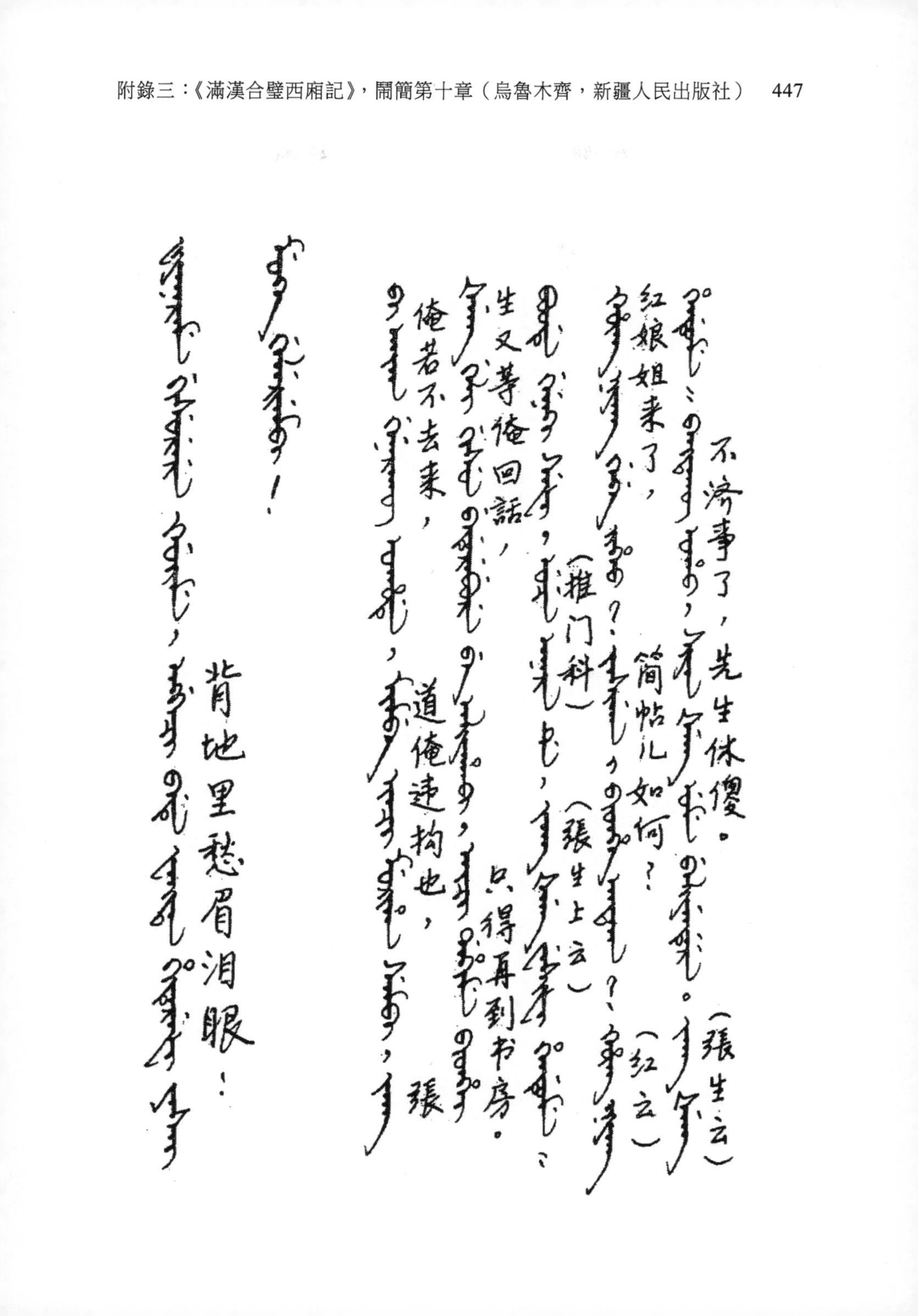

背地里愁眉泪眼：

俺若不去來，道俺違拘也，張

生又等俺回話，只得再到书房。

（推门科）（張生上云）

紅娘姐來了，

簡帖儿如何？（紅云）

不濟事了，先生休傻。（張生云）

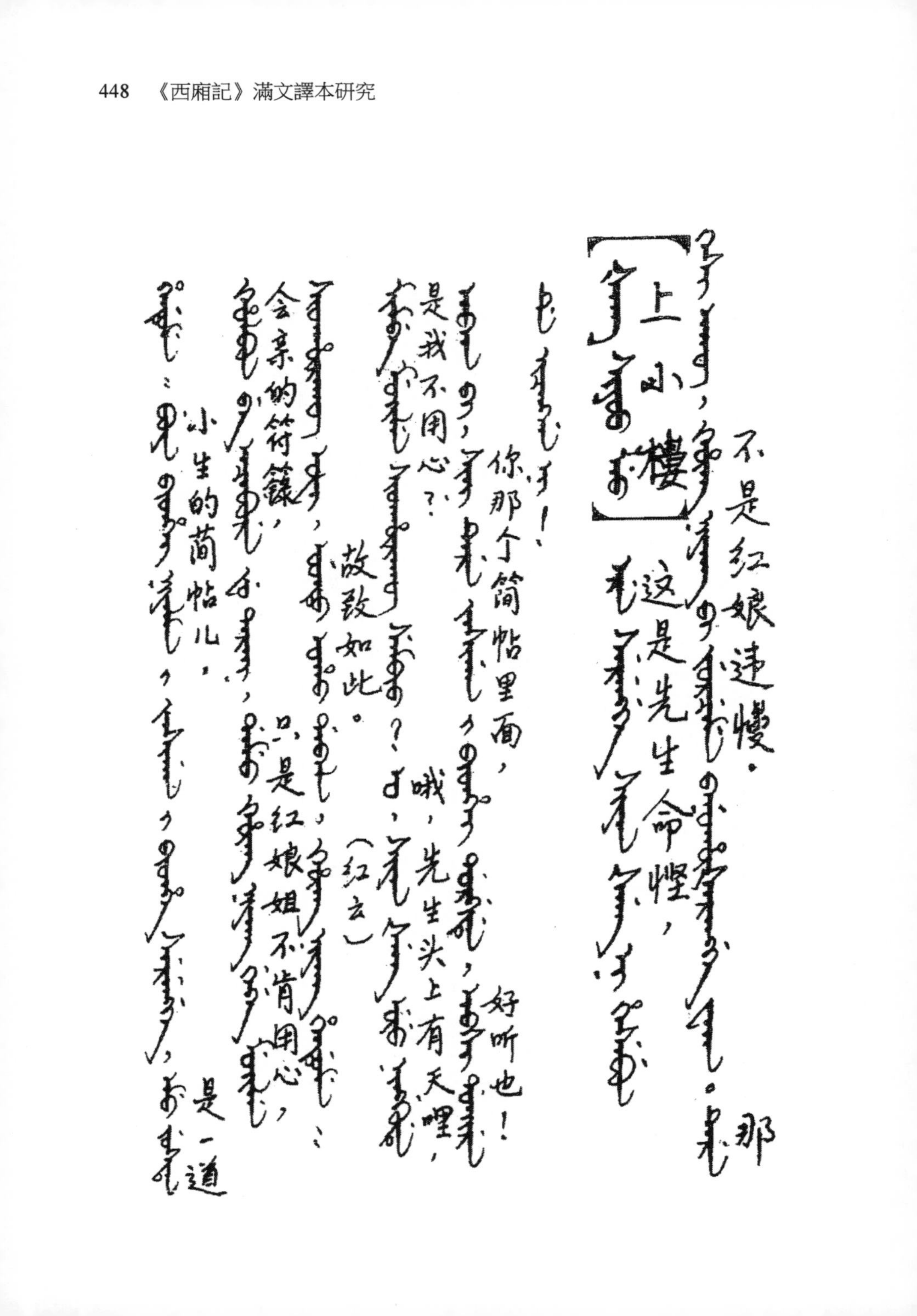

不是紅娘違慢。那

【上小樓】这是先生命慳，

！

你那个簡帖里面，好听也！

是我不用心？哦，先生头上有天哩，

故致如此。（紅云）

会亲的符籙，只是紅娘姐不肯用心，

小生的简帖儿，是一道

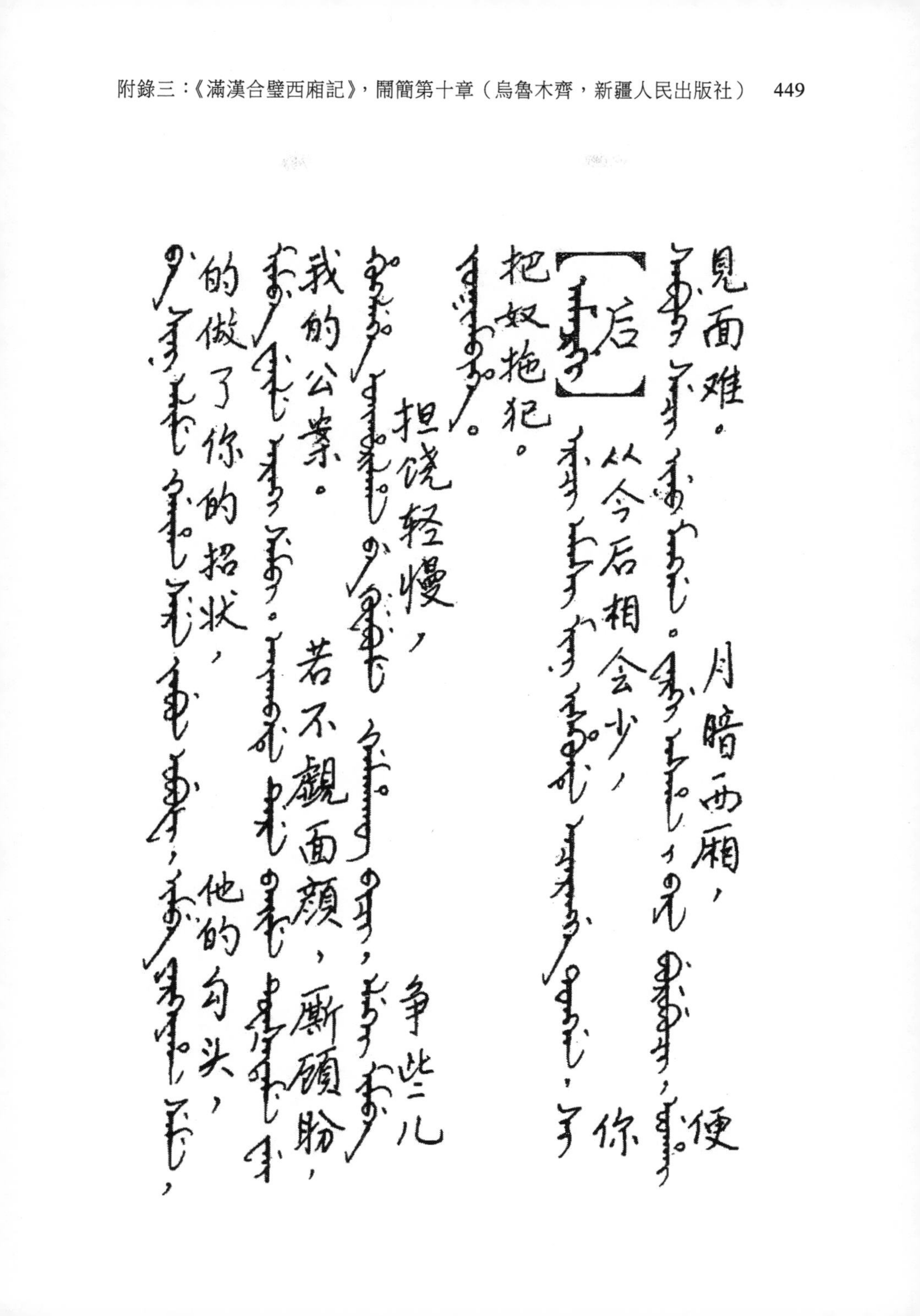

見面难。　月暗西厢，便

【后】　从今后相会少，　你

把奴拖犯。

担饶轻慢，　争些儿

我的公案。　若不觑面颜，厮顾盼，

的做了你的招状，　他的勾头，

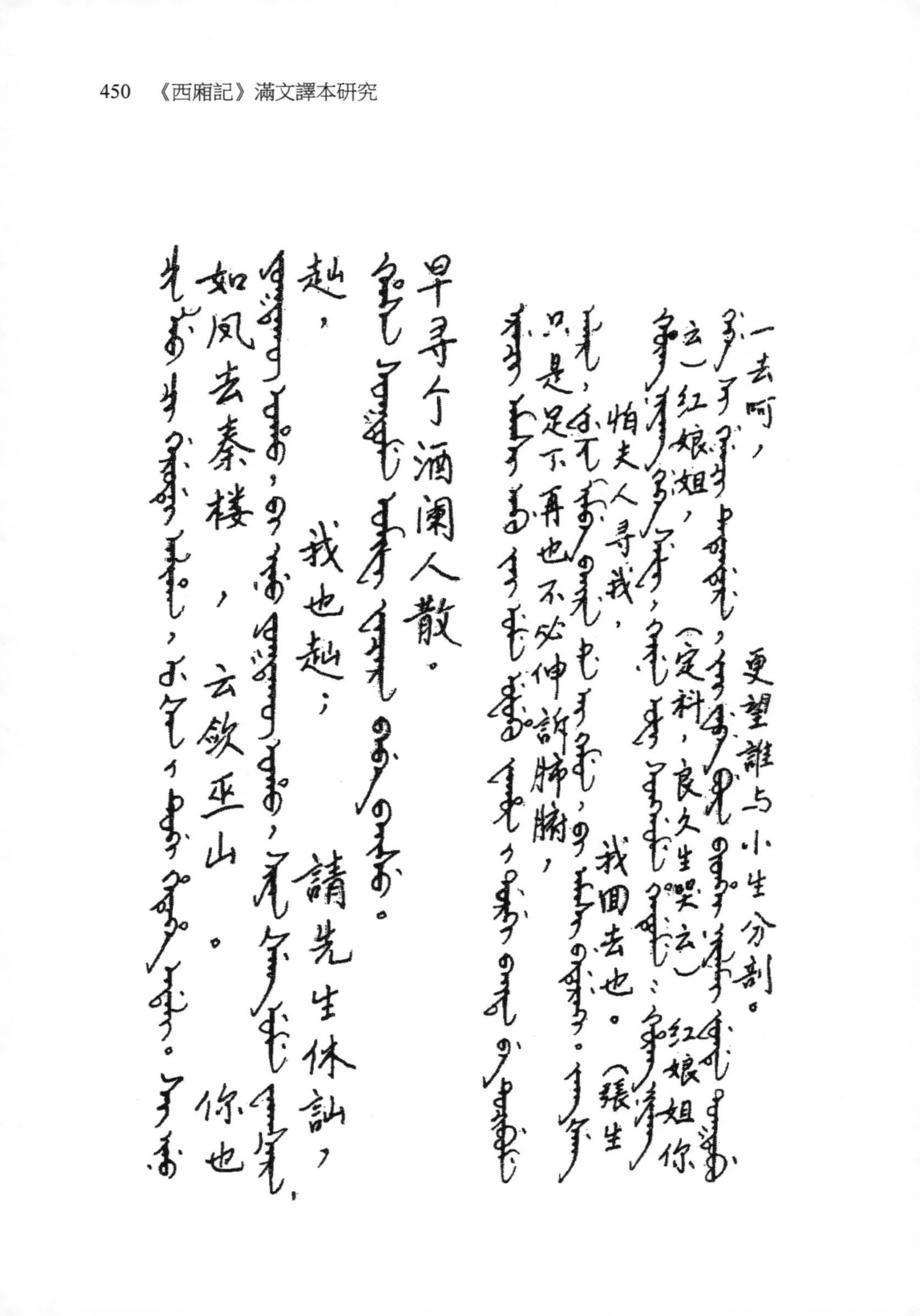

一去呵，更望誰與小生分剖。
云）紅娘姐，（定科，良久生哭云）紅娘姐你
怕夫人尋我，我回去也。（張生
只是足下再也不必伸訴肺腑，
早尋个酒闌人散。
趂，我也趂；請先生休訕，
如凤去秦樓，云斂巫山。你也

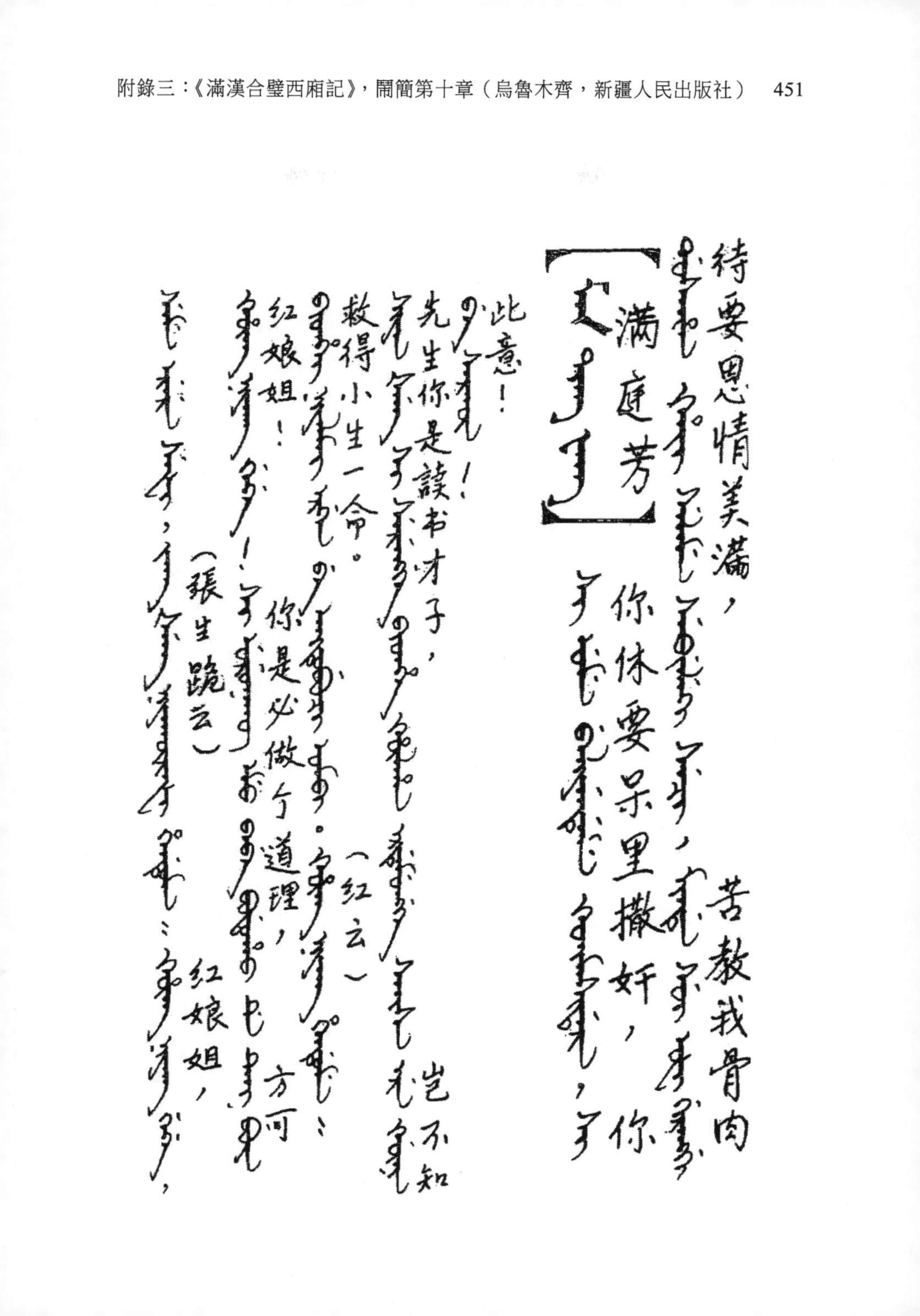

待要恩情美滿，苦教我骨肉

【滿庭芳】你休要呆里撒奸，你

此意！

先生你是讀书才子，豈不知

救得小生一命。（紅云）

紅娘姐！你是必做个道理，方可

（張生跪云）紅娘姐，

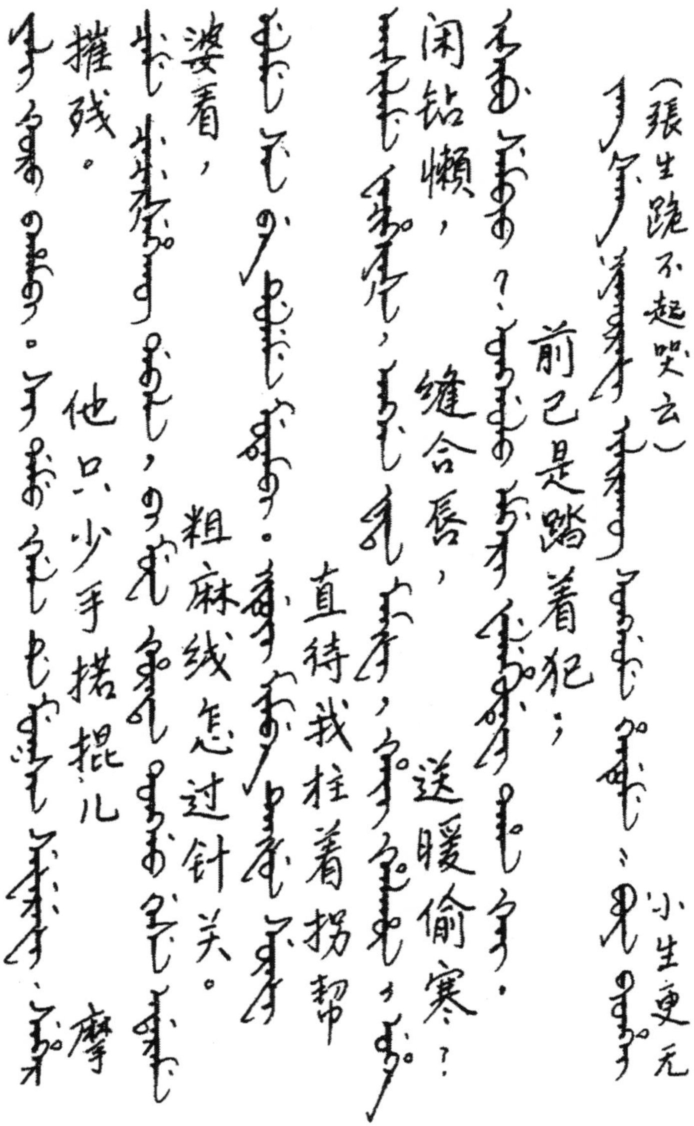

（張生跪不起哭云）

小生更无

前已是踏着犯；

闲鍼懶，

縫合唇，

送暖偷寒？

直待我拄着拐帮

婆看，

粗麻线怎过針关。

摧残。

他只少手搭搌儿

摩

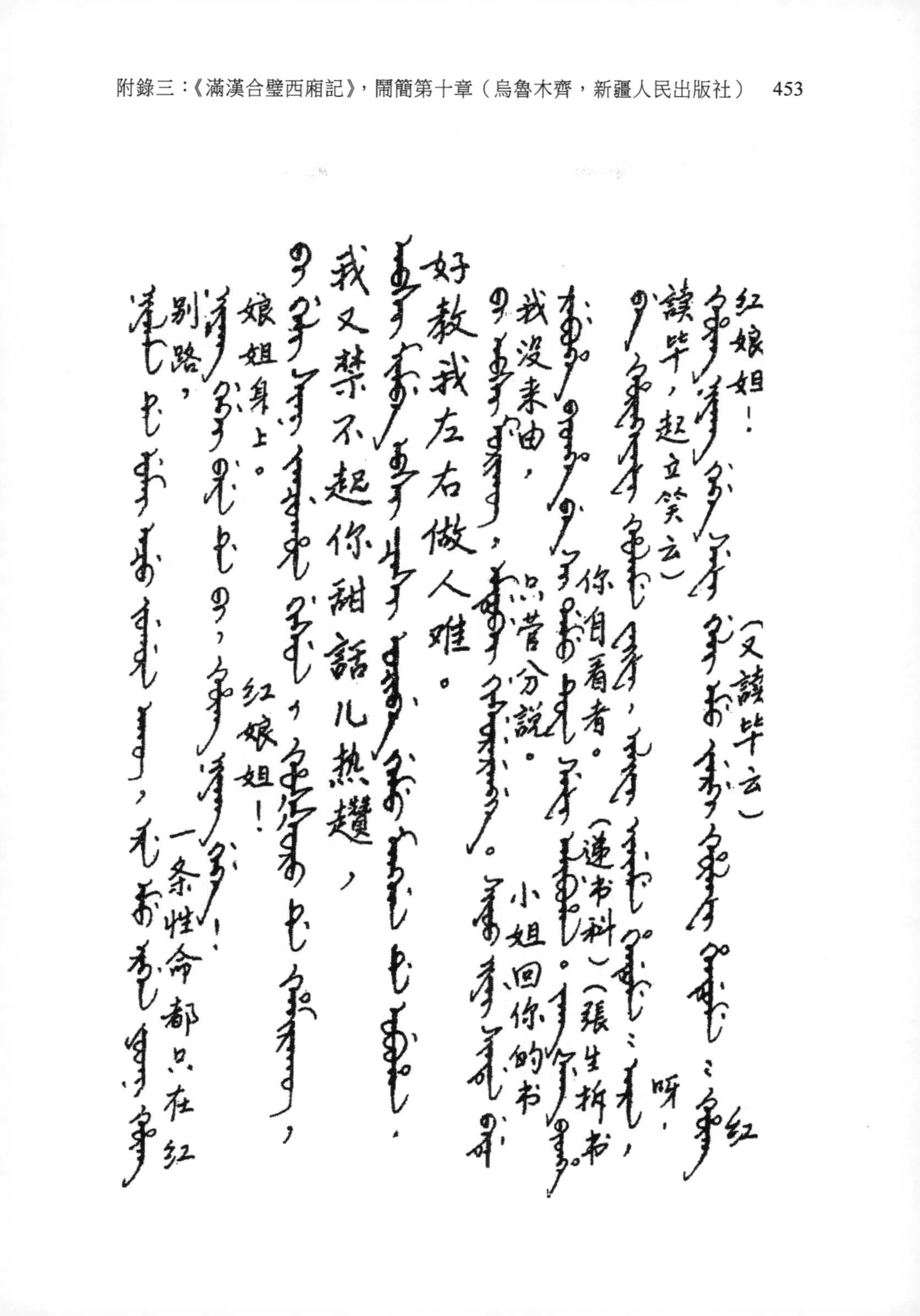

紅娘姐！（又讀毕云）紅

讀毕，起立笑云）呀，

你自看者。（遞书科）（張生拆书

我沒来由，只管分說。小姐回你的书

好教我左右做人難。

我又禁不起你甜話儿熱攛，

娘姐身上。紅娘姐！

別路，一条性命都只在紅

娘姐，今日有这场喜事！（又讀
毕云）早知小姐书至，
理合应接，接待不及，請勿
見罪。紅娘姐，和你也欢喜。（紅
云）却是怎么？（張生笑云）
小姐骂我都是假，书中之意，
『哩也波，哩也罗哩』！（紅云）
怎么？（張生云）书中约我今

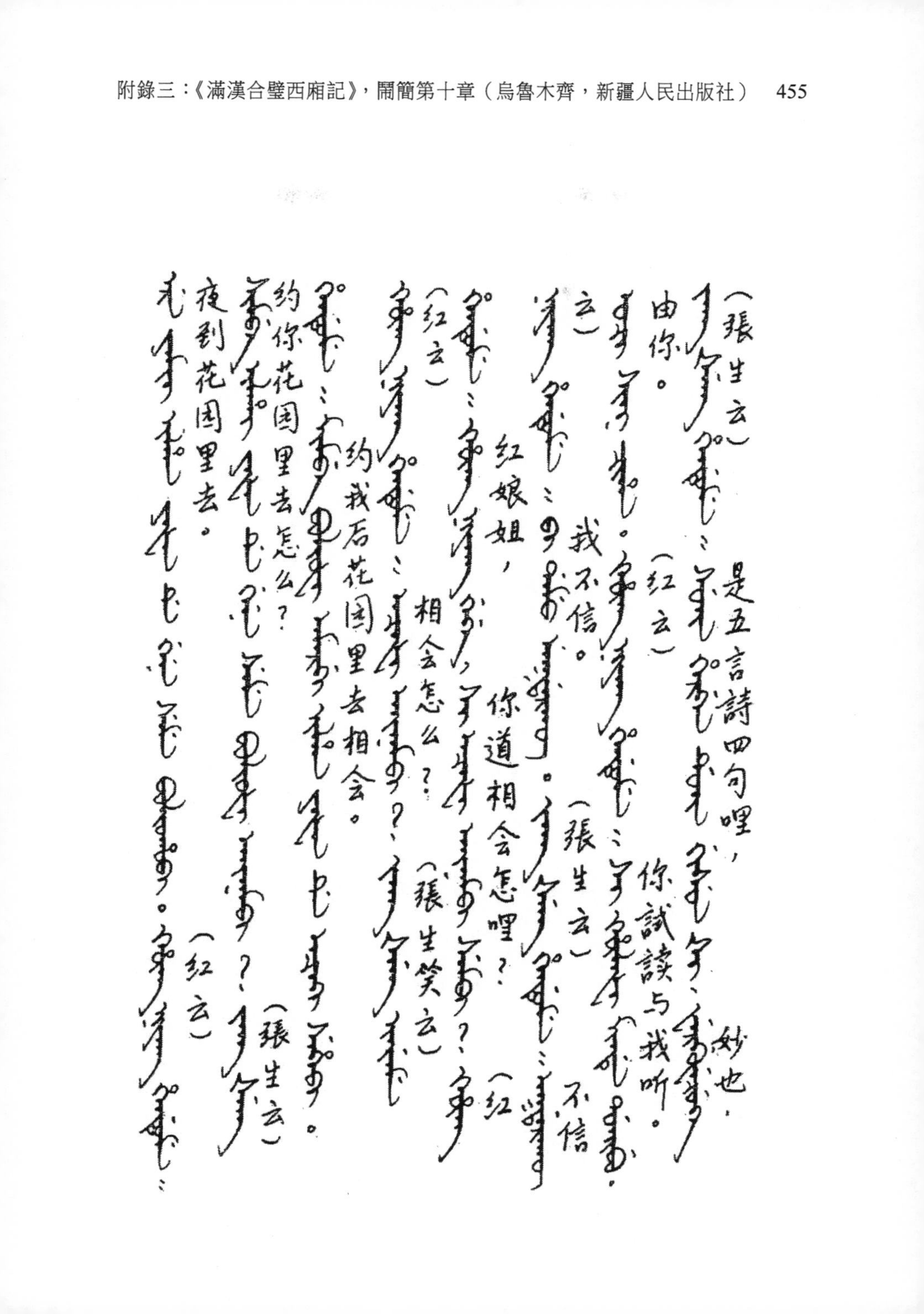

（張生云）是五言詩四句哩，妙也，

由你。（紅云）你試讀与我听。

云）我不信。（張生云）不信

紅娘姐，你道相会怎哩？（紅

（紅云）相会怎么？（張生笑云）

约我后花园里去相会。

约你花园里去怎么？（張生云）

夜到花园里去。（紅云）

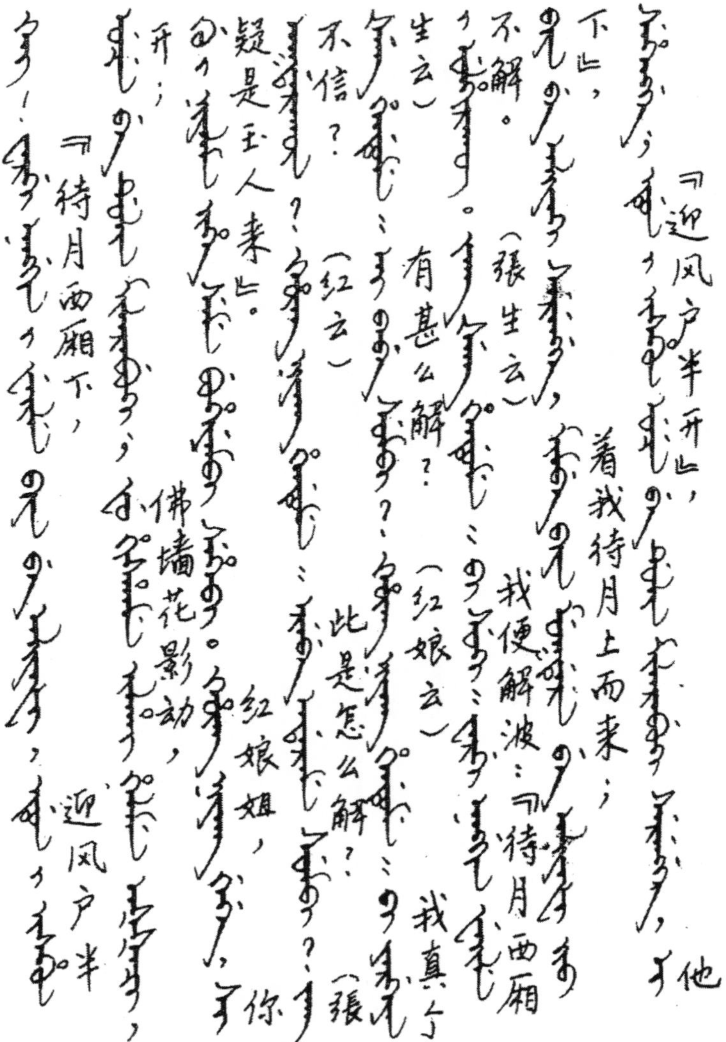

『待月西廂下，迎风户半开；佛墙花影动，疑是玉人来』。红娘姐，你不信？（红云）此是怎么解？（張生云）有甚么解？（红娘云）我真个不解。（張生云）我便解波：『待月西廂下』，着我待月上西来；『迎风户半开』，他浪子陸賈，不是這般解怎解？

家，风流隨何，

欺紅娘姐，小生乃猜詩謎的杜

不是这般解，红娘姐你来解。不敢

（红云）真个如此解？（張生云）

来，这句沒有解，是説我至也。

着我跳过墙来；『疑是玉人

开门等我；『拂墙花影动』，

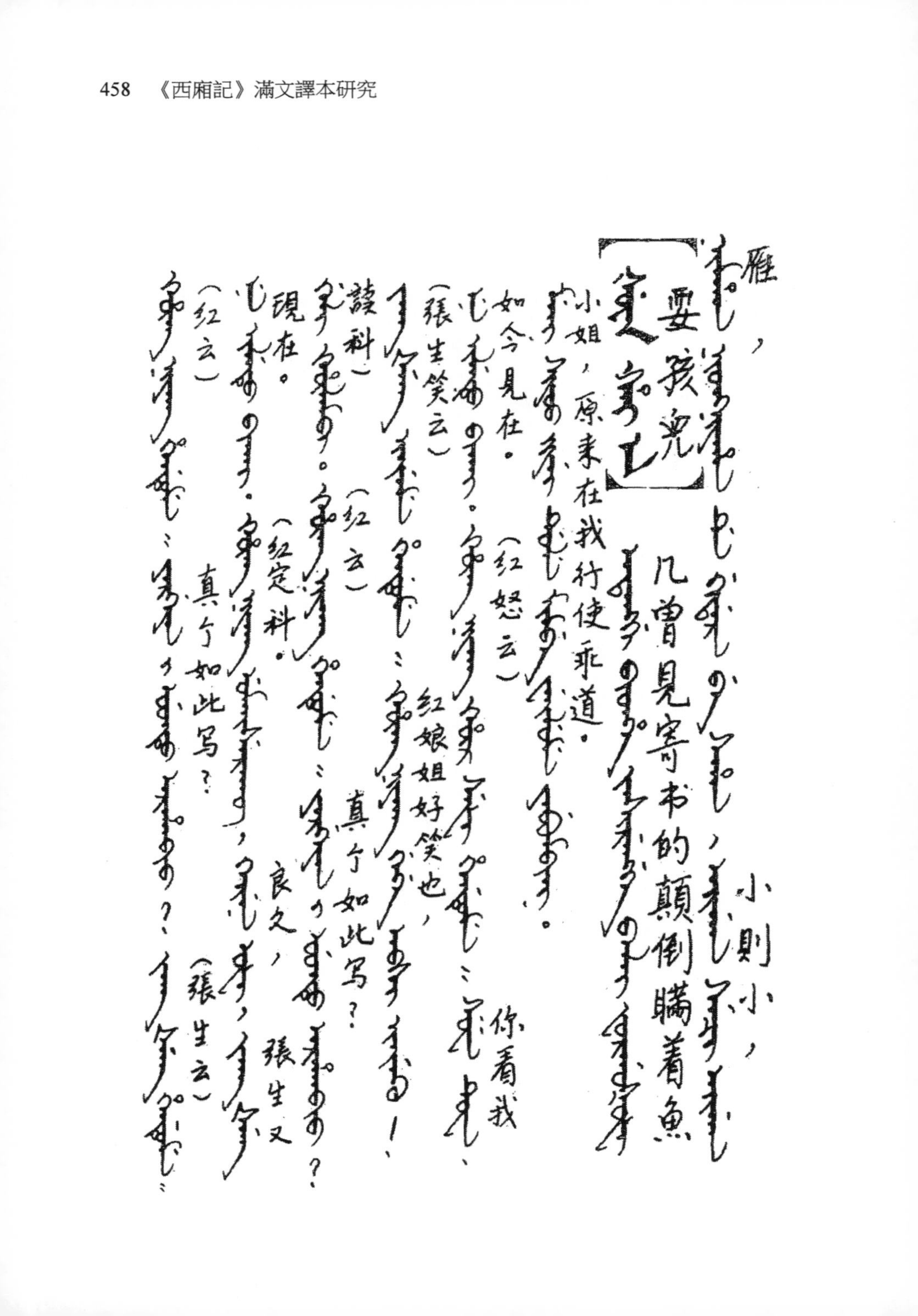

(紅云)真个如此寫？(張生云)

現在。(紅定科。)良久，張生又

謊科)(紅云)真个如此寫？

(張生笑云)紅娘姐好笑也，

如今見在。(紅怒云)你看我

小姐，原来在我行使乖道。

【要孩兒】几曾見寄書的顛倒瞞着魚

雁，小則小，

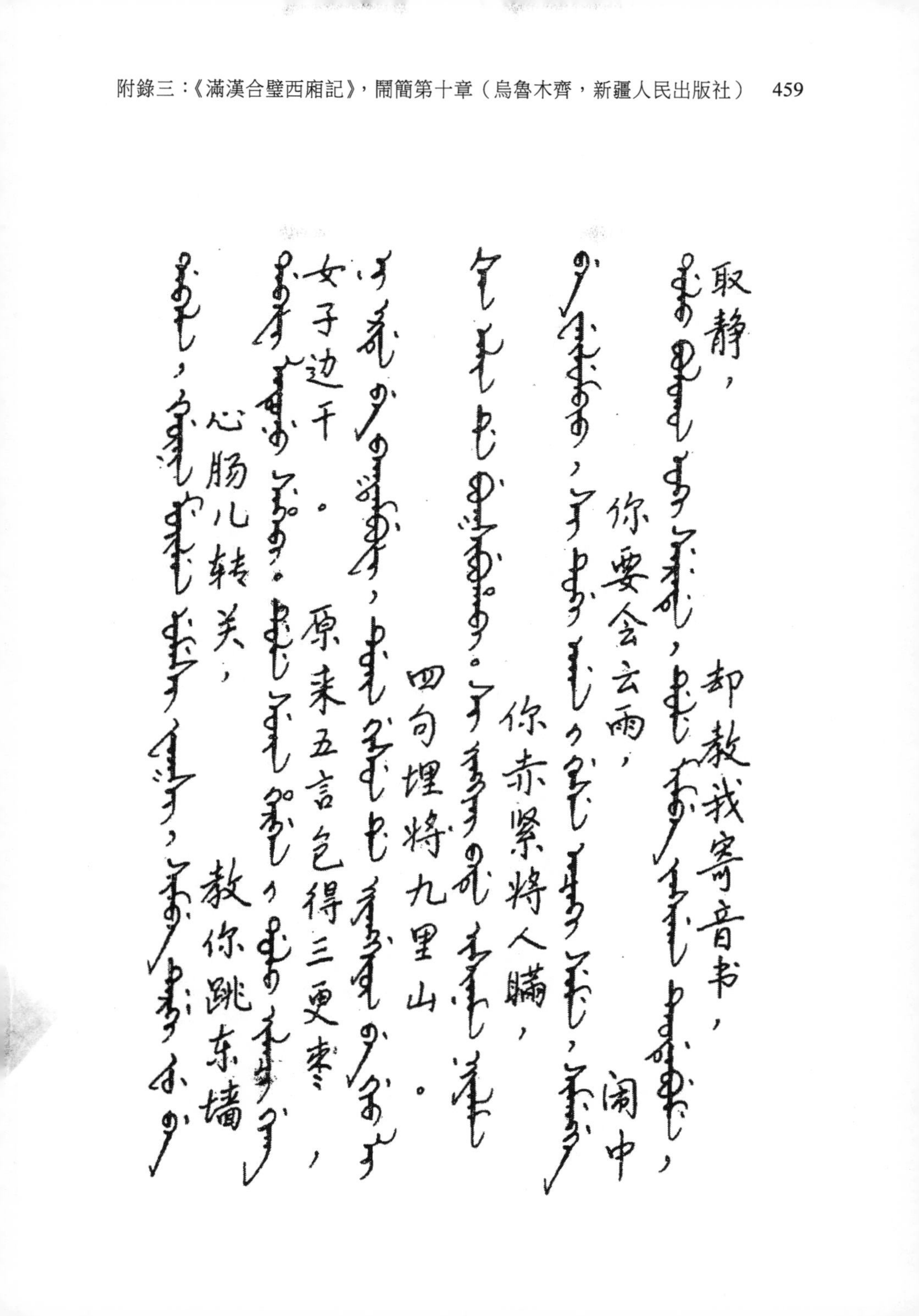

取静，　却教我寄音书，

你要会云雨，　闹中

你赤紧将人瞒，

四句埋将九里山。

女子边干。　原来五言包得三更枣，

心肠儿转关，　教你跳东墙

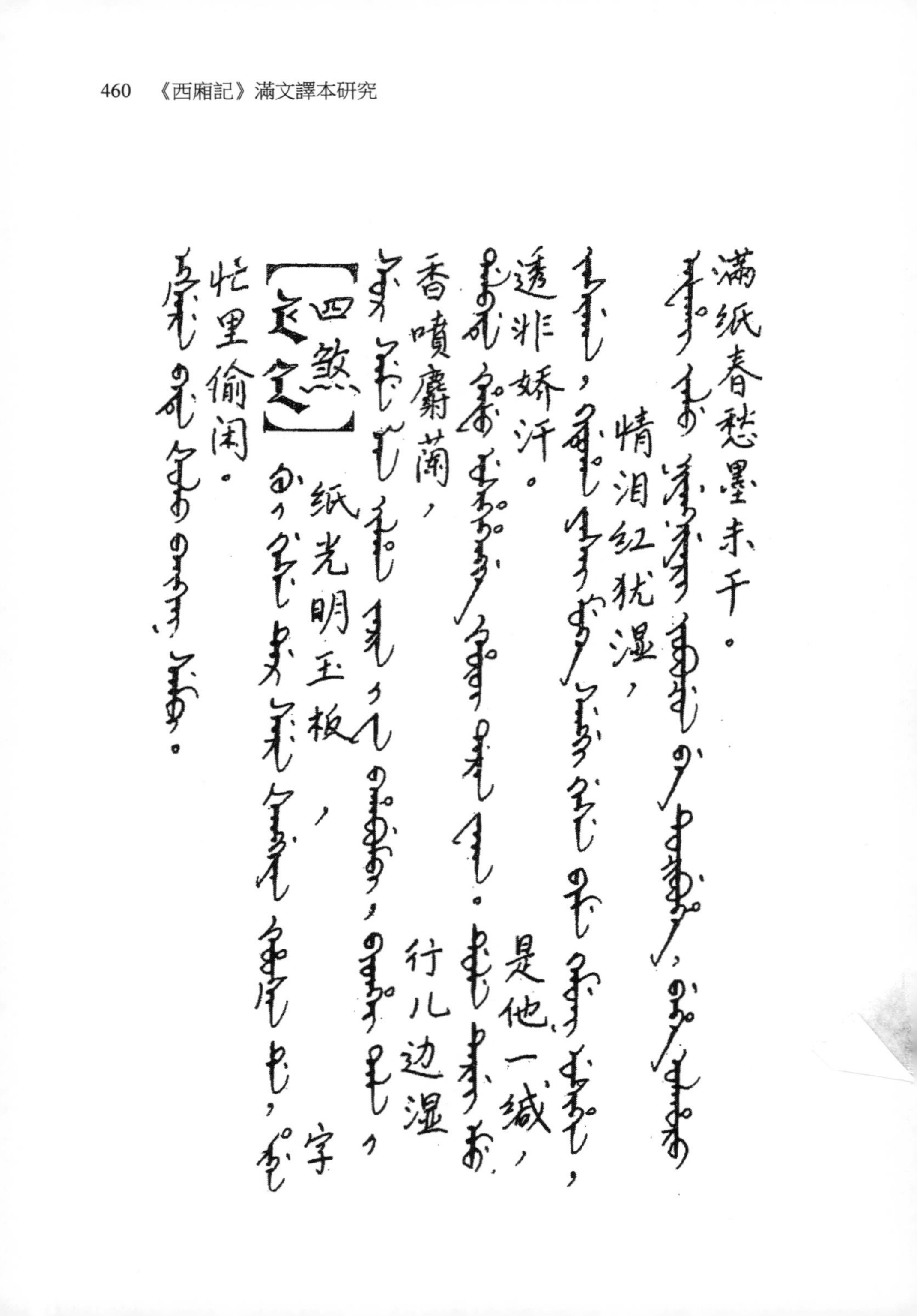

忙里偷闲。

【四煞】

纸光明玉板，字香噴麝蘭，

行儿边湿透渒娇汗。

是他一缄，情泪红犹湿，

滿紙春愁墨未干。

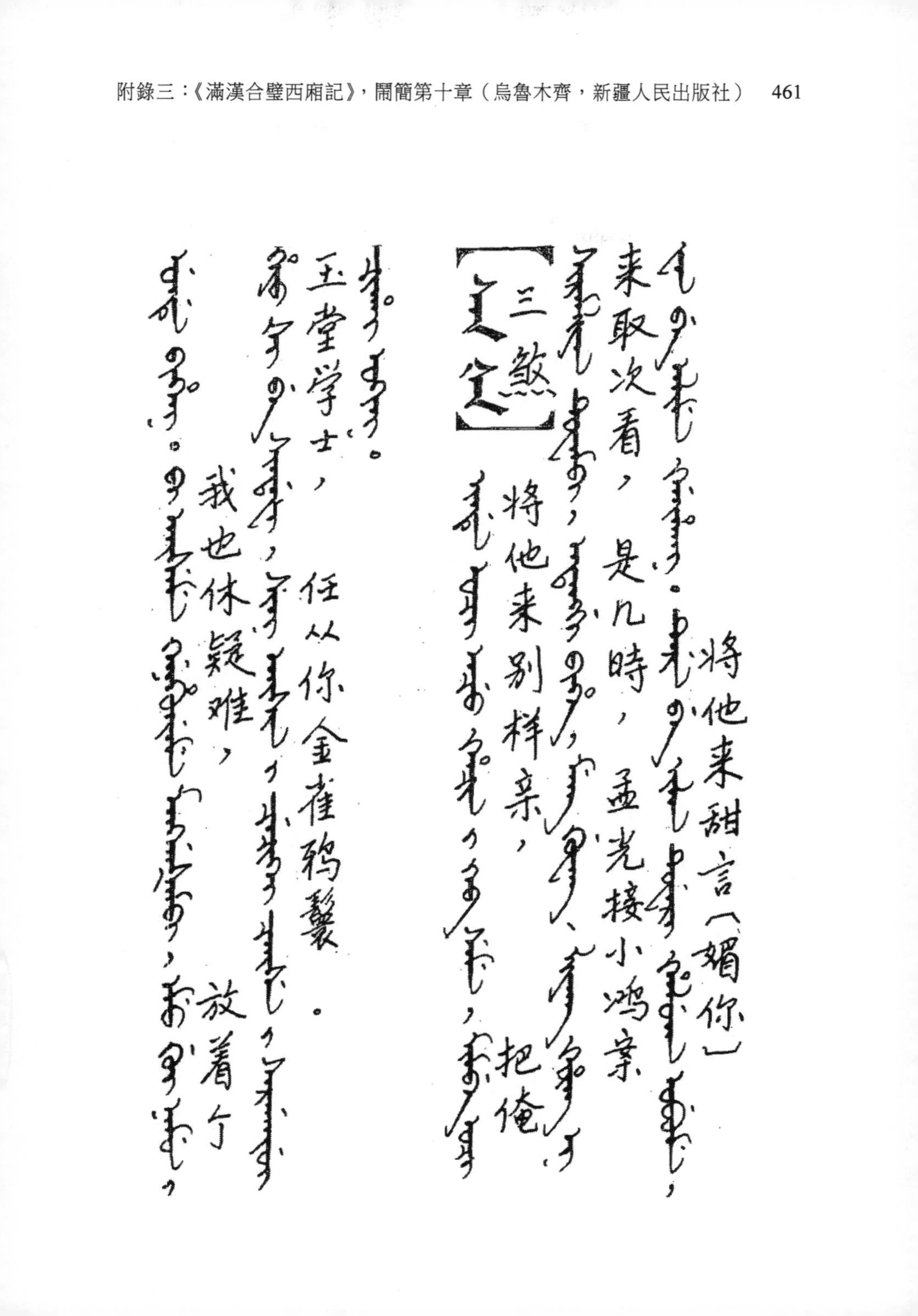

将他来甜言〔媚你〕

来取次看，是几時，孟光接小鸿案

【三煞】

将他来别样亲，把俺

玉堂学士，任从你金雀鸦鬟。

我也休疑难，放着个

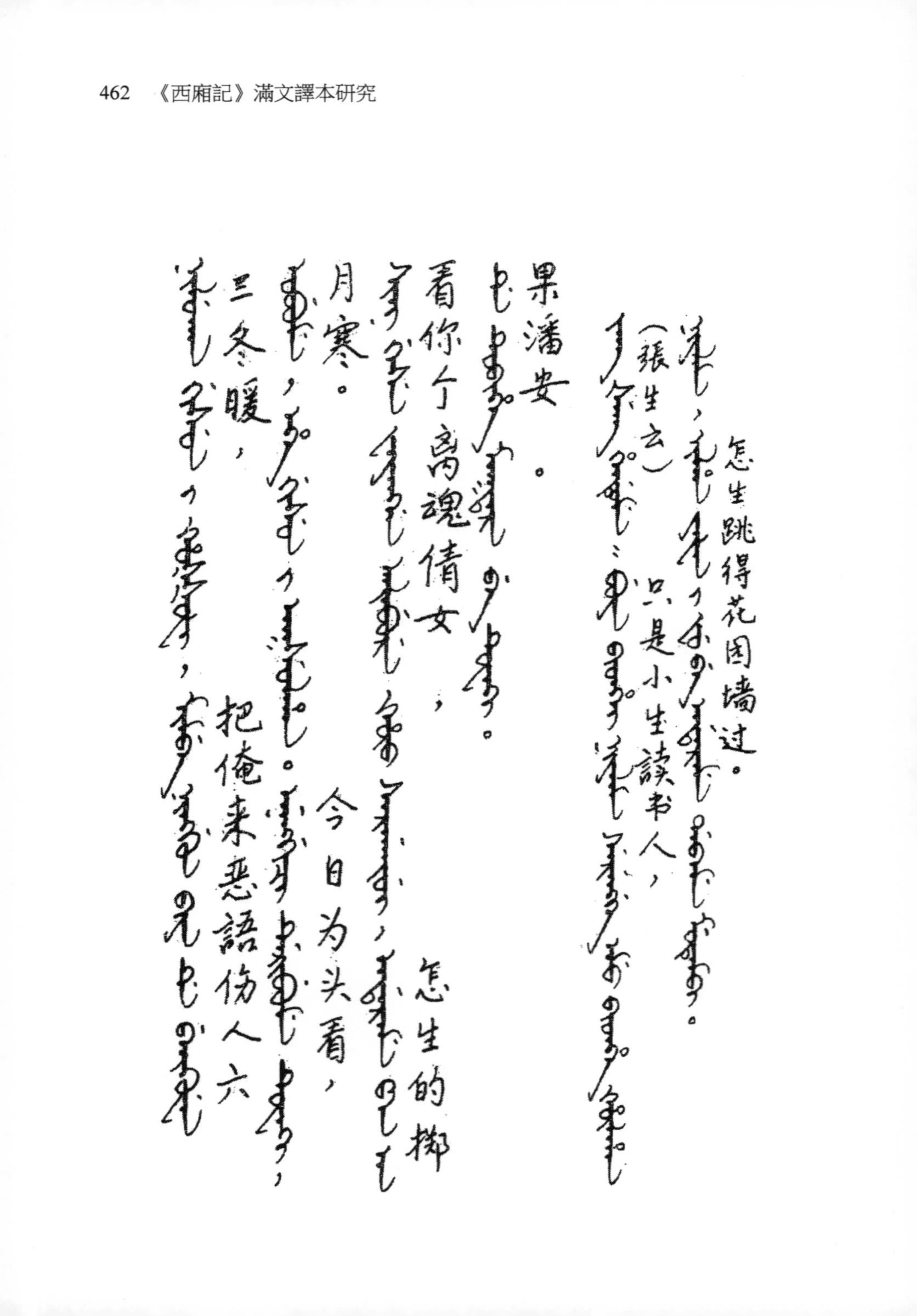

（張生云）只是小生讀书人，怎生跳得花園墻过。

看你个离魂倩女，怎生的擲果潘安。

把俺来恶語伤人六月寒。今日为头看，三冬暖，

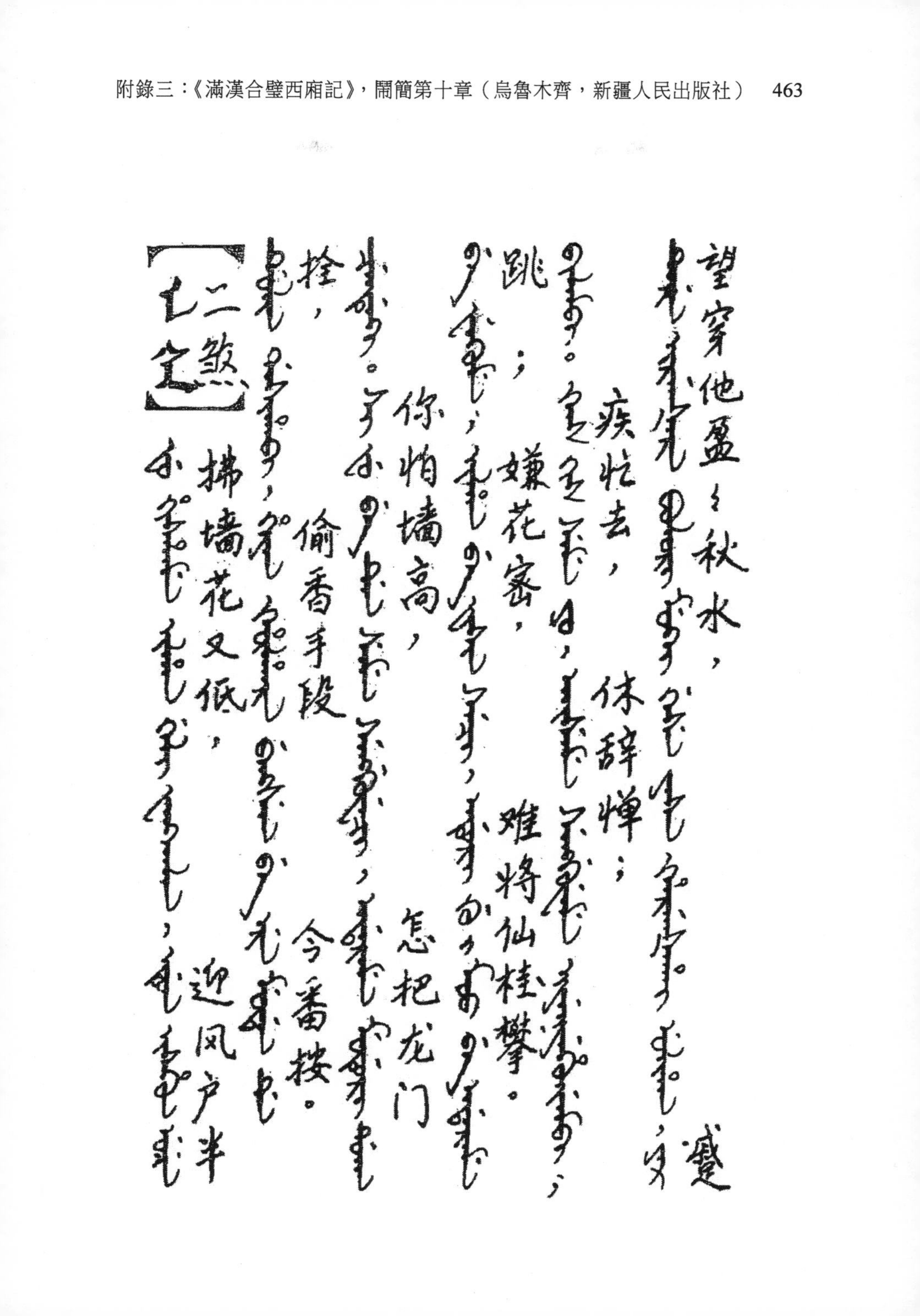

【二煞】拂墻花又低，迎风户半拴，偷香手段今番按。你怕墻高，怎把龙门跳；嫌花密，難將仙桂攀。疾忙去，休辭憚；望穿他盈〻秋水，蹙

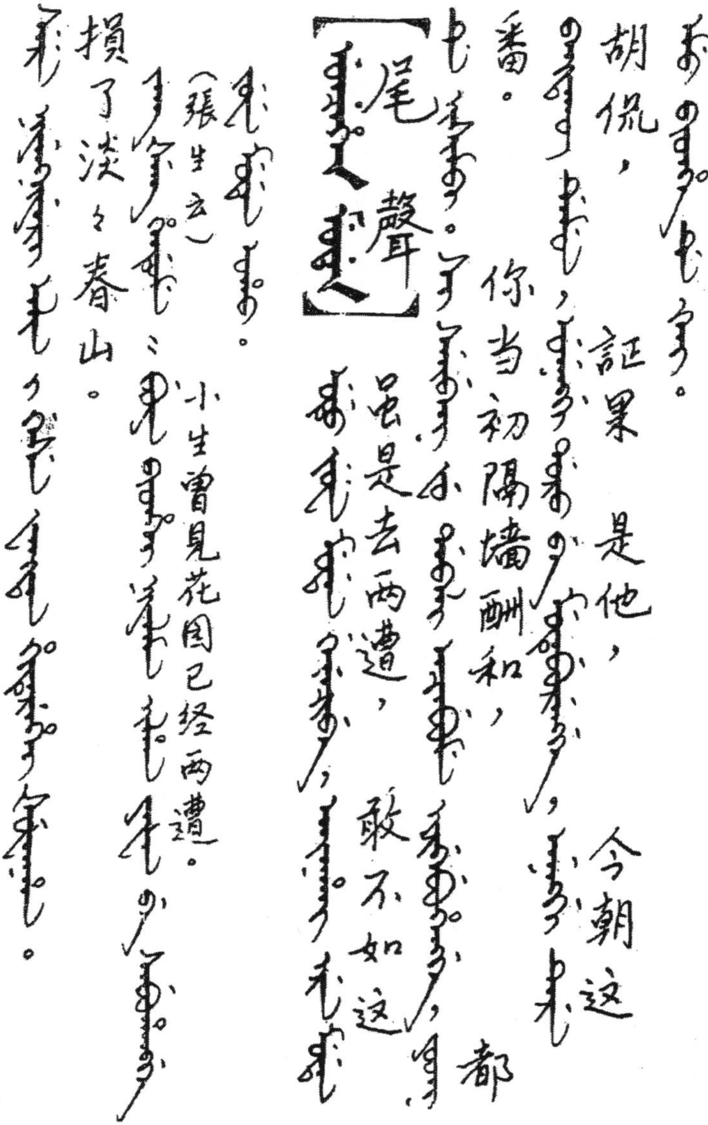

一箇。
胡侃，證果是他，今朝這
番。
你当初隔墻酬和，都
【尾聲】
忌是去兩遭，敢不如這
(張生云) 小生曾見花園已经兩遭。
損了淡々春山。

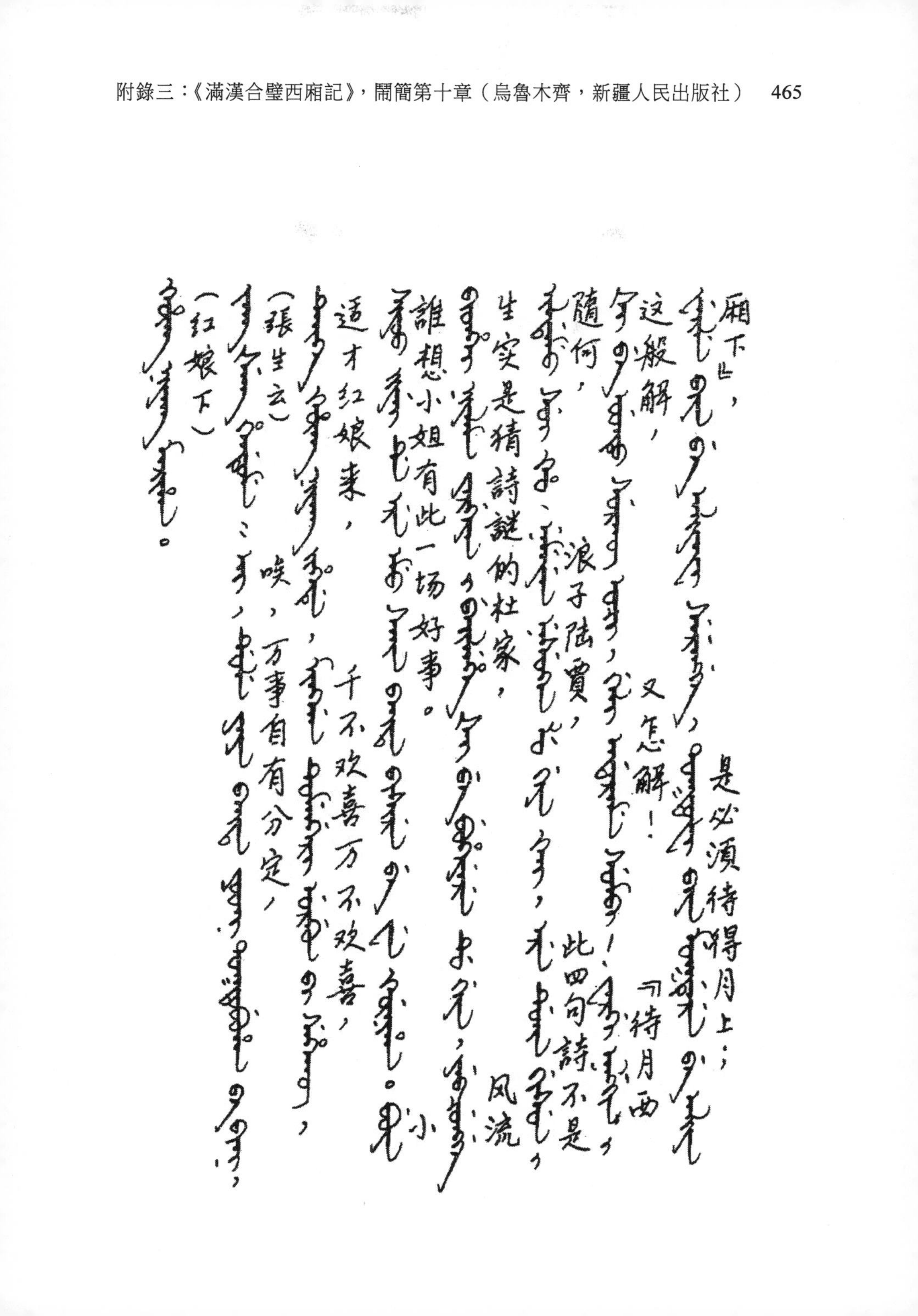

（紅娘下）

（張生云）唉，万事自有分定，适才红娘来，千不欢喜万不欢喜，誰想小姐有此一場好事。小生实是猜詩謎的杜家，风流隨何，浪子陸賈，此四句詩不是这般解，又怎解！『待月西厢下，是必須待得月上；

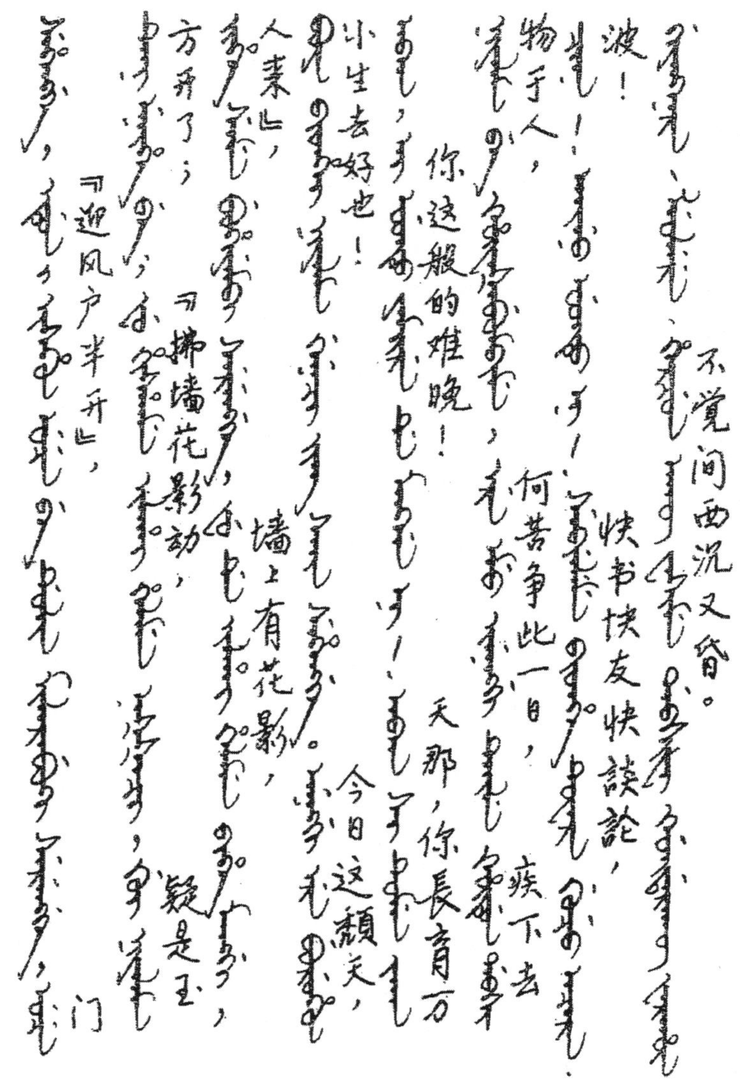
不覺間西沉又昏。
波！
快書快友快談論，
物干人，
何苦爭此一日，
疾下去
你這般的難晚！
天那，你長育方
小生去好也！
今日這賴天，
人來」，
墻上有花影，
方開了；
「拂墻花影動，
疑是玉
「迎风户半开」，
门

「誰將三足烏，　來向天上擲；　安得

西沉呵，　呀，才倒西也，　再等一等咱。

何处缩天有术，　放逐〔紅日〕

悠然扇作微薰；

呵，百般的难下去呵。　「空晴万里无云，

呀，才晌午也，　再等一等。　（又看科）

似膠粘了又生根。

今日碧桃花有约，

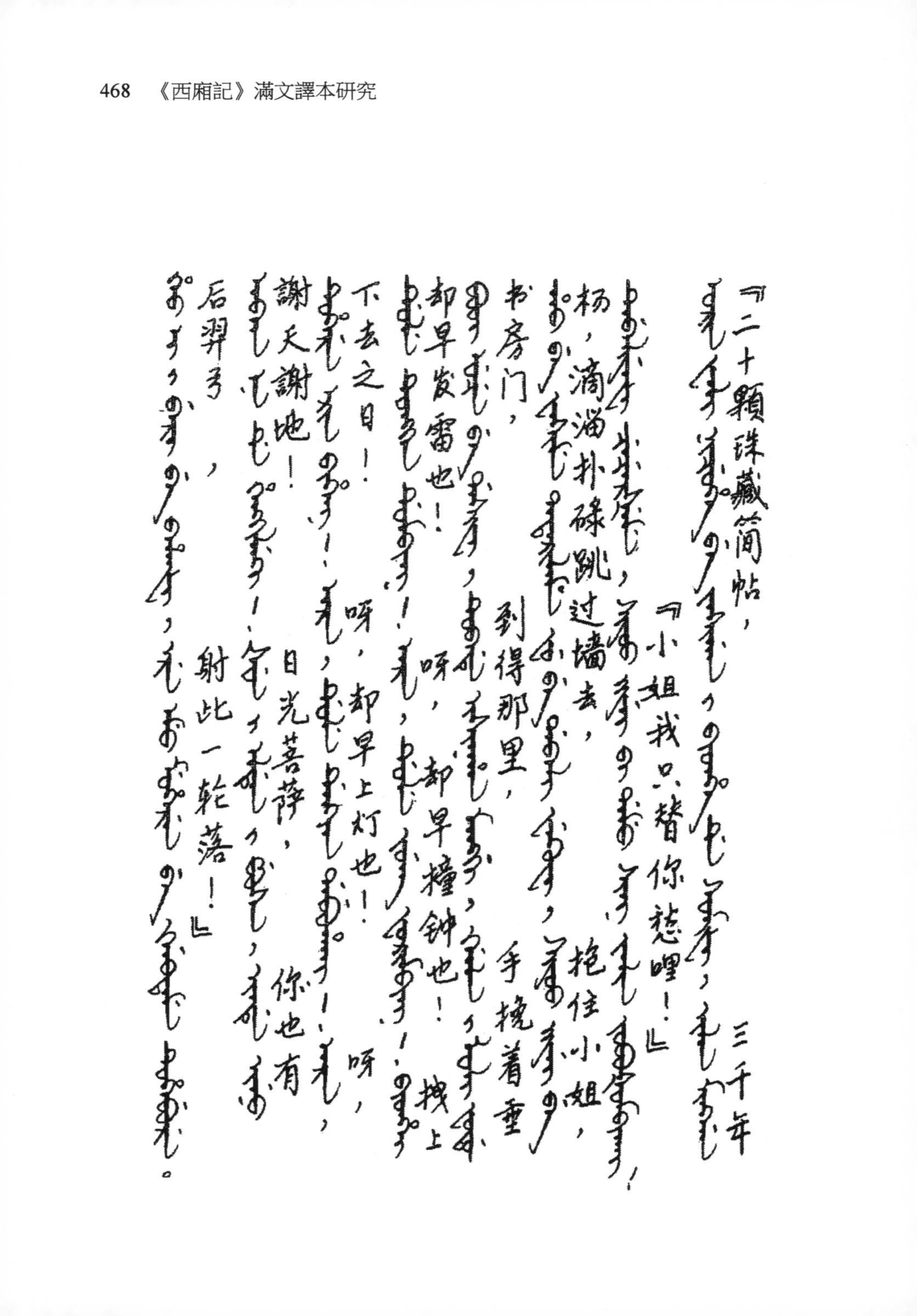

『二十顆珠藏簡帖， 三千年

『小姐我只替你愁哩！』

楊，滴溜撲碌跳过墻去， 抱住小姐，

书房门， 到得那里， 手挽着垂

却早發雷也！ 呀，却早撞钟也！ 拽上

下去之日！ 呀，却早上灯也！ 呀，

謝天謝地！ 日光菩薩， 你也有

后羿弓， 射此一輪落！』

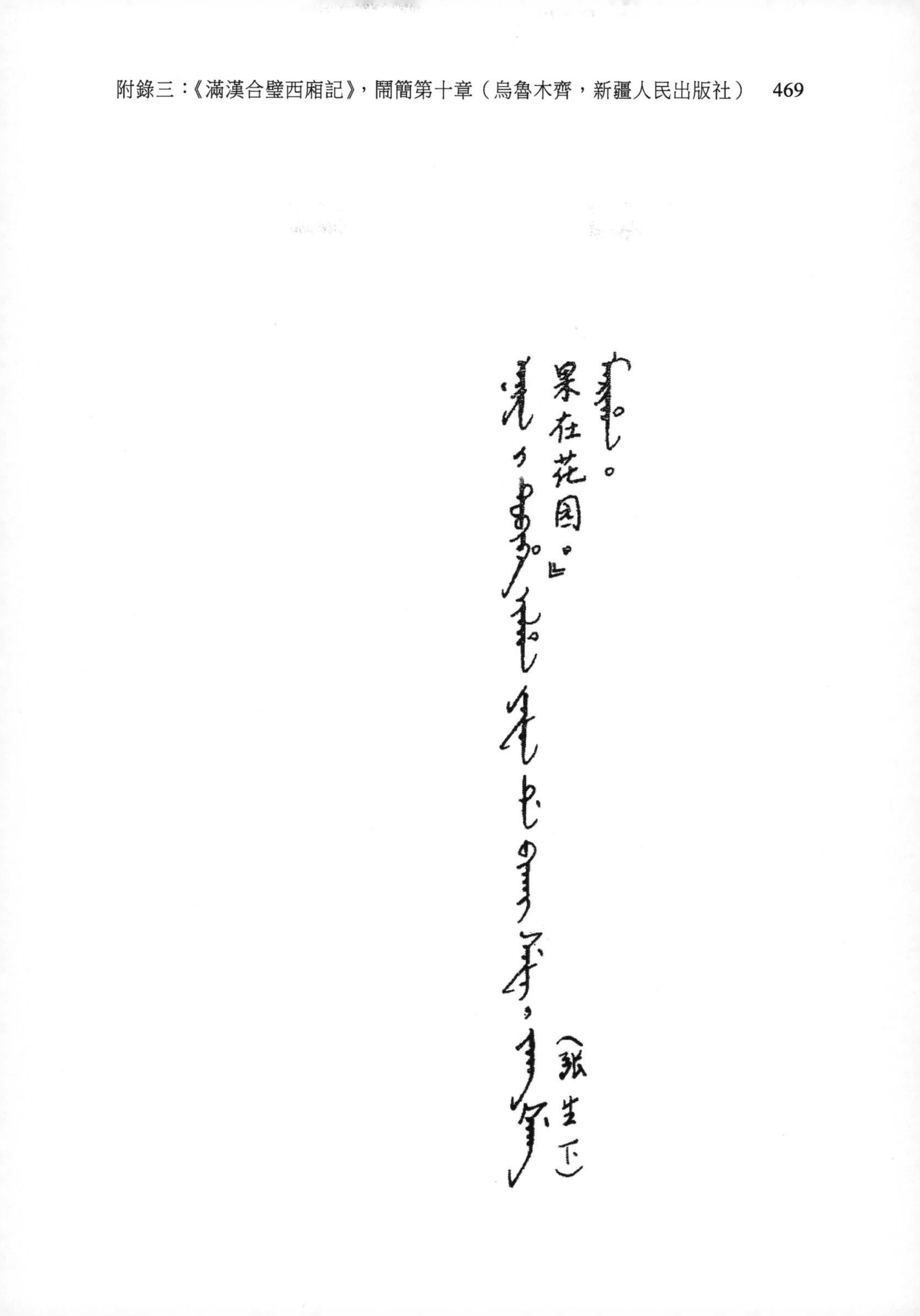

果在花园。」

（张生下）